에듀윌과 함께 시작하면,
당신도 합격할 수 있습니다!

자소서와 면접, NCS와 직무적성검사의 차이점이 궁금한
취준을 처음 접하는 취린이

대학 졸업을 앞두고 취업을 위해 바쁜 시간을 쪼개며
채용시험을 준비하는 취준생

내가 하고 싶은 일을 다시 찾기 위해
회사생활과 병행하며 재취업을 준비하는 이직러

누구나 합격할 수 있습니다.
이루겠다는 '목표' 하나면 충분합니다.

마지막 페이지를 덮으면,

에듀윌과 함께
취업 합격이 시작됩니다.

누적 판매량 242만 부 돌파
베스트셀러 1위 3,615회 달성

공기업 NCS | 100% 찐기출 수록!

NCS 통합 기본서/실전모의고사
피듈형 | 행과연형 | 휴노형 봉투모의고사

매1N
매1N Ver.2

한국철도공사 | 부산교통공사
서울교통공사 | 국민건강보험공단
한국수력원자력+5대 발전회사

한국전력공사 | 한국가스공사
한국수자원공사 | 한국수력원자력
한국토지주택공사 | 한국도로공사

NCS 10개 영역 기출 600제
NCS 6대 출제사 찐기출문제집

대기업 인적성 | 온라인 시험도 완벽 대비!

20대기업 인적성 통합 기본서

GSAT 삼성직무적성검사
통합 기본서 | 실전모의고사

LG그룹 온라인 인적성검사

SKCT SK그룹 종합역량검사
포스코 | 현대자동차/기아

농협은행
지역농협

영역별 & 전공

공기업 사무직 통합전공 800제
전기끝장 시리즈 ❶, ❷

이해황 독해력 강화의 기술
PSAT형 NCS 수문끝

취업상식 1위!

공기업기출 일반상식

기출 금융경제 상식

다통하는 일반상식

* 에듀윌 취업 교재 누적 판매량 합산 기준(2012.05.14~2024.10.31)
* 온라인 4대 서점(YES24, 교보문고, 알라딘, 인터파크) 일간/주간/월간 13개 베스트셀러 합산 기준(2016.01.01~2024.11.05 공기업 NCS/직무적성/일반상식/시사상식 교재, e-book 포함)
* YES24 각 카테고리별 일간/주간/월간 베스트셀러 기록

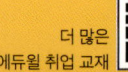

더 많은
에듀윌 취업 교재

취업 대세 에듀윌!
Why 에듀윌 취업 교재

기출맛집 에듀윌!
100% 찐기출복원 수록

주요 공·대기업 기출복원 문제 수록
과목별 최신 기출부터 기출변형 문제 연습으로 단기 취업 성공!

공·대기업 온라인모의고사
+ 성적분석 서비스

실제 온라인 시험과 동일한 환경 구성
대기업 교재 기준 전 회차 온라인 시험 제공으로 실전 완벽 대비

합격을 위한
부가 자료

교재 연계 무료 특강
+ 교재 맞춤형 부가학습자료 특별 제공!

eduwill

취업 교육 1위
에듀윌 취업 무료 혜택

교재 연계 강의

- 교재 연계 NCS 실전모의고사 주요 문제풀이 무료특강(2강)
- NCS 주요 영역 문제풀이 무료특강(19강)

※ 2024년 12월 13일에 오픈될 예정이며, 강의명과 강의 오픈 일자는 변경될 수 있습니다.
※ 무료 특강 이벤트는 예고 없이 변동 또는 종료될 수 있습니다.

교재 연계 강의 바로가기

교재 연계 부가학습자료

다운로드 방법

STEP 1 에듀윌 도서몰 (book.eduwill.net) 로그인 ▸ STEP 2 도서자료실 → 부가학습자료 클릭 ▸ STEP 3 [최신판 PSAT형·휴노 중심형 NCS 실전모의고사] 검색

- PSAT형·휴노 중심형 NCS 실전모의고사 1회분(PDF)
- NCS 주요 영역 256제(PDF)

온라인모의고사 & 성적분석 서비스

참여 방법

하기 QR 코드로 응시링크 접속 ▸ 해당 온라인 모의고사 [신청하기] 클릭 후 로그인 ▸ 대상 교재 내 응시코드 입력 후 [응시하기] 클릭

※ '온라인모의고사 & 성적분석' 서비스는 교재마다 제공 여부가 다를 수 있으니, 교재 뒷면 구매자 특별혜택을 확인해 주시기 바랍니다.

온라인 모의고사 신청

모바일 OMR 자동채점 & 성적분석 서비스

실시간 성적분석 방법

STEP 1 QR 코드 스캔 ▸ STEP 2 모바일 OMR 입력 ▸ STEP 3 자동채점 & 성적분석표 확인

※ 혜택 대상 교재는 본문 내 QR 코드를 제공하고 있으며, 교재별 서비스 유무는 다를 수 있습니다.
※ 응시내역 통합조회
에듀윌 문풀훈련소 → 상단 '교재풀이' 클릭 → 메뉴에서 응시확인

• 2023, 2022, 2021 대한민국 브랜드만족도 취업 교육 1위 (한경비즈니스)/2020, 2019 한국브랜드만족지수 취업 교육 1위 (주간동아, G밸리뉴스)

처음에는 당신이 원하는 곳으로
갈 수는 없겠지만,
당신이 지금 있는 곳에서
출발할 수는 있을 것이다.

– 작자 미상

최신판

에듀윌 공기업
PSAT형·휴노 중심형
NCS 실전모의고사

eduwill

PSAT형과 휴노형

PSAT형 NCS

- NCS 직업기초능력평가의 출제 유형은 크게 PSAT형, 모듈형, 피듈형으로 나눌 수 있습니다. 그 중 NCS 학습모듈 위주의 단순 이론 암기형 문제에서 벗어나 문서의 작성과 처리, 수치 및 자료에 대한 분석 능력 등을 측정하는 적성검사형 문항을 'PSAT형'이라 말합니다.
- 제시된 지문이나 표, 그래프, 조건 등을 분석하여 문제를 풀이해야 한다는 점에서 공직 적격성 시험인 PSAT(Public Service Aptitude Test)과 문제 접근 방식이 유사하여 수험생들 사이에서 PSAT형 문제로 불리고 있습니다.
- PSAT형으로 출제될 경우 출제 과목이 의사소통능력, 수리능력, 문제해결능력 주요 3개 영역으로 한정되는 경향이 있으며, 자원관리능력 정도가 추가될 수 있습니다. 그 외의 영역은 PSAT형으로 출제되기 어렵습니다.
- 실제 시험 응시에 있어 시간 관리가 중요합니다. 평소 학습 시에도 시간을 많이 할애하는 유형과 빠르게 답을 도출할 수 있는 유형을 우선 파악하여 전략적으로 접근해야 합니다.

최근 3개년 PSAT형 출제 주요 기업명

2024년	국민건강보험공단, 근로복지공단, NH농협은행, 한국가스공사, 한국산업인력공단, 한국철도공사, 한국토지주택공사 등
2023년	국민건강보험공단, 근로복지공단, NH농협은행, 한국가스공사, 한국산업인력공단, 한국철도공사, 한국토지주택공사 등
2022년	국민건강보험공단, 근로복지공단, NH농협은행, 인천국제공항공사, 한국공항공사, 한국산업인력공단, 한국수력원자력 등

휴노형 NCS

- NCS 필기시험은 어떤 출제사가 출제를 담당하느냐에 따라 문항 스타일이 달라지기 때문에 출제사별 기출 유형, 소재, 난이도 등을 익히는 것이 필요합니다. 지원하는 기업의 출제사 정보를 미리 알고, 해당 출제사의 최근 출제 경향 및 영역별 출제 패턴에 맞춰 학습하는 것이 좋습니다.
- ㈜휴노는 공기업 NCS 필기시험의 대표적인 출제(대행)사 중 하나로, 휴노에서 출제하는 문항 스타일을 일컬어 흔히 '휴노형'이라 말합니다.
- 주로 5지선다형의 PSAT형 문항을 출제합니다. 휴노는 행동과학연구소와 함께 PSAT형 대표 출제사로 인식되고 있으나, 행과연에 비해 난이도는 높지 않은 편입니다.

※ 대표적인 출제 경향을 기준으로 하였으며 채용 기업/시기에 따라 달라질 수 있음

최근 3개년 ㈜휴노 출제 주요 기업명

2024년	강원랜드, 코레일테크, 한국공항공사, 한국농어촌공사, 한국도로공사, 한국수력원자력, 한국수자원공사, 한국전력공사, 한국조폐공사, 한국지역난방공사 등
2023년	강원랜드, 코레일테크, 한국수력원자력, 한국수자원공사, 한국전력공사, 한국조폐공사, 한국지역난방공사 등
2022년	한국수자원공사, 한국전력공사, 한국철도공사, 한국토지주택공사 등

PSAT형·휴노형 NCS 출제경향 및 학습전략

- 기본적으로 의사소통능력, 수리능력, 문제해결능력 영역이 출제됩니다.
- 사전지식이나 모듈 이론, 직업기초능력 매뉴얼을 알아야 풀 수 있는 문제가 아니라, 주어진 자료를 해석하여 푸는 문제가 5지선다형으로 출제됩니다.
- 의사소통능력:
  기본적으로 독해 유형의 비중이 높습니다. 그러므로 짧은 시간 내에 지문의 핵심 내용을 파악하여 문제를 푸는 연습을 꾸준히 하는 것이 좋습니다.
- 수리능력:
  기본적으로 응용수리와 자료해석 문항이 출제되며, 자료해석의 비중이 더 높은 편입니다. 응용수리 문항을 대비하려면 다양한 수학 공식을 암기하여 문제를 많이 풀어 보는 것이 중요합니다. 자료해석 문항을 대비하려면 표·그래프 등을 빠르고 정확하게 해석하는 능력과 효율적으로 수를 연산하는 능력을 길러야 합니다. 또한, 지원한 기업의 정보와 관련된 문항이 자주 출제되므로 지원하려는 기업의 정보를 꾸준히 학습하는 것이 좋습니다.
- 문제해결능력:
  명제 추론, 참·거짓 판정, 조건추리 유형과 자료 계산 및 추론 등의 문제해결 유형이 출제됩니다. 의사소통능력과 자원관리능력 유형이 포함되어 출제되기도 합니다. 복합적인 자료와 다양한 유형이 함께 출제되는 영역이므로 지원하는 기업의 빈출 유형을 숙지하고, 규정·지침, 도표 등의 자료를 빠르게 해석하는 능력을 길러야 합니다. 또한, 주어진 자료와 조건, 정보 등을 도식·기호화하여 푸는 연습을 하는 것이 좋습니다.
- 기업마다 출제되는 영역 및 유형이 상이합니다. 따라서 지원하는 기업의 기출 문제를 풀면서 빈출 유형이 무엇인지 미리 파악해 놓을 수 있도록 합니다.
- PSAT형과 휴노형 고득점 달성을 위해 난도가 높은 PSAT 기출 문제들을 풀면서 본인만의 문제해결 방법과 스킬을 만드는 것을 추천합니다.

PSAT형·휴노 중심형 NCS 출제영역 및 출제유형

PSAT형·휴노형 출제 주요 기업별 출제영역

기업명	시험 구성	NCS 출제 영역
강원랜드	NCS 50문항 +전공 60문항	(카지노 딜러) 의사소통, 수리, 문제해결, 대인관계, 직업윤리 (사무행정) 의사소통, 수리, 문제해결, 조직이해, 직업윤리
국민건강보험공단	(전산직 제외) NCS 60문항 +법률 20문항	의사소통, 수리, 문제해결
한국가스공사	NCS 50문항 +전공 50문항	의사소통, 수리, 문제해결, 자원관리, 정보
한국농어촌공사	NCS 50문항 +전공 40문항	(행정, 전산) 의사소통, 수리, 문제해결, 자원관리, 정보 (그 외) 의사소통, 수리, 문제해결, 정보, 기술
한국도로공사	NCS 60문항 +전공 40문항	의사소통, 수리, 문제해결, 정보
한국수력원자력	NCS 50문항 +전공 및 상식 30문항	(공통) 의사소통, 수리, 문제해결, 자원관리 (사무) 조직이해 / (ICT) 정보 / (그 외) 기술
한국수자원공사	NCS 40문항 +전공 40문항	의사소통, 수리, 문제해결, 자원관리
한국전력공사	(사무) NCS 50문항 (기술) NCS 40문항 +전공 15문항	(사무) 의사소통, 수리, 문제해결, 자원관리, 정보 (전기) 의사소통, 수리, 문제해결, 자원관리, 기술(전공) (그 외) 의사소통, 수리, 문제해결, 정보, 기술(전공)
한국조폐공사	NCS 80문항	의사소통, 수리, 문제해결, 자원관리
한국지역난방공사	NCS 50문항 +전공 50문항	(사무) 의사소통, 수리, 문제해결, 정보, 조직이해, 직업윤리 (기술) 의사소통, 수리, 문제해결, 정보, 기술, 조직이해, 직업윤리
한국철도공사	NCS 30문항+전공 30문항 +철도 법령 10문항	의사소통, 수리, 문제해결
한국토지주택공사	NCS 40문항 +전공 60문항	의사소통, 수리, 문제해결

※ 한국철도공사: 2024년 상반기에는 NCS 25문항+전공 25문항 구성으로 출제되었으나 2024년 하반기부터 변경되었음

NCS 영역별 세부 출제유형

영역	세부 출제유형
의사소통능력	독해(주제/제목, 내용 일치/불일치, 추론, 문단 배열, 접속사), 글의 개요 파악, 문서작성 및 수정, 고객문의 답변, 의사소통표현/경청 방법, 어휘, 어법 등
수리능력	자료해석(자료 내용 확인, 자료계산, 도표·그래프 변환), 응용수리(일반적인 수의 연산, 방정식, 경우의 수, 확률), 수열, 통계(평균, 분산 표준편차), 도표 특징 및 작성 등
문제해결능력	명제 추론, 조건추리(참·거짓, 배열배치, 조건추론), 문제해결 과정, 3C/SWOT 분석, 사고력(창의적 사고, 논리적 사고, 비판적 사고), 자료복합(자료 내용 확인, 자료 내용 활용) 등
자기개발능력	자기개발 방법, 자기관리 계획 수립, 자아인식, 경력개발 계획 수립, 경력단계 등
자원관리능력	물적·인적자원관리, 예산관리, 시간관리, 자료복합(비용 계산, 자료 내용 활용) 등
대인관계능력	리더십·팔로워십 유형, 팀워크, 대인관계 양식, 고객 대응 방안, 갈등의 유형 및 진행 과정, 협상 과정 및 전략 등
정보능력	정보처리 과정, 엑셀 이해 및 계산, 자료/정보/지식, 컴퓨터 용어, 정보 활용, 소프트웨어 활용, 자료복합(코드 분석, 자료 내용 활용) 등
기술능력	기술적용, 기술선택, 기술혁신, 산업재해, 벤치마킹, 자료복합(장비 사용법 이해, 제품 선택, 매뉴얼 이해) 등
조직이해능력	조직유형/구조, 경영전략, 업무수행, 국제매너, SWOT 분석, 기업 조항 이해 및 해결, 전결 규정, 결재 처리 등
직업윤리	직장 내 예절, 직장 내 성희롱, 윤리의 의미, 근면/정직/성실, 봉사, 공정한 직무 수행 등

교재 구성

최신 출제경향을 반영하여 구성한 실전모의고사

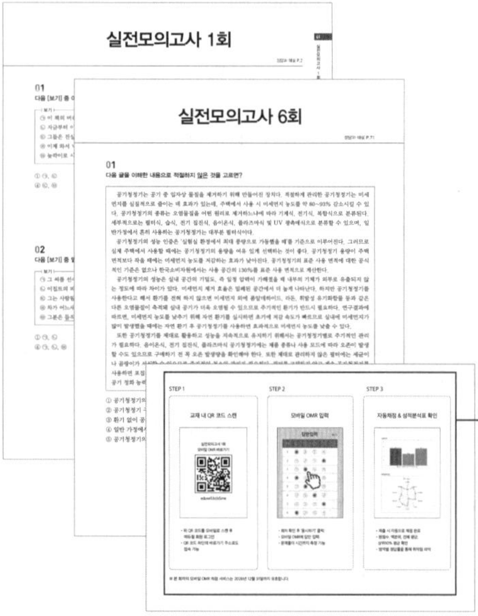

PSAT형(휴노 중심) 출제 주요 기업 맞춤형 총 6회분

PSAT형(휴노 중심) 출제 주요 기업별 최신 출제경향 및 기출 키워드를 반영하여 40분항형 2회분, 50분항형 2회분, 60분항형 2회분으로 맞춤 구성하였다. 기업별로 상이한 출제 영역과 풀이시간을 고려하여 준비하는 기업에 맞게 실전 대비를 할 수 있다.

■ 모바일 OMR 채점 서비스 제공

회차당 수록되어 있는 QR 코드에 접속하여 정답을 입력하면 자신의 점수와 다른 수험생들과의 비교 데이터를 확인할 수 있도록 모바일 OMR 채점 및 성적분석 서비스를 제공하였다.

전 문항 상세한 해설이 담긴 정답과 해설

QUICK해설

학습한 문제 중 아는 문제는 정답에 대한 핵심 해설이 담긴 QUICK해설을 통해 빠르게 확인하며 넘어갈 수 있다.

상세해설 · 오답풀이

풀면서 헷갈렸던 문제나 틀린 문제는 확실하게 파악할 수 있도록 상세해설 및 오답풀이를 통해 정답에 대한 상세한 해설과 오답인 이유까지 완벽하게 이해할 수 있다.

CONTENTS

목차

SPECIAL GUIDE

PSAT형·휴노 중심형 NCS 실전모의고사

정답과 해설

PSAT형·휴노 중심형

실전모의고사

| 1회 |

영역		문항 수	권장 풀이 시간	비고
NCS 직업기초능력평가	의사소통능력	40문항	50분	객관식 오지선다형
	수리능력			
	문제해결능력			

eduwill

모바일 OMR
자동채점&성적분석 무료

정답만 입력하면 채점에서 성적분석까지 한번에!

활용 GUIDE

실시간 성적분석 방법!

STEP 1
QR 코드 스캔
▶
STEP 2
모바일 OMR 입력
▶
STEP 3
자동채점 & 성적분석표 확인

STEP 1

교재 내 QR 코드 스캔

실전모의고사 1회
모바일 OMR 바로가기

eduwill.kr/xSme

- 위 QR 코드를 모바일로 스캔 후 에듀윌 회원 로그인
- QR 코드 하단의 바로가기 주소로도 접속 가능

STEP 2

모바일 OMR 입력

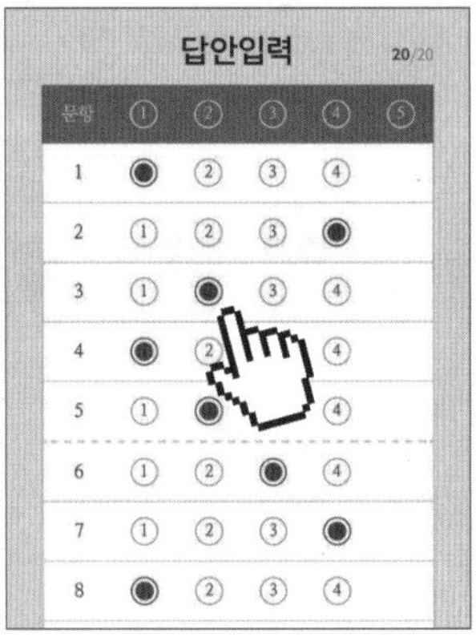

- 회차 확인 후 '응시하기' 클릭
- 모바일 OMR에 답안 입력
- 문제풀이 시간까지 측정 가능

STEP 3

자동채점 & 성적분석표 확인

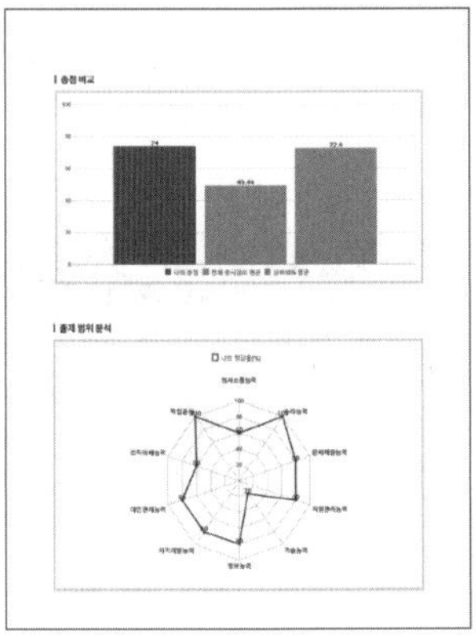

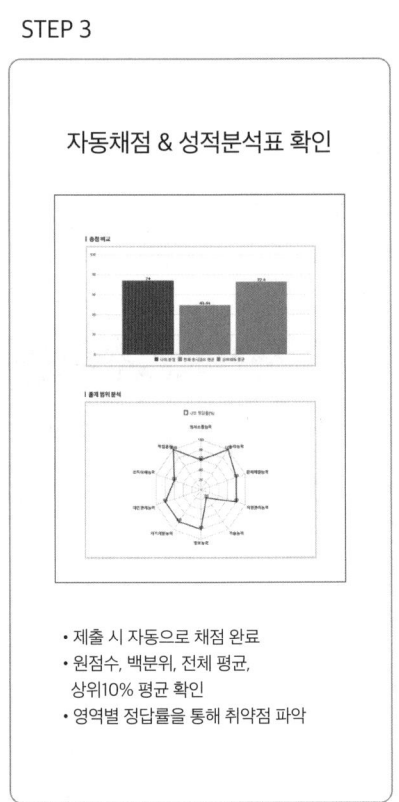

- 제출 시 자동으로 채점 완료
- 원점수, 백분위, 전체 평균, 상위10% 평균 확인
- 영역별 정답률을 통해 취약점 파악

※ 본 회차의 모바일 OMR 채점 서비스는 2026년 12월 31일까지 유효합니다.

실전모의고사 1회

정답과 해설 P.2

01

다음 [보기] 중 어법이나 단어가 적절하지 않은 것을 모두 고르면?

보기

㉠ 이 책의 머리말에는 글쓴이의 약력이 담겼다.
㉡ 지금부터 이 도면을 거꾸로 뒤집어서 봐.
㉢ 그들은 진실을 은폐하는 만행을 서슴지 않았다.
㉣ 이제 와서 넋두리를 해 봐야 소용없는 일이었다.
㉤ 늦깍이로 시작한 연기 생활이었던 만큼 그 길은 순탄치 않았다.

① ㉠, ㉢ ② ㉡, ㉢ ③ ㉡, ㉣
④ ㉢, ㉤ ⑤ ㉣, ㉤

02

다음 [보기] 중 밑줄 친 단어의 관계가 유의 관계인 것을 모두 고르면?

보기

㉠ 그 씨름 선수의 육중한 몸집은 상대 선수의 기선을 제압하였다.
㉡ 이집트의 피라미드는 그 크기가 거대하다.
㉢ 그는 사람됨이 진중하여 주변에 많은 친구가 있었다.
㉣ 차가 어느새 나무들이 조밀하게 늘어선 교외 길을 달리기 시작하였다.
㉤ 그분은 듬직하고 너그러운 인상을 지니셨다.

① ㉠, ㉡ ② ㉠, ㉤ ③ ㉢, ㉤
④ ㉠, ㉡, ㉤ ⑤ ㉡, ㉢, ㉤

03

다음 글의 밑줄 친 ㉠과 ㉡의 의미 관계와 같은 의미 관계를 나타내는 단어의 조합을 고르면?

> 디지털세(Digital Tax)는 디지털 경제 체제에서 다국적 IT 기업의 조세회피 문제가 부각되며 그 대응책 중 하나로 등장한 개념이다. 법인의 고정사업장 소재지에 부과하는 전통적 법인세 과세방식에서는 고정사업장 없이 영업활동이 가능한 디지털서비스 사업에 대해 과세가 불가능해 다국적 IT기업의 막대한 이익에 대한 조세징수 문제가 발생하였다. 반면 디지털세는 고정사업장 소재지와 상관없이 디지털 기업의 이익이 발생한 국가에서 그 이익에 대한 세금을 ㉠징수한다.
>
> 디지털세는 2012년 OECD가 제안한 다국적 기업의 세원잠식 및 소득이전을 방지하기 위한 프로젝트의 내용을 바탕으로, 2015년에 이에 대한 15개의 구체적인 실행계획 중 첫 번째 계획으로 발표되었다. 이후 EU에서 디지털서비스세 입법을 제안하였으나 일부 국가들의 반대로 국제적 합의에 실패하고, 이에 대한 합의가 진전되지 않자 2019년 프랑스를 시작으로 이탈리아, 영국 등 유럽 주요국에서 개별국가 차원의 디지털세를 도입하기 시작하였다.
>
> 한편 2020년 OECD/G20 포괄적 이행체계(IF)는 두 가지의 접근법으로 구성된 글로벌 디지털세 기본합의안을 발표하며 구체적인 가이드라인을 제시하였다. 첫 번째 접근법은 통합접근법으로서, 고정사업장과 같은 물리적 실체가 없더라도 다국적 기업의 매출이 일정금액을 초과하는 경우 시장소재지국에 ㉡납세할 수 있도록 하기 위한 논의를 말한다. 그리고 두 번째 접근법은 다국적 기업의 저세율국으로의 소득이전으로 인한 세원잠식을 방지하기 위해 12.5%의 글로벌 최저세율 도입 제안을 의미한다.

① 비호(庇護) : 두둔(斗頓)

② 협잡(挾雜) : 사기(詐欺)

③ 전망(展望) : 회고(回顧)

④ 노년(老年) : 만년(晩年)

⑤ 열중(熱中) : 골몰(汨沒)

04

다음 글의 밑줄 친 ㉠~㉤ 중 사전적 뜻풀이가 잘못된 것을 고르면?

직장 상사는 마음만 먹으면 직원을 바로 해고할 수 있을까? 해고는 근로 계약이 종료되는 여러 가지 원인 가운데 하나이다. 노동관계는 근로 계약에 의해 성립되는데, 이는 기본적으로 계약 자유의 원칙에 따라 이루어진다. 계약 자유의 원칙이란 개인 간의 계약은 원칙적으로 당사자의 자유에 맡기며, 국가와 법도 그것을 될 수 있는 한 ㉠ 승인한다는 것을 의미한다.

하지만 근로 계약에서 계약 자유의 원칙이 그대로 적용되지 않는 경우도 있다. 최저 임금법에 의하면 사용자는 근로자에게 최저 임금 이상을 지급해야 한다. 아무리 근로자가 원하다 해도 최저 임금보다 적은 시급을 지급하는 내용의 근로 계약은 무효이다. 근로 기준법에서 회사의 경영 담당자는 근로자가 아니라 사용자로 ㉡ 규정하고 있으며, 회사와 임원은 근로 계약 관계가 아니라 위임 계약 관계이기 때문에 최저 임금법의 적용을 받지 않는다.

노동관계를 종료할 때에도 계약 자유의 원칙은 일부 수정이 된다. 먼저 근로자는 언제든지 근로 계약을 해지할 수 있다. 민법은 고용 기간을 ㉢ 약정하지 않았을 때, 근로자가 언제든지 사용자 측에 계약 해지를 요구할 수 있다고 규정한다. 만약 사용자가 근로자의 해지 요구를 받아들이지 않는다면, 사용자가 해지 통고를 받은 날부터 한 달이 지난 시점에 무조건 해지의 효력이 생긴다. 반면에 사용자는 일방적인 해지권을 행사할 수 없다. 근로 기준법 제23조 1항에 명시되어 있으며 판례는 해고를 위한 정당한 사유를 '사회 통념상 고용 계약을 계속할 수 없을 정도로 근로자에게 책임이 있는 사유'라고 ㉣ 판시하고 있으며, 근로 기준법은 해고 사유와 시기를 서면으로 통지해야 효력이 있다고 규정하고 있다.

해고 외에도 노동관계가 종료되는 경우에는 여러 가지가 있다. 해고를 위해서는 노동관계를 더 이상 지속할 수 없을 정도로 근로자에게 책임이 있는 사유가 필요하다. 하지만 합의에 의한 사직은 원칙적으로 근로자가 노동관계의 종료를 원한 것이기 때문에 어떠한 이유도 필요하지 않다. 그러나 이 원칙을 그대로 ㉤ 관철하면 부당한 경우가 발생해 사회적으로 문제가 되기도 한다.

① ㉠: 어떤 사실을 마땅하다고 받아들임
② ㉡: 조건을 붙여 내용을 제한함
③ ㉢: 어떤 일을 약속하여 정함
④ ㉣: 어떤 사항에 관하여 판결하여 보임
⑤ ㉤: 어려움을 뚫고 나아가 목적을 기어이 이룸

05

다음 글을 읽고 웨저시대를 이해한 내용으로 옳은 것을 고르면?

> 일과 여가의 경계가 무너지는 '웨저(Weisure)'시대가 온다. '웨저'란 일(Work)과 여가를 뜻하는 레저(Leisure)를 합성한 말로 돌턴 콘리 뉴욕대 사회학과 교수가 최근 발표한 저서 「미국 어디에서나」에서 처음 언급했다. 미국, 일본 등 선진국에서 요즘 일과 여가의 균형을 맞춰 삶의 질을 개선하자는 '워크 라이프 밸런스', 즉 워라밸 캠페인이 추진되는 와중에 등장하여 궤를 같이해 급속하게 확산되고 있다. 콘리 교수는 웨저시대에는 매일 오전 9시부터 오후 5시까지 사무실 등으로 출근해 일하는 현대인의 업무와 생활 방식이 획기적으로 바뀔 것으로 전망한다.
>
> 이러한 변화는 무선 기술 발달에서 기인한다. 다만 그 형태가 반드시 재택근무만을 의미하지 않는다. 스마트폰, 노트북PC를 활용해 집과 사무실은 물론 백화점에서 쇼핑을 하거나 바다에서 요트를 즐기다가도 어디에서든 곧바로 일할 수 있다. 웨저 사회에서는 하루 24시간 동안 여가와 일을 동시에 처리할 수 있다.
>
> 웨저가 확산되면 일과 휴식의 경계가 모호해져 업무 효율이 떨어질 것이라는 우려도 제기된다. 그러나 인터넷 등 첨단 기술은 업무에 불필요한 시간을 줄이고 일의 처리량을 늘리는 한편 업무를 위한 시간과 장소의 제약이 없기 때문에 업무효율의 저하를 우려할 필요가 없다. 미국에선 공적인 업무와 사생활을 확실히 구분 짓는 직업윤리가 강조돼 왔다. 하지만 일과 여가가 하나로 묶이는 새로운 시대엔 두 가지를 조화롭게 다루는 능력이 중요해진다.
>
> 사람 간의 네트워크에도 변화가 일 것으로 보인다. 콘리 교수는 웨저를 통해 개인주의 문화가 팽배한 미국 사회에서 인간관계, 사회적 교류에 큰 변화가 나타날 것으로 전망한다. 가족과 여행을 하면서 직장 동료와 휴대전화 인터넷 채팅으로 회의를 할 수 있다. 또 페이스북 등 친목 사이트나 온라인 게임을 통해 사귄 인터넷 친구가 비즈니스 상대나 업무를 함께 처리하는 동료가 될 수도 있다.
>
> 콘리 교수는 산업혁명 이후 개인의 삶에서 일이 차지하는 비중이 지나치게 높아진 것이 문제라며 조만간 웨저가 일상에서 자리를 잡을 것으로 내다본다. 그는 CNN 인터뷰에서 "경제가 발전할수록 직장인의 업무 시간은 점차 길어져 왔다."며 "일과 여가를 동시에 처리해 시간을 아끼려는 미국인이 늘고 있다."고 말했다.

① 웨저시대에서는 근무시간의 제약이 없다.

② 웨저시대는 워라밸과 반대되는 개념으로 등장하였다.

③ 웨저시대의 근무형태는 재택근무를 의미한다.

④ 웨저시대에도 공과 사를 구별하는 미국의 인간관계 문화는 달라질 수 없다.

⑤ 일과 휴식의 경계가 모호해 지면 업무 효율이 떨어질 수밖에 없다.

06

다음 글의 빈칸 ㉠에 들어갈 내용으로 가장 적절한 것을 고르면?

은유의 영문인 메타포(Metaphor)는 '~를 넘어서'라는 뜻의 그리스어 '메타(Meta)'와 '나르다'라는 뜻의 '포라(Phora)'의 합성어이다. 즉, 단어의 의미를 넘어서 다른 의미로 옮긴다는 것을 뜻한다. 은유적 비유의 본질은 의미론적 변용 작용에 있다. 두 단어 사이의 개념적 유사성에 따라 의미의 전환을 시도하는 은유는 원관념을 숨기고 보조관념을 드러냄으로써 표현 대상을 유추하도록 한다. 이때 단어의 처음 뜻이 다른 뜻으로 바뀌는 의미의 전이는 은유의 핵심 개념이다. 은유는 'A=B'라는 문장 구조를 통해 원관념(A)의 뜻을 보조 관념(B)로 전이시켜 원관념의 의미를 새롭게 규정하는 비유법이다. 'A=B'의 형식에서 유추나 암시를 통해 의미의 자리바꿈을 시도하는 은유에 의하여 단어가 지닌 원래의 뜻은 새로운 뜻으로 의미론적 변화를 일으킨다.

은유에는 확대(Outreaching)와 조합(Combining)이라는 두 가지 원리가 작동하며, 변용된 의미의 질에 따라 치환 은유와 병치 은유로 구분한다. 은유의 가장 전통적인 형식인 치환 은유는 문법적 형태가 아니며, 비교함으로써 원관념 A의 의미를 보조 관념 B의 의미로 전이시켜 의미의 변용과 확대를 시도한다. 치환 은유에는 하나의 원관념에 하나의 보조 관념이 연결된 단순 은유, 원관념은 하나인데 보조 관념이 복수인 확장 은유, 은유 속에 또 다른 은유를 시도함으로써 텍스트 전체의 원관념을 새로운 의미로 전이시키는 액자 은유가 있다. 또한 다른 사물끼리 조합시켜 새 의미를 창조하는 병치 은유는 원관념과 보조 관념 사이의 유사성을 배제시켜, 원관념(A)과 보조 관념(B)을 병렬하고 조합하는 형식이다. 이질적인 사물, 경험, 이미지를 각각 병치시키고 내적인 의미로 종합하면 새로운 의미가 생성되는 것이다.

은유를 활용한 광고 문안이 소비자의 공감을 유도하는지 여부는 원관념에 대해 보조 관념으로 제시된 단어의 개념적 유사성(Similarity)과 개념적 이질성(Heterogeneity)의 거리에 따라 달라진다. 비유되는 관념의 내재적 유사성과 표면적 이질성의 거리가 멀수록 광고 문안의 은유 효과는 커진다. 이질성의 측면에서 보면 'A=B'에서 A와 B가 너무 유사한 개념이면 은유의 효과가 약해지기 때문에 좋은 은유가 되려면 적어도 다른 의미장(意味場)에서 개념이 제시돼야 하는데, 은유적 의미의 전이효과는 (㉠   ) 다시 말해서, 은유란 어떤 낱말의 의미 형성에 필요한 전형적인 조건에서 한 가지 이상이 어긋나는 표현 기법이며, A와 B가 유사성과 이질성을 적정 거리 이내에서 공유하는 경우에 더욱 강력한 광고 효과를 기대할 수 있다.

예를 들어, 2003년 서울우유의 광고 문안에서는 우유에 대한 고정 관념을 타파하자는 내용을 은유적으로 제시하고 있다. "우유는 키스다", "우유는 락이다", "우유는 만화다", "우유는 열정이다", "우유는 선물이다", "우유는 게임이다" 같은 문안에서는 우유가 지닌 원래의 뜻을 새로운 뜻으로 이해하라며 소비자에게 의미론적 변화를 권고하고 있다. 연령대에 맞춰 "우유=○○"이라고 제시하는 은유적 문안은 서울우유 상표의 이미지를 제고하는 데 영향을 미쳤다는 긍정적인 평가를 받았다.

① 사실이나 현실과 동떨어진 막연한 상상일 때 증폭된다.
② 두 관념 사이의 인접성을 바탕으로 일반적인 대표성을 나타낼 때 완성된다.
③ 원관념과 보조 관념의 의미가 유사하면서도 차별적일 때 발생한다.
④ 원관념과 보조 관념이 동일한 개념의 영역 안에 있을 때 강해진다.
⑤ 원관념과 보조 개념의 형식을 제시하지 않을 때 오히려 높아진다.

07

다음 글의 [가]~[마] 문단을 문맥에 맞게 순서대로 배열한 것을 고르면?

축구에는 크게 공격수(스트라이커), 미드필더, 수비수, 골키퍼라는 네 가지 포지션이 있다.

[가] 인공지능 분야에서 큰 업적을 남긴 공학자인 존 매카시는 이러한 현상을 가리켜 "As soon as it works, no one calls it AI any more(일단 실제로 작동하면, 누구도 더 이상 AI라고 부르지 않는다)"라고 말했다. 이를 감안하면 앞으로의 트렌드는 다시금 AI가 제품 뒤에 녹아들어 사용성과 편의성을 높이는 방향으로 발전할 것으로 예상된다. AI가 다시금 미드필더로 돌아간다고 가정했을 때, 과연 어떤 기술 트렌드가 공격수로 올라설지 예측해 보는 것이 중요한 과제이다.

[나] 이 중 미드필더는 공격수와 수비수의 가교 역할을 하는 포지션으로, 다른 포지션에 비해 정해진 임무가 다양하다 보니 활동량이 많고, 공격과 수비도 두루두루 잘해야 한다. 그리고 미드필더 중에서도 간혹 골을 넣는 능력이 매우 뛰어난 사람들을 가리켜 '미들라이커(미드필더+스트라이커)'라고 한다. 최근 AI(인공지능) 기술을 보면 자연스레 미들라이커라는 표현이 떠오른다.

[다] AI는 전면에 나서서 골을 넣는 공격수라기보다는 기본적으로 특정 서비스나 제품 뒤에 숨어 동작을 원활하게 해주는 미드필더의 성향이 강하다. 다만 2023년에는 ChatGPT라는 미들라이커가 혜성같이 등장하며 골 폭풍을 일으켰고, 구글과 같은 다른 걸출한 공격수들을 제치고 득점왕에 오른 격으로 볼 수 있다. ChatGPT는 AI가 사용자의 편의성을 개선하고 데이터를 분석하는 기능에서 나아가, 생성형 인공지능으로서 인간의 사고를 모방하고 콘텐츠를 만들어 내는 혁신적인 도구라는 것을 입증한 동시에 AI 활용의 대중화까지 이끌었기 때문이다.

[라] 그러나 올해는 다시금 AI의 역할이 본래의 포지션인 미드필더로 돌아갈 전망이다. 이와 관련해서 포브스는 "2024년부터 '인공지능'이라는 말이 사라지기 시작할 것"이라는 예측을 하기도 했다. AI 기술의 역할이 축소된다는 것이 아니라, 오히려 모든 영역에 사용되기 때문에 더 이상 이를 강조하거나 전면에 내세울 필요가 없다는 'AI 역설(AI Paradox)'을 의미한다. 실제로 AI는 이미 우리의 실생활에 깊숙이 침투해 있다. 유튜브나 OTT 등에서 흔히 '알고리즘'이라고 불리는 개인화 추천 기능도 AI 기반이며, 스마트폰 어시스턴트인 Siri나 빅스비 역시도 AI 기반의 서비스이다. 스마트폰 카메라에 사용되는 자동 보정, 객체 인식 기능 등의 기술도 역시 모두 AI를 기반으로 하지만 워낙 익숙해진 탓에 AI 기반의 기술이라는 사실을 잊고는 한다.

① [가]−[나]−[다]−[라]
② [가]−[라]−[나]−[다]
③ [나]−[가]−[라]−[다]
④ [나]−[다]−[라]−[가]
⑤ [다]−[나]−[가]−[라]

08

다음 글의 서술 방식으로 가장 적절한 것을 고르면?

산업화에 따른 환경오염과 기후변화 등으로 유해물질이 증가하면서 환경성 질환자 수가 늘고 있다. 현대인 대부분이 하루의 90% 이상을 실내에서 생활하므로 실내 공기를 비롯한 실내 환경 관리가 중요하다. 세계보건기구(WHO)는 대기오염에 의한 사망자 수가 연간 약 600만 명, 이 중 실내공기오염에 의한 사망자가 약 280만 명이라 밝히며, 이는 실내 오염물질이 실외 오염물질보다 폐에 전달될 확률이 1,000배 높기 때문이라고 추정한 바 있다. 보건복지부가 발간한 '통계로 보는 사회보장 2022'에 따르면 환경성 질환 중 알레르기 비염, 아토피 피부염, 천식 3개에 대한 질환자 수는 2021년에 768만 6,000명으로 나타났고, 알레르기 비염 601만 명, 아토피 피부염 98만 8,000명, 천식 68만 8,000명이었다. 이 중 알레르기 비염과 아토피 피부염은 전년인 2020년보다 증가한 반면, 천식은 2020년보다 감소한 양상을 보였다.

대표적인 환경성 질환 중 알레르기 비염은 콧속으로 흡입된 특정 항원에 대해 콧속 점막이 과민반응을 일으켜 재채기, 맑은 콧물, 코막힘, 심한 가려움증을 동반하는 것이다. 환경오염 등으로 인한 공해, 실내에 오래 거주하는 생활패턴의 변화 등으로 알레르기 비염 환자가 꾸준히 늘고 있는데, 질병관리청에 따르면 한 번이라도 알레르기 비염을 진단받은 국민은 전체의 약 20%에 달한다고 한다. 특정 계절에만 발생하는 '계절성 알레르기 비염'은 식물의 꽃가루나 온도 변화에 민감한 경우가 많다. 대기오염, 차가운 공기와 같은 온도 변화, 실내공기오염 등은 알레르기 비염을 악화하는 요인이다.

다음으로 천식은 만성적인 기도의 알레르기 염증 질환으로 폐속에 있는 기관지가 때때로 좁아져 호흡곤란, 기침, 천명과 같은 호흡기 증상이 반복적으로, 갑자기 나타나는 질환이다. 국내 천식 유병률은 3.4~4.7%로, 어린이나 고령층 모두에서 증가하고 있다. 천식의 원인과 악화요인은 모두 환경과 밀접하다. 원인인자로는 집먼지진드기와 꽃가루, 곰팡이, 음식물 등이 대표적이며 기후변화와 대기오염, 담배 연기, 감기 등 상기도 감염, 등이 천식의 악화인자에 해당한다. 천식 치료에서는 이 두 가지 인자를 피하는 환경요법이 가장 중요하다.

폐암 역시 환경성 질환으로 볼 수 있다. 폐암은 폐에 생긴 악성 종양으로, 암세포의 크기와 형태를 기준으로 비소세포폐암과 소세포폐암으로 구분한다. 이 중 비소세포폐암이 폐암의 80~85%를 차지한다. 폐암은 초기에 이렇다 할 증상이 없고, 어느 정도 진행된 후에도 감기처럼 기침이나 가래 같은 증상만 나타나는 경우가 흔하다. 폐암의 위험요인 중 가장 대표적인 것은 흡연이다. 국가암정보센터에 따르면 흡연자는 비흡연자보다 폐암에 걸릴 위험이 15~80배까지 증가한다고 한다. 흡연 외 위험요인은 간접흡연, 석면에의 지속적인 노출, 라돈과 같은 방사선 동위원소에의 노출, 대기오염 등이다. 특히 미세먼지는 1급 발암 물질로 폐암 발생률을 높인다고 보고된다.

① 문답법을 사용하여 글의 흐름에 변화를 주고 있다.
② 비유와 은유를 통해 독자의 흥미를 끌고 있다.
③ 구체적인 수치를 제시하여 글의 신뢰성을 확보하고 있다.
④ 권위자의 발언을 근거로 들어 주장을 강화하고 있다.
⑤ 실제 경험 사례를 들어 어려운 개념의 이해를 돕고 있다.

09

다음 기사의 제목으로 가장 적절한 것을 고르면?

행정안전부는 차량 광고 표시 영역을 확대하고, 공공목적 광고물의 주기적 안전점검을 의무화하는 등 제도적 개선내용을 담은 옥외광고물법 시행령 개정안을 오는 21일부터 시행한다고 밝혔다. 이번 개정안은 옥외광고 기회 확대를 통해 소상공인 · 자영업자 및 관련 산업을 진흥하고, 쾌적하고 안전한 생활환경을 조성하기 위해 마련했다.

특히 관련 업계로부터 차량 · 철도 등 교통수단을 이용한 광고물에 대한 규제 완화요청이 잇달아 제기된 만큼 국민이 체감할 수 있는 규제 해소방안 마련이 필요한 상황을 반영했다. 이에 기존에는 차량 이용 광고물의 표시 부위를 옆면 또는 뒷면으로 한정했으나 앞으로는 창문을 제외한 차체 모든 면에 각 면의 면적 1/2 이내로 광고물을 표시할 수 있다. 또한 경전철과 모노레일 등 철도 차량의 광고면을 기존보다 확대해 창문 부분을 제외한 옆면 전체 면적에 광고물을 표시할 수 있다. 아울러 지하철역과 달리 도시철도역은 옥외광고가 가능한 장소로 명시되어 있지 않았으나 앞으로는 경전철, 모노레일 등의 도시철도역에도 옥외광고물 표시를 허용한다. 특히 현재 학교는 상업광고가 금지돼 있으나 광고 노출 대상이 성인인 대학교에는 옥상 · 벽면 등을 활용한 상업광고를 할 수 있다.

한편 안전하고 쾌적한 생활환경 조성을 위해 제도도 개선한다. 이에 국가 등이 설치하는 공공목적 광고물은 일반 광고물과 달리 주기적 안전점검 대상에 해당하지 않았으나, 앞으로는 주기적 안전점검 대상에 포함해 3년마다 안전점검을 받게 된다. 광고물을 자유롭게 설치할 수 있는 자유표시구역의 경우 관계기관 간 협의가 원활히 이뤄지지 않아 사업이 지연되는 경우가 있었으나, 앞으로는 주민 · 관계 행정기관 · 옥외광고사업자 등으로 구성된 협의체를 운영해 사후관리를 강화한다.

이로써 산업계에서 건의한 민생 규제 애로사항을 해소해 산업 경쟁력을 높이고 자영업자 · 소상공인의 광고 기회가 확대될 것으로 기대된다. 나아가 공공목적 광고물 안전점검 의무화 등 기존 제도 운영과정에서 나타난 미비점을 개선해 옥외광고물에 대한 관리도 한층 강화될 것으로 예상된다.

행정안전부 차관보는 "자영업자들의 광고 기회를 확대하고, 옥외광고물로 인한 안전사고를 예방하기 위해 제도개선을 추진했다"며 "앞으로도 일선 현장의 규제 개선 요구와 불편 사항을 적극 수렴해 민생 규제 개선에 적극 나서겠다"고 강조했다.

① 대학 내 옥외 · 벽면 등 상업광고 허용을 위한 의견 수렴
② 옥외광고물법 시행령 개정으로 광고물 부착 허용 시범사업 연장
③ 차량 광고 규제 완화 및 공공목적 광고 안전점검 강화
④ 택시 지붕의 디지털 광고판 타 교통수단 확장성 등 검증
⑤ 공공목적 광고물에 한해 부착 허용 범위 전면 확대

10

다음 글의 내용과 일치하는 것을 고르면?

세계가 기후 위기 대응과 저탄소 시대의 필요성을 절감하고 있다. 유럽을 중심으로 여러 선진국들이 2050년까지 화석연료의 의존도를 줄이려는 정책을 단계적으로 마련하고 있는 가운데 독일의 모범적 사례가 눈에 띈다. 독일은 2020년 탄소 총배출량을 1990년 대비 42% 감축하며 목표치를 2% 초과 달성했다. 팬데믹의 여파에도 기후 정책을 마련하고 입법화한 독일 연방정부와 시민사회의 노력이 빛을 발했다는 평가다. 베를린 중앙역과 정부청사 같은 관공서 건물에도 태양 전지판이 지붕을 덮고 있다. 유럽 최초의 '탄소중립 기차역'인 케르펜－호렘역은 태양광과 지열만으로 운영한다. 형광등부터 에스컬레이터까지 실내 깊숙이 자연광이 비추는 설계부터 빗물 재사용장치 등 재생에너지만을 이용해 매년 24톤의 이산화탄소를 감축하고 있다.

'한국판 뉴딜 계획'의 한 축인 '그린뉴딜'은 독일의 탄소중립 정책과 맥을 같이한다. 그린뉴딜은 에너지 산업구조를 전면 조정해 신재생에너지로 바꾸는 것이다. 한국철도는 태양광사업 등 철도의 자원을 활용한 그린뉴딜에 적극 동참하려 한다. 탄소중립을 위해 신재생에너지 사업을 확대하고 저탄소 친환경 철도를 구현하는 그린뉴딜 사업으로 미래 철도의 성장 동력을 확보할 계획이다. 또한 철도 건물 옥상 등 주요 역사와 유휴부지 8곳, 14만여 m^2에 태양광발전 시범사업을 추진하고 관련 법률과 제도를 마련해 친환경에너지 사업의 포석을 다지고 있다. 중장기적으로는 선로와 방음벽 등에 태양광 전지판을 설치해 철도시설을 '친환경 발전소화'하는 방안을 구상 중에 있다. 2030년까지 최소 25만 톤의 이산화탄소를 감축하는 것이 목표이다.

독일 국토는 일사량이 풍부하지 않다. 한반도보다 위도가 높아 태양광 자연 자원이 우리나라보다 부족하다. 그럼에도 탄소중립의 선두에 서게 된 것은 어려운 여건에도 정부와 독일 철도, 마을 공동체까지 정책에 뜻을 모으고 비용까지 분담하는 등 프로젝트에 적극 동참했기 때문이다. 철도가 그린뉴딜의 견인차로 주목받고 있다. 탄소 중립을 통한 기후 위기 대응은 더 이상 목표가 아니다. 미래를 위한 의무이자 약속이다. 한국철도는 모든 이해관계자와 힘을 모아 탄소중립을 향한 철도의 길을 만들어 갈 것이다.

① 한국철도는 모든 선로에 태양광 전지판을 설치하여 전력을 생산하고 있다.
② 독일의 성공은 정부뿐 아니라 이해관계자의 적극적인 참여에서 기인한다.
③ 케르펜－호렘역의 일부 시설은 천연가스를 사용하여 운영되고 있다.
④ 독일은 한반도보다 위도가 높아서 일사량이 풍족하여 태양광 정책을 펴기 쉬웠다.
⑤ 한국철도는 2030년까지 현재의 42% 수준으로 이산화탄소를 감축하고자 한다.

[11~12] 다음 글을 바탕으로 이어지는 질문에 답하시오.

[가] 모빌리티 분야에서 인공지능은 자율주행 차량을 중심으로 활용되고 있다. 각종 센서를 통해 주변의 환경을 인식하고 다양한 교통 상황을 예측해 사람의 도움 없이도 도로에서 움직일 수 있다. 완벽한 자율주행을 5단계라고 할 때, 현재의 우리나라의 자율주행 차량은 3단계 수준이지만 곧 4단계 자율주행 기능이 탑재된 차량을 만날 수 있게 될 예정이다.

[나] 하지만 인공지능이 움직이는 자동차에만 적용되는 것은 아니다. 사실 인공지능은 도로교통 인프라 전반에서 활약하고 있고, 최근 그 범위를 계속해서 확장해 가는 중이다. 대표적으로 스마트 신호등은 자동차나 보행자의 통행량과 관계없이 주간, 야간 등 특정 시간에 맞춰 신호가 바뀌는 현재의 고정형 신호등 체계를 개선한 신호등이다. 인공지능 기술을 기반으로 영상을 인식해서 통행 차량과 횡단보도의 보행자 수를 실시간으로 파악 및 분석하고, 상황에 따른 최적의 신호체계를 구현 하는 것을 목표로 한다.

[다] 스마트 신호등의 가장 놀라운 능력은 바로 교통 흐름을 예측해 혼잡을 줄이는 것이다. 스마트 신호등은 주변 도로의 통행량과 기존에 수집한 데이터를 바탕으로 교통 상황을 예측해 최적의 신호 패턴을 제공한다. 이를 통해 교통 체증을 줄이고 차량들을 원활하게 이동할 수 있게 돕는다. 또한 스마트 신호등은 안전 신호등이기도 하다. 스마트 신호등은 객체 분석을 통해 차량뿐 아니라 사람, 자전거 등 도로 위의 여러 사물들을 구분해서 인식한다. 보행자와 자전거 이용자들은 도로 교통에서 자동차에 비해 취약한 이들인데, 상황이나 미리 지정된 우선순위에 따라 보행자 신호를 우선적으로 제어하거나 자전거 전용 신호를 제공할 수 있다. 예를 들어 길을 건너는 데 더 오랜 시간이 걸리는 노약자나 교통약자가 있다면, 횡단보도를 다 건널 때까지 신호를 유연하게 조정해 주는 식이다.

[라] 아직은 도입 단계이지만, 인공지능 기술의 빠른 발전에 힘입어 스마트 신호등의 미래 역할도 주목받고 있다. 더 정확한 교통 예측, 자율주행 기술과의 연계, 효율적인 교통 제어로 앞으로 도로 교통은 더욱 효율적이고 안전해질 것이고, 미래에는 스마트 신호등이 도로 교통 시스템의 핵심 요소로 여겨질 것으로 전망된다. 특히 자율주행 기술과 스마트 신호등의 만남은 더욱 놀라운 시너지 효과를 만들어낼 것으로 기대된다. 자율주행 차량은 센서와 알고리즘을 통해 주변 환경을 감지하고 교통 상황을 분석한다. 이와 함께 스마트 신호등은 교통 데이터를 실시간으로 수집하고 분석해 자율주행 차량과 원활하게 소통할 수 있다. 자율주행 기술과 스마트 신호등의 협력은 교통 체증 해소, 안전 운전, 에너지 효율화 등 다양한 이점을 가져올 것이다.

11

다음 중 [보기]의 글이 들어가기에 가장 적절한 위치를 고르면?

보기

환경적으로도 스마트 신호등은 도움이 된다. 교통 흐름 예측으로 차량의 원활한 이동을 돕고 차량들의 이동 거리를 줄여 에너지를 절약할 수 있을 뿐만 아니라, 교통 체증 해소로 인해 불필요한 배출가스를 줄이고 탄소 절감에도 기여하게 된다. 사고 예방과 긴급 대응에 있어서도 스마트 신호등의 역할이 큰데, 예를 들어 스마트 신호등은 교통 데이터의 실시간 파악으로 사고가 발생할 가능성이 높은 지점과 시점을 파악하고, 이를 예방하기 위해 신속하게 신호 패턴을 변경한다. 또 사고가 발생하면 긴급 구조와 대응을 위해 사고 현장의 신호를 신속하게 수집하고 교통을 통제한다. 사고 현장까지 구급차가 빠르게 이동할 수 있도록 우선순위를 변경해 녹색불 신호를 연결하는 것도 신호등의 역할이다.

① [가] 문단의 앞　② [가] 문단의 뒤　③ [나] 문단의 뒤
④ [다] 문단의 뒤　⑤ [라] 문단의 뒤

12

다음 중 주어진 글을 바탕으로 할 때, 스마트 신호등의 장점으로 적절하지 않은 것을 고르면?

① 보행자의 특성에 맞춰 신호 제공 시간을 조정할 수 있다.
② 교통량이 아닌 특정 시간대에 맞춰 신호가 변경된다.
③ 자율주행 기술과 연계하여 도로 환경 개선에 활용될 예정이다.
④ 기존에 축적된 데이터를 교통 상황 예측에 활용한다.
⑤ 차량과 보행자를 구분하여 인식하므로 효과적으로 사고를 예방한다.

13

다음 글을 읽고 추론할 수 있는 내용으로 옳은 것을 고르면?

풍요로워진 생활로 인해 전 세계적으로 발병률이 크게 증가하고 있는 대사증후군(Metabolic Syndrome)이 인류의 건강을 크게 위협하는 질병 중 하나로 대두되고 있다. 대사증후군에서 '증후군'은 증상이 한 가지로 뚜렷하게 나타나는 것이 아니기 때문에 붙여진 말로, 일반 사람들은 대사증후군을 제대로 인식하지 못하고 있거나 막연하게 생각할 수 있다. 그렇지만 대사증후군을 방치할 경우 다른 질환을 유발해 갑작스런 죽음을 맞이할 수 있고, 암으로 발전할 위험성도 높아 각별한 주의가 필요하다.

대사증후군은 단순하게 나타나는 질병이 아니라 유전적 요인 즉, 가족력과 환경적 요인이 함께 작용하여 발생하는 복합적 질병이다. 유전적인 요인으로는 지질대사나 인슐린 저항성과 연계되어 있는 'SNP'로 불리는 유전자인 단일염기 다형성이 대사증후군에 관련되어 있는 것으로 밝혀지고 있다. 환경적인 요인으로는 복부비만을 유발하는 식생활이나 적은 활동량에 따른 운동 부족, 과음이나 흡연, 나이 등과 함께 2.5kg 이하의 저체중 출산아도 원인으로 지적되고 있다. 많은 질병의 원인인 스트레스도 대사증후군의 유발 요인이다.

대사증후군 환자에게서 나타나는 주요 특징 중 하나인 인슐린 저항성은 당뇨병 발생 확률을 10배 이상, 심혈관계 질환 발생을 2배 이상 유발하는 위험성을 지니고 있는 것으로 알려져 있다. 우리 몸에서 혈중 포도당 농도가 높아지면 췌장의 베타세포가 자극을 받아 인슐린을 더 많이 분비해 이를 조절해 주는데, 이때 인슐린이 과도하게 분비되어 혈중 인슐린 농도가 많이 높아지면 인슐린 저항성이 나타날 수 있다. 이런 결과로 베타세포가 인슐린을 분비하지 못해 발생하는 질환이 당뇨병이다.

심장대사증후군학회가 국내 19세 이상 성인을 대상으로 한 대사증후군 진단 기준 항목별 유병 현황 조사에 따르면 좋은 콜레스테롤로 불리는 HDL 수치가 40mg/dL보다 낮은 '저HDL콜레스테롤 혈증'이 30.3%로 가장 높게 나타났다. 이는 고혈압(29%)보다도 높았다. 낮은 HDL 콜레스테롤이 위험한 이유는 혈관에 불필요하게 쌓인 콜레스테롤을 청소하는 역할을 하는 HDL 콜레스테롤이 부족해지는 경우, 필요한 곳에 쓰이고 남은 콜레스테롤이 혈관에 쌓이면서 혈관 벽이 좁아지고 딱딱해져 심혈관계에 문제를 일으킬 수 있기 때문이다. HDL 수치를 높이기 위해서는 강도 높은 운동을 한 번 오래 하기보다는 가벼운 운동을 자주 하는 것이 효과적이다. 그리고 식사는 탄수화물 과다섭취에 유의하면서 생선, 콩, 두부, 잡곡, 신선한 채소와 과일 등을 고루 섭취할 것이 권고되고 있다.

5단계로 구분되는 대사증후군의 진행 과정에서 1단계의 원인으로 운동 부족, 균형 잡히지 않은 식생활, 흡연이나 과도한 음주, 그리고 스트레스 등이 지적되고 있다. 2단계는 고혈압, 고혈당, 고중성지방성, 저HDL 콜레스테롤, 복부비만 등 대사증후군을 유발하는 5가지 위험요소 중 3가지 이상이 기준치를 넘겨 대사증후군 증상이 나타나는 단계이다. 3단계에서는 비만, 당뇨, 고혈압, 이상지질혈증 등이 나타나며, 4단계에서는 심근경색, 협심증, 뇌졸중, 당뇨병 등의 합병증이 동반된다. 그리고 마지막 5단계에 접어들면 반신마비, 일상생활장애, 인지장애(치매) 등의 증상이 나타난다.

대사증후군은 특정 부위의 통증으로 나타나지 않으며, 약물 치료도 쉽지 않은 질환으로 관리가 어려운 질환이기 때문에 대사증후군으로 진단을 받으면 서둘러 관리에 나서야 한다. 대사증후군의 관리 방법으로는 규칙적인 운동을 통한 신체 활동 늘리기, 식이요법으로 골고루(종류), 제때에(시기), 알맞게(양), 천천히(속도) 그리고 싱겁게 먹는 식습관 길들이기, 적정 체중 유지하기, 혈압, 혈당, 콜레스테롤의 정기 검진과 상담하기, 술과 담배 끊기, 스트레스 관리 등이 제안되고 있다. 우리가 섭취한 음식물에 함유된 영양소가 세포로 흡수되어 이용되는 과정에는 비타민과 미네랄의 도움이 필요하다. 인슐린 저항성과 연관해 비타민D가 꼽히고 있는데,

비타민D는 골다공증 예방뿐만 아니라 고혈압, 당뇨병, 심혈관질환 및 대사증후군 예방에도 도움을 주는 것으로 보고되고 있다.

지속적인 운동은 인슐린의 이용률을 높여준다. 제2형 당뇨병(인슐린 비의존형)과 심장병의 발생률은 주로 앉아서만 일하는 사람보다 규칙적으로 운동하는 사람에서 30~55% 낮게 나타나는 것으로 보고되고 있다. 하지만 건강에 도움이 되는 운동도 지나칠 경우 위험하다는 사실을 제대로 인식하고 임해야 한다. 운동은 자신의 체질에 맞게 이루어져야 하며, 운동의 종류와 빈도, 강도와 순응도, 그리고 안전성 등을 감안하여 실천해야 한다.

① 대사증후군 진단 기준 항목별 유병 현황 조사에서 고혈당이 고혈압보다 높게 나타났을 것이다.
② 위험요소 중 복부비만과 고혈압에서만 기준치보다 높게 나타난 경우 대사증후군 2단계로 볼 수 있다.
③ 베타세포에서 분비하는 인슐린이 많아질수록 혈중 포도당 농도가 높아질 것이다.
④ 대사증후군의 관리 시 섭취 음식의 종류보다 섭취 시기가 중요할 것이다.
⑤ 비타민D의 꾸준한 섭취는 당뇨병 발생 확률을 낮출 것이다.

14

다음 글을 읽고 추론할 수 있는 내용으로 적절하지 않은 것을 고르면?

5만 원권 지폐가 시중에서 잠자고 있다는 의혹이 제기되고 있다. 잊을 만하면 가끔씩 등장하는 뉴스는 5만 원권이 시중에서 실종된 이유가 지하경제나 탈세 때문이 아닌가 하는 것이다. 5만 원권이 시중에 돌지 않고 있다는 의혹은 한국은행이 매월 발표하는 5만 원권 지폐 환수율 통계로부터 연유한다. 환수율이란 같은 기간 동안 한국은행에서 시중으로 흘러나간 5만 원권의 양을 분모로 하고 같은 기간 동안 시중 은행에서 한국은행으로 되돌아온 5만 원권의 양을 분자로 하여 계산한 비율이다. 이 비율은 요즘 꽤 줄었는데, 올해 1~2월의 5만 원권 발행액은 약 5조 945억 원이었고, 한국은행으로 돌아온 5만 원권은 3,286억 원에 그쳐 환수율은 7.02% 수준이다. 1월의 환수율은 4.1%, 2월의 환수율은 9.2%인 반면, 작년 1월과 2월에는 환수율이 44%, 55%이었다.

그런데 정말 5만 원권이 시중에 잠들어 있을까? 앞서 설명한 대로 지폐의 환수율이라는 통계는 중앙은행이 시중에 공급한 화폐량에 비해 다시 돌아온 화폐량의 비율을 의미한다. 그러나 환수율이 높으면 화폐가 시중에서 활발하게 유통된다는 뜻이고, 환수율이 낮으면 유통이 둔화되고 있다는 의미는 아니다. 5만 원권 지폐가 시중 은행에서 한국은행으로 다시 돌아오는 이유는 시중 은행에서 5만 원권 지폐가 당장은 필요가 없다고 생각해서 한국은행에 예금을 하기 때문이다. 환수율이 높은 것은 오히려 시중에서 5만 원권 지폐의 수요가 별로 없다는 뜻이기도 하다. 5만 원권이 시중에서 자주 쓰이면 사람들은 지갑에 5만 원권을 넣어 두고 다니기 때문에 은행으로 되돌아오는 5만 원권은 줄어들고 환수율은 낮아진다. 물론 5만 원권 지폐가 지하경제에 잠들어 있어도 환수율을 낮아진다.

환수율은 분자가 낮은 것보다는 분모가 커지는 경우에 낮아진다. 환수율이 낮다는 것은 시중에 5만 원권을 많이 내보냈다는 뜻으로 해석될 수 있다. 최근 한국은행은 5만 원권 지폐의 환수율이 낮아진 것은 시중에 5만 원권 수요가 많아져서 더 많이 내보냈고, 2월의 명절인 설을 쇠는 용도로 흘러나간 5만 원권이 되돌아오는 데 시간이 걸리고 있기 때문이라고 설명했다. 그렇다면 시중에 5만 원권 수요가 왜 늘었을까? 정답은 예금이자와 관련이 깊다. 일반적으로 사람들은 잘 사용하지 않는 지폐는 은행에 예금하고 은행은 그렇게 들어온 지폐가 필요량보다 많으면 한국은행에 그 지폐를 다시 되돌려준다. 그런데 예금이자가 낮으면 잘 사용하지 않는 지폐도 그냥 서랍 속에 넣어 두는 경우가 많다. 예금을 해서 들어오는 이자의 유용성이 예금을 하러 은행에 찾아가는 수고로움보다 작기 때문이다.

① 최근의 예금이자는 매우 낮은 상황일 수 있다.
② 최근 5만 원권 환수율이 5만 원권 발행 이래로 가장 낮다.
③ 환수율이 낮은 것은 5만 원권 지폐가 매우 잘 사용되고 있다는 뜻일 수 있다.
④ 시중에서 5만 원권 지폐가 잘 돌고 있는지 잠자고 있는지는 환수율 통계로는 완전히 알 수 없다.
⑤ 매달 일정한 수준의 5만 원권이 회수되더라도 시중에 5만 원권을 더 많이 내보내는 달에는 환수율이 낮아진다.

15

김 사원은 회사 기념행사를 위한 축하 꽃다발을 준비하려 한다. 김 사원이 꽃다발을 구매하려는 꽃집에는 흰색 장미, 빨간색 장미, 노란색 해바라기, 파란색 수국, 흰색 수국, 노란색 튤립, 빨간색 튤립이 있고, 장미, 수국, 튤립은 색깔별로 각각 3송이씩, 해바라기는 4송이가 있다. 김 사원은 이 중 두 종류 이상의 꽃을 사용하여 총 4송이로 구성된 꽃다발을 만들려고 하는데, 흰색 꽃은 2송이, 노란색 꽃은 1송이만 포함하여 꽃다발을 만드는 경우의 수를 고르면?(단, 꽃의 종류는 같고, 색깔만 다른 경우 같은 종류로 간주한다.)

① 18가지　② 90가지　③ 156가지
④ 455가지　⑤ 945가지

16

상자에 똑같은 개수의 간식을 넣어 판매하려고 한다. 한 상자에 간식을 6개씩 넣으면 42개의 간식이 남고, 상자 4개를 뺀 후 한 상자에 간식을 9개씩 넣으면 간식이 모자란다고 할 때, 상자의 개수가 될 수 있는 수 중 가장 적은 수를 고르면?

① 25　② 27　③ 29
④ 31　⑤ 33

17

KTX 1호기와 이보다 시속 2km가 더 빠른 KTX 2호기가 동시에 터널에 진입하여 KTX 2호기가 터널의 3/4 지점에 도착하였을 때, 기존보다 속도를 시속 6km 늦추어 운행하였다. KTX 1호기는 계속 일정한 속도를 유지하였고, KTX 2호기가 KTX 1호기보다 먼저 터널을 통과하였다고 할 때, KTX 2호기가 터널의 3/4 지점을 도착하기 전의 속력은 적어도 시속 몇 km보다 빠른지 고르면?(단, 두 기차의 길이는 무시한다.)

① 시속 12km　② 시속 14km　③ 시속 16km
④ 시속 18km　⑤ 시속 20km

[18~19] 다음 [표]는 2019~2023년 우리나라의 연도별 경제활동 인구에 관한 자료이다. 이를 바탕으로 이어지는 질문에 답하시오.

[표1] 2019~2023년 경제활동 인구

(단위: 천 명, %)

구분	2019년	2020년	2021년	2022년	2023년
경제활동 인구	28,186	28,012	28,310	28,922	29,203
경제활동 참가율	69.5	68.6	69.0	70.5	71.1

※ 경제활동 인구는 남녀 경제활동 인구의 합임

※ (경제활동 참가율)(%) $=\frac{\text{(경제활동 인구)}}{\text{(15세 이상 인구)}}\times 100$

[표2] 2019~2023년 여성 경제활동 인구

(단위: 천 명, %)

구분	2019년	2020년	2021년	2022년	2023년
15세 이상 여성 인구	22,618	22,750	22,882	22,988	23,045
여성 경제활동 인구	12,097	12,007	12,186	12,546	12,817
여성 경제활동 참가율	53.5	52.8	53.3	54.6	(　　)

※ (여성 경제활동 참가율)(%) $=\frac{\text{(여성 경제활동 인구)}}{\text{(15세 이상 여성 인구)}}\times 100$

18

다음 중 자료에 대한 설명으로 옳지 않은 것을 고르면?

① 2023년 여성 경제활동 참가율은 50% 이상이다.

② 2019년 15세 이상 인구는 4천만 명을 초과한다.

③ 2021~2023년 동안 경제활동 참가율이 가장 크게 증가한 연도는 2022년이다.

④ 2019~2023년 동안 남성 경제활동 인구는 해마다 꾸준히 증가하였다.

⑤ 2019~2023년 동안 경제활동 참가율이 처음으로 70%를 넘긴 연도에 15세 이상 여성 인구는 전년 대비 10만 명 이상 늘었다.

19

다음 중 위의 자료를 바탕으로 2021년 남성 경제활동 참가율을 고르면?(단, 계산 시 소수점 아래 첫째 자리에서 반올림한다.)

① 89%　② 90%　③ 91%

④ 92%　⑤ 93%

20

다음 [표]는 2019~2027년 세계 디스플레이 시장규모 및 전망과 2015~2020년 국가별 LCD/OLED패널 시장 점유율에 관한 자료이다. 이를 바탕으로 작성한 [보기]의 내용 중 옳은 것을 고르면?

[표1] 세계 디스플레이 시장규모 및 전망 (단위: 억 달러)

품목	2019년	2020년	2021년	2022년	2023년	2024년	2025년	2026년	2027년
LCD	834	925	1,011	981	958	946	920	902	875
OLED	249	296	380	411	444	459	476	482	484
기타	8	7	7	12	33	52	71	89	93
합계	1,091	1,228	1,398	1,404	1,435	1,457	1,467	1,473	1,452

[표2] 국가별 LCD패널 시장 점유율 (단위: %)

구분	2015년	2016년	2017년	2018년	2019년	2020년
한국	38.9	36.9	32.9	29.2	25.8	20.8
대만	31.4	27.5	24.9	27.7	30.5	28.3
일본	16.1	17.1	16.7	13.0	8.2	7.6
중국	13.5	15.8	20.5	25.2	30.6	37.2
기타 국가	1.0	0.7	1.0	1.1	1.5	1.2

[표3] 국가별 OLED패널 시장 점유율 (단위: %)

구분	2015년	2016년	2017년	2018년	2019년	2020년
한국	98.5	98.1	97.9	95.9	89.4	86.7
대만	0.2	0.2	0.2	0.4	0.4	0.3
일본	0.6	0.5	0.4	0.4	0.3	0.5
중국	0.5	1.1	1.4	3.2	9.8	12.4
기타 국가	0.2	0.1	0.1	0.1	0.0	0.0

보기

세계 디스플레이 시장은 크게 LCD, OLED패널로 구분되며, 기술 및 가격경쟁력 약화로 기타 디스플레이 시장은 축소되고 있다. 디스플레이 시장규모는 2027년까지 약 1,450억 달러로 성장할 전망이다. ㉠ 이 중 LCD패널 시장은 2020년 이후에 역성장이 예상되는 반면, ㉡ OLED패널 시장은 매년 커져 전체 시장에서 차지하는 비중은 2021년 25% 미만에서 2027년에는 30% 이상에 이를 것으로 전망된다. ㉢ 2020년 우리나라의 세계 디스플레이 시장 점유율은 35% 이상이나 중국이 급부상하며 중국의 점유율이 빠르게 상승 중이다. ㉣ LCD패널 부문에서는 2019년 중국의 시장 점유율이 2015년 대비 17.1% 높아져 세계 1위 LCD패널 생산국 자리에 올라섰다. 우리나라는 LCD패널 생산을 축소하고, OLED패널에 집중함에 따라 LCD패널 점유율의 지속적인 감소가 전망된다. 한편 ㉤ 중국은 OLED패널 생산을 확대하여 2020년에는 중국의 OLED패널 시장규모가 60억 달러를 넘어섰고, 경쟁은 더욱 치열해질 예정이다.

① ㉠ ② ㉡ ③ ㉢ ④ ㉣ ⑤ ㉤

21

다음 [표]는 2018~2022년 주택규모별 · 유형별 재고주택에 관한 자료이다. 이를 바탕으로 작성한 [보기]의 그래프 중 옳지 않은 것을 모두 고르면?

[표1] 2018~2022년 주택규모별 재고주택 (단위: 천 호)

구분	2018년	2019년	2020년	2021년	2022년
40m² 이하	2,293	2,360	2,423	2,472	2,526
40m² 초과 60m² 이하	5,168	5,254	5,337	5,389	5,473
60m² 초과 100m² 이하	7,161	7,477	7,706	7,873	8,057
100m² 초과 165m² 이하	2,171	2,188	2,208	2,223	2,239
165m² 초과	840	847	854	855	860
합계	17,633	18,127	18,527	18,812	19,155

[표2] 2018~2022년 유형별 재고주택 (단위: 천 호)

구분	2018년	2019년	2020년	2021년	2022년	합계
단독 주택	3,948	3,918	3,898	3,871	3,861	19,497
아파트	10,826	11,287	11,662	11,949	12,269	57,993
연립 주택	509	514	522	526	531	2,602
다세대 주택	2,140	2,195	2,231	2,253	2,283	11,102
영업용 건물 내 주택	210	213	214	213	211	1,061
합계	17,633	18,127	18,527	18,812	19,155	92,255

※ 재고주택 유형은 단독 주택, 아파트, 연립주택, 다세대 주택, 영업용 건물 내 주택으로만 구분함

보기

㉠ 2018~2022년 유형별 재고주택 수 5개년 평균 (단위: 천 호)

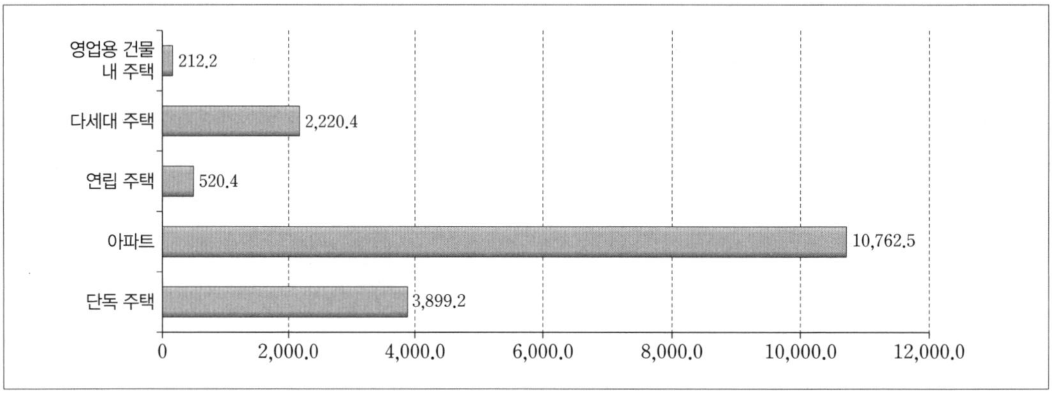

ⓛ 2018~2022년 총재고주택 수의 유형별 구성비 (단위: %)

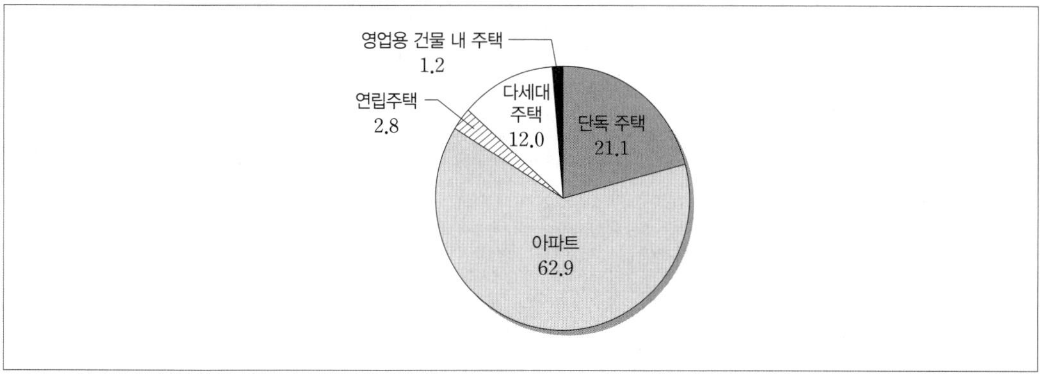

ⓒ 2018~2022년 다세대 주택 수 대비 영업용 건물 내 주택 수 비율 (단위: %)

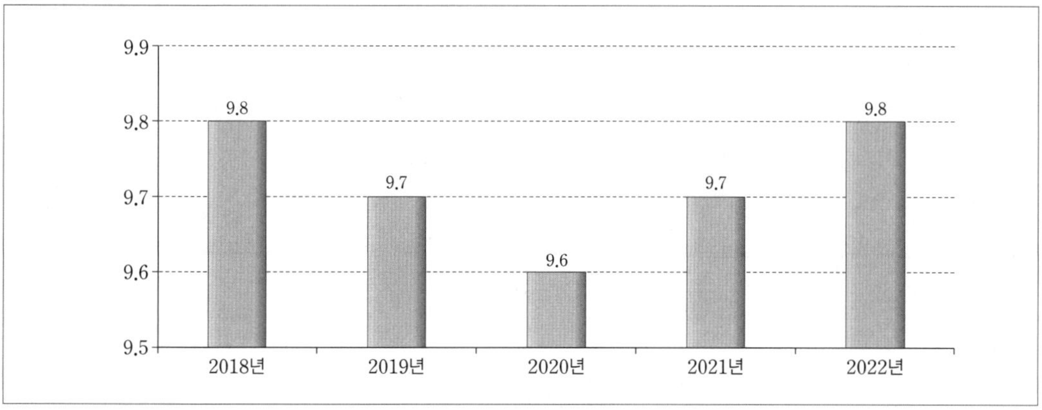

ⓔ 2018년 대비 2022년 주택규모별 재고주택 수 증가율 (단위: %)

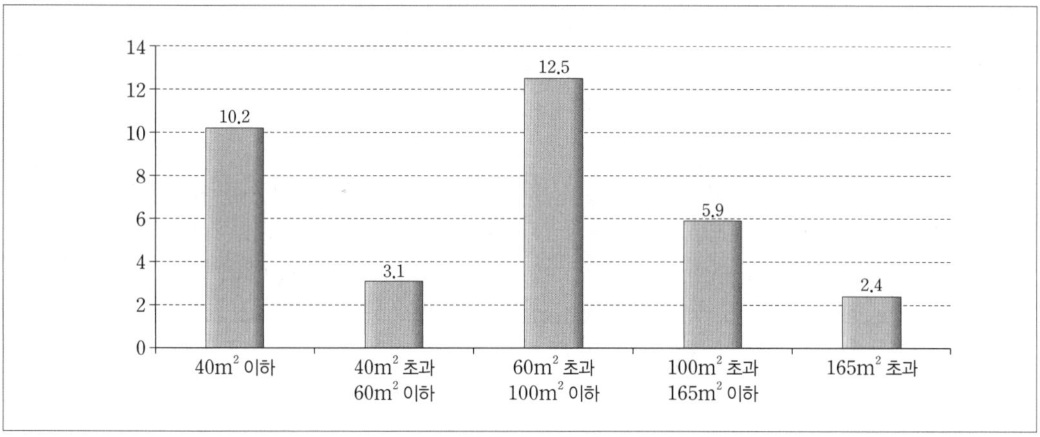

① ㉠, ㉡　　② ㉠, ㉢　　③ ㉠, ㉡, ㉣

④ ㉠, ㉢, ㉣　　⑤ ㉡, ㉢, ㉣

22

다음 [표]는 경력단절 경험이 있는 여성이 당시 일자리를 그만 둔 이유에 관한 특정 연도의 설문조사 결과이다. 이를 바탕으로 할 때, 자료에 대한 설명으로 옳지 않은 것을 [보기]에서 모두 고르면?

[표] 경력단절 당시의 일자리를 그만 둔 이유 (단위: 명, %)

구분		사례 수	결혼	임신·출산	가족구성원 돌봄	자녀 육아, 교육
전체		3,989,576	53.1	32.3	3.5	11.1
연령별	만 25~29세	210,477	51.8	42.3	0.3	5.6
	만 30~39세	1,220,696	41.5	40.7	3.1	14.7
	만 40~49세	1,696,895	54.0	31.1	3.7	11.1
	만 50~54세	861,510	68.0	20.1	4.5	7.3
교육 수준별	중졸 이하	132,202	76.5	14.9	0.1	8.6
	고졸	1,596,204	60.1	27.6	5.1	7.2
	전문대졸	916,113	53.1	31.8	2.5	12.6
	대졸 이상	1,345,059	42.5	39.9	2.7	14.9
응답 유형별	(가)	1,687,637	49.3	36.5	1.7	12.5
	(나)	497,759	48.3	28.3	8.9	14.5
	(다)	981,871	61.1	26.6	1.5	10.9
	(라)	822,309	54.3	32.8	6.4	6.4

※ 응답 유형은 다음과 같음
(가): 경력단절 경험이 있고, 그 후 계속 취업한 적이 없는 비취업 여성
(나): 경력단절 경험이 있고, 재취업에 성공하였으나 조사시점 비취업 여성
(다): 경력단절 경험이 있고, 재취업에 성공하였으며 그 일자리를 조사시점까지 유지하고 있는 취업 여성
(라): 경력단절 경험이 있고, 재취업에 성공한 후 그 일자리에서 이직하여 다른 일자리에서 일하고 있는 취업 여성

보기

㉠ 응답 유형 (가)~(라) 모두 결혼으로 인해 경력이 단절되는 여성의 수가 가장 많다.
㉡ 교육 수준이 높을수록 결혼으로 인해 경력이 단절되는 비중이 낮아지는 반면에 임신·출산으로 인해 경력이 단절되는 비중은 높아진다.
㉢ 경력단절 경험이 있고, 그 후 계속 취업한 적이 없는 여성의 수는 경력 단절 이후 한 번이라도 취업한 적이 있는 여성의 수보다 많다.
㉣ 자녀 육아, 교육으로 경력이 단절된 여성은 만 30~39세의 대졸 여성의 비중이 가장 높다.

① ㉠, ㉡　② ㉠, ㉢　③ ㉡, ㉢
④ ㉡, ㉣　⑤ ㉢, ㉣

23

다음 [그래프]는 2024년 여행 계획에 관한 설문조사 결과를 나타낸 자료이다. 국내 여행을 계획 중이라고 응답한 사람은 6,000명이고 해외 여행을 계획 중이라고 응답한 사람은 8,000명일 때, 국내 여행 중 제주 여행을 계획한 사람 수와 해외 여행 중 북미 여행을 계획한 사람 수의 차를 고르면?(단, 국내 여행과 해외 여행 모두 계획 중이라고 응답한 사람은 없다.)

[그래프1] 국내 여행 계획 (단위: %)

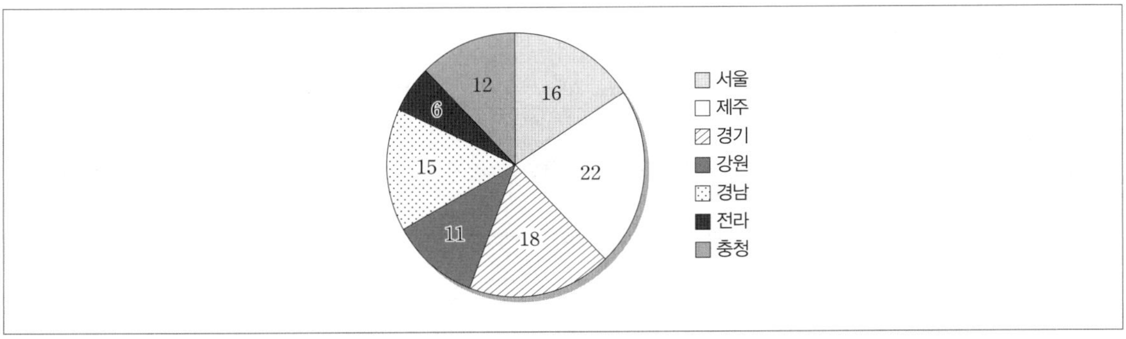

[그래프2] 해외 여행 계획 (단위: %)

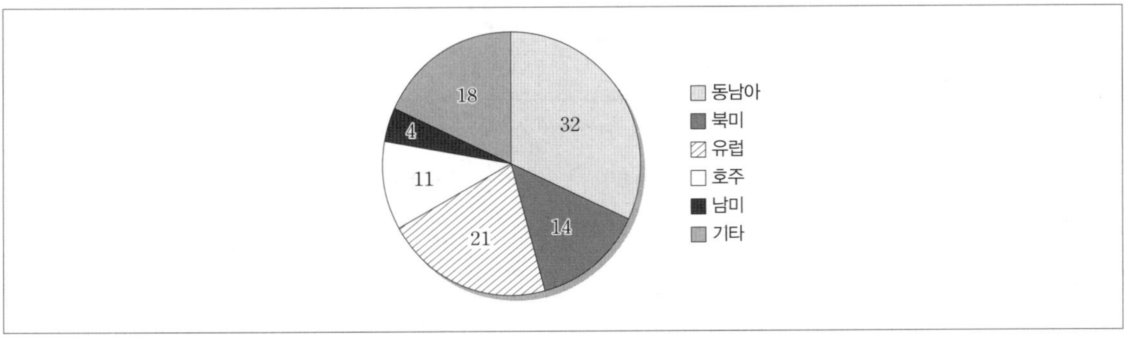

① 80명 ② 100명 ③ 150명
④ 200명 ⑤ 240명

[24~25] 다음은 2018~2022년 반도체 및 디스플레이 산업 동향에 관한 자료이다. 이를 바탕으로 이어지는 질문에 답하시오.

[표] 2018~2022년 반도체 및 디스플레이 산업 동향

구분	2018년	2019년	2020년	2021년	2022년
반도체 생산액(조 원)	143	134	159	201	224
반도체 수출액(억 불)	1,267	939	992	1,280	1,292
디스플레이 생산액(조 원)	73	68	69	76	—
디스플레이 수출액(억 불)	247	205	180	214	211

[그래프] 2018~2022년 반도체 및 디스플레이 전년 대비 수출액 증가율 (단위: %)

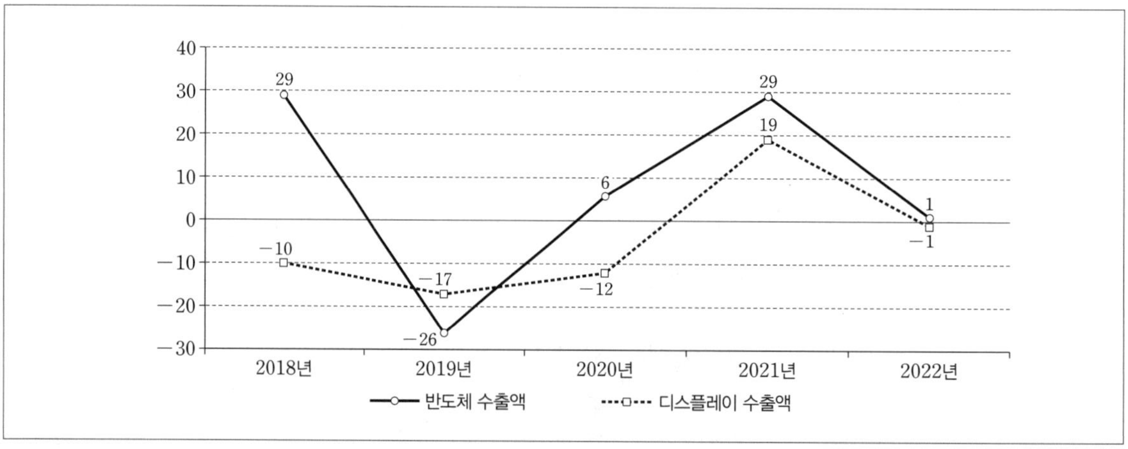

24

다음 중 자료에 대한 설명으로 옳은 것을 [보기]에서 모두 고르면?

보기

㉠ 2018~2021년 디스플레이 생산액과 수출액이 가장 많은 연도는 동일하다.

㉡ 2018~2022년 디스플레이 수출액의 전년 대비 감소율이 가장 큰 연도의 디스플레이 생산액의 전년 대비 감소율은 10% 미만이다.

㉢ 2018~2022년 반도체 수출액의 전년 대비 증가율과 디스플레이 수출액의 전년 대비 증가율 차이는 2022년에 가장 작다.

㉣ 2018~2021년 반도체 생산액의 합은 디스플레이 생산액의 합의 2배 이상이다.

① ㉠
② ㉡, ㉢
③ ㉡, ㉣
④ ㉢, ㉣
⑤ ㉡, ㉢, ㉣

25

다음 중 2017년 반도체와 디스플레이 수출액을 바르게 짝지은 것을 고르면?(단, 계산 시 소수점 아래 첫째 자리에서 반올림한다.)

	반도체 수출액	디스플레이 수출액
①	982억 불	274억 불
②	982억 불	276억 불
③	1,082억 불	274억 불
④	1,082억 불	276억 불
⑤	1,082억 불	280억 불

[26~27] 다음 [그래프]는 2018~2022년 15~54세 기혼 여성 수 및 경력 단절 여성 규모와 2022년 경력 단절 여성 현황을 조사한 자료이다. 이를 바탕으로 이어지는 질문에 답하시오.

[그래프1] 2018~2022년 15~54세 기혼 여성 수 및 경력 단절 여성 규모

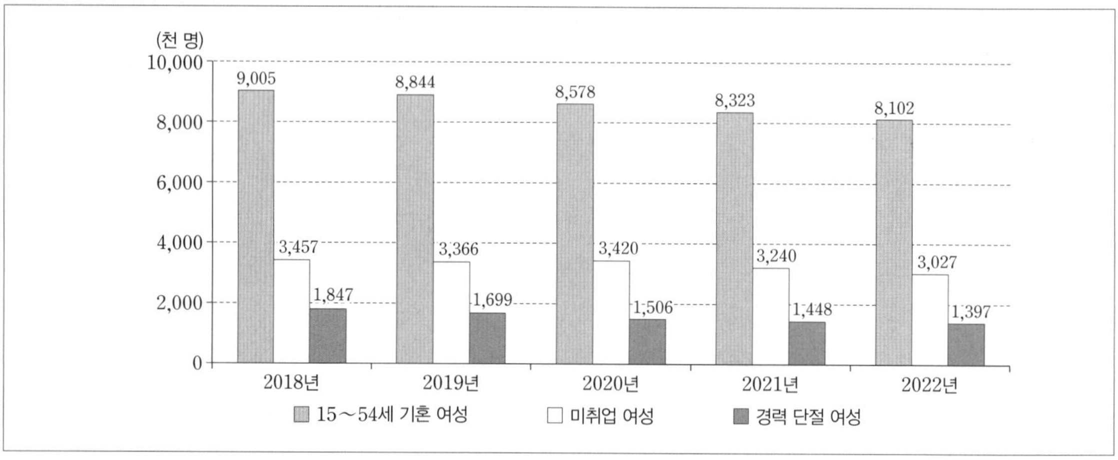

[그래프2] 2022년 경력 단절 여성 현황

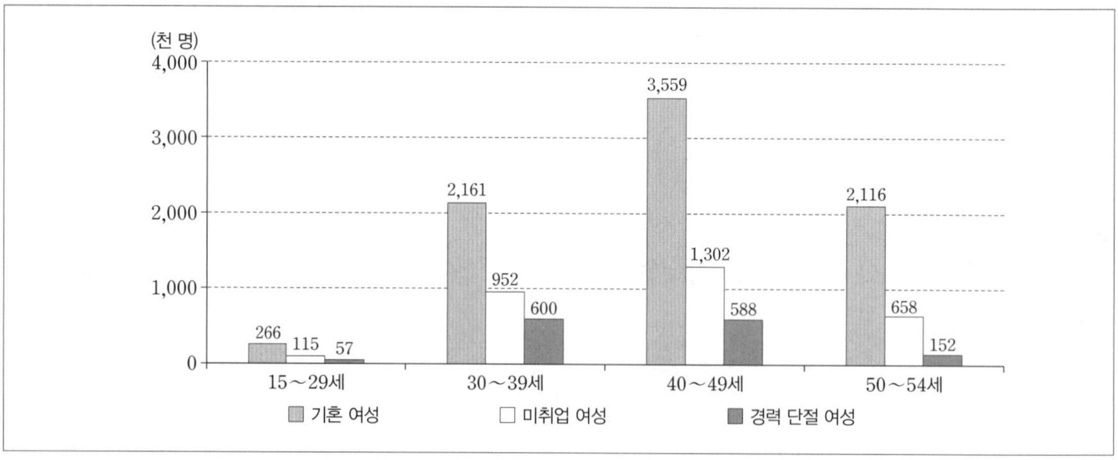

26

다음 중 자료에 대한 해석으로 옳은 것을 [보기]에서 모두 고르면?

보기

㉠ 2020년 15~54세 기혼 여성 대비 미취업 여성의 비율은 2019년의 비율에 비해 높다.

㉡ 2022년 미취업 여성과 경력 단절 여성 규모는 전년 대비 모두 10% 미만으로 감소했다.

㉢ 2022년에 경력 단절 여성을 연령대별로 살펴보면, 30~39세가 50% 이상으로 가장 많고, 그 다음으로 40~49세, 50~54세, 15~29세 순으로 많다.

㉣ 2022년 기혼 여성 규모가 가장 큰 연령대의 기혼 여성 수는 규모가 가장 작은 연령대의 기혼 여성 수의 15배 이상이다.

① ㉠, ㉡　② ㉠, ㉣　③ ㉡, ㉢
④ ㉢, ㉣　⑤ ㉡, ㉢, ㉣

27

다음 [그래프]는 2022년 연령대별 기혼 여성의 경력 단절 사유에 대한 자료이다. 이를 참고할 때, 경력 단절 사유에 대한 응답 비율 1~3위가 순서대로 동일한 연령대를 바르게 짝지은 것을 고르면?

[그래프3] 2022년 연령대별 경력 단절 사유

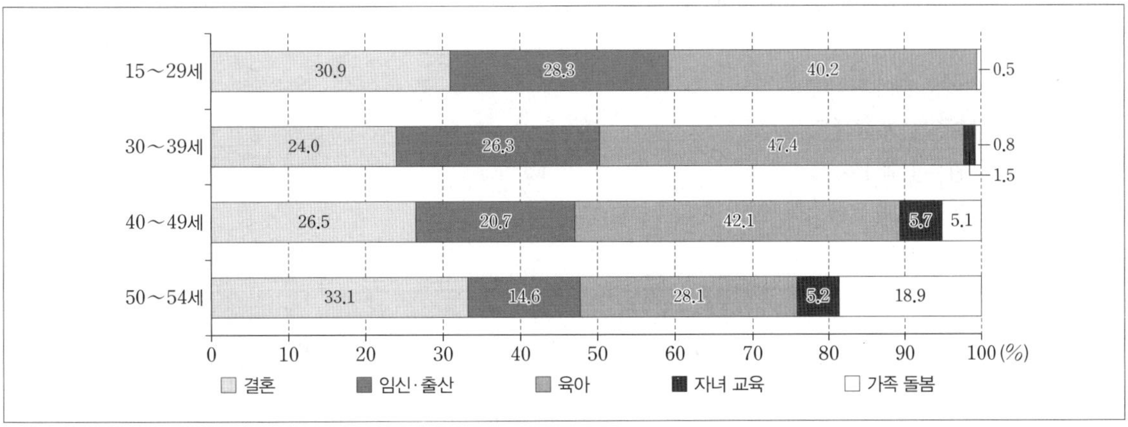

① 15~29세, 30~39세　② 15~29세, 40~49세　③ 15~29세, 50~54세
④ 30~39세, 40~49세　⑤ 30~39세, 50~54세

28

기술팀 A~F가 2인 1조로 나누어 당직 근무 조를 편성하려고 한다. 다음 [조건]에 따라 근무 조를 편성할 때, 가능한 경우의 수를 고르면?

조건

- B는 D 또는 F와 함께 근무할 수 없다.
- A는 C 또는 F와 함께 근무한다.
- D는 E 또는 F와 함께 근무한다.

① 1가지 ② 2가지 ③ 3가지
④ 4가지 ⑤ 5가지

29

6명의 직원 A~F 중 2명이 우수사원으로 선정되었는데, A~E 5명만 우수사원에 대한 인터뷰에 응하고, 마지막 F는 인터뷰에 응하지 않았다. 인터뷰에 응한 5명 중 4명은 우수사원을 각자 1명씩만 바르게 지목하였고, 나머지 1명은 모두 잘못 지목하였다고 할 때, 다음 [조건]을 바탕으로 우수사원으로 선정된 직원을 모두 고르면?

조건

- A: "우수사원은 D와 E야."
- B: "우수사원은 C와 F야."
- C: "우수사원은 E와 F야."
- D: "우수사원은 A와 E야."
- E: "우수사원은 B와 C야."

① A, D ② A, F ③ B, E
④ C, D ⑤ D, F

30

다음 결론이 반드시 참이 되게 하는 전제2를 고르면?

전제1	어떤 안경 쓴 직원은 부장 승진 대상자이다.
전제2	( )
결론	40대 중 부장 승진 대상자가 있다.

① 어떤 안경 쓴 직원은 40대이다.
② 어떤 안경 쓴 직원은 40대가 아니다.
③ 40대는 모두 안경 쓴 직원이다.
④ 모든 안경 쓴 직원은 부장 승진 대상자가 아니다.
⑤ 모든 안경 쓴 직원은 40대이다.

31

다음 명제를 참고하여 내린 [보기]의 결론 A와 결론 B에 대한 설명으로 옳은 것을 고르면?

- 김 씨는 이 씨보다 이틀 먼저 퇴근한다.
- 정 씨는 이 씨보다 하루 늦게 퇴근한다.
- 최 씨는 정 씨보다 이틀 먼저 퇴근한다.
- 박 씨는 최 씨보다 이틀 먼저 퇴근한다.
- 모든 직원은 2박 3일간 근무하며, 근무 3일차에 퇴근한다.

보기

- 결론 A: 박 씨와 함께 근무한 직원은 없다.
- 결론 B: 2명 이상의 직원이 정 씨와 함께 근무한 적은 없다.

① 결론 A만 옳다.
② 결론 B만 옳다.
③ 결론 A, 결론 B 모두 옳다.
④ 결론 A, 결론 B 모두 틀리다.
⑤ 결론 A, 결론 B 모두 옳은지 틀린지 판단할 수 없다.

32

다음은 뮤지컬 '○○○'에 출연할 배우를 뽑는 오디션에 대한 내용이다. [조건]에 따라 뮤지컬에 출연할 최종 합격자를 고르면?

[표1] 오디션 평가 항목별 가중치

구분	평가 항목	가중치
노래	음역	0.2
	목소리	0.1
춤	기본기	0.1
	다양한 장르의 춤	0.1
연기	발성	0.2
	표정	0.1
이미지	배역에 맞는 이미지	0.2
합계		1.0

[표2] 오디션 지원자별 평가 결과 (단위: 점)

구분	평가항목	A	B	C	D	E
노래	음역	60	90	80	80	90
	목소리	80	70	90	50	80
춤	기본기	90	60	70	80	60
	다양한 장르의 춤	90	50	70	90	40
연기	발성	70	70	60	70	80
	표정	80	50	70	80	60
이미지	배역에 맞는 이미지	70	60	70	60	80

※ 평가 항목별 만점은 100점임

조건

- 항목별 점수는 해당 평가 항목의 가중치를 적용하여 모든 점수를 합산한다.
- 최종 점수가 가장 높은 지원자가 최종 합격한다.
- 최종 점수가 동일한 경우, 이미지 점수가 높은 지원자가 최종 합격한다.

① A　　② B　　③ C
④ D　　⑤ E

33

다음과 같은 메뉴가 있을 때, 주어진 [상황]에 맞는 주문과 지불할 금액으로 바르게 짝지은 것을 고르면?

메뉴

(단위: 원, Kcal)

샌드위치(메인 재료)	가격	열량	사이드 메뉴	가격	열량	음료	가격	열량
에그마요(계란, 치즈)	5,500	416	버섯 스프	3,900	147	탄산음료(일반)	1,900	215
이탈리안 BMT(페퍼로니, 살라미, 햄, 치즈)	6,700	388	브로콜리 체다 스프	3,900	178	탄산음료(제로 슈거)	1,900	0
BLT(베이컨, 치즈)	6,600	300	초콜릿쿠키	1,300	245	커피	2,500	6
햄(햄, 치즈)	5,800	262	아이스크림	1,000	142	우유	1,800	125
참치(참치, 치즈)	5,800	316	복숭아 과일 컵	3,900	125	오렌지주스	2,800	172

※ 콤보 메뉴(샌드위치+사이드 메뉴+음료) 주문 시 500원 할인

※ 샌드위치 20개 이상 주문 시 전체 금액의 5% 할인(콤보 할인, 통신사 및 기타 할인 중복 불가)

상황

A는 점심식사를 포함한 팀 회의를 준비하기 위해 샌드위치 전문점에 단체 주문을 하려고 한다. 점심식사로 인원에 맞게 샌드위치, 사이드 메뉴 그리고 음료를 1인 1개씩 주문한다.

샌드위치에 메인으로 들어가는 재료는 햄과 치즈만 넣기로 하였다. 긴 회의시간으로 장시간 보관할 수 없는 아이스크림은 제외한다. 음료는 모두 동일하게 일반 탄산음료로 14잔을 선택하였다. 총 열량은 650Kcal를 넘지 않아야 하며, 복숭아 알레르기가 있는 C사원을 고려하여 사이드 메뉴를 정해야 한다.

A는 할인혜택을 고려하여 최대한 저렴한 금액으로 주문한다.

	주문 메뉴	금액
①	이탈리안 BMT, 버섯 스프, 탄산음료(일반)	168,000원
②	이탈리안 BMT, 브로콜리 체다 스프, 탄산음료(일반)	175,000원
③	BLT, 버섯 스프, 탄산음료(일반)	166,600원
④	햄 샌드위치, 버섯 스프, 탄산음료(일반)	155,400원
⑤	햄 샌드위치, 브로콜리 체다 스프, 탄산음료(일반)	162,400원

34

다음 글을 근거로 판단할 때, 김 씨가 선택하는 기업을 고르면?

○ 취업준비생인 김 씨는 최종 합격한 A~E 5개의 기업 중에서 비용편익분석을 통하여 결괏값(편익−비용)이 최종적으로 가장 큰 곳을 선택하려고 한다.

○ 기업별로 예상되는 편익은 다음과 같다.

구분	A	B	C	D	E
근속연수	25년	35년	30년	30년	20년
평균연봉	1억 원	7천만 원	5천만 원	1억 원	4천만 원
연금 여부	없음	없음	있음	있음	있음

− 편익=근속연수×평균연봉
− 연금이 있는 경우 편익에 1.2를 곱한다.

○ 기업별로 예상되는 비용은 다음과 같다.

구분	A	B	C	D	E
준비연수	3년	1년	4년	5년	3년
연간 준비비용	6천만 원	1천만 원	3천만 원	2천만 원	5천만 원
준비난이도	중	하	상	중	상
연고지 여부	연고지	비연고지	비연고지	연고지	비연고지

− 비용=준비연수×연간 준비비용×준비난이도 계수
− 준비난이도 계수는 준비난이도 '상'이 2.0, '중'이 1.5, '하'가 1.0이다.
− 연고지가 아닌 경우 비용에 2억 원을 더한다.
− 준비연수가 5년 이상인 경우 비용편익분석 결과와 무관하게 선택하지 않는다.

○ 평판도가 1위인 경우, 비용편익분석 결괏값에 2를 곱한다.

구분	A	B	C	D	E
평판도	5위	3위	1위	4위	2위

① A ② B ③ C
④ D ⑤ E

35

다음은 A와 B가 진행하는 카드놀이의 규칙이다. 세 번의 경기가 끝난 후 A는 4점, B는 0점을 얻었다. 이때 항상 옳은 것을 [보기]에서 모두 고르면?

> 1, 2, 3이 적혀 있는 카드 세 장이 있다. A와 B는 이 중 서로 다른 카드 한 장을 동시에 뒤집어 승자와 패자를 가려 낸다. 총 세 번의 카드 뒤집기 경기를 하였고, 매 경기마다 가~다 규칙을 한 차례씩 적용하였다. 카드 뒤집기 규칙은 다음과 같다.
>
> [카드 뒤집기 규칙]
> - 가 규칙은 카드에 적힌 숫자가 더 큰 쪽이 이긴다.
> - 나 규칙은 카드에 적힌 숫자가 더 작은 쪽이 이긴다.
> - 다 규칙은 카드에 적힌 숫자가 짝수인 쪽이 이긴다. 단, 모두 카드에 적힌 숫자가 홀수인 경우에는 비긴다.
> - 각 규칙에 따라 승자는 해당 카드에 적혀 있는 숫자만큼의 점수를 획득한다. 단, 비기는 경우 모두 점수를 얻지 못하고, 패하는 경우에도 점수를 얻지 못한다.
> - A와 B는 최종 점수를 알기 전까지 매 경기에 어떤 규칙이 적용되었는지 알 수 없다.
> - 한 번의 경기가 끝나면 카드의 배열은 무작위로 바뀐다.

보기

㉠ A는 짝수가 적힌 카드를 세 번 뒤집었다.
㉡ A는 홀수가 적힌 카드를 적어도 한 번 뒤집었다.
㉢ B는 짝수가 적힌 카드를 적어도 한 번 뒤집었다.

① ㉠　② ㉡　③ ㉠, ㉡
④ ㉡, ㉢　⑤ ㉠, ㉡, ㉢

[36~37] 다음 보도자료를 읽고 이어지는 질문에 답하시오.

□ 개인정보보호위원회(이하 '개인정보위')는 공공기관이 추진하는 안면인식 등 생체정보 활용사업에 대해 개인정보 침해 여부를 사전에 검토하고 개선하도록 하여 개인정보 침해 가능성을 사전에 예방하는 '공공기관 민감 개인정보 활용사업 사전진단'을 시작한다.

○ 최근 시설 출입관리 · 치안 · 금융거래 · 공항 출입국심사 등 다양한 분야에서 생체정보를 활용하는 사례가 급증하면서, 개인정보 침해 위험에 대한 우려도 커지고 있는 실정이다. 생체정보는 얼굴, 지문, 홍채, 정맥, 음성, 필적 등 개인의 신체적, 생리적, 행동적 특징에 관한 정보로, 특정 개인을 인증 · 식별하거나 개인에 관한 특징을 알아보기 위해 일정한 기술적 수단을 통해 처리되는 정보를 말한다.

○ 특히 공공기관은 법령에 따라 정보주체의 별도 동의 없이 수집된 개인의 민감한 생체정보를 활용한 사업을 추진하고 있어, 사업 기획 단계부터 적법성, 안전성 등을 더욱 면밀히 살펴볼 필요가 있다.

□ 이에, 개인정보위는 사전진단을 통해, 공공기관이 생체정보 등 민감한 개인정보를 활용한 개인정보처리 시스템 개발 시 설계 단계부터 개인정보보호 중심 설계(PbD*) 원칙을 적용하여 개인정보 침해 위험성이 없는지, 개인정보 보호법에 적합한 방향으로 운영되는지 등을 사전에 점검하고, 개선 필요점을 발견할 경우 구체적인 보완방향을 제시할 계획이다.

(*Privacy by Design(PbD): 제품 · 서비스 개발 시 기획 단계부터 개인정보 처리의 전체 생애주기에 걸쳐 이용자의 프라이버시를 고려한 정책을 설계에 반영하는 것을 의미하는 것으로 국제적으로 통용되는 개인정보보호 원칙)

□ 사전진단을 활용하고자 하는 공공기관 사업담당자는 '개인정보보호포털'의 '지원마당'에서 '사전진단 신청 페이지'를 통해, 신청서와 사업계획서 또는 제안요청서 등 구비서류를 첨부 · 신청하면 30일 이내(전문가 자문 필요 시 30일 연장) 진단결과를 받을 수 있다.

○ 이와 관련, 개인정보위는 체계적이고 효율적인 사전진단의 운영을 위해 '공공기관 민감 개인정보 활용사업 사전진단 운영규정'(개인정보위 예규 제1호)을 제정하였으며, 개인정보위 누리집에서 자세한 내용을 확인할 수 있다.

○ 다만, 사전진단 결과는 공공기관의 합법적이고 안정적인 사업추진을 지원하기 위한 자문의 성격으로, 추후 개인정보위의 행정 조사 · 처분 등의 대상에서 제외되는 것은 아니다.

□ 한편, 개인정보위는 사전진단의 본격적인 시행을 위해 4월 28일(목), 서울정부청사에서 전문가 자문단 위촉식을 개최하고, 사전진단의 첫 사업으로 세종시가 개발 중인 '5G기반 지능형 영상분석 기술개발 사업'에 대해 논의하였다.

○ 앞으로 진단수요 등을 바탕으로 '공공기관'의 '생체정보 활용 사업'으로 한정된 사전진단 대상 기관과 사업 범위를 민간(새싹기업 등 중소기업) 등으로 단계적으로 확대해 나갈 예정이다.

□ 개인정보위 위원장은 "새로운 기술과 서비스의 발전은 새로운 유형의 개인정보 침해를 가져올 수 있어 이에 대처하기 위한 적극행정 사례"라며,

○ "사전진단을 통해 공공기관이 사업 초기 단계부터 개인정보보호 중심 설계(PbD)를 반영하여 보다 안전하고 국민에게 신뢰받는 공공서비스를 제공하도록 지원하겠다"고 말했다.

36

다음 중 보도자료의 제목으로 가장 적절한 것을 고르면?

① 공공기관 대상 가명정보 결합 및 활용 교육 시행한다
② 개인정보위, 생체정보 보호 가이드라인 수립한다
③ 공공기관별 개인정보 관리수준 평가한다
④ 공공기관의 생체정보 활용사업 개인정보 침해 사전 예방한다
⑤ 상업시설 이용고객의 생체정보 수집 규제 강화된다

37

다음 중 보도자료의 내용과 일치하지 않는 것을 고르면?

① PbD에 따르면 제품 및 서비스 개발 시 이용자의 프라이버시가 사전에 고려되어야 한다.
② 공공기관에서 생체정보가 정보주체의 동의 없이 활용되는 사업을 추진한다.
③ 개인정보 활용사업 시 사전진단을 활용한 공공기관은 행정 조사 및 처분 대상에서 제외된다.
④ 개인정보위는 개인정보 활용사업 사전진단 대상을 민간으로 확대할 예정이다.
⑤ 생체정보에는 개인의 외모뿐만 아니라 행동의 특징도 포함된다.

38

다음은 어느 기업의 겸직규정 중 일부이다. 이를 바탕으로 주어진 [상황]에서 겸직허가를 받을 수 있는 경우가 몇 가지인지 고르면?(단, 주어진 조건 외에 겸직허가 조건은 충족한다고 가정한다.)

제5조(영리업무의 금지)

② 근무시간 외의 시간에 겸직업무에 종사하는 것은 겸직허가의 대상이 될 수 있으나, 다음 각 호에 해당하는 경우에는 직무 능률을 떨어뜨릴 소지가 있으므로 금지한다.

1. 근무시간과 겸직업무 종사시간을 합한 시간이 점심 및 저녁시간(각 1시간), 휴게시간을 제외하고 1주 52시간, 1일 12시간을 초과하는 경우(단, 시간 외 근무시간은 제외)
2. 자정 이후에도 근무하는 심야업종인 경우

③ 회사의 이익과 개인의 이익의 이해충돌 가능성이 있는 업무

제6조(겸직허가)

① 제5조의 영리업무에 해당하지 아니하거나, 영리를 목적으로 하지 않는 계속성이 있는 업무를 겸하려는 경우에는 회사의 사전 허가를 받아야한다. 단, 계속성이 없는 일시적인 행위로 계속적인 수입이 발생하는 경우는 업무가 아니므로 금지 또는 허가의 대상에 해당하지 아니한다.

제7조(외부강의 겸직허가)

① 임직원이 대학의 시간강사·겸임교수 등으로 위촉되거나, 대가의 유무 및 월강의 횟수와 관계없이 1월을 초과하여 지속적으로 출강하는 경우에는 회사로부터 겸직허가를 받아야 한다.

② 외부강의는 반드시 요청기관의 공문에 근거해 업무에 지장을 주지 않는 범위 내에서 허용하며, 근무시간 내 외부강의는 원칙적으로 금지한다. 다만, 다음 각 호에 해당하는 경우 근무시간 내 외부강의를 허용한다.

1. 해당 임직원의 담당직무 수행과 관련이 있는 경우
2. 회사의 기능수행 및 국가정책수행 목적상 필요한 경우

④ 연간 강의료 총금액이 300만 원을 초과하는 외부강의에 대해서는 겸직을 금지한다.

제15조(준수사항) 보안 및 직원 품위유지 등을 위해 아래 행위는 엄격히 금지한다.

1. 직무상 알게 된 비밀 누설 및 회사 직원으로서 품위를 해할 수 있는 타인의 명예나 권리 침해, 비속어 사용 및 허위사실 유포, 폭력적·선정적 콘텐츠를 제작·공유하는 행위
2. 업체 등으로부터 협찬을 받아 특정 물품을 홍보함으로써 금전 또는 물품을 얻는 행위(직·간접광고 포함)
3. 인터넷 개인방송을 통해 '후원 수익'을 취득하는 행위
4. 정치적 중립 의무를 저해하는 행위
5. 직무 능률을 떨어뜨리거나, 공무에 부당한 영향을 끼치거나, 국가의 이익과 상반되는 이익을 취득하거나, 회사에 불명예스러운 영향을 끼칠 우려가 있는 행위 등

제16조(겸직신청)

① 인터넷 개인방송 활동을 통하여 아래 요건에 부합하는 자는 반드시 겸직신청을 하여야 한다.

1. (광고 수익창출 요건이 있는 경우) 인터넷 플랫폼에서 정하는 광고 수익창출 요건을 충족하고, 이후에도 개인방송 활동을 계속 하고자 하는 경우(유튜브의 경우 구독자 1,000명, 연간 누적재생시간 4,000시간 이상)
2. (광고 수익창출 요건이 없는 경우) 인터넷 플랫폼을 통해 광고 수익이 최초 발생하고, 이후에도 인터넷 활동을 계속 하고자 하는 경우(아프리카TV 등)

제17조(겸직허가 기준)

① 인터넷 개인방송 콘텐츠의 내용과 성격, 콘텐츠의 제작 및 운영·관리에 소요되는 시간과 노력 등을 구체적으로 심사하여 제15조의 준수할 사항을 위반하지 않고, 담당 직무수행에 지장이 없는 경우에 한하여 겸직을 허가한다.

상황

㉠ 근무시간 내에 인터넷 쇼핑몰 업무에 겸직하면서 근무시간과 겸직업무 종사시간을 합한 실 근무시간이 1일 8시간, 1주 48시간인 경우

㉡ 퇴근 후에 겸직업무에 종사하면서 월요일부터 목요일까지 19:00~익일 01:00에 근무하는 경우

㉢ 유튜브 구독자 1,200명, 연간 누적재생시간 5,000시간이면서 '후원 수익'을 창출하는 경우

㉣ 국가정책수행 목적상 근무시간 내에 3회 외부강의를 하면서 회당 50만 원의 수익을 얻은 경우

㉤ 대학의 초빙 강사로 위촉되어 근무 외 시간에 4개월간 매월 1회 2시간 출강하면서 대가를 받지 않은 경우

① 0가지 ② 1가지 ③ 2가지
④ 3가지 ⑤ 4가지

[39~40] 다음은 N기업의 해외파견 지원자 현황 및 선정 기준에 관한 자료이다. 이를 바탕으로 이어지는 질문에 답하시오.

N기업에서는 다음 지원자들 중 해외파견에 보낼 3명을 선정하려고 한다. 각 지원자들을 근속연수, 어학성적, 근무실적, 면접 점수, 결혼 유무 및 기혼자인 경우 가족동반 여부에 따라 평가한 결과는 다음과 같다.

지원자	근속연수	어학성적	근무실적	면접 점수	결혼 유무
A	10년	860점	S	9.2점	기혼(가족동반)
B	6년	960점	S	9.1점	미혼
C	9년	870점	A	8.6점	미혼
D	2년	950점	B	9.1점	기혼(가족미동반)
E	3년	860점	A	9.4점	기혼(가족동반)
F	8년	880점	B	9.3점	기혼(가족미동반)
G	11년	780점	C	9.8점	기혼(가족동반)
H	7년	910점	A	9.6점	미혼
I	4년	970점	A	9.6점	기혼(가족동반)

위의 표를 바탕으로 다음과 같이 점수를 부여한다.

- 근속연수는 1년당 1점으로 환산하고, 최대 10점으로 한다.
- 어학성적은 950점 이상 10점, 900점 이상 950점 미만 9점, 800점 이상 900점 미만 8점, 800점 미만 7점으로 환산한다.
- 근무실적은 S 10점, A 9.5점, B 8.5점, C 7점으로 환산한다.
- 면접 점수는 그대로 반영한다.
- 미혼인 경우 1점의 가점을 부여하고, 기혼이면서 가족을 동반하는 경우는 3점의 가점을 부여한다.
- 다음 [조건]에 따라 순위가 높은 직원 3명을 채용한다.

조건

1. 근속연수가 4년 이상인 직원만 선정한다.
2. 어학성적이 850점 이상인 직원만 선정한다.
3. 근무실적이 B 이상인 직원만 선정한다.
4. 다섯 개 항목의 환산 점수 총점이 가장 높은 직원 3명을 선정하되, 점수가 동일한 경우 기혼이면서 가족을 동반, 미혼, 기혼이면서 가족을 미동반하는 직원의 순으로 순위가 더 높다. 결혼 유무도 동일한 경우 면접 점수가 더 높은 직원을 선정한다.

39

다음 중 해외파견에 선정된 직원들로 알맞게 짝지어진 것을 고르면?

① A, B, C ② A, B, H ③ A, B, I
④ A, H, I ⑤ B, H, I

40

주어진 자료에 대한 설명으로 옳지 않은 것을 고르면?

① A가 가족을 동반하지 않더라도 해외파견 직원으로 선정될 수 있다.
② B가 기혼이면서 가족을 동반하지 않더라도 결과가 변하지 않는다.
③ E의 근속연수가 3년 더 길다 하더라도 결과가 변하지 않는다.
④ F의 근속연수가 3년 더 길다면 F가 해외파견 직원으로 선정될 수 있다.
⑤ G가 어학성적을 180점 더 얻더라도 해외파견 직원으로 선정될 수 없다.

PSAT형·휴노 중심형

실전모의고사

| 2회 |

영역		문항 수	권장 풀이 시간	비고
NCS 직업기초능력평가	의사소통능력	40문항	50분	객관식 오지선다형
	수리능력			
	문제해결능력			
	자원관리능력			

eduwill

모바일 OMR
자동채점&성적분석 무료

정답만 입력하면 채점에서 성적분석까지 한번에!

활용 GUIDE

실시간 성적분석 방법!

STEP 1 — QR 코드 스캔 ▶ STEP 2 — 모바일 OMR 입력 ▶ STEP 3 — 자동채점 & 성적분석표 확인

STEP 1

교재 내 QR 코드 스캔

실전모의고사 2회
모바일 OMR 바로가기

eduwill.kr/6Zme

- 위 QR 코드를 모바일로 스캔 후 에듀윌 회원 로그인
- QR 코드 하단의 바로가기 주소로도 접속 가능

STEP 2

모바일 OMR 입력

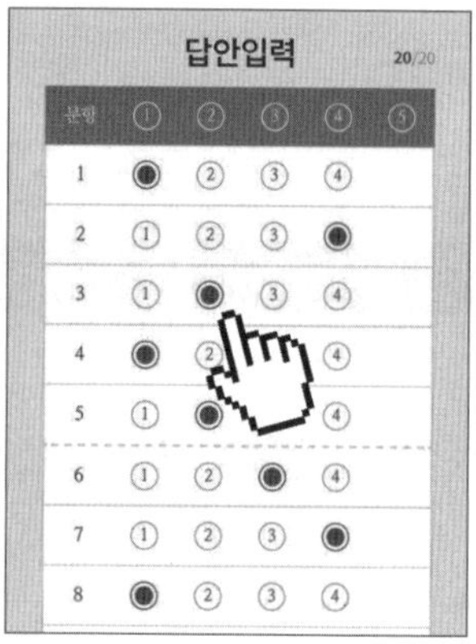

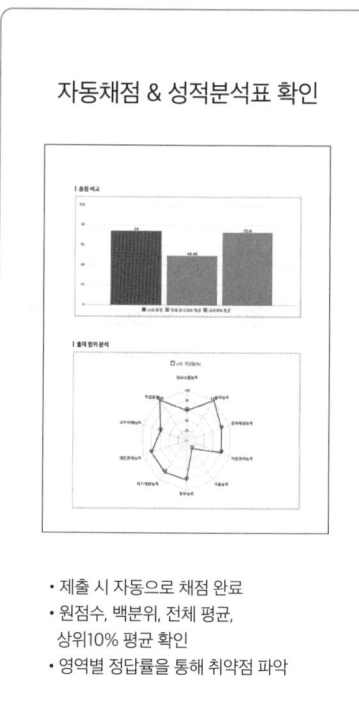

- 회차 확인 후 '응시하기' 클릭
- 모바일 OMR에 답안 입력
- 문제풀이 시간까지 측정 가능

STEP 3

자동채점 & 성적분석표 확인

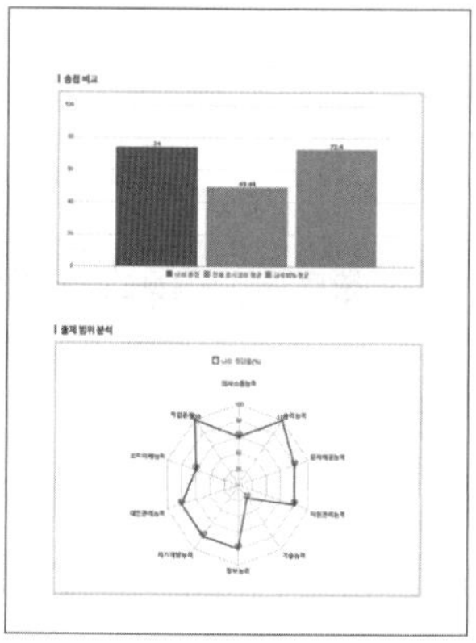

- 제출 시 자동으로 채점 완료
- 원점수, 백분위, 전체 평균, 상위10% 평균 확인
- 영역별 정답률을 통해 취약점 파악

※ 본 회차의 모바일 OMR 채점 서비스는 2026년 12월 31일까지 유효합니다.

실전모의고사 2회

정답과 해설 P.14

01

다음 중 밑줄 친 단어와 가장 유사한 의미로 쓰인 것을 고르면?

컴퓨터의 하드디스크를 새것으로 갈았다.

① 연탄은 12시간 주기로 갈아 줘야 한다.
② 그는 제사를 위해 직접 칼을 숫돌에 갈았다.
③ 그 아이 혼자서 밭에 보리를 갈았다.
④ 사장은 올해에 벌써 네 번째로 회계 팀장을 갈았다.
⑤ 녹두전은 맷돌로 직접 녹두를 갈아 만들어야 제맛이다.

02

다음 글의 밑줄 친 ㉠~㉤ 중, 문맥상 적절하지 않은 단어를 고르면?

강원 정선군은 자연 속에서 숲과 나무가 주는 소중한 가치를 일깨울 수 있는 힐링 문화 체험장을 지난 하반기 기초 공사를 시작으로 조성 중에 있다고 밝혔다. 정선군은 탄소중립에 ㉠ 기여하는 목재의 중요성을 알리는 데 노력할 것이며 지친 현대인의 마음에 안식처를 제공하기 위한 목적으로 추진하고 있다고 말했다. 목재문화체험장은 2층 규모의 목재 전시체험관, 목재 문화 전시실, 오감체험실, 목공체험실, 주차장 등의 체험 및 편의시설로 구성될 예정이다. 올 연말 ㉡ 기공을 목표로 하고 있으며 사업 추진에 박차를 가하고 있다. 목재문화체험장이 ㉢ 조성되는 동강 부근에서는 자연 지형지물을 이용해 스카이워크와 집와이어 등 익스트림 레포츠의 짜릿함을 맛볼 수 있을 것이다. 정선군은 군립 공원 등 관광지와 ㉣ 연계해 산림문화 휴식 공간을 제공하고 이 공간이 관광명소로 ㉤ 거듭날 것으로 기대하고 있다. 산림과장은 "청정자연을 보전하며 정선만의 특색 있는 관광지로 많은 관광객들의 사랑을 받을 수 있도록 최선의 노력을 다하겠다."라고 말했다.

① ㉠　　② ㉡　　③ ㉢
④ ㉣　　⑤ ㉤

03

다음 글을 읽고 밑줄 친 ㉠과 ㉡의 단어와 같은 의미 관계를 나타내는 단어의 조합을 고르면?

인류 역사 초기의 사치는 부와 권력을 누리는 지배자들이 ㉠주기적(週期的)으로 향연을 베풀며 자신의 세력을 경쟁적으로 과시하는 것이었다. 즉 과거에 부는 그저 개인의 소유로 묶이는 것이 아니라, 공동체에 베풀고, 그로 인해 명예를 획득하는 교환의 구조에 속해 있었다. 하지만 근대에 들어와서 궁정사회의 부가 왕 자신을 위한 즐거움을 좇는 데에 쓰이는 것으로 바뀌었다. 부와 사치가 공동체가 아닌 개인의 삶으로 들어오게 된 것이다. 궁정 바깥에서는 신흥 부유층으로 급부상한 시민계급이 명예와 지위를 획득하기 위해 화려한 궁정문화를 모방하고 사치하여 고급문화의 대중화에 기여하게 된다. 중세시대까지만 해도 공동체의 행사를 통해 ㉡간헐적(間歇的)으로 사치가 이루어졌다면, 근대 이후 개인의 삶으로 들어온 사치는 영속적인 속성을 지니게 되었다. 왕족과 귀족의 삶을 모방한 시민계급의 사치는 신분 질서를 무너뜨리고, 개인의 노동으로 축적한 부를 소비하는 것을 미덕으로 보는 소비사회를 초래하는 데 크게 기여했다. 하지만 그럼에도 불구하고 사치라고 하는 행위에는 불평등한 사회를 반영하는 배타적 의식이 스며들어 있다. 명품을 만들어서 보급하는 기업들은 이러한 상황을 명민하게 포착했다. 오늘날 여러 명품 브랜드는 초고가의 제품과 적정가의 제품을 공존시키는 것을 중요한 마케팅 전략으로 삼는다. 이를 통해서 명품은 대중에게 충분히 쟁취할 수 있는 대상이 된 동시에 귀족적인 이미지 또한 유지할 수 있게 되었다.

① 매각(賣却) : 매입(買入)
② 진품(眞品) : 모조(模造)
③ 강등(降等) : 승격(昇格)
④ 근해(近海) : 연해(沿海)
⑤ 임명(任命) : 면직(免職)

04

다음 기사의 내용과 일치하지 않는 것을 고르면?

정부가 '디지털 산사태 대응팀'을 신설하여 2026년 3월까지 운영하면서 일원화된 범부처 위험사면 통합관리 체계를 구축해 예측 사각지대를 해소한다. 산사태 예측 정보 단계도 3단계로 세분화해 주민 대피를 위한 골든타임을 확보하는 한편, 산사태 정보시스템을 고도화해 산사태 예측력을 향상시킨다. 산림청은 산사태 인명피해 최소화를 목표로 이 같은 내용을 뼈대로 하는 '2024년 산사태 방지대책'을 마련했다고 밝혔다. 새로운 산사태 방지대책은 디지털 기반 범부처 위험사면 통합관리 체계 구축, 산림과학을 기반으로 주민대피시간 추가 확보, 관측사각지대 해소를 통한 산사태 예측력 향상, 산사태취약지역 확대와 위험요소 사전예방 등에 중점을 둔다.

우선, 행정안전부(급경사지), 국토교통부(도로사면), 농림축산식품부(농지), 산업통상자원부(발전시설), 문화재청(문화재) 등 각 부처의 위험사면 정보를 '디지털 사면 통합 산사태 정보시스템'으로 통합해 예측 사각지대를 해소한다. 이 시스템을 기반으로 범부처 위험사면 통합관리체계를 구축하기 위해 산림청, 행안부, 국토부, 농식품부가 참여하는 '디지털 산사태 대응팀'을 신설하고 오는 2026년 3월까지 운영할 예정이다.

산림청에서 제공하는 산사태 예측 정보 단계는 현 2단계(주의보, 경보)에서 3단계(주의보, 예비경보, 경보)로 세분화해 주민대피시간을 1시간가량 추가 확보하고 문자메시지로 제공하던 예측 정보를 카카오톡으로도 전송해 더욱 신속한 대응이 이뤄지도록 한다. '산사태 정보시스템'에서 토양이 머금을 수 있는 최대 물의 양 등을 기준으로 토양함수량이 일정 수준에 이르면 주의보(토양함수지수 80%), 예비경보(90%), 경보(100%) 등 예측 정보를 지역 담당자에게 자동으로 발송한다.

산악 지형은 평지보다 풍속은 최대 3배 강하고, 강수량은 최대 2배까지 차이를 보인다. 이러한 산악기상 정보 수집을 강화하기 위해 전국 480곳에 설치한 산악기상관측장비를 올해 말까지 496곳으로 확충해 산사태 예측 정확도를 향상시킬 예정이다. 또 산림계곡의 형상과 그 계곡을 흐르는 물의 양을 실시간으로 모니터링하고 대응하기 위해서 산림수계수치지도와 유량관측망을 2027년까지 순차적으로 구축한다.

한편 산사태취약지역은 연 2회 이상 현장점검 및 안전조치, 예방사업 우선실시 등 집중 관리가 이루어지고 있다. 산림청은 현재 2만 9,000곳인 산사태취약지역을 장기적으로 확대해 예방체계를 강화하고 산사태취약지역에서 재해 예방시설을 설치하는 경우 예외적으로 산지전용을 허용해 위험요소를 사전에 차단할 계획이다.

산림청장은 "위험사면 통합관리, 재난관리자원 공유, 산사태 우려 지역 합동점검 등 범부처 협업을 강화해 산사태 피해 최소화에 총력 대응할 것"이라며 "태풍, 집중호우 등 위험시기에 긴급재난 알림을 받으면 주저 없이 대피해 주기 바란다"고 당부했다.

① 매년 2회 이상 산사태 집중 관리가 이루어지는 지역이 확대될 예정이다.
② 토양함수지수가 90%가 될 경우 지역 담당자에게 예비경보가 발송된다.
③ 산사태 방지대책은 범부처의 위험사면 디지털 정보를 기반으로 구축된다.
④ 산악의 기상과 강수량은 평지와 차이가 있어 전문 관측장비가 필요하다.
⑤ 신설되는 디지털 산사태 대응팀에는 농림축산식품부와 문화재청이 포함된다.

[05~06] 다음 글을 바탕으로 이어지는 질문에 답하시오.

못쓰게 된 자원의 용도를 바꾸거나 가공하여 다시 이용하는 것, 즉 '재활용(리사이클링)'은 오래전부터 생존을 위해 인류가 제시한 해결책 중 하나이다. 지속가능한 삶을 위한 방법으로 플라스틱, 종이 등 많은 종류의 쓰레기를 재활용하고 있다. 그렇다면 물은 어떨까? 지구상의 수원은 한정되어 있으며, 우리가 사용 가능한 물은 여러 가지 이유로 그 한계에 도달하고 있다. 물 부족 문제와 지속 가능한 수자원 관리에 대한 중요성은 오래전부터 언급되어 왔다. 인구 증가, 산업화, 농업용수의 증가 등으로 인해 지난 20세기 동안 세계 물 소비량은 6.7배가량 증가하였고, 자연수원만으로는 수요를 충족하기 힘든 상황에 이르렀다. 물 수요는 앞으로도 더욱 가파르게 상승해 2050년까지 35% 이상 증가할 것으로 예상하고 있다. 한편, 지속되는 온난화로 인한 기후변화와 불규칙한 강수, 수온 상승 등은 물 공급에 막대한 영향을 끼치고 있다. 이런 이유로 물 재이용이 더욱 중요해지고 있다.

물 재이용이란 일반적으로 사용된 물을 정화하고 다시 사용하는 과정을 말한다. 빗물, 오수, 하수, 폐수, 발전소 온배수를 물 재이용 시설을 이용하여 처리한 후 다양한 용도로 이용하는 것이다. 물 재이용은 자연수원을 효과적으로 보전하고, 지속 가능한 물 관리를 위한 중요한 전략이자 기후변화 대응에 효과적인 방법 중 하나로 주목받고 있다. 유엔(UN)은 지속 가능한 개발 목표(Sustainable Development Goals, SDGs) 중 하나로 '물과 위생'을 선정했다. 2030년까지 모든 부문에 걸쳐 물 사용 효율을 증가시키고, 물 부족에 대응하기 위해 지속 가능한 취수와 공급을 보장하며, 물 부족으로 고통 받는 인원을 감소시키는 것이 목표이다. 물 재이용은 이러한 지속 가능한 목표를 실현하는 핵심 수단 중 하나로 인식되고 있다.

세계의 물 재이용 움직임은 어떠할까? 수자원이 절대적으로 부족한 중동지역뿐만 아니라 미국, 싱가포르, 유럽 등에서도 하수재이용 등 물 재이용을 적극 추진하고 있다. 지속적인 가뭄으로 어려움을 겪었던 미국 캘리포니아주는 도시의 하수처리수를 농업용수로 재이용하고 있다. 호주에서는 각 가정에서 사용된 물을 회수하여 다시 사용하는 시스템이 도입되어 있어, 정원이나 화장실 물 조절 탱크 등에서 재이용하고 있다. 특히 유럽은 하수재이용 용량을 2025년까지 6배(66억 m^3/년)가량 확대 추진할 계획이다.

물은 개인뿐만 아니라 산업공정 전반의 필수 자원으로서, 물 부족은 막대한 산업 피해를 가져올 수 있다. 이에 구글, MS 등 글로벌 IT기업들은 안정적인 용수확보를 위해 공급망 전반의 물 효율 제고와 빗물, 하수 등의 재이용 확대를 추진하고 있다. 우리나라는 풍부한 강수량에도 불구하고, 빗물이 하천과 해양으로 흘러가는 양이 많아 사용 가능한 수자원이 많지 않다. 우리나라 1인당 하루 평균 물 사용량은 295L로 미국과 일본에 이어 세계에서 세 번째로 많은 반면, 1인당 연간 가용 수자원량은 1,453톤으로, 세계 153개 국가 중 129위에 그친다. 더불어 하천 취수율은 36%에 불과해 '물 스트레스국'으로 분류된다. 이에 따라 우리나라의 물 재이용 활용방안을 적극적으로 모색하고 있다. 경기도 구리시에서는 하수처리수를 활용해 장자호수공원 하천유지용수와 도로 자동 청소시스템 용수 등으로 사용하고 있고, 경기도 파주시, 경북 구미시와 포항시에서는 하수처리시설로부터 방류되는 물을 정화하여 공업용수로 재사용하고 있다.

05

다음 중 글의 서술 방식으로 적절하지 <u>않은</u> 것을 고르면?

① 상반된 견해에 대한 절충적 대안을 제시하고 있다.
② 글의 주제를 특정 개념을 통해 소개하고 있다.
③ 구체적인 수치를 제시하여 주제에 대한 신뢰성을 확보하고 있다.
④ 예시를 통해 설명을 구체화하고 있다.
⑤ 질문을 통해 글의 흐름에 변화를 주고 있다.

06

다음 중 글을 이해한 내용으로 적절하지 <u>않은</u> 것을 고르면?

① 물 재이용은 기업 차원에서 이루어지기도 한다.
② 빗물을 정화하여 이용하는 것도 물 재이용에 포함된다.
③ 물 재이용은 지속 가능한 개발 목표를 달성하기 위한 수단으로 꼽힌다.
④ 우리나라는 일본보다 1인당 하루 평균 물 사용량이 적다.
⑤ 호주는 수자원이 절대적으로 부족한 지역에 해당한다.

07

다음 글을 통해 추론한 내용으로 적절하지 <u>않은</u> 것을 [보기]에서 모두 고르면?

인간이 외부 환경을 접하는 가장 중요한 감각기관은 시각과 청각이다. 영화, TV 등의 스크린과 컴퓨터 그래픽은 시각 자극의 한계를 상상력의 한계까지 밀어붙였고 디지털 기술은 원하는 청각 자극 역시 자유자재로 만들 수 있게 해 주었다. 통신 기술의 발달 또한 다른 도시에 있는 가족과 얼굴을 보며 대화할 수 있게 함으로써 공간의 속박을 지워버렸다. 그리고 이 모든 것이 조합된 VR(Virtual Reality, 가상현실) 기술은 우리에게 근본적인 수준에서 시공간의 자유를 선사한다. 우리는 VR 기술을 통해 달 착륙의 순간을 훨씬 더 실감 나게 경험할 수 있으며, 지구 반대편의 친구와 신체를 사용하는 스포츠를 겨룰 수 있다.

흥미롭게도 VR 기기를 접할 때 멀미를 경험하는 경우가 많다. VR 멀미에 관한 몇 가지 이론이 있지만 대부분의 학자는 우리의 감각 기관이 서로 다른 정보를 뇌에 전달함으로써 뇌가 혼란을 일으키는 것이 원인이라는 '감각 충돌 이론'으로 설명한다. 즉, 뇌는 감각 기관 정보의 혼란이 신체 내부 기관의 오류를 일으키는 유해물질이나 독성물질에 의한 중독으로 간주하고 구토 등의 반응을 통해 이 물질을 내보냄으로써 신체를 보호하려 한다는 것이다.

VR은 일반적으로 시각과 청각 신호를 제어한다. 청각은 방향성이 없는 것은 아니지만 그에 대한 민감성이 높지 않기에, 대부분 멀미는 시각 신호에 기인하며, 특히 우리의 평형감각 및 이동을 감지하는 귀속 전정기관 신호와 시각 신호의 차이 때문에 발생한다. 더 정확히 말하자면, 전정기관의 신호를 바탕으로 한 우리 뇌의 시각 신호에 대한 기대와 실제 주어지는 시각 신호 사이의 차이가 VR 멀미를 유발하는 것이다. VR 멀미에는 어지러움, 구토, 두통, 식은땀, 피로감 등 다양한 형태가 있다.

VR 멀미를 일으키는 상황은 형태와 대응 방법에 따라 두 가지 종류로 나눌 수 있다. 첫 번째는 VR 기기 내에서 정지한 상황에서 발생하는 것으로, 고개를 돌려 사방을 둘러볼 때 VR 기기가 우리 눈에 보여주어야 하는 화면이 우리의 기대와 달라지는 경우이다. 이때 VR 기기는 이들이 제공하려는 가상의 환경을 시선의 방향에 맞게 실시간으로 바꿔주어야 한다. 이는 기기가 가진 성능 문제로 VR 기기가 얼굴의 방향과 위치를 얼마나 정확하게 파악하고 해당 방향의 화면을 얼마나 빠르게 사용자에게 보여줄 수 있는지에 달려 있는데, 오늘날 대부분의 기기에서 이 문제는 해결되었다.

두 번째는 VR 프로그램 내에서 우리가 움직이거나 하늘을 나는 등 이동할 때 발생하는 것으로, 이는 기술의 발전이 아닌 우리의 적응을 통해 해결해야 하는 문제이다. 우리의 시각 신호는 우리가 움직이고 있음을 알려주지만, 귀속 전정기관은 그렇지 않기 때문에 멀미를 느끼는 것이다. 이 문제에 대해서는 우리가 적응을 하는 과정에서 사용할 수 있는 여러 가지 대책이 있으며, 대부분의 사람들은 결국 적응을 통해 VR에 몰입감을 느끼며 문제없이 사용할 수 있게 된다. 한 가지 방법은 프로그램 내에서 직접 이동 대신 텔레포트, 즉 한 지점에서 다른 지점까지 순간적으로 이동하는 방식을 택하는 것이다. 또 다른 방법은 눈이 바라보는 정면이 아니라 그 주위의 배경에 영향을 받는 '주변시'를 최소화하는 것이다. 주변시를 줄이는 기능을 비네팅(Vinetting)이라 하며, 비네팅을 강하게 할 경우 사람들은 멀미를 덜 느끼게 된다. VR 기기에 적응할수록 직접 이동과 주변시를 차츰 늘림으로써 우리는 더 높은 몰입감을 느낄 수 있다.

보기

㉠ VR 기기를 처음 사용할 때 눈이 영향을 받는 영역을 넓게 설정할수록 멀미를 줄이는 데 도움이 된다.
㉡ 몸의 방향이나 위치가 바뀔 때 전정기관은 시각기관보다 이에 더 민감하게 반응할 것이다.
㉢ VR 기기에서 얼굴을 돌릴 때 화면이 그것에 맞게 바뀌지 않을 경우 멀미가 나타날 수 있다.
㉣ VR 멀미의 증상은 상한 음식을 섭취하여 발생한 식중독과 비슷한 증상으로 나타날 수 있다.

① ㉠, ㉡　② ㉠, ㉢　③ ㉡, ㉢
④ ㉡, ㉣　⑤ ㉢, ㉣

08

다음 글의 [가]~[라]를 문맥의 흐름에 맞게 적절한 순서로 배열한 것을 고르면?

[가] 그런데 고유의 인간성을 인정했던 관점은 20세기 이후 과학 기술의 비약적 발전에 따라 근본적인 문제에 직면한다. 기계 장치의 이식이나 유전자 변이에 의해 강화된 능력을 가진 새로운 존재, 소위 '포스트휴먼'이 등장하면서 고유의 인간성에 대한 의문이 제기되기 시작한 것이다. 이미 인공팔과 인공망막 등이 신체에 이식되고 있으며, 인공 지능의 개발로 생각할 수 있는 컴퓨터가 등장하고, 더 나아가 기계 인간인 사이보그가 등장하리라 예상되고 있다. 이에 따라 인간과 비인간의 경계가 흐릿해지고, 이제 인간은 자신의 영역 안으로 깊숙이 들어오고 있는 포스트휴먼의 존재를 부정하거나 무시할 수 없게 되었다.

[나] 처음에는 인간이 과학 기술을 바탕으로 기계를 만들었지만, 이제 인간은 자신이 만든 기계 환경에 맞추어 갈 수밖에 없는 존재가 되어가고 있다. 기계는 이제 더 이상 인간의 도구로서만 존재하지 않고, 인간의 의식에 관여하고, 더 나아가 인간의 삶의 방식 자체를 변화시킬 가능성이 높아졌다. 이렇게 된다면 기계에 대한 인간의 배타적 우월성을 당연하게 받아들이기는 어려워질 것이다.

[다] 17세기에 철학자 데카르트는 동물과 인간의 몸은 유사하지만, 동물과 달리 인간에게는 영혼이 존재하며 생각할 수 있는 능력이 있다고 보았다. 그는 이렇게 정신과 육체를 분리함으로써 동물과 인간을 구분할 수 있다고 본 것이다. 이러한 관점에서 인간은 자유롭고 주체적인 의식을 지닌 유일한 존재로서 그 우월적 지위를 확신할 수 있었다. 물론 이러한 관점은 19세기에 유물론이나 진화론 등이 대두되면서 흔들리기도 했지만, 실제 삶 속에서 인간이 아닌 존재가 인간의 우월성을 크게 위협하지는 않았다.

[라] 공상 과학 영화 속의 사이보그는 인간과 똑같이 생겼을 뿐만 아니라 인간처럼 스스로 생각하고 행동한다. 그렇다면 그들을 인간이라고 보아도 되는 것인가? 과연 인간을 인간이 아닌 것, 즉 비인간과 구분할 수 있는 고유의 인간성이라는 것이 존재하는 것인가?

① [나]－[라]－[가]－[다]　② [다]－[가]－[나]－[라]　③ [다]－[라]－[가]－[나]
④ [라]－[다]－[가]－[나]　⑤ [라]－[다]－[나]－[가]

[09~10] 다음 글을 바탕으로 이어지는 질문에 답하시오.

해인사 장경판전은 대장경 목판을 보관하기 위한 목적으로 지어진 건축물이다. 화려한 단청 없이 나무와 하얀 회벽으로만 이뤄져 단순하고 소박한 외형을 지녔다. 대장경 목판은 조선 태조 1397년에 강화도에서 경남 합천 해인사 장경판전으로 옮겨졌다. 13세기에 나무로 제작된 8만여 개의 대장경 목판이 오늘까지 온전한 상태로 보관될 수 있었던 비결은 조상들의 지혜 덕분이다. 나무의 특성상 잘못된 방법으로 보관하면 목판이 뒤틀리거나 곰팡이가 슬 수 있다. 합천 해인사의 경우 인근 지역에 비해 습도가 6~10%p가량 높은 수준으로 목판을 보관하기에 불리한 기후이지만 과학적인 건물 배치와 설계로 극복했다.

장경판전의 특징은 대웅전과 같은 법당보다 높은 곳에 자리하고 있다는 점이다. 일반적으로 대웅전이 사찰의 부지 중 가장 높은 곳에 있지만, 해인사는 특이하게 대장경 목판을 보관하고 있는 장경판전을 가장 높은 곳에 배치했다. 이는 지형 특성상 아래 계곡에서 불어오는 바람을 이용해 자연 환기가 되도록 한 것이다. 거기에 창문의 위치와 크기를 다르게 하여 통풍과 환기가 동시에 이뤄지게 했고 큰 창을 통해 풍부한 일조량을 확보하였다. 장경판전 바닥에는 습도를 조절하는 비밀이 숨어 있다. 땅을 깊이 파서 맨 밑에 모래와 횟가루, 찰흙을 깔고 중간에는 숯을, 맨 위에는 소금을 섞어서 다져놓았다. 이는 재료의 특성을 활용하기 위함인데, 먼저 숯은 흡착력이 강한 성질이 있어 공기와 물을 정화하는 기능을 하며 소금은 외부 습도에 따라 수분을 흡수하거나 증발시키면서 습도를 조절하는 탁월한 성질이 있다. 이러한 재료들이 상호 조화를 이룬 덕분에 장마철에는 습기를 빨아들이고 건조한 시기에는 흙 속의 수분을 내보내 장경판전의 습도가 자연적으로 조절되었다.

천년이 넘는 세월 동안 해인사는 여러 차례의 화재가 발생했다. 창건 이후 7차례의 대화재를 겪었고 대부분이 소실돼 조선 말엽에 재건되었는데 장경판전만큼은 화마를 피할 수 있었다. 그 비밀은 가장 높은 곳에 자리잡고 사방으로 담장을 설치한 데 있다. 특히 목조건물이 몰려 있으면 바람을 타고 주변 건물로 불이 옮겨가는데, 장경판전은 담장을 유지하고, 다른 건물과 일정한 거리를 유지하고 있어 화재 피해를 보지 않았다.

한편, 팔만대장경이 사라질 뻔한 일이 있었다. 이는 조상들의 지혜를 무시한 채 현대 기술의 맹신에 따른 결과물이었다. 일제강점기에는 빗물이 들이치는 것을 막기 위해 창밖에 비막이 판자를 설치했고 한국전쟁 직후에는 장경판전의 기와를 벗기고 구리 기와를 얹었다. 또 1972년에는 첨단 공법의 콘크리트 건물로 건축되기도 했다. 하지만 이런 조치들은 팔만대장경의 보관에 오히려 역효과를 내는 것으로 밝혀져 모두 철거되었다. 비막이 판자는 통풍을 방해하였고 구리 기와는 높은 열전도로 인해 판전 안의 온도가 일정하게 유지되지 않았다. 콘크리트 건물에서 팔만대장경은 뒤틀림과 결로현상이 발생하였고 다시 원상복구 시켰다.

09

다음 중 글의 제목으로 가장 적절한 것을 고르면?

① 불교로 나라를 지킨 고려, 팔만대장경을 완성하다
② 700년을 이긴 팔만대장경, 보존에 담긴 과학적 설계
③ 목재 보관의 어려움, 습도조절이 관건
④ 해인사의 가장 높은 곳에 위치한 장경판전
⑤ 해인사 복원 작업, 오래된 숙원 해결

10

다음 중 글의 내용을 바르게 이해한 것을 고르면?

① 팔만대장경은 합천 해인사에서 제작되어 줄곧 보관되었다.
② 일반적으로 대웅전은 많은 사람들이 찾을 수 있도록 사찰의 가장 낮은 부지에 위치한다.
③ 팔만대장경은 해인사의 화재로 인해서 일부가 소실되었다.
④ 장경판전은 창문을 이용해서 통풍과 환기를 용이하게 하였고 바닥의 재료를 통해서 습도를 조절하였다.
⑤ 현재 팔만대장경은 현대기술이 적용된 별도 건물에서 보관 중이다.

11

기획팀의 팀장, 과장, 차장, 대리 각각 1명과 사원 2명이 원형 테이블에서 회의를 진행한다고 할 때, 팀장과 대리가 서로 마주보고 앉는 경우의 수를 고르면?

① 24가지
② 48가지
③ 60가지
④ 120가지
⑤ 720가지

12

키가 모두 다른 4명을 나란히 앉히려고 한다. 이때 왼쪽에서 두 번째에 앉는 사람이 이웃한 사람보다 키가 클 확률을 고르면?

① $\frac{1}{2}$
② $\frac{1}{3}$
③ $\frac{1}{4}$
④ $\frac{1}{8}$
⑤ $\frac{1}{12}$

13

이 사원과 최 사원은 월요일의 일자를 모두 더한 값이 85인 달에 근무를 시작한다. 이 사원은 3일간 연달아 일하고 1일을 쉬며, 최 사원은 4일간 연달아 일하고 2일을 쉰다. 두 사원 모두 해당 달의 첫날부터 일하기 시작했을 때, 두 사원이 해당 달에 함께 일한 날은 총 며칠인지 고르면?

① 15일
② 16일
③ 17일
④ 18일
⑤ 19일

14

다음 [표]는 2021~2023년 월별 산불 발생 건수에 대한 자료이다. 이에 대한 설명으로 옳지 않은 것을 고르면?

[표] 2021~2023년 월별 산불 발생 건수 (단위: 건)

구분	2021년	2022년	2023년
1월	44	88	38
2월	82	143	114
3월	44	82	229
4월	94	180	108
5월	20	115	33
6월	3	26	11
7월	7	3	0
8월	6	0	1
9월	1	11	2
10월	0	24	13
11월	24	47	25
12월	24	37	22
합계	349	756	596

※ 1분기(1~3월), 2분기(4~6월), 3분기(7~9월), 4분기(10~12월)

① 2021~2023년 동안 산불 발생 건수는 매년 3분기에 가장 적다.

② 2021~2023년 동안 산불 발생 건수가 가장 많았던 분기는 2023년 1분기이다.

③ 2022년에는 전년 동기 대비 각 분기의 산불 발생 건수가 증가하였다.

④ 2022년 상반기에는 전년 상반기 대비 산불 발생 건수가 2배 이상으로 증가하였다.

⑤ 2021~2023년 동안 매년 하반기와 대비하여 상반기의 산불 발생 건수가 4배 이상 많다.

15

다음 [그래프]는 2014년부터 2022년까지 학교별 학생 수를 조사하여 정리한 자료이다. 이에 대한 설명으로 옳은 것을 고르면?

[그래프] 2014년부터 2022년까지 2년 주기에 따른 학교별 학생 수 (단위: 명)

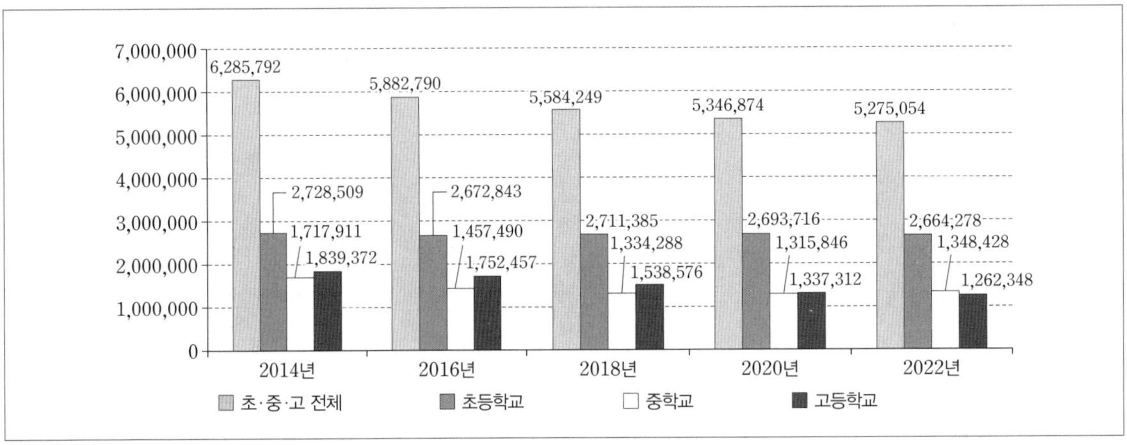

① 2016~2022년 동안 중학교 학생 수는 매년 감소하고 있다.

② 초·중·고 전체 학생 수는 2014년부터 2년마다 2% 이상씩 감소하였다.

③ 조사기간 동안 초등학교 학생 수는 중학교 학생 수와 고등학교 학생 수를 합한 값보다 많다.

④ 2022년 고등학교 학생 수는 2014년과 비교하여 30% 이상 감소하였다.

⑤ 조사기간 동안 초·중·고 전체 학생 수에서 초등학교 학생 수 비중이 가장 컸던 해는 2016년이다.

16

다음 [그래프]는 2012~2019년 국내 바이오산업 동향을 나타낸 자료이고, [보고서]는 이를 바탕으로 작성한 것이다. [보고서]의 내용으로 옳지 <u>않은</u> 것을 고르면?

[그래프] 2012~2019년 국내 바이오산업 동향 (단위 : 조 원)

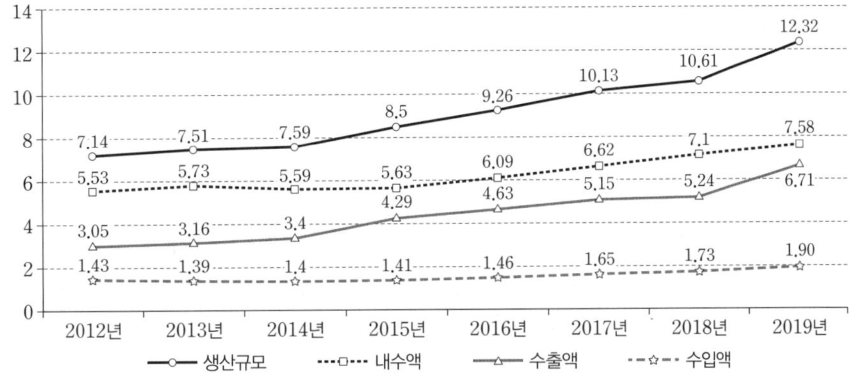

※ (무역수지)=(수출액)−(수입액). 무역수지 값이 양(+)이면 흑자, 음(−)이면 적자임

※ (무역특화지수)=$\frac{(\text{수출액})-(\text{수입액})}{(\text{수출액})+(\text{수입액})}$. 무역특화지수의 값이 클수록 수출경쟁력이 높음

보고서

바이오산업이란 바이오기술을 바탕으로 생물체의 기능과 정보를 활용하여 인류가 필요로 하는 유용한 물질과 서비스를 생산하는 산업을 뜻한다. ㉠ 국내 바이오산업의 생산규모는 매년 증가하여 2019년에는 2012년 대비 70% 이상 증가하였다. ㉡ 내수액은 2014년에 전년 대비 약간 감소하였으나 다시 꾸준히 증가하여 2019년에는 2012년 대비 2조 원 이상 증가하였다. ㉢ 2013년 이후 수출액과 수입액도 꾸준히 증가하고 있으나, 수출액의 증가량이 수입액의 증가량을 상회하여 무역수지는 매년 증가하고 있다. ㉣ 무역특화지수는 2017년까지 꾸준히 증가하다 2018년에 약간 감소하였으나 2019년에 크게 증가하였다. ㉤ 2019년의 무역특화지수는 2012년 대비 50% 이상 증가하였다.

① ㉠ ② ㉡ ③ ㉢
④ ㉣ ⑤ ㉤

[17~18] 다음 [표]는 우리나라에서 지속적으로 여가 활동을 하는 기간에 대하여 성별 · 연령별 · 가구소득별로 구분하여 나타낸 자료이다. 이를 바탕으로 이어지는 질문에 답하시오.

[표] 지속적 여가 활동 기간

(단위: 명, %)

구분		표본 수	1년 미만	1년 이상 2년 미만	2년 이상 3년 미만	3년 이상 5년 미만	5년 이상
소계		4,811	3.6	14.5	12.4	19.7	49.8
성별	남성	2,473	2.8	11.8	11.9	20.4	53.1
	여성	2,338	4.4	17.3	13	19	46.3
연령별	15~19세	266	5.7	17.2	21.9	25.5	29.7
	20대	710	6.2	19.9	16.4	25.6	31.9
	30대	785	3.6	16.1	15.8	18.2	46.3
	40대	955	3.6	12.3	17	23.1	44
	50대	936	2	8.2	6.8	21.5	61.5
	60대	643	2.9	14.4	7	15.8	59.9
	70대 이상	516	2.5	18.2	6.8	7.5	65
가구 소득별	100만 원 미만	382	4.1	16.7	6.1	13.7	59.4
	100만 원 이상 200만 원 미만	424	2.3	16.7	6.5	15.2	59.3
	200만 원 이상 300만 원 미만	729	3.7	14.3	11.6	18.1	52.3
	300만 원 이상 400만 원 미만	973	4.5	13.6	13.5	19.8	48.6
	400만 원 이상 500만 원 미만	845	3.4	15.1	14.6	19.5	47.4
	500만 원 이상 600만 원 미만	738	2.8	13.3	12.7	26	45.2
	600만 원 이상	720	4	15.3	12.8	18.5	49.4

17

다음 중 자료에 대한 설명으로 옳지 않은 것을 고르면?

① 2년 미만 여가 활동을 하는 인구수는 30대가 20대보다 많다.

② 지속적 여가 활동 기간이 5년 이상인 인구는 30대가 70대 이상보다 많다.

③ 지속적 여가 활동 기간이 길수록 여가 활동을 하는 인원 수도 증가하는 연령대는 총 두 개이다.

④ 지속적 여가 활동 기간이 1년이상 2년 미만인 전체 인구수는 1년 미만인 전체 인구수의 4배 이상이다.

⑤ 가구소득별 구분에서 표본 수가 네 번째로 높은 가구소득에 해당하는 인구 중에서 지속적 여가 활동 기간이 2년이상 3년 미만인 인구는 90명 미만이다.

18

다음 중 자료에 관한 내용을 나타낸 그래프로 옳지 않은 것을 [보기]에서 모두 고르면?

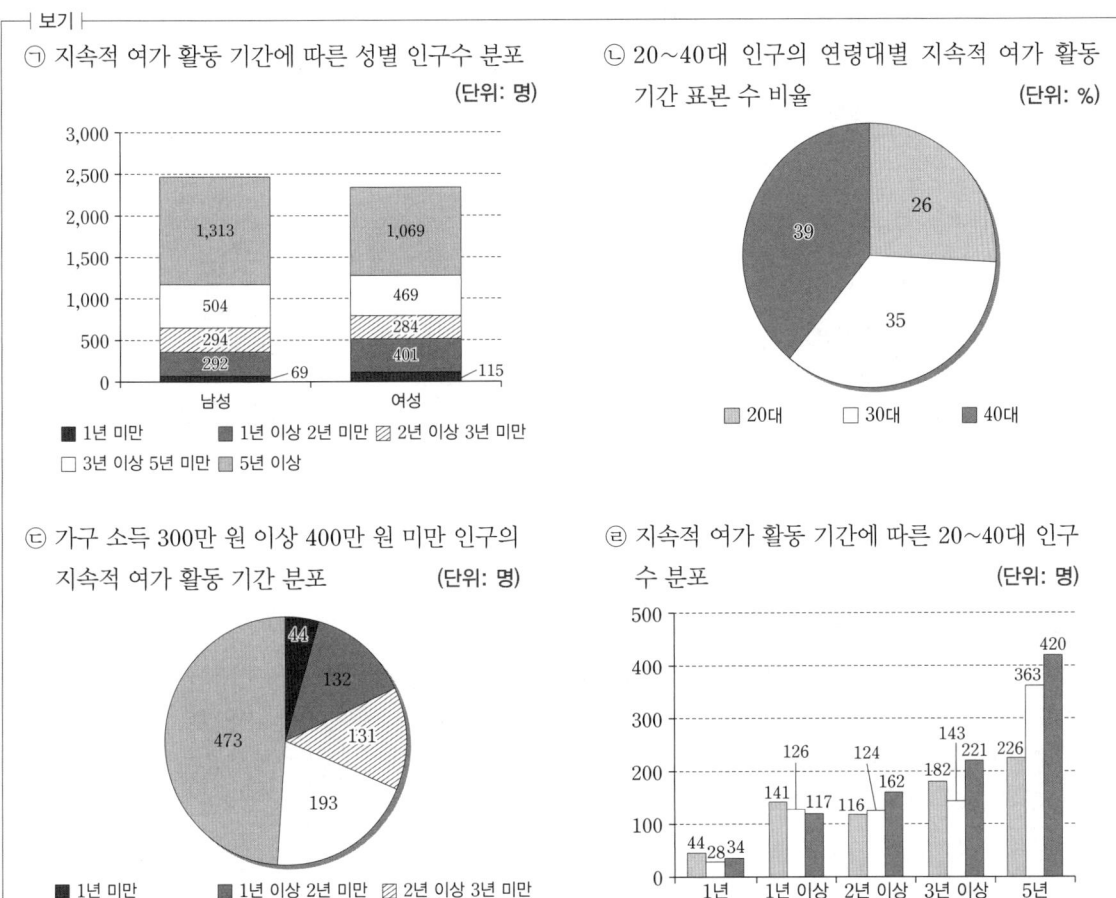

보기

㉠ 지속적 여가 활동 기간에 따른 성별 인구수 분포

(단위: 명)

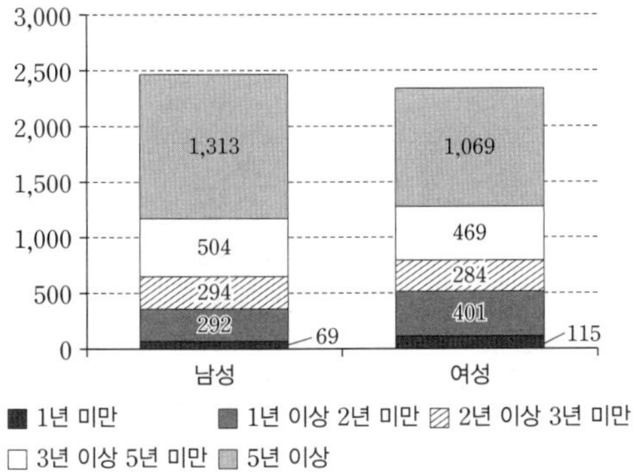

㉡ 20~40대 인구의 연령대별 지속적 여가 활동 기간 표본 수 비율

(단위: %)

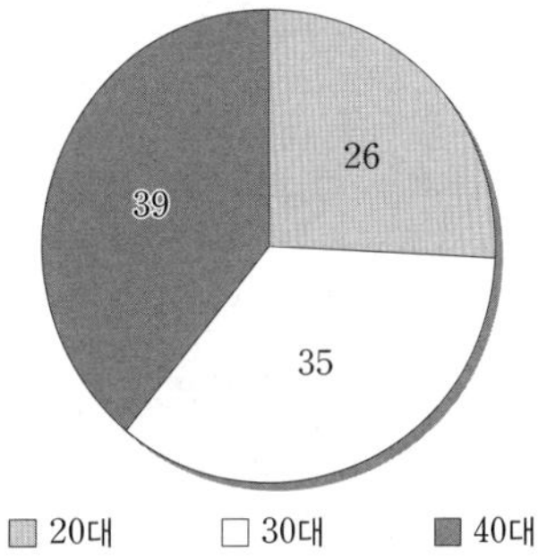

㉢ 가구 소득 300만 원 이상 400만 원 미만 인구의 지속적 여가 활동 기간 분포

(단위: 명)

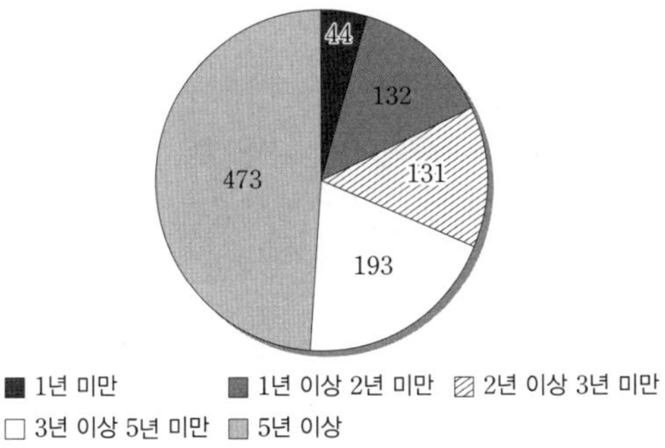

㉣ 지속적 여가 활동 기간에 따른 20~40대 인구 수 분포

(단위: 명)

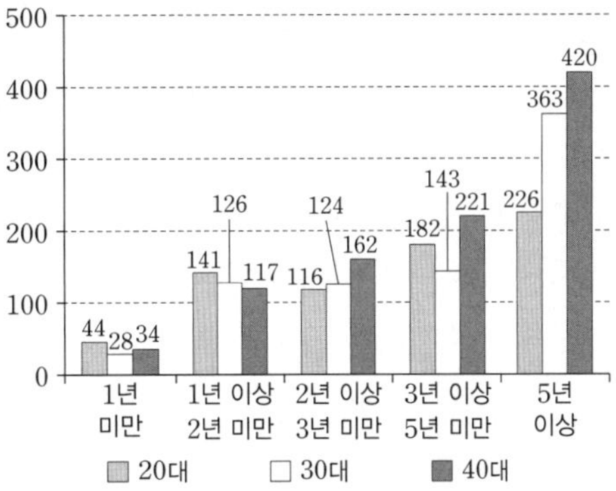

① ㉠, ㉡ ② ㉠, ㉣ ③ ㉡, ㉢

④ ㉡, ㉣ ⑤ ㉢, ㉣

[19~20] 다음 [표]는 2016~2020년 R국의 중앙행정기관 및 지방자치단체 소관 위원회의 현황에 대한 자료이다. 이를 바탕으로 질문에 답하시오.

[표1] 2016~2020년 중앙행정기관 소관 위원회 수 및 위원 수 현황 (단위: 개, 명)

구분	2016년	2017년	2018년	2019년	2020년
위원회 수	350	360	375	385	400
전체 위원 수	640	655	690	700	715
여성 위원 수	300	305	330	325	350

[표2] 2016~2020년 지방자치단체 소관 위원회 수 및 위원 수 현황 (단위: 개, 명)

구분	2016년	2017년	2018년	2019년	2020년
위원회 수	12,000	12,120	12,200	12,315	12,350
전체 위원 수	121,010	121,200	121,400	121,550	121,600
여성 위원 수	4,900	4,900	4,950	5,500	6,500

19

다음 중 자료에 대한 설명으로 옳지 않은 것을 고르면?

① 2020년 지방자치단체 소관 위원회 1개당 평균 위원 수는 10명 미만이다.
② 2016년 이후 중앙행정기관 및 지방자치단체 소관 위원회 수는 해마다 꾸준히 증가하였다.
③ 2016년 대비 2020년의 중앙행정기관 소관 위원회 여성 위원 수는 20% 이상 증가하였다.
④ 중앙행정기관 소관 위원회 위원 중 여성 위원 수가 전체 위원 수의 50% 이상을 차지한 해는 없다.
⑤ 2016년 중앙행정기관 소관 위원회 수는 지방자치단체 소관 위원회 수의 3% 미만이다.

20

다음 중 자료를 바탕으로 지방자치단체 소관 위원회 전체 위원 중 여성 위원의 비율이 가장 높은 해(A)와 가장 낮은 해(B)를 바르게 연결한 것을 고르면?(단, 소수점 아래 셋째 자리에서 반올림하여 계산한다.)

	(A)	(B)
①	2020년	2016년
②	2020년	2017년
③	2020년	2018년
④	2019년	2016년
⑤	2019년	2017년

21

다음 명제가 모두 참일 때, 항상 옳은 것을 고르면?

- 햄버거를 좋아하는 사람은 피자를 좋아한다.
- 샐러드를 좋아하는 사람은 야채를 좋아한다.
- 치킨을 좋아하는 사람은 닭갈비를 좋아한다.
- 삼겹살을 좋아하는 사람은 야채를 좋아하지 않는다.
- 소고기를 좋아하는 사람은 햄버거와 치킨을 모두 좋아하지 않는다.

① 햄버거를 좋아하는 사람은 소고기를 좋아한다.
② 샐러드를 좋아하는 사람은 삼겹살을 좋아한다.
③ 야채를 좋아하는 사람은 삼겹살을 좋아하지 않는다.
④ 소고기를 좋아하는 사람은 닭갈비를 좋아한다.
⑤ 소고기를 좋아하는 사람은 피자를 좋아한다.

22

김 씨는 여름 휴가철을 맞이하여 일주일간 제주도 여행을 다녀 왔다. 여행에서 돌아온 김 씨는 집에 도둑이 든 것을 알았다. 경찰이 CCTV를 조사한 결과, 김 씨가 휴가를 간 사이 빨간색 옷을 입은 2명, 파란색 옷을 입은 3명이 집 앞을 지나간 것을 확인하였다. CCTV상으로 범인을 정확히 특정할 수 없어 이 다섯 명을 불러 심문을 하였는데 빨간색 옷을 입은 사람은 거짓말을 하고, 파란색 옷을 입은 사람은 진실을 말하였다. 빨간색 옷을 입은 사람 중 한 명이 범인이었다고 할 때, 다음 [조건]을 바탕으로 빨간색 옷을 입은 사람과 범인이 바르게 짝지어진 것을 고르면?

조건

- A: "B는 빨간색 옷을 입었습니다."
- B: "D는 빨간색 옷을 입었습니다."
- C: "E는 빨간색 옷을 입었습니다."
- D: "B가 범인입니다."
- E: "D가 범인입니다."

	빨간색 옷을 입은 사람	범인
①	B, D	B
②	B, D	D
③	B, E	B
④	B, E	E
⑤	D, E	D

23

다음 [조건]을 참고할 때, 부서별 배정 인원에 대한 설명으로 옳은 것을 고르면?

조건

- 신입사원 10명은 4개의 서로 다른 부서(전력수급처, 계통계획처, 전력시장처, 상생협력처)로 배정되었다.
- 배정된 신입사원 수가 동일한 부서는 2개이다.
- 4개의 부서 중 전력수급처로 배정된 신입사원 수는 가장 많거나, 적지도 않으며, 전력수급처와 동일하게 신입사원 수가 배정된 부서는 없다.
- 계통계획처로 배정된 신입사원 수는 상생협력처로 배정된 신입사원 수보다 많다.

① 배정된 신입사원의 수가 2명인 부서가 2개 이상일 수 있다.
② 전력시장처로 배정된 신입사원 수는 2명일 수 있다.
③ 배정된 신입사원의 수를 알 수 있는 부서는 1개이다.
④ 계통계획처로 배정된 신입사원 수가 5명이라면, 전력수급처로 배정된 신입사원 수는 2명이다.
⑤ 계통계획처로 배정된 신입사원 수와 상생협력처로 배정된 신입사원 수의 차이는 5명 이상일 수 있다.

24

D사는 신입사원 OJT교육을 진행하고자 한다. 다음 [조건]을 바탕으로 요일별 OJT교육 담당 팀으로 가능하지 않은 조합을 고르면?

조건

- OJT교육은 월요일부터 금요일까지 5일간 매일 진행하며, 각 요일별로 오전/오후 중 1번만 진행한다.
- 총 5개의 팀에서 각 팀 직원이 매일 하루씩 돌아가면서 OJT교육을 진행한다.
- 연구팀과 영업팀은 수요일이 되기 전에 교육을 진행한다.
- 공정팀과 홍보팀은 수요일이 지난 후에 교육을 진행한다.
- 영업팀과 인사팀은 오전에, 홍보팀은 오후에 교육을 진행한다.
- 연구팀이 교육을 진행하고 3일 후 공정팀이 교육을 진행한다.

① 월요일 오전－연구팀, 목요일 오전－공정팀
② 화요일 오전－영업팀, 목요일 오후－홍보팀
③ 수요일 오전－인사팀, 화요일 오후－연구팀
④ 목요일 오후－홍보팀, 금요일 오후－공정팀
⑤ 금요일 오전－공정팀, 월요일 오전－영업팀

25

A사는 자사 오프라인 매장을 오픈하려고 한다. 다음 [대화]와 [표]를 참고하여 매장을 오픈할 위치를 결정할 때, 가장 합리적인 상권을 고르면?

대화

- 본부장: "상권별로 공실률과 임대료를 고려하여, 매장 오픈 위치를 결정해야 합니다."
- 부서장: "유동인구도 같이 고려해야 합니다."
- 팀장: "아무래도 요즘 경기가 좋지 않아, 공실률이 가장 낮은 곳을 최우선으로 선정해야 합니다."
- 과장: "후보상권의 공실률이 동일하다면 임대료보다는 유동인구를 우선시하여 결정합시다."
- 대리: "객단가도 공실률 다음으로 중요한 요소입니다. 유동인구가 적어도 객단가가 높으면 충분히 높은 매출을 올릴 수 있습니다."
- 사원: "그럼 위 사항들을 종합해서 상권 분석을 진행하겠습니다."

[표] 상권별 종합정보

상권명	공실률(%)	임대료(천 원/평)	일일 유동인구(천 명)	객단가(원)
명동	20%	150	100	30,000
강남	20%	120	150	40,000
홍대	20%	80	180	28,000
가로수길	20%	180	160	40,000
성수	30%	100	140	34,000

① 명동　② 강남　③ 홍대
④ 가로수길　⑤ 성수

02 실전모의고사 2회

26

다음은 K통신사 멤버십 적립 기준에 관한 자료이다. 이를 바탕으로 갑, 을, 병이 5월에 적립받은 포인트의 합을 고르면?

- K통신사에서는 K통신사 멤버십 가입자별로 일정 기준에 따라 멤버십을 VIP등급, A등급, B등급으로 나눈다. VIP등급이 가장 높은 등급이고, A등급, B등급 순이다.
- K통신사 멤버십 가입자는 K통신사 제휴사 이용 시 포인트를 적립받을 수 있다. 포인트는 멤버십 등급 및 제휴사별로 다르게 적립을 받는다.
- 다음은 K통신사의 제휴사인 가~다의 포인트 적립 기준이다. VIP등급의 경우에는 한 달에 최대 10번, 최대 3만 포인트 적립이 가능하며, A등급은 한 달에 최대 8번, 최대 1만 포인트 적립이 가능하고, B등급은 한 달에 최대 5번, 최대 5천 포인트 적립이 가능하다. 단, 포인트 적립은 제휴사를 방문한 순으로 적립된다.

제휴사	멤버십 등급	적립 포인트
가	VIP	결제 금액의 20%
	A	결제 금액의 10%
	B	결제 금액의 5%
나	VIP	결제 금액의 10%
	A	결제 금액의 5%
	B	적립 불가
다	VIP	결제 금액의 10%
	A	결제 금액의 10%
	B	결제 금액의 5%

- 갑은 K통신사 멤버십 VIP등급이고, 을은 K통신사 멤버십 A등급이고, 병은 K통신사 멤버십 B등급이다.
- 갑은 5월에 가, 가, 나, 다, 다, 다, 나, 가, 가, 나, 다 순으로 제휴사를 방문하였고, 가에서는 항상 3만 원, 나에서는 항상 5만 원, 다에서는 항상 1만 원을 결제하였다.
- 을은 5월에 가, 나, 나, 다, 가, 가, 나, 나, 가 순으로 제휴사를 방문하였고, 가에서는 항상 2만 원, 나와 다에서는 각각 항상 1만 원을 결제하였다.
- 병은 5월에 가, 나, 다, 나, 가, 다 순으로 제휴사를 방문하였고, 가에서는 항상 1만 원, 나에서는 항상 3만 원, 다에서는 항상 2만 원을 결제하였다.

① 41,000포인트　② 42,000포인트　③ 43,000포인트
④ 44,000포인트　⑤ 45,000포인트

27

다음은 K회사의 화장실 타일 교체 공사 안내문이다. 이에 대해 잘못 이해한 사람을 고르면?

화장실 타일 교체 공사 안내

쾌적한 화장실 조성을 위하여 아래와 같이 타일 교체 공사를 실시하오니 불편하시더라도 많은 양해 부탁드립니다.

1. 공사 일정

일자	공사 층	해당 부서
7월 4일(월)~7월 6일(수)	4층	기획부, 영업부
7월 6일(수)~7월 8일(금)	2층	홍보부, 재무부
7월 11일(월)~7월 13일(수)	3층	개발부, 물류부
7월 13일(수)~7월 15일(금)	1층	인사부, 총무부

2. 공사 시간: 공사 1일차 및 2일차 13:00~20:00, 공사 3일차 09:00~12:00
3. 공사 업체: (주) Z타일
4. 주의사항
   - 층별로 일정을 달리하여 공사를 진행하고, 층별로 3일간 공사를 진행합니다.
   - 공사 첫 날에는 기존 타일을 해체하는 작업을 진행합니다. 이때 많은 소음이 발생할 수 있으니 양해 부탁드립니다.
   - 공사 두 번째 날에는 새로운 타일을 부착하는 작업을 진행합니다. 이때 불쾌한 냄새가 발생할 수 있으니 양해 부탁드립니다.
   - 공사 마지막 날은 공사 마무리 작업 및 쓰레기, 먼지를 제거하고 청소를 진행합니다.
   - 공사가 끝난 다음 날부터 화장실을 이용할 수 있습니다. 공사 기간 동안 번거로우시더라도 다른 층 화장실을 이용해 주시길 바랍니다.
   - 공사에 관한 문의사항이 있는 경우 총무부로 연락 바랍니다.

① A: "주말에는 공사를 진행하지 않으니 주말에는 모든 층의 화장실을 이용할 수 있어."
② B: "나는 인사부인데 7월 13일에 화장실을 이용하려면 적어도 두 개의 층을 이동해야 해."
③ C: "나는 기획부인데 7월 6일 오후 1시에도 우리 층의 화장실을 이용할 수 없어."
④ D: "(주) Z타일은 7월 6일에 총 10시간 동안 공사를 하겠구나."
⑤ E: "나는 개발부인데 7월 12일에는 공사로 인해 발생하는 냄새에 주의해야 겠어."

28

다음은 어느 금융상품에 관한 설명이다. 이에 대한 설명으로 옳지 <u>않은</u> 것을 고르면?

> • 통장에 가계부 기능을 도입한 여성 전용 입출금이 자유로운 예금
> • 가입대상: 만 18세 이상의 여성(지점별 1인 1계좌)
> • 기본이율: 매일 잔액에 대하여 당행이 고시한 이율 적용
> • 우대이율: 결산일에 다음 사유에 해당하는 경우(단 2가지 모두 해당되어도 연 0.1%까지 적용)
> ① 자동이체 우대(연 0.1%)
> 결산일의 전월 말일을 기준으로 직전 3개월간 건당 20만 원 이상 자동이체 실적이 3건 이상 있는 경우
> ② 우수거래 우대(연 0.1%)
> 결산일 전월 말일을 기준으로 직전 3개월간 평잔 100만 원 이상 또는 이 예금에서 결산일의 전월 말일을 기준으로 직전 3개월간 J체크카드 평균 이용실적 60만 원 이상인 경우
>
> **면제 수수료 유의사항**
>
> 〈당행의 거래실적 기준 중 2개에 해당하는 경우 아래 제1호부터 제2호까지의 수수료를 면제하며, 3개 이상에 해당하는 경우 제1호부터 제3호까지의 수수료를 면제〉
> 1. 전자금융(인터넷 · 스마트뱅킹, 텔레뱅킹) 이체수수료
> 2. 모든 당행 자동화기기를 통한 시간 외 출금수수료(월 10건 한도)
> 3. 모든 당행 자동화기기를 통한 타행 송금수수료 (월 5건 한도)
>
> ※ 이 예금을 이용한 거래에 한하여 면제하며, 사용하지 않은 수수료 면제 건수는 이월되지 않음
>
> ※ 우대서비스 중지: 지난달에 수수료 면제조건 미충족 시 이번 달 11일부터 중지
> – 통장 상 월간 총 입출금액 및 수수료 면제내역을 매월 초 통장에 인자되는 서비스를 통해 가계부 기능을 제공함
> – 해당 상품은 당행 규정에 따라, 예금자보호제도에 의해 당행에 있는 귀하의 모든 예금보호 대상 금융상품의 원금과 소정의 이자를 합하여 1인당 '최고 5천만 원까지' 본점 예금자보호 준비금에 의해 보호되며, 5천만 원을 초과하는 나머지 금액에 대해서는 보호되지 않음

① 수수료 면제조건 미충족 사유에 해당할 경우에는 우대서비스는 다음 달부터 중지된다.
② 이 상품은 원리금 합계 5천만 원을 초과하는 금액에 대해서는 유사 시 원금과 소정의 이자를 보호받지 못한다.
③ 이번 달에 사용하지 않은 수수료 면제 건이 있을 경우, 다음 달에 해당 건수만큼 사용할 수 있다.
④ 해당 은행의 자동화기기를 통한 시간 외 출금에 대해서도 일정 횟수까지 수수료가 면제된다.
⑤ 자동이체 우대와 우수거래 우대에 모두 해당하는 경우에도 우대이율은 연 0.1%만 적용된다.

29

다음 글을 읽고 [상황]에 해당하는 처벌기준을 고르면?

알코올농도공식은 운전자가 사고 당시 마신 술의 종류, 운전자의 체중, 성별 등의 자료에 의해 교통사고발생시점의 혈중알코올농도를 계산하는 방법이다. 음주종료시점에서 90분 후에 혈중알코올농도가 최고치에 이르고, 시간당 알코올 분해량은 개인에 따라 다른데 0.008%에서 0.030%까지 나타나며, 평균은 0.015%이다. 실무에서는 대법원 판례에 따라 피고인에게 가장 유리한 수치를 적용하고 있다. 알코올농도공식 및 처벌기준은 다음과 같다.

• 교통사고발생시점의 혈중알코올농도(%)=C−(T×B)

C: 혈중알코올농도의 최고치(%)=$\frac{A}{P \times R \times 10}$

A: 알코올량=음주량(ml)×술의 농도×W×N

P: 사람의 체중(kg)

R: 성별에 대한 계수(남자 1, 여자 0.6)

B: 시간당 알코올 분해량(%)

T: 혈중알코올농도 최고치 시간부터 교통사고발생시점까지의 경과시간(시간)

W: 알코올보정계수(0.8)

N: 체내흡수율(0.7)

※ 시간당 알코올 분해량은 대법원 판례를 따르고 술의 농도 적용은 20도의 경우 0.2로 계산함

• 혈중알코올 수치에 따른 처벌기준표(음주운전 교통사고 후 도주한 경우)

교통사고발생시점의 혈중알코올농도(%)	처벌기준
0.2 이상	1년 이상 3년 이하 징역
0.17 이상 0.2 미만	6개월 이상 1년 이하 징역 또는 500만 원 이상 1천만 원 이하 벌금
0.12 이상 0.17 미만	6개월 이하 징역 또는 300만 원 이상 500만 원 이하 벌금
0.09 이상 0.12 미만	6개월 이하 징역 또는 300만 원 이하 벌금
0.05 이상 0.09 미만	6개월 이하 징역 또는 200만 원 이하 벌금

상황

체중 70kg인 남성이 20도 소주 1,000ml를 전날 저녁 10시까지 마시고 음주운전을 하다가 새벽 1시 30분에 교통사고를 내고 현장에서 도주하였다.

① 6개월 이하 징역 또는 200만 원 이하 벌금
② 6개월 이하 징역 또는 300만 원 이하 벌금
③ 6개월 이하 징역 또는 300만 원 이상 500만 원 이하 벌금
④ 6개월 이상 1년 이하 징역 또는 500만 원 이상 1천만 원 이하 벌금
⑤ 1년 이상 3년 이하 징역

30

다음은 K공사의 물자관리규정 중 일부이다. 이에 대한 설명으로 옳은 것을 고르면?

제10조(수급계획)

① 본사 물자관리부서는 매년 물자수급계획을 수립하여 물자관리의 기준자료로 활용한다.

제11조(구입청구)

① 물자청구부서는 소요품목, 사용목적 및 용도, 소요시기, 소요수량 등을 내부청구, 정비지원품청구에 입력하여 계획청구하여야 하며, 구매기술부서는 청구품목에 대하여 청구수량을 확정한 후 구매요청부서로 결과를 통보한다.

② 제12조의2 제1항 제1호 대상의 물자는 물자청구부서에서 계약담당부서로 직접 구매요청한다.

③ 구매요청부서는 보조기기 · 설비자재(FACI) · 정비부분품(SPAR) 중 Q등급 자재에 대해서는 구매요청 시 발주계획 및 구매규격서를 전자상거래시스템(K－Pro)에 10일간 공개하여야 한다. 단, 긴급을 요하는 경우 5일로 할 수 있다.

④ 규격서 작성부서는 제3항의 공개를 한 결과 이의 신청이 접수된 경우 이를 검토한 뒤 신청인에게 회신하여야 하며, 이의 신청을 받아들여 규격서를 변경하는 경우에는 전자상거래시스템(K－Pro)에 3일간 변경사유와 변경내용을 공개하여야 한다.

⑤ 물자관리부서는 제1항의 청구에 대하여 재고물자의 경제적 활용을 도모하고 구입량과 기타 조달조건을 검토하여야 한다.

제12조(적기청구) 물자청구부서는 발주, 제작 및 검수와 수송에 소요되는 기간을 고려하여 물자의 사장 또는 긴급조달에 따른 가격 및 공정상의 불이익이 없도록 적기에 청구하여야 한다.

제12조의 2(청구종별 및 우선순위)

① 물자의 청구는 사용목적과 용도의 완급에 따라 다음과 같이 구분한다.

1. 특별청구
   가. 천재지변, 사고 또는 고장으로 시설이 파괴 또는 소실되어 그 기능을 상실한 경우 이를 복구하는 데 필요한 물자의 청구
   나. 공급사의 단종품 예고 등으로 인한 긴급청구 및 긴급공사에 필요한 물자의 청구
2. 일반청구
   물자의 통상적인 청구 또는 특별청구에 해당하지 아니하는 물자의 청구

② 재고의 사용과 구매계약 및 수송에 있어서는 특별청구 · 일반청구의 순으로 우선권을 부여하고, 물자청구부서는 특별청구가 남용되지 않도록 청구의 종류를 신중히 결정하여야 한다.

① 물자청구부서가 긴급공사에 필요한 물자를 구매기술부서에 청구하면 구매기술부서에서 청구수량을 확정한 후 구매요청부서로 통보한다.

② 규격서 작성부서는 구매요청부서의 이의 신청이 접수되어 규격서를 변경한 경우 전자상거래시스템에 3일 내에 변경사유와 내용을 공개하여야 한다.

③ 구매요청부서는 보조기기 중 긴급하게 Q등급 자재 구매요청 시 발주계획 및 구매규격서를 전자상거래시스템에 5일간 공개한다.

④ 물자청구부서가 특별청구와 일반청구를 청구하였을 때 청구한 순서대로 우선권을 부여한다.

⑤ 물자관리부서는 소요기간을 고려하여 가격 및 공정상의 불이익이 없도록 적기에 청구하여야 한다.

[31~32] 다음은 L사 해외사업팀의 해외출장에 관한 자료이다. 이를 바탕으로 이어지는 질문에 답하시오.

[표] 부서원별 해외출장 정보

부서원	출장지	체류기간	항공료	숙박비	기타비용
부장	미국	7일	150만 원	20만 원/일	50만 원
차장	일본	5일	50만 원	15만 원/일	30만 원
과장	독일	6일	120만 원	18만 원/일	40만 원
대리	영국	8일	180만 원	22만 원/일	60만 원
사원	중국	4일	40만 원	10만 원/일	20만 원

[부서원별 할인 항목 및 할인율]
- 부장: 숙박비 15% 할인 적용
- 차장: 항공료 30% 할인 적용
- 과장: 항공료 10% 할인 적용
- 대리: 기타비용 25% 절감
- 사원: 숙박비 20% 할인 적용

31

할인이 적용되지 않았을 때의 부서원별 해외출장 총비용으로 옳지 않은 것을 고르면?

① 부장, 340만 원　② 차장, 150만 원　③ 과장, 268만 원
④ 대리, 416만 원　⑤ 사원, 100만 원

32

부서원별로 해외출장 비용을 할인받을 때, 옳지 않은 것을 고르면?

① 부장이 과장보다 더 많은 금액을 할인받았다.
② 부서원이 할인받은 금액은 총 70만 원 이상이다.
③ 사원은 10만 원 이하의 금액을 할인받았다.
④ 차장이 대리보다 더 많은 금액을 할인받았다.
⑤ 체류기간이 길수록 총비용도 크다.

33

X원료를 생산, 납품하는 공장이 있는데, Y업체에서 가능한 빨리 X원료 21개를 납품해 달라고 의뢰하였다. 이 공장의 공장 가동 일정이 다음과 같을 때, Y업체에서 의뢰한 작업을 완료하는 날짜를 고르면?

- 이 공장에서는 X원료를 매일 5개씩 생산한다.
- 한 업체에서 의뢰받은 원료들은 연속해서 생산하고, 의뢰받은 원료를 모두 생산하면 바로 납품한다.
- 각 원료는 각 업체가 의뢰한 마감일 또는 마감일 전까지만 생산하여 납품하면 된다.
- 공장 휴무일에는 X원료를 생산하지 않는다. 휴무일은 일요일과 공휴일(대체공휴일), 공장 점검일이다.
- A업체가 X원료 16개, B업체가 X원료 28개, C업체가 X원료 12개, D업체가 X원료 18개 순으로 납품을 의뢰하였다.
- Y업체가 의뢰한 원료는 다른 업체의 마감일정을 방해하지 않고, 최대한 빠른 시일 내로 생산한다.
- 공장의 10월 작업 일정은 다음과 같다. A업체가 의뢰한 작업은 10월 1일에 시작하였고, 10월 1일에는 A업체가 의뢰한 작업만 하였다.

[공장의 10월 작업 일정]

일	월	화	수	목	금	토
					1	2
3	4 (대체공휴일)	5	6 A업체 마감	7	8	9
10	11	12	13	14 (공장 점검)	15 B업체 마감	16
17	18	19	20 C업체 마감	21	22	23
24	25	26 D업체 마감	27	28	29	30
31						

① 10월 11일　② 10월 15일　③ 10월 21일
④ 10월 26일　⑤ 10월 30일

34

다음 자료를 근거로 자동차 서비스 센터를 설치하기 위한 도시를 선정할 때, 이에 대한 설명으로 옳지 않은 것을 고르면?

[표] 도시 A~E의 정보

도시	인구 수(만 명)	인구 1,000명당 자동차 대수(대)
A	112	324
B	85	140
C	102	237
D	56	168
E	68	187

[그림] 도시 A~E간 연결 도로 현황

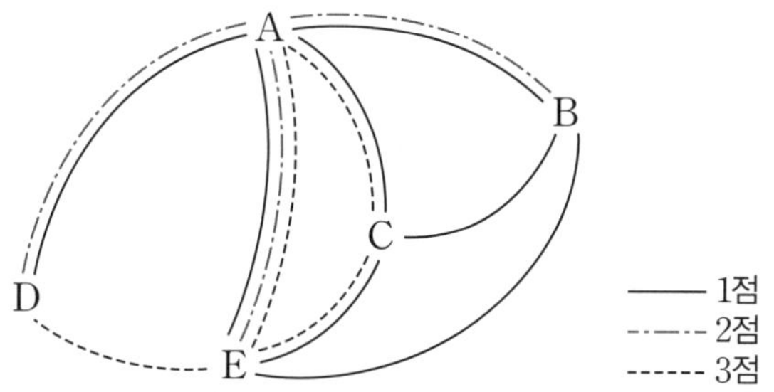

- 도시 A~E는 세 가지 도로로 연결되어 있으며 각 도로의 접근성 점수는 1, 2, 3점이다.
- 인근 도시와의 접근성 점수는 두 도시 간 연결된 도로 중 점수가 높은 도로의 점수만 더해서 구한다.
  ㉮ D는 A와 E와 연결되어 있다. D−A 연결도로 중 점수가 높은 도로는 2점짜리 도로이다. D−E 연결도로는 3점짜리 도로 1개이다. 따라서 D의 접근성 점수는 2+3=5(점)이다.

도시 선정 선발 가중치=(인구 대비 자동차 대수)×(인근 도시와의 접근성 점수)÷1,000

① 인구 수가 많은 도시로 선정한다면 선정 가능성이 가장 높은 도시는 A이다.
② 인구 1,000명당 자동차 대수가 가장 많은 도시로 선정한다면 선정 가능성이 가장 높은 도시는 A이다.
③ 인구 대비 자동차 대수가 가장 많은 도시를 선정한다면 선정 가능성이 가장 낮은 도시는 B이다.
④ 인근 도시와의 접근성을 기준으로 선정한다면 선정 가능성이 가장 낮은 도시는 B이다.
⑤ 도시 선정 선발 가중치를 기준으로 선정한다면 선정 가능성이 가장 낮은 도시는 D이다.

[35~36] 다음은 U청소년센터의 시설 · 설비 대여료 및 주의사항 안내문이다. 이를 바탕으로 이어지는 질문에 답하시오.

[표1] 시설 대여료

구분	101호	102호	103호	104호	201호	202호	301호
최대 인원	8명	6명	8명	4명	15명	12명	30명
시설 대여료	10만 원	8만 원	9만 원	6만 원	20만 원	15만 원	30만 원
컴퓨터	○	×	○	×	○	○	○
스피커	○	×	×	○	○	×	○
빔 프로젝터	○	×	○	×	×	○	○

[표2] 설비 대여료(1대당)

구분	마이크	무선 마이크	블루투스 스피커	USB	CD	비디오카메라
대여료	10,000원	20,000원	30,000원	10,000원	20,000원	50,000원

주의사항

○ 시설 대여 시, 최대 인원을 초과하여 입실할 수 없습니다.
○ 대여는 1일 단위로 가능하며, 9시부터 18시까지 이용 가능합니다.
○ 18시 이후 이용 시, 호실에 상관없이 시간당 30,000원의 시설 이용료가 추가됩니다.
○ 컴퓨터가 있는 호실에서 컴퓨터를 이용할 경우, 이용료 30,000원이 추가됩니다.
○ 스피커와 빔 프로젝터가 있는 호실의 경우, 무료로 이용 가능합니다.
○ 시설 내에서는 간단한 음료는 허용되나, 기타 취식은 불가합니다.
○ 101~104호는 각 2대, 201~202호는 각 4대, 301호는 6대 무료 주차 가능합니다.
○ 무료 주차 가능 대수 초과 시, 1대당 10,000원이 추가됩니다.
○ 흡연은 지정된 장소에서만 가능하며, 대관일 전일 20시 이후에 사전 점검 가능합니다. 이때 행사에 필요한 시설을 미리 설치할 수 있습니다.
○ 예약금에는 시설 대여료와 설비 대여료, 추가 이용료 등 지불해야 하는 모든 금액이 포함됩니다.
○ 예약일 3일 전까지는 예약금 무료 취소가 가능하지만, 2일 전에는 예약금의 50%, 1일 전에는 예약금의 70%의 취소 수수료가 있으며, 당일 취소는 불가합니다.

35

다음 중 주어진 자료에 대한 설명으로 옳지 않은 것을 고르면?

① 시설 대여 후, 행사 도중 점심식사를 하려면 시설 밖으로 나와야 한다.
② 행사에 필요한 시설물을 행사 전일 22시에 설치하는 것은 가능하다.
③ 11명의 인원이 9시부터 20시까지 행사를 진행할 경우, 최소 21만 원이 필요하다.
④ 301호에서 28명이 행사를 할 때 각각 차를 가지고 온다면, 주차비는 22만 원이 추가된다.
⑤ 9시부터 15시까지 주차나 설비 대여 없이 103호를 빌리고 행사 1일 전에 취소할 경우, 취소 수수료는 최대 63,000원이다.

36

다음 [보기]와 같이 행사를 진행한다고 할 때, 행사에 필요한 최소 비용을 고르면?

보기
- 14명이 행사에 참여할 예정이다.
- 행사에서 컴퓨터와 스피커를 사용할 예정이다.
- 14명 중 6명이 차를 가져올 예정이다.
- 3개의 마이크가 필요하며, 이 중 1개는 무선이어야 한다.
- USB와 CD는 행사 주최 측에서 가져올 예정이나, 비디오카메라 1대는 대여해야 한다.

① 300,000원 ② 310,000원 ③ 320,000원
④ 330,000원 ⑤ 340,000원

37

다음은 어느 국가의 국내 항공운임 및 규정에 관한 내용의 일부이다. 이를 바탕으로 할 때, 다음 중 옳지 않은 것을 고르면?(단, 제시되지 않은 사항은 고려하지 않는다.)

(단위: 원)

노선	이코노미석					비즈니스석				
	주중		주말		성수기	주중		주말		성수기
	선호	일반	선호	일반		선호	일반	선호	일반	
A→B	93,600	87,900	110,200	104,500	131,700	154,000	136,000	171,200	148,000	195,800
A→C	76,200	70,200	85,200	79,200	96,200	136,200	130,200	145,200	139,200	156,200
C→B	92,200	88,200	106,200	101,200	123,200	152,200	148,200	166,200	161,200	183,200

■ 상기 운임 유의사항

공항이용료와 유류할증료가 포함된 성인 1인 편도 정상 운임 기준 총액임(단, 성수기는 제외)

- 공항이용료: 편도 4,000원
- 유류할증료: 편도 2,200원

■ 수화물 요금

- 이코노미석: 20kg 이하의 수하물 1개 무료
- 비즈니스석: 30kg 이하의 수하물 1개 무료
- 초과 요금: 무료 수하물 허용량 초과 시 1kg당 2,000원

■ 주중 운임

월~목요일, 주말 운임은 금~일요일, 성수기 운임은 성수기에 적용

■ 선호 및 일반 시간대 구분 기준

- 선호 시간대: 오전 10시~오후 2시
- 일반 시간대: 선호 시간대를 제외한 시간

■ 성수기 운임 적용 기간

- 2023년: 1/1~1/3, 2/10~2/15, 2/20~3/1, 5/1~5/5, 5/15~5/19, 7/24~8/21, 9/18~9/23, 12/31
- 2024년: 1/1, 1/29~2/3, 2/20~3/1, 5/4~5/8, 6/4~6/6, 7/23~8/21, 9/8~9/13, 10/1~10/3, 12/31

① 2023년 7월 30일 오전 11시 30분에 A에서 출발하여 C에 도착하는 비행기 편에 27kg의 수하물 1개를 맡기고 비즈니스석에 탑승하여 출장을 간 김 씨의 운임 총액은 162,400원이다.

② 2023년 4월 27일 월요일 오후 1시 15분에 C에서 출발하여 B에 도착하는 비행기 편에 40kg의 수하물 1개를 맡기고 이코노미석에 탑승하여 여행을 간 최 씨의 운임 총액은 132,200원이다.

③ 2024년 5월 8일 토요일 저녁 7시 37분에 A에서 출발하여 B에 도착하는 비행기 편에 수하물 없이 이코노미석에 탑승하여 출장을 간 황 씨의 운임 총액은 137,900원이다.

④ 2024년 1월 23일 토요일 오전 11시 19분에 A에서 출발하여 C에 도착하는 비행기 편에 32kg의 수하물 1개를 맡기고 이코노미석에 탑승하여 지인을 방문한 한 씨의 운임 총액은 109,200원이다.

⑤ 2024년 11월 3일 수요일 오후 3시 정각에 A에서 출발하여 B에 도착하는 비행기 편에 10kg의 수하물 1개를 맡기고 비즈니스석에 탑승하여 출장을 가는 민 씨의 운임 총액은 142,000원이다.

38

퇴직금 계산법이 다음과 같을 때, 갑의 퇴직금을 구하면?(단, 결괏값에서 소수점 아래는 버림한다.)

퇴직금 계산법

- 연차수당: 연차수당 지급기준액(원)×잔여유급휴가(일)
- 3개월간 임금총액(A): 3개월간 기본급 합계＋3개월간 기타수당 합계
- 상여금 가산액(B): 연간상여금 총액×$\frac{3개월}{12개월}$
- 연차수당 가산액(C): 연차수당×$\frac{3개월}{12개월}$
- 1일 평균임금: 퇴직일 이전 3개월간에 지급받은 임금 총액＝(A＋B＋C)÷퇴직일 이전 3개월간의 총 일수
- 퇴직금: 1일 평균임금×30×(재직일수÷365)

[갑의 상황]

- 입사일자: 2020년 9월 27일(단, 2020년은 윤년임)
- 퇴사일자: 2023년 9월 26일
- 월기본급: 3,000,000원
- 월기타수당: 420,000원
- 잔여유급휴가: 5일
- 연간상여금 총액: 4,000,000원
- 연차수당 지급기준액: 80,000원

① 11,113,020원 ② 11,140,360원 ③ 11,183,740원
④ 11,225,800원 ⑤ 11,644,500원

[39~40] 다음 글과 [조건]을 바탕으로 이어지는 질문에 답하시오.

제○○조 ① 소방안전센터에 배치하는 소방자동차의 배치 기준은 [별표1]과 같다.
제○○조 (소방안전센터 근무요원의 배치) ① 신속한 소방 활동을 위하여 각 업무분야별로 근무요원을 배치한다.
② 제1항에 따른 근무요원의 배치 기준은 [별표2]와 같다.

[별표1] 소방안전센터에 두는 소방자동차 배치 기준

가. 소방펌프자동차

(1) 소방안전센터에 2대를 기본으로 배치하고, 소방안전센터 관할구역별로 인구 10만 명과 소방대상물 1천 개소를 기준으로 하여 인구 5만 명 증가 시마다 1대씩을 추가로 배치하고, 소방대상물 500개소 증가시마다 1대씩을 추가로 배치한다.

(2) 가장 인접한 다른 소방안전센터와의 거리가 10km 이내인 경우에는 (1)의 기준에서 1대를 감하여 배치한다.

나. 물탱크차

(1) 소방안전센터마다 1대를 배치한다. 다만, 지방정부 관할지역 기준 공설소화전이 인구 10만 명당 40개 이상 설치된 경우에는 소화전의 설치상황을 고려하여 지방정부 관할지역 인구 20만 이상의 지역은 4개의 소방안전센터끼리, 인구 10만 이상 20만 미만의 지역은 2개의 소방안전센터끼리 물탱크차 1대를 공유하는 형태로 축소 배치할 수 있다.

(2) 지방정부 관할지역 인구 기준 10만 미만의 지역에 설치된 소방안전센터는 각각 1대를 기본으로 배치하되, 관할구역에 공설소화전이 30개 이상 있는 경우 3개의 소방안전센터끼리 물탱크차 1대를 공유하는 형태로 축소 배치할 수 있다.

[별표2] 소방안전센터 근무요원의 배치 기준

가. 소방안전센터 등의 차량별 인력배치 기준은 다음과 같다.

소방펌프자동차 (첫 번째 차량만)		소방펌프자동차 (두 번째 차량부터)		물탱크차	
운전요원	진압요원	운전요원	진압요원	운전요원	진압요원
3명	9명	3명	6명	3명	3명

나. 소방안전센터에는 [별표1]에 따라 배치되는 소방자동차를 기준으로 운전 및 진압요원을 배치한다.

조건

지방정부 K시의 관할지역 인구는 40만 명이다. 지역 내 교통과 이동을 방해하는 특별한 지리적 장애물은 없으며, 지역 내 화재 등 재난위험 수준은 동일하다. K시에 배치되어 있는 소방안전센터는 모두 5개이며, 현재 시점을 기준으로 소방안전센터별 관할구역의 특성은 다음과 같다.

소방안전센터	관할구역인구	소방대상물	공설소화전	인접안전센터	
				센터	거리
A	11만 명	1,851개	75개	B	13km
B	4만 명	352개	3개	D	8km
C	7만 명	553개	12개	A	14km
D	16만 명	1,731개	80개	B	8km
E	2만 명	233개	2개	D	22km

39

지방정부 K시에 배치해야 하는 물탱크차의 최소 대수를 고르면?

① 1대 ② 2대 ③ 3대
④ 4대 ⑤ 5대

40

물탱크차를 최소 대수로 배치할 때, 지방정부 K시 전체에 배치해야 하는 소방안전센터 근무요원의 수를 고르면?

① 117명 ② 126명 ③ 132명
④ 135명 ⑤ 144명

PSAT형·휴노 중심형

실전모의고사

| 3회 |

영역		문항 수	권장 풀이 시간	비고
NCS 직업기초능력평가	의사소통능력	50문항	60분	객관식 오지선다형
	수리능력			
	문제해결능력			
	자원관리능력			

eduwill

모바일 OMR
자동채점&성적분석 무료

정답만 입력하면 채점에서 성적분석까지 한번에!

활용
GUIDE

실시간 성적분석 방법!

STEP 1
QR 코드 스캔
▶
STEP 2
모바일 OMR 입력
▶
STEP 3
자동채점 & 성적분석표 확인

STEP 1

교재 내 QR 코드 스캔

실전모의고사 3회
모바일 OMR 바로가기

eduwill.kr/FZme

- 위 QR 코드를 모바일로 스캔 후 에듀윌 회원 로그인
- QR 코드 하단의 바로가기 주소로도 접속 가능

STEP 2

모바일 OMR 입력

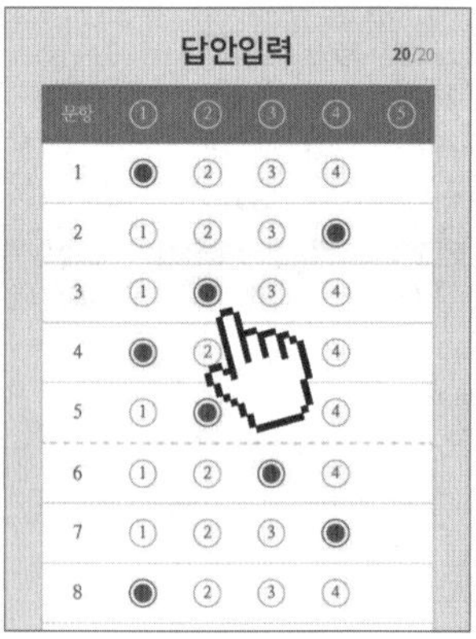

- 회차 확인 후 '응시하기' 클릭
- 모바일 OMR에 답안 입력
- 문제풀이 시간까지 측정 가능

STEP 3

자동채점 & 성적분석표 확인

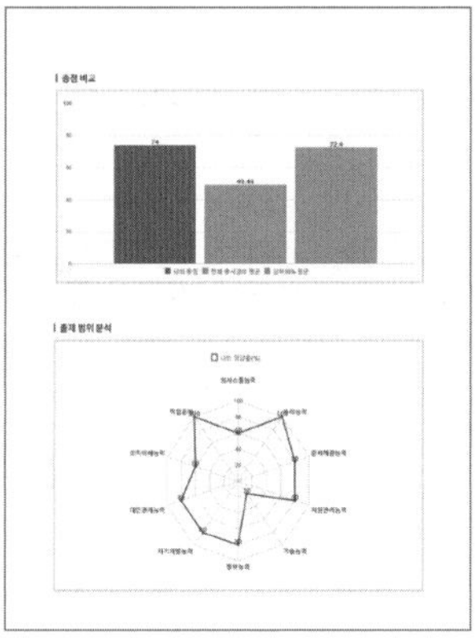

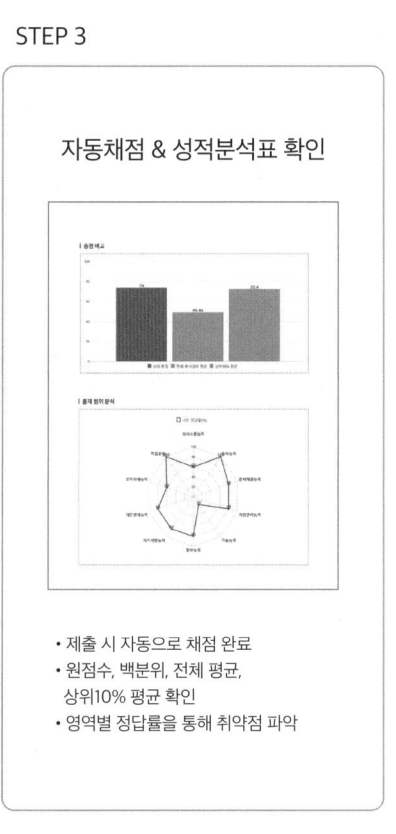

- 제출 시 자동으로 채점 완료
- 원점수, 백분위, 전체 평균, 상위10% 평균 확인
- 영역별 정답률을 통해 취약점 파악

※ 본 회차의 모바일 OMR 채점 서비스는 2026년 12월 31일까지 유효합니다.

실전모의고사 3회

정답과 해설 P.26

01

다음 중 [보기]의 빈칸에 넣어 활용하기 어려운 단어를 고르면?

보기
- 사람이 살지 않았던 그 넓은 황무지를 (   )하였다.
- 몹시 어려운 상황에서도 그들은 새로운 활로를 (   )하였다.
- 치열한 경쟁에서 살아남기 위해서는 신제품 (   )이/가 이루어져야 한다.
- 교육 (   )을/를 통해 아이들이 제대로 성장할 수 있는 여건을 만들어야 한다.
- 지속적인 맞춤법 (   )을/를 통해 우리 언어를 시대에 맞도록 발전시켜야 한다.

① 개조(改造) ② 개척(開拓) ③ 개발(開發)
④ 개혁(改革) ⑤ 개정(改定)

02

다음 글을 읽고 밑줄 친 ㉠~㉤ 중 어법에 맞지 않는 것을 모두 고르면?

시기, 질투, 원한은 모두 부정적인 감정으로 여겨진다. 특히 시기심이나 질투심이 극대화되어 원한을 품게 되고, 이를 ㉠ 적절이 조절하지 못하면 자기파멸을 초래할 뿐만 아니라 타인과 공동체에도 해악을 끼칠 수 있다. 시기심의 핵심은 나보다 뛰어난 사람, 내가 가지고 있지 못한 것을 가지고 있는 사람, 내가 원하는 것을 나보다 먼저 거머쥔 사람에 대한 씁쓸한 감정에 있다. 심리학에서는 부러움에 가까운 가벼운 시기심을 '온화한 시기심'이라 하고, 부정적인 느낌을 주는 강한 시기심을 '악의적 시기심'으로 나눈다. 이 중 온화한 시기심은 ㉡ 부정적이기보다는 때때로 긍정적인 효과를 낳는다. 이는 온화한 시기심이 자극제가 되어 자신감을 촉진할 수 있기 때문이다. 그렇다면 어떤 경우에 부정적인 시기심, 즉 악의적 시기심에 ㉢ 사로 잡히게 될까? 인간은 자기보다 능력이 부족하다고 생각되는 사람이 높은 지위나 많은 자원을 가지는 경우 그 사람에 대해 '공정하지 않다' 또는 '정당하지 않다'라고 느끼며 악의적 시기심에 도취될 수 있다. 네덜란드의 한 사회심리학자는 실험을 통해 온화한 시기심이 피험자의 자신감을 높이고, 악의적 시기심은 피험자의 심리를 피폐하게 ㉣ 만듦을 입증했다. 일반적으로 시기와 질투는 같은 의미로 사용되기도 하지만 학술적으로는 전혀 다른 감정으로 정의한다. 시기는 자신이 가지고 있지 못한 가치 있는 자원을 누군가가 갖고 있고 그것을 자신도 갖고 싶을 때, 그 상대에 대해 느끼는 불쾌한 감정을 말한다. 반면 질투는 자신이 가지고 있는 가치 있는 자원을 누군가는 가지지 않아 그 자원을 그 사람에게 빼앗길 것으로 ㉤ 보일 때, 그 상대를 배제하려는 불쾌한 감정을 말한다. 즉 질투는 지금의 자기 위치가 누군가에 의해 손상될지도 모른다는 불쾌감에서 초래되는 감정이라는 것이다.

① ㉠, ㉤ ② ㉡, ㉢ ③ ㉡, ㉣
④ ㉠, ㉢, ㉣ ⑤ ㉢, ㉣, ㉤

03

다음 중 주어진 글에 드러난 필자의 생각으로 보기 어려운 것을 고르면?

기후변화를 초래한 주된 원인 중 하나는 에너지 사용에 있다. 에너지 생산을 위해 화석연료가 활용되는데, 이때 배출되는 온실가스가 기후에 악영향을 주기 때문이다. 세계는 기후변화에 대처하고자 여러 방안을 제시하고 있다. 그중에 파리협정은 전 세계가 동참하는 "온실가스 줄이기" 운동으로 볼 수 있다. 한국은 파리협정을 통해 2030년까지 탄소배출량을 2017년 대비 24.4%를 감축하는 것을 목표로 세웠다. 세계적 기업도 기후변화 대응에 동참하고 있다. 재생에너지 100%(RE100) 운동은 제품 생산에 사용되는 모든 에너지 발전원을 신재생에너지로 대체하는 것으로 현재 290여 개 기업이 참여하고 있다.

기후변화 대응에 가장 효과적인 방법 중 하나는 에너지 사용을 줄이는 것이다. 절감량에 따라 생산에 쓰이는 화석연료를 줄일 수 있기 때문이다. 따라서 에너지 사용량의 절감과 효율적인 관리가 중요하다. 에너지관리시스템(EMS)은 에너지 사용을 개선하는 기술로 적용 분야에 따라 유형이 나뉜다. 가정용 에너지관리시스템(HEMS), 건물 에너지관리시스템(BEMS), 설비 에너지관리시스템(FEMS) 등이 대표적이다.

EMS는 두 가지 방법으로 에너지 효율화에 도움을 준다. 첫 번째 방법은 구조적 개선을 통해 에너지를 효율화하는 것이다. EMS는 현재의 시설 상태를 분석해 더 나은 방안으로 시설 혹은 설비를 개선할 수 있도록 한다. 또한 건물공사, 설비설치 등 초기 단계에서부터 예상 전력 사용량을 제공하면서 에너지를 효율화할 방법으로 건물공사 혹은 설비설치를 진행할 수 있다. 건물설계를 예로 들면, 건물설계자는 건물을 설계할 때 에너지플러스라는 소프트웨어를 사용해 설계한 건물의 예상 전력 사용량을 확인할 수 있고, 설계도면을 에너지 효율화 측면에서 판단할 수 있다. EMS는 설계할 건물뿐만 아니라 이미 지어진 건물의 에너지 효율성도 측정하고, 이를 통해 효율적이지 못한 부분을 개선하도록 도와준다.

두 번째 방법은 효율적인 운용으로 에너지 효율화를 하는 것이다. EMS는 에너지 사용에 효과적인 방법으로 기기와 설비를 운용할 수 있게 도움을 준다. 건물 관리를 예로 들면, EMS가 냉난방, 조명등의 사용량 정보를 건물 관리자에게 제공하면 관리자는 이러한 사용량 추이에 따라 전력 사용량을 줄일 수 있다. 참고로 옥스퍼드대학의 사라 다비 교수는 에너지사용량 정보 제공만으로 5%에서 10%까지 에너지 사용량을 감소시킬 수 있다고 주장했으며 이러한 효과를 "유저 피드백(User Feedback)"이라고 명명했다. 그뿐만 아니라 EMS는 자체적으로 시설 및 설비를 제어하여 사용자 편의에는 최소한의 영향을 주면서 자동으로 냉난방 및 조명등을 제어할 수 있다.

이처럼 EMS는 불필요한 에너지 사용을 줄여 주는 기술이다. 최근에는 EMS에 인공지능(AI)을 더해 에너지 효율을 극대화하려는 움직임이 보인다. AI가 고도화됨에 따라 온실가스 절감에도 더욱 기여할 것이다.

① EMS는 건물 설계단계에서부터 관리까지 전방위로 적용할 수 있다.
② EMS는 효율적으로 화석연료 사용을 극대화하여 온실가스 감축에 도움을 준다.
③ EMS는 구조적 개선과 효율적인 운용으로 에너지 사용 개선에 도움을 준다.
④ RE100 운동은 제품 생산단계에서 발생하는 탄소배출량을 줄이는 데 효과적이다.
⑤ 기후변화에 대처하기 위해서는 에너지 사용을 줄이거나 에너지 사용을 개선해야 한다.

04

다음 글을 이해한 내용으로 적절하지 <u>않은</u> 것을 고르면?

철광석(Iron Ore)은 지구에서 흔하게 발견되는 광물로, 철(Fe)을 함유한 광석을 말한다. 철은 지구 지각에서 약 5%를 차지하며, 철광석은 산업 시대에서 지금에 이르기까지 핵심 기술에 필수적인 원료이다. 철을 이용하여 고대 문명들은 도구와 무기를 제작하며 발전했다. 오래전 철의 쓰임이 주로 소도구 제작이었다면, 오늘날 철의 쓰임은 사회 전체를 이루고 있다고 봐도 무방하다. 철은 다리와 빌딩, 철도와 도로 등 다양한 건설 현장에서 핵심 재료로 활용되며 자동차를 비롯한 수많은 기계 장비의 주재료이다. 또한 주요 인프라 건설을 위해 앞으로도 철강의 원재료인 철광석의 수요는 나날이 커질 것으로 예상된다.

어떤 산업 분야든 환영받는 철광석이 유일하게 달갑지 않은 곳이 있다. 바로 '지하수'다. 생활용수에서 쇠 비린내가 나고, 녹물이 보인다는 뉴스의 원인은 다름 아닌 철광석을 포함한 중금속 물질 때문이다. 철광석의 철분은 보통 철이온으로 지하수에 존재한다. 철이온은 양이온으로 Fe^{2+}(제1철이온)과 Fe^{3+}(제2철이온)이 있다. Fe^{2+}는 용해되어 있지만 산화하여 Fe^{3+}가 되어 붉은 침전물로 나타나게 된다.

그렇다면 지하수 속에서 철분이 발견되는 이유가 무엇일까? 이는 바로 광물의 이동 경로에 있다. 화강암류 지대에서 암반지하수를 개발하는 경우를 생각해 보면, 함철, 함망간 광물들이 풍화되어 유수에 의해 움직이다가 유속이 약해지는 지점에 고스란히 퇴적된다. 오랜 기간 퇴적되어 온 광물들은 두꺼운 퇴적층이 되고, 이후 유기물이 유입되면 미생물에 의한 생분해가 진행된다. 산소가 고갈되면 열역학적으로 더욱 안정하여 철은 고체로 침전된 산화상태보다 환원된 Fe^{2+}과 Mn^{2+}(망간)으로 지하수에 녹아든다.

지하수 속에 철의 성분이 많아지면 지하수를 사용하기 어려워진다. 그 이유는 양수 펌프와 배관에 철침전이 생기기 때문이다. 시간이 지나면서 펌프 주변에 철침전이 두껍게 쌓이면 파이프가 막혀 사용할 수 없게 된다. 또한 과다한 철 성분은 혈색소증에 영향을 주어 간이나 심장 등 신체 내 피해를 유발한다.

철과 망간이 다량으로 녹아든 지하수는 흔하다. 그렇다면 지하수에서 이러한 광물 성분은 어떻게 제거할 수 있을까? 최근에는 이러한 지하수 속 철, 망간 성분을 분해하여 지하수를 보존할 수 있는 기술을 활용하고 있다. 선제적으로 지하수에 산소를 주입하여 산화시킨 다음, 광물의 작용을 침전시켜 버리는 것이다. 또는 지하수를 사용하기 전에 철과 망간을 제거하는 방법이 있다. 접촉여과방식과 고도산화처리 등 깨끗한 지하수를 보존하기 위한 연구가 지속되고 있다.

① 녹물의 붉은 찌꺼기는 산화한 철이온이다.
② 산소가 사라지면 철은 제2철이온으로 침전된다.
③ 과다한 철 성분의 섭취는 신체 질환을 유발한다.
④ 철은 고대보다 현대에 쓰임의 범위가 넓어졌다.
⑤ 철이 다량 함유된 지하수의 배관은 점차 좁아질 수 있다.

[05~06] 다음 글을 읽고 이어지는 질문에 답하시오.

조선 후기에 임진왜란과 병자호란을 겪으며 백성들의 생활은 더욱 어려워졌다. 그 당시 학문적으로 유행한 성리학은 실용과는 거리가 먼 사상과 예법만을 중요시하며 비판에 직면하였다. 이때, 몇몇의 학자들은 학문이 백성들이 처한 현실과 멀어지는 것을 안타까워하며 실생활에 도움을 줄 수 있는 실용적인 학문을 연구하게 되었고 실학으로 발전하게 되었다. 실학을 연구하는 실학자들은 백성들이 더 풍족하게 살아갈 수 있도록 실생활과 관련된 정치와 경제, 사회 등 여러 분야에 걸쳐 개혁을 주장하였다.

실학사상은 연구하는 분야에 따라 경세치용 학파, 이용후생 학파, 실사구시 학파 등으로 나누어진다. 경세치용 학파는 토지 개혁과 농민 생활의 안정을 중요시하여 중농학파라고도 한다. 유형원, 이익, 정약용 등이 중농 학파의 대표적인 인물이며 이들은 토지 개혁이야말로 부국강병과 민생 안정의 중심이라고 주장하였다.

조선 후기에는 농업 이외에도 상업과 공업이 함께 발전하였다. 이러한 사회적 흐름은 북학파를 중심으로 상공업의 발달을 중시하는 실학자들이 등장한다. 우리는 이들을 이용후생 학파, 중상학파라고 불렀다. 이들은 당시 과학적으로 선진 문물이었던 청나라의 문물을 받아들이자고 주장하였다. 대표적인 학자로는 박지원, 박제가, 홍대용 등이 있다. 박지원은 청나라 여행기인 열하일기를 쓰면서 청나라의 선진 문물을 받아들여 조선의 제도를 개혁해야 한다고 주장하였으며 박제가는 자신의 저서 '북학의'에서 생산을 자극하기 위해서 절약보다는 재화를 만들고 써야 한다고 주장하였다. 즉, (　　　㉠　　　)을/를 통해서 물자가 거리로 돌고 돌아야 모두가 잘 살 수 있다고 생각하였다. 이를 위해 그는 청나라의 문물을 더욱 적극적으로 받아들이고 무역을 통해 상공업을 발전시켜야 한다고 주장하였다.

실사구시 학파는 실증적인 학문을 연구하며 유교 경전, 역사 등을 연구하였다. 김정호, 김정희, 최한기 등이 대표적인 인물이며 실학사상이 개화사상으로 넘어가는 시기에 활동한 사람들이다. 이들은 우리의 역사와 지리 등을 연구하여 우리 민족의 정체성 형성에 기여하였다. 이들의 사상은 개화사상으로 이어졌다. 개화사상이란, 조선 사회의 성리학 위주의 문화와 사상에서 벗어나 외국의 문물이나 사상을 받아들여 부강한 국가로 발전하자는 주장이다. 최한기는 실학사상에서 개화사상으로 넘어가는 다리 역할을 한 조선 후기 실학자이다. 그는 과거 유학자들이 최고라고 여겼던 유교 경전보다는 인간의 경험과 인식을 중요시하였다. 상공업의 발전을 통해 외국과 활발한 교류를 하고 통상으로 국가 발전을 이룩해야 한다고 하였다. 또한, 서양의 문물을 수용하고 평등한 근대 사회를 만들고자 하는 개화사상에 있어서 최한기는 기존의 동양과 서양의 학문적 업적을 집대성하며 우리나라의 근대 사상을 성립하는 데 기여하였다.

05

다음 중 글의 서술 방식으로 가장 적절한 것을 고르면?

① 시간의 경과에 따라 구체화하여 설명하고 있다.
② 대상의 차이점을 중심으로 설명하고 있다.
③ 원인과 결과를 중심으로 설명하고 있다.
④ 대상을 이루는 구성 요소로 나누어 설명하고 있다.
⑤ 대상의 공통적인 특성에 근거하여 구분지어 설명하고 있다.

06

다음 중 글의 빈칸 ㉠에 들어갈 내용으로 가장 적절한 것을 고르면?

① 저축 ② 소비 ③ 절감
④ 낭비 ⑤ 남용

[07~08] 다음 글을 읽고 이어지는 질문에 답하시오.

존 F. 케네디 대통령 암살 사건은 아직 미스터리로 남아 있다. 진범과 배후에 대한 궁금증을 가지고 관광객들은 아직도 암살범인 오스왈드가 케네디 대통령을 저격했던 딜리 플라자를 찾는다. 그 자리는 '6층 박물관'이란 이름으로 방문객을 맞는다. 이 현상을 관찰한 영국의 연구자들은 '㉠ 다크 투어리즘'이란 개념을 착안해 냈다.

[가] 이러한 다크 투어리즘의 긍정적 인식은 많은 관광객들에게 특별한 장소를 찾게 만드는데 현장을 방문하는 관광객에게도 특별한 태도가 필요할까? 전문가들은 단순한 여가활동으로 생각하기보다는 역사와 문화에 대한 이해와 존중을 갖춰야 한다고 입을 모은다. A교수는 "당초 목적이 비극의 역사를 느끼고 다시 생각하기 위해 찾는 여행이기 때문에 가볍게 즐기기보다는 진지하고 숙연해질 필요는 있지만, 말 그대로 관광의 한 과정이므로 지나친 엄숙주의에 빠질 필요는 없다."고 조언했다.

[나] 다크 투어리즘은 재난이나 역사적으로 비극적 사건이 일어났던 곳을 찾아, 희생자들을 추모하고 반성과 교훈을 얻는 형태의 여행을 말한다. 우리말로는 '역사교훈 여행'으로 불리기도 한다. 다크 투어리즘이 주창된 초창기에는 위험한 장소를 탐사한다는 인식이 많았다. 체르노빌 같은 핵 재난 지역이나 국제적인 분쟁 지역 인근에 접근하는 형태까지 있었다. 스릴과 모험을 추구하는 이들이 몰리면서, 희생자들의 고통을 재밋거리로 희화화한다는 비난도 있었다. 대표적인 곳이 내전으로 홍역을 앓은 시리아이다. 전쟁을 피해 인구의 절반이 나라를 떠난 이곳의 전흔을 일부 여행사들이 볼거리로 홍보했다가 비난의 화살을 맞았다. 다만, 최근에는 다크 투어리즘을 부정적으로 바라보는 경향이 변화하고 있다.

[다] 다크 투어리즘을 지역의 관광자원을 살리는 가치 부여 과정, 즉 스토리텔링 수단으로 바라보기 시작했기 때문이다. 국내에서는 기념관 등 관련 시설의 정비를 통해 '여순사건'을 정확히 알리면서 관광자원으로 삼은 여수시가 대표적이다. 여수시는 2021년부터 '여순사건 다크 투어리즘 및 남해안 명품 전망 공간 조성 등 관광자원개발 사업'을 통해 관광 상품화를 시작했다. 전문가들은 우리 사회의 아픔으로 남아 있는 역사적 사건이나 참사가 일어난 장소를 묻고 잊어버리려 애쓰기보다는 계속해서 애도하며 과거를 이해하고 반성할 수 있는 계기로 삼아야 한다고 조언한다. A교수는 "과거 우리 사회는 역사적으로 비극적인 장소는 철거해 버리고 없애버리는 것, 잊어버리는 것이 더 옳다는 관념이 지배했지만, 최근에는 다크 투어리즘을 통해 반면교사의 계기로 삼고, 지속 가능한 관광 대상으로 만들어 관심 있는 여행자들이 끊이지 않도록 하는 순기능에 주목하고 있다"고 설명했다.

[라] 다크 투어리즘은 관광객에게만 가치를 제공하는 것은 아니다. 다크 투어리즘 목적지의 보존과 발전에도 기여한다. 관광 수입이나 자원봉사를 통해 장소 복원과 유지 비용을 지원하거나, 사회적인 인식과 관심을 높여서 장소의 역사적 가치와 의미를 전파하고, 희생자들을 지원하는 역할까지 맡는다. 가장 대표적인 장소는 제주4·3평화공원이다. 제주 4·3사건은 '제주 4·3사건 진상규명 및 희생자 명예회복에 관한 특별법'을 통해 진상조사가 이뤄졌음에도 최근까지 일부 정치세력을 통해 왜곡 논란이 계속되고 있다. 이러한 가운데 제주4·3평화공원은 희생자 유족의 트라우마를 회복하고, 사건의 진상을 제대로 알리는 중심지이자 관광지로 기능하고 있다. 다크 투어리즘을 통해 나타난 이념적 갈등은 바라보는 관점에 따라 호기심을 더하기도 한다. 가장 대표적인 국가가 베트남이다. 호찌민의 독립궁이나 메콩강의 구찌터널 등의 다크 투어리즘 관광지들은 베트남전쟁에 참전한 미국이나 우리나라 입장에서는 패전의 기록인 셈이지만, 베트남인들에게는 승전의 기록이자 전리품으로 남아 있다. 승전국 입장에서 작성된 현장의 기록을 읽는 경험은 미국 관점의 역사에 익숙한 우리에게는 생경한 경험이 된다.

07

다음 중 글의 [가]~[라] 문단을 문맥에 맞게 순서대로 배열한 것을 고르면?

① [가]－[나]－[다]－[라]　② [가]－[라]－[나]－[다]　③ [나]－[가]－[다]－[라]
④ [나]－[다]－[라]－[가]　⑤ [다]－[나]－[가]－[라]

08

다음 중 글의 밑줄 친 ㉠을 이해한 내용으로 옳지 <u>않은</u> 것을 고르면?

① 다크 투어리즘을 부정적으로 보는 시선이 존재한다.
② 다크 투어리즘을 현장 방문 할 때는 장소의 역사에 대한 이해와 존중이 필요하다.
③ 아직 한국에는 지자체의 사업으로 다크 투어리즘을 진행한 사례가 전무하다.
④ 존 F. 케네디의 죽음과 관련된 장소에서 처음으로 착안된 단어이다.
⑤ 다크 투어리즘을 통한 수입은 해당 장소의 유지 비용에 사용되기도 한다.

[09~10] 다음 글을 읽고 이어지는 질문에 답하시오.

자기부상열차는 바퀴와 선로의 마찰로 전진시키는 기존의 열차와 달리 자기력을 이용해서 열차를 선로 위에 낮은 높이로 부상시켜 움직이는 열차를 말한다. 자기부상열차가 움직이기 위해서는 열차를 선로로부터 띄우는 힘과 열차를 원하는 방향으로 진행시키는 두 가지 힘이 필요하다.

자기부상열차는 같은 극끼리 미는 힘이 작용하는 자석의 원리를 이용한다. 열차 바닥과 선로를 같은 극의 자석으로 만들어 열차가 뜨게 하는 것이다. 열차가 선로 위를 뜬 채로 움직이면 마찰이 없으므로 매우 고속으로 달릴 수 있다. 하지만 수백 톤이 넘는 열차를 띄우려면 엄청나게 강한 자석이 필요하다. 이렇게 강한 자석을 만들려면 쇠막대를 코일로 감아서 높은 전류를 흘려보내야 한다. 그러나 이렇게 높은 전류를 흘려보내면 코일이 모두 녹아 버린다. 이러한 문제를 해결하기 위해 사용하는 것이 초전도 자석이다. 초전도 자석에 사용된 코일은 저항이 거의 0에 가깝다. 아무리 높은 전류를 흘려보내도 저항이 거의 없으므로 코일에 열이 발생하지 않고 이 때문에 열차를 띄울 수 있는 강한 전자석을 만들 수 있다.

자기부상열차를 선로에서 띄우는 방식은 두 가지로, 반발식 자기부상과 흡인식 자기부상이 대표적이다. 반발식 자기부상은 자석의 같은 극끼리 서로 밀어내는 힘을 이용해서 열차를 띄우는 방식이다. 반발식 자기부상열차는 보통 열차에 장착한 강한 자석과 궤도에 연속적으로 배치한 코일로 구성된다. 궤도코일의 윗면을 열차의 자석이 이동하게 되면 전자기 유도원리에 의해 코일의 자기극은 이동하는 자석과 같은 극이 되어, 두 극 사이에 반발력이 발생하게 된다. 열차의 자석이 N극일 때 레일의 전자석도 같은 N극이어서 서로 밀어내게 되고, 이때 그 앞의 전자석은 S극이므로 열차가 앞으로 가는 동안 전자석의 전류방향을 반대로 하여 N극으로 바꾸게 되면 열차의 부상은 계속 유지되게 된다. 이와 같이 반발식 자기부상열차는 열차와 레일간격이 작아지면 자동적으로 반발력이 증대하여 부상하게 되므로 별도의 자기력 제어를 하지 않기도 한다. 하지만 차량운동을 제어할 수 없기 때문에 승차감이 떨어진다.

흡인식 자기부상은 자석의 다른 극끼리 끌어당기는 힘을 이용해 열차에 설치된 전자석을 잡아당기는 힘으로 열차가 부상한다. 흡인식 자기부상열차는 주로 열차에 있는 전자석이 철제의 레일 아래에서 위쪽으로 달라붙는 구조를 갖고 있다. 여기서 전자석에 전류가 흐르면 철판에 붙으려는 힘, 즉 레일 쪽으로 흡인력이 발생하여 전자석과 함께 차체가 위쪽 방향으로 올라감으로써 부상되는 것이다. 이때 전자석에 전류가 계속 흐르면 흡인력이 계속 유지되고, 전자석은 결국 레일 아래에 붙게 되는데, 이렇게 되면 열차는 움직일 수 없게 된다. 따라서 레일에 붙기 전에 전류를 끊으면 전자석의 흡인력이 없어지고 부상이 정지되어, 열차 무게 때문에 아래 방향으로 내려가게 된다. 또한 전류가 계속 끊어져 있으면 흡인력이 없기 때문에 열차는 레일 위에 닿아 올려져 있는 모양이 되어 역시 움직일 수 없게 된다. 따라서 열차가 완전히 레일 위로 내려앉기 전에 다시 전류를 흘려 흡인력을 발생시키고, 열차가 부상되도록 한다. 이와 같은 전자석의 동작을 반복함으로써 열차가 레일과 일정간격을 유지하면서 부상되어 있도록 한다. 흡인식 자기부상열차는 항상 부상제어를 해야 하는 단점이 있지만 차량의 운동을 제어할 수 있기 때문에 승차감이 좋고 속도에 상관없이 부상할 수 있다.

09

다음 중 글의 내용과 일치하는 것을 고르면?

① 코일을 쇠막대에 감아 낮은 전류를 흘려보내면 강한 자석을 만들 수 있다.
② 흡인식 자기부상열차는 열차 쪽으로 흡인력이 발생하여 부상하는 방식이다.
③ 반발식 자기부상은 자석의 같은 극끼리 서로 당기는 힘을 이용하는 방식이다.
④ 반발식 자기부상과 흡인식 자기부상은 자기부상열차의 대표적인 부상 방식이다.
⑤ 자기부상열차가 선로로부터 부상하기 위해서는 같은 방향의 두 가지 힘이 필요하다.

10

다음 중 글을 읽고 추론한 내용으로 적절하지 않은 것을 고르면?

① 자기부상열차는 초전도 자석 기술력이 필요하다.
② 열차의 속도는 선로와 열차의 마찰에 영향을 받는다.
③ 흡인식 자기부상열차의 전자석에 흐르는 흡인력이 줄어들면 열차와 레일의 간격은 줄어든다.
④ 자석의 다른 극끼리 끌어당기는 힘을 이용하면 전자기 유도원리를 활용하여 항상 부상할 수 있다.
⑤ 반발식 자기부상은 레일 전자석의 전류방향을 바꾸면서 열차의 부상을 유지한다.

[11~12] 다음 글을 읽고 이어지는 질문에 답하시오.

한국교통연구원에 따르면 전국 교통혼잡비용이 약 67조 7,631억 원으로 추정되며 이 중 도시(서울 및 광역시)의 교통혼잡비용이 절반 이상 차지하는 것으로 나타났다. 우리나라 국내총생산(GDP)의 3.6% 정도 되는 비용과 시간을 혼잡한 도로에 버리고 있는 셈이다. 따라서 혼잡비용 등의 손실을 줄이고 도시 지역의 교통 문제 해결을 위한 새로운 기술과 대안이 필요하게 되었고 그 해답 중 하나로 제시되고 있는 것이 바로 도심 항공 교통, UAM(Urban Air Mobility)이다. UAM은 하늘을 통해 이동할 수 있도록 하는 미래의 교통체계를 통칭하는 말이다. UAM은 30~50km의 이동 거리를 20분에 이동할 수 있게 하며, 600m 이하의 저고도 비행과 63dB의 소음수준을 목표로 개발이 이루어지고 있다.

UAM에서 가장 주목받는 체계는 eVTOL이다. eVTOL(electric Vertical Take Off&Landing)은 전기동력 분산 수직이착륙기를 의미하며 기존의 비행기와 달리 활주로가 필요하지 않고, 소음이 작고 가스가 배출되지 않아 도심을 날아다니는 교통수단으로 적합하다는 평가를 받는다. 해외에서는 스타트업 기업들, 항공 분야 업체들, 플랫폼 업체들을 중심으로 해외에서는 적극적인 기술개발이 진행되고 있으며 2030년 이내로 상용화 및 활성화가 가능해질 것으로 예측되고 있다.

현재 미국과 중국이 UAM 산업의 선두주자로 나서고 있다. 미국은 NASA와 FAA(연방항공청) 주도로 UAM 기술 및 기반 확보를 주도하고 있으며, UAM에서 화물 운송을 포함한 AAM(Advanced Air Mobility) 개념을 제시하는 등의 선도적인 행보를 보이고 있다. 중국은 세계 소형 드론 시장의 최강자로 군림하고 있고, 이러한 드론 산업과 기술을 기반으로 자율주행차 업체인 EHang을 드론 택시 시범업체로 선정하는 등 상용화에 집중적으로 지원하고 있다.

도시 혼잡 교통이 극심한 우리나라는 2020년 정부가 '도시의 하늘을 여는 한국형 도심 항공 교통(K-UAM) 로드맵'을 발표하고 본격적으로 UAM의 상용화를 위해 노력할 것임을 밝혔다. 2025년 상용화를 시작으로, 2030년에 그 이용을 보편화하여 교통혁신으로 새로운 시공간의 변화를 꾀한다는 비전을 발표했다. 또한, 사업을 민간이 주도하게 하여 민간의 역량을 강화하고, 새로운 제도를 구축하여 안전을 확보하며, 국제협력을 확대하여 UAM 시장을 확대하겠다는 추진 전략 역시 제시하였다.

이러한 전략을 실행하고 한국형 도심 항공 교통을 실현하기 위한 필수조건은 UAM 산업생태계를 조성하는 것이다. 우리나라는 UAM을 단순히 항공 분야의 산업이 아닌, 기체 및 부품 제작부터 배터리, 통신, 운항, 인프라, 서비스, 교육, 보험 등 다양한 분야가 결집된 산업생태계로 구성하고자 노력하고 있다. 또한, 산업의 발전을 위하여 시장원리가 적용되도록 독점을 방지하고, 신기술 시장에서 중소기업이 성장할 수 있도록 투자 지원을 진행할 계획이다. 글로벌 협업이 가능하도록 컨퍼런스와 전시 등 다양한 프로그램을 운영하고 있으며, 한국형 도심 항공 교통 그랜드챌린지(K-UAM GC)를 운영해 도심의 여건에 맞는 UAM이 상용화될 수 있도록 지원할 예정이다.

11

다음 중 글의 중심내용으로 가장 적절한 것을 고르면?

① 도심 항공 교통의 문제점
② 도심 항공 교통의 국내외 동향
③ 출퇴근 교통혼잡의 원인
④ 소형 드론을 이용한 도심 항공 교통
⑤ 도심 항공 교통 그랜드챌린지 운영

12

다음 중 글의 내용과 일치하는 것을 고르면?

① UAM은 700m 이상의 고고도에서 비행하는 것을 목표로 개발되고 있다.
② 우리나라 도시 지역의 교통혼잡비용은 30조 원 이하로 추정된다.
③ 미국은 소형 드론 시장을 중심으로, 중국은 AAM 개념을 중심으로 UAM 산업을 이끌고 있다.
④ eVTOL 체계에서는 활주로가 필요하지 않으나 가스 배출에 대한 문제점은 해결되어야 한다.
⑤ 한국형 도심 항공 교통은 민간 중심으로 이루어질 계획이다.

13

거실 바닥을 모두 청소하는 데 로봇청소기 A만으로는 40분, 로봇청소기 B만으로는 20분이 걸린다. 로봇청소기 A와 로봇청소기 B를 모두 사용해서 10분 동안 거실 바닥을 청소하고, 이후에는 로봇청소기 A만으로 청소하려고 한다. 거실 바닥을 모두 청소하려면 로봇청소기 A만으로는 몇 분 동안 청소해야 하는지 고르면?

① 10분 ② 15분 ③ 20분
④ 25분 ⑤ 30분

14

놀이동산에서 어린이날을 기념하여 방문객에게 사탕을 증정할 계획이다. 선물 박스 150개에 사탕 2,250개를 각각 동일하게 담으려 할 때, 선물 박스에 사탕을 몇 개씩 담아 증정하면 되는지 고르면?

① 5개 ② 10개 ③ 15개
④ 20개 ⑤ 40개

15

한 학교에서 용모 및 복장 완전 자유화에 관한 찬반 투표를 한 결과, 전체 학생의 80%가 찬성하였고, 20%는 반대하였다. 전체 학생의 40%는 여학생이고, 용모 및 복장 완전 자유화에 찬성한 학생의 70%가 남학생일 때, 다음 [보기]에서 옳지 <u>않은</u> 것을 모두 고르면?

보기

㉠ 투표에서 반대를 선택한 남학생 수가 96명일 때, 투표에 참여한 전체 학생 수는 2,400명이다.
㉡ 용모 및 복장 완전 자유화에 찬성한 여학생은 찬반 투표에 참여한 전체 학생의 25% 미만이다.
㉢ 투표에 참여한 전체 학생 중 임의로 선택한 한 학생이 여학생일 때, 이 학생이 찬성했을 확률은 60%이다.

① ㉠, ㉡ ② ㉠, ㉢ ③ ㉡, ㉢
④ ㉠, ㉡, ㉢ ⑤ 없음

16

다음 [그래프]는 2022~2023년 매 분기 첫월의 어업 생산량을 나타낸 것이다. 다음 중 옳지 않은 것을 고르면?

[그래프] 2022~2023년 매 분기 첫월 어업 생산량 (단위: 톤)

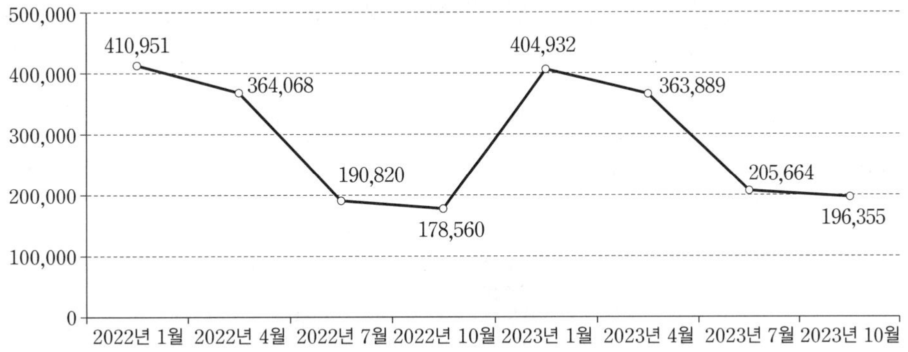

① 어업 생산량이 가장 많은 시기는 가장 적은 시기 대비하여 2배 이상이다.

② 2023년 7월의 어업 생산량은 전년 7월 대비 10% 이상 증가하였다.

③ 2022년과 2023년 모두 10월의 어업 생산량이 가장 적다.

④ 2022년과 2023년 모두 1월의 어업 생산량이 가장 많다.

⑤ 2024년 1월의 어업 생산량이 2022년과 2023년 1월의 평균값과 비슷하다면 약 408,000톤이다.

17

다음 보고서는 장래인구 규모 및 인구구조와 그 해석에 관한 자료이다. 보고서의 밑줄 친 ㉠~㉤ 중 옳지 않은 것을 모두 고르면?

장래인구 동향 보고서

○ 총인구와 인구성장률

중위 추계 시나리오(이하 중위 추계)는 인구변동요인별(출산율, 기대수명, 국제순이동) 중위(중간 수준)를 가정 조합한 기준 시나리오이다. 중위 추계에 따르면 ㉠ 총인구는 2017년 5,136만 명에서 꾸준히 감소하여 2067년 3,929만 명에 이를 전망이다.

[그래프1] 총인구 변화 (단위: 만 명)

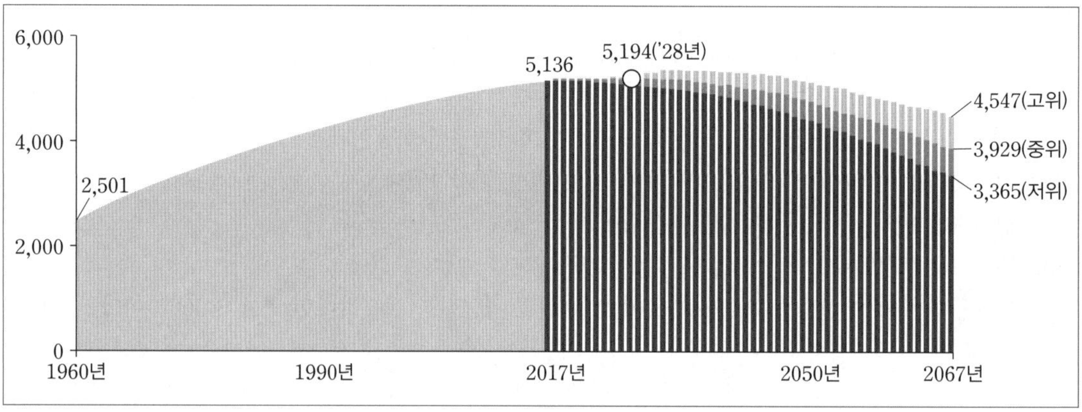

○ 연령계층별 인구

㉡ 2017년 현재 총인구에서 15~64세(생산연령인구)가 차지하는 비중은 73.2%, 65세 이상(고령인구)은 13.8%로 약 609만 명, 0~14세(유소년인구)는 13%로 약 568만 명이다. 2067년에는 생산연령인구가 45.4%, 고령인구가 46.5%, 유소년인구가 8.1%를 차지할 전망이다.

[그래프2] 연령계층별 인구 변화 (단위: %)

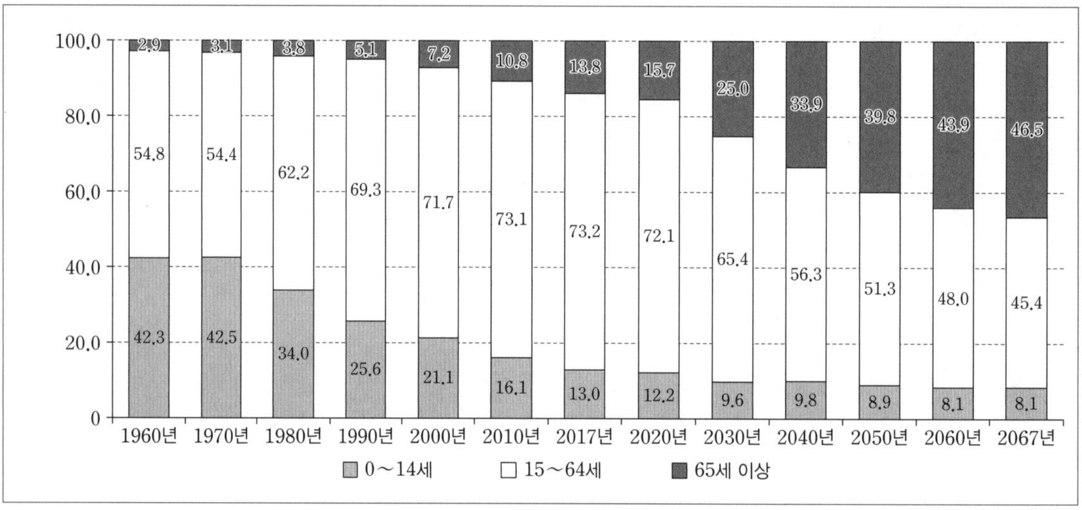

○ 부양비

총부양비는 생산가능인구 백 명당 부양할 인구(유소년, 고령인구)이다. ㉢ 총부양비는 2017년 37명이고, 2067년에는 120명 수준일 것으로 예상된다. ㉣ 중위 추계에 따라 2017년 대비 2067년 유소년인구와 생산연령인구가 각각 감소하여 유소년 부양비 또한 2017년과 2067년 비슷할 것으로 예상된다. 고령인구의 빠른 증가로 인해 ㉤ 노년부양비는 2017년 19명에서 2067년 102명 수준으로 2017년 대비 5.5배 이상 증가할 전망이다.

[그래프3] 연령계층별 총부양비(유소년 부양비+노년 부양비) 변화 (단위: 명)

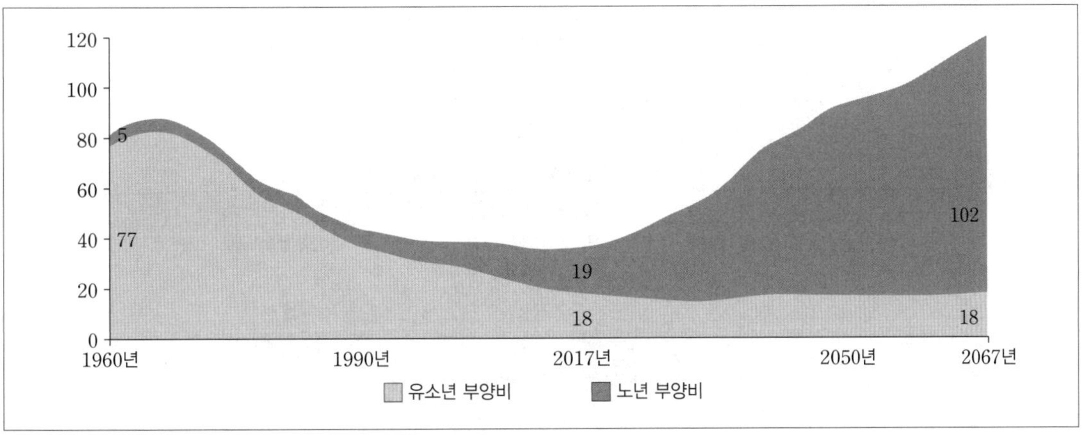

① ㉠, ㉡, ㉣ ② ㉠, ㉡, ㉤ ③ ㉠, ㉢, ㉤
④ ㉡, ㉢, ㉣ ⑤ ㉡, ㉣, ㉤

[18~19] 다음 [그래프]는 2022년 3월 상품군별 온라인쇼핑과 모바일쇼핑 거래액의 전년 동월 대비 증감에 대한 자료이다. 이를 바탕으로 이어지는 질문에 답하시오.

[그래프1] 상품군별 온라인쇼핑 거래액의 전년 동월 대비 증감 (단위: 억 원, %)

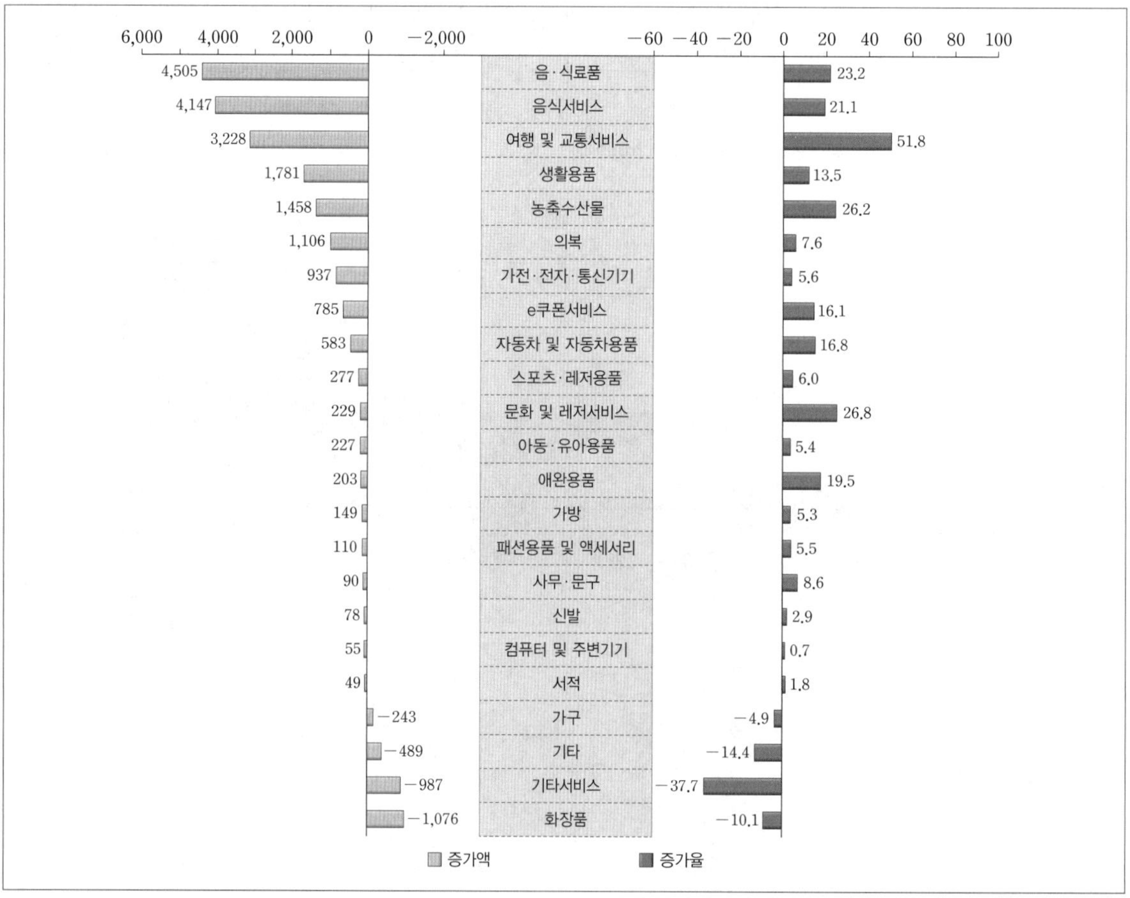

[그래프2] 상품군별 모바일쇼핑 거래액의 전년 동월 대비 증감 (단위: 억 원, %)

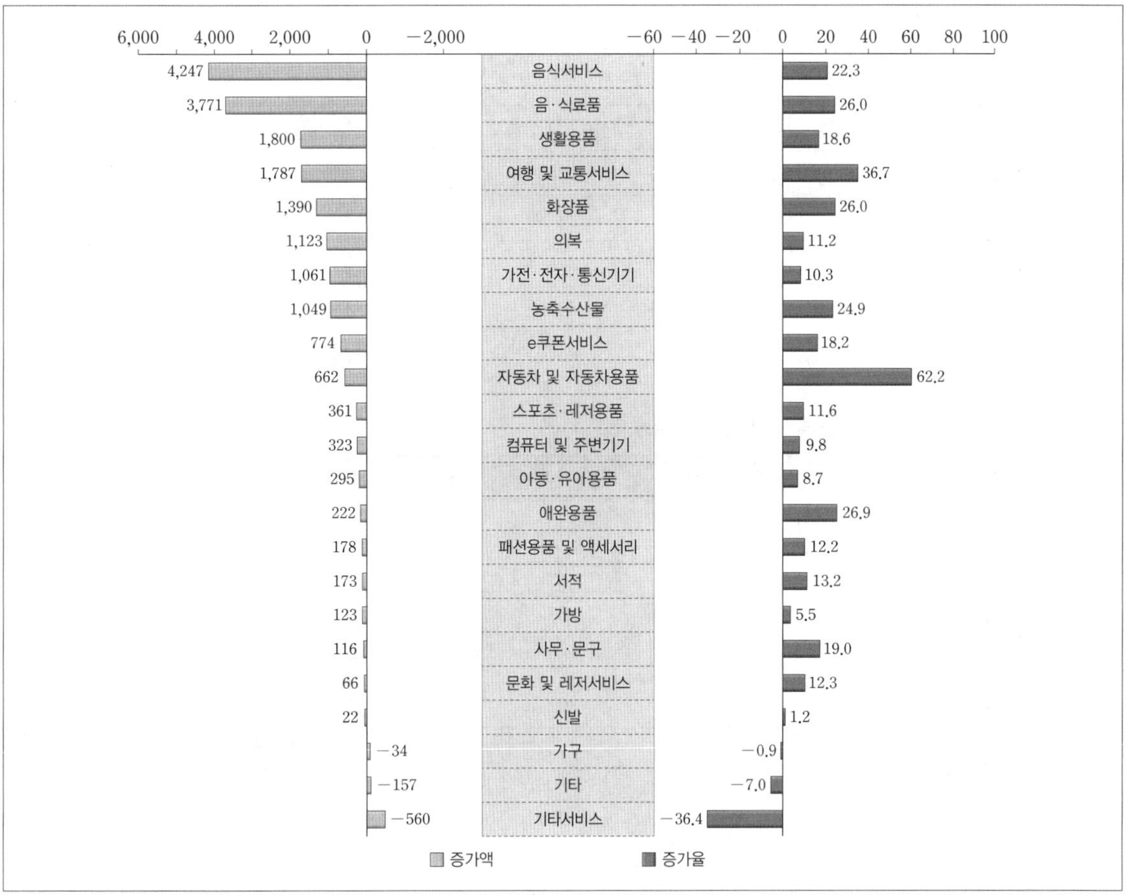

18

다음 중 자료에 대한 설명으로 옳은 것을 고르면?

① 2022년 3월 전년 동월 대비 온라인쇼핑 거래액의 증가율이 세 번째로 큰 상품은 음·식료품이다.

② 2022년 3월 전년 동월 대비 온라인쇼핑 거래 증가액이 가장 큰 상품은 모바일쇼핑 거래 증가액도 가장 크다.

③ 스포츠·레저용품의 2021년 3월 온라인쇼핑 거래액은 동기간 모바일쇼핑 거래액의 1.5배 이상이다.

④ 2022년 3월 전년 동월 대비 모바일쇼핑 거래액의 증가율이 가장 큰 상품의 2021년 3월 온라인쇼핑 거래액은 3,300억 원 이상이다.

⑤ 2022년 3월 전년 동월 대비 온라인쇼핑 거래액과 모바일쇼핑 거래액이 각각 증가한 상품 중 각각의 증가율이 6% 미만인 상품은 총 3개이다.

19

2022년 3월 화장품의 온라인쇼핑 거래액과 모바일쇼핑 거래액의 차이를 고르면?(단, 계산 시 소수점 아래 첫째 자리에서 반올림한다.)

① 2,440억 원 ② 2,841억 원 ③ 3,205억 원

④ 3,638억 원 ⑤ 3,972억 원

[20~21] 다음 [표]는 2020년과 2021년 1분기 근로자 가구의 소득 분위별 가구당 가계수지에 관한 자료이다. 이를 바탕으로 이어지는 질문에 답하시오.

[표1] 2020년 1분기 근로자 가구의 소득 분위별 가구당 가계수지 (단위: 만 원)

구분	소득	처분가능소득	가계지출	소비지출
1분위	162	138	150	127
2분위	299	247	239	188
3분위	438	348	338	248
4분위	625	490	460	326
5분위	1,114	854	695	435

[표2] 2021년 1분기 근로자 가구의 소득 분위별 가구당 가계수지 (단위: 만 원)

구분	소득	처분가능소득	가계지출	소비지출
1분위	178	150	160	133
2분위	318	263	245	191
3분위	451	367	330	246
4분위	633	502	473	342
5분위	1,065	802	700	437

※ 흑자율(%)$=\left(1-\frac{\text{소비지출}}{\text{처분가능소득}}\right)\times 100$

20

다음 중 자료에 대한 설명으로 옳지 않은 것을 [보기]에서 모두 고르면?

보기

㉠ 2020년 1분기 대비 2021년 1분기 소득이 가장 크게 증가한 분위는 1분위이다.
㉡ 2021년 1분기 처분가능소득이 전년 동분기 대비 증가한 분위 중 12만 원 미만으로 증가한 분위는 없다.
㉢ 2021년 1분기의 분위별 소득과 가계지출의 차이는 모든 분위에서 전년 동분기 대비 증가하였다.
㉣ 2021년 1분기 가계지출과 소비지출은 각각 모든 분위에서 전년 동분기 대비 증가하였다.

① ㉠, ㉢
② ㉠, ㉣
③ ㉡, ㉣
④ ㉠, ㉢, ㉣
⑤ ㉡, ㉢, ㉣

21

다음 중 2021년 1분기 흑자율이 두 번째로 높은 분위와 두 번째로 낮은 분위의 흑자율의 합을 고르면?(단, 소수점 아래 둘째 자리에서 반올림한다.)

① 39.6%
② 40.7%
③ 44.1%
④ 59.3%
⑤ 60.4%

22

다음 [표]는 2016~2022년 연령대별 스마트폰 과의존 위험군 비율 현황 자료이다. 이에 대한 설명으로 옳은 것을 [보기]에서 모두 고르면?

[표] 2016~2022년 연령대별 스마트폰 과의존 위험군 비율 (단위: %)

구분	2016년	2017년	2018년	2019년	2020년	2021년	2022년
전체 (만 3~69세)	17.8	18.6	19.1	20	23.3	24.2	23.6
유아동 (만 3~9세)	17.9	19.1	20.7	22.9	27.3	28.4	26.7
청소년 (만 10~19세)	30.6	30.3	29.3	30.2	35.8	37	40.1
성인 (만 20~59세)	16.1	17.4	18.1	18.8	22.2	23.3	22.8
60대 (만 60~69세)	11.7	12.9	14.2	14.9	16.8	17.5	15.3

※ 스마트폰 과의존 위험군 비율: 각 연령대의 스마트폰 이용자 중 스마트폰 과의존 위험군에 해당하는 이용자의 비율

보기

㉠ 2016년부터 2021년까지 모든 연령대의 스마트폰 과의존 위험군이 증가하고 있다.
㉡ 2022년에 위험군 비율이 가장 높은 연령대의 그 비율은, 위험군 비율이 가장 낮은 연령대의 그 비율의 2배 이상이다.
㉢ 2018년과 2019년은 위험군 비율이 높은 연령대의 순서가 같다.
㉣ 2016년에 모든 연령대는 가장 낮은 위험군 비율을 기록하였다.

① ㉠, ㉡　② ㉠, ㉢　③ ㉡, ㉢
④ ㉡, ㉣　⑤ ㉢, ㉣

[23~24] 다음 [표]는 국제선 및 국내선 운항 실적에 관한 자료이다. 이를 바탕으로 이어지는 질문에 답하시오.

[표1] 국제선 운항실적 (단위: 대, 명, 톤)

노선	운항편	여객	화물
일본	154	16,734	297.4
아시아	746	99,961	1,379.1
중국	92	9,018	182.6
대양주	262	28,024	360.8
기타	96	14,672	15.7

[표2] 국내선 운항실적 (단위: 대, 명, 톤)

노선	운항편	여객	화물
제주	55,673	10,055,259	79,507.3
포항	670	46,632	98.5
광주	2,012	276,610	466.3
김해	21,047	3,306,393	8,544.8
여수	2,943	423,050	858.7
대구	48	5,904	12.3
울산	3,128	371,893	720.5
양양	32	3,125	5.4

23

다음 중 자료에 대한 설명으로 옳지 <u>않은</u> 것을 고르면?

① 일본은 중국보다 운항편당 여객인원이 많다.
② 운항편당 여객인원이 아시아보다 많은 국내선 노선은 총 4개이다.
③ 국제선 전체 운항편에서 대양주가 차지하는 비중은 20% 이하이다.
④ 포항의 운항편당 화물은 여수의 운항편당 화물보다 많다.
⑤ 여객 수가 30만 명 이상인 국내선 중 화물 수가 두 번째로 많은 노선과 가장 적은 노선의 화물 수 차이는 7,800톤 이상이다.

03 실전모의고사 3회

24

다음 중 전체 국내선 운항편에서 각 노선별 운항편이 차지하는 비중으로 바르게 짝지어진 것을 고르면?(단, 소수점 아래 둘째 자리에서 반올림한다.)

	노선	운항편 비중
①	울산	2.7%
②	여수	4.3%
③	광주	4.8%
④	김해	24.6%
⑤	제주	63.1%

[25~26] 다음은 2020년 발전전력량과 발전설비용량에 대한 통계연보 자료의 일부이다. 이를 바탕으로 이어지는 질문에 답하시오.

○ 2020년 발전전력량은 2019년 발전전력량 대비 10.6TWh 감소하였다.
2020년 발전전력량은 기력발전 32%, 원자력발전 28%, 복합발전 20% 순으로 비중이 크며, 2020년 기준 2015년 이후 발전전력량이 가장 많이 증가한 것은 기타발전을 제외하면 집단발전으로 2020년 발전전력량의 9%를 차지한다.

[표1] 발전원별 발전전력량 추이 (단위: TWh)

구분	2015년	2016년	2017년	2018년	2019년	2020년
수력	6	7	7	7	6	(　)
기력	216	223	237	237	221	(　)
복합	101	97	100	117	110	(　)
원자력	165	162	148	134	146	(　)
신재생	17	20	24	27	31	(　)
집단	22	33	36	47	46	(　)
내연력	0.6	0.6	0.5	0.5	0.6	0.4
기타	0	0	0	0	1	5
상용자가	20	21	23	22	24	(　)
합계	547.6	563.6	575.5	591.5	585.6	(　)

※ 1) 발전전력량: 발전기에서 발전하는 전력량　2) 기타: 부생가스, 증류탑폐열 등　3) 1TWh=1,000GWh=1,000,000MWh

○ 2020년 발전설비용량은 2019년 발전설비용량 대비 4.8GW 증가하였다.
2020년 발전설비용량은 기력발전 28%, 복합발전 25%, 원자력발전 17%의 순으로 비중이 크며, 2020년 기준 2015년 대비 발전설비용량이 가장 많이 증가한 것은 기타발전을 제외하면 신재생발전으로 2020년 발전설비용량의 14%를 차지한다.

[표2] 발전원별 발전설비용량 추이 (단위: GW)

구분	2015년	2016년	2017년	2018년	2019년	2020년
수력	6	6	6	6	7	(　)
기력	30	34	38	38	38	(　)
복합	29	29	32	30	33	(　)
원자력	22	23	23	22	23	(　)
신재생	6	7	9	12	14	(　)
집단	5	6	8	9	9	(　)
내연력	0.3	0.3	0.3	0.3	0.3	0.2
기타	0	0	0	0	0.9	0.4
상용자가	4	4	4	4	4	(　)
합계	102.3	109.3	120.3	121.3	129.2	(　)

※ 1) 발전설비용량: 전기를 생산하는 설비로서 발전시설, 설비용량, 시설용량이라고도 함. 일반적으로 발전소 또는 발전기의 출력을 의미
2) 1GW=1,000MW

25

다음 중 자료에 대한 설명으로 옳은 것을 고르면?

① 2020년 발전전력량은 596.2TWh이고, 발전설비용량은 134GW이다.
② 2020년 기력발전, 원자력발전, 복합발전의 발전전력량은 총 480TWh이다.
③ 2020년 집단발전의 발전전력량은 2015년 집단발전 발전전력량 대비 2,975GWh 증가하였다.
④ 2020년 기력발전의 발전설비용량은 원자력발전의 발전설비용량보다 1,474MW 더 많다.
⑤ 복합발전의 발전전력량이 가장 많았던 해의 복합발전 발전설비용량은 그 해 전체 발전설비용량의 약 25%이다.

26

다음 [그래프]는 2020년 신재생발전의 에너지원별 발전전력량을 나타낸 것이다. 주어진 자료와 [그래프]를 바탕으로 할 때, [보기] 중 옳은 것을 모두 고르면?

[그래프] 2020년 신재생발전의 에너지원별 발전전력량 (단위: TWh)

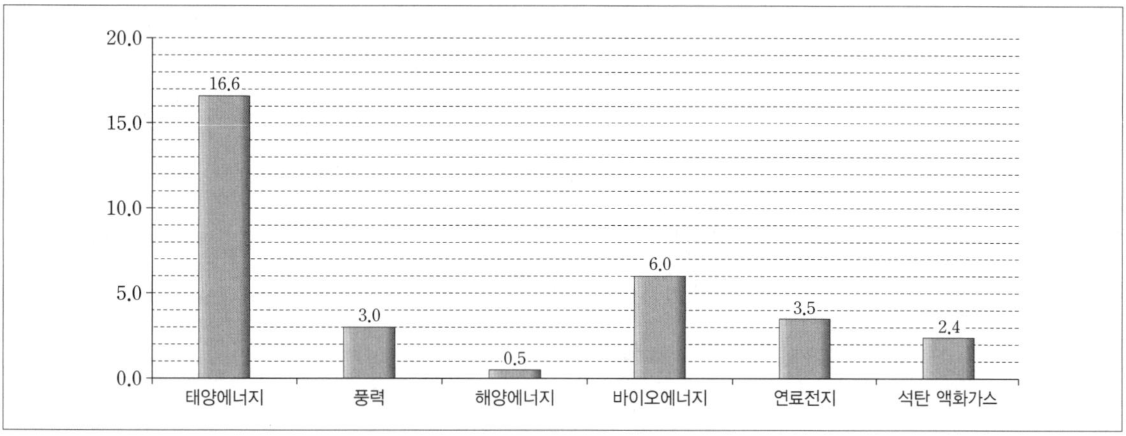

보기

㉠ 2015~2020년 신재생발전의 발전전력량은 꾸준히 증가하였다.
㉡ 신재생발전의 에너지원 중 2020년 전체 발전전력량의 1% 이상인 것은 태양에너지와 바이오에너지뿐이다.
㉢ 2017년 신재생발전의 발전전력량 중 태양에너지를 에너지원으로 하는 비중이 2020년과 같다면 2017년 태양에너지를 이용한 신재생발전의 발전전력량은 12.45TWh이다.
㉣ 2020년 바이오에너지를 이용한 신재생발전의 발전전력량 비중이 2016년 대비 2배 증가한 것이면, 2016년 바이오에너지를 이용한 신재생발전의 발전전력량은 3.75TWh이다.

① ㉠, ㉡ ② ㉠, ㉡, ㉢ ③ ㉠, ㉡, ㉣
④ ㉠, ㉢, ㉣ ⑤ ㉡, ㉢, ㉣

[**27~28**] 다음은 2020~2028년 최대전력 절감 계획과 전력소비량 절감 계획을 2년 간격으로 나타낸 자료이다. 이를 바탕으로 이어지는 질문에 답하시오.

[표] 최대전력 절감 계획 (단위: MW)

연도	효율 향상		부하관리 및 정책의지	합계
	기기 보급	효율 관리		
2020년	1,599	302	1,722	3,623
2022년	2,207	437	2,580	5,224
2024년	2,783	581	3,488	6,852
2026년	3,412	737	4,418	8,567
2028년	3,984	891	5,394	10,269

[그래프] 전력소비량 절감 계획 (단위: GWh)

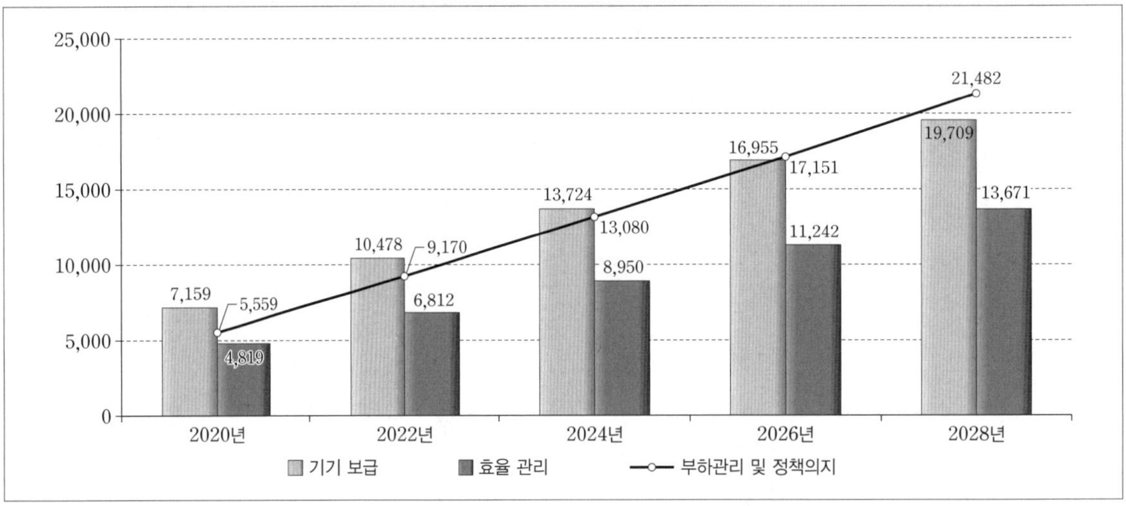

27

다음 중 자료에 관한 설명으로 옳지 않은 것을 고르면?

① 2026년 최대전력의 효율 향상에 의한 절감 계획은 2028년보다 726MW 더 적다.

② 2022~2026년 동안 최대전력과 전력소비량 절감 계획의 2년 전 대비 증가량은 꾸준히 증가하였다.

③ 2022~2028년 동안 전력소비량의 효율 관리에 의한 절감 계획의 2년 전 대비 증가율이 가장 큰 해는 2022년이다.

④ 2028년에 2020년 대비 전력소비량의 기기 보급에 의한 증가량은 부하관리 및 정책의지에 의한 증가량보다 더 크다.

⑤ 조사 기간 중 전력소비량의 기기 보급에 의한 절감 계획은 효율 관리에 의한 절감 계획의 2배를 항상 넘지 않는다.

28

주어진 자료와 다음 [표]를 바탕으로 '2020년의 효율 향상을 통한 전력소비 절감량 1GWh당 평균 소요재정 금액'과 '부하관리 및 정책의지를 통한 전력소비 절감량 1GWh당 평균 소요재정 금액'의 합이 얼마인지 고르면?
(단, 천 원 미만 단위는 절사한다.)

[표] 연도별 효율 향상, 부하관리 및 정책의지 소요재정 (단위: 억 원)

구분	2016년	2017년	2018년	2019년	2020년
효율 향상	317	433	433	422	419
부하관리 및 정책의지	192	236	236	236	226
합계	509	669	669	658	645

① 7,563,000원 ② 7,578,000원 ③ 7,612,000원
④ 7,638,000원 ⑤ 7,651,000원

29

다음 전제를 바탕으로 결론이 반드시 참이 된다고 할 때, 전제2로 가장 적절한 것을 고르면?

전제1	A기업 직원 중에는 영어를 못하는 사람이 존재한다.
전제2	
결론	업무 능력이 뛰어나지 않은 사람 중에 A기업 직원이 있다.

① 영어를 잘하는 어떤 사람은 업무 능력이 뛰어나다.
② 영어를 잘하는 어떤 사람은 업무 능력이 뛰어나지 않다.
③ 업무 능력이 뛰어난 사람은 모두 영어를 잘한다.
④ 영어를 잘하는 사람은 모두 A기업 직원이다.
⑤ 영어를 잘하는 사람은 모두 업무 능력이 뛰어나다.

30

어느 편의점에서 마감을 하던 중 오늘 손님에게 받은 5만 원권 지폐가 위조되었음을 발견하였다. 오늘 현금으로 결제한 사람은 갑, 을, 병, 정, 무로 이 중 3명은 1만 원권으로만 지불하였고, 1명은 5만 원권, 1명은 5천 원권으로만 지불하였다. 한 사람은 반드시 거짓을, 나머지 네 사람은 반드시 진실을 말한다고 할 때, 다음 [조건]을 바탕으로 1만 원권으로만 지불한 사람을 모두 고르면?

조건

- 갑: "나는 1만 원권으로만 결제했어."
- 을: "정이 5만 원권으로 결제하는 것을 봤어."
- 병: "나는 5천 원권으로만 지불했어."
- 정: "나는 1만 원권으로 결제하지 않았어."
- 무: "을이 5만 원권으로 결제했어."

① 갑, 을, 병 ② 갑, 을, 정 ③ 갑, 을, 무
④ 을, 병, 정 ⑤ 을, 정, 무

31

갑, 을, 병, 정, 무, 기 6명이 8인용 원탁 테이블에 앉아 회의를 하고자 한다. 다음 [조건]을 참고할 때, 6명의 자리 배치에 대한 설명으로 옳은 것을 고르면?(단, 각 좌석간의 거리는 동일하다.)

조건

- 갑과 을은 연이어 앉지 않으며, 각각 마주보는 자리가 비어 있다.
- 좌우측 자리에 모두 참석자들이 앉아 있는 사람은 병과 무뿐이다.
- 갑과 병, 갑과 기의 자리 사이에는 각각 1개의 자리만 있다.

① 정과 무는 마주보고 앉아 있다.
② 정의 옆자리 중 한 자리에는 반드시 갑이 앉아 있게 된다.
③ 기의 좌우측 자리는 모두 비어 있는 자리가 된다.
④ 두 자리간의 거리가 가장 먼 것은 병과 정의 자리이다.
⑤ 갑과 을 사이에는 1명이 앉아 있다.

32

P공장은 생산하는 장비의 수요가 늘어남에 따라 물량을 맞추기 위해 야간 근무를 진행하기로 하였다. 다음 [조건]에 따라 야간 근무를 진행한다고 할 때, 항상 옳지 않은 것을 고르면?

조건

- 야간 근무를 진행하는 요일은 월, 수, 금이며, 야간 근무가 가능한 인원은 총 10명이다.
- 10명의 직원은 본인이 원하는 요일에 주 1회만 야간 근무를 하지만, 요일당 최소 1명은 야간 근무를 해야 한다.
- 월, 수, 금에 야간 근무를 하는 인원의 수는 모두 다르며, 수요일에 야간 근무를 하는 인원은 금요일보다 적다.
- 야간 근무를 하는 사람이 가장 많은 날에 야간 근무를 하는 인원은 5명 이상이다.

① 월요일에 근무하는 인원은 3명이다.
② 월요일에 근무하는 인원은 6명이다.
③ 수요일에 근무하는 인원은 5명이다.
④ 금요일에 근무하는 인원은 2명이다.
⑤ 금요일에 근무하는 인원은 4명이다.

33

다섯 명의 신입사원 갑~무가 입사 전 단체 메신저 방에서 자신의 성별, 출신 대학과 전공에 대해 이야기를 나누고 있다. 갑~무 중 한 명이 여자이고, 나머지 네 명은 남자이다. 대학은 A, B, C, D, E대 중 서로 다른 한 곳이고, 전공은 컴퓨터공학과, 생명과학과, 사회학과, 인문학과, 식품영양학과 중 서로 다른 한 곳이다. 한 명이 자신의 정보에 대해 모두 거짓을 말하고, 나머지 네 명은 자신의 정보에 대해 모두 진실을 말한다고 할 때, 다음 [조건]을 바탕으로 각 신입사원들의 성별, 대학, 전공으로 가능한 조합을 고르면?

조건

- 갑: 나는 B대이고, 생명과학과가 아니야.
- 을: 나는 사회학과 출신 남자이고, A대 또는 D대가 아니야.
- 병: 나는 C대가 아니고, 컴퓨터공학과 또는 식품영양학과를 전공한 여자야.
- 정: 나는 D대 인문학과 출신이고, 남자가 아니야.
- 무: 나는 식품영양학과이고, E대야.

① A대, 사회학과, 남자
② B대, 생명과학과, 남자
③ C대, 인문학과, 남자
④ D대, 컴퓨터공학과, 여자
⑤ E대, 식품영양학과, 여자

34

S통신사에서는 지역별로 가입자 수 변화에 따라 통신망을 추가로 설치하려고 한다. 다음 중 통신망 추가 설치가 진행되는 지역을 순서대로 바르게 나열한 것을 고르면?

- S통신사에서는 신규 가입자, 점유율, 탈퇴자 수를 바탕으로 통신망 설치 지역을 선정한다.
- 통신망 설치는 다음 1~3의 요건 중 2개 이상에 해당하는 지역에 진행한다.
  1. 신규 가입자가 감소하는 지역: 다음의 어느 하나에 해당하는 지역
     가. 최근 10년간 최대 신규 가입자 대비 현재 신규 가입자 비율이 20% 이상 감소
     나. 최근 5년간 신규 가입자 수가 3년 이상 연속 감소
  2. 점유율이 감소하는 지역: 다음에 모두 해당하는 지역
     가. 최근 5년간 최대 점유율 대비 현재 점유율의 비율이 10% 이상 감소
     나. 최근 5년간 3년 이상 연속으로 점유율이 감소
  3. 신규 가입자 수 대비 탈퇴자 수 비율이 80% 이상인 지역
- 통신망 설치가 필요한 지역이 2개 이상일 경우 최근 5년간 최대 점유율 대비 현재 점유율의 비율이 낮은 지역부터 진행한다. 이때 최근 5년간 최대 점유율 대비 현재 점유율의 비율이 동일한 경우 최근 10년간 최대 신규 가입자 대비 현재 신규 가입자 비율이 더 낮은 지역부터 진행한다.

구분		A지역	B지역	C지역	D지역	E지역
신규 가입자	최근 10년간 최대 신규 가입자 대비 현재 신규 가입자 비율	92%	85%	78%	79%	77%
	최근 5년간 신규 가입자 수의 연속 감소 기간	3년	2년	3년	2년	2년
점유율	최근 5년간 최대 점유율 대비 현재 점유율 비율	92%	88%	77%	92%	88%
	최근 5년간 점유율의 연속 감소 기간	3년	4년	2년	5년	3년
신규 가입자 수 대비 탈퇴자 수 비율		116%	62%	58%	90%	78%

① E지역－A지역
② C지역－E지역－A지역
③ C지역－E지역－D지역
④ D지역－A지역－E지역
⑤ E지역－D지역－A지역

35

다음 글은 에코마일리지 제도에 대한 설명이다. 이에 대한 A, B의 [대화] ⓐ~ⓓ 중 제도에 대한 설명으로 옳지 않은 것끼리 짝지어진 것을 고르면?

[에코마일리지 제도]

▣ 에코마일리지란 에코(eco)와 마일리지(mileage)의 합성어로 친환경을 쌓는다는 의미에서 전기, 수도, 도시가스를 절약하시면 마일리지로 적립하실 수 있는 시민참여 프로그램입니다.

▣ 에코마일리지 홈페이지에 회원가입 후 고객정보(이름, 연락처, 주소 등)를 입력하시면 매달 전기, 수도, 도시가스(지역난방 포함) 사용량을 한번에 확인하시고 관리하실 수 있습니다.

▣ 홈페이지 가입 후 사용하신 에너지 사용량(전기, 수도, 도시가스)은 에코마일리지에서 6개월 주기로 평가하여 그 절감률에 따라 마일리지를 적립해 드리며, 해당 마일리지로 친환경 제품 구매 등 저탄소 활동에 재투자하실 수 있습니다.

[에코마일리지 지급 기준]

▣ 개인(가정): 기준사용량(최근 2년) 대비 6개월간 월평균 온실가스 배출량 절감률이 5% 이상으로 전기, 수도, 가스(지역난방 포함) 중 전기를 필수로 최소 2개 이상 등록한 가정이 대상입니다. 가입한 월의 다음 월부터 매 6개월 단위로 평가(집계는 매달 이루어짐)가 이루어지며, 사용량은 거주지 기준으로 평가됩니다.

▣ 단체: 기준사용량(최근 2년) 대비 6개월간 월평균 온실가스 배출량 절감률이 10% 이상으로 전기, 수도, 가스(지역난방 포함) 중 전기를 필수로 최소 2개 이상 등록한 단체가 대상입니다. 가입한 월과 상관없이 상반기 하반기로 나누어 평가를 진행합니다.

[가정 부문 마일리지]

▣ 평가 및 지급시점: 에코마일리지 홈페이지 가입(및 에코마일리지 카드발급) 월의 다음 달부터 6개월간의 에너지 사용량으로 평가합니다. 마일리지 대상자 확정 및 지급시기는 관리부서의 선정 일정에 따라 결정됩니다.

▣ 제공 마일리지

1) 5% 이상 10% 미만 절감: 1만 마일리지 지급
2) 10% 이상 15% 미만 절감: 3만 마일리지 지급
3) 15% 이상 절감: 5만 마일리지 지급

※ 에코마일리지의 유효기간은 확정된 후 5년입니다.

[계절관리제 특별포인트]

▣ 정의: 개인(가정)이 미세먼지 계절관리제 기간(1월~3월) 동안 직전 2년 대비 에너지 사용량을 20% 이상 절감했을 때 추가 지급하는 특별포인트

▣ 지급대상: 개인회원 중 직전 2년 동기간 평균 사용량 대비 20% 이상 절약한 회원

▣ 특별포인트: 1만 마일리지(1만 원 상당)

┤ 대화 ├

A: 에코마일리지라고 들어봤어?

B: 아! 전기, 수도, 도시가스를 절약하면 마일리지 쌓이는 거 말하는 거지? 나 이미 하고 있었어.

A: 그렇구나, 혹시 어떻게 할 수 있는거야?

B: 우선 ⓐ에코마일리지 홈페이지에서 회원가입 후, 이름, 연락처랑 주소 입력하면 되고 이후에 반년을 주기로 평가해서 이전보다 정해진 기준 이상 절약하면 마일리지를 주는 거야.

A: 그렇구나. 그럼 얼마나 아껴야 주는 거야?

B: ⓑ일반 가정이나 단체가 6개월간 월평균 온실가스 배출량을 최근 2년 대비 5% 이상 아끼면 최대 5만 마일리지를 주는 거야.

A: 좋은 제도구나. 그럼 1년에 최대한 10만 마일리지를 모을 수 있는 거네.

B: 아, 10만 마일리지에 ⓒ계절관리제 특별포인트도 있는데, 이건 매년 초 3개월을 특별 기간으로 두고 그때 직전 2년 대비 에너지 사용량을 20% 이상 절감하면 특별포인트로 1만 마일리지를 추가 지급해줘.

A: 그럼 모은 마일리지는 어떻게 사용하는 거야?

B: ⓓ마일리지는 5년간 사용 가능하고, 친환경 제품을 구매하거나 기준 마일리지 이상이 될 경우에 현금으로 인출해서 사용할 수도 있어.

① ⓐ, ⓑ
② ⓐ, ⓒ
③ ⓑ, ⓒ
④ ⓑ, ⓓ
⑤ ⓒ, ⓓ

36

다음은 산업안전보건법 시행규칙의 일부 내용이다. 이를 바탕으로 '안전관리자 등의 증원 · 교체임명 명령'이 행해져야 하는 사례를 [보기]에서 모두 고르면?

제1조(목적) 이 규칙은 「산업안전보건법」 및 같은 법 시행령에서 위임된 사항과 그 시행에 필요한 사항을 규정함을 목적으로 한다.

제2조(정의) 이 규칙에서 사용하는 용어의 뜻은 이 규칙에 특별한 규정이 없으면 「산업안전보건법」(이하 "법"이라 한다), 같은 법 시행령 및 「산업안전보건기준에 관한 규칙」(이하 "안전보건규칙"이라 한다)에서 정하는 바에 따른다.

제3조(중대재해의 범위) "고용노동부령으로 정하는 재해"란 다음 각 호의 어느 하나에 해당하는 재해를 말한다.

1. 사망자가 1명 이상 발생한 재해
2. 3개월 이상의 요양이 필요한 부상자가 동시에 2명 이상 발생한 재해
3. 부상자 또는 직업성 질병자가 동시에 10명 이상 발생한 재해

제12조(안전관리자 등의 증원 · 교체임명 명령)

① 지방고용노동관서의 장은 다음 각 호의 어느 하나에 해당하는 사유가 발생한 경우에는 사업주에게 안전관리자 · 보건관리자 또는 안전보건관리담당자(이하 이 조에서 "관리자"라 한다)를 정수 이상으로 증원하게 하거나 교체하여 임명할 것을 명할 수 있다. 다만, 제4호에 해당하는 경우로서 직업성 질병자 발생 당시 사업장에서 해당 화학적 인자(因子)를 사용하지 않은 경우에는 그렇지 않다.

1. 해당 사업장의 연간재해율이 같은 업종의 평균재해율의 2배 이상인 경우
2. 중대재해가 연간 2건 이상 발생한 경우. 다만, 해당 사업장의 전년도 사망만인율이 같은 업종의 평균 사망만인율 이하인 경우는 제외한다.
3. 관리자가 질병이나 그 밖의 사유로 3개월 이상 직무를 수행할 수 없게 된 경우
4. 제1호에 따른 화학적 인자로 인한 직업성 질병자가 연간 3명 이상 발생한 경우. 이 경우 직업성 질병자의 발생일은 「산업재해보상보험법 시행규칙」 제21조 제1항에 따른 요양급여의 결정일로 한다.

② 제1항에 따라 관리자를 정수 이상으로 증원하게 하거나 교체하여 임명할 것을 명하는 경우에는 미리 사업주 및 해당 관리자의 의견을 듣거나 소명자료를 제출받아야 한다. 다만, 정당한 사유 없이 의견진술 또는 소명자료의 제출을 게을리한 경우에는 그렇지 않다.

③ 제1항에 따른 관리자의 정수 이상 증원 및 교체임명 명령은 별지 제4호서식에 따른다.

보기

㉠ 전치 12주의 치료 및 요양이 필요한 부상자가 발생한 지 2주만에 동일한 현장에서 같은 재해로 전치 14주의 치료 및 요양이 필요한 부상자가 또 발생하여 총 2명의 부상자를 낸 사업장

㉡ 산업 현장 전체 평균재해율이 0.5%일 때, 직원의 연간재해율이 4%인 사업장

㉢ 업종 평균 사망만인율은 4.0이고, 사업장의 전년도 1만 명당 사망자가 4.7명일 때, 직원이 500명인 사업장에서 연간 2건의 사고로 각 1명의 사망자가 발생한 사업장

㉣ 사업장 인근의 다른 사업장의 황화 수소 가스 누출 사고로 인해 질병자가 10명 이상 발생한 사업장

① ㉠ ② ㉢ ③ ㉠, ㉡
④ ㉡, ㉢ ⑤ ㉢, ㉣

37

다음 [표]는 주택용 전력 요금표이다. 어느 가정의 5월과 8월 한 달 동안의 전기사용량이 각각 564kWh라고 할 때, 5월 전기요금과 8월 전기요금에 대한 설명으로 옳은 것을 [보기]에서 모두 고르면?

[표] 주택용 전력 요금표

구분	전기사용량		기본요금(원)	사용량요금(원/kWh)
하계 (7. 1.~8. 31.)	1단계	300kWh 이하	910	93.3
	2단계	301~450kWh	1,600	187.9
	3단계	450kWh 초과	7,300	280.6
기타계절	1단계	200kWh 이하	910	93.3
	2단계	201~400kWh	1,600	187.9
	3단계	400kWh 초과	7,300	280.6

※ 전기요금 = 기본요금 + 사용량요금이며, 원 미만 절사함

※ 사용량요금은 구간별 요금을 각각 구한 후 합산하여 구함

보기

㉠ 전기사용량이 8월보다 9월에 200kWh 적었다면 9월 전기요금은 50,000원을 넘는다.

㉡ 5월과 7월 모두 기타계절 요금이 적용된다.

㉢ 5월 전기요금이 8월 전기요금보다 14,095원 더 나온다.

① ㉠ ② ㉢ ③ ㉠, ㉢

④ ㉡, ㉢ ⑤ ㉠, ㉡, ㉢

[38~39] 다음은 유료도로 통행료 수납 방식에 대한 자료이다. 이를 바탕으로 이어지는 질문에 답하시오.

우리나라의 유료도로 통행료 수납 방식은 두 가지로 나뉜다. 첫 번째는 폐쇄식 영업체제로 경부고속도로 등 대부분의 노선에서 이루어지는 방식이다. 폐쇄식 영업체제는 나들목마다 요금소를 설치하여 실제 주행거리에 해당하는 통행료를 수납하는 방식으로 이루어진다. 다른 하나는 개방식 영업체제로 수도권과 같이 나들목 간 거리가 짧고, 고속도로가 도시지역을 통과하는 등의 현실적으로 나들목마다 요금소를 설치하기 곤란한 경우에 일정 지점에 요금소를 설치하고 요금소별 최단 이용거리에 해당하는 통행료를 수납하는 방식을 말한다.

[표1] 영업체제별 통행료 수납 방식

구분	폐쇄식	개방식
기본요금	900원	720원
요금산정	기본요금+(주행거리×차종별 km당 주행요금)	기본요금+(요금소별 최단 이용거리×차종별 km당 주행요금)

[표2] 차종별 km당 주행요금

구분	1종	2종	3종	4종	5종
단가	44.3원	45.2원	47.0원	62.9원	74.4원

38

박 씨가 1종 승용차를 타고 하루 동안 이용한 유료도로 구간이 다음과 같을 때, 박 씨가 지불해야 하는 유료도로 통행요금의 총액을 고르면?(단, 통행요금은 십 원 단위 미만은 절사한다.)

구분	유료도로 영업체제	요금소별 최단 이용거리	박 씨의 주행거리
A구간	폐쇄식	23.0km	25.5km
B구간	폐쇄식	38.5km	41.0km
C구간	개방식	19.0km	21.4km
D구간	폐쇄식	45.5km	48.7km

① 5,920원 ② 8,460원 ③ 9,000원
④ 9,340원 ⑤ 9,650원

39

다음 [표]는 유료도로 전체에 적용되는 주말·공휴일 할증 안내 자료와 박 씨가 E~H구간 유료도로를 이용한 정보이다. 박 씨가 토요일에 1종 승용차를 타고 E~H구간 유료도로를 이용했다고 할 때, 박 씨가 지불해야 하는 유료도로 통행요금의 총액을 고르면?

[표3] 주말·공휴일 할증 안내

대상차량	1종(경차 포함 승용차, 16인승 이하 승합차, 2.5t 미만 화물차)
적용시간 및 할증률	토요일, 일요일, 공휴일 오전 7시부터 오후 9시까지 유료도로를 이용하는 대상차량의 통행요금은 산정된 통행요금의 5%를 할증하여 100원 단위로 수납함 ※ 1) 최종 통행요금은 할증 적용 여부와 상관없이 50원 이하 버림, 50원 초과 올림하여 나타냄 2) 할증 적용 시각은 출구요금소 통과 시각 기준임

[표4] 박 씨의 차량 이용 정보

구분	유료도로 영업체제	요금소별 최단 이용거리	박 씨의 주행거리	출구요금소 통과 시각
E구간	개방식	18.5km	20.3km	07:50
F구간	폐쇄식	41.7km	46.1km	13:20
G구간	폐쇄식	103.0km	111.4km	19:40
H구간	폐쇄식	135.2km	140.9km	21:10

① 17,600원
② 17,900원
③ 18,000원
④ 18,100원
⑤ 18,300원

[40~41] 다음은 K호텔 시설물 및 장비 이용요금과 사내 세미나를 위해 1박 2일 시설을 이용하고자 하는 C사 직원들의 [대화]이다. 이를 바탕으로 이어지는 질문에 답하시오.

K호텔 요금 안내

[표1] 시설물 이용요금

구분		단가	수용인원	비고
강당	기본금액	50,000원/시간	~100명	• 강당 수용인원 초과 시 기본금액에 초과 인원 1인당 1시간에 1,000원 추가 • 강당 이용 가산금 – 4시간 초과 이용 시 해당 시설물(냉난방, 조명·음향, 빔 프로젝터 포함) 전체 이용 금액의 10% 가산 – 5시간 초과 이용 시 해당 시설물(냉난방, 조명·음향, 빔 프로젝터 포함) 전체 이용 금액의 20% 가산 • 식당의 최소 보증인원은 50명이며, 해당 인원만큼 식사를 하지 않아도 해당하는 금액은 무조건 지불 • 시설물 이용요금 총액의 10%를 계약금으로 지급
	냉난방	10,000원/시간		
	조명·음향	5,000원/일		
	빔 프로젝터	15,000원/일		
식당	기본금액	20,000원/시간	~60명	
	식대	6,000원/인		
숙박	1인실	70,000원/1박		
	2인실	60,000원/1박		
	5인실	50,000원/1박		

[표2] 장비 사용료

구분	보유수량	사용료	비고
책상	20개/6인용	10,000원/개	• 책상은 보유수량 외 재고가 없으며 의자는 보유수량 초과 사용 시 초과 사용 의자 1개당 사용료의 10% 가산 • 100인 이상 숙박 시 현수막, 팸플릿 제작 비용 10% 할인
	20개/4인용	5,000원/개	
의자	100개	3,000원/개	
스크린	1개	10,000원/개	
현수막	제작 비용	50,000원/개	
팸플릿	제작 비용	2,000원/부	

대화

• 한 과장: 세미나 준비는 잘 되어 가고 있나?
• 김 대리: 네, 저희가 110명이나 되다 보니 신경 써야 할 부분이 많네요.
• 한 과장: 사장님은 1인실로, 본부장급 이상 8분은 2분씩 방 쓰실 수 있게 잡아 두었지?
• 김 대리: 네, 그렇게 하였고, 나머지 직원들은 5인실을 쓰도록 잡아 두었습니다. 그런데, 식당이 작아 동시에 식사가 어려울 것 같습니다.
• 한 과장: 그럼 7~8시, 8~9시 이렇게 두 팀으로 나누어 식사를 하도록 하지. 최소 보증인원이 있으니 꼭 다들 식사하실 수 있도록 안내해 주게. 강당에 걸어 놓을 현수막 1개와 인원수에 맞게 팸플릿 제작하는 것도 잊지 말고. 냉난방 시설과 조명·음향 시설, 빔 프로젝터도 모두 준비해 두고.
• 김 대리: 네, 알겠습니다. 강당은 몇 시간 정도 사용하는 것으로 이야기해 놓을까요?
• 한 과장: 중간에 30분 정도 쉬고 1부, 2부 2시간씩 진행될 예정이니 5시간은 빌려야 할 것 같아.

40

다음 중 자료를 참고하였을 때, 옳지 않은 것을 고르면?

① 강당 이용 가산금은 37,000원이다.
② 시설물 이용 전 계약금으로 지불해야 할 금액은 244,000원이다.
③ C사는 현수막과 팸플렛 제작 비용으로 27,000원을 할인받을 수 있다.
④ 식당 이용요금은 70만 원 이상이다.
⑤ 인원수에 맞게 6인용 책상을 빌리는 것보다는 4인용과 6인용을 섞어서 빌리는 것이 더 저렴하다.

41

주어진 장비를 모두 사용하면서 비용은 최소화한다고 가정하였을 때, C사의 1박 2일 세미나 총비용으로 옳은 것을 고르면?(단, 스크린은 1개 사용한다.)

① 3,063,000원
② 3,104,000원
③ 3,150,000원
④ 3,203,000원
⑤ 3,260,000원

[42~43] 다음 글을 바탕으로 이어지는 질문에 답하시오.

근로소득자 연말정산 제도

• 근로소득금액은 총급여액에서 근로소득 공제금액을 차감한 금액이며, 근로소득 공제금액은 다음과 같이 총급여액 구간에 따라 공제 비율이 차등 적용됨(공제한도 2,000만 원)

총급여액 구간	근로소득 공제금액
500만 원 이하	총급여액의 70%
500만 원 초과 1,500만 원 이하	350만 원+(총급여액−500만 원)×40%
1,500만 원 초과 4,500만 원 이하	750만 원+(총급여액−1,500만 원)×15%
4,500만 원 초과 1억 원 이하	1,200만 원+(총급여액−4,500만 원)×5%
1억 원 초과	1,475만 원+(총급여액−1억 원)×2%

• (과세표준)=(근로소득금액)−(소득공제)+(소득공제 종합한도 초과액)
- 소득공제는 다음 각 항목별 공제금액의 총합
- 소득공제 종합한도는 총급여액의 30%('소득공제≤소득공제 종합한도'인 경우, 소득공제 종합한도 초과액은 0원임)

<table>
<tr><th>소득공제 항목</th><th colspan="4">공제내용</th></tr>
<tr><td>기본공제(소득공제)</td><td colspan="4">• 본인: 근로소득자 본인에 대한 기본공제(연 150만 원)
• 배우자: 배우자에 대한 기본공제(연 150만 원). 단, 연간근로소득 합계액 500만 원 이하인 배우자인 경우에만 적용함</td></tr>
<tr><td>연금보험료소득공제</td><td colspan="4">근로소득자가 납입한 연금보험료 전액 공제</td></tr>
<tr><td>특별소득공제(건강보험료 등)</td><td colspan="4">근로소득자가 부담하는 국민건강보험료 전액 공제</td></tr>
<tr><td rowspan="4">신용카드 소득공제</td><td colspan="4">• 신용카드 소득공제 금액: (신용카드 사용액)×(공제율)</td></tr>
<tr><td>구분</td><td>3월 사용액</td><td>4~7월 사용액</td><td>그 외 사용액</td></tr>
<tr><td>공제율</td><td>30%</td><td>80%</td><td>15%</td></tr>
<tr><td colspan="4">• 신용카드 소득공제 한도: 330만 원</td></tr>
</table>

• 산출세액

과세표준	산출세액
1,200만 원 이하	과세표준×6%
1,200만 원 초과 4,600만 원 이하	72만 원+(과세표준−1,200만 원)×15%
4,600만 원 초과 8,800만 원 이하	582만 원+(과세표준−4,600만 원)×24%
8,800만 원 초과 1억 5,000만 원 이하	1,590만 원+(과세표준−8,800만 원)×35%
1억 5,000만 원 초과 3억 원 이하	3,760만 원+(과세표준−1억 5천만 원)×38%
3억 원 초과 5억 원 이하	9,460만 원+(과세표준−3억 원)×40%
5억 원 초과	17,460만 원+(과세표준−5억 원)×42%

• (결정세액)＝(산출세액)－(세액공제)('세액공제≥산출세액'인 경우, 결정세액은 0원임)

세액공제 항목	공제내용
근로소득 세액공제	• 근로소득 세액공제 금액 – 산출세액이 130만 원 이하인 경우: 산출세액×55% – 산출세액이 130만 원 초과인 경우: 71만 5천 원+(산출세액−130만 원)×30% • 근로소득 세액공제 한도 – 총급여액 3,300만 원 이하: 74만 원 – 총급여액 3,300만 원 초과 7,000만 원 이하: 74만 원−{(총급여액−3,300만 원)×0.008} (단, 이 금액이 66만 원 미만인 경우 세액공제 한도는 66만 원임)
교육비 세액공제	• 공제액: (교육비 세액공제 대상금액)×20% • 교육비 세액공제 대상금액

구분	초·중·고등학교 학비	대학교 등록금
근로소득자 본인	전액	
기본공제 대상자인 배우자·직계비속·형제자매·입양자 및 위탁아동	300만 원	900만 원

42

다음 [조건]은 근로소득자 A씨의 올해 기본정보이다. 이를 바탕으로 A씨의 올해 결정세액을 고르면?(단, 주어진 자료만을 활용한다.)

조건

• 총급여액: 3,000만 원
• 가족: 없음
• 연금보험료 납입액: 400만 원
• 국민건강보험료 납입액: 125만 원
• 신용카드 사용액: 2,000만 원(모두 8~12월에 사용)

① 0원 ② 30만 3천 7백 5십 원 ③ 33만 7천 5백 원
④ 63만 5천 1백 5십 원 ⑤ 67만 5천 원

43

다음 [조건]은 근로소득자 B씨의 올해 기본정보이다. 이를 바탕으로 B씨의 올해 결정세액을 고르면?(단, 주어진 자료만을 활용한다.)

조건

- 총급여액: 4,500만 원
- 가족: 배우자 1인(배우자의 연간 근로소득 합계액은 700만 원)
- 연금보험료 납입액: 480만 원
- 국민건강보험료 납입액: 120만 원
- 신용카드 사용액: 3,000만 원(모두 5~7월에 사용)
- 배우자 교육비: 900만 원(대학교 등록금)

① 0원
② 118만 5천 원
③ 136만 5천 원
④ 159만 원
⑤ 160만 6천 원

44

다음 글을 근거로 근로 조건에 따라 10월 26일까지 추가 업무를 완수한다고 할 때, 이에 대한 설명으로 옳지 않은 것을 [보기]에서 모두 고르면?

[P회사의 직원들의 금주 근로 시간 상황]

- 오늘은 10월 26일 금요일 18시이고, 10월 26일 시간 외 근로로 처리해야 하는 추가 업무가 발생했다.
- A~E가 월~금요일까지 근무한 시간은 다음과 같다.

구분	10월 22일 (월)	10월 23일 (화)	10월 24일 (수)	10월 25일 (목)	10월 26일 (금)
A	10시간	11시간	11시간	11시간	8시간
B	—	9시간	11시간	8시간	8시간
C	8시간	8시간	8시간	8시간	8시간
D	10시간	10시간	10시간	8시간	8시간
E	10시간	9시간	9시간	8시간	8시간

※ E는 인턴임

- 추가 업무 완수 시 A~E에게 필요한 시간은 다음과 같다.

A	B	C	D	E
2시간	3시간	4시간	2시간	3시간

- 추가 업무를 N명의 사람이 할 경우에 추가 업무 완수에 필요한 시간
  - N=2이면, 두 사람의 추가 업무 완수에 필요한 시간을 합한 값에 0.3을 곱한다.
  - N=3이면, 세 사람의 추가 업무 완수에 필요한 시간을 합한 값에 0.2를 곱한다.

[P회사의 근로 조건]

- P회사의 정규 근로 시간은 오전 9시부터 18시까지이며 중간 휴게시간 1시간을 제외하면 기준 근로 시간은 1일 8시간, 1주 40시간이다.
- 시간 외 근로 시 18시부터 22시까지이며 22시 이후에는 근무하지 못한다.
- 시간 외 근로는 1주에 최대 12시간을 초과하지 못한다.
- 인턴의 시간 외 근로는 1주에 최대 6시간을 초과하지 못한다.

보기

㉠ 혼자 추가 업무를 완수할 수 있는 사람은 4명이다.
㉡ A와 D가 함께 할 경우 추가 업무를 완수할 수 있다.
㉢ B, D, E가 함께 할 경우 추가 업무를 완수할 수 없다.
㉣ C와 E가 함께 할 경우 추가 업무를 완수할 수 없다.

① ㉠, ㉡　　② ㉠, ㉣　　③ ㉡, ㉢
④ ㉠, ㉡, ㉢　　⑤ ㉡, ㉢, ㉣

[45~46] 다음 [그림]은 A~E도시를 연결하는 고속도로와 시속 85km로 주행 시 통행에 소요되는 시간을 나타낸 자료이다. 이를 바탕으로 이어지는 질문에 답하시오.

[그림] 도시별 연결 고속도로 정보

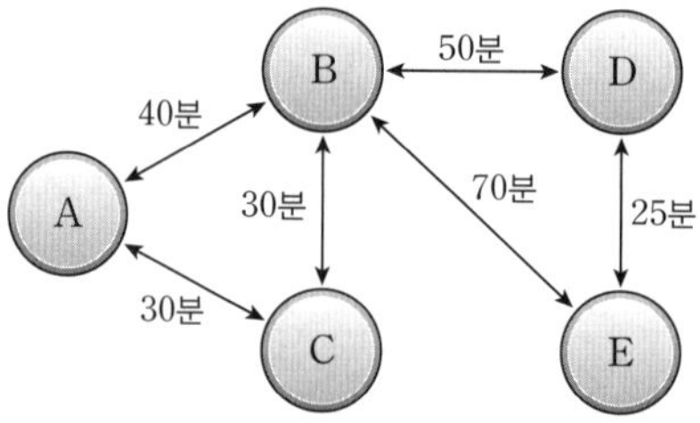

45

영업사원인 차 과장이 E도시에서 출발하여 A도시로 최대한 빨리 이동하고자 할 때, 차 과장이 운행해야 하는 총거리를 고르면?(단, 소수점 아래 둘째 자리에서 반올림하여 계산한다.)

① 125.7km
② 134.6km
③ 148.3km
④ 155.8km
⑤ 162.9km

46

A도시에 도착한 차 과장은 업무 미팅을 끝낸 뒤 회사의 본사가 있는 C도시로 이동하였다. 다음 날 C도시에서 E도시로 다시 이동해야 하는 차 과장은 C도시에서 E도시로 이동할 때 필요한 만큼 회사 차량에 주유를 하기로 하였다. 연료비는 1L당 2,050원이며, 회사 차량의 연비는 7.8km/L라고 할 때, 차 과장이 주유해야 하는 최소 금액을 고르면?(단, 연료는 1L 단위로 주유한다.)

① 36,900원
② 38,950원
③ 41,000원
④ 43,050원
⑤ 45,100원

[47~48] 다음 [표]는 U공단의 상반기 공채 지원자별 입사 시험 점수에 대한 자료이다. 이를 바탕으로 이어지는 질문에 답하시오.

[표] U공단 상반기 공채 전체 지원자별 입사 시험 점수 (단위: 점)

지원자	의사소통	수리	문제해결	자원관리	기술	전공
A	85	86	78	91	83	–
B	78	91	81	86	–	87
C	91	88	77	82	–	91
D	87	79	92	86	84	–
E	79	69	93	76	86	–
F	86	87	71	88	–	85
G	81	82	85	81	–	79
H	98	78	80	90	81	–
I	76	91	80	70	94	94
J	87	97	79	69	91	–

※ 1) 의사소통, 수리, 문제해결, 자원관리 과목은 전체 지원자가 응시하는 공통과목임
2) 사무 직렬 지원자는 선택과목으로 기술 과목을 응시하고, 전기 직렬 지원자는 선택과목으로 전공과목을 응시함

47

전체 지원자의 공통과목 입사 시험 점수의 평균으로 1차 면접 대상자를 선발하였다. 공통과목 입사 시험 점수의 평균이 높은 순서대로 상위 5명을 선발하였다고 할 때, 상위 5명 중 사무 직렬 지원자의 수를 고르면?

① 1명 ② 2명 ③ 3명
④ 4명 ⑤ 5명

48

47번에서 선발된 1차 면접 대상자 중 전기 직렬 지원자에게 선택과목 가산점을 부여하여 점수를 재산출하기로 하였다. 점수 재산출 방식이 다음과 같을 때, 1차 면접 대상자의 재산출 점수 중 가장 높은 점수를 고르면?

- 사무 직렬 지원자 재산출 점수=(공통과목 입사 시험 점수의 평균×0.5)+(선택과목 점수×0.5)
- 전기 직렬 지원자 재산출 점수=(공통과목 입사 시험 점수의 평균×0.5)+(선택과목 점수×0.6)

① 92.50점 ② 93.81점 ③ 94.20점
④ 96.03점 ⑤ 96.85점

03 실전모의고사 3회

[49~50] 다음은 화물의 운임계산방식이다. 이를 바탕으로 이어지는 질문에 답하시오.

○ 화물 운임계산단위

차급화물은 화차 1량 단위(일반화물), 컨테이너 화물은 규격별 1개 단위로 계산

○ 운임계산방법

가. 일반화물 운임(1량 단위): 운임단가×수송거리(km)×화물중량(t)

- 운임은 100원 단위이고, 100원 미만은 반올림함
- 수송거리(km): 1km 단위(1km 미만 반올림), 철도노선의 운송 가능한 최단경로 거리
- 화물중량(t): 1톤 단위(1톤 미만 반올림)

화물	운임단가(1톤 1km 단가)
시멘트	57원
국내무연탄	57.8원
광석	49.7원
황산	65.1원
프로필렌	65.5원
비료류	65.1원
변압기	52.5원
사업용	59.9원
기타	45.9원

나. 컨테이너 화물 운임(컨테이너 규격별 개당 단위): 규격별 운임단가×수송거리(km)×개수

- 운임은 100원 단위이고, 100원 미만은 반올림함
- 화물을 넣지 않은 빈 컨테이너는 아래 운임단가의 74%를 적용하여 계산함
- 수송거리(km): 1km 단위(1km 미만 반올림), 철도노선의 운송 가능한 최단경로 거리
- 컨테이너 화물의 최소 운임은 컨테이너 규격별로 100km에 해당하는 운임임

컨테이너 규격	운임단가(1개 1km 단가)
20피트	57원
40피트	57.8원
45피트	49.7원

49

다음 [표]에 작성된 일반화물 A~E의 운임 중 옳지 않은 것을 고르면?

[표] 일반화물 수송 정보

구분	화물	화차 수	수송거리	1량당 화물중량	운임
A	황산	2량	128.7km	5.7톤	94,000원
B	비료류	3량	177.5km	1.2톤	34,800원
C	시멘트	1량	215.4km	2.9톤	36,800원
D	광석	1량	368.2km	3.8톤	73,200원
E	변압기	5량	133.5km	1.5톤	70,400원

① A ② B ③ C
④ D ⑤ E

50

다음 [표]를 바탕으로 컨테이너 화물 F~H의 운임의 합으로 옳은 것을 고르면?

[표] 컨테이너 화물 수송 정보

구분	컨테이너 규격	수송거리	개수	화물중량
F	20피트	95.3km	3개	3.4톤
G	40피트	136.1km	1개	빈 컨테이너
H	45피트	258.1km	2개	1.8톤

① 47,100원 ② 48,500원 ③ 48,900원
④ 49,500원 ⑤ 49,900원

시작하는 데 있어서
나쁜 시기란 없다.

– 프란츠 카프카(Franz Kafka)

PSAT형·휴노 중심형

실전모의고사

| 4회 |

영역		문항 수	권장 풀이 시간	비고
NCS 직업기초능력평가	의사소통능력	50문항	70분	객관식 오지선다형
	수리능력			
	문제해결능력			
	자원관리능력			
	정보능력			

eduwill

모바일 OMR
자동채점&성적분석 무료

정답만 입력하면 채점에서 성적분석까지 한번에!

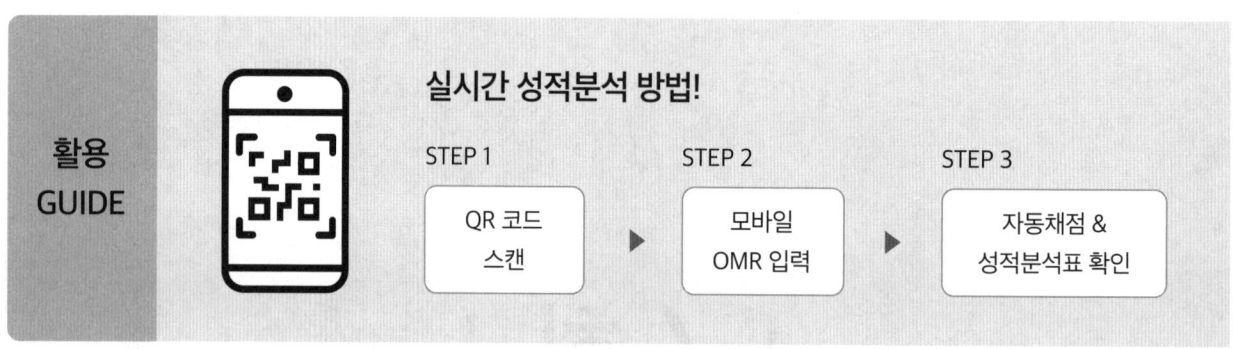

활용 GUIDE

실시간 성적분석 방법!

STEP 1 QR 코드 스캔 ▶ STEP 2 모바일 OMR 입력 ▶ STEP 3 자동채점 & 성적분석표 확인

STEP 1

교재 내 QR 코드 스캔

실전모의고사 4회
모바일 OMR 바로가기

eduwill.kr/VZme

- 위 QR 코드를 모바일로 스캔 후 에듀윌 회원 로그인
- QR 코드 하단의 바로가기 주소로도 접속 가능

STEP 2

모바일 OMR 입력

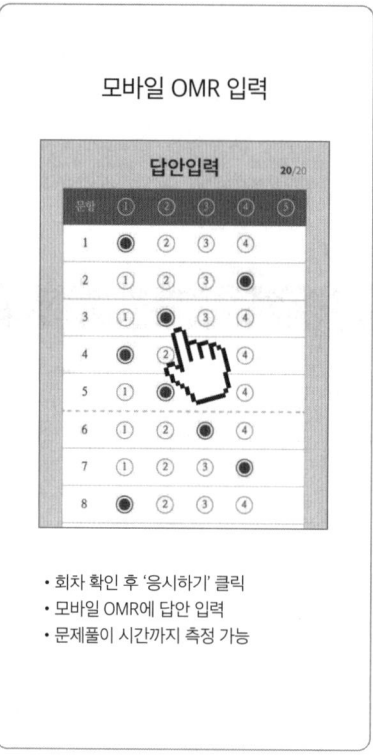

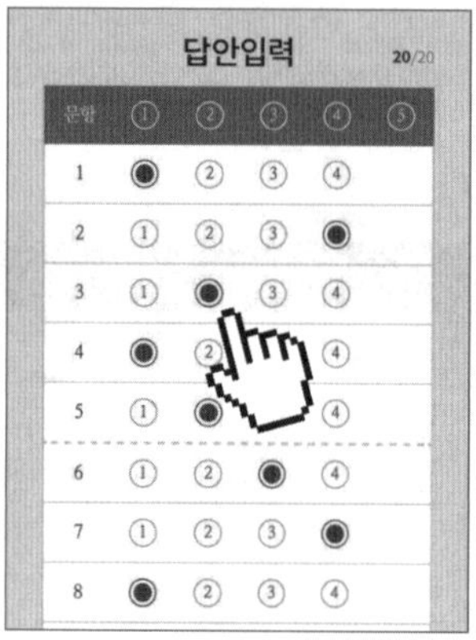

- 회차 확인 후 '응시하기' 클릭
- 모바일 OMR에 답안 입력
- 문제풀이 시간까지 측정 가능

STEP 3

자동채점 & 성적분석표 확인

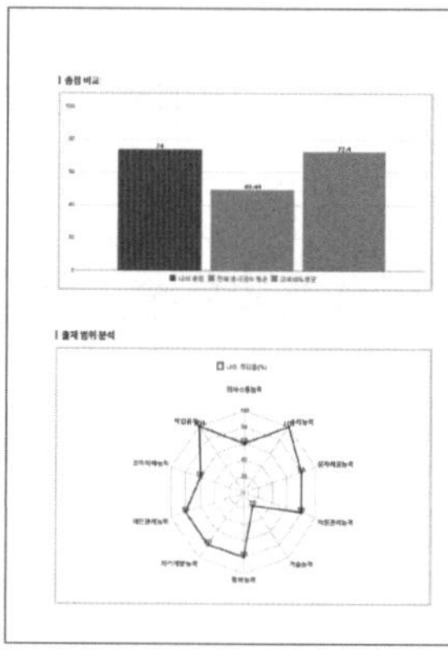

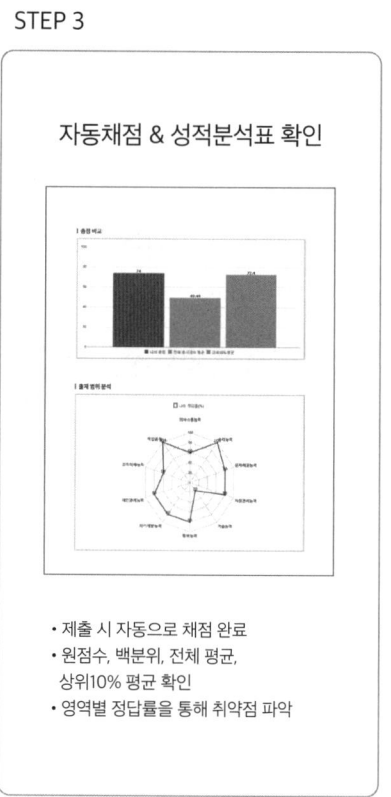

- 제출 시 자동으로 채점 완료
- 원점수, 백분위, 전체 평균, 상위10% 평균 확인
- 영역별 정답률을 통해 취약점 파악

※ 본 회차의 모바일 OMR 채점 서비스는 2026년 12월 31일까지 유효합니다.

실전모의고사 4회

정답과 해설 P.41

01

다음 글을 바탕으로 밑줄 친 ㉠에 대한 반론으로 적절하지 않은 것을 고르면?

2021년 6월 IPCC(기후변화에 관한 정부 간 패널) 보고서에 따르면 지구의 온도는 1850~1900년 평균 대비 1.1℃가 상승했고, 그 상승 속도가 빨라지고 있다. 지구온난화의 주요 원인은 온실가스의 배출이 증가했기 때문이다. 지구온난화는 기후 변화와 해수면 상승, 이상 기후 현상 등 심각한 문제를 야기하고 있다. 현재 지구온난화와 관련하여 여러 논쟁이 제기되고 있으며 그중 하나는 책임 논쟁이다. 지구온난화의 원인과 대책에 대한 책임이 어디에 있는지에 이견이 갈린다. 그 책임이 선진국에 있다는 주장이 있는 반면에, ㉠ 개발도상국에 책임의 소재가 있다는 주장도 있다.

산업혁명 이후 선진국들은 화석연료를 대량 사용하여 막대한 온실가스를 배출하였고 현재까지도 에너지 생산 및 산업화에 의해 다량의 온실가스를 발생시키고 있다. 1인당 온실가스 배출량을 기준으로 보더라도 미국과 같은 일부 선진국의 배출량이 압도적으로 많다는 점은 지구온나화의 원인이 선진국에 있다는 주장을 뒷받침한다. 또한 역사적 책임의 측면을 보더라도 선진국들은 과거 식민지 지배와 경제적 착취를 통해 개발도상국의 자원을 약탈하고 환경을 파괴하였으므로 선진국들이 지구온난화 문제 해결에 더 적극적으로 나서야 한다. 과거의 잘못을 시정하고, 현재의 불평등을 해소하기 위해 선진국들은 개발도상국들을 위한 지원과 보상을 제공해야 한다. 더불어 선진국들은 개발도상국들에 비해 기술적, 경제적 역량이 훨씬 우수하다. 선진국들은 풍부한 자원과 기술력을 바탕으로 재생 에너지 개발 에너지 효율 개선, 탄소 포집, 저장 기술 등 다양한 노력을 기울여야 한다는 점을 강조하고 있다.

반면, 선진국뿐만 아니라 개발도상국들도 화석연료를 사용하며 경제 성장을 추구했으므로 그 시대의 산업화 과정에서 발생한 온실가스 배출량에 대한 책임을 선진국에만 돌리는 것은 적절하지 않다는 관점도 존재한다. 현재 온실가스 배출량 증가율을 보면, 선진국보다 개발도상국의 배출량 증가 속도가 더욱 빠르다. 개발도상국의 에너지 소비량이 급격하게 증가하고 있으며 이는 지구온난화 가속화에 더 큰 영향을 주고 있다. 경제 성장과 삶의 질 향상을 위해 개발도상국의 에너지 사용은 중요하지만 선진국들과 달리 재정적 여건과 기술적 역량 부족으로 재생 에너지 개발이나 에너지 효율 개선에 어려움을 겪고 있다.

① 선진국이 산업혁명 이후 막대한 온실가스를 배출하였다.
② 선진국의 1인당 온실가스 배출량은 개발도상국의 배출량보다 더 많다.
③ 역사적 반성 차원으로 개발도상국의 에너지 효율화를 위한 선진국의 지원이 필요하다.
④ 현재 선진국의 온실가스 배출량 증가율은 개발도상국의 온실가스 배출량 증가율보다 높다.
⑤ 선진국의 높은 기술력으로 지구온난화에 대책을 마련해야 한다.

02

다음 글을 이해한 내용으로 옳은 것을 고르면?

분갈이는 화분을 교체하는 것을 통해 식물이 더 자랄 수 있는 공간을 제공하고, 새로운 흙을 공급해 주는 것이다. 보통 온도가 상승하고 일장이 길어지며 생장을 시작하는 봄에 분갈이를 하는데, 실내 공간에서 키우는 식물은 생장이 느리므로 매년 하는 것보다 생장 상태를 보고 판단하는 것이 좋다.

화분 밖으로 뿌리가 불거져 나오는 등 식물체 크기에 비해 화분이 작거나, 물을 줬을 때 화분 밑으로 바로 빠져버린다면 화분에 뿌리가 가득 차 있다고 보면 된다. 이 경우 물을 줘도 물을 흡수할 흙이 없어 식물이 물을 이용하는 데 어려움이 있다. 이때는 묵은 뿌리는 자르고, 뿌리 양에 맞게 잎도 잘라 균형을 맞춘 후 새로운 화분에 옮겨 심는다. 새로운 화분 크기는 기존 화분보다 약간 더 큰 것이 적당하다. 또한 흙이 항상 축축하고 잎이 무르는 증상이 나타나거나 뿌리 파리가 생긴다면 과습일 확률이 높다. 이때는 기존의 축축한 흙을 털고 입자 크기가 크고 통기성과 배수성이 좋은 흙으로 분갈이를 하고, 물러버린 뿌리와 잎은 제거한다.

화분이 식물 뿌리에 비해 너무 깊으면 뿌리가 닿지 않는 흙은 물이 고여 썩기 쉽다. 그러므로 식물체 크기에 적당한 화분을 선택해야 한다. 만약 화분이 깊다면 물이 고이지 않고 잘 빠지도록 아래층에 굵은 마사토나 하이드로 볼을 채워 배수층을 만들어 주면 좋다. 식물을 옮길 때는 실질적으로 양분과 수분을 흡수하는 잔뿌리가 다치지 않도록 주의한다. 또, 잔뿌리 없이 묵은 뿌리는 잘라내어 새로운 뿌리가 나오도록 유도한다. 흙을 채울 때는 뿌리 사이사이에 고르게 채워지도록 여러 번 나누어 넣으며, 식물체를 살살 흔들어 빈틈없이 흙이 채워지도록 한다. 이때 잔뿌리가 많이 손상되거나 흙이 뿌리에 닿아 있지 않으면 식물 생육이 나빠지는 몸살을 겪게 되기도 한다.

흙을 채우면 관상을 위해 마감재를 위에 올리기도 하는데, 식물 키우기에 초보라면 마감재 없이 흙이 마르는 것을 관찰함으로써 물주기 간격을 정하는 것이 좋다. 분갈이를 완료한 후에는 물을 주고, 바로 밝은 빛에 두어 광합성을 촉진하기보다는 새로운 화분에 잘 적응할 수 있도록 반그늘에 둔다.

실내에서는 가볍고 소독이 된 인공 토양을 사용하여 식물을 심는 것이 좋다. 이 인공 토양을 '배지'라고 하는데, 펄라이트, 피트모스, 마사토, 바크 등이 대표적이다. 펄라이트는 진주암을 가열 및 팽창하여 만든 가벼운 인공 토양이며, 피트모스는 습지식물이나 수생식물이 퇴적되어 썩거나 분해된 것으로 산성을 띠는 인공 토양이다. 마사토는 굵은 입자로 통기성, 배수성이 우수하고, 바크는 목재를 만드는 과정에서 생기는 부산물을 퇴비화한 것이다. 배지는 목적에 따라 몇 가지 재료들을 조합하여 만드는데, 예를 들어 과습에 취약한 구근류, 다육식물, 선인장 등을 심거나 분갈이 할 때는 배수성이 좋도록 입자 크기가 큰 흙인 펄라이트, 마사토, 모래 등의 비율을 높이는 것이 좋다. 또한 식물 특성에 따라서도 주로 사용하는 배지가 다른데, 식충식물은 주로 산성을 띠는 피트모스를 넣으며, 난류는 바크 등을 배지로 사용하기도 한다.

① 구근류를 분갈이 할 때는 과습을 방지하도록 피트모스의 비율을 높여야 한다.
② 뿌리 파리가 생긴 화분은 건조한 상태이므로 물주기 간격을 조정해야 한다.
③ 분갈이 시 잔뿌리는 최대한 제거하여 수분과 양분의 흡수율을 높인다.
④ 분갈이 직후에 식물을 양지에 두면 식물이 새 화분에 적응하기 어려울 수 있다.
⑤ 집안에서 키우는 화분의 분갈이는 매년 봄에 하는 것을 권장한다.

03

다음 글의 주제로 가장 적절한 것을 고르면?

제로 슈거 열풍은 탄산음료에만 그치지 않고, 조미료, 커피, 심지어 과자에까지 영향력을 뻗치고 있다. 수크랄로스, 아세설팜칼륨, 아스파탐, 어드밴탐, 시클라메이트, 네오탐, 사카린, 스테비아 등은 설탕을 대신해 가공식품에 흔히 쓰는 합성 감미료다. 그렇다면 합성 감미료는 무조건 건강에 나쁠까?

먼저 설탕이 문제가 되는 이유를 살펴보자. 포도당이나 과당 같은 유리당은 과다 섭취 시 과체중, 비만을 야기하는데, 이는 결국 전 세계 주요 사망 원인인 식생활 관련 질병과 관련이 있는 것으로 알려져 있다. 이러한 맥락에서 무설탕 감미료는 당 섭취를 줄이기 위한 캠페인의 일환으로 널리 소개되었고, 특히 당뇨 환자들에게 혈당 조절 수단으로 권장되었다. 그러나 무설탕 감미료가 장기적으로 체중 조절에 도움이 되는지, 혹은 습관적으로 섭취했을 때 어떤 영향을 미치는지에 대해서는 뚜렷하게 합의된 바가 없었다.

최근 발표된 세계보건기구(WHO)의 보고서에서는 당뇨 환자를 제외한 사람들을 대상으로 이루어진 총 283개의 연구를 검토하였다. 보고서에 따르면 무설탕 감미료는 설탕과 비교했을 때 체중 감량이나 칼로리 섭취량을 줄이는 데 끼치는 영향이 적으며, 포도당이나 인슐린과 같은 당뇨 지표에 변화를 야기하지 않는 것으로 나타났다. 설탕을 다른 것으로 대체하는 가장 큰 목적이 체지방 감소라는 점에 비추어 볼 때 무설탕 감미료가 이점을 제공하지 않는다는 것이다. 더군다나 일부 연구에서는 많은 양의 무설탕 감미료를 섭취했을 때 제2형 당뇨병, 고혈압, 뇌졸중, 심장병 등의 위험이 다소 증가할 수 있는 것으로 나왔다.

천연 감미료는 어떨까? 비테비아나 몽크프루트의 경우 식물에서 추출되는 성분으로 인공 감미료가 아닌 '천연' 제품이므로 더 안전할 것으로 여겨지기 쉽다. 비록 비교적 최근에 등장한 감미료이기에 근거가 충분히 쌓이지는 않았지만, 전문가들은 천연 감미료도 인공 감미료와 체내에서 유사한 메커니즘으로 작용할 것이라고 생각한다. 국제학술지 셀(Cell)에 실린 한 연구에서는 무설탕 감미료를 장기간 섭취할 경우 장내 미생물총인 마이크로바이옴의 균형이 깨질 수 있다는 결론을 내놓기도 했다. 다만 미국 FDA는 아스파탐, 아세설팜칼륨, 수크랄로스, 네오탐, 어드밴탐, 사카린 총 6가지 감미료를 식품 첨가물로 승인하였으며, 여전히 일일섭취허용량(ADI) 기준 이하에서는 안전하다는 입장이다. 그리고 일부 전문가들은 무설탕 감미료와 건강의 상관관계를 평가할 때, 인과 관계가 아닌 연관성만 보여주는 연구들로부터 결론을 도출하는 데 주의를 기울여야 한다고 지적한다.

전문가 사이에서도 의견이 분분하지만 세계보건기구를 포함한 많은 전문가들은 애초에 단맛 자체에 대한 의존도를 낮추길 권한다. 인공 감미료를 포함한 달콤한 맛을 점차 줄이고 단백질, 섬유질이 풍부한 음식의 섭취를 늘리면 혈당 상승을 늦출 수 있으며, 설탕에 대한 갈망이 줄어 당 섭취량을 조절할 수 있다. 음료나 조미료, 빵과 같이 첨가당이 숨어 있는 음식을 조심하는 것도 한 가지 방법이 될 수 있다. 달콤하지 않다고 생각했던 식품에도 알고 보면 당이 들어 있는 경우가 많으므로 영양성분표를 확인하는 것이 좋다.

① 합성 감미료와 건강의 상관관계 평가 방법의 재설정이 필요하다.
② 제로 슈거 열풍은 기업의 마케팅 수단에 불과하다.
③ 합성 감미료는 식생활 관련 질병을 감소시킨다.
④ 인공 감미료를 천연 감미료로 대체해 나가야 한다.
⑤ 대체 당을 찾기 이전에 단맛에 대한 의존을 줄여야 한다.

[04~05] 다음 글을 바탕으로 이어지는 질문에 답하시오.

[가] 활주로를 설계할 때 가장 중요하게 고려하는 것은 바람의 방향이다. 비행기가 이착륙할 때 바람을 이용하기 때문이다. 해당 공항을 이용하고자 하는 항공기에 대해 측풍(옆바람)을 고려한 공항 이용률이 95% 이상 되도록 설계를 결정한다. 즉 95% 이상의 항공기가 해당 활주로로 이착륙이 가능하도록 방향을 정해야 하고, 그렇지 못한 경우 95% 이상의 이용률을 충족할 수 있도록 다른 방향으로 또 다른 활주로를 건설해야 한다. 실제로 활주로 방향을 보면 그 지역에 부는 바람의 방향을 알 수 있을 정도다. 우리나라는 주로 겨울에는 북풍, 여름에는 남풍이 불기 때문에 대부분의 공항 활주로가 남북 방향으로 설계돼 있다.

[나] 활주로의 길이에 가장 큰 영향을 미치는 것은 온도와 고도다. 항공기는 주변 공기를 빨아들여 엔진을 돌리는 원리로, 엔진이 추진력을 얻으려면 충분한 공기가 필요하다. 하지만 온도와 고도가 상승하면 압력과 밀도가 낮아져 공기량이 줄어들고, 항공기 엔진 출력이 그만큼 감소한다. 온도를 예로 들면 항공기가 엔진의 추진력을 얻기 위해서는 온도가 1℃ 상승할 때마다 활주로 길이를 1%씩 늘인 활주로가 필요하다. 활주로의 최소 길이는 245m, 최소 폭은 8m이며, 활주로 규격에 따라 수용할 수 있는 항공기의 기종이 달라진다. 일반적으로 소형 여객기는 최소 800m, 대형 여객기는 최소 2,500m, 초대형 항공기는 3,000m 이상의 활주로가 필요하다.

[다] 항공기에 따라 활주로 폭도 달라진다. 항공기는 규모에 따라 A~F 등급으로 분류되는데 A급은 경비행기, B급은 좌석 수 50인석 미만의 소형 비즈니스 항공기, C급은 여행객이 타는 비행기 중 가장 작은 비행기인 B737이나 A320 등이 대표적이다. 대형 항공기로 불리는 B747-400이나 B777, A330 등은 E급으로 분류된다. 가장 높은 F급에는 A380과 B747-8이 있다. 인천국제공항을 비롯한 우리나라 대부분의 공항은 주로 C급 이상 항공기가 이착륙하기 때문에 활주로 폭이 45m 이상이다.

[라] 활주로와 일반 도로는 육안으로 똑같아 보이지만, 활주로가 일반 도로보다 훨씬 튼튼하고 두껍게 포장돼 있다. 비행기가 이착륙할 때 충격을 견뎌야 하기 때문이다. 보통 일반 도로의 순포장 두께는 15~30cm인데, 활주로는 대부분 70~100cm다. 여기에 하부 기층, 보조 기층 등을 합치면 1m가 넘는다. 일반 도로보다 3배 이상 두껍다. 또 활주로는 일반 도로보다 표면이 매끄럽다. 마찰력은 유지하되, 적당히 미끄러져 나가야 하는 비행기의 특성을 고려한 것이다. 육안으로는 잘 안 보이지만, 활주로 가운데에는 작은 홈이 파여 있다. 이는 항공기의 이착륙을 돕고, 난기류를 방지하기 위해서다.

[마] 항공기 이착륙 시 창밖으로 활주로에 적힌 번호를 볼 수 있다. 활주로에 적힌 숫자는 활주로 번호로, 나침반의 방위각을 의미한다. 즉 360도 방위각을 10으로 나눈 값으로, 26은 260도를 나타내는 셈이다. 조종사는 이 번호로 방향을 참고한다. 이 숫자는 나침반 사용법과 동일하다. 북쪽을 기준으로 활주로가 가리키는 방향의 각도에 따라 번호가 부여된다. 즉 북쪽은 36번(360도), 남쪽은 18번(180도), 서쪽은 27번(270도), 동쪽은 09번(90도)이 자리 잡고 있다. 활주로 양 끝에 적힌 숫자의 차이는 항상 18(180도)이 된다. 규모가 큰 공항은 같은 방위에 여러 활주로가 있는데, 이 경우 번호가 겹치는 것을 막기 위해 알파벳 'L, C, R'을 숫자 뒤에 붙인다. L(Left)은 왼쪽, C(Center)는 중간, R(Right)은 오른쪽 활주로라는 의미다.

04

다음 중 글의 [가]~[마] 문단의 중심 내용으로 적절하지 않은 것을 고르면?

① [가]: 활주로 방향과 바람 방향의 관계
② [나]: 활주로의 규격 설정에 영향을 주는 요인
③ [다]: 비행기 등급별 활주로 최소 거리
④ [라]: 활주로의 두께와 표면의 특징
⑤ [마]: 활주로에 적힌 숫자의 의미

05

다음 중 글을 읽고 추론한 내용으로 적절한 것을 [보기]에서 모두 고르면?

보기

㉠ 활주로의 한쪽 끝에 적힌 번호가 14라면 다른 한쪽 끝에 적힌 번호는 32일 것이다.
㉡ 어느 공항에서 2개의 활주로의 방향이 서로 다를 경우 각 활주로의 이용률은 95% 미만일 것이다.
㉢ 지구온난화로 활주로 주변의 기온이 상승하면 항공기가 충분한 추진력을 얻기 위해 활주로의 길이가 길어져야 할 것이다.

① ㉠
② ㉢
③ ㉠, ㉡
④ ㉡, ㉢
⑤ ㉠, ㉡, ㉢

06

다음 중 글의 서술 방식으로 가장 적절한 것을 고르면?

> 관세는 수출과 수입을 억제하므로 무역정책의 주요한 수단으로 이용되고 있다. 관세란 법정의 관세영역을 통과하는 수출입 화물에 부과되는 일종의 조세를 의미하는데, 관세영역을 통과하는 수출입화물에 대해 부과되고 법률 또는 조약에 따라 국가에 의해 강제적으로 징수된다. 그렇다면 관세가 부과되면 경제적으로 어떤 일이 일어나게 될까?
>
> 일반적으로 국내의 재화 시장에서는 수요곡선과 공급곡선이 만나는 지점에서 균형가격이 형성된다. 그런데 다른 나라와 자유무역을 하는 과정에서 국내의 균형가격과 다른 가격으로 재화를 수입하는 경우에는 생산과 수요가 달라지게 된다. 국내 가격보다 낮은 가격으로 수입이 되면 생산자들이 손실을 입게 되는 것이다.
>
> 그런데 재화에 관세가 부과되면 수입 가격이 더 상승하게 되고, 이는 생산자들의 이익으로 이어져 해당 재화의 공급량이 증가한다. 따라서 소비자의 이익은 줄어들고 생산자의 이익은 증가하는데, 그 폭이 같게 나타나지 않는다. 왜냐하면 줄어든 소비자 이익의 일부는 관세에 의한 정부의 수입 증가로 나타나기 때문이다.
>
> 따라서 관세는 국내 생산량과 고용, 그리고 정부의 재정 수입에도 영향을 미친다는 점에서 중요한 무역정책으로 활용된다. 하지만 관세를 부과하는 것은 재화의 자유로운 가격의 형성 작용에 대해 정부의 간섭으로 인해 왜곡을 초래한다는 점에서 비판을 받기도 한다.

① 특정 현상에 대한 장점들을 열거하고 있다.
② 특정 현상에 대한 다양한 관점들을 절충하고 있다.
③ 특정 개념을 다른 상황에 빗대어 이해하기 쉽게 설명하고 있다.
④ 특정 개념을 설명하고 이와 관련한 현상을 설명하고 있다.
⑤ 특정 현상이 통시적인 흐름에 따라 달라진 양상을 소개하고 있다.

07
다음 중 글의 빈칸 ㉠에 들어갈 내용으로 가장 적절한 것을 고르면?

사람들은 흔히 인간 사회에서 나타나는 경쟁 구도를 설명할 때 찰스 다윈의 '진화론'을 언급한다. 세상에 존재하는 모든 부조리와 불평등의 근원은 약육강식과 적자생존의 원리이고, 진화론은 이를 잘 뒷받침해 주는 논리라고 생각한다. 하지만 적자생존이나 약육강식이라는 말을 처음 쓴 사람은 다윈이 아니라 동시대의 철학자였던 스펜서다.

사실 다윈이 주목한 지점은 생물체에 일어나는 '변이의 다양성'이었다. 특히 유성 생식을 하는 생물체는 암수 유전자를 섞어야만 후손을 낳을 수 있는 특성상 조금씩 다른 자손을 낳는다. 이 자손은 각자 환경에 기대어 살아가기 시작하는데, 그 가운데서 주변 환경에 조금 더 잘 적응한 개체는 살아남아 자신의 유전자를 후손에게 물려줄 가능성이 커진다. 다윈은 이러한 변이가 쌓여 점차 환경에 더 잘 적응된 방식으로 변화한다고 생각했다. 하지만 '더 잘 적응한 방식'이 오로지 '한 가지 방식'뿐이라고 말한 적은 없다. 오히려 자연 선택의 다양성에 대해 더 많은 주의를 기울였다.

다윈이 획일성보다는 다양성에 더욱 주목했음은 갈라파고스 핀치에 관한 연구에서 뚜렷이 드러난다. 갈라파고스 제도에는 모두 13종의 핀치가 서식하는데, 이들은 크기나 습성 등은 비슷하지만 부리의 모양은 천차만별이었다. 다윈은 다양한 핀치의 부리 모양과 먹이의 관계를 관찰한 결과, 13종의 핀치는 원래 하나의 종이었으나 오랜 세월 저마다 처한 환경에서 가장 능률적으로 구할 수 있는 먹잇감을 찾는 동안 다양하게 변화해 왔을 것이라고 생각했다.

여기서 흥미로운 것은 이들의 먹잇감이 구하기 쉽고 찾기 쉬운 한 종류로 모이지 않고, 다양하게 세분화되었다는 점이다. 만약 13종의 핀치가 모두 한 가지 먹잇감에만 집착했다면 어땠을까? 아마 먹잇감이 부족해져 갈라파고스 제도에 사는 핀치의 수는 훨씬 적었을 것이다. 그러나 13종의 핀치는 각자 처한 환경에 따라 종마다 다양한 먹잇감을 택하는 전략을 취했다. 그래서 같은 먹이 사슬 안에서 종끼리 경쟁할 필요 없이 제한된 서식지 안에서 더 많은 수의 핀치가 살아갈 수 있었다. 이처럼 (㉠)

① 경쟁보다는 공생이 진화의 원동력이다.
② 진화의 가장 큰 무기는 다양성의 증가다.
③ 진화론은 공존의 논리에 바탕을 두고 있다.
④ 여러 생물 종은 경쟁해야 하는 일을 피할 수 없다.
⑤ 다윈은 진화론을 근거로 변이의 다양성을 설명하고 있다.

[08~09] 다음 보도자료를 바탕으로 이어지는 질문에 답하시오.

식품의약품안전처는 야외활동이 활발해지는 봄철 자주 사용할 것으로 예상되는 자외선차단제를 안전하게 사용할 수 있도록 올바른 사용법과 주의사항 등을 안내한다고 밝혔다.

자외선차단제는 자외선A, B로부터 피부를 보호하는 역할을 한다. 자외선A는 피부 그을림이나 노화에 영향을 주고, 자외선B는 단시간에 피부 표면 화상을 일으킬 수도 있다. 자외선B는 자외선차단지수(SPF)로, 자외선A는 자외선A 차단등급(PA)으로 차단 효과를 확인한다. SPF 지수는 50 미만은 각 숫자로, 50 이상은 50+로 일괄 표시하고, PA 등급은 PA+, PA++, PA+++, PA++++로 표시한다. 숫자가 높을수록, +가 많을수록 차단 효과가 좋지만, 자외선 차단 성분을 많이 함유하고 있으므로 피부가 민감하게 반응하는지 살펴보는 것이 필요하다.

집안, 사무실 등 실내에서나 봄철 산책 등 비교적 짧은 야외활동 시에는 SPF15/PA+ 이상 제품이 적당하며, 스포츠 활동 등 자외선에 장시간 노출될 때는 SPF50+/PA+++ 또는 PA++++ 제품을 선택하는 것이 바람직하다. 또한 자외선차단제가 물에 씻겨나갈 수 있는 해수욕장, 수영장 등에서는 '내수성 제품' 또는 '지속내수성 제품'을 사용해야 한다. 여기서 내수성 제품은 약 1시간 동안 입수했다가 자연건조를 반복한 후 자외선차단지수가 50% 이상 유지되는 제품이며, 지속내수성 제품은 약 2시간 동안 입수했다가 자연건조를 반복한 후 자외선차단지수가 50% 이상 유지되는 제품을 말한다.

자외선차단제는 적당량을 햇빛에 노출될 수 있는 피부에 골고루 바른 후 최소 15분 정도는 건조하고, 장시간 햇빛에 노출될 때는 땀 등에 의해 지워질 수 있으므로 2시간 간격으로 발라 주는 것이 좋다. 스틱형 제품이나 쿠션형 제품은 한 번만 바르면 차단 효과가 부족할 수 있으므로 여러 번 바르도록 한다. 그리고 자외선차단제를 사용한 후에는 깨끗하게 씻어내야 한다. 자외선차단제 사용 시에는 입이나 눈에 들어가지 않도록 주의해야 하는데, 특히 분사형 제품을 얼굴에 직접 뿌리면 눈, 코, 입에 들어갈 수 있으므로, 손에 뿌린 후 얼굴에 발라야 한다. 만약 눈 등에 들어갔을 때는 신속하게 물로 충분히 씻어야 한다.

어린이에게 처음 사용할 때는 손목 안쪽에 소량만 발라 피부가 민감하게 반응하는지 확인하는 것이 좋다. 특히 6개월 미만 영유아는 피부층이 얇고 외부 물질에 대한 감수성이 높을 수 있으므로, 자외선차단제를 사용할 때 반드시 전문가와 상담해야 한다. 만일 자외선차단제를 사용하다가 알레르기 등 피부 자극이 나타나면 즉시 사용을 중지하고 전문가와 상담한다.

자외선차단제를 구매할 때는 식품의약품안전처로부터 '기능성화장품'으로 인정받은 제품인지 꼭 확인해야 하며, 해외 직구 등 안정성과 효과성이 확인되지 않은 제품은 구매하지 않는 것이 좋다. 제품 확인은 의약품안전나라 홈페이지 상단의 '의약품등 정보 - 의약품 및 화장품 품목정보 - 기능성화장품제품정보(심사)' 또는 '기능성화장품제품정보(보고)'에서 검색 및 확인할 수 있다. 이와 더불어 식품의약품안전처는 앞으로도 화장품 안전 사용 정보를 지속 제공하여 소비자가 안전하고 건강하게 화장품을 사용할 수 있도록 노력하겠다고 밝혔다.

08

다음 중 보도자료의 제목으로 가장 적절한 것을 고르면?

① 식품의약품안전처, 자외선차단제 등 허위 과대 표시에 대한 개선 실시
② 식품의약품안전처, 해외 주요국과 규제협력 통해 화장품 글로벌 진출 지원
③ 식품의약품안전처, 자외선차단제 올바른 사용법 및 주의사항 안내
④ 식품의약품안전처, 해외 화장품 직접 구매 시 주의사항 당부
⑤ 식품의약품안전처, 기능성화장품 안정성 정보 제공 플랫폼 개설

09

다음 중 보도자료를 이해한 내용으로 가장 적절한 것을 고르면?

① 6개월 미만 영유아에게는 자외선차단제를 사용할 수 없다.
② PA++등급 제품보다 PA+++등급 제품의 자외선 차단 효과가 더 작다.
③ 쿠션형 제품은 피부에 자극이 가므로 여러 번 덧바르지 않도록 한다.
④ 지속내수성 제품을 바르고 1시간 동안 물놀이를 한 경우에 자외선차단지수는 절반으로 감소한다.
⑤ SPF 지수가 낮은 제품을 바르고 장시간 햇빛에 노출되면 자외선B로 인해 피부 표면에 화상을 입을 수 있다.

10

다음 글의 [가]~[마] 문단을 문맥에 맞게 순서대로 배열한 것을 고르면?

[가] 주식시장에는 개인을 포함한 다양한 투자자가 참여하므로 이들의 보호가 중요한 과제이며 이를 보장하기 위해서는 주식 발생회사 등에 대한 엄격한 심사를 통해 상장 절차가 전제되어야 한다. 여기서 상장(Listing)이란 주식회사가 발행한 주권이 한국거래소가 정하는 일정한 요건을 충족하여 유가증권시장 또는 코스닥시장에서 거래될 수 있는 자격을 부여하는 것을 말한다.

[나] 접속매매는 복수가격에 의한 개별경쟁매매로, 매매거래 시간 중에 매도호가와 매수호가의 경합에 의하여 가장 낮은 매도호가와 가장 높은 매수호가가 합치되는 경우 선행호가, 즉 먼저 접수된 호가의 가격으로 매매거래를 성립시키는 매수 방법이다. 가격우선의 원칙과 시간우선의 원칙에 따라 합치되는 호가 간에 매매거래를 성립시키는 것이다. 즉, 장 중에 이미 나와 있는 매도호가와 매수호가를 보고 그 가격에 맞게 주문을 내면 조건에 맞는 경우 즉시 체결시킨다.

[다] 일반적으로 상장은 거래소에 최초로 상장되는 신규상장을 의미하며, 이 밖에도 재상장, 우회상장, 추가상장, 변경상장 등으로 구분할 수 있다. 재상장은 상장폐지 후 5년 이내에 상장예비심사를 청구한 경우와 인적분할로 신설된 기업이나 상장법인 간 합병으로 설립된 기업이 상장을 신청하는 경우이며, 우회상장은 비상장기업이 상장기업을 M&A 등의 방식으로 경영지배권을 확보하여 실질적인 상장의 효과를 발생시키는 것을 말한다. 또한 추가상장은 상장법인이 유·무상증자 등으로 새로이 발행하는 주권을 상장하는 것을 말하고, 변경상장은 기존에 발행된 주권을 새로운 주권으로 교체 발행하여 상장하는 것을 말한다.

[라] 이와 같이 상장한 기업은 일반투자자로부터 장기적이고 안정적으로 자금을 조달할 수 있다. 또한 기업분할 재상장 제도, 지주회사 상장제도 등 기업의 구조조정과 관련된 제도를 적극적으로 활용하여 기업의 목적에 맞는 방법으로 구조조정을 추진할 수 있고, 기업에 대한 일반투자자의 인식이 제고되는 등 경제적 측면에서 긍정적인 효과가 있다. 그뿐만 아니라 자본시장법 등 상장기업에게만 적용되는 특례규정에 따른 법적 측면의 효과와 세제 측면에서도 긍정적인 효과를 볼 수 있다.

[마] 한편 상장된 주식의 매매계약 체결은 거래방식 등에 따라 단일가매매 또는 접속매매의 방법으로 체결된다. 단일가매매는 수요와 공급을 집중시켜 균형가격형성의 필요성이 큰 경우에 이용되는 매매 방법이다. 일정시간 동안 매도·매수호가를 접수하여 가격 및 시간우선원칙에 따라 우선하는 호가 간에 하나의 가격으로 매매체결이 이루어지며, 모든 단일가매매는 마감시점으로부터 불공정거래 예방 등을 위해 30초 이내에서 거래소가 정하는 임의의 시간에 종료된다. 즉, 투자자 주문을 접수 즉시 체결시키지 않고 일정 시간 동안 주문을 모아 가장 많은 거래가 이루어질 수 있는 균형가격으로 일시에 체결시키는 방식으로서 시가 및 종가 등을 결정하는 경우와 거래소에서 정한 특별한 사유가 있는 경우에 적용한다.

① [가]－[다]－[라]－[마]－[나]　② [가]－[마]－[나]－[라]－[다]　③ [나]－[라]－[다]－[마]－[가]
④ [다]－[가]－[나]－[라]－[마]　⑤ [다]－[가]－[마]－[라]－[나]

11

A, B, C 세 명이 하나의 일을 끝내는 데 걸리는 기간이 다음 [조건]과 같을 때, B가 혼자 하나의 일을 끝내는 데 걸리는 기간을 고르면?

조건

- C 혼자 일을 할 경우 하나의 일을 끝내는 데 6일이 걸린다.
- A 혼자 2일 동안 일하고 A와 C가 함께 4일 동안 일하면 하나의 일을 끝낼 수 있다.
- A와 B가 함께 일하면 하나의 일을 끝내는 데 3일이 걸린다.
- A~C가 하루에 일하는 시간은 10시간이다.

① 3일 4시간 ② 3일 6시간 ③ 3일 8시간
④ 4일 2시간 ⑤ 4일 4시간

04 실전모의고사 4회

12

주머니에 서로 다른 흰 공 6개와 검은 공 4개가 들어 있다. 임의로 4개의 공을 동시에 뽑을 때, 흰 공 2개, 검은 공 2개가 나올 확률을 고르면?

① $\frac{1}{28}$ ② $\frac{1}{14}$ ③ $\frac{3}{7}$
④ $\frac{1}{2}$ ⑤ $\frac{13}{14}$

13

다음 [그래프]와 [표]는 2015~2022년 사고 발생 건수 및 인명피해 현황에 관한 자료이다. 이에 대한 설명으로 옳지 않은 것을 고르면?

[그래프] 2015~2022년 사고 발생 건수 (단위: 건)

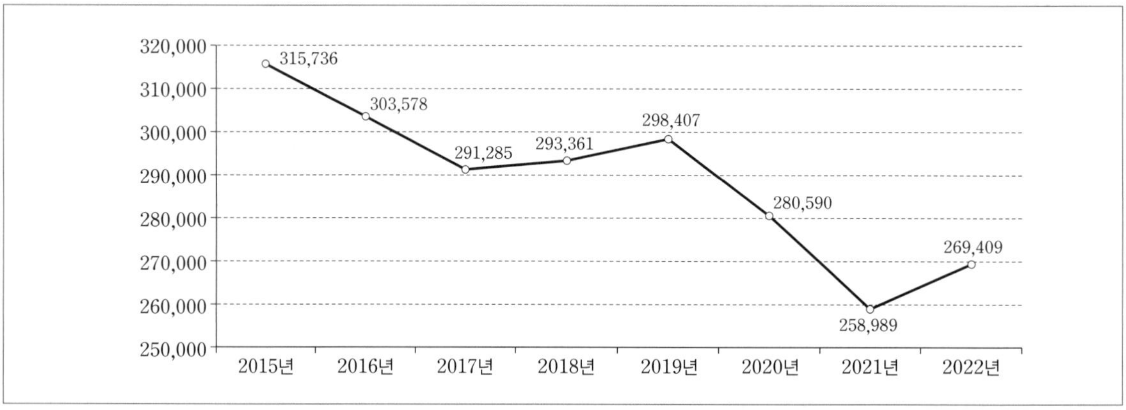

[표] 2015~2022년 인명피해 (단위: 명)

구분	2015년	2016년	2017년	2018년	2019년	2020년	2021년	2022년
계	386,391	367,851	351,496	351,905	364,815	322,674	306,062	299,950
사망	6,434	6,531	5,960	5,727	5,325	4,574	3,664	3,981
부상	379,922	361,270	345,329	346,005	359,329	318,080	302,375	295,761
실종	35	50	207	173	161	20	23	208

① 2015년 사고 발생 건수는 2020년 사고 발생 건수보다 35,146건 더 많다.
② 2021년 인명피해 중 사망자 수는 전체 인명피해의 1.5% 미만이다.
③ 2015~2022년 부상자 수의 평균은 30만 명 이상이다.
④ 2016~2022년 동안 전년 대비 사고 발생 건수 감소폭이 가장 큰 연도의 실종자 수는 전년 대비 감소하였다.
⑤ 2022년 실종자 수는 2020년 실종자 수보다 10배 이상 많다.

14

다음 [표]는 2023년 아버지 연령대별 학생 1인당 월평균 사교육비에 대한 자료이다. 이를 바탕으로 작성한 [보고서]의 밑줄 친 내용 중 옳지 않은 것을 고르면?

[표] 2023년 아버지 연령대별 학생 1인당 월평균 사교육비 (단위: 만 원)

구분		평균	20~30대	40대	50대 이상
전체		43.4	35.9	44.7	45.9
교과목	국어	3.8	2.7	3.5	5.2
	영어	12.8	9.4	13.5	13.2
	수학	12.2	6.5	12.3	15.1
	사회 · 과학	1.9	0.8	1.8	2.8
	논술	1.3	1.2	1.5	1.0
	컴퓨터	0.2	0.1	0.3	0.2
	제2외국어 · 한문	0.3	0.4	0.4	0.3
	음악	2.9	3.8	3.2	2.2
	미술	1.8	2.3	1.7	1.7
	체육	4.8	7.7	5.3	2.9
취미 · 교양		0.9	1.0	0.9	0.9
취업 관련 사교육		0.1	0.0	0.1	0.3
진로 · 진학 학습상담		0.2	0.1	0.1	0.2

[보고서]

아버지의 연령대별로 자녀의 사교육비에 지출하는 비용의 분포에는 차이점이 있는 것으로 조사되었다. ① 50대 이상의 경우 국어, 영어, 수학, 사회 · 과학에 각각 모두 평균보다 많은 사교육비를 지출하였다. 아버지 연령대가 50대 이상인 경우에는 주요 교과목의 사교육을 중시하는 한편, 젊은 층에 속하는 ② 20~30대의 경우는 체육과 취미 · 교양에서 다른 세대보다 많은 비용을 지출하였다. IT, 논술과 관련된 입시 열풍이 불었던 시대 흐름 탓인지 ③ 40대의 경우는 논술과 컴퓨터에 가장 많은 비용을 지출하였음을 확인할 수 있다. 세대별로 다양한 차이가 있는 가운데, ④ 20~30대는 취업 관련 사교육에 가장 적은 비용을 지출하였다. 눈에 띄는 특이한 사항 중 하나는 ⑤ 20~30대의 수학 사교육비는 50대 이상의 수학 사교육비의 절반에도 미치지 못하였다는 점이다.

[15~16] 다음 [그래프]는 성별 · 연령별 과일 및 채소 500g 이상 섭취율과 아침식사 결식률에 관한 자료이다. 이를 바탕으로 이어지는 질문에 답하시오.

[그래프1] 성별 · 연령별 과일 및 채소 500g 이상 섭취율 (단위: %)

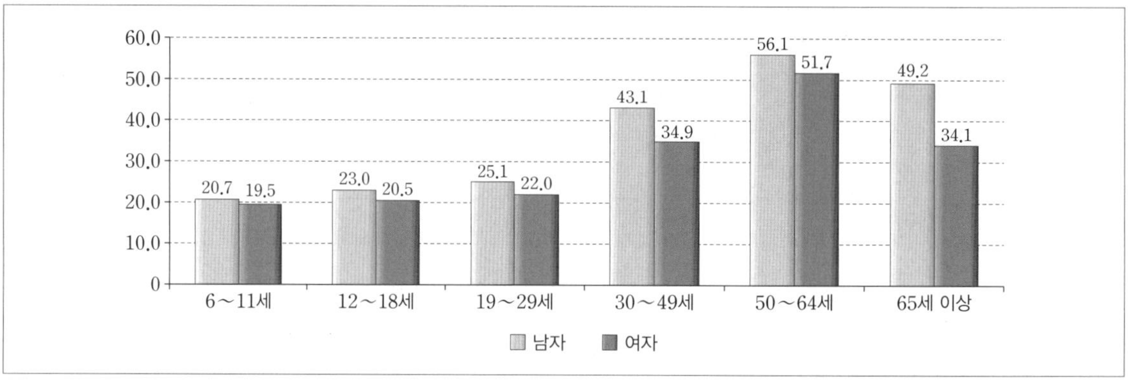

[그래프2] 성별 · 연령별 아침식사 결식률 (단위: %)

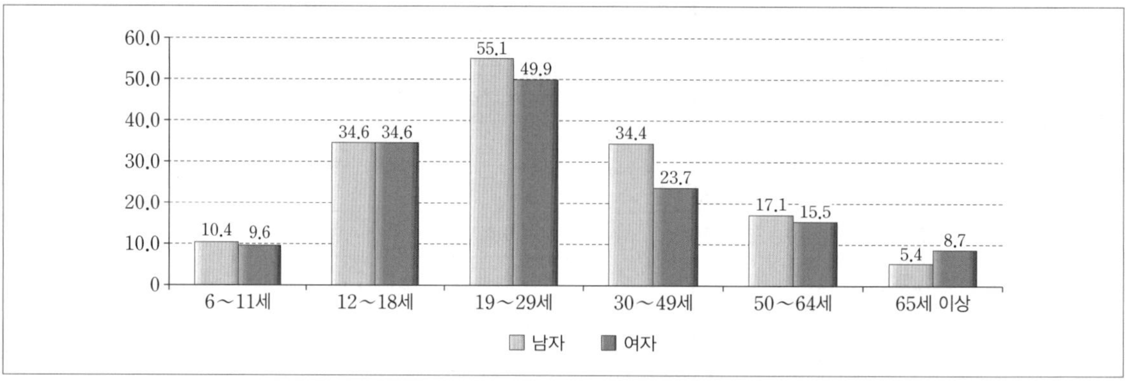

15

다음 중 자료에 대한 설명으로 옳은 것을 [보기]에서 모두 고르면?

보기

㉠ 과일 및 채소 500g 이상 섭취율과 아침식사 결식률의 남녀 차이가 가장 작은 연령대는 동일하다.
㉡ 6세부터 64세까지 남녀 모두 과일 및 채소 500g 이상 섭취율이 계속해서 증가한다.
㉢ 남자의 과일 및 채소 500g 이상 섭취율과 아침식사 결식률의 차이가 가장 큰 연령대는 50~64세이다.
㉣ 19~64세 연령대에서는 과일 및 채소 500g 이상 섭취율과 아침식사 결식률 모두 남자가 여자보다 더 높다.

① ㉠, ㉡ ② ㉠, ㉢ ③ ㉡, ㉢ ④ ㉡, ㉣ ⑤ ㉢, ㉣

16

다음 중 자료에서 아침식사 결식률의 성별 차이가 가장 큰 연령대를 고르면?

① 12~18세 ② 19~29세 ③ 30~49세 ④ 50~64세 ⑤ 65세 이상

17

다음 [그래프]는 근로 · 자녀장려금 신청 및 지급현황에 대한 자료이다. 2016~2019년 중 지급가구 수가 전년 대비 가장 많이 증가한 해의 지급가구 수는 신청가구 수의 a%이고, 2019년 근로 · 자녀장려금 지급액은 지급가구당 b백만 원이라고 할 때, $\frac{a}{b}$의 값을 고르면?(단, a, b는 각각 소수점 아래 첫째 자리에서 반올림한다.)

[그래프1] 근로 · 자녀장려금 신청가구 수 (단위: 천 가구)

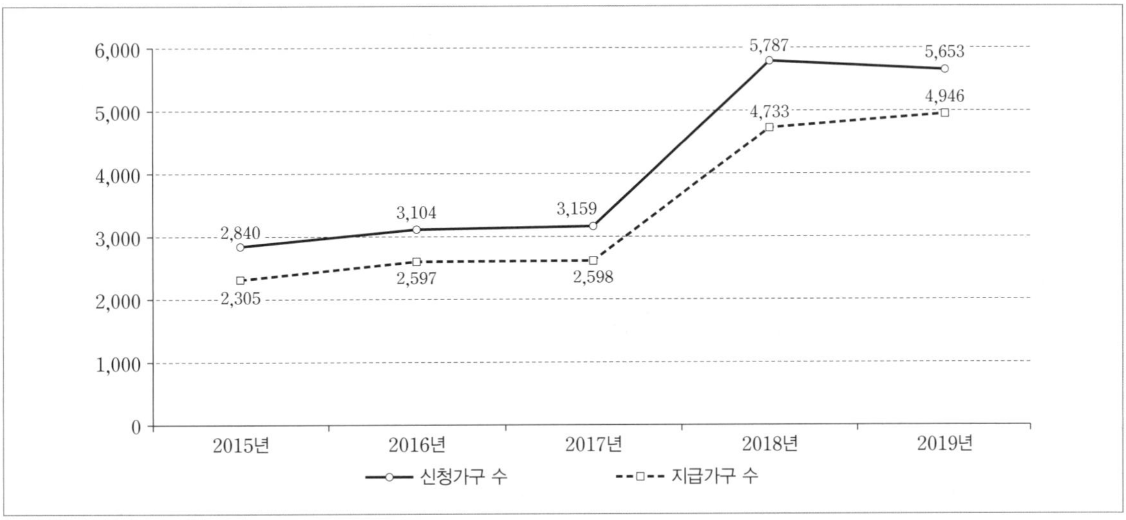

[그래프2] 근로 · 자녀장려금 지급액 (단위: 십억 원)

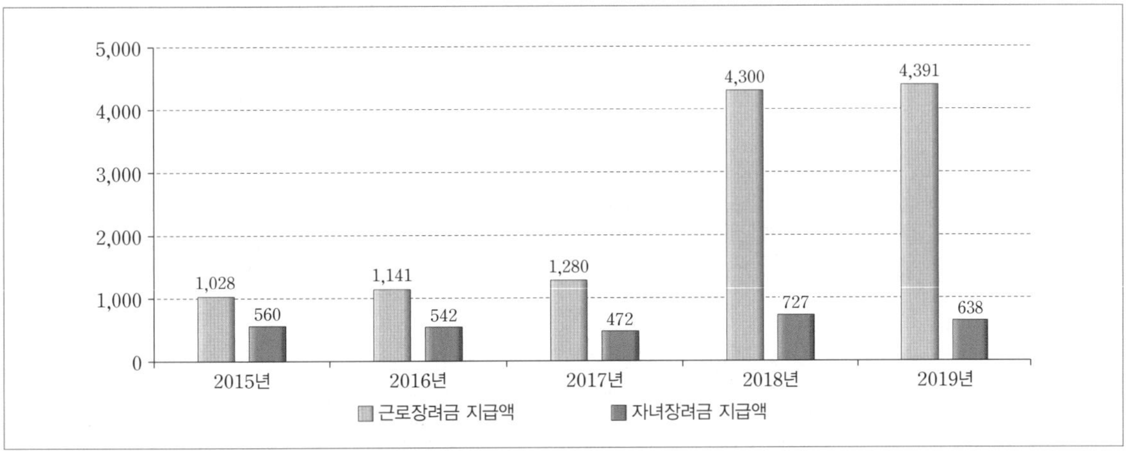

① 42 ② 64 ③ 78
④ 82 ⑤ 96

[18~19] 다음 [표]는 2015~2019년 어느 도시의 연도별 자동차 대수를 조사한 자료이다. 이를 바탕으로 이어지는 질문에 답하시오.

[표] 2015~2019년 자동차 대수

(단위: 대)

구분	합계	승용차	승합차	화물차	특수차	기타
2015년	322,510	268,881	13,461	31,823	475	7,870
2016년	332,798	276,751	12,821	32,138	532	10,556
2017년	338,669	287,307	12,143	32,188	594	6,437
2018년	340,311	287,307	11,452	31,718	594	9,240
2019년	339,068	296,609	10,770	30,957	732	0

18

다음 중 자료에 대한 설명으로 옳은 것을 [보기]에서 모두 고르면?

보기

㉠ 2016~2019년 승용차와 특수차의 전년 대비 증감 추이는 서로 같다.
㉡ 전체 자동차 대수가 전년 대비 가장 많이 증가한 해는 2016년이다.
㉢ 2019년 승합차 대수의 전년 대비 감소율은 화물차의 전년 대비 감소율보다 크다.

① ㉠
② ㉡
③ ㉠, ㉡
④ ㉠, ㉢
⑤ ㉠, ㉡, ㉢

19

다음 중 자료를 바탕으로 나타낸 그래프로 옳지 않은 것을 고르면?

① 2018~2019년 승합 · 화물 · 특수차 대수

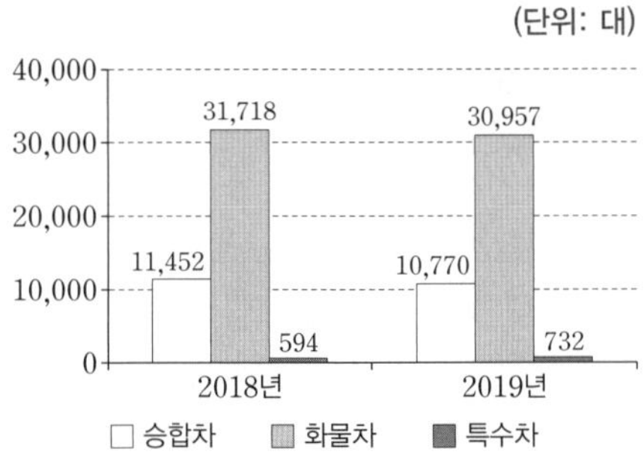

② 2015년 자동차 종류별 구성비

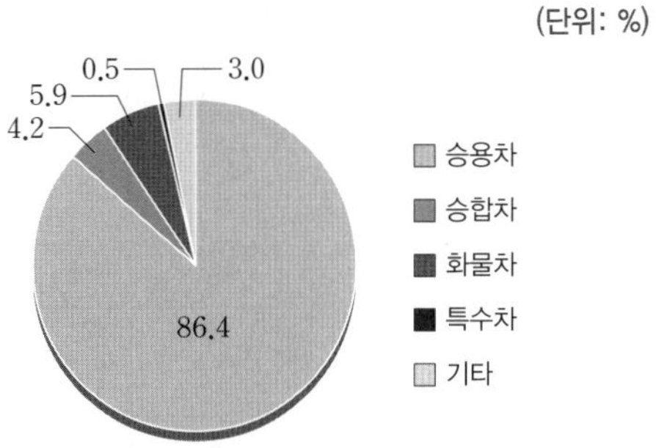

③ 2016~2019년 승합 · 화물차 대수

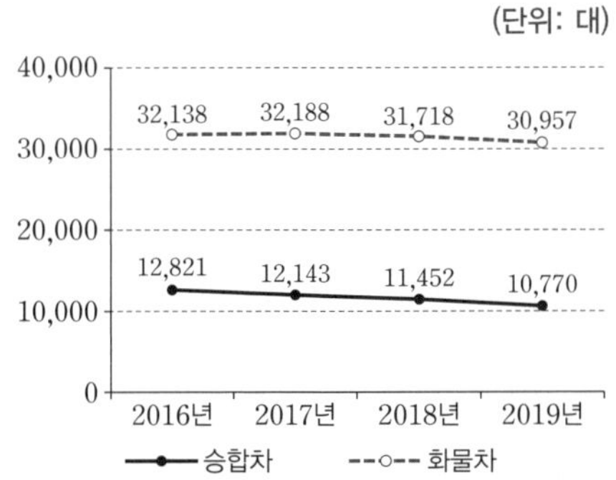

④ 2016~2019년 승합 · 화물차 전년 대비 증감량

⑤ 2016~2019년 전체 중 승용차 대수 비율

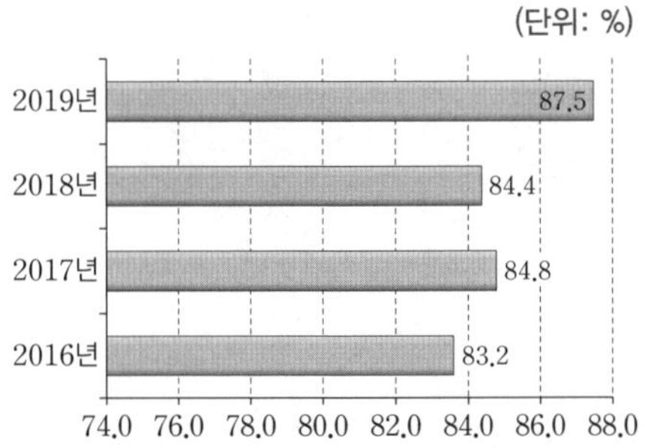

04 실전모의고사 4회

20

다음 [그래프]와 [표]는 수송실적에 관한 자료이다. 이에 대한 설명으로 옳지 않은 것을 고르면?(단, 국내 수송실적은 육상, 항공, 해상으로만 이루어져 있다.)

[그래프1] 국내 자동차운송사업 수송실적(육상)

(단위: 백만 명)

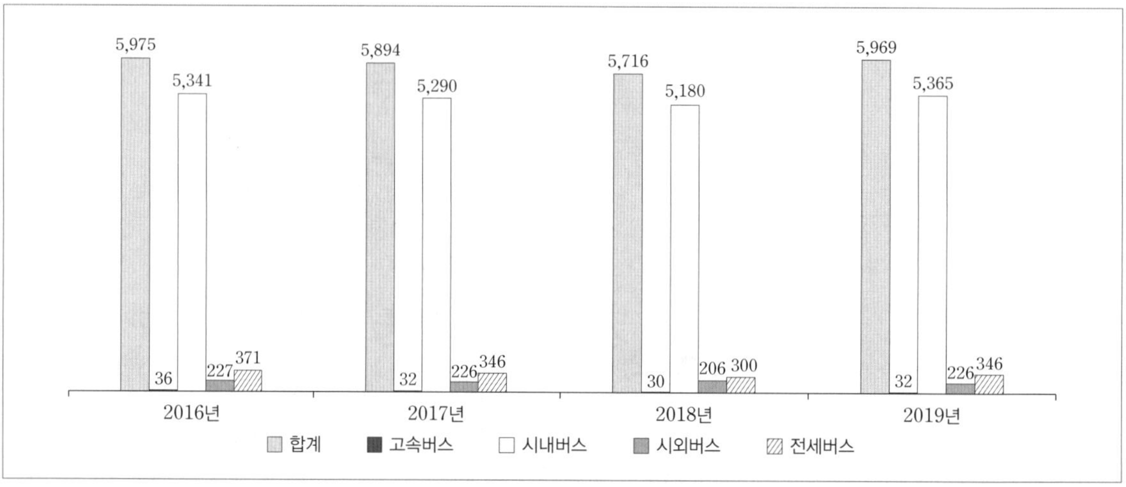

[그래프2] 국내·외 항공여객 수송실적

(단위: 명)

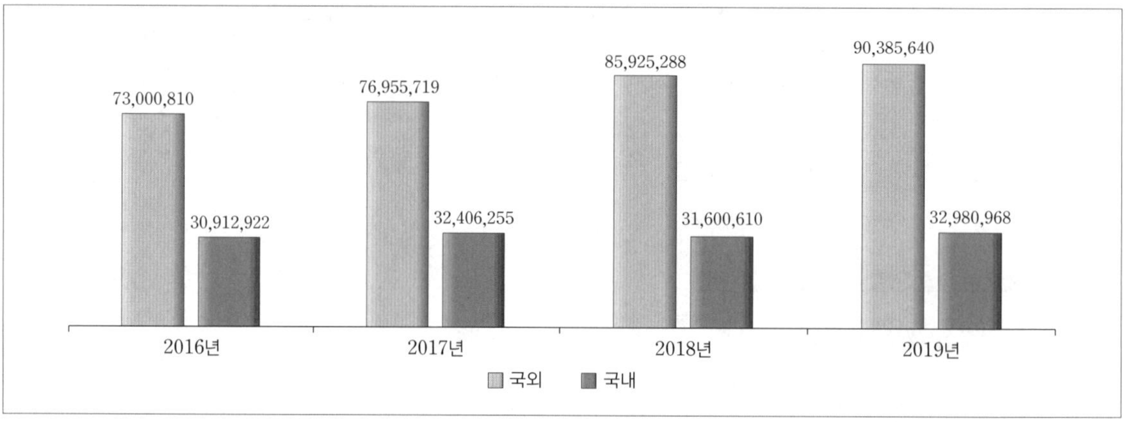

[표] 국내 해상여객 수송실적

(단위: 천 명)

구분	2016년	2017년	2018년	2019년
수송실적	15,423	16,910	14,625	14,585
일반항로	15,007	16,459	14,217	14,120
보조항로	416	451	408	465

① 2017~2019년 동안 국외 항공여객 수송실적은 매년 증가하였다.

② 2017~2019년 고속·시내·시외·전세버스의 증감 추이는 모두 동일하다.

③ 2016~2019년 동안 총국내 수송실적은 2019년이 가장 높다.

④ 2016~2019년 동안 육상·항공·해상의 국내 실적이 가장 높은 연도는 각각 다르다.

⑤ 2017~2019년 국내 해상여객 수송실적의 전년 대비 증가율은 2018년이 가장 낮다.

21

다음 [보기]의 명제가 모두 참일 때, 도출할 수 있는 결론으로 적절한 것을 고르면?

보기

㉠ 뉴스를 좋아하는 사람은 아무도 드라마를 좋아하지 않는다.
㉡ 영화를 좋아하는 사람은 아무도 뉴스를 좋아하지 않는다.
㉢ 뉴스를 좋아하는 사람은 모두 음악 듣기보다는 그림 그리기를 더 좋아한다.
㉣ 드라마를 좋아하는 사람은 모두 그림 그리기보다는 음악 듣기를 더 좋아한다.
㉤ 철수는 그림 그리기보다는 음악 듣기를, 영희는 음악 듣기보다는 그림 그리기를 더 좋아한다.

① 영희는 영화와 뉴스를 모두 좋아한다.
② 영희는 뉴스를 좋아하지만, 드라마는 좋아하지 않는다.
③ 철수는 드라마를 좋아하지만, 뉴스는 좋아하지 않는다.
④ 철수는 영화를 좋아하고, 영희는 드라마를 좋아하지 않는다.
⑤ 철수는 뉴스를 좋아하지 않고, 영희는 드라마를 좋아하지 않는다.

22

유정, 준호, 가영, 성민, 민호는 달리기 시합을 하여 이 중 1등을 한 사람에게 상품권을 지급하려고 한다. 시합이 끝나고 경기 결과에 대해 이야기를 나누었는데, 이 중 한 사람은 거짓을 말하고, 나머지 네 사람은 진실을 말하였다. 다음 [조건]을 바탕으로 거짓말을 한 사람과 1등을 한 사람이 바르게 짝지어진 것을 고르면?(단, 거짓을 말하는 사람의 모든 발언 내용이 거짓이다.)

조건

- 유정: "나는 2등을 했어."
- 준호: "가영이가 상품권을 받았고, 나는 성민이보다 등수가 낮아."
- 가영: "나는 유정이보다 등수가 낮아."
- 성민: "나는 가영이보다 등수가 높아."
- 민호: "나는 성민이보다 등수가 낮다."

	거짓말을 한 사람	1등
①	유정	가영
②	가영	가영
③	가영	준호
④	준호	성민
⑤	준호	준호

23

K사는 인사이동을 위해 각 직원들의 희망부서를 조사했다. 다음 [표]와 [조건]을 고려하여 본인이 희망한 부서에 배치된 사람이 몇 명인지 고르면?

[표] 직원별 인사이동 배치

직원	기존 부서	희망 부서	배치 부서
A	국내사업팀	재무회계팀	(　)
B	홍보팀	(　)	영업팀
C	영업팀	(　)	(　)
D	해외사업팀	(　)	국내사업팀
E	재무회계팀	홍보팀	(　)

조건

- 5명 모두 기존 부서와 다르게 희망 부서를 신청했다.
- 5명 모두 서로 다른 부서에 배치되었다.
- 5명 모두 희망하는 부서가 다르다.
- 5명 모두 기존 부서에는 배치될 수 없다.
- C는 다른 1명과 서로 기존 부서, 희망 부서가 바뀌었다.
- A는 다른 1명과 서로 희망 부서, 배치 부서가 바뀌었다.

① 1명　② 2명　③ 3명　④ 4명　⑤ 5명

24

다음과 같은 [게임 규칙]을 바탕으로 A와 B가 게임을 할 때, 옳지 <u>않은</u> 것을 [보기]에서 모두 고르면?

[게임 규칙]

3×3 빙고판에 3부터 11까지의 수를 하나씩 무작위로 적는다. 두 사람이 차례대로 각 면에 1~6이 하나씩 적힌 주사위를 던져 주사위의 합에 해당하는 숫자를 지운다. 주사위의 합이 2 또는 12가 나오거나 이미 나온 숫자인 경우에는 새로운 수가 나올 때까지 같은 시행을 반복한다. 가로 또는 세로 또는 대각선의 숫자를 먼저 지우는 사람이 빙고를 외치고 승리한다. 만약 동시에 한 줄의 빙고를 완성한 경우 새로 주사위를 던져 다음 빙고를 외치는 사람이 승리한다.

• A와 B는 빙고판에 각각 다음과 같이 숫자를 적었다.

6	9	11
10	3	8
4	7	5

〈A의 빙고판〉

11	10	7
5	8	6
4	3	9

〈B의 빙고판〉

• A가 먼저 주사위를 던지고, 다음으로 B가 주사위를 던진다.

보기

㉠ 첫 번째 빙고에서 승부가 결정되지 않을 수 있다.

㉡ 첫 번째로 던진 주사위의 합이 10이고, 주사위를 두 번 더 던져 빙고를 완성한다면 이길 확률은 A가 B보다 높다.

㉢ 현재 4, 5, 9가 지워진 상황이고, A와 B가 각각 주사위를 한 번 더 던져 빙고를 완성한다면 이길 확률은 B가 A보다 높다.

① ㉠　　② ㉡　　③ ㉢

④ ㉡, ㉢　　⑤ ㉠, ㉡, ㉢

25

다음은 알뜰교통 마일리지에 관한 안내이다. 이에 대한 설명으로 옳은 것을 고르면?

○ 알뜰교통카드란 대중교통을 이용하기 위해 걷거나 자전거로 이동한 거리만큼 마일리지를 적립하여 지급하고, 아울러 카드사의 추가할인 혜택을 포함하여 대중교통비를 최대 30%까지 절감할 수 있는 교통카드이다.

○ 마일리지 적립 방식
1. 출발지에서 대중교통 승차지점까지 걷거나 자전거를 통해 이동한 거리 측정
2. 대중교통 하차지점에서 도착지까지 걷거나 자전거를 통해 이동한 거리 측정
3. 카드사로부터 대중교통 이용정보 수신
4. 대중교통 이용정보와 알뜰교통카드 앱 출발/도착정보 일치여부 확인
5. 정보 확인된 경우, 이동거리에 비례하여 마일리지 적립(환승 과정의 이동거리는 미포함)

○ 마일리지 적립 안내
- 월 15회 이상 알뜰교통카드로 대중교통 이용 시 마일리지 지급
- 주민등록상 주소지 확인된 경우 마일리지 지급(알뜰교통카드 마일리지는 국비와 지방비를 50:50으로 분담하여 지원하는 사업으로 주민등록상 주소지의 지자체 예산으로 지급되므로, 주소지 확인이 반드시 필요)
- 알뜰교통카드 사용은 전국에서 가능
- 주민등록상 주소지가 대상지역이 아니거나 주소지 정상 확인되지 않은 경우 마일리지 미지급(대상지역: 서울, 인천, 경기, 부산, 대구, 대전, 광주, 세종, 울산, 제주, 충북(청주, 옥천, 제천), 충남(천안, 아산), 전북(전주, 완주, 익산, 남원, 군산), 전남(무안, 순천, 신안), 경북(포항, 경주, 영주, 김천, 영천), 경남(창원, 거제, 김해, 밀양, 산청, 진주, 창녕, 양산, 통영, 고성), 강원(춘천))
- 알뜰교통카드만 사용하고 알뜰교통카드 앱을 이용하지 않으면 마일리지가 적립 및 지급되지 않음

○ 회당 기본 마일리지 적립액(보행·자전거 최대 800m 이동 시, 월 상한 44회)

교통요금 지출액(회당)	2천 원 미만	2천 원 이상 3천 원 미만	3천 원 이상
일반	250원	350원	450원
저소득층	350원	500원	650원

- 미세먼지 저감조치 발령 시 해당 회차는 기본 마일리지의 두 배 적립
- 저소득층: 만 19세 이상의 기초생활수급자 및 차상위계층(저소득 지원 대상자는 관할 주민센터에서 발급받은 증빙서류를 회원가입 또는 내 정보에 등록해야 함). 단 만 19세 미만은 '일반' 마일리지 적립 적용
- 얼리버드 추가 마일리지 지급: 새벽 3시~6시 30분 대중교통 승차 시 해당 회차는 기본 마일리지의 50% 추가 적립

※ 대중교통 승차시간은 카드사 교통카드 이용내역 기준(환승 포함)

① 주민등록상 주소지가 청주시인 시민은 충주시에서 알뜰교통 마일리지를 적립받을 수 없다.
② 주민등록상 주소지가 충주시인 시민은 청주시에서 알뜰교통 마일리지를 적립받을 수 있다.
③ 알뜰교통카드 앱을 이용하는 시민은 알뜰교통카드를 이용하지 않아도 마일리지를 적립받을 수 있다.
④ 매달 근무일수가 20일이고, 출발지에서 도착지까지 800m를 자전거를 타고 출퇴근하는 주민등록상 주소지가 포항시인 시민은 알뜰교통 마일리지 적립을 받을 수 있다.
⑤ 매달 근무일수가 10일이고, 출퇴근 시 300m를 도보로 이동하고, 800m를 대중교통으로 이동하는 주민등록상 주소지가 대전광역시인 시민은 알뜰교통 마일리지 적립을 받을 수 있다.

26

신입사원인 김 씨는 자취방을 구하고 있다. 김 씨가 A~E 다섯 곳의 매물을 둘러본 뒤 회사와의 거리, 전세가, 주변 환경, 시설을 조사하여 아래와 같이 점수를 매겼다. 각 항목에 서로 다른 가중치를 두고 계산하였더니 총합이 C>E>B>A>D 순이었을 때, 다음 중 가중치가 높은 항목부터 낮은 항목까지 차례대로 바르게 나열한 것을 고르면?

[표1] 자취방 등급표

자취방	회사와의 거리	전세가	주변 환경	시설
A	최상	상	중상	중
B	상	최상	중상	중
C	중	최상	중상	상
D	중상	상	최상	중
E	중상	중	최상	상

[표2] 등급별 점수

등급	최상	상	중상	중	하
점수(점)	10	9	8	7	6

① 시설, 전세가, 주변 환경, 회사와의 거리
② 시설, 전세가, 회사와의 거리, 주변 환경
③ 전세가, 시설, 주변 환경, 회사와의 거리
④ 전세가, 시설, 회사와의 거리, 주변 환경
⑤ 전세가, 주변 환경, 시설, 회사와의 거리

27

다음은 B직종의 연수교육에 관한 조항이다. 이에 대한 설명으로 옳은 것을 고르면?

제5조 ① 연수교육은 매년 6시간 이상으로 한다.

② 연수교육에 관한 업무를 위탁받은 A협회는 매년 연수교육의 대상 및 교육 내용 등을 포함한 연수교육계획서를 작성하여 다음 연도 시작 20일 전까지 ㅇㅇ부장관에게 제출하여 승인을 받아야 한다.

③ A협회는 연수교육을 수료한 자에게 수료증을 발급하여야 하며, 매년 1월 31일까지 전년도의 연수교육 실적을 ㅇㅇ부장관에게 보고하여야 한다.

④ ㅇㅇ부장관은 예산의 범위에서 연수교육에 필요한 경비의 전부 또는 일부를 보조할 수 있다.

⑤ B직종은 제1항에 따른 연수교육을 받아야 한다. 다만, 다음 각 호의 자에 대해서는 해당 연도의 연수교육을 면제할 수 있다.

1. 행정기관 및 보건소 등에 근무하는 자로서 실제 업무에 직접 종사하지 아니하는 자
2. 군 복무 중인 자
3. 학교에 재직 중인 자
4. 대학원 재학생
5. 해외체류·휴업 또는 폐업, 질병이나 그 밖의 사유로 인하여 해당 연도에 6개월 이상 실제 업무에 종사하지 아니한 자
6. 신규로 면허를 받은 사람(면허를 받은 연도 및 다음 연도만 해당한다)
7. 본인의 질병이나 그 밖의 사유로 연수교육을 받기 어렵다고 ㅇㅇ부장관이 인정하는 자

[별표 3] 행정처분의 기준(제50조 관련)

Ⅱ. 개별기준

위반사항	근거 법령	행정처분			
		1차 위반	2차 위반	3차 위반	4차 위반
제5조에 따른 연수교육을 받지 않은 경우	ㅁㅁ법 제79조	경고	자격정지 3일	자격정지 7일	자격정지 15일

① A협회는 연수교육계획서를 다음 연수교육 시작 20일 전까지 ㅇㅇ부장관에게 제출하여 승인을 받아야 한다.
② A협회는 매년 해당연도의 연수교육 실적을 ㅇㅇ부장관에게 보고해야 한다.
③ 2022년에 신규로 면허를 받은 사람은 2023년도에 연수교육을 받아야 한다.
④ 면허를 받고 3년 근무한 뒤 출산으로 인해 해당 연도에 6개월 미만으로 종사하는 경우 연수교육을 받지 않아도 된다.
⑤ 2018년 면허를 취득한 뒤 업무에 종사하면서 2021년까지 연수교육을 받지 않은 경우 2021년의 행정처분은 자격정지 15일이다.

28

다음은 어느 대학교의 장학금 지급 기준에 관한 규정과 학생 갑~정의 상황이다. 이에 대한 설명으로 옳은 것을 [보기]에서 모두 고르면?(단, 수석과 차석은 직전 학기 성적이 모두 A 이상이다.)

어느 대학교에서는 다음과 같은 기준에 따라 장학금을 지급한다.

- 장학금 지급 기준
  - 소득분위가 2분위 이하인 경우: 직전 학기 성적이 C 이상 B 미만인 경우 등록금의 60%, B 이상인 경우 전액
  - 소득분위가 3분위, 4분위인 경우: 직전 학기 성적이 C 이상 B 미만인 경우 등록금의 50%, B 이상 A 미만인 경우 등록금의 80%, A 이상인 경우 전액
  - 소득분위가 5분위, 6분위인 경우: 직전 학기 성적이 B 이상 A 미만인 경우 등록금의 50%, A 이상인 경우 등록금의 80%
  - 소득분위가 7분위, 8분위인 경우: 직전 학기 성적이 A 이상인 경우 등록금의 50%
  - 소득분위가 9분위 이상인 경우: 직전 학기 성적이 A 이상인 경우 등록금의 30%
- 소득분위에 관계없이 직전 학기 성적이 수석인 경우 200만 원, 차석인 경우 100만 원을 장학금으로 추가로 지급한다.
- 전공마다 한 학기 등록금이 다르다.
- 해당 학교의 학생 갑~정의 한 학기 등록금은 다음과 같고, 갑~정은 모두 장학금을 지급받았다.

학생	갑	을	병	정
등록금	300만 원	400만 원	600만 원	500만 원

보기

㉠ 갑과 을이 수석 또는 차석이 아닌 경우 소득분위 및 성적에 관계없이 장학금이 동일하지 않다.
㉡ 병과 정이 수석 또는 차석이 아닌 경우 병과 정의 성적이 동일할 때 장학금도 동일한 경우가 있다.
㉢ 갑이 수석일 때 을, 병, 정 모두와 장학금이 동일한 경우는 없다.

① ㉠　② ㉡　③ ㉢　④ ㉠, ㉡　⑤ ㉠, ㉢

04 실전모의고사 4회

[29~30] 다음 [표]는 한 전기차 배터리 제조사의 가상의 배터리 제조 전략에 관한 자료이다. 이를 바탕으로 이어지는 질문에 답하시오.(단, 배터리 제조 원가는 배터리 소재만 고려한다.)

[표1] 배터리 용량별 정보

배터리 용량 (kWh)	소재별 제조공정상 필요한 양					주행거리	배터리 가격
	리튬	코발트	니켈	망간	그래파이트		
40	10kg	4kg	8kg	3kg	12kg	200km	150만 원
60	15kg	6kg	12kg	4kg	18kg	300km	220만 원
80	20kg	8kg	16kg	5kg	24kg	400km	280만 원
100	25kg	10kg	20kg	7kg	30kg	500km	340만 원
120	30kg	12kg	24kg	8kg	36kg	600km	400만 원

[표2] 배터리 소재별 원가

소재	소재별 kg당 원가
리튬	50,000원
코발트	100,000원
니켈	30,000원
망간	20,000원
그래파이트	10,000원

29

다음 중 자료에 대한 설명으로 옳지 않은 것을 고르면?(단, 소수점 아래 첫째 자리에서 반올림하여 계산한다.)

① 배터리 용량이 커질수록 주행거리가 늘어나며, 소재도 더 많이 들어간다.
② 배터리 가격에서 망간과 그래파이트의 원가가 차지하는 비중은 15% 이하이다.
③ 배터리 용량별 배터리 가격에서 리튬의 원가 비중이 가장 높다.
④ 코발트 비중을 1kg을 줄이는 대신, 니켈 비중을 3kg 늘리면 배터리 제조 원가 절감에 도움이 된다.
⑤ 배터리 용량이 작을수록 배터리 용량당 배터리 가격은 낮아진다.

30

주행거리별 경제성은 단위거리당 배터리 가격을 의미할 때, 주어진 자료를 바탕으로 배터리 용량과 주행거리별 경제성이 바르게 짝지어진 것을 고르면?

	배터리 용량	주행거리별 경제성
①	40kWh	8,000원
②	60kWh	7,533원
③	80kWh	7,333원
④	100kWh	6,800원
⑤	120kWh	6,500원

31

어떤 암세포를 제거하기 위해 약물 X, Y, Z의 조합과 투여량을 달리하여 시험하였다. 다음 [조건]과 [표]를 바탕으로 가격 대비 항암효과(%/원)가 큰 약물조합부터 순서대로 바르게 나열한 것을 고르면?

조건

- 치료를 위하여 서로 다른 항암제를 투여하는 것을 칵테일 요법이라고 한다.
- 단독으로 약물을 투여했을 때보다 칵테일 요법으로 처리하여 효과가 증진되는 경우, 이를 상승작용이라고 한다. 하지만 칵테일 요법으로 항상 상승작용이 발생하는 것은 아니다.
- 약물은 X, Y, Z가 있으며, 약물조합 D, E, F는 각각 약물 X와 Y, X와 Z, Y와 Z를 혼합하는 것을 의미한다. 단, 약물 X와 약물 Y를 혼합한 D조합에는 상승작용이 있으며, 다른 조합의 경우에는 상승작용이 존재하지 않는다.
- 약물 투여농도 및 1회 투여량을 제외한 모든 시험조건은 동일하며, 각 약물조합은 총 1회만 투여하는 것으로 가정한다.
- 약물 X, Y, Z의 항암효과는 다음과 같으며, 두 약물을 혼합한 약물의 항암효과는 각 약물의 항암효과를 합한 것과 같다고 가정한다. 단, 혼합한 두 약물 간에 상승효과가 존재하는 경우 항암효과는 각 약물의 항암효과를 합한 값의 2배가 된다.

약물	X	Y	Z
항암효과(%)	15	20	30

[표] 각 약물조합의 투여농도, 투여량 및 단가

구분	약물	투여농도(mg/ml)	1회 투여량(ml)	단가(원/mg)
A	X	10	2	5,000
B	Y	10	1	6,000
C	Z	10	2	5,000
D	X, Y	20	1	6,500
E	X, Z	10	2	6,000
F	Y, Z	20	1	5,000

① D>F>E>B>C>A
② D>F>E>C>B>A
③ F>C>E>B>D>A
④ F>E>B>C>D>A
⑤ F>E>C>B>D>A

[32~33] 다음은 S공기업의 채용공고이다. 이를 바탕으로 이어지는 질문에 답하시오.

□ 채용절차

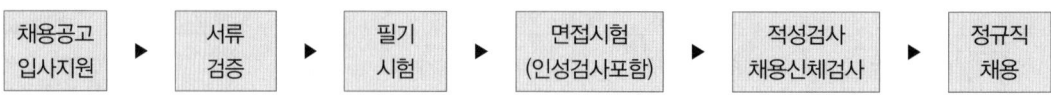

채용공고 입사지원	▶	서류 검증	▶	필기 시험	▶	면접시험 (인성검사포함)	▶	적성검사 채용신체검사	▶	정규직 채용

□ 서류검증

직무능력기반 자기소개서 불성실 기재자, 중복지원자 등은 서류검증에서 불합격 처리되며 적격자 전원 필기응시기회 부여

□ 필기시험

- 직무수행능력평가(전공시험) 25문항과 직업기초능력평가(NCS) 25문항을 평가(개당 1점)
- 합격자는 증빙서류 검증이 완료된 자 중 필기시험 결과 과목별 40% 이상 득점자 중에서 두 과목의 합산 점수와 가점을 합한 고득점자 순으로 2배수 선발
- 동점자 처리기준: 취업지원대상자 가점 → 장애인 가점 → 자격증 가점 → 체험형 인턴수료 가점 → 시험 세부평가항목인 '직무수행능력평가 → 직업기초능력평가' 순서로 평가점수가 높은 자
- 필기시험 결과는 면접시험 등에 영향이 없음

□ 면접시험

- 면접시험은 인성, 리더십, 직무능력의 합산점수와 가점을 합하여 평가
- 면접시험 고득점 순으로 합격자 결정
- 동점자 처리기준: 취업지원대상자 가점 → 장애인 가점 → 자격증 가점 → 시험 세부평가항목인 '직무능력 → 리더십 → 인성' 순서로 평가점수가 높은 자

□ 우대사항

구 분	적용방식
취업지원대상자	필기 및 면접전형에 3점 가점
장애인	필기 및 면접전형에 5점 가점
자격증	필기전형에 한해 개당 1점 가점(최대 3점)
체험형 인턴 수료자	필기전형에 한해 2점 가점(수료일로부터 2년간 적용)

※ 우대사항은 중복 적용 가능
※ 필기시험의 가점은 각 과목별 만점의 40% 이상 득점자에게만 적용
※ 취업지원대상자의 합격률은 30% 이내로 제한
※ 최종선발 예정인원이 3명 이하인 경우는 취업지원대상자 가점 미적용

32

S공기업에서는 2명의 신입사원을 선발하려고 한다. A~J가 해당 공기업에 지원하였고, 서류검증에 통과하여 필기시험을 응시하였다. A~J의 필기시험 결과가 다음 [표]와 같을 때, 필기시험 합격자 중 순위가 가장 낮은 지원자를 고르면?

[표1] A~J의 필기시험 결과

지원자	과목별 정답 개수		우대사항			
	직무수행 능력평가	직업기초 능력평가	취업지원 대상자	장애인	자격증 개수	체험형 인턴 수료자
A	14개	16개	○		5개	
B	15개	20개				1년 전 수료
C	8개	25개			1개	
D	25개	9개	○	○	4개	1년 전 수료
E	16개	20개				
F	8개	12개	○		3개	3년 전 수료
G	24개	23개				6개월 전 수료
H	20개	20개	○			
I	25개	8개	○		2개	
J	15개	15개		○	1개	3년 전 수료

① A ② B ③ G
④ J ⑤ H

33

32번에서 4위 이내로 필기시험에 합격한 지원자들의 면접시험 결과가 다음 [표]와 같을 때, 면접시험 합격자의 조합이 바르게 짝지어진 것을 고르면?

[표2] 면접시험 항목별 점수 (단위: 점)

필기시험 순위	인성	리더십	직무능력
1위	28	16	42
2위	22	20	44
3위	23	18	45
4위	25	19	40

① B, G ② B, J ③ B, H
④ G, H ⑤ H, J

34

다음은 K국의 구직급여 지급액에 대한 자료이다. 이를 바탕으로 [상황]의 A가 받게 될 구직급여 총지급액을 고르면?(단, A의 퇴직 전 3개월의 근무일수는 92일이다.)

> 구직급여 지급액＝이직 전 3개월의 1일 평균임금의 60%×소정급여일수

구직급여의 상한액 및 하한액

• 상한액: 이직일이 2019년 1월 이후인 경우 1일 66,000원

• 하한액: 이직일이 2019년 1월 이후인 경우 1일 60,120원

구직급여의 소정급여일수

[표1] 이직일 2019.9.1.이후

연령 및 근속기간	1년 미만	1년 이상 3년 미만	3년 이상 5년 미만	5년 이상 10년 미만	10년 이상
50세 미만	120일	150일	180일	210일	240일
50세 이상 및 장애인	120일	180일	210일	240일	270일

[표2] 이직일 2019.9.1.이전

연령 및 근속기간	1년 미만	1년 이상 3년 미만	3년 이상 5년 미만	5년 이상 10년 미만	10년 이상
30세 미만	90일	90일	120일	150일	180일
30세 이상 50세 미만	90일	120일	150일	180일	210일
50세 이상 및 장애인	90일	150일	180일	210일	240일

※ 구직급여는 퇴직 다음 날로부터 12개월이 경과하면 소정급여일수가 남아있다고 하더라도 더 이상 지급받을 수 없음(실업급여 신청없이 재취업하면 지급받을 수 없으므로 퇴직 즉시 신청해야 함)

※ 연령은 퇴사(이직) 당시의 만 나이를 기준으로 함

상황

• A의 생년월일은 1984년 6월 6일이다.

• A는 2013년 9월 18일 입사하였다.

• 입사 계약 시 연봉은 2,400만 원이며, 매년 200만 원을 인상하기로 계약하였다.

• 2023년 9월 17일 부서 통·폐합으로 권고사직을 받고 퇴사하였다.

• 퇴사 후 고용센터에 실업 신고와 구직급여를 신청하였고, 소정급여일수만큼 구직급여를 지급받고자 한다.

① 12,943,200원　② 13,860,000원　③ 14,280,000원

④ 15,840,000원　⑤ 16,434,720원

35

다음 글을 근거로 판단할 때, 진호가 오늘 퇴근 후 수행한 일과로 가능하지 않은 것을 고르면?(단, 일과 수행시간 외 소요되는 시간은 고려하지 않는다.)

진호는 퇴근해서 집에 돌아오면 매일 다음과 같은 일과를 수행한다. 매일 모든 일과를 수행하지는 않지만 식사와 일기 쓰기는 반드시 수행하고, 샤워 또는 목욕 중 한 가지를 수행한다. 운동을 한 날에는 반드시 목욕을 하고, 드라마를 본 날에는 게임을 하지 않는다. 동시에 같은 일과를 수행할 수 없고, 같은 일과를 두 번 이상 수행하지 않는다. 수행하는 일과는 집에 돌아온 시간에 따라 다르다.

일과	수행시간
식사	25분
샤워	21분
목욕	36분
운동	38분
신문 읽기	6분
드라마 시청	58분
독서	25분
일기 쓰기	11분
게임	33분
청소	13분
온라인 쇼핑	26분

진호는 오늘 집에 도착한 시각인 오후 7시 20분부터 일과를 수행하였고, 일과를 끝내자마자 오후 10시에 바로 잠에 들었다.

① 운동 ② 신문 읽기 ③ 드라마 시청
④ 독서 ⑤ 게임

36

다음의 철도 자유이용권에 대한 안내를 바탕으로 갑은 여행을 위해 철도 자유이용권을 구입하려 한다. 갑의 여행 계획대로 철도를 가장 저렴하게 이용할 수 있는 패스를 고르면?

[철도 자유이용권 안내]

■ 철도 자유이용권을 이용하면 사용기한 내에 유럽 33개국 각 도시를 자유롭게 이동할 수 있다.

■ 철도 자유이용권은 다음과 같이 플렉시패스와 연속패스 두 가지로 나뉜다.

■ 여러 종류 또는 동일한 종류의 플렉시패스, 연속패스를 구입해서 사용할 수 있으며, 플렉시패스와 연속패스의 혼합 구입 및 사용하는 것도 가능하며 이용횟수나 사용횟수를 남기는 것도 가능하다.

■ 플렉시패스

플렉시패스 한 번에 1일의 여행을 할 수 있으며, 한 번의 플렉시패스는 개시 시점부터 24시간 동안 사용이 유효하다.

구분	이용횟수	사용기한	이용요금	비고
F1	4번	1개월 이내	276달러	플렉시패스 개시일로부터 1개월 이내에 4번/5번/7번 여행일을 사용할 수 있고, 날을 분산하여 이용하거나 연속적으로 이용할 수 있다.
F2	5번	1개월 이내	317달러	
F3	7번	1개월 이내	377달러	
F4	10번	2개월 이내	450달러	플렉시패스 개시일로부터 2개월 이내에 10번/15번 여행일을 사용할 수 있고, 날을 분산하여 이용하거나 연속적으로 이용할 수 있다.
F5	15번	2개월 이내	554달러	

■ 연속패스

연속패스 개시 시점으로부터 사용기한 동안 연속으로 이용할 수 있다.

구분	사용기한	이용요금	비고
C1	10일	294달러	• 연속패스는 만 24시간을 1일로 한다. • 사용하지 않아도 사용기한에 도달하면 사용할 수 없다.
C2	15일	398달러	
C3	22일	482달러	
C4	30일	553달러	
C5	60일	722달러	

■ 패스 사용 예시

- 5월 1일, 8일, 10일에 각각 철도를 이용한다면 플렉시패스 F1을 구입해서 사용하는 것이 유리하다.
- 5월 1일부터 12일까지 매일 자유롭게 철도를 이용한다면 연속패스 C2를 구입해서 사용하는 것이 유리하다.
- 5월 1일부터 10일까지 매일 자유롭게 철도를 이용한 후 5월 30일까지 비정기적으로 철도를 4번 더 이용한다면 연속패스 C1과 플렉시패스 F1을 구입해서 사용하는 것이 유리하다.

[갑의 여행 계획]

- 갑은 40일 동안 철도 자유이용권을 이용하여 다음의 계획표와 같이 A국가부터 R국가까지 여행하고 다시 A국가로 돌아오는 유럽 여행을 하려고 한다.
- 갑은 여행기간 중 철도 자유이용권 사용 가능 국가에서는 반드시 철도 자유이용권을 사용한다.
- 다음은 갑의 여행 1번째 날부터 40번째 날까지의 여행할 국가(A~R)와 각 국가에서 철도 탑승 예정 시간을 적은 여행 계획표이다.

1	2	3	4	5	6	7	8	9	10
A 10:00			B 10:00	C 09:00		D 10:00			E 09:00
11	12	13	14	15	16	17	18	19	20
		F 10:00			G 10:00	H 11:00	I 09:00		
21	22	23	24	25	26	27	28	29	3.
J 10:00		K 11:00			L 10:00		M 11:00	N 10:00	
31	32	33	34	35	36	37	38	39	40
O 09:00		P 09:00			Q 09:00	R 10:00			A

- K국가, L국가를 제외한 나머지 국가에서 철도 자유이용권을 사용할 수 있다.
- 철도 자유이용권이 사용 가능한 국가에서 K국가 또는 L국가로 이동할 때는 철도 자유이용권을 사용할 수 있고, K국가 또는 L국가에서 출발하는 경우 철도 자유이용권을 사용할 수 없다.

① F5　② C1과 C3　③ C1과 C4
④ F1과 F4　⑤ F2와 C3

37

다음은 ☆☆올림픽 종목의 국가대표 선발 규정이다. 이를 바탕으로 국가대표에 선발되지 않는 선수를 고르면?

- ☆☆올림픽에서는 A, B, C, D 네 가지 종목을 경기한다.
- 종목별로 1명씩 선발한 후, 단체전에 출전하는 선수 1명을 추가로 선발한다.
- A, B, C, D 네 개의 종목을 평가하여 개인종합성적과 종목별 우수성적을 반영하여 선발한다.
- 1차와 2차를 진행하여 종목별로 두 경기 점수의 평균점수를 계산한다. 메달을 획득하거나 결승 진출한 종목의 평균점수에 가산점을 부여한다. 최근 국제 대회 금메달 획득을 한 경우 가산점 2점, 은메달 획득을 한 경우 가산점 1.5점, 동메달 획득을 한 경우 1점이 부여되고, 결승에 진출한 경우 가산점 0.5점이 부여된다.
- 종목별로 평균점수에 가산점을 고려한 최종점수가 가장 높은 선수를 선발하되, 네 개 종목 최종점수의 평균이 7점 이하이거나 한 종목의 최종점수가 5점 이하인 선수는 선발하지 않는다. 단, 해당 종목의 최종점수가 10점 이상인 선수는 반드시 선발한다.
- A~D 개인 종목에 선발되지 않은 선수 중 네 개 종목의 최종점수의 평균이 가장 높은 선수 1명을 단체전에 출전하는 선수로 선발한다.
- 국가대표 선발전에 출전한 선수 '가'~'사'의 점수는 다음과 같다.

(단위: 점)

구분	1차				2차				최근 국제 대회 성적
	A	B	C	D	A	B	C	D	
가	9	9	6	9	7	8	8	9	D종목 금메달
나	8	7	10	7	8	6	10	6	
다	9	9	7	8	10	8	9	7	
라	8	6	7	9	7	8	7	9	A종목 동메달
마	6	9	5	6	7	9	6	7	
바	9	8	6	6	9	6	7	7	
사	8	9	9	6	6	8	9	7	C종목 결승 진출

① 가 ② 나 ③ 다
④ 라 ⑤ 마

38

다음 [표]는 어느 회사의 성과급 지급 기준 및 개발팀의 성과평가 결과이다. 개발팀에 지급되는 성과급의 1년 총액을 고르면?(단, 성과평가 등급이 A등급이면 직전 분기 차감액의 50%를 가산하여 지급한다.)

[표1] 성과급 지급 기준

성과평가 점수	성과평가 등급	분기별 성과급 지급액
9.0점 이상	A등급	100만 원
8.0~8.9점	B등급	90만 원(10만 원 차감)
7.0~7.9점	C등급	80만 원(20만 원 차감)
6.9점 이하	D등급	40만 원(60만 원 차감)

[표2] 개발팀의 성과평가 결과 (단위: 점)

구분	1분기	2분기	3분기	4분기
수익성	8	8	10	8
매출 달성률	8	6	8	8
고객 평가	6	8	10	8

※ (성과평가 점수)=(수익성)×0.4+(매출 달성률)×0.4+(고객 평가)×0.2

① 360만 원 ② 370만 원 ③ 380만 원
④ 390만 원 ⑤ 400만 원

04 실전모의고사 4회

[39~40] 다음은 국가별 군사력 측정 및 전쟁 시뮬레이션에 관한 내용이다. 이를 바탕으로 이어지는 질문에 답하시오.

- A~E 5개 국가만 존재한다고 가정하자. 각 국가는 무기로 전투기, 전함, 전차, 미사일, 조기경보기를 보유할 수 있으며, 보유한 무기의 종류 및 보유 대수에 따라 각국의 공격력 및 방어력이 달라진다.
- 각국이 보유한 무기 현황 및 무기별 특성은 다음과 같다.

[표1] 각국의 무기 보유 현황 (단위: 대)

구분	전투기	전함	전차	미사일	조기경보기
A	50	50	100	50	1
B	100	100	0	200	1
C	150	50	50	0	0
D	100	50	200	100	0
E	50	50	50	100	1

[표2] 무기별 특성 (단위: 점)

구분	전투기	전함	전차	미사일	조기경보기
1대당 공격력	4	2	1	3	0
1대당 방어력	1	3	4	2	0

- 각국의 공격력, 방어력은 각 무기 대수에 무기별 특성을 곱하여 모두 합한 값이 된다. 예를 들어 D국의 공격력은 $100\times4+50\times2+200\times1+100\times3=1,000$(점)이다.
- 점수가 높을수록 공격력 또는 방어력이 강하다.
- 조기경보기는 공격력이나 방어력은 없으나, 적의 공격을 미리 탐지할 수 있기 때문에 조기경보기를 1대 보유할 경우 적국의 공격력이 절반으로 감소한다. 2대 이상 보유해도 효과는 동일하다.
- 한 국가가 다른 국가를 공격하는 경우, 공격받는 국가의 방어력이 공격하는 국가의 공격력과 같거나 그보다 더 높으면 공격받는 국가가 방어에 성공한다.

39

다음 중 자료에 대한 설명으로 옳은 것을 [보기]에서 모두 고르면?

보기

㉠ 공격력이 가장 높은 국가는 B국이다.
㉡ E국은 모든 국가의 공격을 방어할 수 있다.
㉢ A국의 공격은 모든 국가가 방어에 성공할 수 있다.
㉣ 공격력이 방어력보다 높은 국가가 방어력이 공격력보다 높은 국가보다 적다.

① ㉠, ㉡　② ㉠, ㉢　③ ㉡, ㉣
④ ㉢, ㉣　⑤ ㉠, ㉡, ㉢

40

C국은 자국의 부족한 방어력을 보강하고자 국제 무기상을 통해 무기를 거래하고자 한다. 다음 [조건]을 참고하여 C국이 다른 모든 국가의 공격을 방어하기 위해 해야 하는 거래 횟수의 최솟값을 고르면?

조건

- 전투기, 전함, 전차, 미사일은 서로 1:1로 교환할 수 있다.
- 조기경보기는 1대 단위로 거래할 수 있으며, 조기경보기 1대와 교환하기 위해서는 다른 무기 50대가 필요하다.
- 조기경보기를 제외한 나머지 무기는 50대 단위로 거래할 수 있다.
- 조기경보기를 제외한 나머지 무기는 50대 단위를 거래 1회, 조기경보기는 1대 단위를 거래 1회로 본다.

① 1회　② 2회　③ 3회
④ 4회　⑤ 5회

04 실전모의고사 4회

41

다음 글에 따라 어떤 출력값에서 추가적으로 버튼 하나를 더 누른 후의 출력값이 'J－K－M－H'일 때, 해당 버튼을 누르기 전의 출력값으로 가능하지 않은 것을 고르면?

> 버튼을 하나 누를 때마다 출력값이 일정한 양상으로 변화하는 장치가 있다. 버튼은 A, B, C, D 4가지이며, 각 버튼을 눌렀을 때 출력값이 변화하는 양상은 다음과 같다.
>
> • A버튼을 누르면 M이 왼쪽으로 두 칸 이동한다.
> • B버튼을 누르면 K가 오른쪽으로 한 칸 이동한 뒤, J가 오른쪽으로 두 칸 이동한다.
> • C버튼을 누르면 M이 오른쪽으로 두 칸 이동한 뒤, H가 오른쪽으로 세 칸 이동한다.
> • D버튼을 누르면 K가 왼쪽으로 한 칸 이동한 뒤, J가 왼쪽으로 세 칸 이동한다.
>
> 만약 가장 왼쪽에 있는 값이 왼쪽으로 한 칸 이동하게 되면 가장 오른쪽으로 이동하고, 가장 오른쪽에 있는 값이 오른쪽으로 한 칸 이동하게 되면 가장 왼쪽으로 이동한다. 예를 들어 'M－K－J－H'에서 K가 왼쪽으로 세 칸 이동하면 출력값은 'M－J－K－H'가 된다.

① H－M－J－K
② H－M－K－J
③ M－J－H－K
④ M－J－K－H
⑤ M－K－H－J

42

다음 글을 바탕으로 RGB 코드로 나타낸 색상을 잘못 추론한 것을 고르면?

컴퓨터 모니터에 나타나는 다양한 색상들을 표기하는 방법으로 RGB 색상코드가 널리 사용된다. 이는 특정 색상을 빛의 삼원색인 적색(Red), 녹색(Green), 청색(Blue) 사이의 가산혼합으로 나타내는 표기법이다. RGB 코드는 맨 앞에 붙은 #기호와 적색, 녹색, 청색 빛의 정도를 순서대로 각각 나타내는 두 자리의 16진수 숫자들로 구성된다. 예를 들어 '#003900'이라는 RGB 색상코드는 적색, 녹색, 청색 빛의 정도가 각각 16진수로 '00', '39', '00'인 색상을 나타낸다. 따라서 이 색상은 적색과 청색 빛이 전혀 들어있지 않고, 녹색 빛만 16진수로 39만큼 혼합된 색상이다. 16진수 39는 10진수로는 57(=3×16+9×1)에 해당한다.

16진수 표기를 위해 RGB 코드에서는 10진수에서의 0~15라는 숫자를 다음 표와 같이 0~9의 숫자와 A~F의 알파벳을 이용하여 나타낸다. 따라서 '#00D700'은 녹색 빛만 10진수로 215(=13×16+7×1)만큼 혼합된 색상을 가리킨다.

10진수	0	1	2	3	4	5	6	7	8	9	10	11	12	13	14	15
16진수	0	1	2	3	4	5	6	7	8	9	A	B	C	D	E	F

한편 RGB 코드에서 빛이 하나도 없는 상태는 '#000000'으로 표시되며, 이는 검은색을 나타낸다. 반면 빛의 삼원색이 모두 최대로 혼합된 상태는 '#FFFFFF'로 표시되며, 이는 흰색을 나타낸다. 다양한 명도의 회색은 각 삼원색의 양이 동일하되 검은색보다는 밝고 흰색보다는 어두운 '#888888', '#B1B1B1' 등으로 나타낼 수 있다. 또한 빛의 삼원색은 적색과 녹색을 섞으면 황색이 되고, 녹색과 청색을 섞으면 옥색이 되며, 청색과 적색을 섞으면 자색이 된다.

※ 가산혼합: 빛을 가하여 색을 혼합할 때, 혼합한 색이 원래의 색보다 밝아지는 혼합. 예를 들어 적색 빛과 녹색 빛을 스크린에 투영하여 혼합하면 본래의 두 빛보다 밝은 황색광이 됨

① '#DC1BF1'은 황색보다는 자색 빛에 가까울 것이다.
② '#24E56D'는 '#24DF6D'보다 밝은 색을 나타낼 것이다.
③ '#A9A9A9'는 '#B0B0B0'보다는 어둡고 '#9A9A9A'보다는 밝은 색일 것이다.
④ RGB 코드로 나타낼 수 있는 서로 다른 색상의 수는 16,777,216(=256×256×256)개이다.
⑤ '#2A7EC0'이 '#2A( )E( )2'에 비해 옥색 빛에 더욱 가깝다면 ( ) 안에는 A, F가 차례로 들어갈 수 있다.

[43~44] 다음 [표]는 Y문고의 도서 재고물품 코드 체계와 재고물품 창고 담당자별 관리 도서에 관한 자료이다. 이를 바탕으로 이어지는 질문에 답하시오.

[표1] 도서 재고물품 코드 체계

생산 연월 코드	출간지 코드				입고품 코드				입고 수량 코드
	출간지역 코드		출판사 코드		분야 코드		세부 코드		
2017년 12월 → 1712 2018년 3월 → 1803	1	서울	A	경원	01	아동	001	한국동화	00001부터 다섯 자리 번호 부여
			B	창명			002	세계동화	
			C	성인	02	여성	003	패션	
	2	경기	D	연호			004	여행	
			E	빛			005	육아	
	3	충청	F	사람들			006	잡지	
			G	하루	03	생활	007	수필	
	4	경상	H	창세기			008	시, 소설	
			I	홍익			009	교양서	
			J	원일	04	스포츠	010	육상	
	5	전라	K	고유			011	구기	
			L	남호			012	자전거	
			M	서원	05	교육	013	초중고	
	6	강원	N	보보스			014	대학	
			O	행원	06	문화	015	등산	
	7	제주	P	바람			016	낚시	
			Q	나무			017	당구	

예) 2017년 1월에 서울 경원 출판사에서 출간된 한국동화 관련 100번째 입고도서의 도서 재고물품 코드
→ 1701 – 1A – 01001 – 00100

[표2] 재고물품 창고 담당자별 관리 도서

담당자	관리 도서	담당자	관리 도서
정 대리	1108–2D–02004–00135	강 대리	1105–6N–04011–00030
오 사원	1208–3F–02006–01009	윤 대리	1104–6O–03009–00045
권 사원	1109–3F–02006–00100	양 사원	1105–3G–04012–01182
민 대리	1210–7P–03007–00085	박 사원	1207–6N–03007–00030
최 대리	1211–4H–06015–01250	변 대리	1210–7Q–05013–00045
엄 사원	1209–1C–02005–00835	이 사원	1109–1B–01002–00770
홍 사원	1103–5L–06017–01005	장 사원	1208–1B–01001–01012

43

2019년 8월 원일 출판사에서 출간된 자전거 관련 도서로, Y문고에 25번째로 입고된 도서의 재고물품 코드로 옳은 것을 고르면?

① 1980 — 4J — 00412 — 0025
② 1908 — 4J — 04012 — 0025
③ 1908 — 4J — 04012 — 00025
④ 20198 — 4J — 01204 — 00025
⑤ 20198 — 4J — 04012 — 00025

44

Y문고에서는 재고물품 창고 담당자 중 '여성' 분야 도서 담당자들을 따로 모아 새로운 도서 관리 규정을 안내하고자 한다. 이때 새로운 도서 관리 규정을 안내받을 담당자가 아닌 사람을 고르면?

① 정 대리
② 오 사원
③ 권 사원
④ 윤 대리
⑤ 엄 사원

[45~46] 다음은 소행성의 명명법에 관한 내용이다. 이를 바탕으로 이어지는 질문에 답하시오.

세레스(Ceres), 팔라스(Pallas), 주노(Juno), 베스타(Vesta)는 최초로 발견된 소행성 4개의 이름들이다. 이처럼 초기 소행성들의 이름은 그리스－로마 신화에 나오는 여신 이름에서 따온 경우가 많았다. 그러나 1923년 소행성의 누적 발견 개수가 1,000개를 넘기고 최초로 발견했다가 추가로 관측하지 못한 채 잃어버리는 소행성이 발생하게 되자 천문학자들은 새로운 소행성 명명법을 고민했다. 그 결과 1925년 1월 1일부터 발견연도＋영문자＋(숫자) 조합을 사용하게 된다. 즉 이때부터 소행성을 새롭게 발견해서 국제소행성센터에 보고한 뒤, 이전에 알려지지 않았던 소행성으로 확인되면 임시지정번호라는 것을 다음 절차에 따라 부여받게 되었다.

예를 들면 1999 JU2 소행성의 경우, 맨 앞의 1999는 발견된 연도를 의미하고, 첫 번째 영문자는 발견된 달을 의미한다. 한 달을 전반기(1일~15일)와 후반기(16일~말일)로 나눈 뒤 A부터 Y까지 24개의 영문자를 순서대로 사용한다(영문자 I는 숫자 1과 혼동이 되기 때문에 사용하지 않음). 즉 발견연도 뒤에 A가 붙으면 해당 소행성은 1월 전반기, B는 1월 후반기, J는 5월 전반기, Y는 12월 후반기에 발견되었다는 것을 의미한다. 이를 바탕으로 소행성 1999 JU2라는 이름만 보고도 1999년 5월 전반기에 발견되었다는 것을 알 수 있다.

또한 두 번째 영문자와 숫자의 조합은 해당 월 전반기 또는 후반기에 발견된 소행성의 누적 개수에 따라 달라진다. 가장 먼저 발견된 소행성에는 A를 붙이고, 25번째로 발견된 소행성에는 Z를 붙인 후(이 경우에도 알파벳 I는 사용하지 않음), 그 이후에 추가로 발견된 소행성들은 1부터 숫자를 붙인다. 예를 들어 1999년 5월 상반기에 25번째로 발견된 소행성은 1999 JZ, 26번째로 발견된 소행성은 1999 JA1, 27번째로 발견된 소행성은 1999 JB1, 50번째로 발견된 소행성은 1999 JZ1가 된다. 따라서 1999 JU2는 1999년 5월 전반기에 70번째로 발견된 소행성이다. 이를 정리하면 다음과 같다.

발견연도 뒤에 붙는 첫 번째 영문자(발견된 달)																							
A	B	C	D	E	F	G	H	J	K	L	M	N	O	P	Q	R	S	T	U	V	W	X	Y
1월 전반기	1월 후반기	2월 전반기	2월 후반기	3월 전반기	3월 후반기	4월 전반기	4월 후반기	5월 전반기	5월 후반기	6월 전반기	6월 후반기	7월 전반기	7월 후반기	8월 전반기	8월 후반기	9월 전반기	9월 후반기	10월 전반기	10월 후반기	11월 전반기	11월 후반기	12월 전반기	12월 후반기

발견연도 뒤에 붙는 두 번째 영문자(발견된 순서)																								
A	B	C	D	E	F	G	H	J	K	L	M	N	O	P	Q	R	S	T	U	V	W	X	Y	Z
1	2	3	4	5	6	7	8	9	10	11	12	13	14	15	16	17	18	19	20	21	22	23	24	25

두 번째 영문자 뒤에 붙는 숫자(발견된 순서)												
1	2	3	4	5	6	7	8	9	10	11	…	N
25	50	75	100	125	150	175	200	225	250	275	…	25N

45

다음 [보기]의 소행성 A~E를 먼저 발견된 순서대로 나열한 것을 고르면?

보기
• A: 1987 WX • B: 1985 YZ1 • C: 1987 JY2 • D: Hera • E: 1987 WA1

① B−A−E−C−D ② B−C−A−E−D ③ D−A−C−E−B

④ D−B−C−A−E ⑤ D−B−C−E−A

04

실전모의고사 4회

46

다음 중 2022년 5월 15일에 발견된 소행성의 임시지정번호로 가장 적절한 것을 고르면?(단, 해당 소행성이 발견되기 직전까지 2022년 5월에만 488개의 다른 소행성이 발견되었다.)

① 2022 JN19 ② 2022 JO18 ③ 2022 JO19

④ 2022 KN18 ⑤ 2022 KO19

[47~48] 다음 글을 읽고 이어지는 질문에 답하시오.

주식시장을 자본주의의 꽃이라고도 말하지만, 거래 규모만으로 따졌을 때는 채권시장이 주식시장보다 월등히 더 크다. 그 규모에 걸맞게 채권시장 주요 종목인 국고채와 통안채는 100억 원 단위로 거래되기 때문에 개인은 접근이 거의 불가능하고, 소수의 기관투자가만 참여하는 '그들만의 리그'에 가깝다. 실제로 채권시장 참여자들은 1,000여 명 남짓으로 파악되며, 이들은 특정 메신저에서 만나 채팅으로 흥정과 거래를 한다. 이런 채권시장에서만 사용되는 그들만의 언어도 존재한다.

"21－5 275＋ 500"

채권시장 메신저에서 주로 볼 수 있는 은어의 기본 형태는 위와 같다. 제일 앞의 '21－5'는 2021년에 다섯 번째로 발행된 국고채 10년 지표물인 '국고02000－3106'을 의미한다. 종목명을 다 부르기엔 번거롭고 한 해에 발행되는 국고채는 그리 많지 않아 '21－5'와 같은 형태로 줄여 부른다. 그 뒤의 '275＋'는 4.275%로 매수하고 싶다는 의미이다. 국고채 10년물 금리는 4.27~4.28%에 호가가 제시되고 있는 상황에서 첫 숫자인 '4'는 모든 시장 참여자들이 알고 있으므로 생략하고, 소수점 뒷자리만 부르는 것이다. 그 뒤의 '＋'는 매수를, '－'는 매도를 의미한다. 마지막 500은 500억 원을 뜻한다. 국고채와 통안채의 기본 거래단위는 100억 원이므로, 100억 원 거래를 희망할 때는 이 숫자를 생략할 수도 있다. 그러나 그 외의 액수로 거래를 희망할 때는 반드시 뒤에 숫자를 붙여야 한다. 즉, "21－5 275＋ 500"란 "국고02000－3106 종목(21－5)을 4.275%에 500억 원어치를 매수하고 싶다."라는 의미이다.

국고채는 '21－5'와 같은 숫자로 불리지만, 통안채는 '통당', '구통당', '구구통' 등으로 불린다. '통당'이란 '통안채 당월 발행물', 즉 가장 최근에 발행된 통안채를 의미한다. '구통당'은 직전 달에, '구구통'은 그전달에 발행된 통안채이다. '통딱'이라는 은어도 있는데, 이는 '통안채 딱지'의 준말로 통안채 입찰이 끝난 후 실제로 유통되기 직전까지 사용된다. 따라서 '통딱'이 실제로 유통되는 순간부터는 '통당'이 되고, 그 전에 '통당'이었던 통안채는 뒤로 하나씩 밀려 '구통당'이 된다. '통딱'은 발음의 유사성 때문에 '통닭'이라고 부르기도 한다.

누군가가 "통당 255－ 200"과 같은 메시지를 올린 후, 이 조건에 만족한 상대방이 거래 의사를 밝히면 거래가 성립된다. 거래가 성립되면 'ㅎㅈ(확정)', 'ㄱㅅ(감사)'이라는 채팅으로 거래가 성사되었음을 알린다. 물론 메신저상의 짧은 대화만으로 수백억 원대의 거래가 정식으로 체결되는 것은 아니다. 거래 의사가 확인되면 전화상으로 다시 한 번 거래 내용을 확인하고, 통화내용을 녹취하며 계산서를 팩스로 주고받은 후에 실제 거래가 이루어진다.

47

다음 중 "23－2 415－"라는 메시지의 뜻으로 적절한 것을 고르면?(단, 현재 국고채는 4.41~4.42%에 호가가 제시되고 있다.)

① 2023년 2월에 발행된 국고채를 4.15%에 500억 원어치 매도하고 싶다.
② 2023년 2월에 발행된 국고채를 4.415%에 100억 원어치 매수하고 싶다.
③ 2023년에 두 번째로 발행된 국고채를 4.15%에 100억 원어치 매도하고 싶다.
④ 2023년에 두 번째로 발행된 국고채를 4.415%에 100억 원어치 매도하고 싶다.
⑤ 2023년에 두 번째로 발행된 국고채를 4.415%에 500억 원어치 매수하고 싶다.

48

다음 [보기]의 채권 기관투자가 A와 B의 전화 통화 내용에서 밑줄 친 ㉠~㉤ 중 옳지 않은 것을 모두 고르면?(단, 현재 통안채는 4.24~4.25%에 호가가 제시되고 있다.)

보기

- A: 메신저에 '구통당 245＋ 500'이라고 올린 것 맞습니까?
- B: 예, ㉠ 4.245%에 ㉡ 500억 원어치 ㉢ 매수 주문 맞습니다.
- A: 제가 헷갈려서 그러는데, 30분 전에 이번 달 통닭이 유통 시작한 거 알고 계신가요?
- B: 그렇습니까? 그걸 모르고 메시지를 올렸네요. '㉣ 구구통 245＋ 500'이라고 다시 올리겠습니다.
- A: 예, 다시 올려주시고 ㉤ 'ㅎㅈ', 'ㄱㅅ' 끝나면 스크린 캡처 후 바로 거래 체결하겠습니다.

① ㉣　　② ㉤　　③ ㉢, ㉣
④ ㉣, ㉤　　⑤ ㉠, ㉡, ㉢

49

다음 글을 바탕으로 우리말 표현을 ○○어로 번역한 것으로 옳지 않은 것을 고르면?

세계 각지의 언어에 대해 잘 설명되어 있는 책이나 사전이 없을 경우, 우리는 오직 반복해 나타나는 최소의 의미 단위(이를 '형태소'라 한다)들을 통해 어떤 언어를 이해해야 한다. 필리핀 원주민의 언어인 ○○어의 예를 보자.

- basa: '읽다'(원형)
- bumasa: '읽어라'(명령)
- tawag: '부르다'(원형)
- tumawag: '불러라'(명령)

위의 문장들에서 'um'이 반복해 나타나므로 우리는 문맥을 통해 추정한 의미로부터 이 형태소가 명령을 나타내는 것이라는 사실을 추론할 수 있다. 이 형태소는 원형의 첫 자음 뒤에 쓰였다. 다른 예를 보자.

- sumulat: '적어라'(명령)
- tumawag: '불러라'(명령)
- binasas: '읽혔다'(피동/과거)
- tinawags: '불렸다'(피동/과거)
- bumeeasa: '읽는 중이다'(현재/진행)
- tumeeawag: '부르는 중이다'(현재/진행)
- bumeeasas: '읽히는 중이다'(피동/현재/진행)
- tumeeawags: '불리는 중이다'(피동/현재/진행)

그 외의 원형에는 아래와 같은 것들이 있다.

- basag: '깨다'(원형)
- bili: '구입하다'(원형)
- hanap: '찾다'(원형)
- kain: '먹다'(원형)

① 구입해라(명령): bumili
② 먹혔다(피동/과거): kinains
③ 찾는 중이다(현재/진행): humeeanap
④ 깨지는 중이다(피동/현재/진행): bumeeasag
⑤ 적히는 중이다(피동/현재/진행): sumeeulats

50

K공기업에서는 매년 다음과 같은 기준으로 사번 코드를 발급한다. 다음 중 사번 코드를 잘못 발급받은 직원을 고르면?

[사원번호 발급체계]

입사 연도(끝 2자리)＋부서(2자리)＋직급(2자리)＋근무지(2자리)＋랜덤 3자리(2010년 이전 입사자: 000~599, 2011년 이후 입사자: 600~999)

• 부서코드

감사부	인사부	기획부	개발부	재무부	영업부	홍보부
AA	AB	BA	BB	BC	CA	CB

• 직급코드

1급	2급	3급	4급 갑	4급 을	5급 갑	5급 을
01	20	30	4A	4B	5A	5B

• 근무지

서울	인천	대전	부산	진주	전주	원주
55	61	62	63	75	76	77

[직원별 사번 코드]

직원	입사 연도	부서	직급	근무지	사번 코드
김가인	2003년	홍보부	2급	인천	03CB2061235
이나영	2012년	개발부	4급 을	전주	12BB4B76066
박다윤	2018년	영업부	5급 갑	대전	18CA5A62789
최라희	2005년	감사부	3급	서울	05AA3055323
정마음	2007년	인사부	4급 갑	원주	07AB4A77525

① 김가인 ② 이나영 ③ 박다윤

④ 최라희 ⑤ 정마음

PSAT형·휴노 중심형

실전모의고사

| 5회 |

영역		문항 수	권장 풀이 시간	비고
NCS 직업기초능력평가	의사소통능력	60문항	60분	객관식 오지선다형
	수리능력			
	문제해결능력			

eduwill

모바일 OMR
자동채점&성적분석 무료

정답만 입력하면 채점에서 성적분석까지 한번에!

활용 GUIDE

실시간 성적분석 방법!

STEP 1: QR 코드 스캔 ▶ STEP 2: 모바일 OMR 입력 ▶ STEP 3: 자동채점 & 성적분석표 확인

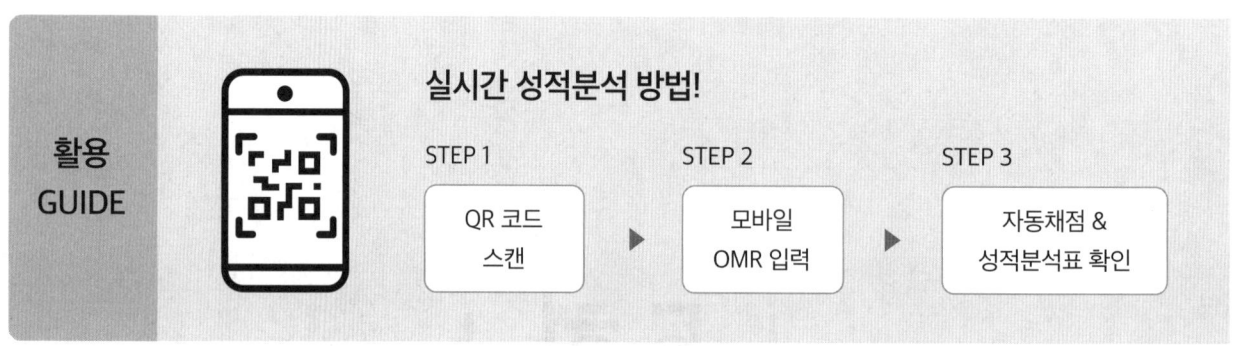

STEP 1

교재 내 QR 코드 스캔

실전모의고사 5회
모바일 OMR 바로가기

eduwill.kr/fZme

- 위 QR 코드를 모바일로 스캔 후 에듀윌 회원 로그인
- QR 코드 하단의 바로가기 주소로도 접속 가능

STEP 2

모바일 OMR 입력

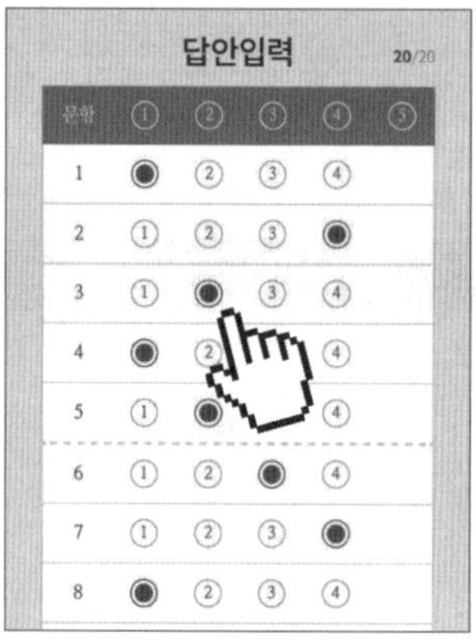

- 회차 확인 후 '응시하기' 클릭
- 모바일 OMR에 답안 입력
- 문제풀이 시간까지 측정 가능

STEP 3

자동채점 & 성적분석표 확인

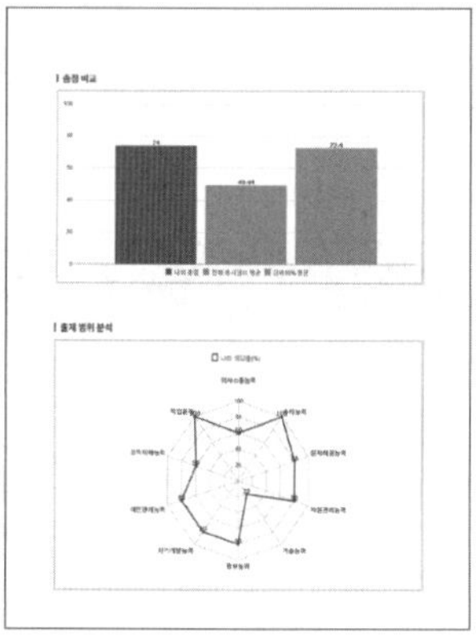

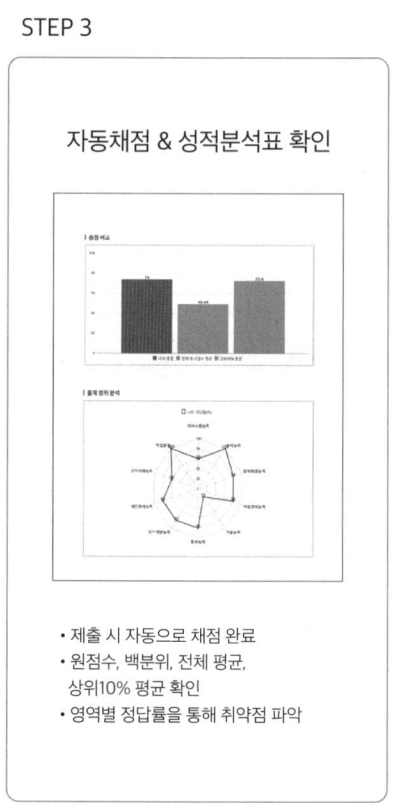

- 제출 시 자동으로 채점 완료
- 원점수, 백분위, 전체 평균, 상위10% 평균 확인
- 영역별 정답률을 통해 취약점 파악

※ 본 회차의 모바일 OMR 채점 서비스는 2026년 12월 31일까지 유효합니다.

실전모의고사 5회

정답과 해설 P.54

01

다음 글의 내용과 일치하지 않는 것을 고르면?

주 4일제 근무라는 직장인의 꿈은 현실이 될 수 있을까? 최근 미국에서는 대표적인 진보 정치인 버니 샌더스 상원의원이 주 4일제 근무 도입을 골자로 표준 근로 시간 단축 법안을 발의하며 주 4일제 논의가 불붙고 있다. 이에 노동계 등에서는 직장 만족도 향상이나 부의 불평등 완화 등의 이유로 찬성하지만, 재계에서는 생산성 저하나 국가경쟁력 약화 등을 들어 반대하는 모양새다. 샌더스 의원은 보도자료를 내고 "급여 감액이 없는 주당 32시간은 급진적인 구상이 아니다"라며 "오늘날 미국 근로자들은 (주 40시간제가 도입된) 1940년대에 비해 400% 이상 더 생산적이지만, 수십 년 전보다 더 낮은 급여를 받으며 더 오래 일하고 있다"고 밝혔다.

주 4일제 근무제 논의 배경에는 인공지능(AI)의 발전도 한몫하고 있다는 해석이다. 미국 CNBC는 지난 7일 "AI 기술이 발전하면서 주 4일 근무제 전환이 가속화될 수 있다"며 "미국 내 비즈니스 리더 1,000명을 대상으로 실시한 설문에서 AI 사용 경험이 많은 기업이 그렇지 않은 기업보다 주 4일 근무제를 도입할 가능성이 두 배 이상 높은 것으로 나타났다"고 전했다.

주 4일제 실험은 글로벌 곳곳에서 이미 시작된 상태이다. 최근에는 주 4일제 관련 대규모 실험이 영국에서 진행됐다. 보스턴칼리지는 2022년 7월에 영국의 61개 기업을 대상으로 주 4일 근무제를 시범 운영했다. 각각의 개별 기업이 주 4일제 관련 실험을 한 적은 많지만 61개의 기업이 대거 참여한 것은 이번이 처음이었다. 해당 실험에서 2년이 지난 지금까지도 주 4일제를 유지 중인 기업은 54개(89%)에 달하는 것으로 나타났다. 특히 31개(51%)는 아예 영구적으로 주 4일제를 유지하겠다고 못 박았다고 한다. 가디언은 보스턴칼리지 보고서를 인용해 해당 프로젝트에 참여한 관리자와 최고경영자(CEO)의 82%는 직원 복지에 긍정적인 영향을 미쳤다고 답했으며, 51%는 직원 이직률이 감소했고, 32%는 직원 채용 상황이 개선됐다고 밝혔다고 전했다. 절반 가까이(46%)는 생산성이 오히려 향상됐다고 답하기도 했다. 2019년에 주 4일제를 도입해 생산성을 40% 끌어올렸다는 일본 마이크로소프트의 실험을 인상적으로 받아들인 일본 정부는 주 4일제를 장려하고 있다. 아이슬란드는 2015년에 2,500명을 대상으로 주 36시간 근무제를 시범 운영한 후 현재는 전체 인구의 90%가 근무 시간을 단축했다. 이 밖에도 독일, 호주, 스페인, 핀란드, 포르투갈, 스코틀랜드 등도 특정 기업군을 대상으로 일정 기간 동안 주 4일 근무하는 실험을 하고 있다.

① 최근에 미국은 진보 진영에 의해서 주 4일제 근무 법적 논의가 시작되었다.
② 60개 이상 기업이 참여한 주 4일제 시험이 영국에서 진행되었다.
③ 주 4일제에 대해 노동계와 재계는 서로 반대 의견을 내고 있다.
④ AI의 발달은 근무시간을 줄이는 계기가 될 수 있다.
⑤ 최근 보스턴칼리지의 주 4일 근무 실험에 참여한 절반 이상의 기업이 직원 채용 상황에서 개선 효과를 보았다.

[02~03] 다음 글을 바탕으로 이어지는 질문에 답하시오.

올해 들어 우리 경제가 수출 중심으로 회복되고 있으나 소비를 포함한 내수 경제는 여전히 부진한 상태이다. 이러한 상황에서 리디노미네이션은 내수 경제를 부양할 수 있는 수단이 될 수 있다. 리디노미네이션이란 화폐의 액면가를 동일한 비율의 낮은 숫자로 변경하는 조치를 말한다. 우리나라는 1950년 이후 두 차례 리디노미네이션을 단행했다. 첫 번째는 1953년 2월 15일 '대통령긴급명령 제13호'에 근거했다. 당시는 6·25전쟁으로 생산활동이 크게 위축되고 거액의 군사비 지출로 인플레이션 압력이 높아진 시기였다. 화폐단위를 '원'에서 '환'으로 변경하고 화폐 액면 금액을 100대1로 바꿨다. 2차 리디노미네이션은 1962년 6월 10일 '긴급통화조치법'으로 단행됐다. 화폐의 액면을 10분의 1로 조정하고 화폐단위를 다시 '원'으로 표시했다. 제도 금융권에서 이탈한 퇴장자금을 양성화해 경제개발계획에 필요한 투자자금으로 활용하겠다는 것이 당시 화폐단위 변경의 주목적이었다.

3차 리디노미네이션을 검토한다면, 그 근거는 다음과 같다. 첫째, 액면 표시 단위가 너무 커졌다. 2023년 9월 말 우리나라 전체 금융자산은 2경 4,534조 원이었다. 2023년 명목 국내총생산(GDP)이 2,236조 3,294억 원으로, 2차 리디노미네이션을 단행했던 1962년 GDP(3,659억 원)보다 6,052배나 증가했다. 둘째, 리디노미네이션을 하면 비용도 발생하겠지만 새로운 수요를 창출해 내수를 부양할 수 있다. 예를 들면 금융회사의 현금지급기나 소프트웨어 대체 비용이 들어가지만, 그 과정에서 2배 정도의 부가가치 창출 효과가 기대된다는 분석도 있다.

셋째, 지하경제 양성화로 세수 증대도 기대해 볼 수 있다. 지하경제는 추정 방법에 따라 다르지만 2023년 220~560조 원에 이를 것이라고 예상한다. 지난해 우리 가계 소비가 1,056조 원이었는데, 크게는 소비의 절반에 해당하는 지하경제를 양성화할 수 있다. 넷째, 화폐 교환 과정에서 역시 세수가 늘 수 있다. 화폐 발행액의 대부분을 차지하고 있는 5만 원권 환수율이 매우 낮다. 2021년에 17.4%까지 떨어졌던 환수율이 지난해에는 67.1%까지 올라왔지만, 아직도 낮은 수준에 머물고 있다. 새로운 화폐로 교환하는 과정에서 소득 신고가 증가할 것이다.

한편으로 리디노미네이션은 한국의 대외 위상을 제고하기 위해서도 필요하다. 넷플릭스 드라마 '오징어 게임'으로 포털사이트 구글에서 원화 환율에 대한 검색 건수가 폭증했다 한다. 세계인들은 '오징어 게임'을 보며 재미있어서 한 번 놀랐고, 한국 원화 단위가 미국 달러의 1,200분의 1밖에 되지 않아 또 한 번 놀랐다고 한다. 미국 1달러당 환율 단위가 1,000이 넘는 통화는 거의 없다. 달러당 중국 위안이 7.19이고 대만 달러는 31.60, 인도 루피는 82.91, 일본 엔은 149.98이다. 마지막으로 리디노미네이션을 통해 상대가격 변화는 없지만 절대가격 하락으로 자산 가격이 일시적으로 상승할 수 있다. 특히 주가가 오를 수 있다. 2024년 8월 5일 기준으로 삼성전자 주식이 주당 7만 1,000원 안팎에서 거래되고 있다. 만약 화폐단위가 100분의 1로 변경되면 삼성전자 주가는 710원 정도가 된다. 실질적 가격 변화는 없지만 투자자에게는 싸게 보이면서 수요가 늘 수 있다.

물론 리디노미네이션에 대한 부정적 효과도 있다. 반대론자들은 국민의 심리 불안, 과도한 비용 등을 리디노미네이션 단행에 따른 부작용으로 들고 있다. 우리 경제는 소비 부진으로 저성장의 늪에서 벗어나지 못하고 있는 동시에 세수 부족으로 재정 적자가 확대되고 있다. 정책당국은 '기업 밸류업 프로그램'을 통해 저평가된 주가를 정상화하려고 노력하고 있다. 리디노미네이션으로 세수 증대뿐만 아니라 내수도 부양할 수 있다. 주가도 한 단계 오를 수 있다. 장단점을 분석하면서 리디노미네이션을 검토할 시기다.

02

다음 중 글의 중심 내용으로 가장 적절한 것을 고르면?

① 리디노미네이션은 화폐의 단위를 줄이는 것이다.

② 내수 경제 부양과 저성장 타개 수단으로 리디노미네이션을 검토해야 한다.

③ 리디노미네이션은 대통령 긴급명령에 의해 최초로 실시된 제도이다.

④ 리디노미네이션을 통해서 지하경제를 양지화할 수 있다.

⑤ 리디노미네이션의 부정적 효과를 간과해서는 안 된다.

03

다음 중 글을 읽고 추론한 내용으로 적절하지 않은 것을 고르면?

① 1달러당 환율 단위로 비교할 때 우리나라 원화의 가치는 일본 엔화의 10배 이상이다.

② 1954년에 화폐의 단위는 환이었다.

③ 지하경제는 2023년 기준 GDP의 10~25% 정도로 추정할 수 있다.

④ 화폐 변경 시 구화폐 교환 과정에서 세수가 증가할 것이다.

⑤ 리디노미네이션 진행으로 주식 투자 수요가 증가할 수 있다.

[04~05] 다음 글을 바탕으로 이어지는 질문에 답하시오.

[가] 서울의 성수동은 기존의 수제화 거리의 낡은 공장과 창고를 예술인들이 감각적으로 꾸미면서 독특한 특성을 가진 상권으로 재탄생했다. 이에 고유한 분위기를 찾아 성수동을 방문하는 사람이 늘어났는데, 상권이 유명해지자 가게 임대료가 상승하고 대기업 프랜차이즈가 들어서게 되었다. 결국 높은 임대료를 감당하지 못한 자영업자들은 차츰 떠나 대기업 프랜차이즈 위주로 남게 되었고, 성수동만의 고유한 특성이 사라지자 이를 찾아 방문하는 사람이 줄어들며 골목 상권 활성화에도 제동이 걸렸다. 이처럼 도심 특정 지역의 임대료가 상승하면서 기존에 있던 사람들이 내몰리는 현상을 '젠트리피케이션(Gentrification)'이라고 한다.

[나] 이에 따라 해당 지역의 젠트리피케이션을 완화하기 위한 정책이 추진되고 있다. 예를 들어 성수동이 속한 서울시 성동구는 2015년부터 '지속 가능 발전 구역'을 지정해 구역 내 대기업 프랜차이즈 입점을 제한하고, 임대료 안정을 위해 건물주와 협약을 맺는 조례를 제정하는 정책을 펼친 바 있다. 이러한 시도는 '상가건물 임대차보호법' 개정에도 영향을 주었는데, 그 결과 상가 건물의 임대차 보호 기간이 늘어났고, 임대료 인상 상한선도 낮아지게 되었다. 그 밖에도 도시재생법에서는 쇠퇴한 지역을 활성화하는 '도시 재생 사업'을 추진할 때 주민, 상가의 임대인과 임차인, 지자체가 서로 상생하는 협약을 체결하도록 했으며, 지역상권법에서는 '지역 상생 협의체'를 구성해 지역 상생을 저해하는 업종에 대해서는 상권 진입 여부를 사전에 심사해 지역 상권을 보호하도록 하고 있다.

[다] 젠트리피케이션은 영국의 도시 사회학자 루스 글래스가 1960년대 영국 런던의 도심 지역에 나타난 현상을 설명하면서 처음 언급한 용어다. 당시 런던의 도심 지역에는 주로 노동자 계급이, 교외 지역에는 중산층과 상류층이 모여 살았다. 도로가 건설되며 상대적으로 접근성이 좋은 도심에 여러 기업과 편의 시설이 생겨나자 중상류층은 생활이 편리하고 근무지와 가까운 도심으로 이주하며 낙후된 주택을 수리하거나 새로운 주택을 짓기 시작했는데, 그 영향으로 도심 주거지의 가치, 즉 부동산 가격이 높아지게 되었다. 때문에 원래 도심에 살던 노동자 계층은 높아진 임대료를 감당하지 못해 다른 지역으로 이주할 수밖에 없었고, 이렇게 비워진 공간은 부동산 개발업자에 의해 고가의 주택과 건물로 탈바꿈하게 되어 기존 도심 지역 거주민이 다른 곳으로 이동하는 현상이 나타났다.

[라] 젠트리피케이션은 사회·문화적 맥락 속에서 여러 요인이 복합적으로 작용하며 나타나기 때문에 젠트리피케이션을 바라보는 시각에는 긍정적 측면과 부정적 측면이 모두 존재한다. 긍정적 측면으로는 상대적으로 낙후되었던 지역의 부동산 가치가 오르고 인프라가 개선된다는 점을 들 수 있다. 그러나 지가와 임대료가 상승하면서 기존에 그곳에서 거주하거나 일을 하던 사람들이 다른 곳으로 이주해야 한다는 점은 문제로 인식된다. 즉, 젠트리피케이션은 (㉠)을/를 포함하는 개념이다. 국립국어원은 젠트리피케이션을 '둥지 내몰림'이라고 쓰길 권하고 있는데 단어 자체에서도 이러한 특징이 잘 드러난다. 이런 점에서 젠트리피케이션은 사회적 갈등의 요인이 될 수 있다. 또한 예술인들이 모이면서 자연스럽게 형성된 골목 상권이 대기업 프랜차이즈로 채워지게 되면, 골목 상권의 고유한 매력이 사라지면서 그 지역은 특색을 잃게 된다. 이는 곧 그곳을 찾는 소비자의 발길이 줄어든다는 의미로 결국 골목 상권을 통한 지역 경제 활성화에 어려움을 가져온다.

04

다음 중 글의 [가]~[라] 문단을 문맥에 맞게 순서대로 배열한 것을 고르면?

① [가]－[다]－[나]－[라]
② [가]－[다]－[라]－[나]
③ [다]－[가]－[라]－[나]
④ [라]－[가]－[나]－[다]
⑤ [라]－[다]－[가]－[나]

05

다음 중 글의 빈칸 ㉠에 들어갈 내용으로 가장 적절한 것을 고르면?

① 유동인구의 증가
② 임대료의 급상승
③ 지역 고유의 특성 형성
④ 지역 가치의 상승
⑤ 구성원의 비자발적 이주

06

다음 글을 이해한 내용으로 옳은 것을 고르면?

마트에서 파는 식재료들의 색을 하나씩 떠올려 보자. 빨강, 주황, 노랑, 초록, 보라 등 다양한 빛깔이 있지만 파란색은 굉장히 드물다. 우리가 자주 볼 수 있는 식재료 중 파란색을 띠는 것은 블루베리가 거의 유일하다. 탐색 범위를 전 세계로 넓혀도 결과는 비슷한데, 서양 자두, 오리건 포도 등 일부 과일이 파란색을 띠지만 다른 색과 비교했을 때 차지하는 비율은 굉장히 낮다. 이처럼 파란색 과일, 채소가 드물다 보니 과학자들에게는 블루베리와 같은 파란 과일이 파란색을 띠는 이유가 미스터리였다.

최근 헤더 휘트니 영국 브리스톨대 생명과학부 교수가 이끄는 연구팀이 블루베리가 지닌 파란색의 비밀을 밝혀냈다. 블루베리에는 안토시아닌이라는 색소 물질이 들어있다. 이 색소 물질은 포도에도 다량 함유돼 있는데 주로 붉은색 빛을 반사한다. 즉, 블루베리의 파란색은 색소 물질에서 기인한 것은 아니라는 의미다. 이는 블루베리를 압착해보면 쉽게 알 수 있는데, 블루베리를 짜서 주스를 만들면 파란색이 사라진다. 애초에 파란 색소를 품고 있지 않기 때문이다.

브리스톨대 연구팀은 블루베리의 껍질에 있는 하얀 가루에 주목했다. 이 가루는 껍질에 있는 지방 성분의 왁스가 굳어진 것으로, 물을 밀어내 껍질을 깨끗하게 유지하게 한다. 주사전자현미경으로 블루베리 표면에 있는 왁스를 관찰한 결과, 두께는 2㎛로 매우 얇았으며 무질서한 나노 구조로 배열돼 있었다. 이 나노 구조를 통과한 빛은 산란 과정을 거쳐 파란색과 자외선 영역의 빛으로 반사됐다. 실험실에서 블루베리의 표면을 마모시키거나 클로로포름으로 왁스 성분을 제거하면 파란색을 띠지 않았으며, 물로만 씻어 왁스 성분이 남아 있을 경우에는 파란색을 띠는 것으로 확인됐다.

연구팀은 왁스의 무질서한 나노 구조가 파란색을 만든다는 사실을 한 번 더 확인하기 위해 추출한 왁스 성분을 검은색 기판에 입힌 뒤 재결정화 했다. 그 결과, 기판에도 블루베리와 비슷한 파란색이 나타났다. 기판에 만들어진 왁스층에서도 무질서한 나노 구조가 관찰된 것이다. 연구팀은 "이번 결과는 자연이 착색제를 만들기 위해 색소가 아닌 초박막이라는 깔끔한 트릭을 사용하도록 진화했음을 보여 준다"며 "추출한 왁스를 얇게 코팅해 파란색을 구현하는 이전에는 없던 착색법을 발견했다는 데도 큰 의미가 있다"고 말했다.

① 물로만 씻은 블루베리 표면은 파란색 빛을 흡수한다.
② 블루베리 압착 시 클로로포름을 넣으면 파란색이 유지된다.
③ 과일과 채소에서 노란색보다 붉은색이 차지하는 비율이 높다.
④ 안토시아닌이 포함된 과일은 대체적으로 파란색을 띤다.
⑤ 블루베리 표면의 왁스 성분은 추출하여 재결정화 해도 그 구조를 유지한다.

07

다음 기사를 읽고 이해한 내용으로 옳은 것을 [보기]에서 모두 고르면?

관세청이 자동차 부품의 품목분류(HS) 기준과 자동차 산업 최신 동향을 담은 「자동차 부품 품목분류(HS) 표준해석 지침」을 발간했다고 밝혔다. 품목분류(Harmonized System, HS)란 세계관세기구(World Customs Organization, WCO)에서 정한 관세, 무역, 통계 등 분야에서 세계 공통으로 사용되는 상품 분류제도다. 6자리 품목번호(HS Code)가 협약을 통해 규정되고 6자리 아래 품목번호는 나라별로 상황에 맞게 운영하는데, 예를 들어 한국 10단위, EU 8단위, 미국 10단위 등이 있다.

국제무역에서 수출입 물품에 대한 품목분류(HS)는 관세율을 결정할 뿐 아니라 관세당국의 수출입 허가·승인 및 원산지 판정의 기준이 되는 중요한 사항이다. 특히, 우리 수출기업이 신고한 품목분류를 상대 관세당국이 인정하지 않는다면 거액의 관세를 추징당하거나 물품 통관이 장기간 지연되는 등의 문제가 발생한다.

관세청은 자동차 산업의 수출입 과정에서 우리 기업이 겪는 품목분류 불확실성을 완화하기 위해 「자동차 부품 품목분류(HS) 표준해석 지침」을 제작했다. 자동차는 우리나라의 핵심 수출산업으로, 기술 발전과 첨단 부품 출현으로 품목분류가 더욱 복잡해지고 국가 간 분류 이견도 많아 지침서(가이드북)의 중요성이 지속 증가하고 있는 분야이다. 이번 지침 제작 과정에는 완성차·부품 제조업체, 자동차 관련 협회, 학회, 연구원 및 품목분류 전문가 등이 다양하게 참여함으로써 산·학·관의 목소리가 고르게 반영될 수 있도록 했다.

「자동차 부품 품목분류(HS) 표준해석 지침」은 크게 세 부분으로 구성됐다. 제1·2부에서는 실제 거래되는 제품을 중심으로 일반 내연기관 부품뿐 아니라 전장 부품, 친환경차 부품 등 총 242종에 대한 품목번호와 해당 물품별 사진 및 설명을 상세히 수록해 품목분류 기준을 명확히 했다. 제3부에서는 친환경 차량에 대한 기본적인 설명과 함께 자율주행, UAM(Urban Air Mobility: 도심 항공 모빌리티) 등 미래 자동차의 기술 동향과 발전 방향 등을 수록했다.

이번 지침은 차례로 디스플레이, 2차 전지, 반도체에 이어 관세청이 4번째로 제작한 주요 수출 산업별 품목분류 표준해석 지침이다. 관세청은 주요 수출 산업별 품목분류 표준해석 지침을 관세법령정보포털에 전자책으로도 게시해 모든 국민이 쉽게 찾아볼 수 있도록 접근성과 편의성을 높였다.

제작을 총괄한 관세평가분류원장은 "이번 지침의 발간이 자동차 부품의 불명확한 품목분류에 대한 예측 가능성을 높여 해외에서의 관세 추징을 사전에 예방하고 통관 지연을 해소하는 등 우리 수출기업에 큰 도움이 될 것으로 기대한다"며, "앞으로도 관세청은 국가 핵심 수출산업 지원에 총력을 다할 것"이라고 밝혔다.

보기

㉠ 발간된 지침서에서 친환경 차량 부품에 대한 품목번호는 제3부에 포함된다.
㉡ 2차 전지는 반도체보다 품목분류 표준해석 지침서가 먼저 발간된 수출 산업 분야이다.
㉢ 자동차 부품의 품목번호의 자릿수는 우리나라보다 미국이 더 길다.
㉣ 수출 시 품목분류는 해당 품목의 원산지를 결정하는 기준이 된다.

① ㉠, ㉡　② ㉠, ㉢　③ ㉡, ㉢
④ ㉡, ㉣　⑤ ㉢, ㉣

[08~09] 다음 글을 바탕으로 이어지는 질문에 답하시오.

음식이 상한 것과 가스가 새는 것을 쉽게 알아차릴 수 있는 이유는 우리에게 냄새를 맡을 수 있는 후각이 있기 때문이다. 이처럼 후각은 우리 몸에 해로운 물질을 탐지하는 문지기 역할을 하는 중요한 감각이다. 어떤 냄새를 일으키는 물질을 '취기재(臭氣材)'라 부르는데, 우리가 어떤 냄새가 난다고 탐지할 수 있는 것은 취기재의 분자가 코의 내벽에 있는 후각 수용기를 자극하기 때문이다.

일반적으로 인간은 동물만큼 후각이 예민하지 않다. 물론 인간도 다른 동물과 마찬가지로 취기재의 분자 하나에도 민감하게 반응하는 후각 수용기를 갖고 있다. 그러나 개가 10억 개에 이르는 후각 수용기를 갖고 있는 것에 비해 인간의 후각 수용기는 1천만 개에 불과하다. 인간의 후각이 개의 후각보다 둔한 것이다.

우리가 냄새를 맡으려면 공기 중에 취기재의 분자가 충분히 많아야 한다. 다시 말해, 취기재의 농도가 어느 정도에 이르러야 냄새를 탐지할 수 있다. 이처럼 냄새를 탐지할 수 있는 최저 농도를 '탐지 역치'라 한다. 탐지 역치는 취기재에 따라 차이가 있다. 우리가 메탄올보다 박하 냄새를 더 쉽게 알아챌 수 있는 까닭은 메탄올의 탐지 역치가 박하 향에 비해 약 3,500배가량 높기 때문이다.

취기재의 농도가 탐지 역치 정도의 수준에서는 냄새가 나는지 안 나는지 정도를 탐지할 수는 있지만, 그 냄새가 무슨 냄새인지 인식하지 못한다. 즉 ㉠ <u>냄새의 존재 유무를 탐지할 수는 있어도 냄새를 풍기는 취기재의 정체를 인식하지는 못하는 상태</u>가 된다. 취기재의 정체를 인식하려면 취기재의 농도가 탐지 역치보다 3배가량은 높아야 한다. 즉 취기재의 농도가 탐지 역치 수준으로 낮은 상태에서는 그 냄새가 꽃향기인지 비린내인지 알 수 없는 것이다. 한편 같은 취기재들 사이에서는 농도가 평균 11% 정도 차이가 나야 냄새의 세기 차이를 구별할 수 있다고 알려져 있다.

연구에 따르면 인간이 구별할 수 있는 냄새의 가짓수는 10만 개가 넘는다. 하지만 그 취기재가 무엇인지 다 인식해 내지는 못한다. 그 이유는 무엇일까? 한 실험에서 실험 참여자에게 실험에 쓰일 모든 취기재의 이름을 미리 알려 준 다음, 임의로 선택한 취기재의 냄새를 맡게 하고 그 종류를 맞히게 했다. 이때 실험 참여자가 틀린 답을 하면 그때마다 정정해 주었다. 그 결과 취기재의 이름을 알아맞히는 능력이 거의 두 배로 향상되었다.

위의 실험은 특정한 냄새의 정체를 파악하기 어려운 이유가 냄새를 느끼는 능력이 부족하기 때문이 아님을 보여 준다. 그것은 우리가 모든 냄새에 대응되는 명명 체계를 갖고 있지 못할 뿐만 아니라 특정한 냄새와 그것에 해당하는 이름을 연결하는 능력이 부족하기 때문이다. 즉 인간의 후각은 기억과 밀접한 관련이 있는 것이다. 이에 따르면 어떤 냄새를 맡았을 때 그 냄새와 관련된 과거의 경험이나 감정이 떠오르는 일은 매우 자연스러운 현상이다.

08

다음 중 글의 내용과 일치하지 않는 것을 고르면?

① 후각 수용기는 취기재의 분자에 반응한다.
② 후각은 유해한 물질을 탐지하는 역할도 한다.
③ 박하 향의 탐지 역치는 메탄올의 탐지 역치보다 높다.
④ 인간은 개에 비해 적은 수의 후각 수용기를 갖고 있다.
⑤ 인간의 후각 수용기는 취기재의 분자 하나에도 반응할 수 있다.

09

다음 중 밑줄 친 ㉠에 해당하는 경우를 고르면?

① 탐지 역치가 10인 취기재의 농도가 5인 경우
② 탐지 역치가 10인 취기재의 농도가 15인 경우
③ 탐지 역치가 10인 취기재의 농도가 35인 경우
④ 탐지 역치가 20인 취기재의 농도가 15인 경우
⑤ 탐지 역치가 20인 취기재의 농도가 85인 경우

10

다음 중 글의 [가]~[마]의 중심 내용으로 적절하지 않은 것을 고르면?

[가] 섹터커플링(Sector Coupling)은 재생에너지 잉여 발전 전력을 다른 형태의 에너지로 변환 및 저장하여 난방이나 수송 등에 활용하는 것으로, 재생에너지의 변동성을 완화하고 에너지시스템 전체의 탄소중립을 실현하는 비용 효율적인 방안이다. 이는 독일 에너지 전환정책에서 소개된 개념으로 재생에너지 중심의 전력계통에서 냉·난방, 수송 등 최종 소비 부문의 전력화를 통해 계통의 유연성 확보와 전력 수급의 균형 유지를 위한 방안으로 제안되었다. 최근에는 재생에너지 초과 발전량을 활용한 그린수소 등 에너지 생산 부문과의 결합까지 포함한 개념으로 확대되었다.

[나] 탄소중립 정책에 따라 태양광, 풍력 등 자연에너지에 의존하는 재생에너지 발전 비중이 증가하면 전력계통에서 전력수요를 초과하는 재생에너지 발전량 차단이 필요하다. 현재는 실시간으로 변화하는 전력수요에 맞춰 석탄이나 가스 등 출력제어가 쉬운 화력발전기의 발전량을 조절하고 있다. 출력조절이 어려운 재생에너지 보급 확대 시 잉여 발전 전력 차단을 방지하기 위해서는 대규모 배터리 저장장치(ESS)나 양수발전 등 비용이 많이 드는 저장장치 설치가 필요하다. 또한 재생에너지가 발전할 수 없는 기상 조건이 지속되면 발전량 부족으로 안정적인 전력공급이 어려울 수 있다. 따라서 재생에너지의 잉여전력을 다른 형태의 에너지로 저장 후 필요시 난방이나 수송 등의 부문에 활용하여 에너지시스템 전체의 탄소중립을 실현하는 방안으로 전력과 다른 부문을 연계한 섹터커플링 기술이 도입되었다.

[다] 섹터커플링은 Power-To-X(P2X)로 나타내는데, 재생에너지 잉여전력을 다른 에너지로 저장하는 방식에 따라 세분화 된다. 가스와 액화연료로 생산 및 저장하여 타 부문에서 원료로 사용하는 기술인 Power-To-Gas/Liquids(P2G/P2L), 냉난방 전력화 기술인 Power-To-Heat/Cooling(P2H/P2C), 수송 부문 전력화 기술인 Power-To-Mobility(P2M) 등이 있다. 이 중 P2G는 재생에너지 잉여전력으로 수전해로 수소를 생산하거나 생산된 수소를 이산화탄소와 반응시켜 메탄을 생산하는 기술로 직접 사용하거나 메탄, 합성가스, 전기 또는 화학물질로 변화하여 사용한다. 수소는 우주물질의 75%를 차지할 정도로 풍부하고, 친환경적이며, 생산된 가스는 압축이나 액화 후 천연가스 인프라망으로 운송 및 저장할 수 있어 재생 가능한 장주기 에너지 저장의 가장 유용한 기술로 평가된다.

[라] P2H는 전력과 냉난방 부문을 통합하는 것으로, 히트펌프 등을 이용하여 재생에너지 잉여전력을 열로 변환하고 대규모로 저장하여 필요 시 사용하는 기술이다. 재생에너지 전력은 열로 변환 후 중앙집중식 또는 분산형으로 공급된다. 중앙집중식은 열 수요 지점과 멀리 떨어져 있는 곳에서 전기를 열로 변환하고 지역난방 네트워크로 열을 분배하기 때문에 대규모 열 저장시설이 필요하다. 또한 분산형은 열 수요 지점과 가까운 곳에서 전기를 열로 변환하며, 열이 필요할 때마다 가열하여 사용하거나 소규모 열 저장시설을 갖추고 전력 요금이 저렴할 때 열을 저장한다. 다만 P2H 기술은 전반적으로 기술 성숙도가 높으나, 실질적으로 산업공정에서 사용하기에는 아직 한계가 있다.

[마] 전력은 열이나 가스 등 다른 에너지로 전환 후 저장도 용이하므로 전력 부문은 다른 부문의 탄소중립 추진에 중요한 역할을 할 수 있으며, 전력과 타 부문의 통합은 전력 계통의 유연성 제고에 유용하다. 재생에너지 발전량이 많아 전력공급이 수요를 초과하는 시간대에 섹터커플링으로 전력수요를 창출하면 재생에너지 발전량 차단을 줄일 수 있다. 즉 섹터커플링 기술은 전력계통의 유연성을 높여 재생에너지 활용성을 높일 수 있고, 에너지시스템 전체의 탈탄소화에 도움이 된다. 저장시설을 갖추면 재생에너지원을 열이나 수소 등 다른 에너지원으로 저장 후 필요 시 사용 가능하므로, 이는 에너지의 시간적, 계절적 변동성을 해결해 줄 수 있다.

① [가]: 섹터커플링의 개념
② [나]: 섹터커플링의 도입 배경
③ [다]: 섹터커플링의 종류와 P2G 기술
④ [라]: 수송부분 전력화 기술의 특징과 한계
⑤ [마]: 섹터커플링의 효과

11

다음 글의 내용과 일치하는 것을 고르면?

아름다운 것이란 일반적으로 적절한 크기와 형식을 이룰 때 성립한다. 어떤 대상이 우리의 감각으로 파악하기에 적합한 크기와 형식을 벗어날 때 우리는 아름다움이나 조화보다는 불편함을 느끼게 된다. 그런데 예술 작품 중에서는 우리의 감각으로 파악하기에 적합한 크기와 형식에서 벗어난 거대한 건축물이나 추상적인 작품이 있다. 이러한 경우에도 우리는 아름다움을 느낀다. 그 이유는 무엇일까?

예술 작품에서 표현된 것은 색채나 형태 그 자체가 아니라 그 이상의 정신적인 것일 경우가 많다. 이러한 정신적인 것을 우리의 감각에 적합한 형식으로 나타낼 수 없기 때문에 작가는 내용을 암시만 하는 정도로 색채나 형태와 같은 감각적 매체를 사용할 수밖에 없다. 이때 감각적 매체는 사실상 비감각적인 것, 즉 정신적인 어떤 것을 드러내기 위해 사용되며, 그 결과 예술 작품은 감각적인 것이 주는 아름다움을 넘어 정신적 아름다움이나 종교적인 경이로움을 불러일으키게 되는 것이다.

이러한 예술 체험에서 감각적 기쁨은 약화되지만, 다른 차원의 기쁨을 느낄 수 있다. 이 기쁨은 작가가 작품을 통해 암시하는 바를 감상자가 정신적으로 감지함으로써 느낄 수 있는 합일의 기쁨이다. 합일은 일종의 유사성을 지각하는 것이다. 초상화를 보고 초상화의 모델이 된 사람을 알아볼 수 있었다면 이는 감각적 차원에서 둘 사이의 유사성을 지각한 것이다. 그러나 한두 가지 단조로운 색으로 칠해진 거대한 추상회화에서 감각적 유사성을 찾기란 쉽지 않다. 그렇지만 우리가 그 앞에서 모호하고도 경이로운 존재의 신비를 느꼈다면, 그것은 비감각적 차원에서 유사성을 지각함으로써 정신적 합일을 통한 아름다움을 느낀 것이다.

이렇듯 비감각적 차원에서 유사성을 느끼는 예는 추상적인 요소가 지배적인 건축예술에서 찾아볼 수 있다. 일반적으로 건축은 단순히 자연을 모방하기보다는 부분들 간의 관계에서 생기는 비례의 아름다움을 보여준다. 그러한 관계, 또는 비례의 아름다움을 지각하는 것은 단순히 감각적 차원을 넘어 비감각적 차원에서 합일을 이룰 때 가능해 진다. 여기에서 궁극적으로는 우리의 정신에 직접 호소하는 아름다움이 나타나는 것이다.

① 초상화와 모델의 유사성을 파악하는 것은 정신적인 감지이다.
② 건축물에 나타나는 비례의 아름다움은 부분들 간의 관계에서 생긴다.
③ 예술 체험에서 감각적 기쁨이 약화된다면 다른 차원의 기쁨도 느낄 수 없다.
④ 작가가 정신적인 것을 표현하고자 할 때, 색채나 형태와 같은 감각적인 매체를 적극적으로 활용한다.
⑤ 일반적으로 어떤 대상이 우리의 감각으로 파악하기에 적합한 크기와 형식을 벗어날 때 우리는 경이로움을 느낀다.

12

다음 글의 빈칸에 들어갈 말로 가장 적절한 것을 고르면?

보통 여러 사람들이 모여 서로 이야기를 하면 다양한 의견이 반영되기 때문에 보다 합리적인 결론을 얻을 수 있다고 생각하기 쉽다. 하지만 실제 집단적 의사 결정을 할 때, 사람들은 논의 과정에서 다양한 의견들을 수렴하기보다 극단적인 방향으로 흐르는 경우가 있다. 이처럼 (   )을 '집단극화(group polarization)'라 한다. 그렇다면 집단극화 현상이 발생하는 이유는 무엇일까?

첫째, '사회비교 이론'은 집단 구성원들이 자신을 타인과 비교하는 경향이 있으며, 타인으로부터 인정받고자 하는 욕구가 있다는 것으로 설명한다. 집단토의 중에 자기의 주장이 상대의 주장보다 못하다는 생각이 들면 좀 더 극단적인 의견을 제시하게 된다는 것이다. 예를 들어 친구들과 관람한 영화가 보통 정도는 되는 영화라고 생각했어도 '정말 형편없었어.'라고 주장하는 친구들이 더 많으면, 자신도 재미가 별로 없었다는 것을 친구들보다 더 강화된 근거로 제시하여 집단으로부터 지지받는 입장을 밝히게 된다는 것이다. 이런 과정을 거쳐 집단의 의견은 극단적인 방향으로 가게 된다.

둘째, '설득주장 이론'은 집단 토의가 진행되면 새로운 정보나 의견을 접하게 되어 이전에는 생각지 못했던 다양하고 설득력 있는 의견에 구성원들이 솔깃하게 된다는 것으로 설명한다. 집단 의견의 방향과 일치하면서 그럴듯한 주장이 제시되면 극단의 의견이 더 설득적이라 생각하게 되어 결과적으로 집단의 결정이 양극의 하나로 정해진다는 것이다.

셋째, '사회정체성 이론'은 집단극화를 집단 규범에 동조하는 현상과 관련지어 설명한다. 사회 정체성 수준이 높은 구성원일수록 자신이 속한 내집단과 자신을 동일시한다. 이에 따라 내집단에서 생긴 의견 차이는 극소화되고, 집단의 규범에 강하게 영향을 받게 되어 집단 규범에 동조하는 행동을 한다. 즉, 내집단 구성원 간의 의견차는 극소화되는 반면 외집단과 내집단의 차이는 극대화되어 시간이 갈수록 내집단의 의견은 다른 집단의 의견과 차별화되고 외집단과는 다른 극단적인 방향으로 전환된다. 정치적 경향이 달랐던 두 정당이 시간이 지날수록 화합하지 못하고 견해차가 더 심화되는 것이 이러한 예에 해당한다.

① 집단의 최초 의견이 모험적인 경우는 더 모험적인 방향으로, 보수적인 경향이었다면 더 보수적인 경향으로 결정되며 극단화되는 현상
② 집단의 최초 의견이 모험적인 경우는 덜 모험적인 방향으로, 보수적인 경향이었다면 덜 모험적인 경향으로 결정되며 극단화되는 현상
③ 집단의 최초 의견이 모험적인 경우는 더 보수적인 방향으로, 보수적인 경향이었다면 더 모험적인 경향으로 결정되며 극단화되는 현상
④ 집단의 최초 의견이 모험적이든 보수적이든 상관없이 집단 내 개인 중 권력이 센 사람의 의견으로 몰려 극단화되는 현상
⑤ 집단의 최초 의견이 모험적이든 보수적이든 상관없이 집단 내 다수의 의견으로 몰려 극단화되는 현상

[13～14] 다음 글을 바탕으로 이어지는 질문에 답하시오.

[가] 한국의 대중적인 임대계약 중 하나인 전세제도가 사라질 운명에 처했다는 주장이 힘을 얻고 있다. 다른 나라처럼 월세가 대세로 자리 잡으며 자연스럽게 소멸되지 않겠냐는 논리다. 반면 전세제도는 월세보다 세입자에게 유리한 제도인 데다 내 집 마련을 위한 '주거사다리' 구실을 해온 만큼 전세를 유지해야 한다는 주장도 만만치 않다. 현재 한국처럼 탄탄한 금융시스템을 갖춘 선진국 중에 전세가 운영되는 사례는 없다. 하지만 세계적으로 드문 제도라는 이유만으로 없어지는 게 자연스럽다는 주장은 동의하기 어렵다. 오히려 국제적인 금융시스템을 갖추고 국민소득 3만 달러 시대가 됐음에도 전세가 살아남은 이유를 충분히 검토하고 논의해 볼 필요가 있다.

[나] 역사적으로 고려시대에 실크로드를 통해 중국의 전세제도인 '전당'이 전해진 것으로 추측된다. 조선시대에는 '전당'을 관장하던 부서가 존재하였다. '전세'라는 말이 본격 등장한 것은 개화기 때였다. 강화도 조약으로 부산, 인천, 원산이 개항하면서 주택수요가 급증해 전세계약이 활발해졌을 것이다. 시골에서 전답을 팔아 서울로 올라온 경우 당장 수입은 없지만 일정한 목돈을 가지고 있었고, 집을 가진 상인들은 월세 대신 전세보증금을 받아 사업자금으로 쓰는 것이 훨씬 유용했을 것이란 이유다. 조선총독부가 발간한 '관습조사보고서'에 공식적인 전세 기록이 나오는데 계약 기간은 지방은 1년, 한성부는 통상 100일이었다고 한다.

[다] 임대차계약이면서 사금융의 일종인 전세제도가 유독 한국에서 뿌리를 내리게 된 것은 장점이 분명했기 때문이다. 월세–전세–자가로 이어지는 주거사다리에서 중추적인 역할을 한 것이다. 사회초년생 시절에 월세로 살며 목돈을 모아 전셋집을 얻은 후 점차 늘어난 전세보증금을 종잣돈 삼아 내 집 마련을 할 수 있다. 주거비 측면에서도 전세는 월세에 비해 유리하다. 전월세전환율이 시중금리보다 높아 세입자의 경우에는 월세보다 전세보증금 대출을 받아 대출이자를 내는 경우가 유리한 경우가 많다. 반대로 말하면 임대인은 전세금을 받아 은행에 넣는 것보다 월세전환이 유리하기 때문에 저금리 시대에는 월세를 선호하게 된다.

[라] 전세제도가 장점만 있는 것은 아니다. 가장 큰 문제는 보증금 미반환 위험이다. 확정일자 제도와 보증보험을 통해 위험을 제거할 수 있지만 사각지대가 존재한다. 또한 최근 전세가 부동산 투기를 조장하는 원흉이라는 지적도 심심치 않게 제기된다. 매매가와 전세가 차이가 작은 경우엔 갭투자가 활발해질 수 있다는 것이다. 갭투자는 전세 공급을 확대하여 시장을 안정화시키는 장점이 있지만 주택시장에 충격이 오면 임차인들에게 큰 위협이 될 수 있다. 집값이 폭락할 경우 연쇄적으로 전세가가 떨어지고 전세보증금을 제때에 반환하지 못하는 상황이 연쇄적으로 일어날 수 있기 때문이다.

[마] 그렇다면 전세의 운명은 어떻게 될까? 전망을 하기 전에 우리는 순기능이 적지 않은 전세를 없애는 것이 과연 바람직하냐는 질문에 답할 필요가 있다. 전세제도 덕에 한국은 주거선택의 다양성이 높은 나라로 꼽힌다. 각자의 사정에 따라 보증금과 월세를 조정하면서 최적화할 수 있어서 옵션이 많은 매우 유연한 주택시장을 형성하고 있다는 것이다. 임차인 입장에서 목돈이 있는 사람은 전세를 선택하고, 목돈은 없지만 월수입이 안정적이면 월세 계약을 하면 된다. 마찬가지로 임대인도 노후 소득을 위해 임대소득이 필요하면 월세로, 전세자금을 융통할 필요가 있으면 전세로 내놓으면 된다. 월세 시대의 도래가 나쁘다고 할 수는 없지만, 마냥 반갑지도 않은 이유가 여기에 있다.

13

다음 중 글의 [가]~[마]의 중심 내용으로 적절하지 않은 것을 고르면?

① [가]: 전세제도의 소멸에 대한 논의 필요성
② [나]: 전세제도의 역사적 배경
③ [다]: 전세의 장점: 주거사다리 역할, 주거비 절약
④ [라]: 전세의 문제점: 보증금 미반환, 부동산 투기 유발
⑤ [마]: 주거선택의 다양성을 위한 월세시장 활성화

14

다음 중 글의 내용과 일치하는 것을 고르면?

① 역사적으로 볼 때 전세제도는 우리나라만의 고유한 문화이다.
② 금융시스템을 갖춘 선진국 중에 전세제도가 존재하는 사례가 있다.
③ 전월세전환율보다 시중금리가 높은 상황에서 세입자는 월세보다 전세가 유리하다.
④ 확정일자와 보증보험만으로는 보증금 미반환 위험을 완전히 회피할 수 없다.
⑤ 전세제도로 인해 한국의 주거선택 폭이 좁아졌다.

[15~16] 다음 글을 바탕으로 이어지는 질문에 답하시오.

무수히 많은 제품들 가운데 우위를 점하는 것은 결코 쉬운 일이 아니다. 시장에서 성공을 하기 위해서 절대 간과해서는 안 될 것이 있다. 바로 '소비자'이다. 소비자의 심리를 정확하게 파악하는 것이야말로 성공적인 사업의 출발점이다. 그렇다면 소비자의 심리를 파악하는 방법은 어떠한 것들이 있을까?

먼저 고객들은 얻는 즐거움보다 잃는 고통이 크다는 사실을 기억해야 한다. 제품을 이용하지 않아 입을 수 있는 손해를 강조하거나 소비자가 느끼는 불안감을 줄여주면서 소비자 심리를 자극한다면 판매에 효과적인 전략을 세울 수 있다. 구강청결제 브랜드인 리스테린은 사람들의 인식을 변화시키기 위해서 구강청결제를 사용하지 않았을 때 생기는 손실을 강조했다. 사회생활에서 입냄새 때문에 창피를 당하는 스토리의 시리즈 광고를 제작해, 구강청결제를 사용하지 않으면 성공하기 어렵다는 이미지를 만들어 냈다. 그 결과, 리스테린의 수익은 7년 만에 40배로 증가했고, 오늘날 구강청결제의 대표 브랜드가 될 수 있었다. 리스테린뿐만 아니라 보험, 미용, 교육 업계 등 굉장히 많은 분야에서 손실회피 성향을 자극하는 광고 메시지를 전달하고 있다. 손해를 볼지도 모르는 상황을 우리 제품이나 서비스로 해결할 수 있다는 메시지는 소비자에게 큰 구매 동기가 된다. 다만 허구의 걱정거리를 만들거나 지나친 과장된 메시지를 전달하면 오히려 브랜드에 대한 신뢰를 잃는 역효과가 발생할 수 있다.

두 번째로 소비자의 마음을 얻는 방법은 고객들에게 약점도 보여주는 회사를 더욱 신뢰하기도 한다는 사실을 이용하는 것이다. 이러한 기법을 ㉠ <u>양면 제시</u>라고 하는데, 이는 어떤 메시지를 전달할 때 긍정적인 측면과 더불어 부정적인 측면을 곁들여 이야기하는 것을 말한다. 단점은 숨기고 유리한 것만 강조하는 단면 제시와 대조적인 방법이다. 기업의 광고 마케팅에 대해서 소비자들은 '당연히 자기 제품이 좋다고 하겠지'라며 신뢰하지 못하고는 한다. 양면 제시는 이런 상황에서 약점을 대놓고 제시하는 정공법을 통해 사람들의 저항을 최소화시킨다. 그다음 약점에 대응하는 논리를 펼쳐 설득하는 것이다.

마지막으로 불편한 제품이라면 잘 팔리지 않을 거라는 생각을 부순 '이케아 효과'에 주목해 보자. 이케아 효과란 사용하기 다소 불편해도 자신의 노동력이 들어간 제품을 더 낫게 여기는 심리적 요인을 의미한다. 직접 조립해야 하는 이케아 가구의 특징을 따서 지어진 이케아 효과가 나타나는 원인은 목표를 달성하는 과정에서 사람들이 제품 이상의 가치를 얻는다고 생각하기 때문이다. 사람들이 이케아의 가구 제품을 조립하면서 스스로의 유능함과 성취감을 느낄 수 있다는 것이다. 또한 이케아는 완제품이 아닌 부품을 판매함으로써 다른 가구업체에 비해 더 저렴한 가격을 제시하는데, 자체 조립을 통해 돈을 절약하는 똑똑한 소비자가 될 수 있다는 인식이 고객의 구매 행동에 긍정적인 영향을 주었다. 즉, 편의성이 조금 떨어지더라도 다른 부분에서 소비자는 만족감을 얻게 된다. 이케아 효과는 소비자가 직접 투자 및 제조 과정에 참여해 브랜드를 기획하고 키워내는 팬슈머(Fansumer) 시대의 대표적인 사례이다.

* 팬슈머(Fansumer): 팬(Fan)과 소비자(Consumer)의 합성어로 브랜딩과 제품 개발에 참여하는 소비자를 의미함

15

다음 중 글을 읽고 추론한 내용으로 적절한 것을 고르면?

① 과장된 메시지는 항상 효과적인 마케팅 도구이다.
② 소비자는 즐거움을 위해 어떤 고통을 감내할 수 있다.
③ DIY(Do It Yourself) 인테리어 시장의 성장은 이케아 효과로 이해할 수 있다.
④ 가격 전략과 시장 규모 파악은 소비자 분석보다 중요하다.
⑤ 고객들은 장점을 언급하는 광고에서 제품에 대한 신뢰를 쌓는다.

16

다음 중 글의 밑줄 친 ㉠을 이용한 광고 문구로 적절한 것을 [보기]에서 모두 고르면?

보기

㉠ 세상에서 가장 느린 케첩, 하지만 그만큼 걸쭉하고 진하다.
㉡ 진짜 피로회복제는 약국에만 있습니다.
㉢ 딱 10분 동안만 드리는 혜택!
㉣ Nike By You! Custom Shoes.(네가 만든 나이키! 너만의 신발)

① ㉠, ㉡ ② ㉠, ㉢ ③ ㉡, ㉢
④ ㉡, ㉣ ⑤ ㉢, ㉣

17

다음은 천상열차분야지도에 관한 글이다. 밑줄 친 ㉠의 내용이 [보기]와 같을 때, 글을 이해한 내용으로 가장 적절하지 않은 것을 고르면?

> 만 원권 지폐에 인쇄되어 일반에 널리 알려진 천상열차분야지도는 조선 태조 4년에 제작된, 세계에서 두 번째로 오래된 천문도이다. 천상열차분야지도는 하늘의 형상(천상), 즉 별자리를 12차로 나누어 분야에 맞게 차례대로 배열한 천문도라는 의미이다. 천상열차분야지도는 가로 122cm, 세로 약 200cm, 두께 12cm 정도의 검은색 대리석에 별자리를 그린 '성도(星圖)'와 설명문인 '도설'이 음각되어 있다. 성도의 중앙 원 안에는 1,467개의 별을 크고 작은 다양한 점으로 새겨 넣었는데, 점의 크기는 별의 밝기에 따라 다르다. 또 성도 주위의 도설에는 중요한 천문상수와 전통적인 우주론에 대한 설명인 '논천' 및 ㉠ 천문도를 제작하게 된 경위 등이 적혀 있다.

보기

> 예로부터 하늘의 명을 받들어 백성을 다스리는 제왕에게 천문과 시간의 관측보다 중요한 일은 없습니다. 그래서 요임금과 순임금께서도 천문관서를 설치하셨습니다. 그러니 전하께서도 천상열차분야지도를 비석에 새기고 천문관원을 시켜 하늘의 뜻을 살피는 일을 게을리하지 않으신다면 전하의 공이 성대하게 빛날 것입니다.

① 조선 시대에 천문도를 제작하고 이를 비석에 새기는 일은 국가의 역점 사업 가운데 하나였다.
② 세계에서 두 번째로 오래된 천문도로 알려진 천상열차분야지도는 조선 태조 4년에 제작되었다.
③ 천상열차분야지도는 일반 백성들에게 천문 지식을 널리 알리려는 의도로 만들어졌을 것이다.
④ 조선 시대에 천문관원은 천문과 시간을 관측함으로써 하늘의 뜻을 살피는 역할을 맡았다.
⑤ 예전에는 별자리의 변화를 살펴 하늘의 뜻을 정치에 반영하는 것이 곧 훌륭한 정치였다.

18

다음 글의 내용과 일치하지 않는 것을 고르면?

국내에서도 다수의 기업들이 친환경 중심의 경영을 통해 그린슈머의 '선택'을 받으려 고심 중이다. 실제 국내 음료 업계가 출시한 무라벨 생수는 비닐 폐기물을 줄일 수 있다는 점에서 소비자들의 호응을 얻었다. 하지만 기업의 친환경 전략이 매출로 이어지면서 부작용도 발생했다. 최근 소비자 사이에서 환경의 핵심 이슈로 떠오른 '그린워싱'이다. 그린워싱은 'Green'과 'White Washing'의 합성어로 소비자들을 속임으로써 경제적 이득을 쉽게 취하려는 기업의 행태를 말한다.

그린워싱 사례는 국내외 안팎에서 다양하게 나타난다. 해외 유명 B기업은 세정제를 담은 병을 '100% 해양 수거 플라스틱을 재활용'해 만들었다고 광고하며 세정제가 담긴 병에 친환경 인증 로고까지 붙이며 제품을 홍보했다. 하지만 해당 로고는 기업이 자체적으로 만든 자사의 로고였으며 허위 광고 혐의로 집단 소송을 당했다. 국내 화장품 C기업은 종이를 활용한 포장용기라는 문구를 제품 겉면에 붙여 판매했다. 한 구매자가 이 제품의 겉면을 뜯어보니 플라스틱 용기가 나왔다고 문제를 제기하면서 그린워싱 논란에 불을 지폈다. 실상은 플라스틱 사용을 절감해 만든 용기였고, 제품 뒷면에도 이를 명시했으나 C기업의 제품 홍보 문구는 소비자들에게 '100% 친환경 종이 용기'라는 오해를 야기했다.

이 같은 기업의 그린워싱은 친환경 제품에 대한 소비자의 불신을 키우는 데다 시장의 공정한 경쟁 구도 형성에도 악영향을 미치게 된다. 이 때문에 해외에서는 그린워싱과 관련한 규제 방안을 시행 중이다. 자본시장연구원에 따르면 영국 공정거래위원회는 올해 소비자법에 근거한 6가지 원칙을 담은 '그린 클레임코드(Green Claims Code)'를 발표하고 상품의 구성 성분에 대한 명확한 공개를 촉구하고 있다. 유럽은 ESG 관련 공시를 의무화하는 SFDR(Sustainable Finance Disclosure Regulation)을 시행해 그린워싱 여부를 검증하고 있고, 특히 프랑스에서는 2021년 4월 그린워싱에 대한 벌금을 부과할 수 있는 법안이 통과되면서 위반 시엔 홍보 캠페인 비용의 80%까지 벌금을 납부해야 한다.

우리나라의 경우에는 아직까지 정부 차원의 구체적인 그린워싱 가이드라인은 없는 상황이다. 환경기술 및 환경산업 지원법에는 환경부 장관령으로 친환경 제품으로 오인할 부당한 표시를 금지할 수 있게 되어 있지만, 해외의 사례처럼 벌금 부과 등의 조치는 없기 때문에 강제성이 떨어진다는 지적이 제기된다. 대신 환경부는 환경 표지 제도를 통해 정부 차원에서 소비자들에게 친환경 제품에 대한 정보를 제공하고 있다. 환경부는 환경 제품의 생산부터 폐기까지 전 과정에서 자원을 절약할 수 있거나 환경오염 영향이 적은 제품을 대상으로 친환경 인증 마크를 부여한다. 하지만 이런 인증 형식의 경우에는 소비자가 직접 제품 구매 시 인증 마크와 기업의 자체 인증 마크를 일일이 구분해야 하기 때문에, 구매자의 편리성을 담보하고 기업의 허위·과장 광고를 금지할 수 있는 구체적인 가이드라인과 현실성 있는 처분이 필요하다는 주장이 나온다.

① 프랑스에서는 그린워싱 관련 법안을 위반한 기업에 벌금을 부과하고 있다.
② 친환경적이라는 의미의 인증 마크는 기업에서 자체적으로 제품에 부여하기도 한다.
③ 그린워싱은 실제로는 친환경적이지 않지만 마치 친환경적인 것처럼 홍보하는 기업의 행태를 말한다.
④ 우리나라는 환경기술 및 환경사업 지원법에 따라 그린워싱 여부를 검증하고 있다.
⑤ 그린 클레임코드는 영국의 공정거래위원회가 소비자법에 근거하여 발표한 원칙이다.

19

다음 글을 쓴 의도로 가장 적절한 것을 고르면?

> 19세기 아일랜드에서는 대기근으로 수백만 명의 사람이 사망하고 수십만 명이 북아메리카로 이주하였다. 어떻게 이러한 일이 발생했을까? 전문가들은 몇 가지 원인을 찾아냈지만, 당시 아일랜드인의 주식(主食)인 감자의 단일 경작을 가장 중요한 원인으로 꼽았다. 단일 경작의 문제는 가장 수확률이 높은 오직 한 종류의 감자만을 재배하면 마름병에 취약하게 된다는 것이다. 식물의 질병을 일으키는 곰팡이가 감자 농사를 망쳐 놨고 아일랜드 농부들은 별다른 대책이 없었다. 마름병으로 들판의 감자뿐 아니라 저장고에 있는 감자들도 썩었다. 다른 대체 식량이 없었기 때문에 사람들은 굶어 죽을 수밖에 없었다.
>
> 한 바구니에 달걀을 모두 담는 것은 위험하다. 모든 것을 한꺼번에 잃어버릴 위험이 있기 때문이다. 이러한 비극을 돌이켜 보면 어째서 아일랜드 사람들이 한 종류의 감자만을 고집했는지 의아하다. 그들은 좁은 공간에서 잘 자라는 감자, 적은 수분을 요하는 감자, 병충해에 강한 감자 등 다양한 종류의 감자들을 경작하는 문화를 배울 수 있었을 것이다. 다양한 종류의 감자를 경작하는 이점은 유전적 다양성이다. 이러한 다양성은 아일랜드 농민들이 경험한 피해와 같은 몰락을 막는 기능을 한다.

① 자연 재해 앞에서는 무력한 인간의 나약함을 일깨우기 위해
② 시련을 겪는 타국의 국민들에 대한 관심과 지원을 촉구하기 위해
③ 역사적 사건 뒤에 숨겨진 원인을 다각도로 파헤치도록 독려하기 위해
④ 병충해에 대비한 농사 기술을 개발하여 식량 생산량 증대를 모색해야 함을 설득하기 위해
⑤ 다양성은 인간의 생존에 필수적인 요인이므로, 다양성을 유지해야 함을 강조하기 위해

20

다음 글을 이해한 내용으로 적절하지 않은 것을 고르면?

자율주행 SW 시스템은 주행 관련 모든 데이터를 수집하고 프로세싱하는 과정을 거쳐 동작한다. 자율주행차는 센서와 정보를 처리하는 SW 시스템과 구동 시스템이 통합되어 출발지에서 목적지까지 편리하고 안전하게 이동서비스를 구현한다. 여기서 안전한 이동서비스 구현이란, 자율주행차가 도로 위에 사물이 있는지 없는지와 같은 기본적인 인식을 넘어 장애물인지 보행자인지를 정확히 알아내는 것이다. 자율주행은 주변의 장애물, 사람의 움직임과 의도 등 주변 상황을 정확히 인지한 후 스스로 제어되어야만 안전한 주행이 가능해진다. 이뿐만 아니라 출발지에서 도착지까지의 경로, 차량의 현재 위치, 차선과 교차로 등을 파악하는 정밀지도 기능 또한 자율주행에 있어 필수적 요소이다.

자율주행차는 자동화 수준과 오류에 대응하는 주체에 따라 6단계로 구분한다. 자동화 기능 없이 운전자가 모든 것을 제어하는 0단계에서 관찰 및 구동 기능을 일부 운전 보조 시스템이 담당하는 1~2단계가 있다. 현재 상용화된 자율주행차는 대부분 2단계에 해당한다. 3단계는 주변 환경을 파악해 자율주행하며, 특정 상황 시에만 운전자 개입이 필요하다. 4단계는 시내 주행을 포함한 도로 환경에서 운전자 개입이나 모니터링이 필요 없는 단계이며, 5단계는 시골길 등 모든 환경에서 운전자 개입이 필요 없는 완전 자동화 단계다.

자율주행차는 대부분 카메라, 레이더(Radar), 라이다(Lidar) 센서를 함께 사용한다. 현재 상용화된 자율주행차는 센서 카메라와 레이더 센서를 묶어 자율주행에 적용 중이다. 이처럼 자율주행의 눈과 귀가 되어 주는 센서들은 어떤 상황에 적용되고 있을까? 먼저 자율주행차가 교통표지판을 인식하는 방법은 두 가지로 나뉜다. 카메라로 인식하고, 이를 분류하는 방식이다. 카메라는 차선이나 표지판 정보를 읽어낼 수 있기 때문에 사람의 전방에 있는 사물이나 차선 인식, 신호등, 보행자 등 도로의 복잡한 환경을 인식한다. 여기에 인공지능이 합쳐지면, 자율주행은 더욱 고도화된다. 기존에 설치되어 있는 사물이나 도로 환경을 빅데이터를 통해 분류함으로써 예측이 가능해지는 원리다. 기계학습을 통한 카메라 영상인식기술은 내비게이션 데이터에 도로의 경사도, 휘어짐, 도로표지판 등 정보를 실시간으로 감지할 수 있다.

자율주행차의 전반 인식을 가능케 하는 대표 센서는 라이다와 레이더다. 두 종류의 센서가 작동하면서 대상과의 거리를 측정한다. 라이다는 레이저를 쏴서 돌아오는 초점 이미지와 시간을 계산해 특정 지점의 위치를 파악한다. 이를 통해 거리, 속도, 방향을 알아낼 수 있다. 레이더는 전자파를 발사해 돌아오는 전파 소요 시간을 측정하고, 주변 사물과 거리 및 속도를 탐지하는 역할을 한다.

센서는 외부 주행 환경을 직접 파악하는 역할을 해준다. 카메라, 레이더, 라이다가 아무리 고도화된다 해도 주변 차량이 갑자기 차선을 변경하거나 시야 확보가 좋지 못한 상황에서 발생하는 사고는 피하기 쉽지 않다. 이 때문에 차량, 인프라, 사람과 통신을 통해 끊임없이 정보를 주고받는 V2X(Vehicle to Everything) 기술의 발전도 함께 요구된다. V2X는 차량이 유·무선망을 통해 다른 차량, 모바일 기기, 보행자, 인프라 등 사물과 정보를 교환하는 기술을 말한다. V2X는 통신으로 연결된 미래의 자동차를 위한 기반기술로서 완전히 자동화된 교통 인프라를 가능하게 할 핵심기술이다.

① 자율주행차의 6단계 중 3개의 단계에서는 운전자의 개입을 필요로 한다.
② 자율주행차의 완전한 자동화를 위해서는 주변 차량과 정보를 공유하는 기술이 함께 요구된다.
③ 자율주행차에는 도로 형태를 파악하는 정밀지도 기능이 필수적으로 포함되어야 한다.
④ 2단계의 자율주행 시스템에서는 카메라로 본 정보를 분류하는 방식으로 교통표지판을 인식한다.
⑤ 라이다와 레이더 센서에 이상이 생긴 경우 주변 대상과의 거리를 제공받기 어렵다.

21

여섯 개의 숫자 1, 2, 3, 4, 5, 6이 적힌 카드가 있다. 이 중에서 세 장의 카드를 한 장씩 뽑아 세 자리의 수를 만들 때, 마지막 자리의 숫자가 홀수인 경우의 수를 고르면?(단, 카드는 숫자가 보이지 않게 뒤집어져 있으며, 카드를 뽑아 숫자를 확인하고 다시 뒤집어놓은 후 다음 카드를 뽑는다.)

① 18가지 ② 36가지 ③ 45가지
④ 90가지 ⑤ 108가지

22

다음의 [조건]에 따라 60문항으로 구성한 시험에서 A는 220점을 받았다고 할 때, A가 맞힌 정답의 최대 개수로 가능한 것을 고르면?

조건

- 각 문항당 배점은 5점으로 총점은 300점이다.
- 오답이면 3점 감점하며, 답을 쓰지 않으면 2점 감점한다.

① 47개 ② 48개 ③ 49개
④ 50개 ⑤ 51개

23

다음은 매일 아침 H역에서 동시에 출발하여 순환하는 A, B, C열차의 운행 정보에 관한 자료이다. 세 열차가 H역에서 정차하였다가 동시에 출발한 뒤 다시 H역에서 동시에 출발하기 위해서는 B열차가 몇 바퀴를 돌아야 하는지 고르면?(단, A, B, C열차의 정차역에는 H역이 포함된다.)

구분	정차역	역별 정차시간	역 사이 이동시간
A열차	50개	2분	2분
B열차	32개	2분	2.5분
C열차	20개	2분	3분

① 8바퀴 ② 11바퀴 ③ 13바퀴
④ 15바퀴 ⑤ 18바퀴

24

○○공사는 금년도 공개채용을 실시하였다. 공개채용에 지원한 남자와 여자의 비율은 5 : 4이고, 최종 면접에 통과한 남녀의 비율은 3 : 2였다. 공개채용에서 떨어진 남녀의 비율이 1 : 2일 때, 금년 공개채용에 지원한 총 지원자 수로 가능한 것을 고르면?

① 99명 ② 117명 ③ 126명
④ 135명 ⑤ 153명

25

다음 [표]와 [그래프]는 2013~2022년 전국 귀농인구 및 2017~2022년 특정 3개 지역의 귀농인구를 나타낸 자료이다. 이에 대한 설명으로 옳지 않은 것을 고르면?

[표] 2013~2022년 전국 귀농인구 (단위: 명)

구분	2013년	2014년	2015년	2016년	2017년	2018년	2019년	2020년	2021년	2022년
전국	10,312	10,904	12,114	13,019	12,763	12,055	11,504	12,570	14,461	12,660

[그래프] 2017~2022년 강원, 전북, 경북 지역의 귀농인구 (단위: 명)

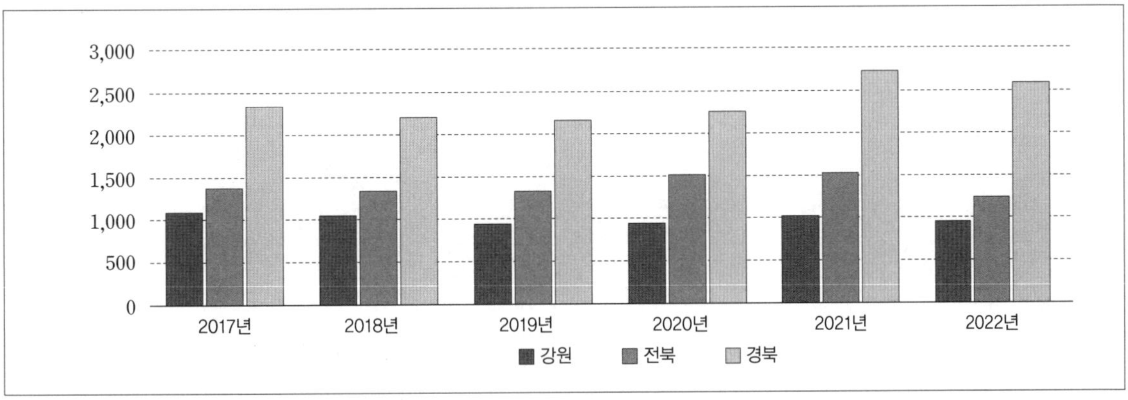

① 조사기간 중 귀농인구가 가장 많은 해의 전국 귀농인구는 가장 적은 해에 비해 40% 이상 많다.
② 2019~2022년 경북 귀농인구는 매년 강원 귀농인구의 2배 이상이다.
③ 2022년 경북 귀농인구는 강원과 전북의 귀농인구 합보다 많다.
④ 2017년 강원, 전북, 경북 중에서 강원의 귀농인구가 가장 적다.
⑤ 2018년 경북의 귀농인구는 전북의 2배 이상이다.

26

다음 [표]는 2015~2022년 다문화가구 수와 한국인 남편 혼인 수에 대한 자료이다. 이에 대한 설명으로 옳은 것을 [보기]에서 모두 고르면?

[표] 2015~2022년 다문화가구 수와 한국인 남편 혼인 수

(단위: 가구, 건)

구분	2015년	2016년	2017년	2018년	2019년	2020년	2021년	2022년
다문화가구 수	299,241	316,067	318,917	334,856	353,803	367,775	385,219	399,396
전년 대비 증가율(%)	−	5.6	0.9	5.0	5.7	3.9	4.7	3.7
한국인 남편의 혼인 수	14,677	14,822	14,869	16,608	17,687	11,100	8,985	12,007

보기

㉠ 2016~2022년 동안 다문화가구 수는 매년 증가하고 있다.
㉡ 2016~2022년 동안 한국인 남편의 혼인 수는 매년 증가하고 있다.
㉢ 2016~2022년 중 한국인 남편의 혼인 수가 가장 많을 때, 다문화가구 수의 전년 대비 증가율도 가장 크다.
㉣ 2016~2022년 중 한국인 남편의 혼인 수가 가장 적을 때, 다문화가구 수의 전년 대비 증가율도 가장 작다.

① ㉠, ㉢　② ㉠, ㉣　③ ㉡, ㉢
④ ㉡, ㉣　⑤ ㉢, ㉣

27

다음 [표]와 [그래프]는 2012~2019년 국민연금에 관한 자료이다. 이에 대한 설명으로 옳은 것을 고르면?

[표] 2012~2019년 국민연금재정 현황 (단위: 억 원)

구분		2012년	2013년	2014년	2015년	2016년	2017년	2018년	2019년
조성		551,681	486,278	571,987	582,557	636,277	830,505	385,347	1,213,056
	연금보험료	301,277	319,067	340,775	364,261	390,359	417,849	443,735	478,001
	운용수익	249,916	166,513	230,326	217,414	245,439	411,941	−58,671	734,247
	국고보조금	488	698	886	882	479	715	283	808
지출		120,682	136,410	143,304	157,545	176,527	197,074	213,958	234,329
	연금급여지급	115,508	131,128	137,799	151,840	170,682	190,839	207,527	227,643
	관리운영비	5,174	5,282	5,505	5,705	5,845	6,235	6,431	6,686

※ (해당 연도 말 전체 기금운용액)=(전년도 말 전체 기금운용액)+(해당 연도 조성액)−(해당 연도 지출액)

※ 2012년 말 전체 기금운용액은 3,919,677억 원임

[그래프] 2012~2019년 국민연금 수급자 현황 (단위: 명)

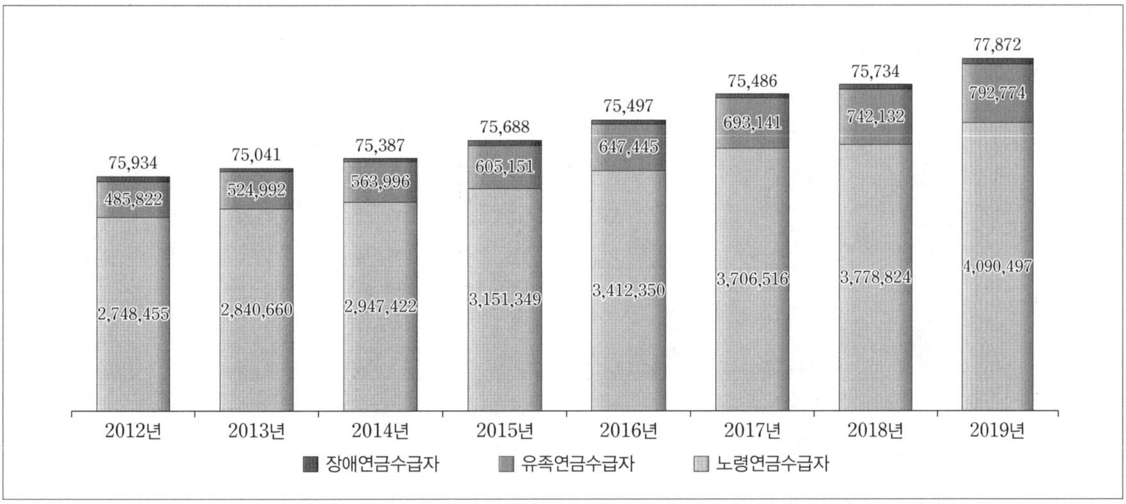

※ (연금수급자)=(노령연금수급자)+(유족연금수급자)+(장애연금수급자)

① 2013~2019년 동안 노령, 유족, 장애연금수급자는 매년 증가하였다.

② 2012년 이후에 연금수급자가 400만 명을 처음 넘긴 것은 2017년이다.

③ 2014년 말 전체 기금운용액은 4,500,000억 원 이상이다.

④ 연금수급자의 전년 대비 증가율은 2013년이 2019년보다 높다.

⑤ 2012년 이후에 전체 기금운용액이 전년 대비 가장 많이 증가한 해는 2018년이다.

28

다음 [표]와 [그래프]는 정부기관 신뢰도에 대한 자료이다. 이에 대한 설명으로 옳지 않은 것을 고르면?

[표] 2013~2021년 19~69세 인구 대상 정부기관 신뢰도 (단위: %)

구분	중앙정부	지방자치단체	국회	법원	검찰	경찰	군대
2013년	35.3	44.9	16.7	41.1	38.6	45.4	59.6
2014년	32.9	39.8	18.0	37.6	36.1	40.1	34.4
2015년	31.9	42.0	15.4	35.0	34.3	40.1	47.8
2016년	24.6	41.6	12.6	29.8	27.5	37.6	43.7
2017년	40.8	45.3	15.0	34.4	31.3	40.7	43.2
2018년	45.2	49.8	15.0	33.0	32.2	41.2	45.1
2019년	38.4	44.9	19.7	36.8	32.2	36.5	48.0
2020년	49.4	57.1	21.1	41.1	36.3	46.4	51.5
2021년	56.0	58.5	34.4	51.3	50.1	55.3	56.1

[그래프] 2021년 교육수준별 정부기관 신뢰도 (단위: %)

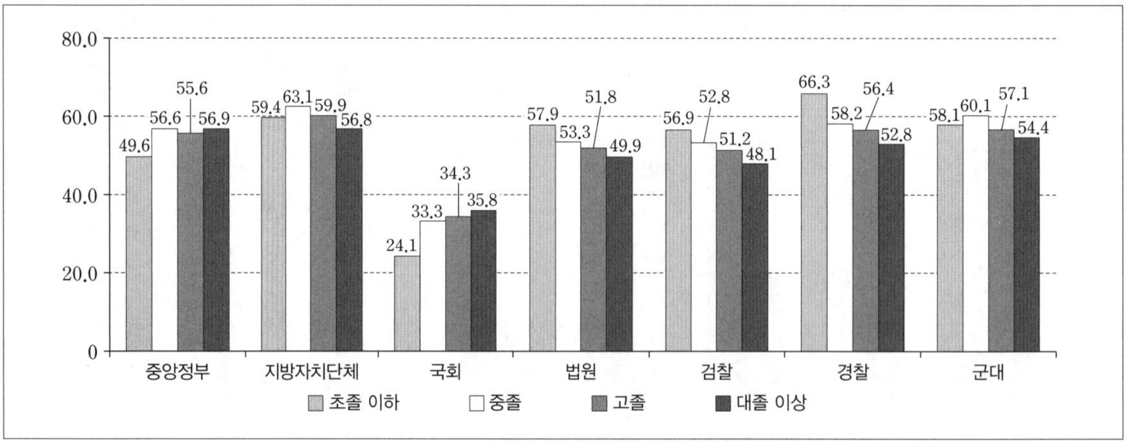

① 2013년 신뢰도가 가장 높은 정부기관과 가장 낮은 정부기관의 신뢰도 차이는 42.9%p이다.

② 2021년 신뢰도가 높은 정부기관 순서대로 나열하면 지방자치단체, 군대, 중앙정부, 경찰, 법원, 검찰, 국회 순이다.

③ 2021년 각 정부기관별 신뢰도는 전년 대비 모두 상승했고, 신뢰도가 전년 대비 10%p 이상 상승한 정부기관은 총 4곳이다.

④ 2021년 교육수준이 초졸 이하인 국민의 신뢰도가 가장 높은 정부기관의 수는 교육수준이 각각 중졸과 대졸 이상인 국민의 신뢰도가 가장 높은 정부기관 수의 합보다 적다.

⑤ 2019년 신뢰도가 가장 높은 정부기관의 2021년 교육수준별 정부기관 신뢰도는 대졸 이상이 가장 낮다.

29

다음 [그래프]는 지방세 세원별 비중에 대한 자료이다. 이에 대한 설명으로 옳은 것을 [보기]에서 모두 고르면?

[그래프] 2016~2018년 지방세 세원별 비중

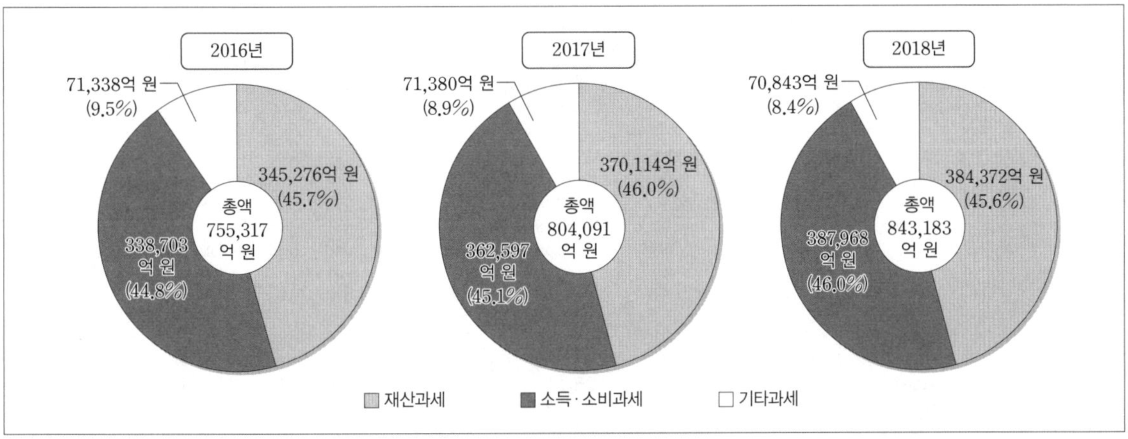

보기

㉠ 2017~2018년 동안 소득·소비과세액은 매년 전년 대비 6.5% 이상씩 증가하였다.

㉡ 2017~2018년 동안 재산과세액은 매년 전년 대비 증가하였으나 지방세에서 재산과세가 차지하는 비중은 매년 전년 대비 감소하였다.

㉢ 2017~2018년 동안 지방세 총액의 전년 대비 증가율은 매년 5.2% 이상이다.

㉣ 2019년 지방세 총액이 전년 대비 10% 증가하고, 세원별 비중이 2017년과 동일하다고 할 때, 2019년 기타과세의 전년 대비 증가액은 1.1조 원 이상이다.

① ㉠, ㉢　② ㉠, ㉣　③ ㉡, ㉣　④ ㉠, ㉡, ㉢　⑤ ㉡, ㉢, ㉣

05 실전모의고사 5회

30

다음 [표]는 소유권이전등기(매매) 신청 매수인 현황에 대한 자료이다. 이를 바탕으로 작성한 [보기]의 그래프 중 옳지 <u>않은</u> 것의 개수를 고르면?

[표1] 전국 성별, 연령별 생애 첫 부동산 매수인 현황 (단위: 명)

구분	여자				남자			
	19~29세	30~39세	40~49세	50~59세	19~29세	30~39세	40~49세	50~59세
2011년	43,244	125,289	103,014	72,646	55,053	139,587	55,979	22,003
2012년	31,319	94,192	82,627	61,330	41,558	109,296	48,317	20,664
2013년	30,934	106,796	90,639	65,854	40,976	140,363	59,345	23,745
2014년	32,889	113,915	98,784	75,208	44,741	145,251	64,312	26,389
2015년	40,264	125,567	107,459	86,023	52,374	164,608	72,096	30,393
2016년	38,819	113,439	94,432	76,113	48,426	147,824	66,500	28,634
2017년	39,974	112,341	90,490	73,047	50,077	139,985	63,250	28,358
2018년	40,332	115,452	85,124	69,571	48,645	140,767	63,661	28,826
2019년	35,226	96,003	74,316	62,147	43,164	115,395	58,618	27,527
2020년	48,914	122,252	88,496	71,855	56,248	142,894	71,554	34,050

[표2] 서울시 연령별 생애 첫 부동산 매수인 현황 (단위: 명)

구분	2011년	2012년	2013년	2014년	2015년	2016년	2017년	2018년	2019년	2020년
19~29세	10,177	7,367	7,750	8,936	13,403	13,541	12,938	11,742	9,096	14,518
30~39세	31,143	22,960	31,712	37,570	49,415	48,144	43,794	40,287	28,978	44,672
40~49세	16,986	13,793	19,321	22,914	28,644	26,424	23,006	18,786	13,755	19,849
50~59세	9,535	8,320	10,705	13,848	17,539	16,212	13,880	11,424	8,331	10,934

보기

㉠ 19~29세 성별 생애 첫 부동산 매수인 현황 (단위: 명)

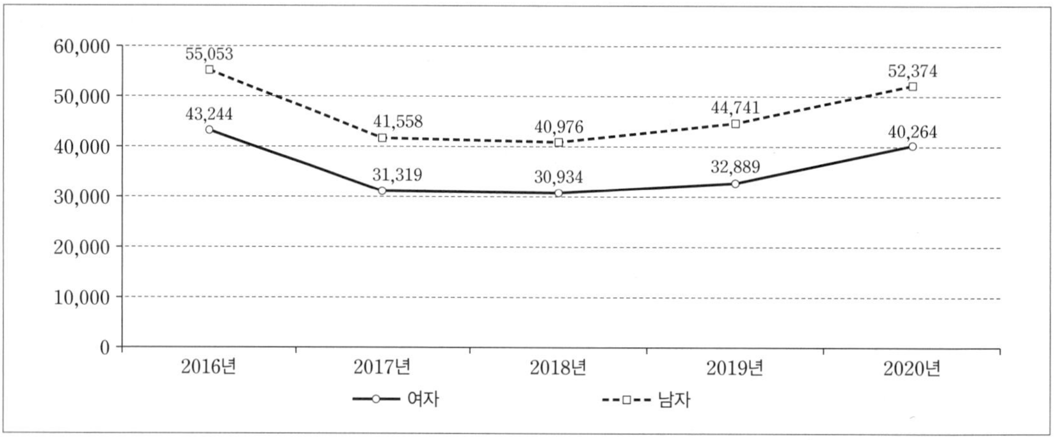

㉡ 2020년 전국 연령별 생애 첫 부동산 매수인 현황 (단위: 명)

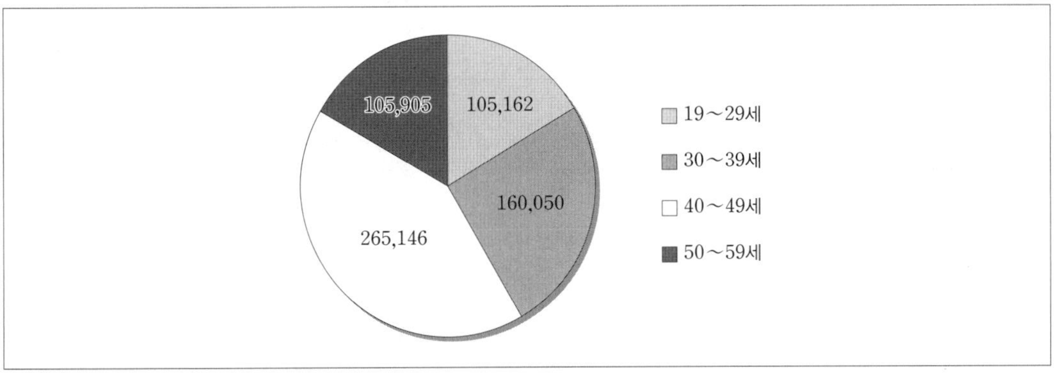

㉢ 2018년 전국 연령별 남자와 여자의 생애 첫 부동산 매수인 수의 차이 (단위: 명)

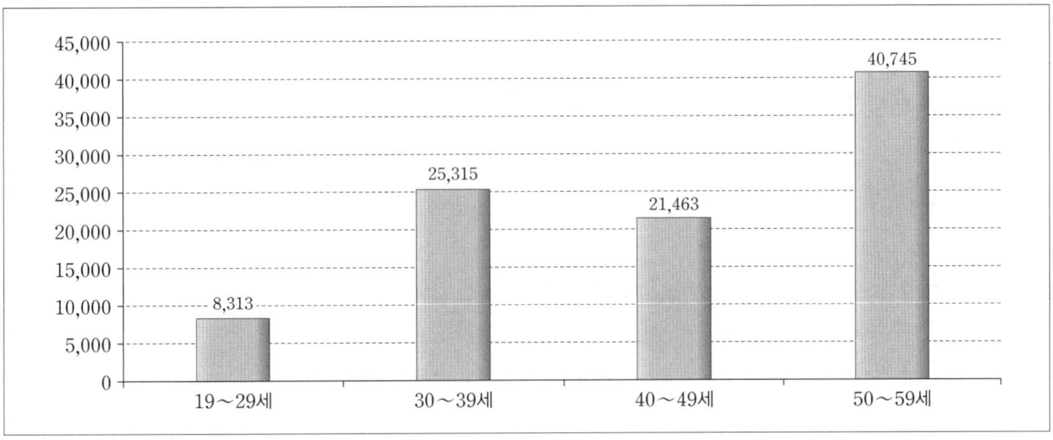

㉣ 2020년 전국 대비 서울시 연령별 생애 첫 부동산 매수인 비율 (단위: %)

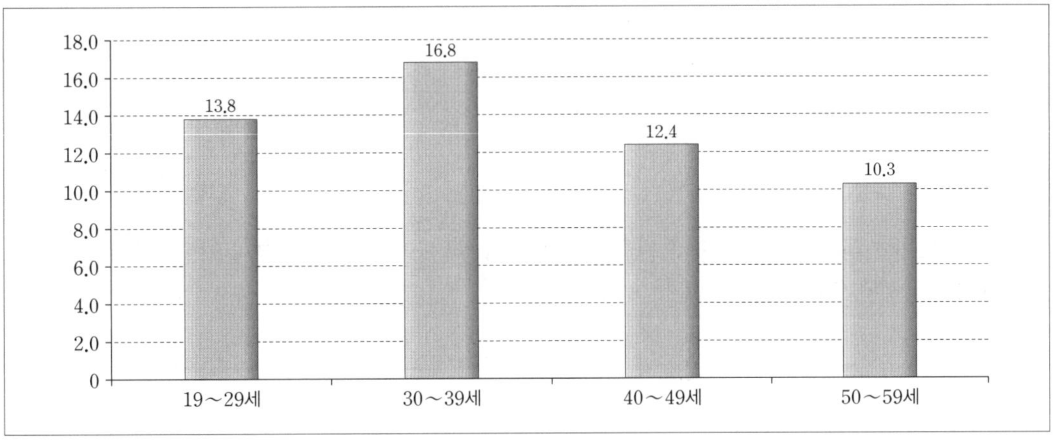

① 1개 ② 2개 ③ 3개
④ 4개 ⑤ 없음

[31~32] 다음 [표]는 특정연도의 혼인 연차별 신혼부부의 거처 유형에 대한 자료이다. 이를 바탕으로 이어지는 질문에 답하시오.(단, 신혼부부는 혼인 1~5년 차 신혼부부만으로 한정한다.)

[표] 특정연도의 혼인 연차별 신혼부부의 거처 유형 (단위: 쌍)

구분	단독주택	공동주택		
		아파트	연립주택	다세대주택
혼인 1년 차	20,053	93,948	2,635	14,724
혼인 2년 차	16,265	103,413	2,610	14,440
혼인 3년 차	16,667	119,198	2,851	14,958
혼인 4년 차	18,029	131,079	3,068	14,593
혼인 5년 차	18,575	142,642	3,255	14,090

31

다음 중 자료에 대한 설명으로 옳은 것을 고르면?

① 혼인 연차가 높아질수록 해당 유형에 거주하는 신혼부부 수가 많아지는 거처 유형은 아파트뿐이다.
② 각 혼인 연차별로 단독주택에 거주하는 신혼부부 수는 연립주택과 다세대주택에 거주하는 신혼부부 수의 합보다 많다.
③ 단독주택에 거주하는 신혼부부 중에서 세 번째로 많은 혼인 연차는 3년 차이다.
④ 공동주택에 거주하는 신혼부부 수가 가장 많은 혼인 연차는 혼인 4년 차이다.
⑤ 다세대주택에 거주하는 신혼부부 수는 혼인 연차가 높아질수록 많아진다.

32

다음 중 아파트에 거주하는 혼인 1년 차 신혼부부 수 대비 혼인 5년 차 신혼부부 수의 증가율을 고르면?(단, 계산 시 소수점 아래 첫째 자리에서 반올림한다.)

① 46% ② 49% ③ 52%
④ 55% ⑤ 58%

33

다음 [표]는 2020년 품목별 의료기기에 대한 자료이다. 이에 대한 설명으로 옳은 것을 고르면?

[표1] 품목별 의료기기 생산량 및 생산액 (단위: 천 개, 천만 원)

구분	생산량	생산액
진료용 일반장비	422	22,879
수술용 장치	5,337	35,910
생명유지 장치	2,144	4,278
진단용 장치	153	53,406
치과처치용 기계기구	9,098	938
치과처치용 재료	818,553	13,914
검체 전처리 기기	100,158	45,246
면역 검사기기	838,100	111,867
분자진단기기	72,524	145,268

[표2] 품목별 의료기기 수출량 및 수출액 (단위: 천 개, 천 달러)

구분	수출량	수출액
진료용 일반장비	79	48,813
수술용 장치	2,577	255,116
생명유지 장치	544	33,100
진단용 장치	102	433,150
치과처치용 기계기구	1,522	2,495
치과처치용 재료	771,466	76,936
검체 전처리 기기	29,591	311,011
면역 검사기기	903,363	1,946,631
분자진단기기	54,230	1,070,219

① 치과처치용 기계기구의 생산량 1개당 생산액은 약 990원이다.
② 검체 전처리 기기는 수출량이 생산량의 약 0.4배이다.
③ 치과처치용 재료 수출액은 생명유지 장치 수출액보다 42,836천 달러 많다.
④ 생산량이 수출량보다 많은 품목은 총 1개이다.
⑤ 진료용 일반장비의 수출량 1개당 수출액은 약 617.9달러이다.

[34~35] 다음 [표]와 [그래프]는 20세 이상 성인을 대상으로 조사한 노후 준비 현황에 관한 보고서의 일부이다. 이를 바탕으로 이어지는 질문에 답하시오.

△△연구원은 20세 이상 성인 남녀 각각 10만 명을 대상으로 노후 준비 현황에 관한 설문을 진행하였다. 남자의 70.7%는 노후를 준비하고 있다고 답하였고, 여자는 64.2%가 준비하고 있다고 답하였다. 연령대별로 20대가 40.9%, 30대가 74.1%, 40대가 78.5%, 50대가 80.0%, 60대가 73.1%, 70대가 58.3%, 80대 이상이 36.0%가 노후를 준비하고 있다고 답하였다. 다음은 노후의 준비 상태에 따른 분석 결과이다.

[표] 노후 준비 상태

(단위: %)

구분	준비하고 있음				준비하지 않고 있음			
	국민연금	직역연금	퇴직연금	기타	아직 생각하고 있지 않음	앞으로 준비할 계획	준비능력 부족	자녀에게 의탁
20~29세	61.2	7.6	3.6	27.6	40.4	41.9	17.6	0.1
30~39세	60.1	7.7	3.8	28.4	21.0	56.5	22.4	0.1
40~49세	59.5	8.2	3.8	28.5	11.1	58.5	30.0	0.4
50~59세	62.7	8.1	3.8	25.4	10.2	42.0	45.9	1.9
60~69세	59.6	9.5	3.7	27.2	7.1	24.4	60.7	7.8
70~79세	46.8	10.1	4.2	38.9	2.5	6.5	64.7	26.3
80세 이상	37.3	15.4	2.7	44.6	1.8	1.6	50.1	46.5

[그래프1] 남자의 노후 준비 상태

(단위: %)

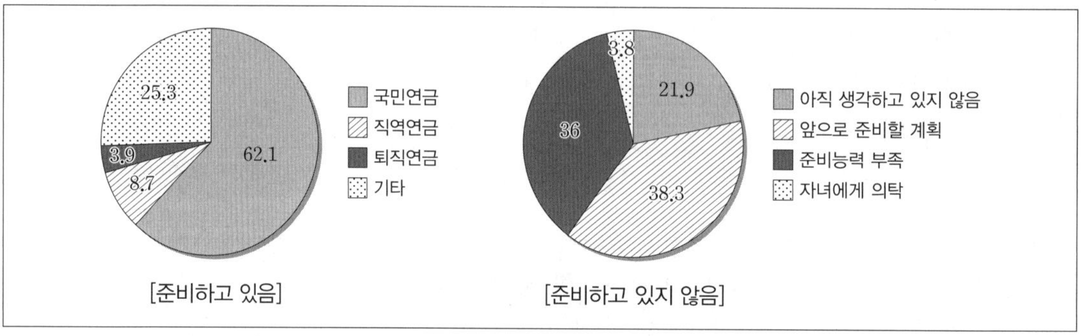

[그래프2] 여자의 노후 준비 상태

(단위: %)

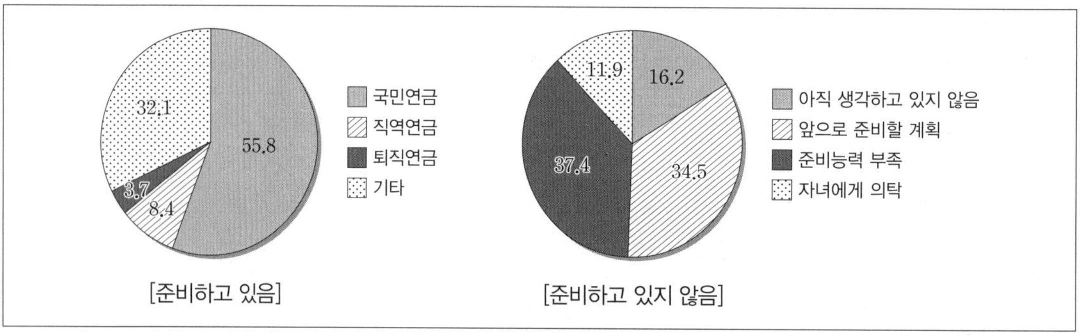

34

다음 중 자료에 대한 설명으로 옳은 것을 고르면?

① 80세 이상에서 '자녀에게 의탁'이라고 응답한 사람 수는 5,000명 이상이다.
② 연령대가 높아질수록 자녀에게 의탁하고자 하는 사람 수가 많아진다.
③ 20대에서 '노후를 앞으로 준비할 계획'이라고 응답한 사람 수는 10,000명 이상이다.
④ 남자 중 '직역연금'으로 노후를 준비하고 있다고 응답한 사람 수는 6,000명 이상이다.
⑤ 모든 연령대에서 '국민연금'으로 노후를 준비하고 있다고 응답한 사람의 비중이 가장 높다.

35

다음 중 자료를 바탕으로 남녀의 노후 준비 상태에 따른 인원수를 나타낸 것 중 옳지 않은 것을 고르면?(단, 계산 시 소수점 아래 첫째 자리에서 반올림한다.)

① 남자 중 노후를 준비하는 방법에 따른 인원수

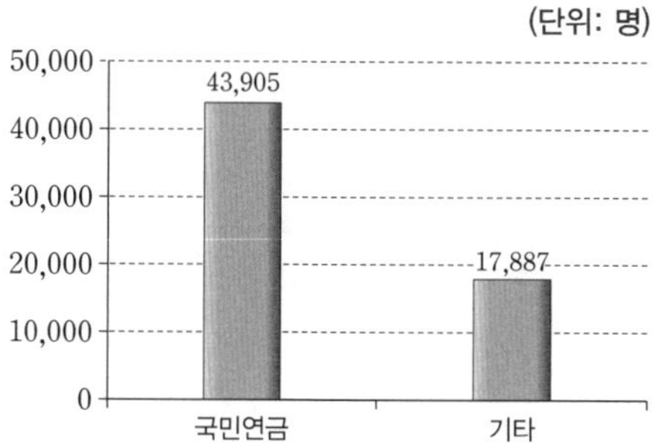

② 남자 중 노후를 준비하지 않은 사유에 따른 인원수

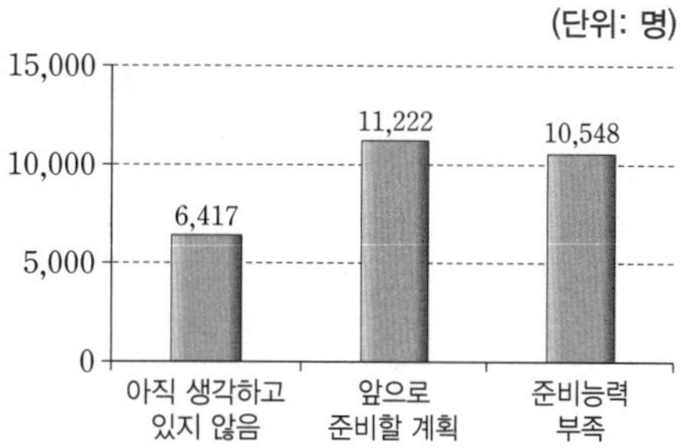

③ 여자 중 노후를 준비하는 방법에 따른 인원수

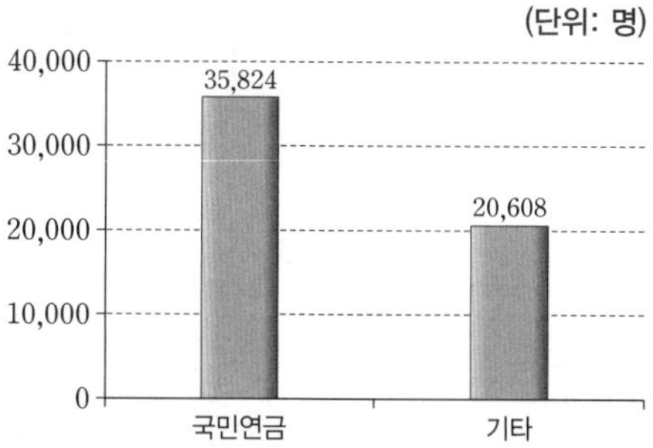

④ 여자 중 노후를 준비하는 방법에 따른 인원수

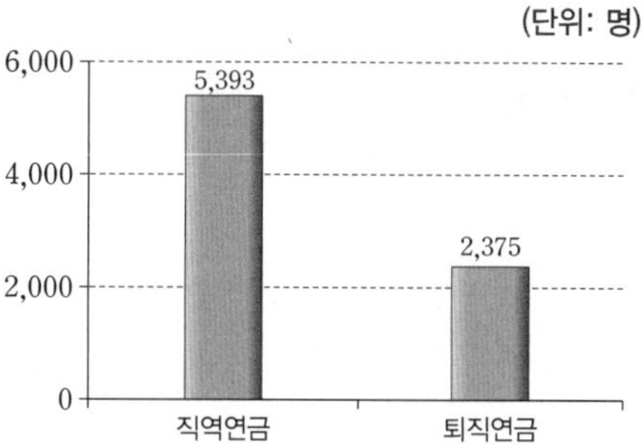

⑤ 여자 중 노후를 준비하지 않은 사유에 따른 인원수

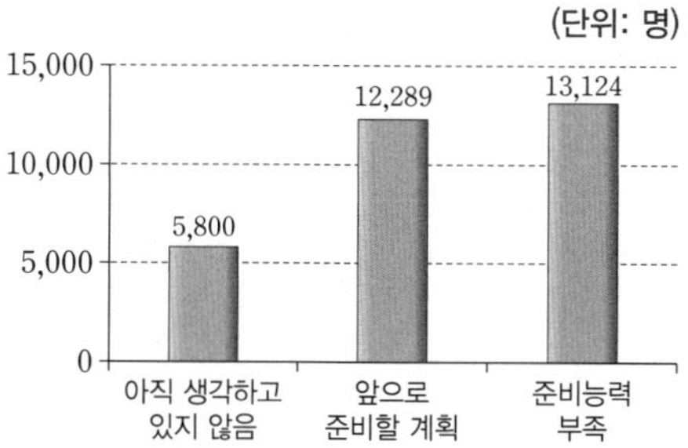

[36~37] 다음 [표]는 2023~2024년 특정 월의 수출입 총괄에 대한 자료이다. 이를 바탕으로 이어지는 질문에 답하시오.

[표] 수출입 총괄 현황 (단위: 천 건, 백만 불)

구분		2023년 4월	2023년 7월	2023년 10월	2024년 1월
수출	건수	892	903	945	1,036
	금액	49,431	50,458	54,990	54,771
수입	건수	3,469	3,678	3,963	4,276
	금액	51,940	(A)	53,441	54,357
무역수지		(B)	1,720	1,549	414

※ (무역수지)=(수출 금액)−(수입 금액)

36

다음 중 자료의 빈칸 A, B에 들어갈 값의 합을 고르면?

① 46,229
② 49,431
③ 50,458
④ 51,247
⑤ 52,416

37

주어진 자료를 바탕으로 나타낸 그래프 중 옳지 않은 것을 고르면?

① 수출 건수

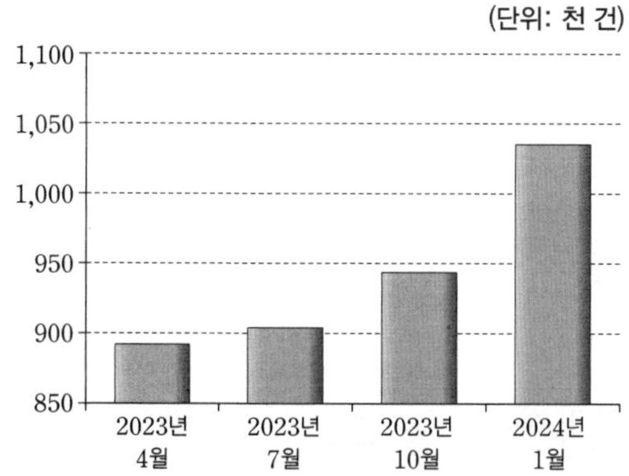

② 수출 금액

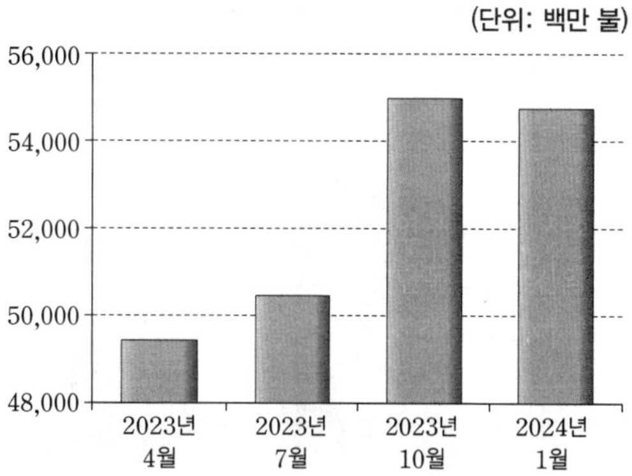

③ 수입 건수

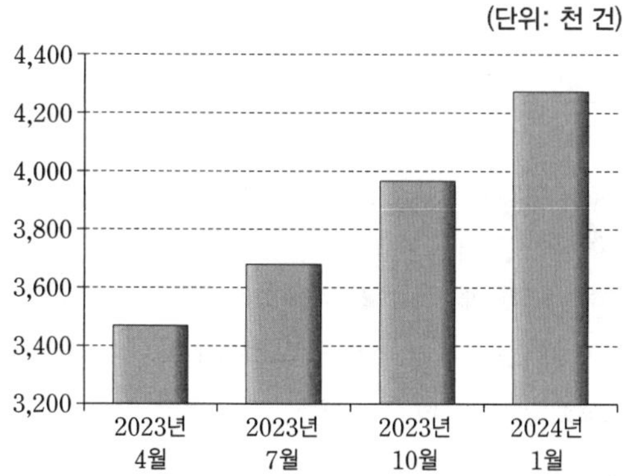

④ 수입 금액

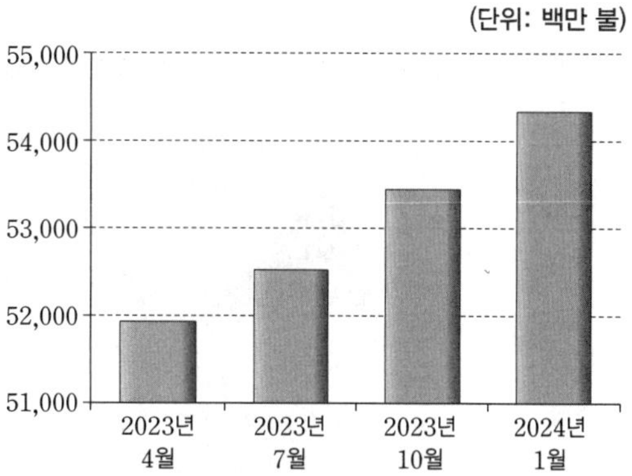

⑤ 무역수지

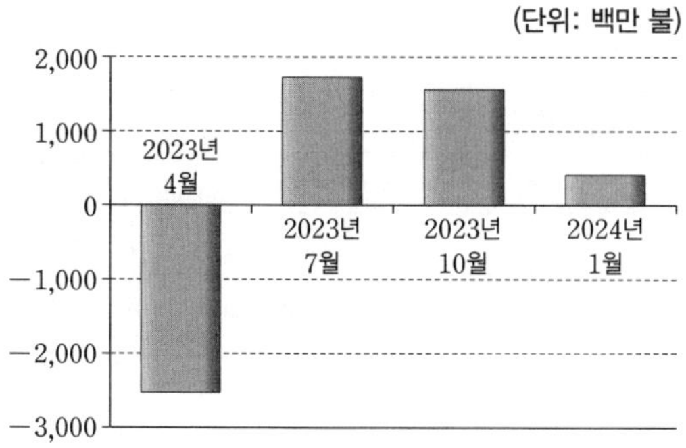

38

다음 [그래프]와 [표]는 2011~2020년 발화요인별 화재 현황에 대한 자료이다. 이를 바탕으로 작성한 [보고서]의 밑줄 친 ㉠~㉤ 중 옳지 않은 것을 고르면?

[그래프1] 2011~2020년 주요 발화요인별 화재 현황 (단위: 건)

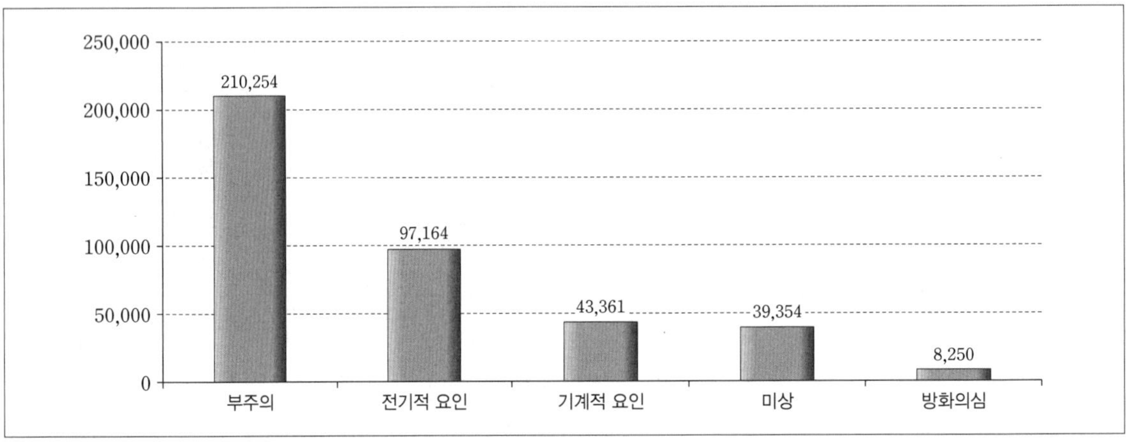

[그래프2] 2011~2020년 부주의로 인한 세부 발화요인별 화재 현황 (단위: %)

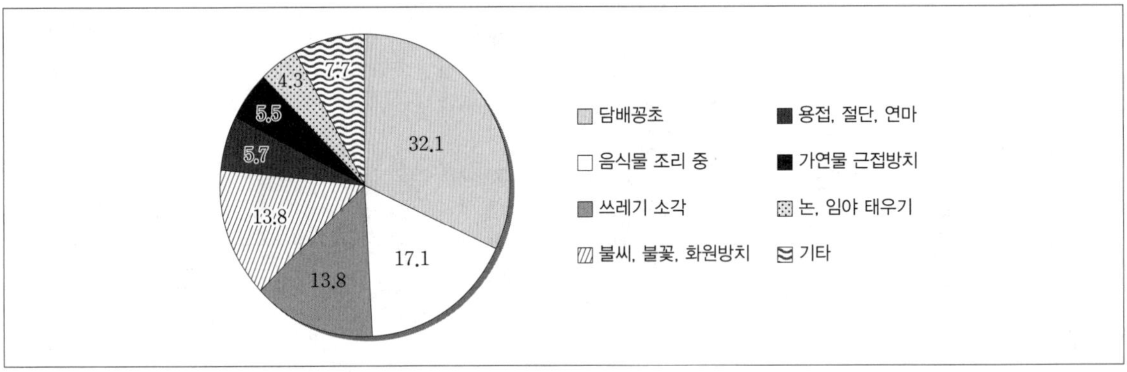

[표] 2020년 부주의로 인한 세부 발화요인별 화재 현황 (단위: 건, 명, 천 원)

구분	건수	인명피해			재산피해
		소계	사망	부상	
계	19,186	841	77	764	170,036,222
담배꽁초	6,140	109	13	96	36,964,590
음식물 조리 중	3,040	155	11	144	6,714,737
쓰레기 소각	2,279	66	7	59	9,812,456
불씨, 불꽃, 화원방치	2,511	104	10	94	14,587,916
불장난	123	5	0	5	124,254
용접, 절단, 연마	1,183	86	3	83	28,567,938
논, 임야 태우기	523	26	2	24	597,821
가연물 근접방치	1,073	85	14	71	6,064,502

빨래삶기	87	0	0	0	150,652
유류 취급 중	69	31	0	31	445,254
폭죽놀이	25	0	0	0	20,145
기기 사용 · 설치 부주의	774	54	5	49	39,965,264
기타	1,359	120	12	108	26,020,693

[보고서]

2011~2020년 동안 전체 화재 건수 398,383건 중 ㉠ 부주의로 인해 발생한 화재가 52% 이상으로 가장 높은 비중을 차지하였으며, ㉡ 방화의심으로 인한 화재 발생은 5% 미만으로 비중이 가장 낮았다.

같은 조사기간 동안 부주의로 인한 세부 발화요인별 화재 현황을 살펴보면 ㉢ 담배꽁초로 인한 화재 건수가 67,000건 이상으로 가장 많았고, 그다음으로는 음식물 조리 중으로 인한 화재 건수가 35,000건 이상으로 두 번째, 쓰레기 소각으로 인한 화재 건수가 29,000건 이상으로 그 뒤를 이었다.

㉣ 2020년 부주의 발화요인 중 인명피해가 가장 큰 항목은 '음식물 조리 중'으로 건당 19명 이상의 인명피해를 냈으며, ㉤ 부주의로 인한 발화요인 중 건당 재산피해액이 가장 큰 항목은 '기기 사용 · 설치 부주의'로, 건당 51백만 원 이상의 재산 피해를 냈다.

① ㉠ ② ㉡ ③ ㉢
④ ㉣ ⑤ ㉤

[39~40] 다음 [그래프]는 기사와 기술사 국가기술자격통계에 대한 자료이다. 이를 바탕으로 이어지는 질문에 답하시오.

[그래프1] 국가기술자격통계(기사) (단위: 명)

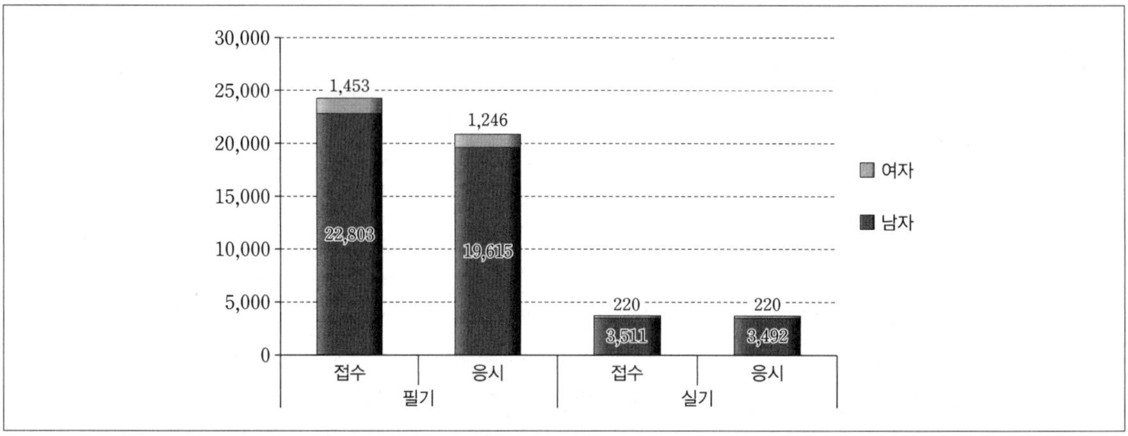

[그래프2] 국가기술자격통계(기술사) (단위: 명)

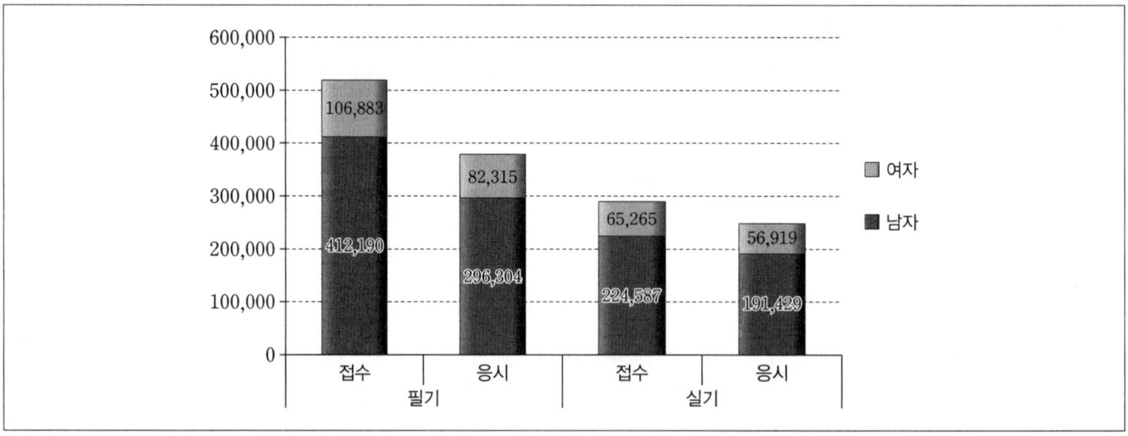

[그래프3] 국가기술자격(기사 및 기술사) 합격률 (단위: %)

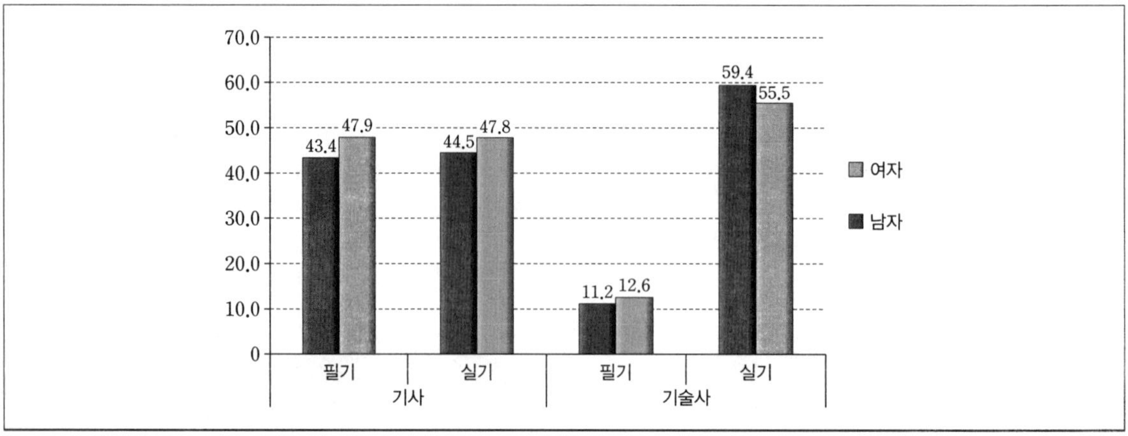

※ (응시율)(%)=$\frac{\text{(응시자 수)}}{\text{(접수자 수)}}\times 100$, (합격률)(%)=$\frac{\text{(합격자 수)}}{\text{(응시자 수)}}\times 100$

39

다음 중 자료를 바탕으로 할 때, [보기]의 A, B, C, D의 대소 관계를 바르게 나타낸 것을 고르면?(단, 계산 시 소수점 둘째 자리에서 반올림한다.)

보기

- A: 기술사 필기 시험 여자 응시율
- B: 기술사 실기 시험 응시율
- C: 기사 필기 시험 남자 응시율
- D: 기사 실기 시험 응시율

① A<B<C<D
② A<B<D<C
③ A<C<B<D
④ B<A<C<D
⑤ B<C<A<D

40

기사 필기 시험 여자 합격자를 a명, 기술사 실기 시험 남자 합격자를 b명이라고 할 때, $(b-a)$의 값의 범위를 부등식으로 바르게 나타낸 것을 고르면?

① $90,000 \leq (b-a) < 100,000$
② $100,000 \leq (b-a) < 110,000$
③ $110,000 \leq (b-a) < 120,000$
④ $120,000 \leq (b-a) < 130,000$
⑤ $130,000 \leq (b-a) < 140,000$

41

다음의 명제가 모두 참일 때, 도출할 수 있는 결론으로 적절한 것을 고르면?

- 노트북 두께가 두꺼우면 무게가 무겁다.
- 사람들에게 인기가 많지 않은 노트북은 화질이 좋지 않다.
- 무게가 무거운 노트북은 사람들에게 인기가 많지 않다.

① 사람들에게 인기가 많지 않은 노트북은 두께가 두껍다.
② 무게가 무거운 노트북은 두께가 두껍다.
③ 화질이 좋은 노트북은 무게가 무겁지 않다.
④ 사람들에게 인기가 많은 노트북은 두께가 두껍다.
⑤ 무게가 무겁지 않으면 노트북의 화질이 좋다.

42

5명의 직원 A~E 중 1명이 지각을 하였다. 5명 중 1명은 거짓을 말하고 나머지 4명은 모두 참을 말할 때, 다음 [조건]을 바탕으로 지각한 사람을 고르면?

조건

- A: "난 지각하지 않았어."
- B: "C가 지각을 했어."
- C: "A 아니면 B가 지각을 했어."
- D: "A 아니면 C가 지각을 했어."
- E: "D는 지각하지 않았어."

① A　② B　③ C
④ D　⑤ E

43

A기업은 회사 기밀을 유출한 범인 1명을 찾아내기 위해 감사팀에서 의심되는 직원 5명 갑~무와 면담하였다. 직원 5명 중 2명은 거짓을 말하고, 3명은 진실을 말할 때, 다음 [조건]을 바탕으로 기밀을 유출한 사람을 고르면?(단, 거짓을 말하는 사람의 모든 발언 내용이 거짓이다.)

조건

- 갑: "나와 무는 기밀을 유출하는 사람을 봤다. 을은 진실을 말하고 있다."
- 을: "기밀을 유출한 사람은 정이다. 정이 기밀을 유출하는 것을 본 사람은 무이다."
- 병: "정은 기밀을 유출하지 않았다. 무가 진실을 말하고 있다."
- 정: "기밀을 유출하는 것을 직원 2명이 봤다. 을은 기밀을 유출하지 않았다."
- 무: "갑과 나는 기밀을 유출하지 않았다. 나는 기밀을 유출하는 사람을 보지 못했다."

① 갑　② 을　③ 병
④ 정　⑤ 무

44

5명의 직원 A~E는 남자 3명, 여자 2명으로 구성되어 있다. A~E의 직급은 각각 사원, 대리, 과장, 차장, 부장으로 모두 다르고, 각각 재무팀, 기획팀, 홍보팀, 영업팀, 개발팀으로 팀도 모두 다르다. 5명 중 1명만이 본인의 성별, 직급, 팀에 대해 모두 거짓만을 말하고, 나머지 4명은 모두 참만을 말할 때, 다음 [조건]을 바탕으로 A~E의 성별, 직급, 팀에 대한 정보가 모두 바르게 짝지어진 것을 고르면?

조건

- A: "나는 여자도 아니고, 차장이나 과장도 아니고, 개발팀도 아니야."
- B: "나는 재무팀 남자 부장이야."
- C: "나는 홍보팀 남자 과장이야."
- D: "나는 영업팀 여자 대리야."
- E: "나는 개발팀 남자 사원이야."

① 재무팀 남자 사원－A
② 기획팀 여자 차장－B
③ 홍보팀 남자 사원－D
④ 영업팀 여자 부장－E
⑤ 개발팀 여자 대리－C

45

김 대리는 1박 2일로 진행되는 워크숍을 위해 숙소 방 배정을 준비하고 있다. A~H 8명의 직원이 1~4호 방을 두 사람씩 사용해야 하는데, 다음 [조건]에 따라 숙소를 배정하려고 한다. 이에 대한 설명으로 항상 옳은 것을 [보기]에서 모두 고르면?(단, 방은 1호-2호-3호-4호 일렬로 배치되어 있다.)

조건

- 안전관리본부, 인력개발팀 직원은 각 두 명씩이며, 나머지 직원은 모두 전략사업본부 소속이다.
- 전략사업본부 직원들은 각각 다른 방에 배정한다.
- A, B, C는 각각 다른 부서 소속이고, H와 F는 같은 부서 소속이다.
- 1호에는 F가 배정되며, 같은 부서 소속이 아닌 C는 1호에 배정되지 않았다.
- B와 H는 다른 부서 소속이다.
- E는 B와 같은 부서 소속이고, D는 F와 다른 부서 소속이다.
- A와 C, F와 D는 각각 같은 방에 배정한다.
- E는 D가 배정된 바로 옆의 방에 배정한다.
- 인력개발팀 직원은 모두 짝수 호수의 방에 배정한다.

보기

㉠ 인력개발팀 직원은 B, E이다.
㉡ 4호실에 배정된 직원은 H, B이다.
㉢ A는 3호에 배정된다.

① ㉠　② ㉠, ㉡　③ ㉠, ㉢
④ ㉡, ㉢　⑤ ㉠, ㉡, ㉢

46

갑과 을이 주사위 게임을 하려고 한다. 게임규칙이 다음과 같을 때, 이에 대한 설명으로 옳은 것을 [보기]에서 모두 고르면?

- 다음과 같은 게임판에 갑의 말이 B1, 을의 말이 C4에 위치하고 있다. 갑과 을은 주사위를 던져 나오는 수에 해당하는 규칙에 따라 말을 이동시킨다. 갑은 D3에, 을은 A2에 도달해야 하며, 먼저 도달한 사람이 승리한다.

A1	A2	A3	A4
B1	B2	B3	B4
C1	C2	C3	C4
D1	D2	D3	D4

← 왼쪽　　　　오른쪽 →

- 주사위 눈의 숫자별 이동 규칙은 다음과 같다.
  1: 오른쪽으로 한 칸 이동
  2: 왼쪽으로 두 칸 이동
  3: 위쪽으로 한 칸, 오른쪽으로 한 칸 이동
  4: 아래쪽으로 두 칸, 왼쪽으로 한 칸 이동
  5: 위쪽으로 두 칸 이동
  6: 아래쪽으로 한 칸, 오른쪽으로 두 칸 이동
- 게임판 A줄의 윗줄은 D줄이고, 4번 줄의 오른쪽 줄은 1번 줄이다.
- 승리와 동시에 게임은 종료된다. 주사위는 갑이 먼저 던지고, 그 후에는 을과 갑이 각각 번갈아 가면서 던진다.

보기

㉠ 갑과 을이 주사위를 던진 횟수의 합이 5회 미만일 때 게임이 종료되었다면, 승리한 사람은 갑이다.
㉡ 갑이 던진 주사위의 눈이 1 또는 6만 나왔고, 갑이 승리했다면, 갑은 주사위를 총 네 번 던졌다.
㉢ 을이 처음으로 던진 주사위의 눈이 1이 나왔다면 을이 주사위를 두 번 더 던져 A2에 도달할 수 있는 경우의 수는 네 가지이다.

① ㉠　　② ㉡　　③ ㉢
④ ㉠, ㉢　　⑤ ㉡, ㉢

47

다음 글을 근거로 판단할 때, 7월 1일부터 7월 6일까지 김 씨가 당일 생산하여 당일 판매한 마카롱 개수의 합을 고르면?

- 디저트 전문점을 운영하는 김 씨는 딸기 마카롱과 초코 마카롱을 직접 만들어 판매한다. 김 씨는 마카롱을 만든 날 모두 판매하는 것을 목표로 운영하며, 당일 판매하지 못한 마카롱은 판매가에서 40%를 할인하여 다음 날 판매한다. 판매 시에는 전날 판매하지 못한 마카롱을 먼저 판매하고, 재고 마카롱이 모두 소진된 다음 당일 만든 마카롱을 판매한다. 만약 이틀 연속 판매되지 않은 마카롱이 있으면 이 마카롱은 폐기처분한다.
- 김 씨는 매일 아침 판매할 수 있는 마카롱의 개수가 딸기 마카롱이 60개, 초코 마카롱이 100개가 되도록 준비한다. 6월 30일에 판매하고 남은 마카롱은 딸기 마카롱 12개, 초코 마카롱 30개이다.
- 매일 판매된 딸기 마카롱과 초코 마카롱의 개수는 아래와 같았다.

구분	7월 1일	7월 2일	7월 3일	7월 4일	7월 5일	7월 6일
딸기 마카롱	45개	52개	58개	55개	60개	50개
초코 마카롱	80개	92개	60개	50개	45개	60개

① 472개　　② 475개　　③ 477개

④ 480개　　⑤ 483개

48

다음은 주택임대차보호법의 일부이다. 이를 바탕으로 [상황]에 대해 추론한 내용 중 옳지 않은 것을 고르면?

> 제6조3(계약갱신의 요구 등)
>
> ① 임대인은 임차인이 기간 내에 계약갱신을 요구할 경우 정당한 사유 없이 거절을 못 한다. 다만, 각 호의 어느 하나에 해당하는 경우에는 그러지 아니한다.
>
> 1. 임차인이 2기의 차임액에 해당하는 금액에 이르도록 차임을 연체한 사실이 있는 경우
> 2. 임차인이 거짓이나 그 밖의 부정한 방법으로 임차한 경우
> 3. 서로 합의하여 임대인이 임차인에게 상당한 보상을 제공한 경우
> 4. 임차인이 임대인의 동의 없이 목적 주택의 전부 또는 일부를 전대한 경우
> 5. 임차인이 임차한 주택의 전부 또는 일부를 고의나 중대한 과실로 파손한 경우
> 6. 임차한 주택의 전부 또는 일부가 멸실되어 임대차의 목적을 달성하지 못한 경우
> 7. 임대인이 다음 각 목의 어느 하나에 해당하는 사유로 목적 주택의 전부 또는 대부분을 철거하거나 재건축을 하기 위해 목적 주택의 점유를 회복할 필요가 있는 경우
>   가. 철거 또는 재건축에 대한 구체적인 계획을 임차인에게 고지하고 그 계획을 따르는 경우
>   나. 건물이 노후, 훼손 또는 일부 멸실 등으로 안전사고 우려가 있는 경우
>   다. 다른 법령에 따라 철거 또는 재건축이 이루어지는 경우
> 8. 임대인(임대인의 직계존속, 비속 포함)이 목적주택에 실제 거주하려는 경우
> 9. 그밖에 임차인이 임차인으로서 의무를 현저하게 위반하거나 임대차를 계속하기 어려운 중대한 사유가 있는 경우

> 상황
>
> 임차인 A씨는 도심에 위치한 B아파트를 임차하여 거주 중이다. 계약기간 내 임차인 A씨는 월세를 2개월간 연속으로 연체한 적이 있으나, 이후 월세를 모두 완납했다. 임차인 A씨는 임대인의 동의를 얻지 않고, 주방공간을 확장하기 위해 일부 벽을 제거했다. 임차인 A씨는 임대인 C씨에게 고지하지 않고 6개월간 친구에게 월세를 받고 방 하나를 내주었다. 한편 임대인 C씨의 부모님은 B아파트에 입주하려고 한다. B아파트가 속한 D주택지구는 철거 후 재건축을 진행하려는 논의가 있으나 아직 구체적인 일정이 수립되거나 사업승인이 나지 않았다.
>
> 임차 기간이 만료되기 전에 임차인 A씨는 임대인 C씨에게 계약갱신을 요청했다.

① 임차인 A씨가 2개월간 월세를 연체한 이력이 있으므로 임대인 C씨는 계약갱신청구권을 거부할 수 있다.

② 임차인 A씨가 주방공간을 확장한 것은 일부를 고의로 파손한 경우에 해당하므로 임대인 C씨는 계약갱신청구권을 거부할 수 있다.

③ 임차인 A씨가 일부 방을 친구에게 전대했기 때문에 임대인 C씨는 계약갱신청구권을 거절할 수 있다.

④ 임대인 C씨는 직계존속이 실제 거주하기 위해 임차인 A씨의 계약갱신청구권을 거절할 수 있다.

⑤ 임대인 C씨는 재건축사유로 계약갱신청구권을 거절할 수 있다.

[49~50] 다음 [표]는 K사의 대학생 자녀 장학금 지원 제도에 대한 자료이다. 이를 바탕으로 이어지는 질문에 답하시오.

[표1] 수혜자 평가 기준 및 배점

구분	배점	100%	80%	60%	40%	20%	비고
근무 연수	25점	12년 이상	10년 이상 12년 미만	8년 이상 10년 미만	5년 이상 8년 미만	2년 이상 5년 미만	–
고과 점수 평가	25점	95점 이상	90점 이상 95점 미만	85점 이상 90점 미만	80점 이상 85점 미만	80점 미만	전체 기간 평균
자녀 학업 성적	20점	4.2 이상	4.0 이상 4.2미만	3.8 이상 4.0 미만	3.5 이상 3.8 미만	3.0 이상 3.5 미만	직전 2학기 평균
본부장 평가	20점	S	A	B	C	D	전년 기준
제안 실적	10점	15건 이상	12건 이상 15건 미만	10건 이상 12건 미만	5건 이상 10건 미만	4건 이하	전체 기간 누적
근태	최근 1년 이내 근태 문제 1회당 −3점						–

※ 장학금은 지원자 중 평가 기준을 적용한 점수를 바탕으로 총점 60점 이상 득점자에게 모두 지급됨

[표2] 지원자 현황

구분	갑	을	병	정	무	기
근무 연수	6년	11년	3년	14년	9년	5년
고과 점수 평가	88점	82점	94점	85점	90점	96점
자녀 학업 성적	4.5	3.2	3.2	3.8	4.1	4.2
본부장 평가						
제안 실적	8건	13건	5건	16건	11건	3건
1년 내 근태 문제	1회	–	–	2회	1회	–

49

다음 중 자료를 바탕으로 갑~기 6명의 지원자가 모두 장학금을 받을 수 있도록 본부장 평가 점수를 조율하고자 할 때, 이에 대한 설명으로 옳지 않은 것을 고르면?

① 병은 본부장 평가에서 최고점을 받더라도 장학금을 받을 수 없다.
② 모든 지원자가 D를 받을 경우 장학금을 받을 수 있는 지원자는 2명이다.
③ 모든 지원자가 C를 받을 경우 장학금을 받을 수 있는 지원자는 3명이다.
④ 모든 지원자가 B를 받을 경우 장학금을 받을 수 있는 지원자는 4명이다.
⑤ 모든 지원자가 S를 받을 경우 장학금을 받을 수 있는 지원자는 5명이다.

50

K사의 대학생 자녀 학자금 지원 제도의 수혜 조건이 다음과 같이 변경되었다. 갑~기의 자녀 학업 성적과 본부장 평가 성적이 아래 [표3]과 같다고 가정할 때, 이에 대한 설명으로 옳지 않은 것을 고르면?(단, 자녀 학업 성적 및 본부장 평가 성적 외에 갑~기의 지원 현황은 주어진 자료의 [표2]와 동일하다.)

> [자녀 장학금 수혜 조건 변경안]
> • 자녀 학업 성적에 대한 점수 적용을 직전 1학기로 한정한다.
> • 직전 1학기로 한정하되, 2학기 전 대비 학점 0.5점 이상 상승 시 5점의 가점을 부과한다.

[표3] 갑~기의 본부장 평가 및 자녀 학업 성적

구분	갑	을	병	정	무	기
2학기 전 자녀 학업 성적	4.0	3.4	3.8	4.1	3.9	3.5
직전 학기 자녀 학업 성적	3.9	4.0	3.7	3.8	4.3	4.1
본부장 평가	A	A	S	B	C	B

① 학점 상승에 따른 가점 적용 여부에 관계없이 장학금 수혜 인원수는 동일하다.
② 변경 전과 동일하게 자녀 학업 성적을 직전 2학기 평균으로 반영하는 경우와 장학금 수혜 인원수가 같다.
③ 본부장 평가를 A 이상 받은 지원자 중 장학금을 받을 수 있는 지원자는 1명이다.
④ 2학기 전과 비교하였을 때 직전 학기에 자녀의 학업 성적이 오른 직원의 수와 떨어진 직원의 수는 같다.
⑤ 총합 점수가 가장 높은 직원은 1년 내 근태 문제가 있었다.

[51~52] 다음은 폐기물 처분 부담금 제도에 대한 내용이다. 이를 바탕으로 이어지는 질문에 답하시오.(단, 산정 지수는 1.2이다.)

○ 폐기물 처분 부담금 부과요율

<table>
<tr><th colspan="2" rowspan="2">폐기물 유형</th><th colspan="2">요율</th></tr>
<tr><th>매립 시</th><th>소각 시</th></tr>
<tr><td colspan="2">1. 생활폐기물</td><td>kg당 15원</td><td>kg당 10원</td></tr>
<tr><td rowspan="2">2. 사업장폐기물(건설폐기물 제외)</td><td>불연성</td><td>kg당 10원</td><td>–</td></tr>
<tr><td>가연성</td><td>kg당 25원</td><td>kg당 10원</td></tr>
<tr><td colspan="2">3. 건설폐기물</td><td>kg당 30원</td><td>kg당 10원</td></tr>
</table>

○ 폐기물 처분 부담금 산정

(폐기물 처분 부담금)(원)=(폐기물 소각 · 매립 처분량(kg))×(요율(원/kg))×(산정지수)

○ 폐기물 처분 부담금 감면

<table>
<tr><th colspan="2">감면대상</th><th>감면 비율</th></tr>
<tr><td rowspan="2">① 자가 매립 후 재활용</td><td>매립한 연도의 12월 31일까지 재활용</td><td>100%</td></tr>
<tr><td>매립한 연도의 다음 연도 1월 1일부터 2년 이내에 재활용</td><td>50%</td></tr>
<tr><td rowspan="3">② 소각 열에너지 회수</td><td>75% 이상 회수하여 이용</td><td>75%</td></tr>
<tr><td>60% 이상 75% 미만 회수하여 이용</td><td>60%</td></tr>
<tr><td>50% 이상 60% 미만 회수하여 이용</td><td>50%</td></tr>
<tr><td>③ 폐기물부담금 납부 후 처분</td><td>폐기물부담금을 납부한 자가 해당 제품 · 재료 · 용기를 소각 또는 매립</td><td>100%</td></tr>
<tr><td rowspan="2">④ 중소기업</td><td>연간 매출액이 10억 원 미만</td><td>100%</td></tr>
<tr><td>연간 매출액이 10억 원 이상 120억 원 미만</td><td>50%</td></tr>
<tr><td>⑤ 지정폐기물 처분</td><td>지정폐기물을 소각 또는 매립</td><td>100%</td></tr>
<tr><td>⑥ 도서지역폐기물 처분</td><td>도서 내에서 발생한 폐기물을 소각 또는 매립</td><td>100%</td></tr>
<tr><td>⑦ 재난폐기물 처분</td><td>재난으로 발생한 폐기물을 소각 또는 매립</td><td>100%</td></tr>
<tr><td>⑧ 매립시설 정비 폐기물</td><td>지방자치단체의 장이 환경오염의 방지 또는 매립시설의 사용 기간 연장 등을 위해 사용이 종료될 예정이거나 이미 종료된 매립시설을 정비하는 과정에서 굴착한 폐기물을 소각 또는 매립하는 경우</td><td>100%</td></tr>
<tr><td>⑨ 불법폐기물 처분</td><td>지방자치단체의 장이 관할 구역의 환경오염 방지 또는 지역 주민의 안전 등을 위하여 불법 투기 · 방치된 폐기물을 소각 또는 매립하는 경우</td><td>100%</td></tr>
</table>

51

다음 중 자료에 대한 설명으로 옳지 않은 것을 [보기]에서 모두 고르면?

보기

㉠ 소각이 가능한 경우에 소각하는 것이 매립하는 것보다 감면 전 폐기물 처분 부담금이 저렴하다.
㉡ 가연성 건설폐기물을 매립하는 경우 불연성 건설폐기물을 매립하는 것보다 폐기물 처분 부담금이 많다.
㉢ 소각하는 경우에는 100% 감면을 받을 수 없다.

① ㉠
② ㉡
③ ㉢
④ ㉠, ㉡
⑤ ㉡, ㉢

52

다음 자료를 바탕으로 A, B, C가 지불해야 할 폐기물 처분 부담금액의 합을 고르면?

구분	폐기물 유형	처분량	처분 방식	비고
A	건설폐기물	2.8톤	소각	70% 회수하여 이용
B	불연성 사업장폐기물	3.6톤	매립	다음 해 8월에 회수하여 재활용
C	생활폐기물	5.2톤	매립	대전 지역 발생 생활폐기물

① 107,040원
② 115,200원
③ 128,640원
④ 135,360원
⑤ 140,400원

53

다음은 학술연구지원사업의 신청자격에 대한 자료이다. 이를 바탕으로 [보기]의 연구팀 중 학술연구지원사업의 신청자격이 있는 연구팀만을 모두 고르면?

1. 사업개요: 학술연구지원사업
2. 신청기간: 2022. 4. 1. ~ 2022. 4. 30.
3. 신청자격:
   1) 「학술진흥 및 학자금대출 신용보증 등에 관한 법률 시행령」 제5조에 해당하는 자로서 다음과 같은 연구 실적이 있는 연구자에 한하여 연구책임자 자격으로 신청 가능하며, 국외기관 소속연구자는 연구책임자가 될 수 없음

> 2016년 1월 1일부터 신청 마감일까지 한국연구재단의 등재(후보)학술지, 국제학술지(SSCI 등)에 게재한 논문 및 전문학술저서(학술적 가치가 있는 역서 포함) 등의 연구 실적이 3건 이상이어야 함
> – 단독저서 및 역서는 연구 실적 2건으로, 공동저서 및 역서는 연구 실적 1건으로 산정함
> – 공동연구논문은 책임저자, 교신저자 또는 공동저자와 상관없이 1건으로 산정함

> 「학술진흥 및 학자금대출 신용보증 등에 관한 법률 시행령」 제5조 내용
> 1. 국내·외의 대학(대학부설연구소를 포함함) 또는 그 소속교원(교원은 전임강사, 조교수, 부교수, 교수를 말한다.)
> 2. 국내·외의 학술연구기관·단체 또는 그 소속연구원
> 3. 대학의 시간강사
> 4. 국내·외의 대학 등의 기관에서 연수 중인 자로서 박사 학위를 소지한 자

   2) 연구자 참여자격 및 요건

<table>
<tr><th colspan="2">구분</th><th>참여자격</th></tr>
<tr><td colspan="2">연구책임자</td><td rowspan="2">연구 실적 3건 이상</td></tr>
<tr><td rowspan="2">공동연구원</td><td>일반공동연구원</td></tr>
<tr><td>전임연구인력</td><td>박사 학위 소지자</td></tr>
<tr><td colspan="2">연구보조원</td><td>학사, 석사, 박사 과정생, 박사 수료생
(박사 수료생은 박사 과정을 이수한 후 학위를 취득하지 않고 대학에 소속되어 있는 자를 말함)</td></tr>
</table>

※ 연구책임자는 사회과학분야 전공자로 한정하되, 공동연구원은 전공분야를 제한하지 않음(인문학, 예술학, 복합학 등 연구자 참여 가능)

보기

㉠ 2016년 5월 이후 등재학술지에 논문 5건을 게재한 사회과학분야 전공의 국내 대학교수 1명을 연구책임자로 하고, 같은 기간에 등재후보학술지에 논문 1건을 게재하고 단독저술한 1건의 저서를 출간한 교수 1명과 공동 역서 1건의 실적을 가진 박사 학위 소지자 1명을 일반공동연구원으로 하여 연구팀을 구성하였다.

㉡ 2017년 2월 이후 SSCI 학술지에 논문 2건과 등재학술지에 논문 2건을 게재한 사회과학분야 전공의 국내 대학 소속 시간강사 1명을 연구책임자로 하고, 같은 기간에 등재학술지에 논문 1건과 비등재지에 논문 1건을 게재하고 단독저서 2건의 실적이 있는 인문학 전공의 대학강사를 일반공동연구원으로 하여 연구팀을 구성하였다.

㉢ 2016년 1월 이후 단독저서 2건을 출간하고 등재학술지에 논문 2건을 게재한 해외 학술연구기관의 사회과학분야 전공 연구원 1명을 연구책임자로 하고, 등재후보학술지에 논문 1건을 게재하고 단독저서 2건의 실적이 있는 국내 대학 전임강사를 일반공동연구원으로 하며, 석사 학위 소지자를 연구보조원으로 하여 연구팀을 구성하였다.

① ㉡
② ㉢
③ ㉠, ㉡
④ ㉡, ㉢
⑤ ㉠, ㉡, ㉢

54

S사의 신입사원 A 씨는 채용설명회를 위해 모교에 방문하여 오전 9시부터 오후 5시까지 8시간 동안 상담을 쉬지 않고 진행했다. 다음 [표]는 상담인원을 특정 시점마다 [조건]의 규칙대로 작성한 자료이다. 이에 대한 설명으로 옳은 것을 [보기]에서 모두 고르면?

[표] 시간대별 상담인원 현황 (단위: 명)

기록 시간	누적 방문인원	대기자 수
09:00	0	0
10:00	10	7
11:00	25	12
12:00	39	11
13:00	41	1
14:00	53	3
15:00	66	5
16:00	74	1
17:00	84	0

조건

- 상담은 1:1로만 가능하며 상담 중인 사람이 있는 경우에는 대기하였다가 먼저 온 사람 순으로 상담을 진행한다.
- 대기를 하다가 상담을 진행하지 않고 중간에 떠나는 사람은 없다.
- 기록 시간은 매시 정각이며, 해당 시점에 누적 방문인원과 대기자 수를 기록한다.
- 누적 방문인원은 기록 시점까지 방문한 사람들의 누적인원이다(상담을 위하여 방문은 하였지만 아직 상담을 완료하지 못하고 대기 중인 사람까지 모두 포함).
- 대기자 수는 기록 시점인 매시 정각에 상담을 위하여 대기 중인 사람의 수이다(매시 정각에 상담을 진행 중인 사람까지 포함).

보기

㉠ 10시까지 상담을 완료한 사람은 3명이다.
㉡ 9시 직후부터 12시까지 방문한 인원이 13시 직후부터 17시까지 방문한 인원보다 더 많다.
㉢ 9시 직후부터 매 1시간 단위로 따졌을 때 가장 많은 인원이 방문한 시간대는 10시 직후부터 11시까지이다.
㉣ 9시 직후부터 매 1시간 단위로 따졌을 때 가장 많은 인원이 상담을 완료한 시간대는 11시 직후부터 12시까지이다.

※ '~까지'는 그 시점을 포함하는 것으로, 예를 들어 12:00까지는 12:00 정각을 포함함
※ '~직후'는 그 시점을 포함하지 않는 것으로, 예를 들어 12:00 직후는 12:00 정각을 포함하지 않음

① ㉠, ㉣
② ㉡, ㉢
③ ㉡, ㉣
④ ㉠, ㉡, ㉢
⑤ ㉠, ㉢, ㉣

55

다음 자료를 바탕으로 김 대리가 점심을 주문한 식당을 고르면?

- 김 대리와 이 대리는 점심을 배달 주문해서 먹을 예정이다.
- 점심 메뉴를 선택하기 위하여 배달 애플리케이션에 있는 다섯 곳의 식당을 비교하였다. 식당별 정보는 다음과 같다.

식당	메뉴	1인분 가격	최소 주문 금액	배달료	배달 예정 시간
A	백반	9,000원	18,000원	2,000원	30분
B	초밥	12,000원	15,000원	없음	40분
C	국밥	8,000원	20,000원	없음	30분
D	중식	7,000원	12,000원	2,500원	1시간
E	덮밥	6,000원	10,000원	1,000원	25분

김 대리: 이제 슬슬 점심을 시켜야 할 때가 됐네요. 이 대리님, 어떤 메뉴를 드시고 싶으세요?
이 대리: 요즘 계속 덮밥을 먹었으니 오늘은 다른 메뉴를 먹어보죠.
김 대리: 네, 덮밥이 저렴해서 자주 시켰는데 슬슬 질리는 것 같네요. 이번 달 용돈이 얼마 남지 않아서 가격이 너무 비싼 건 못 먹을 것 같아요. 배달료를 포함해 1인당 1만 원 이내의 메뉴로 주문해요.
이 대리: 그렇게 해요. 가장 저렴한 메뉴로 주문할까요?
김 대리: 점심시간이 30분 뒤이니 적어도 40분 이내에 도착하는 메뉴를 주문해야 합니다.
이 대리: 네, 배달 예정 시간이 너무 긴 식당에는 주문하지 못하겠네요. 그럼 주문 가능한 식당이 한 곳이네요.
김 대리: 네. 그 식당에서 2인분 주문하겠습니다.

① A　② B　③ C
④ D　⑤ E

56

다음 [표]와 [그래프]는 최근 5년간(2016~2020년) 8월 및 2020년 8월의 시기별(상순, 중순, 하순) 유의파고의 평균 높이와 최고 높이, 파고 측정 지점에 대한 자료이다. 이에 대한 설명으로 옳은 것을 고르면?

[그래프] 최근 5년간 8월 및 2020년 8월의 시기별 유의파고 (단위: m)

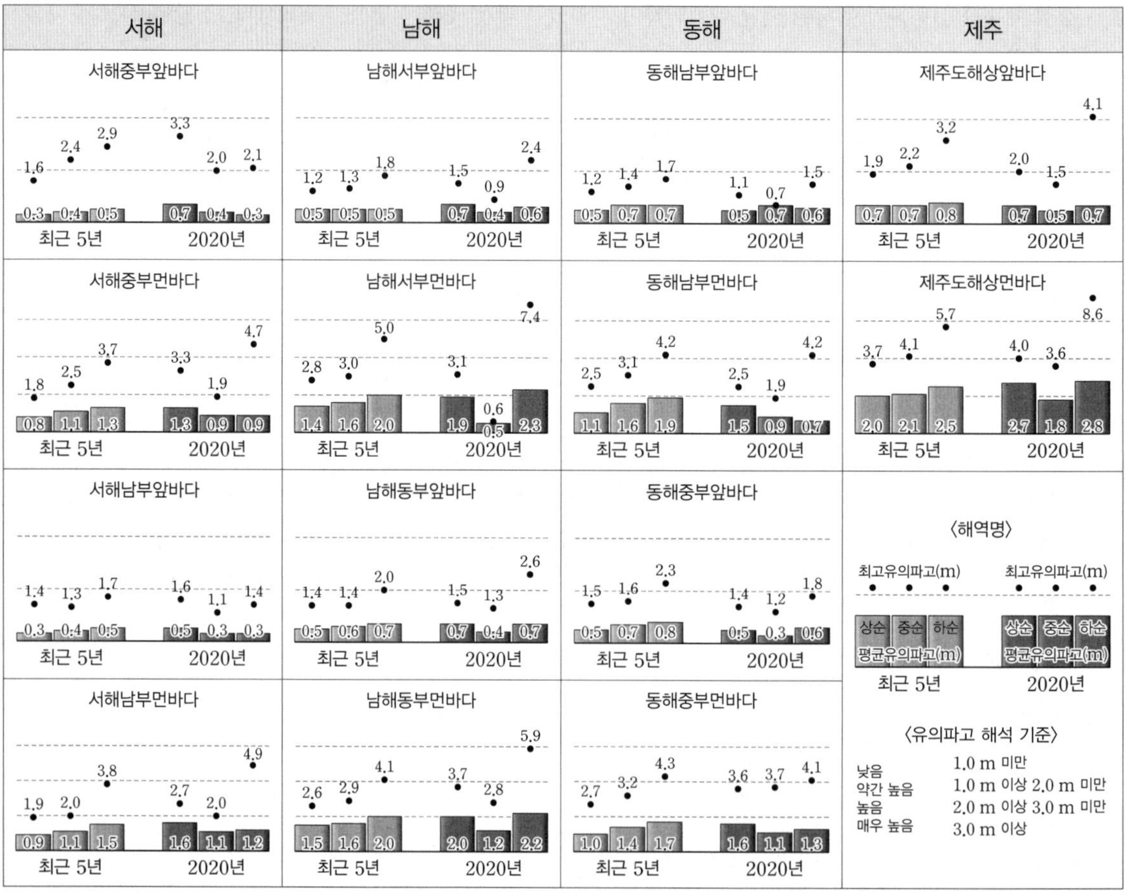

[표] 파고 측정 지점

해역	먼바다	앞바다
서해중부	덕적도, 외연도, 인천	신진도, 삽시도, 이작도, 풍도, 자월도, 서천, 천수만, 안면도
서해남부	칠발도, 부안	신안, 진도, 옥도, 영광, 군산, 맹골수도, 대치마도, 비안도
남해서부	거문도, 추자도	청산도, 금오도, 고흥, 노화도
남해동부	거제도, 통영	두미도, 장안, 해금강, 한산도, 잠도, 소매물도
동해중부	울릉도, 동해, 독도	혈암, 구암, 연곡, 울릉읍, 토성, 삼척
동해남부	포항, 울산, 울진	죽변, 구룡포, 후포, 간절곶, 월포
제주도	마라도, 서귀포	제주항, 중문, 우도, 가파도, 협재, 김녕

※ 통계지점: 해양기상부이 및 파고부이 지점

※ 부이: 기상 관측 장비의 일종

① 삽시도의 2020년 8월 중순 평균유의파고는 최근 5년간 8월 중순 평균유의파고와 같고, 2020년 8월 하순 최고유의파고는 최근 5년간 8월 하순 최고유의파고보다 0.2m 낮다.
② 맹골수도의 최근 5년간 8월 상순의 평균유의파고는 2020년 8월 상순 평균유의파고보다 낮고, 2020년 8월 하순 최고유의파고는 최근 5년간 8월의 최고유의파고보다 높다.
③ 서해, 남해, 동해 중 2020년 8월 하순 최고유의파고가 가장 높은 해역의 최근 5년간 8월 하순 평균유의파고와 2020년 8월 하순 평균유의파고의 차이는 0.3m이다.
④ 울진의 최근 5년간 8월 중순 평균유의파고는 구암의 최근 5년간 8월 상순 최고유의파고와 같다.
⑤ 2020년 협재의 8월 하순 최고유의파고와 마라도의 8월 하순 평균유의파고는 '매우 높음'이다.

[57~58] 다음은 어느 기업의 민원 처리기간에 관한 자료이다. 이를 바탕으로 이어지는 질문에 답하시오.

1. 민원의 처리기간
   - A유형 민원
     - 내부규정에 관하여 설명이나 해석을 요구하는 민원: 14일 이내
     - 내부규정 외의 사항에 관하여 설명이나 해석을 요구하는 민원: 7일 이내
   - B유형 민원: 2주일 이내
   - C유형 민원: 3일
   - D유형 민원: 7일 이내

     ※ D유형 민원의 처리를 위하여 필요한 경우 14일의 범위에서 실지조사 등을 할 수 있음. 다만, 부득이한 사유로 14일 내에 실지조사 등을 완료하기 어렵다고 인정되는 경우에는 7일의 범위에서 그 기간을 한 차례만 연장 가능함. 실지조사 등에 걸린 기간은 처리기간에 산입하지 않음
   - E유형 민원: 1달
2. 처리기간에 산입하지 않는 기간
   - 신청서의 보완에 소요되는 기간(보완을 위하여 신청서를 신청인에게 발송한 날과 보완되어 행정청에 도달한 날을 포함)
   - 접수 · 경유 · 협의 및 처리하는 기관이 각각 상당히 떨어져 있는 경우 문서의 이송에 소요되는 기간
   - 대표자를 선정하는 데 소요되는 기간
   - 당해 처분과 관련하여 의견청취가 실시되는 경우 그에 소요되는 기간
   - 실험 · 검사 · 감정, 전문적인 기술 검토 등 특별한 추가절차를 거치기 위하여 부득이하게 소요되는 기간
   - 선행사무의 완결을 조건으로 하는 경우 그에 소요되는 기간
3. 처리기간의 연장
   - 행정기관의 장은 부득이한 사유로 처리기간 내에 민원을 처리하기 어렵다고 인정되는 경우에는 그 민원의 처리기간의 범위에서 그 처리기간을 한 차례 연장 가능
   - 다만, 연장된 처리기간 내에 처리하기 어려운 경우에는 민원인의 동의를 받아 그 민원의 처리기간의 범위에서 처리기간을 한 차례만 다시 연장할 수 있음
   - 처리기간을 연장하였을 때에는 처리기간의 연장 사유와 처리완료 예정일을 지체 없이 민원인에게 문서로 통지해야 함
4. 처리기간의 계산
   - 민원의 처리기간을 5일 이하로 정한 경우: 민원의 접수 시각부터 "시간" 단위로 계산하되, 공휴일과 토요일은 산입하지 않음. 1일은 근무시간(09:00~12:00, 13:00~18:00)을 기준으로 함
   - 민원의 처리기간을 6일 이상으로 정한 경우: "일" 단위로 계산하고 첫날을 산입하되, 공휴일과 토요일은 산입하지 않음
   - 민원의 처리기간을 주 · 월 또는 연으로 정한 경우: 첫날을 산입하되, 아래 기준을 준용
     - 주 · 월 또는 연의 처음부터 기산하는 때에는 기간 말일의 종료로 기간이 만료
     - 주 · 월 또는 연의 처음부터 기산하지 않는 때에는 최후의 주 · 월 또는 연에서 그 기산일에 해당한 날의 전일로 기간이 만료
     - 월 또는 연으로 정한 경우 최종 월에 해당일이 없을 때에는 그 월의 말일로 기간이 만료
     - 기간의 말일이 토요일 또는 공휴일일 때에는 그 다음날로 기간이 만료

57

다음 자료를 토대로 민원 처리기간에 대한 설명으로 옳은 것을 고르면?(단, 모든 경우에 일요일 외의 공휴일은 없다고 가정한다.)

① 월요일에 A유형 민원 중 내부규정의 설명을 요구하는 민원과 B유형 민원을 접수한 경우 B유형의 민원 처리기한이 A유형보다 빠르다.

② 7월 1일에 D유형의 민원을 접수한 경우 늦어도 7월 29일까지는 민원이 처리되어야 한다.

③ 월요일 오전 10시에 C유형의 민원을 접수한 경우 목요일 오후 6시까지 민원이 처리되어야 한다.

④ 접수·경유·협의 및 처리하는 기관이 각각 상당히 떨어져 있어 문서의 이송에 소요되는 기간으로 인해 처리기간 내에 민원을 처리하기 어려운 경우 처리기간의 연장 사유와 처리완료 예정일을 민원인에게 문서로 통지해야 한다.

⑤ 5월 3일에 E유형의 민원을 접수한 경우 5월 31일까지 민원이 처리되어야 한다.

58

2022년 1월 1일은 토요일이다. 2022년 1월 31일~2월 2일은 설 연휴이고, 3월 1일은 삼일절로 공휴일, 3월 9일은 20대 대통령 선거일로 공휴일이다. 갑, 을, 병, 정, 무가 다음과 같이 민원을 제기하였다고 할 때, 민원 처리기한이 옳지 않은 것을 고르면?(단, 병의 민원은 실지조사를 토요일과 공휴일을 제외하고 7일간 하였다. 그 외에 처리기간에 산입하지 않는 기간에 해당하는 사유는 없다. 또한, 일요일, 설 연휴, 삼일절, 대통령 선거일 외의 공휴일은 없다고 가정한다.)

[표] 갑~무의 민원 내역

민원인	민원 유형	민원 접수일	민원 처리기한
갑	A유형 (내부규정 외 해석 요구)	2022년 1월 25일 오후 3시	2022년 2월 4일 오후 6시
을	B유형	2022년 2월 16일 오전 10시	2022년 3월 2일 오후 6시
병	D유형	2022년 2월 16일 오전 9시	2022년 3월 8일 오후 6시
정	E유형	2022년 1월 3일 오전 11시	2022년 2월 3일 오후 6시
무	C유형	2022년 2월 25일 오후 3시	2022년 3월 3일 오후 3시

① 갑　② 을　③ 병
④ 정　⑤ 무

59

다음은 개정된 표준대리점계약서의 내용의 일부이다. 이에 대한 설명으로 옳은 것을 고르면?

공정거래위원회는 대리점분야 불공정거래관행을 예방개선하고, 안정적인 거래보장 등 대리점 권익보호를 강화하기 위해 2023년 현재까지 제정된 모든 업종*의 표준대리점계약서를 개정하였다.

(※ 식음료, 의류, 통신, 제약, 자동차판매, 자동차부품, 가구, 도서출판, 보일러, 가전, 석유유통, 의료기기, 기계, 사료, 생활용품, 주류, 페인트, 화장품 등 18개 업종)

- 거래보증금 반환 기한 설정

ㅇㅇ조(보증금 반환)

다. 공급업자는 대리점거래 종료 시 정산 후 지체 없이 대리점에게 거래 보증금에서 폐점비용을 공제하고 남은 금액을 반환하여야 한다. 다만, 보증금 반환 기한은 당사자 간 합의로 별도 설정할 수 있으며, 이 경우 대리점거래 종료일로부터 90일을 넘길 수 없다.

라. 제3항은 공급업자가 대리점으로부터 거래보증금 명목으로 현금을 제공받은 경우에 적용하며, 현금이 아닌 부동산, 유가증권, 보증보험 등의 담보물을 제공받은 경우에는 각 담보물의 조건 및 특성에 따라 반환절차를 진행한다.

- 중재신청 관련 조항 도입

ㅇㅇ조(분쟁해결 및 재판관할)

나. 제1항에 의해서도 이 계약과 관련한 분쟁이 해결되지 아니한 경우에는 「대리점거래의 공정화에 관한 법률」 제19조 제1항에 따라 공정거래조정원 또는 관할 시·도 대리점분쟁조정협의회에 조정을 신청하거나 다른 법령에 의하여 설치된 중재기관에 중재를 신청할 수 있다.

다. 제2항에 따른 조정이 성립되지 아니하거나 공급업자와 대리점이 조정 또는 중재를 신청하지 아니하는 경우, 이 계약에 관한 분쟁의 해결은 통상의 민사절차에 의하며 관할은 민사소송법에 따른다.

- 대리점종합지원센터를 통한 교육 실시 근거 마련

ㅇㅇ조(공정거래 준수 및 동반성장 지원)

다. 공급업자와 대리점은 관련 법령 준수와 불공정거래 피해 예방 등을 위해 필요한 교육을 직접 또는 한국공정거래조정원 대리점종합지원센터를 통하여 실시할 수 있다.

• 계약해지 사유 추가
 – 식음료, 의류, 통신, 제약, 자동차판매, 자동차부품 등 6개 업종 추가 반영

> ○○조(계약해지)
> 가. 공급업자 또는 대리점은 다음 각 호의 어느 하나에 해당하는 사유가 발생하는 경우 서면에 의한 통지로 이 계약을 해지할 수 있다.
> 0. 공급업자 또는 대리점 및 그 임직원의 법 위반행위나 사회 상규에 반하는 행위로 인해 공급업자 또는 대리점 영업에 상당한 영향을 미치는 경우

• 물품 공급가격의 조정 요청
 – 석유유통업종의 경우 「석유 및 석유대체연료 사업법」에 따라 온라인판매가 불가능하여 '온라인쇼핑몰' 문구 삭제
 – 식음료, 의류(재판매형), 제약, 자동차부품, 가구, 도서출판, 보일러, 가전, 석유유통, 의료기기 등 10개 업종 추가 도입

> ○○조(상품의 공급)
> 바. 다음 각 호의 경우 대리점은 공급업자에게 당해 상품의 공급가격의 조정을 요청할 수 있다.
> 1. 대리점이 취급하는 상품과 동일한 상품을 공급업자가 직접 운영하는 점포(온라인 쇼핑몰 포함)에서 대리점 공급가격보다 저렴한 가격으로 판매하는 경우
> 2. 대리점 간 공급가격의 현저한 차이로 인해 정상적인 영업이 어려운 경우

① 대리점 거래종료 시 대리점 보증금은 100% 반환받을 수 있다.
② 대리점거래 종료 후 공급업자의 내부사정 및 계약해지에 대한 최종 정산 합의 문제로 보증금 반환이 90일이 넘어가는 경우는 분쟁조정대상에 해당하지 않는다.
③ 대리점 공급업자의 위법 행위와 관련하여 불매 운동이 지속된 경우, 대리점은 계약해지를 요청할 수 있다.
④ 프랜차이즈 카페의 대리점계약을 위해서는 카페 음료 제조 지식이 필요하다.
⑤ 공급업자의 최저가 판매로 판매가 힘들 경우 대리점은 계약을 해지할 수 있다.

60

다음 글을 바탕으로 적절하게 조치한 사례로 옳은 것을 고르면?(단, A~E는 모두 한국인이며, 언급한 내용 외에는 모두 적법한 조치를 취했다고 가정한다.)

- 검역법은 우리나라로 들어오거나 외국으로 나가는 운송수단, 사람 및 화물을 검역하고 감염병을 예방하기 위해 시행되고 있는 법이다.
- 검역법 및 관련 고시에서는 검역 대상이 되는 이른바 '검역감염병'을 열거하고 있다. 현재 규정된 검역감염병은 '콜레라, 페스트, 황열, 중증급성호흡기증후군, 동물인플루엔자 인체감염증, 신종인플루엔자, 중동호흡기증후군, 에볼라바이러스병, 폴리오'이다.
- 검역법에 의하면 우리나라로 들어오거나 외국으로 나가는 운송수단과 사람 및 화물은 검역조사를 받아야 한다. 검역조사는 검역소장이 시행하는데, 검역소장은 이와 같은 검역대상이 되는 사람들 중 ⓐ 검역법에서 규정하는 검역감염병에 감염된 사람을 격리하는 조치, ⓑ 검역감염병의 증상은 없으나 검역감염병의 발생이 의심되는 사람을 감시 또는 격리하는 조치를 취할 수 있다.
- 검역소장은 격리 조치를 취할 경우에는 조치대상인 사람들을 보건복지부장관이 지정한 검역소 내 격리병동, 감염병의 예방 및 관리에 관한 법률(이하 감염병예방법)에서 규정하는 감염병관리기관이나 격리소·요양소·진료소, 자가(自家) 중 하나에 해당하는 시설에 격리해야 한다.
- ⓐ의 경우 격리 기간은 격리된 자의 감염력이 없어질 때까지이며, ⓑ의 경우 감시 또는 격리 기간은 콜레라는 5일, 페스트는 6일, 황열은 6일, 중증급성호흡기증후군은 10일, 동물인플루엔자 인체감염증은 10일, 그 밖의 감염병은 그 최대 잠복기이다.
- 감시와 달리 격리된 사람은 격리 기간 동안에는 검역소장의 허가를 받지 않고는 다른 사람과 접촉할 수 없으며, 검역소장은 이들을 격리한 경우 격리 사실을 격리대상자의 가족, 보호자 또는 격리 대상자가 지정한 사람에게 알려야 한다.

① 영국에서 출발하여 한국에 도착한 비행기에 에이즈에 감염된 승객 A가 있어 A를 A의 자택에 격리하면서, A의 보호자에게 격리 사실을 알렸다.

② 케냐에서 출발하여 한국에 도착한 비행기에 황열에 감염된 것으로 의심되는 승객 B가 있어 B를 6일간 감시하면서 가족에게는 따로 연락을 취하지 않았다.

③ 베트남에서 출발하여 한국에 도착한 비행기에 페스트에 감염된 것으로 의심되는 승객 C가 있어 C를 보건복지부장관이 지정한 검역소 내 격리병동에 일주일 간 격리하는 조치를 취하였다.

④ 필리핀에서 출발하여 한국에 도착한 선박으로 입국한 승객 중 콜레라에 감염된 것으로 의심되는 승객인 D를 D의 자택에 5일간 격리하고 더 이상 병원체가 배출되지 않자 2일 동안 더 격리한 후 격리를 중단하였다.

⑤ 중국에서 출발하여 한국에 도착한 선박에 탑승했던 승객 중 동물인플루엔자 인체감염증에 감염된 승객 E가 있어 E를 가장 가까운 보건소에 격리하면서, E의 부모님에게 연락했으나 연락이 닿지 않아 E의 여동생에게 격리 사실을 알렸다.

eduwill

PSAT형·휴노 중심형

실전모의고사

| 6회 |

영역		문항 수	권장 풀이 시간	비고
NCS 직업기초능력평가	의사소통능력	60문항	70분	객관식 오지선다형
	수리능력			
	문제해결능력			
	자원관리능력			
	조직이해능력			

eduwill

모바일 OMR
자동채점&성적분석 무료

정답만 입력하면 채점에서 성적분석까지 한번에!

활용
GUIDE

실시간 성적분석 방법!

STEP 1 — QR 코드 스캔 ▶ STEP 2 — 모바일 OMR 입력 ▶ STEP 3 — 자동채점 & 성적분석표 확인

STEP 1

교재 내 QR 코드 스캔

실전모의고사 6회
모바일 OMR 바로가기

eduwill.kr/eZme

- 위 QR 코드를 모바일로 스캔 후 에듀윌 회원 로그인
- QR 코드 하단의 바로가기 주소로도 접속 가능

STEP 2

모바일 OMR 입력

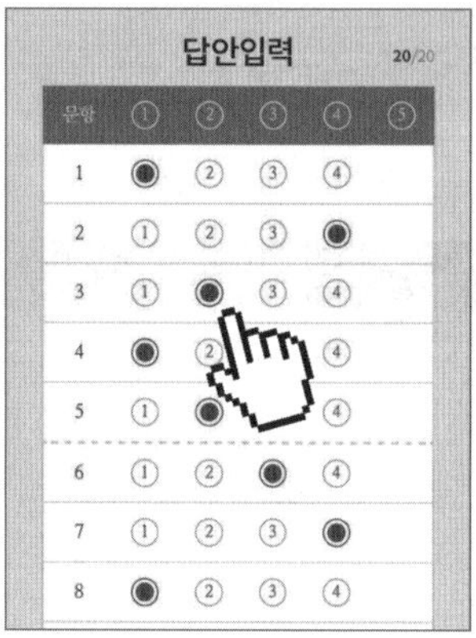

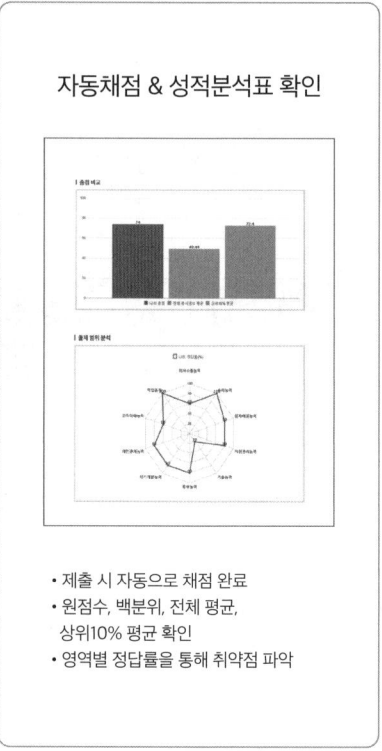

- 회차 확인 후 '응시하기' 클릭
- 모바일 OMR에 답안 입력
- 문제풀이 시간까지 측정 가능

STEP 3

자동채점 & 성적분석표 확인

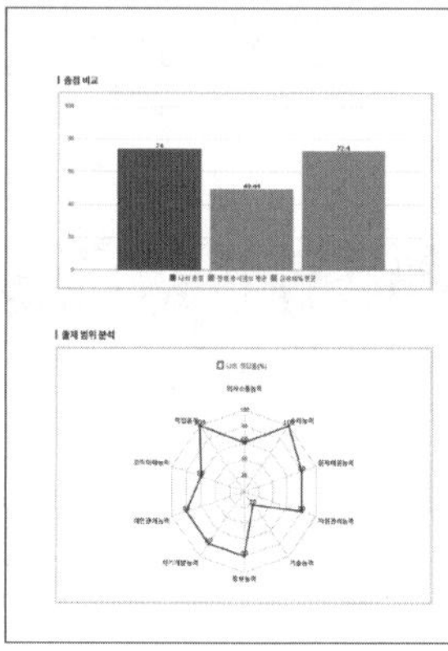

- 제출 시 자동으로 채점 완료
- 원점수, 백분위, 전체 평균, 상위10% 평균 확인
- 영역별 정답률을 통해 취약점 파악

※ 본 회차의 모바일 OMR 채점 서비스는 2026년 12월 31일까지 유효합니다.

실전모의고사 6회

01

다음 글을 이해한 내용으로 적절하지 <u>않은</u> 것을 고르면?

공기청정기는 공기 중 입자상 물질을 제거하기 위해 만들어진 장치다. 적절하게 관리한 공기청정기는 미세먼지를 실질적으로 줄이는 데 효과가 있는데, 주택에서 사용 시 미세먼지 농도를 약 80~93% 감소시킬 수 있다. 공기청정기의 종류는 오염물질을 어떤 원리로 제거하느냐에 따라 기계식, 전기식, 복합식으로 분류된다. 세부적으로는 필터식, 습식, 전기 집진식, 음이온식, 플라즈마식 및 UV 광촉매식으로 분류할 수 있으며, 일반가정에서 흔히 사용하는 공기청정기는 대부분 필터식이다.

공기청정기의 성능 인증은 '실험실 환경에서 최대 풍량으로 가동했을 때'를 기준으로 이루어진다. 그러므로 실제 주택에서 사용할 때에는 공기청정기의 용량을 여유 있게 선택하는 것이 좋다. 공기청정기 용량이 주택 면적보다 작을 때에는 미세먼지 농도를 저감하는 효과가 낮아진다. 공기청정기의 표준 사용 면적에 대한 공식적인 기준은 없으나 한국소비자원에서는 사용 공간의 130%를 표준 사용 면적으로 계산한다.

공기청정기의 성능은 실내 공간의 기밀도, 즉 일정 압력이 가해졌을 때 내부의 기체가 외부로 유출되지 않는 정도에 따라 차이가 있다. 미세먼지 제거 효율은 밀폐된 공간에서 더 높게 나타난다. 하지만 공기청정기를 사용한다고 해서 환기를 전혀 하지 않으면 미세먼지 외에 폼알데하이드, 라돈, 휘발성 유기화합물 등과 같은 다른 오염물질이 축적돼 실내 공기가 더욱 오염될 수 있으므로 주기적인 환기가 반드시 필요하다. 연구결과에 따르면, 미세먼지 농도를 낮추기 위해 자연 환기를 실시하면 초기에 저감 속도가 빠르므로 실내에 미세먼지가 많이 발생했을 때에는 자연 환기 후 공기청정기를 사용하면 효과적으로 미세먼지 농도를 낮출 수 있다.

또한 공기청정기를 제대로 활용하고 성능을 지속적으로 유지하기 위해서는 공기청정기별로 주기적인 관리가 필요하다. 음이온식, 전기 집진식, 플라즈마식 공기청정기에는 제품 종류나 사용 모드에 따라 오존이 발생할 수도 있으므로 구매하기 전 꼭 오존 발생량을 확인해야 한다. 또한 제대로 관리하지 않은 필터에는 세균이나 곰팡이가 서식할 수 있으므로 주기적인 청소와 관리가 필요하다. 필터를 교체하지 않고 계속 공기청정기를 사용하면 포집된 먼지가 필터를 막아 풍량이 급격히 줄어들고, 풍량이 줄면 공기 순환율이 낮아져 결과적으로 공기 정화 능력도 떨어진다.

① 공기청정기의 미세먼지 제거 효율은 공간이 개방되어 있을수록 높게 나타난다.
② 공기청정기 구매 시 사용할 공간 면적보다 큰 용량을 선택하는 것이 권장된다.
③ 환기 없이 공기청정기를 사용하면 미세먼지 농도는 낮아지지만 공기 질 자체는 나빠질 수 있다.
④ 일반 가정에서는 음이온식 청정기보다 필터식 공기청정기 사용 비율이 높다.
⑤ 공기청정기의 종류에 따라 사용 시 오존이 발생할 수 있다.

02

다음 중 글의 [가]~[마] 문단의 중심 내용으로 적절하지 않은 것을 고르면?

[가] 고령화는 전체 인구에서 65세 이상 인구가 차지하는 비중으로 판단한다. 65세 이상 인구가 전체 인구의 7%일 때 고령화 사회, 14% 이상일 때 고령사회, 20% 이상일 때를 초고령사회로 정의한다. 현재 우리나라의 고령인구 비중은 20%에 근접한 수치로 초고령사회를 목전에 두고 있다. 통계청 자료에 따르면 2022년부터 향후 10년간 생산연령인구는 332만 명이 감소하고, 고령인구는 485만 명으로 증가할 것으로 예상하고 있다. 이는 세계적으로도 유례없을 정도로 빠른 증가세다.

[나] 고령 시대의 가장 큰 문제는 경제 활동을 할 수 있는 사람들이 줄어든다는 것이다. 경제 활동 인구가 줄어들면 생산이 줄어들고, 경제성장을 어렵게 만든다. 경기침체는 생계 유지와 실물자산에 편중된 고령인구의 노후생활을 위태롭게 만드는데, 특히 의료·복지, 연금 등의 수요가 높아지면서 정부 재정에도 큰 부담을 된다. 그리고 그 영향이 다시 국민에게 돌아가며 악순환이 된다.

[다] 고령인구 비율이 세계 최고 수준인 일본은 일찍이 고령사회를 위한 다양한 정책과 실천방안을 내놓고 있다. 건강한 노년을 목표로 하여 일본은 지역포괄시스템을 운영해 노인을 위한 의료와 간병을 지역 단위로 재편하고 있다. 또한 2020년부터는 65세 의무고용을 70세 고용노력 의무로 바꿈으로써 사회활동 연령을 연장시키고, 건강수명을 늘리고자 하고 있다. 마찬가지로 고령화가 빠르게 진행되고 있는 싱가포르는 푸드테크에 주목하고 있다. 음식과 기술을 융합해 새로운 솔루션을 창출하는 푸드테크 기업들이 음식을 삼키기 어려운 노인 및 환자를 위한 식단을 개발하여 시니어 헬스케어의 핵심사업으로 성장하고 있다.

[라] 시니어 헬스케어 사업은 국내에서도 활발하게 확장되는 사업분야 중 하나다. 최근 시니어 분야 스타트업 기업들은 노인이 겪는 생활 속 불편에 주목하여 삶의 질을 올리는 데 주력하고 있다. 국내 한 시니어 헬스케어 기업에서는 운동분석기를 통해 시니어 맞춤형 1:1 헬스케어 서비스와 AI 기반 시니어 근감소증 예방·관리 솔루션을 제공해 호평을 받았다.

[마] 고령화에 대비한 국내 정책도 활발하다. 고령사회에 진입함에 따라 돌봄서비스 수요가 증가하여 이에 대한 대응책으로 보건 · 의료 · 요양 인력을 확충하고, 노양 요양 시설의 다각화를 제고하기 위해 한국형 유니트케어(Unit Care) 시범사업을 전개하고 있다. 보건복지부는 제1차 유니트케어 시범사업의 사업자 선정을 마치고 올 하반기부터 시범사업을 실시할 예정이다. 유니트는 1인실 위주로 구성된 소규모 집단이 거주할 수 있는 요양시설이다. 유니트에서는 개인화되고 전문적인 장기요양서비스를 받을 수 있고, 사생활이 보장되어 집과 같은 환경에서 돌봄을 받을 수 있다는 장점이 있다.

① [가]: 우리나라의 고령화 현황 및 전망
② [나]: 고령화가 국가 경제에 미치는 영향
③ [다]: 해외의 고령사회 대비 정책 사례
④ [라]: 세계 시니어 헬스케어 시장 규모와 관련 기술
⑤ [마]: 국내의 고령화 대비 정책 사례

03

다음 글의 ㉠－㉡, ㉢－㉣은 [보기]에서 설명된 방법에 따라 유의 관계를 파악한 것이다. 이러한 방법을 사용하여 유의 관계를 검증할 때, ㉠－㉡, ㉢－㉣의 관계와 다른 것을 고르면?

한국어 어휘의 세 층은 고유어, 한자어, 외래어라고 할 수 있는데, 그 가운데 우리말의 근간을 이루는 것은 고유어와 한자어이다. 그러니까 우리말의 어휘는 크게 보면 두 계보를 지니고 있는 셈이다. 한자어의 대량 유입은 많은 고유어를 한국어에서 사라지게 했고, 그것은 우리에게 큰 아쉬움으로 남게 되었다. 그러나 비슷한 뜻의 한자어가 한국어에 수입된 경우에도 고유어의 상당수는 그대로 남았다. 대체로 고유어가 이미 있었던 상태에서 그 위를 한자어가 덮은 형국이지만, 반드시 그런 것만은 아니다. 먼저 한자어가 수입된 후에 고유어를 살리려는 노력에 의해서 만들어진 고유어 계통의 유의어들도 있다.

그 시간적 선후 관계가 어떻든 한자어의 유입 덕분에 한국어에는 계보를 달리하는, 즉 고유어 계통과 한자어 계통의 유의어 쌍이 무수히 형성되었다. 예를 들자면 가슴과 흉부, 허파와 폐, 눈알과 안구, 목구멍과 인후, 엉덩이와 둔부, 이앓이와 치통, 온몸과 전신, 세모꼴과 삼각형, 살갗과 피부, 새해와 신년, 햇빛과 일광 등이 있다.

이런 유의어 쌍 중에서 고유어 계통의 말들은 대체로 친숙한 느낌을 주고, 한자어 계통의 말들은 공식적인 느낌을 준다. 이것은 영어의 경우와 비슷하다. 영어의 어휘도 크게는 게르만 계통의 어휘와 라틴－프랑스어 계통의 어휘로 대별할 수 있는데, 이 두 계통의 어휘가 무수한 유의어 쌍을 형성하고 있다. 영어에서도 게르만 계통의 어휘는 대개 친숙한 느낌을 지닌 데 비해 라틴-프랑스어 계통의 어휘는 공식적인 느낌을 준다.

실상 어떤 언어에서도 완전한 동의어는 아주 드물다. 예컨대 ㉠<u>'목숨'</u>과 ㉡<u>'생명'</u>은 언뜻 같은 뜻을 지닌 말처럼 보이지만, 실은 그렇지 않다. 목숨은 사람이나 짐승, 즉 유정명사에만 쓰일 뿐 식물에 대해서는 쓰이지 않는다. 그래서 우리는 "꽃도 생명을 지니고 있다."라고 말해도 "꽃도 목숨을 지니고 있다."라고 말하지는 않는다. 또 생명과는 달리 목숨은 사물에 대해서 비유적으로 쓰이지 않는다. "그의 작품은 생명이 길 거야."라고 말할 수 있지만, "그의 작품은 목숨이 길 거야."라고 말할 수 없다. 이런 경우들은 한자어가 그 고유어 동의어보다 뜻의 폭이 넓은 경우이다. 하지만 실제로는 그 반대의 경우가 더 많다. ㉢<u>'피'</u>와 ㉣<u>'혈액'</u>을 보자. 혈액은 물질로서의 피만을 가리켜서 의학적 어감을 가질 뿐 생명 현상과 관련되는 다양한 어감을 지니고 있지 않다. '피 끓는 젊음', '피를 나눈 사이', '피를 말린다'와 같은 표현에서 익살을 부릴 의도가 아니라면 피를 혈액이라는 말로 대치할 수 없다.

보기

교체 검증이란, 문맥 속에서 한 단어를 다른 단어로 바꾸어 보는 방법을 의미한다. 예를 들어 '달리다'와 '뛰다'의 경우 '학교를 향해 달리다/뛰다'는 동일한 상황을 나타내지만, '기차가 달리다/뛰다'와 같은 문장을 보면 '기차가 달리다'는 가능하지만 '기차가 뛰다'는 불가능하다는 점에서 동일한 상황을 나타낸다고 볼 수 없다. 결국 이들은 한정된 문맥에서만 개념적 의미가 동일하다고 해야 할 것이다.

① 춤－무용 ② 몸－체격 ③ 달걀－계란
④ 노래－가요 ⑤ 생각－사고

04

다음 글을 읽고 추론한 내용으로 적절한 것을 고르면?

> '상속'은 사망한 피상속인의 재산을 살아있는 상속인이 무상으로 이전받는 것을 말하고, '증여'는 생전에 소유한 자산을 가진 증여자가 무상으로 본인의 자산을 수증인에게 이전해 주는 것을 말한다. 이때 각각 상속세와 증여세가 발생하는데, 상속세는 '유산 과세형'으로 피상속인의 전체 상속재산가액을 기준으로 상속세액을 계산하고, 이렇게 계산된 상속세액을 상속인들이 공동으로 부담한다. 반면 증여세는 '유산 취득형'으로 각각의 수증자는 본인이 증여받은 증여재산을 기준으로 세액을 계산하고, 이렇게 계산된 증여세액은 다른 수증자와 관계없이 본인이 단독 부담한다.
>
> 상속세와 증여세는 똑같은 세율 구조를 가지고 있다. 그러나 동일한 재산가액이라도 어떤 방식을 선택하느냐에 따라 큰 차이가 있는데, 이는 과세 방식과 공제제도가 서로 상이하기 때문이다. 먼저 과세 방식에 있어 상속세는 유산 과세형 방식으로 망자인 피상속인이 상속개시일에 가진 총 재산가액에 대해 과세한다. 하지만 증여세는 동일한 유산 취득형 방식이더라도 수증자가 기준이며, 증여받은 재산가액에 대해서만 과세한다. 결국 과세 방식으로만 계산하면 증여받는 자녀수가 많을수록 증여세가 분산된다는 세금 부담 관점에서 상속보다 증여가 더 유리하다.
>
> 하지만 공제제도의 관점에서도 살펴봐야 한다. 상속세의 대표적인 공제로는 일괄공제 5억 원이 있다. 또 배우자가 생존한 상태에서 먼저 사망함에 따라 최소 5억 원에서 최대 30억 원까지 공제해 주는 배우자상속공제, 순금융재산가액의 20%를 2억 원 한도로 공제해 주는 금융재산상속공제, 그 외에도 6억 원을 한도로 공제 가능한 동거 주택상속공제 및 최대 500억 원까지 공제 가능한 가업상속공제 등 다양한 공제 제도가 있다. 이때 공제를 적용받은 후의 금액인 과세표준을 기준으로 세율이 적용되므로, 다양한 공제의 적용요건을 충족한다면 증여세보다 상당히 큰 공제를 적용받을 수 있다.
>
> 이처럼 상속세와 증여세는 과세방식과 공제제도가 상이하므로 수증자에게 어떤 방식이 유리한지 즉각적으로 판단하기는 어렵다. 가족 구성원의 수, 소유재산 규모 및 경제력과 예상 수명기간 등 각 가족이 처한 환경은 매우 다양하기 때문이다. 따라서 상속세와 증여세의 차이점을 먼저 이해하고, 두 법에서의 장단점을 활용한 절세 방식을 익힌 후 상속과 증여의 이전 비중을 어떻게 합리적으로 조정할지 고민해 보는 것이 바람직하다.

① 같은 재산액이라면 상속인이 많아질수록 부담해야 할 총 상속세액도 증가할 것이다.
② 공제제도를 고려하지 않는다면 이전하는 재산이 많을수록 증여보다 상속을 택하는 것이 유리하다.
③ 자녀보다 배우자에게 상속할 경우 더 많은 세율이 적용될 것이다.
④ 세 명의 자녀에게 동일한 금액의 재산을 증여할 경우 각 자녀의 증여세는 원칙적으로 동일하다.
⑤ 순금융재산가액이 20억 원이고 이에 대한 상속공제를 적용받을 경우 최대 4억 원을 공제받을 수 있다.

05

다음 글을 통해 추론한 것으로 적절하지 않은 것을 고르면?

소비자들은 제품을 선택할 때 여러 개의 제품 중 본인이 가장 좋다고 생각하는 제품을 선택한다. 그런데 이 때 소비자는 제품이 놓인 환경에 영향을 받기 마련이다. 이에 대한 설명으로 맥락 효과가 있는데, 맥락 효과의 대표적 유형에는 유인 효과와 타협 효과가 있다.

유인 효과란 기존에 두 개의 경쟁하는 제품이 있을 때, 새로운 제품이 등장하면 기존 제품 간 시장점유율이 변동하는 현상이다. 예를 들어 시장에 컴퓨터 A와 B가 있는 경우 소비자는 가격과 처리 속도라는 두 가지 속성만을 고려하여 제품을 선택한다고 가정하자. 가격 면에서는 A가 저렴하여 우월하고, 처리 속도 면에서는 B가 빨라 우월하다. 이런 경우 두 제품은 상충 관계에 있다고 하며, 소비자는 제품 선택에 어려움을 겪는다. 이때 B보다 가격과 처리 속도 면에서 열등한 C를 선택지에 추가하게 되면 B의 시장점유율이 상승하고 A의 시장점유율이 하락하는 현상이 일어난다는 것이 유인 효과이다. 여기에서 C는 유인 대안이라 하는데 유인 대안을 고려하게 됨에 따라 시장점유율이 하락하는 A는 경쟁 대안이고, 유인 대안 때문에 시장점유율이 상승하는 B는 표적 대안이라 한다. 이런 현상이 발생하는 것은 유인 대안의 등장으로 소비자가 표적 대안과 경쟁 대안과의 가격 차이를 상대적으로 적게 느껴 표적 대안을 선택하는 것이 유리하다고 생각하기 때문이다. 결국 B를 선택한 소비자는 제품에 대한 가치 평가가 달라져 자신의 선택을 합리적인 것으로 생각하기 쉬워진다.

타협 효과는 시장에 두 가지 제품만 존재하는 상황에서 새로운 제품이 진입할 때, 속성이 중간 수준인 제품의 시장점유율이 높아지는 현상을 말한다. 예를 들어 가격이 비싸면서 처리 속도가 우수한 컴퓨터와 가격이 저렴하면서 처리 속도가 떨어지는 컴퓨터가 있을 때, 중간 정도의 가격과 처리 속도를 지닌 컴퓨터가 등장하면 중간 수준인 새로운 제품을 선택하는 소비자가 많아진다. 이러한 현상이 발생하는 원인은 소비자의 성향에 기인한다. 소비자들은 대안에 대한 평가가 어려울 때 보통 비교하고자 하는 속성의 중간 대안을 선택하여 자신의 결정을 합리화하려는 심리가 강하기 때문이다.

① 소비자의 선호도는 맥락 효과로 유도된 결과일 수 있다.
② 맥락 효과는 제품에 대한 소비자의 선택 변화를 상황 맥락과 연관 지어 설명한다.
③ 유인 효과는 이미 시장에 있는 제품을 판촉할 때 쓸 수 있는 마케팅 전략이다.
④ 타협 효과는 소비자가 손실보다는 이익에 더 민감한 반응을 보여 주는 현상이다.
⑤ 유인 효과에 따르면 매점에 작은 컵에 담긴 3,000원짜리 팝콘과 대형 컵에 담긴 7,000원짜리 팝콘이 있을 때, 중간 크기 컵에 담긴 6,500원짜리 팝콘을 추가한다면 대형 컵에 담긴 팝콘의 판매율이 올라갈 것이다.

[06~07] 다음 글을 바탕으로 이어지는 질문에 답하시오.

일탈이란 인간의 행동이 정상적인 궤도를 벗어난 상태를 의미한다. 사회의 질서 유지에 필요한 도덕적 규범 및 그 밖의 사회적 가치들에 반하는 상태를 일탈이라고 하고 그러한 행동을 일탈 행동이라고 한다. 사회적 규범은 인간의 정상적인 행위를 기준으로 하고 있기 때문에 이 사회적 규범을 어기는 일탈은 대부분 사회에 부정적 영향을 준다. 물론 기존의 틀을 깨고 성과를 이루어 내는 경우는 더 이상 일탈이 아닌 혁신으로 칭송받지만 일반적으로 일탈을 말할 때에는 범죄, 비행 등의 부정적인 평가가 함축되어 있다.

학자들은 일탈 행동의 원인으로 개인적인 요인보다 사회 배경적인 요인에 주목한다. 사회 구조적 측면에서 일탈 행동의 원인을 규명하는 이론들 중 차별 교제 이론과 낙인 이론이 있다. 두 이론 모두 일탈의 발생 과정에 초점을 둔다. 차별 교제 이론은 한 개인이 일탈 행동을 지속적으로 접하게 되면 자신도 그 일탈 행동의 영향을 받아 사회 규범에 무뎌지고 결국 일탈 행동을 일으킨다고 보는 이론이다. 즉 일탈 행동은 선천적이거나 생물학적인 것이 아니라 사회적으로 학습되어 발생한다는 것이다. 특히 범죄 행동과 비행을 중심으로 한 일탈 행동은 부도덕한 환경이 하위문화에 반복적으로 노출될 때의 사회화 과정에서 습득된다.

차별 교제 이론에 따르면 자신의 일상적인 삶의 중심이 되는 집단의 지배적인 가치와 행동 유형이 일탈적인 경우 일탈자가 되기 쉽다. 일탈적인 행동과 문화에 자주 접촉하게 됨으로써 개인은 일탈 행동의 동기와 그 행동을 정당화하는 태도, 일탈 행동의 기법 등을 배운다. 이러한 사회적 학습 이론은 ㉠ 일탈이 명백히 성공적인 사회화 결과라고 주장한다. 집단의 가치를 내면화하여 행동의 동기를 형성하고 지식과 기법을 습득하는 것은 사회화의 한 양식임에 틀림없다고 보기 때문이다.

낙인 이론은 일탈자의 행동에 대한 타인들의 반응에 의해 일탈자가 되는 과정을 설명한다. 인간의 행동은 독자적으로 출현하는 것이 아니라 상호 작용에서 나타나기 때문에 일탈 행동 또한 그 행동자와 그를 바라보고 판단하는 자들 간의 상호 작용 과정에서 파생한다고 본다. 개인이 일탈자가 되는 과정에서 남이 자신을 어떤 태도로 대하고 어떻게 생각하는지를 의식하고 자아 정체를 이루어 일탈 행동을 하게 되므로 낙인이 찍힌 사람은 자신을 대하는 일반적인 태도와 기대에 맞추어 나름대로 자신의 역할을 학습한다는 것이다.

06

다음 중 글을 이해한 내용으로 가장 적절한 것을 고르면?

① 낙인 이론에 따르면 일탈자는 자신에 대한 타인의 기대를 의식하여 일탈 행위를 자제한다.
② 일탈자는 일탈 행동의 기법을 배우기 위해 일탈 집단과 자주 접촉한다.
③ 사회적 규범을 어기는 행위라도 사회에 긍정적인 방향으로 작용할 수 있다.
④ 선구자나 혁신자는 기성 규범과 그에 기초한 사회 통제를 부정적으로 평가한다.
⑤ 학자들은 인간의 비정상적인 행위를 포용하면 일탈 행위가 감소할 것이라고 본다.

07

다음 중 글의 밑줄 친 ㉠에 대한 근거로 가장 적절한 것을 고르면?

① 일탈은 사회 구조적 요인보다는 개인적 성향에 기인하여 발생한다.
② 일탈자는 성공적인 사회화를 이루기 위해 의도적으로 일탈 행동의 지식과 기법을 배운다.
③ 일탈자는 성공적인 사회화를 이루기 위해 의도적으로 도덕적 규범 및 사회적 가치를 배운다.
④ 개인은 범죄 행동 유형이 두드러진 하위문화는 사회화하지 못한다.
⑤ 인간은 자신이 속한 집단의 가치를 내면화하여 행동의 동기를 형성하고 그 행동을 정당화한다.

[08~09] 다음 글을 바탕으로 이어지는 질문에 답하시오.

[가] 미국 정부가 해외로 나간 제조업을 국내로 불러들이는 정책인 리쇼어링을 추진하는 이유는 무엇일까? 일차적으로 글로벌 공급망의 균열이 빈번해짐에 따라 경제의 회복탄력성을 높이기 위해서다. 그러나 더 중요한 이유는 따로 있다.

[나] 중산층 강화를 위해서도 첨단 제조업이 필요하다. 미국 정부는 미국의 중산층을 재건하려 한다. 미국은 금융과 첨단기술 및 플랫폼 산업으로 성장을 구가해 이 산업의 임금은 세계 최고 수준이지만, 전통 제조업에서는 다른 국가와의 경쟁에 밀려 근로자의 임금이 오르지 못했다. 이는 경제 양극화를 초래했고 나아가 정치 양극화의 뿌리가 되었다. 미국의 지니계수는 0.43으로 G7 국가 중 소득불평등도가 가장 높다. 상위 1%에 속하는 미국인 소득이 전체 소득에서 차지하는 비중은 19%로 2차 세계대전 이후 최고 수준이다. 따라서 양극단의 중간 정도 소득을 얻을 수 있는 일자리를 창출할 첨단 제조업의 리쇼어링은 미국의 심각한 불평등을 치료하는 해결책이 될 것으로 기대한다.

[다] 그러나 미국의 리쇼어링이 미·중 패권 경쟁 이후까지 지속될 가능성은 크지 않다. 미국이 첨단 제조업 생산에서도 강자가 되려면 미국형 자본주의가 변화해야 한다. 인력 문제의 관점에서 보자. 미국의 유능한 젊은 세대가 대량생산 공장에서 일하기를 원할까? 또한 창의성을 강조하는 미국의 교육제도가 제조업 강국 정책과 부합할까?

[라] 소득 3만 달러 이상, 인구 1,000만 명 이상인 국가 중에서 GDP 대비 제조업의 비중이 18%를 넘는 국가는 한국(25%), 일본(20%), 독일(19%)뿐이다. 미국은 10%에 그친다. 일본과 독일의 평균 근속연수는 미국의 두 배 정도다. 한국도 미국보다 높다. 첨단 제조업은 특정 직무에 있어 고도의 숙련도를 요구하며 숙련도는 근속연수에 비례한다. 인력 없는 완전자동화 시스템 공장이 확산될 길은 아직 요원하며 고숙련 근로자의 암묵지는 여전히 반도체 수율의 핵심 결정요인이다. 이처럼 고숙련 장기근속 근로자가 충분하지 않다면 미국의 첨단 제조업 발전은 난망하다.

[마] 범용과 창의성 교육이 핵심인 미국 교육은 제조업 공장에서의 노동과 맞지 않는다. 학교에서 특정 직무를 배우지 않았고 창의성이 강한 청소년들은 반복적인 생산공정에서 일하기보다 아직 세상에 없는 신기술을 개발하고 싶어 할 것이다. 직장 이동이 빈번한 미국은 어느 직종에도 쓰일 수 있는 범용 교육에 집중한다. 반면 독일은 초등학교 이후 직업학교와 실업학교에서 특정 직무에 대한 직업교육을 받는다. 일본은 졸업 후 작업장에서의 교육훈련(OJT)을 통해 제조업 직무훈련을 효과적으로 받는다. 근속연수가 짧은 상황에서 미국 기업이 OJT를 강화하기는 어렵다. 한국의 경우는 문제 해결 역량이 높고 상대적으로 풍부한 이공계 인력이 강점이다. 미국 대학의 STEM(과학·기술·공학·수학) 분야 졸업생 비중은 20% 이하지만 한국은 30%를 상회한다.

08

다음 중 [보기]의 내용이 들어가기에 가장 적절한 위치를 고르면?

> 보기
>
> 무엇보다 미국은 미·중 패권 경쟁의 승패는 첨단 제조업에서 결정된다고 믿기 때문이다. 첨단 제조업의 구성요소인 인공지능, 양자역학, 반도체는 경제뿐 아니라 안보와도 직결된다. 생명공학과 2차전지도 미래의 핵심 기술이다. 미국은 이러한 첨단기술 경쟁에서 중국을 제압함으로써 패권국 지위를 확실히 굳히겠다는 전략을 세웠다.

① [가] 문단 뒤　② [나] 문단 뒤　③ [다] 문단 뒤
④ [라] 문단 뒤　⑤ [마] 문단 뒤

09

다음 중 글의 내용과 일치하지 않는 것을 고르면?

① 미국 정부는 경제의 회복탄력성을 높이기 위한 정책으로 리쇼어링을 추진하고 있다.
② 미국의 전통 제조업 종사 근로자의 임금은 플랫폼 산업 종사자에 비해 오르지 못하고 있다.
③ 소득 3만 달러, 인구 1,000만 명 이상인 국가 중에서 GDP 대비 제조업 비중이 가장 높은 곳은 독일이다.
④ 미국 교육의 핵심은 범용과 창의성으로 규정할 수 있다.
⑤ 고숙련 근로자가 많을수록 반도체 수율을 높일 수 있다.

10

다음 글을 읽고 알 수 있는 내용이 아닌 것을 고르면?

국제 자동차 레이싱 대회의 하나인 F1(Formula 1)은 올림픽, 월드컵과 함께 세계 3대 스포츠 대회로 꼽힌다. 세계에서 유일하게 6개 대륙을 이동하는 월드 투어가 이루어지기 때문에 규모로는 가장 큰 스포츠이자 프로젝트이기도 하다. 전 세계 190개 국가에서 6억 명 이상이 매년 F1 경기를 지켜본다.

F1을 잘 활용하고 있는 대표적인 국가로는 말레이시아를 들 수 있다. 말레이시아는 F1을 개최해 오면서 국가 이미지 상승은 물론 관광 사업까지 연결하여 부가적인 수익을 창출하고 있는 성공적인 플랫폼으로 꼽히고 있다. 이제 세팡(Sepang) 서킷은 동남아시아 모터스포츠에서 독보적인 우위를 점하게 됐고, 말레이시아 그랑프리의 타이틀 스폰서인 페트로나스(Petronas)는 고급 정유 회사 이미지로 거듭나게 되었다. 중국도 F1을 유치하고 관리하는 것을 중앙 정부 사업으로 운영하고 있으며, 싱가포르는 싱가포르 관광청이, 인도는 올림픽 유치위원회에서 추진하고 있다. 이밖에 두바이와 브라질, 호주 같은 경우도 정부의 주도하에 국영 기업이나 지역 기관들이 함께 나서고 있다. 특히 F1 개최국에서는 전 세계 매스컴의 관심을 집중시킬 수 있는 만큼 그 효과를 지속시킬 수 있도록 국가적 차원의 홍보 전략을 펼친다.

또한 각 나라는 대회의 성공 개최와 별도로 연계 수익 모델을 확보하고 있다. 말레이시아에서는 F1과 연계해 수도 쿠알라룸푸르에서 패션쇼와 음악 페스티벌을 열고 대형 백화점에서는 동시 할인 행사로 관광객을 집중 유치하여 '관광 시너지'를 일으켰다. 싱가포르도 비엔날레와 일루션쇼, 맥주 축제 등과 연계해 입장권 10만 장을 대회 석 달 전에 매진시켰다.

F1은 연간 27조 원 대의 거대 자본이 움직이는 비즈니스 레이싱이라고 불린다. 세계 최다 관중 동원력(경기당 평균 20만 명, 연간 400만 명)을 가지고 있고, 광고, 방송권, 입장 수입 등이 4조 원대이다. 참가 12개 팀에 대한 기업 후원도 4조 원에 달한다. 이는 세계 188개국에 연간 20회 생중계되는 미디어 효과가 있기 때문이다. 유럽에서는 계속 재방송되는데도 시청률이 높아 기업 노출 효과가 높은 것으로 분석됐다. 일례로 팀을 운영하는 오스트리아의 '레드불' 회사는 스포츠 음료 레드불이 유럽 시장을 장악하고 최근 아시아를 상대로 마케팅할 정도로 글로벌 시장 장악력을 갖고 있다. 말레이시아의 경우 국영 기업인 페트로나스가 타이틀 스폰서를 맡았고 사우디 아라비아의 국영 석유기업인 아람코(Aramco)도 참여하고 있다.

① 싱가포르는 F1 연계 관광 상품을 개발하여 부가적인 수익을 창출하였다.
② 몇몇 국가는 정부 주도하에 F1 대회를 관리하고 있다.
③ 사우디 아라비아는 국영 석유기업이 F1의 타이틀 스폰서를 맡았다.
④ F1 개최국에서는 국가적 차원의 홍보 전략을 펼친다.
⑤ 말레이시아는 국가와 기업체의 후원으로 적자를 면했다.

11

다음 보도자료를 이해한 내용으로 적절하지 않은 것을 고르면?

정부의 탄소중립 계획 발표에 기업들의 불만이 쏟아지고 있다. 그간 경제단체를 중심으로 지속적으로 정부에 요구한 사안이 전혀 반영되지 않았기 때문이다. 탄소중립위원회는 2030년 국가 온실가스 감축목표를 기존 26.3%(2018년 대비)에서 40%로 상향 조정하는 내용을 담은 '2030년 국가 온실가스 감축목표(NDC)'와 '2050 탄소중립 시나리오'를 심의 · 의결했다. 이에 따라 제조업계의 탄소 감축에 따른 부담이 눈덩이처럼 불어나게 됐다. 반도체 · 디스플레이 등의 업종도 2018년 대비 2050년까지 배출량 대부분을 줄여야 한다.

산업계는 탄소중립 계획에 현장의 상황이 제대로 반영되지 않았다며 반발했다. 특히 탄소 배출량이 많은 철강 · 석유화학 · 시멘트업계는 "정부의 목표가 비현실적"이라고 비판했다. 전국경제인연합회는 "경제계와 산업계는 우리 산업의 에너지 효율이 세계 최고 수준이며 획기적인 탄소 감축 기술 도입이 어려운 점 등을 제시하며 목표치 조정을 요청해 왔지만, 전혀 반영되지 않았다"며 반발했다.

[그래프] 산업별 온실가스 배출 비중(2019년 기준)

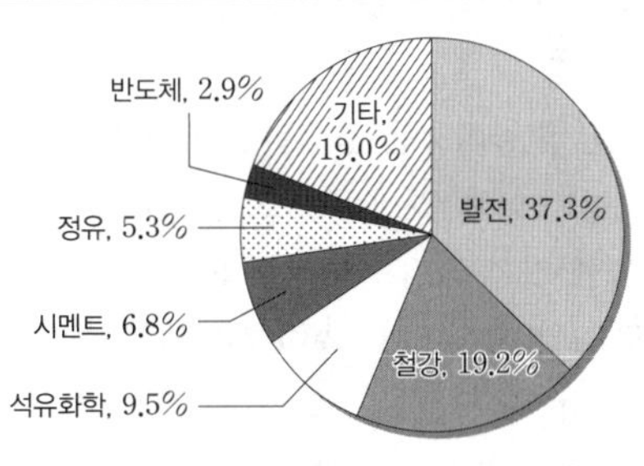

※ 자료: 환경부

산업계는 온실가스 감축 기술이 상용화하지도 않은 상황에서 정부가 원대한 목표만 세우는 것을 우려한다. 특히 발전부문을 제외하고 국내에서 가장 많은 온실가스를 배출하는 철강업계의 고민이 크다. 철강협회 관계자는 "이미 에너지 효율을 세계 최고 수준으로 높인 상황이라 탄소 배출량을 더 감축할 수단이 거의 없다"며 온실가스 저감 기술이 개발되지 않으면 연간 생산량을 대폭 줄여야 한다고 밝혔다. 석유화학업계와 시멘트업계 역시 온실가스 배출량을 줄이기 위한 기술 개발 계획을 내놨지만 상용화 시점은 불투명하다. 두 업계 관계자들은 기술 발전 속도가 아직 더뎌 정부가 수립한 목표치 달성이 쉽지 않다고 우려했다.

비용 부담도 문제다. 수소환원제철의 경우 이론상 설비에만 30~40조 원 이상을 투자해야 한다. 전국경제인연합회는 "2030년 온실가스 감축 목표안 달성에 수반되는 천문학적인 비용에 대한 추계가 공개되지 않았다"며 "국민과 기업은 온실가스 감축 당사자이면서도 얼마나 경제적 부담을 지게 될지 알 길이 없다"고 말했다. 특히 중소기업의 우려가 크다. 대한상공회의소 관계자는 "온실가스 감축목표를 급격히 높이면 제조업 중심인 산업 구조상 큰 비용이 수반된다"며 "원자재 가격과 제조원가 상승이 불가피해 결국 기업 경쟁력 약화로 이어질 것"이라고 말했다.

① 산업계는 정부의 탄소중립 계획에 현장의 상황이 제대로 반영되지 않았다는 점에서 반발하고 있다.
② 반도체업계는 온실가스 배출 비중이 낮은 산업 부문이지만 2050년까지 배출량의 대부분을 줄여야 한다.
③ 석유화학업계는 온실가스를 줄이기 위한 기술이 아직 상용화가 되지 않아 온실가스 감축에 난관이 예상된다.
④ 철강업계는 에너지 효율이 높지만 온실가스 배출이 가장 많은 부문이기 때문에 감축에 대한 부담을 크게 느낀다.
⑤ 온실가스 감축목표를 달성하기 위해 막대한 비용이 투입될 경우에는 기업의 경쟁력 약화가 우려된다.

12

다음 글의 [가]~[라] 문단을 문맥에 맞게 순서대로 배열한 것을 고르면?

인공지능(AI)은 굉장히 빠른 속도로 일상에 스며들고 있다. 음성 인식 대화를 통해 기계와 소통하고, 추천 알고리즘은 취향을 파악해 영화, 음악, 쇼핑 아이템을 추천해 준다. 교육 분야에서는 개인의 수준에 맞는 맞춤형 교육을 제공하고, 제조업에서는 자동화 시스템으로 기하급수적인 생산성 증대를 보여주고 있다. 그러나 모든 발전에는 이면이 존재한다. 인공지능의 급격한 발전과 활용은 개인정보 침해, 노동시장의 변동 등 다양한 사회적, 윤리적 문제를 불러일으킬 수 있다. 특히 '정보의 독점'을 통해 인공지능이 가지는 권력이 점점 커지는 문제는 생각해볼 만한 주제이다.

[가] 그중에서도 특히 일자리 감소는 가장 큰 위협으로 손꼽힌다. 인공지능이 대부분의 일자리를 차지하면, 필연적으로 우리가 설 자리가 사라지기 때문이다. 산업혁명 시기, 기계가 인간의 노동력을 대체한 것처럼 말이다. "인간은 인공지능과 달리 의식을 가지고 있지 않느냐?"라고 묻는다면, 그것은 맞다. 하지만 경제적 관점에서 일자리는 의식 없이 지능만 필요한 분야가 대부분이다. 이런 분야에서는 인공지능과 로봇이 인간을 대체할 가능성이 크다. 그렇다면 과연 미래에 우리가 인공지능에게 대체되지 않는 방법은 무엇이 있을까?

[나] 앞서 데이터는 곧 권력이라 했으므로, 이처럼 끝없는 데이터를 가진 인공지능은 강력한 권력을 가진 것이나 다름없다. 여러 기업과 국가에서 천문학적인 비용을 들이며 인공지능 산업에 뛰어드는 이유가 여기에 있다. 우리는 역사적으로 강력한 권력의 끝이 항상 좋지는 않았음을 알고 있다. 현 시점 또한 마찬가지이다. 인공지능의 발달이 기존에 없었던 새로운 위협들을 나타나고 있기 때문이다. 특히 개인정보 침해, 여론 조작, 일자리 감소 등 많은 영역에서 문제의 씨앗으로 발견되고 있다.

[다] 오늘날 권력의 핵심은 데이터이고, 정보이고, 정보의 흐름을 제어하는 것이다. 불과 몇 년 전까지만 하더라도 미사일과 총이 무기였다면, 이제는 데이터가 그보다 훨씬 더 강력한 무기이다. 실제로 많은 강국의 데이터 전쟁은 이미 시작되었다. 물론 역사적으로도 데이터는 항상 강력한 무기였다. 하지만 지금 더욱 강조되는 이유는 이 강력한 무기를 무한히 생성해 내는 도구인 '인공지능'이 등장 때문이다. 세계적인 역사학자이자 미래학자인 유발 하라리는 인공지능에 대해 '비유기적 생명체'라고 표현했다. 인공지능은 생명체처럼 굉장히 다양한 패턴으로 행동할 수 있지만, 유기체는 아니므로 생물학적인 한계를 가지지 않는다. 게다가 프로그래밍과 기술 발전에 따라 끝없이 업그레이드가 가능하다.

[라] 우리가 인공지능에 대체되지 않는 방법은 개인의 영역과 사회 제도적 영역에서 찾아야 한다. 우선 개인의 영역에서 가장 중요한 키워드는 '재교육'이다. 미래에는 많은 직업이 사라지고 직업의 개념도 달라질 것이다. 하나를 전문적으로 잘하는 사람보다는 여러 가지 새로운 업무를 인공지능과 협업하여 빠르게 배우고, 끊임없이 재교육에 투자하는 사람이 성공하는 시대가 올 것이다. 하지만 이를 위해서는 사회적 제도가 보장되어야 한다. 인공지능을 통해 발생하는 수익을 특정 국가나 기업이 독식하는 게 아니라, 사회로 돌아가도록 하는 것이다. 최근 유럽연합과 유럽평의회에서는 46개 회원국의 참석 아래 AI협약 및 인공지능법을 입법 추진 중이다. 아직 시작 단계지만, 인공지능의 무분별한 사용을 막는 첫 시도라는 점에서 앞으로의 행보가 기대되고 있다.

① [가]－[다]－[라]－[나]　② [가]－[라]－[나]－[다]　③ [다]－[가]－[라]－[나]
④ [다]－[나]－[가]－[라]　⑤ [다]－[라]－[가]－[나]

13

다음 글을 읽고 새벽 배송의 경쟁력을 높일 수 있는 방법으로 가장 적절한 것을 고르면?

온라인 시대가 처음 열렸을 당시에는 배송이 되는 상품이 얼마나 다양한지가 중요했다. 하지만 이제는 법규로 막아 둔 주류와 같은 물건 외에는 온라인으로 배송이 불가능한 물건은 사실상 없다고 해도 과언이 아니다. 이렇게 모든 물건이 온라인으로 배송이 가능한 시대가 펼쳐진 이후에는 단연 배송 속도가 업계의 화두였다.

최근에는 오후 11시까지만 주문하면 다음 날 새벽에 배송이 완료되는 서비스가 인기를 끌면서 새벽 배송이 새로운 경쟁 키워드가 되었다. 사실상 주문 후 즉시 배달이 되는 음식이나 소규모 상품의 이륜차 물류를 활용한 퀵 배송과의 비교를 제외한다면 일반 물류의 속도 효율성은 극에 달했다고 할 수 있다. 하지만 여전히 일반적인 경우에는 다음 날 도착 보장보다는 물건 가격의 경쟁력이 더 중요한 경우가 더 많다. 즉 속도만으로는 완전히 차별화된 경쟁력이라고 하기에는 다소 부족하다.

또한 속도를 확보하기 위해서는 막대한 투자가 필요한데 이러한 막대한 투자에도 불구하고 빠른 배송에 대해 소비자가 인식하는 가치와 지불하고자 하는 비용은 아직 매우 적다. 결국 막대한 투자를 통해 확보한 물류 역량을 활용해 빠르게 수익을 발생시키기 위해서는 빠른 배송 외의 다른 가치가 필요하다. 소비자들 역시 배송 속도 측면에서의 효용이 한계 수준에 이르게 됨에 따라 앞으로는 배송의 퀄리티에 대한 니즈가 점차 증가할 것이다. 이러한 측면에서 보면 앞으로는 상품별로 특화된 배송을 제공하는 것이 중요해질 것으로 보인다.

이러한 관점에서 봤을 때 업계에 새벽 배송이라는 화두를 던진 ○○○○의 앞으로의 행보는 주목할 만하다. ○○○○는 최초로 신선 식품의 새벽 배송을 시도해 소비자들로부터 큰 호응을 이끌어 냈다. ○○○○의 매출이 급격하게 성장하자 물류 업계 전통의 강자들이 새벽 배송 시장에 진출하기 시작했다. 그렇지만 ○○○○는 단순히 빠른 배송뿐만 아니라 입점 물건의 차별화와 쇼핑부터 배송까지의 과정 전반에서 경쟁력을 갖추고 있기 때문에 당장 ○○○○의 위상이 흔들릴 것 같지는 않다. 하지만 그렇다 하더라도 상대적으로 자원이 부족한 스타트업인 ○○○○의 입장에서는 전통의 강자들과의 경쟁에서 이기기 위해서는 차별화된 가치를 소비자들에게 제공할 필요가 있다. 그런 측면에서 배송의 속도를 넘어선 퀄리티에서의 차별화는 ○○○○가 충분히 시도해 볼 만하다.

온라인 쇼핑이 발달하면서 배송의 범위와 속도 면에서는 괄목할 만한 발전이 있었다. 때문에 이제는 경쟁에서 우위를 차지하기 위해서는 기존에 없던 어떤 새로운 부가 가치를 부여할 수 있느냐의 관점에서 배송을 바라보고 이를 통해 소비자들의 지갑을 열어야 할 것이다.

① 소비자가 주문 즉시 물건을 받을 수 있도록 물류 센터를 건립해야 한다.
② 새벽 배송 외에 최저가로 물품을 구매할 수 있도록 경쟁해야 한다.
③ 제3의 판매자에게 상품 판매를 맡기는 것이 아닌 직접 물건을 사입하고 판매해야 한다.
④ 단순히 빠른 배송을 넘어 배송 서비스의 질을 높여야 한다.
⑤ 일회용품 포장재 사용을 줄임으로써 배송에 친환경적 가치를 더해야 한다.

14

다음 [조건]과 같이 A, B, C가 걸어갈 때, C의 속력을 고르면?(단, 소수점 아래 둘째 자리에서 반올림하여 계산한다.)

조건

- 학교와 학원은 일직선상에 위치하며 거리는 5.76km이다.
- A와 C는 학교에서 학원으로 걸어가고, B는 학원에서 학교로 걸어간다.
- A의 속력은 3km/h, B의 속력은 4.2km/h이다.
- A와 B는 동시에 출발하며, C는 A가 출발한 지 15분 뒤에 출발한다.
- A, B, C는 동시에 같은 지점에서 만난다.

① 3.8km/h ② 4.0km/h ③ 4.2km/h
④ 4.4km/h ⑤ 4.7km/h

15

D사의 연구부 직원 8명은 컨퍼런스 준비를 위해 2대의 차량에 나누어 탑승하여 행사장으로 출발하기로 하였다. 2대의 차량은 각각 세단 1대와 SUV 1대이며, 세단에는 3명, SUV에는 7명까지 탑승할 수 있다. 이때 8명이 2대의 차량에 나누어 탑승할 수 있는 경우의 수를 고르면?

① 76가지 ② 80가지 ③ 84가지
④ 88가지 ⑤ 92가지

16

투자전문 회사 A, B, C는 다음 [상황]에 맞추어 돈을 투자하기로 결정했다. 서로에게 각각 투자한 후 A, B, C가 가진 돈의 비율이 4 : 3 : 2라면, 최초로 투자하기 전 A, B, C가 가지고 있던 돈의 비율을 고르면?

상황

- 먼저 A는 B와 C에게 각각 B와 C가 가진 만큼의 돈을 각각 B와 C에게 투자한다.
- 다음으로 B는 A와 C에게 각각 A와 C가 가진 만큼의 돈을 각각 A와 C에게 투자한다.
- 마지막으로 C는 A와 B에게 각각 A와 B가 가진 만큼의 돈을 각각 A와 B에게 투자한다.

① 18 : 6 : 5 ② 25 : 9 : 7 ③ 36 : 16 : 7
④ 38 : 18 : 9 ⑤ 40 : 21 : 11

17

다음 도형의 숫자들은 어떠한 규칙을 가지고 연산을 통해 나열되어 있다. 이때 A에 들어갈 자연수로 적절한 것을 고르면?

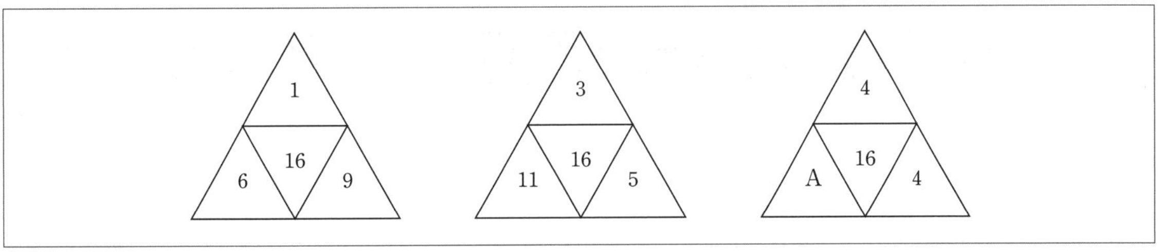

① 11　　② 12　　③ 13

④ 14　　⑤ 15

18

1,120km 길이의 노선에 역을 건설하려고 하는데, 출발지에서 각각 350km, 840km 떨어진 지점에는 환승역을 반드시 건설한다. 출발역부터 종착역까지 모든 역의 간격이 일정하도록 역을 건설할 때, 건설할 수 있는 역 개수의 최솟값을 고르면?

① 16개　　② 17개　　③ 18개

④ 19개　　⑤ 20개

19

다음 [표]는 2015년부터 2023년까지 1인당 평균 독서 권수에 대한 자료이다. 이에 대한 설명으로 옳은 것을 [보기]에서 모두 고르면?

[표] 2015년부터 2023년까지 1인당 평균 독서 권수 (단위: 권)

구분	2015년	2017년	2019년	2021년	2023년
1인당 평균 독서 권수	9.3	9.5	7.3	7	7.2
남성 1인당 평균 독서 권수	10.4	10.5	7.7	7.4	7.4
여성 1인당 평균 독서 권수	8.2	8.5	6.9	6.6	7

※ 2년 주기로 조사한 결괏값임

보기

㉠ 남성과 여성 모두 1인당 평균 독서 권수가 두 번째로 많은 연도는 2015년이다.
㉡ 2023년 1인당 평균 독서 권수는 2년 전 대비 3% 이상 증가하였다.
㉢ 2021년 여성 1인당 평균 독서 권수는 2년 전 대비 5% 이상 감소하였다.
㉣ 2015년 임의의 표본이 남성 100명, 여성 200명으로 구성되어 있다면, 이 300명의 독서 권수의 총합은 2,680권이라고 추정할 수 있다.

① ㉠, ㉡　② ㉠, ㉣　③ ㉡, ㉢　④ ㉡, ㉣　⑤ ㉢, ㉣

20

다음 [표]는 2019~2023년 5대 강력사범 접수 현황에 대한 자료이다. 이에 대한 설명으로 옳은 것을 고르면?

[표] 2019~2023년 5대 강력사범 접수 현황 (단위: 건)

구분		2019년	2020년	2021년	2022년	2023년
접수		431,151	387,529	265,310	285,954	282,102
처리	소계	419,440	370,102	256,398	274,470	269,176
	구공판	34,454	33,854	31,111	33,202	33,809
	구약식	64,958	68,678	57,403	64,794	65,728
	불기소	220,186	191,100	75,834	77,747	75,716
	기타	99,842	76,470	92,050	98,727	93,923
미제		11,711	17,427	8,509	11,484	12,926

※ (접수 건수)=(처리 건수)+(미제 건수)

① 2020~2023년 동안 접수 건수는 전년 대비 감소하였다.
② 2023년 불기소 건수는 구공판 건수보다 많다.
③ 2023년 처리 건수에서 불기소가 차지하는 비중이 가장 크다.
④ 2020~2023년 동안 미제 건수는 전년 대비 감소하였다.
⑤ 2023년 구공판, 구약식, 불기소 건수의 합은 처리 건수의 70% 이상이다.

[21~22] 다음 [표]는 연령별 장래인구추계를 나타낸 자료이다. 이를 바탕으로 이어지는 질문에 답하시오.

[표] 연령별 장래인구추계 (단위: 천 명)

구분	2020년	2030년	2040년	2050년	2060년
유소년인구(0~14세)	6,297	5,000	4,983	4,250	3,445
생산가능인구(15~64세)	37,358	33,947	28,649	24,487	20,578
고령인구(65세 이상)	8,125	12,980	17,224	19,007	18,815

※ (노령화지수)(명)$=\frac{\text{(고령인구)}}{\text{(유소년인구)}}\times 100$

※ (유소년부양비)(명)$=\frac{\text{(유소년인구)}}{\text{(생산가능인구)}}\times 100$

※ (노년부양비)(명)$=\frac{\text{(고령인구)}}{\text{(생산가능인구)}}\times 100$

※ (총부양비)(명)$=\frac{\text{(유소년인구+고령인구)}}{\text{(생산가능인구)}}\times 100$

21

다음 중 자료에 대한 설명으로 옳은 것을 고르면?

① 유소년인구는 10년마다 50만 명 이상 감소한다.

② 2060년의 노령화지수는 2020년의 6배 이상이다.

③ 2030년 유소년부양비는 10년 전 대비 10명 이상 감소한다.

④ 전체인구는 10년마다 감소한다.

⑤ 2060년의 총부양비는 2050년 대비 증가한다.

22

다음 중 2020년 대비 2060년 노년부양비의 증감률로 옳은 것을 고르면?(단, 소수점 아래 둘째 자리에서 반올림한다.)

① 69.7% ② 132.1% ③ 132.3%

④ 321.2% ⑤ 323.3%

[23~24] 다음 [표]는 2017~2021년 어느 지역에서 발생한 고속도로 교통사고 분석 현황을 나타낸 자료이다. 이를 바탕으로 이어지는 질문에 답하시오.

[표1] 2017~2021년 세부 안전지표별 사고발생 현황 (단위: 건)

세부 안전지표	2017년	2018년	2019년	2020년	2021년	평균
사고 건수	329	302	㉠	261	225	279.8
100만km당 사고 건수	1.84	1.63	1.50	1.39	1.16	1.50
중대사고 건수	258	㉡	234	223	190	231.6
100만km당 중대사고 건수	1.44	1.37	1.25	1.19	0.98	1.25
불법행위 사고 건수	213	223	190	196	159	196.20
100만km당 불법행위 사고 건수	1.19	1.20	1.01	㉢	0.82	1.06

[표2] 2017~2021년 세부 안전지표별 인명피해 현황 (단위: 명)

세부 안전지표	2017년	2018년	2019년	2020년	2021년	평균
부상자 수	191	166	164	135	㉣	153
100만km당 부상자 수	1.07	0.9	0.88	0.72	0.56	0.83
사망자 수	86	81	69	58	54	69.60
100만km당 사망자 수	0.48	0.44	㉤	0.31	0.28	0.38

23

다음 중 ㉠~㉤에 해당하는 값을 바르게 나타낸 것을 고르면?

① ㉠: 278.9　② ㉡: 253　③ ㉢: 1.06
④ ㉣: 107　⑤ ㉤: 0.38

24

다음 중 자료에 대한 설명으로 옳은 것을 고르면?

① 2017년 대비 2021년의 고속도로 교통사고 건수는 100건 미만 감소하였다.
② 조사기간 동안 고속도로 교통사고로 인한 부상자 수는 매년 100명이 넘게 발생하고 있다.
③ 100만km당 부상자 수는 2018년 대비 2021년에 40% 이상 감소하였다.
④ 사고발생 또는 인명피해 현황에서 2017년 대비 2020년에 50% 이상 감소한 안전지표세부 항목은 1개이다.
⑤ 사고발생 또는 인명피해 현황의 모든 세부 안전지표에 대한 수치는 2017년부터 지속적으로 감소하고 있다.

25

다음 [그래프]와 [표]는 연령별 LDL 콜레스테롤 수치와 LDL 콜레스테롤 수치 기준에 관한 자료이다. 이에 대한 설명으로 옳은 것을 고르면?

[그래프] 연령별 LDL 콜레스테롤 수치 (단위: 명)

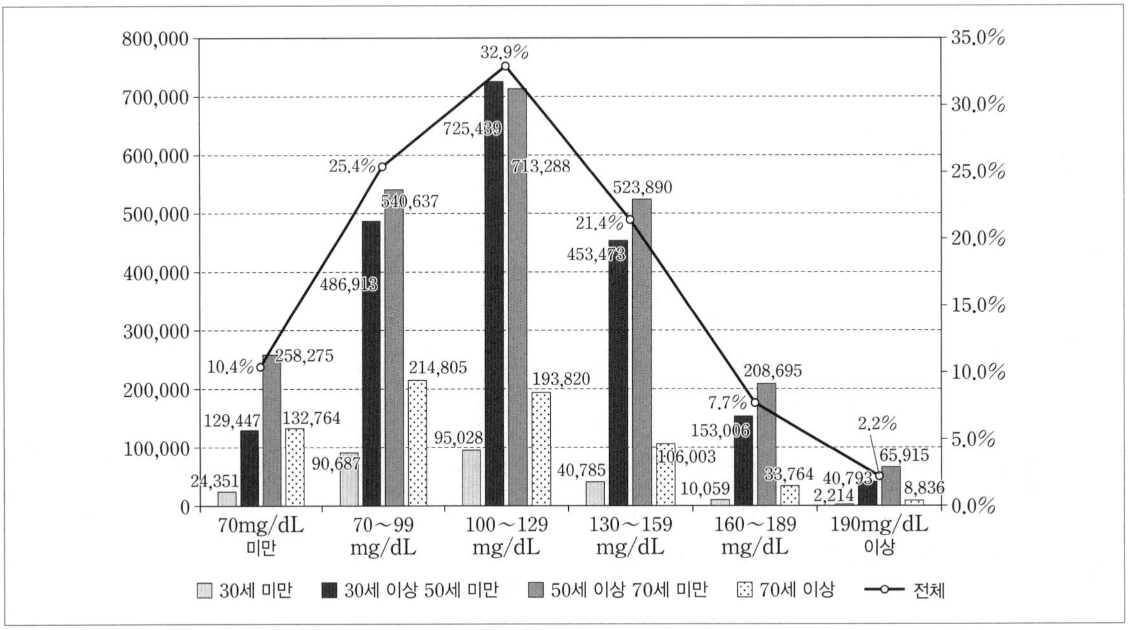

※ 전체: 전체 수검인원 대비 LDL 콜레스테롤 수치별 비율

[표] LDL 콜레스테롤 수치 기준

구분	정상	경계	위험
기준 수치	130mg/dL 미만	130~159mg/dL	160mg/dL 이상

① 전체 수검인원 중 LDL 콜레스테롤 수치가 정상인 비율은 90.1%이다.

② 50세 미만 LDL 콜레스테롤 수치가 정상인 수검인은 1,341,799명이다.

③ 50세 이상 LDL 콜레스테롤 수치가 경계인 수검인은 523,890명이다.

④ 30세 미만의 LDL 콜레스테롤 수치가 경계인 수검인은 30세 미만 수검인의 15% 이상을 차지한다.

⑤ LDL 콜레스테롤 수치가 위험인 수검인은 전체 수검인의 10% 이상이다.

26

다음 [그래프]와 [표]는 강원도 가을철 평년기온과 2021년 가을철 평균기온 전망에 대한 자료이다. 이에 대한 설명으로 옳지 않은 것을 고르면?

[그래프] 강원도 가을철 평년기온 (단위: ℃)

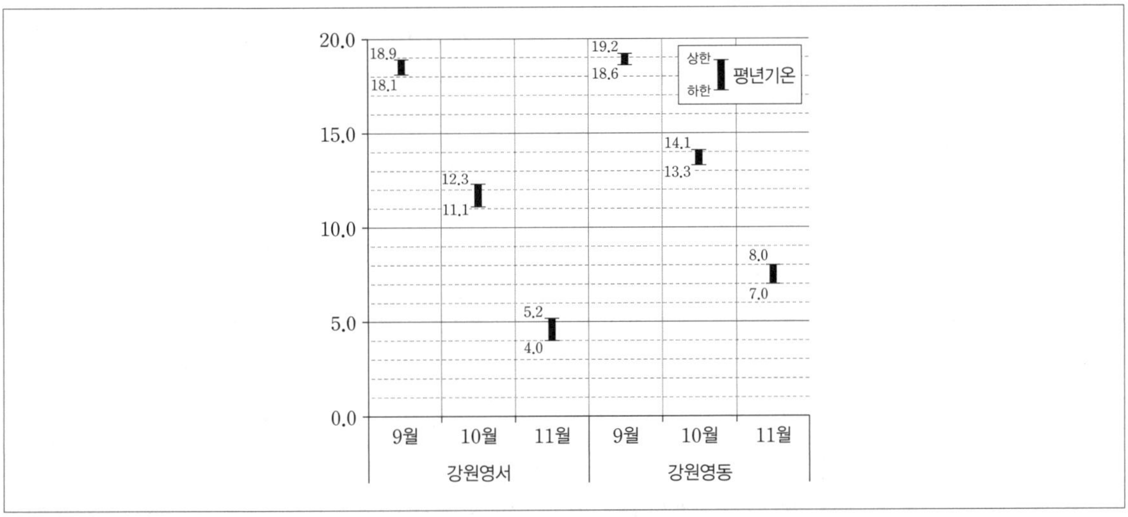

※ 평년(값): 1991~2020년의 30년 평균값
※ 강원영서: 철원, 대관령, 춘천, 원주, 인제, 홍천 6개소 평균값
※ 강원영동: 속초, 강릉, 태백 3개소 평균값

[표] 강원도 가을철 평년기온에 따른 2021년 평균기온 전망 (단위: %)

구분	9월			10월			11월		
	낮음	비슷	높음	낮음	비슷	높음	낮음	비슷	높음
강원영서	30	50	20	20	40	40	50	30	20
강원영동	30	50	20	20	40	40	50	30	20

※ '낮음'은 2021년 평균기온이 평년기온보다 낮을 확률, '비슷'은 평년기온의 범위에 있을 확률, '높음'은 평년기온보다 높을 확률을 의미함. 예를 들어, 강원영동 지방의 2021년 10월 평균기온이 13.1℃일 확률은 20%임

① 강원영서 지방의 2021년 9월 평균기온이 18.5℃일 확률은 19.2℃일 확률보다 높다.
② 강원영서 지방의 2021년 10월 평균기온이 11.8℃일 확률은 10℃일 확률보다 높다.
③ 강원영서 지방의 2021년 11월 평균기온이 5.1℃일 확률이 3.8℃일 확률보다 높다.
④ 강원영동 지방의 2021년 9월 평균기온이 18.2℃일 확률이 19.4℃일 확률보다 높다.
⑤ 강원영동 지방의 2021년 11월 평균기온이 6.8℃일 확률이 8.2℃일 확률보다 높다.

27

다음 [표]는 수주액 현황에 대한 자료이다. 이에 대한 설명으로 옳지 않은 것을 고르면?

[표1] 수주액 현황

(단위: %, 억 원)

구분		2020년		2021년		
		연간	5월	4월	5월	
		전년 대비 증가율	전년 동월 대비 증가율	전년 동월 대비 증가율	금액	전년 동월 대비 증가율
수주총액		16.4	36.3	107.7	139,539	2.2
민간 수주액		24.6	41.9	104.6	107,925	−8.7
	제조업 수주액	22.1	−26.6	227.9	9,424	−18.1
	비제조업 수주액	25.1	57.8	95.0	98,501	−7.7

[표2] 발주자별 · 공정별 제조업 수주액

(단위: %, 억 원)

구분		2020년		2021년		
		연간	5월	4월	5월	
		전년 대비 증가율	전년 동월 대비 증가율	전년 동월 대비 증가율	금액	전년 동월 대비 증가율
발주자별	음식료품	38.1	−51.6	105.9	484	69.2
	섬유 · 의류	285.1	−25.6	−59.7	15	−79.0
	석유 · 화학	−7.9	7.6	347.2	1,722	−52.5
	1차 금속	−13.7	32.4	46.7	429	−68.2
	기계 · 장치	46.7	−15.0	272.6	6,005	7.1
	기타 제조	48.0	−85.8	−30.3	769	35.7
공정별	건축	29.3	−43.2	212.8	4,796	−12.9
	토목	14.8	0.5	257.1	4,628	−22.8

[표3] 발주자별 · 공정별 비제조업 수주액 (단위: %, 억 원)

구분		2020년		2021년		
		연간	5월	4월	5월	
		전년 대비 증가율	전년 동월 대비 증가율	전년 동월 대비 증가율	금액	전년 동월 대비 증가율
발주자별	운수 · 창고 · 통신	10.6	−59.3	676.3	2,530	489.2
	도소매 · 금융 · 서비스	11.8	15.8	80.9	4,359	−24.2
	부동산업	33.4	82.1	76.4	82,413	−14.3
	건설업	−10.5	−61.7	370.0	4,921	57.5
	기타 비제조	−66.1	97.6	216.9	4,278	266.6
공정별	건축	30.0	60.1	91.6	92,009	−11.7
	토목	−46.1	−2.2	182.5	6,492	157.9

① 2021년 5월 민간 수주액은 총수주액의 75% 이상 80% 미만이다.

② 2020년 5월 민간 제조업 수주액은 1.1조 원 이상이다.

③ 2021년 5월 비제조업 수주액에서 건축 수주액이 차지하는 비중은 95% 미만이다.

④ 2019년 5월 기계 · 장치 수주액은 석유 · 화학 수주액의 3배 미만이다.

⑤ 2021년 5월 비제조업 수주액이 전월 대비 5% 증가하고, 건설업의 수주액이 전월 대비 10% 감소했다면, 2020년 4월 비제조업 수주액에서 건설업 수주액이 차지하는 비중은 5% 이상이다.

[28~29] 다음 [표]는 2014~2019년 암 발생 및 사망 현황에 관한 자료이다. 이를 바탕으로 이어지는 질문에 답하시오.

[표1] 암 사망자 수, 조사망률

(단위: 십 명, 명/십만 명)

구분		2014년	2015년	2016년	2017년	2018년	2019년
모든 암	사망자 수	7,662	7,685	7,818	7,887	7,916	8,120
	조사망률	151	150.7	152.9	153.9	154.3	158.2
위암	사망자 수	892	853	826	803	775	762
	조사망률	17.6	16.7	16.2	15.7	15.1	14.9
폐암	사망자 수	1,744	1,740	1,796	1,798	1,785	1,857
	조사망률	34.4	34.1	35.1	35.1	34.8	36.2
간암	사망자 수	1,157	1,131	1,100	1,072	1,061	1,059
	조사망률	22.8	22.2	21.5	20.9	20.7	20.6
대장암	사망자 수	840	838	843	877	879	897
	조사망률	16.5	16.4	16.5	17.1	17.1	17.5
유방암	사망자 수	227	235	247	252	247	264
	조사망률	4.5	4.6	4.8	4.9	4.8	5.1
자궁암	사망자 수	130	137	130	128	127	134
	조사망률	2.6	2.7	2.5	2.5	2.5	2.6
기타 암	사망자 수	2,672	2,751	2,876	2,957	3,042	3,147
	조사망률	52.6	54	56.3	57.7	59.3	61.3

[표2] 암 발생자 수, 조발생률

(단위: 십 명, 명/십만 명)

구분		2014년	2015년	2016년	2017년	2018년	2019년
모든 암	발생자 수	22,073	21,785	23,218	23,554	24,385	25,471
	조발생률	434.9	427.6	454.3	459.8	475.3	496.2
위암	발생자 수	3,018	2,943	3,074	3,004	2,928	2,949
	조발생률	59.4	57.8	60.1	58.6	57.1	57.4
폐암	발생자 수	2,447	2,469	2,619	2,739	2,863	2,996
	조발생률	48.2	48.4	51.2	53.5	55.8	58.4
간암	발생자 수	1,595	1,595	1,594	1,561	1,574	1,561
	조발생률	31.4	31.3	31.2	30.5	30.7	30.4
대장암	발생자 수	2,744	2,721	2,846	2,849	2,791	2,903
	조발생률	54.1	53.4	55.7	55.6	54.4	56.5
유방암	발생자 수	1,856	1,937	2,197	2,261	2,365	2,493
	조발생률	36.6	38	43	44.1	46.1	48.6

자궁암	발생자 수	359	365	361	351	350	327
	조발생률	7.1	7.2	7.1	6.9	6.8	6.4
기타 암	발생자 수	10,054	9,755	10,527	10,789	11,514	12,242
	조발생률	198.1	191.5	206	210.6	224.4	238.5

※ 조발생률(암발생률): 연간 발생자 수를 연앙인구로 나눈 수치를 100,000분비로 나타낸 수치

※ 조사망률(암사망률): 연간 사망자 수를 연앙인구로 나눈 수치를 100,000분비로 나타낸 수치

※ 연앙인구: 해당 연도의 중간인 7월 1일자 인구 수로 그 연도를 대표하는 인구 수임

28

다음 중 자료에 대한 설명으로 옳은 것을 [보기]에서 모두 고르면?

보기

㉠ 2015~2019년 동안 모든 암에 대해, 사망자 수와 발생자 수의 전년 대비 증감 폭이 두 번째로 큰 해는 서로 일치한다.

㉡ 조사기간 동안 연평균 유방암 발생자 수는 218백 명 이상이다.

㉢ 2014년 대비 2019년에 모든 암 중 폐암 발생자 수가 차지하는 비중은 증가했다.

㉣ 2015~2019년 동안 기타 암 조사망률의 전년 대비 증감 폭이 세 번째로 큰 해에는 기타 암 조발생률이 위암 조발생률의 3.8배 이상이다.

① ㉠, ㉡　　② ㉡, ㉢　　③ ㉡, ㉣

④ ㉢, ㉣　　⑤ ㉡, ㉢, ㉣

06 실전모의고사 6회

29

다음 중 자료를 바탕으로 나타낸 그래프 중 옳지 않은 것을 고르면?

① 2014년 모든 암 중 위암과 대장암의 조사망률이 차지하는 비중

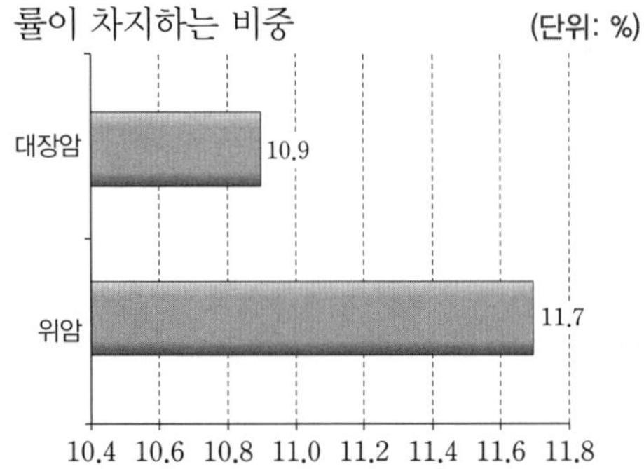

② 전년 대비 기타 암 발생자 수 증가 폭 추이

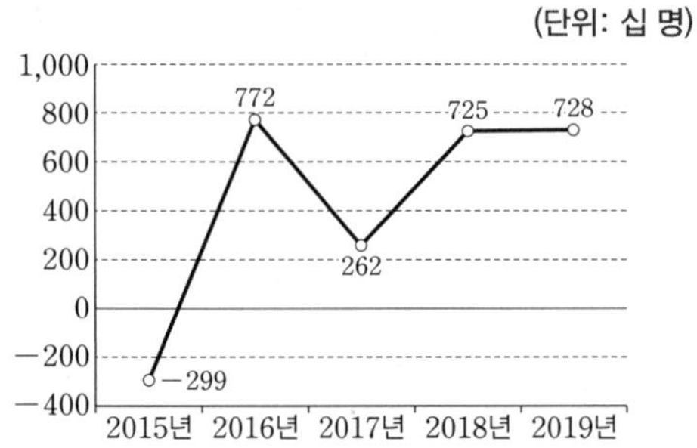

③ 전년 대비 2019년의 자궁암 사망자 수, 발생자 수 증가율

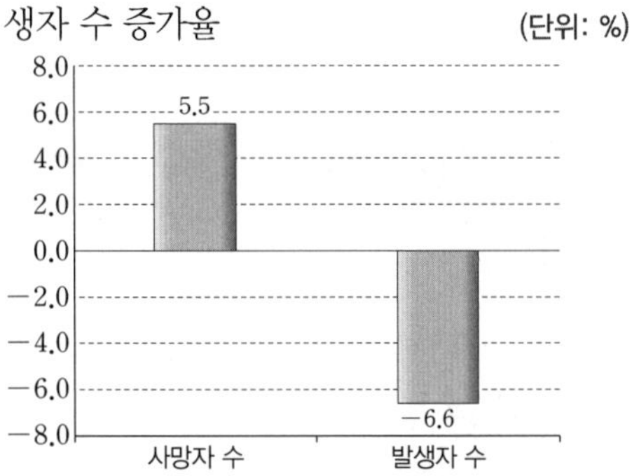

④ 폐암과 간암 사망자 수의 차이

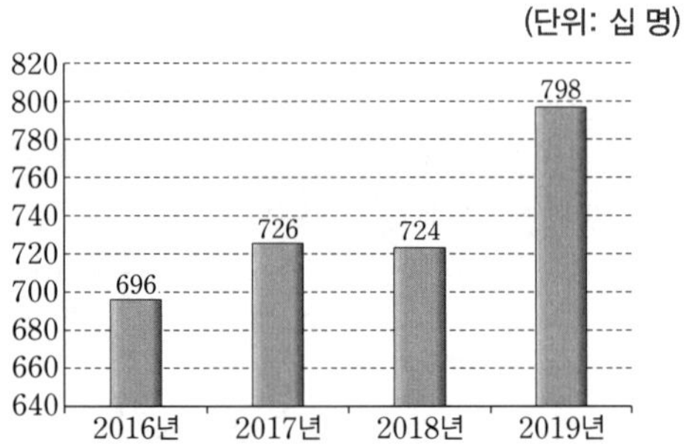

⑤ 유방암 조발생률의 전년 대비 증가 폭 추이

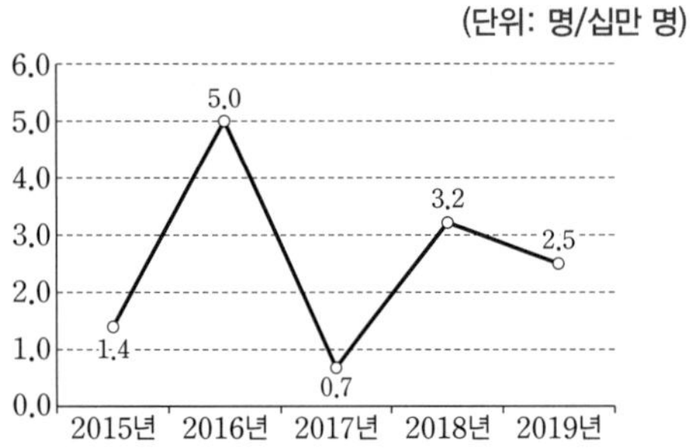

30

다음 명제가 모두 참일 때, 결론으로 옳지 않은 것을 고르면?

- 우철이는 4권의 책을 갖고 있다.
- 규동이는 우철이보다 3권의 책을 더 가지고 있다.
- 경수는 규동이보다 2권의 책을 적게 가지고 있다.
- 명호는 우철이보다 책을 많이 가지고 있으며, 규동이보다 책을 적게 가지고 있다.
- 결론: (   )

① 우철이의 책이 가장 적다.
② 규동이의 책이 가장 많다.
③ 경수와 명호는 동일한 권수의 책을 가질 수 있다.
④ 규동이와 경수가 갖고 있는 책의 권수를 합한 값은 우철이의 책 권수의 3배이다.
⑤ 명호가 가진 책의 권수는 경수보다 많다.

31

사무실에서 도난 사건이 발생하였는데 정황상 단독 범행이 확실한 상태이다. 다음 [조건]에서 5명의 용의자 A~E 중 3명만 참을 말하고 나머지 2명은 모두 거짓을 말할 때, 범인을 고르면?

조건

- A: "D가 범인입니다."
- B: "저는 범인이 아닙니다."
- C: "E는 범인이 아닙니다."
- D: "A는 거짓을 말하고 있습니다."
- E: "B는 참을 말하고 있습니다."

① A　② B　③ C
④ D　⑤ E

32

다가오는 토요일에 영업팀의 K사원이 결혼을 하는데, 영업팀은 업무가 바빠 K사원을 제외한 5명의 사원 중 2명은 출근하고, 2명은 결혼식에 참석하고, 1명은 출장을 간다. 다음 [조건]에서 5명의 사원 중 출장자 한 명이 거짓을 말하고 있다고 할 때, 결혼식에 참석하는 사원을 고르면?(단, 거짓을 말하는 사람의 말에는 진실이 포함되어 있지 않다.)

조건

- A: "D는 출근을 해야 하고, 저는 결혼식에 참석합니다."
- B: "C는 출근하므로 결혼식에 참석할 수 없습니다."
- C: "D와 E는 함께 움직인다고 들었습니다."
- D: "B는 결혼식에 참석하지 않고, C는 결혼식에 참석합니다."
- E: "A는 출근을 하지 않으나, 저는 출근을 합니다."

① A, C ② A, E ③ B, C
④ B, D ⑤ D, E

33

P, Q, R 3명의 직원이 A~F 6대의 기계를 점검하려고 한다. 다음 [조건]을 바탕으로 마지막에 기계를 점검할 가능성이 있는 직원을 모두 고르면?

조건

- 기계를 점검하는 장치는 1개뿐이며, 2대 이상의 기계를 동시에 점검할 수는 없다.
- B는 F보다 먼저, A보다 나중에 점검한다.
- E는 A와 C보다 먼저 점검한다.
- P는 E, F만 점검할 수 있다.
- Q는 C, D만 점검할 수 있다.
- R은 A, B만 점검할 수 있다.
- 가장 먼저 기계를 점검한 사람은 가장 마지막에 점검할 수 없다.

① P ② R ③ P, Q
④ Q, R ⑤ P, Q, R

34

다음 [조건]에 따라 부장, 팀장, 과장, 대리, 사원 5명의 차량을 배치한다고 할 때, 반드시 옳지 않은 것을 고르면?

조건

- 5대의 차량은 일렬로 배치하며, 순서는 가장 왼쪽에 놓는 것이 첫 번째, 그 오른쪽이 두 번째이고, 가장 오른쪽에 놓는 것이 다섯 번째이다.
- 차량을 배치할 때 색상 혹은 차량 종류가 같은 차량은 반드시 붙여 놓고, 색상 혹은 차량 종류가 다른 차량은 반드시 떨어뜨려 놓는다.
- 색상과 차량 종류 중에서 차량의 종류를 우선적으로 고려한다.
- 색상이 검은색인 차량은 총 3대이다.
- 팀장, 과장, 대리의 차량은 차량의 종류가 같다.
- 팀장의 차량과 대리의 차량은 색상이 같다.
- 과장과 대리의 차량은 검은색이다.
- 부장과 과장의 차량은 다른 종류이다.
- 대리의 차량은 팀장과 과장의 차량 사이에 위치해야 한다.
- 사원의 차량은 다른 직원들의 차량 색상, 종류와 모두 다르지만, 어떤 차량과도 붙여서 배치할 수 있다.
- 사원의 차량은 가장 왼쪽에 배치할 수 없다.

① 팀장의 차량은 다섯 번째 위치에 배치할 수 있다.
② 대리의 차량은 세 번째 위치에 배치할 수 없다.
③ 부장의 차량은 네 번째 위치에 배치할 수 있다.
④ 사원의 차량은 세 번째 위치에 배치할 수 없다.
⑤ 과장의 차량은 두 번째 위치에 배치할 수 없다.

06 실전모의고사 6회

35

다음 자료를 읽고 추론할 수 있는 내용으로 옳지 않은 것을 고르면?

탄소중립 전환 선도프로젝트 융자지원 안내

1. 탄소중립 전환 선도프로젝트

탄소중립을 선도할 기술적·경제적 파급력이 있으면서 장기 대규모 투자가 필요한 혁신기술·공정·제품 개발 프로젝트를 진행하는 기업 중, 이러한 위험성을 감수하고 탄소중립 선도에 도전하는 혁신적인 기업에 대해 저금리·장기 융자를 지원할 예정임

2. 지원대상

탄소중립 전환 선도프로젝트에 투자 또는 투자예정인 중소·중견·대기업

3. 지원내용

구분	내용
융자비율	실 소요자금 기준 기업규모에 따라 차등지원 • (중소) 100%, (중견) 90%, (대기업) 50% 이내
지원한도	사업장당 최대 500억 원 • 시설자금(500억 원 이내) 및 기술개발자금(100억 원 이내)을 합산
대출금리	기업규모에 따라 차등 적용 • 기준금리: 공공자금관리기금의 신규대출금리에서 2.0%p를 차감하여 산정(1년변동금리) • (중소) 기준금리, (중견) 기준금리+0.10%p, (대기업) 기준금리+0.20%p • 대출금리가 1.3% 미만일 경우, 최저대출금리인 1.3%를 적용
대출기간	3년 거치, 7년 분할상환

4. 지원절차

탄소중립 이행 계획 제출	→	선도프로젝트 평가	→	대출심사	→	자금대출
대기업, 중견기업, 중소기업		한국산업단지공단		금융기관		기업규모에 따라 차등지원

① 한 사업장에서 시설자금 300억 원 및 R&D 자금 100억 원을 한 번에 지원받을 수 있다.
② 공공자금관리기금의 신규대출금리가 5.2%인 경우 중견기업의 대출금리는 5.3%이다.
③ 실 소요자금이 대기업 500억 원, 중견기업 300억 원인 경우, 대기업보다 중견기업에 지원되는 금액이 많다.
④ 지원 기업의 선도프로젝트 평가 기관과 대출심사 기관은 상이하다.
⑤ 융자지원을 받은 기업의 대출기간은 최대 10년이다.

36

다음은 A국의 디딤돌대출상품에 대한 특징과 대출신청자 K씨의 상담내역이다. 이에 대한 설명으로 옳지 않은 것을 고르면?(단, 제시된 내용만을 고려한다.)

[A국 디딤돌대출상품 특징]
- 대출대상: 청년, 신혼부부, 다자녀가정, 저소득층 등 주택구입에 어려움을 겪고 있는 계층을 대상
- 대출한도: 주택가격의 최대 70%까지 대출가능하며, 대출신청자의 소득수준에 따라 한도를 결정
- 대출이자: 대출 신청자의 소득, 대출기간, 주택유형에 따라 차등 금리 적용
- 대출기간: 최소 10년부터 최대 30년까지 설정 가능
- 상환방식: 원리금균등, 체증식, 원금균등
- 대출자격조건: 대출신청자의 일정한 소득수준과 주택구입 목적 등을 충족해야 함
- 기타혜택: 대출 기간 중 중도상환수수료 면제
- 구체적 자격요건
  1) 소득 조건: 연 7,000만 원 이하의 가구
  2) 대출 대상 주택: 국민주택규모(주거전용면적 $85m^2$ 이하)의 주택가격 6억 원 이하 주택
  3) 주택보유 제한: 대출신청자는 무주택자이어야 함(대출실행 이후 본건 주택 외에 추가주택을 부득이하게 취득한 경우에는 처분기한 내 처분하여야 대출금이 회수되지 않음)
  4) 주택구입 목적: 실거주의 목적만 가능(임대나 사업목적의 주택인 경우 부적합)

[대출신청자 K씨 상담내역]
- **대출상담원**: 안녕하세요, 대출 상담 문의를 주셨네요.
- K씨: 네, 디딤돌대출을 통하여 주택 구입자금을 마련하려고 합니다. 주거전용면적이 $58m^2$인 주택을 매매하려고 하며, 주택가격은 4억 원입니다. 현재 저의 연소득은 5,000만 원입니다.
- **대출상담원**: 네, 현재 고객님의 신용정보까지 고려해 볼 때, 대출한도는 주택가격의 최대 70%입니다.
- K씨: 그렇군요. 참고로 가구구성원은 저를 포함하여 배우자와 자녀 2명이고, 2자녀가구에 대한 대출금리 우대를 받고 싶습니다.

① K씨가 디딤돌대출 실행 이후 상속으로 인하여 부득이하게 단독으로 주택을 취득한 경우, 자격을 유지하려면 처분기한 내 취득한 주택을 처분해야 한다.
② K씨의 디딤돌대출에 의한 대출한도의 최대금액은 2억 8천만 원이다.
③ K씨의 배우자 소득이 연 3,000만 원 이하의 경우에만 디딤돌대출 신청이 가능하다.
④ K씨가 구매하려는 주택의 규모가 주거전용면적 $85m^2$ 이하인 경우만 디딤돌대출 대상 주택으로 인정된다.
⑤ K씨는 주택을 임대하려는 목적으로 디딤돌대출을 신청할 수 없다.

[37~38] 다음은 어느 지자체의 생활 쓰레기 및 음식물 쓰레기 배출방법에 관한 공문이다. 이를 바탕으로 이어지는 질문에 답하시오.

□ 생활 쓰레기 분리배출방법

○ 배출방법

구분	문전 수거	일정 장소 수거	
대상	읍·면 소재지, 동지역	읍·면지역 자연마을	공동주택
배출장소	자기집 앞	지정장소	지정된 수거용기함
배출시간	수거일 전날 20:00 ~ 수거일 06:00	수거일 전날 20:00 ~ 수거일 06:00	자체 아파트 관리규정 준수

— 타지 않는 쓰레기
- 수거일: 매주 금요일
- 배출방법: 전용 PP마대에 담아 매주 수거일 전날 밤 20:00~다음 날 06:00까지 배출장소에 배출
- 종류: 깨진 병, 그릇, 도자기류, 폐화장품, PVC, 우레탄, 소량의 건설폐기물
- 전용 마대 종류: 5L, 10L, 30L(종량제 봉투와 가격 동일)

— 타는 쓰레기
- 수거일: 평일(매주 월 ~ 금요일)
- 배출방법: 종량제 봉투에 담아 배출

○ 종량제 봉투 및 마대 가격

용량	5L	10L	20L	30L	50L	75L
가격	200원	400원	800원	1,200원	2,400원	3,600원

□ 음식물 쓰레기 분리배출방법

○ 배출방법
- 수거일: 매주 월, 수, 금요일
- 배출장소: 문전 및 지정장소
- 배출시간: 수거일 전날 20:00 ~ 수거일 06:00
- 배출방법: 전용수거용기에 적합한 납부필증 구입 부착 후 배출

○ 배출품목 및 배출요령

— 이물질을 제거하고, 물기는 최대한 제거하여 전용수거용기에 물이 고여 있지 않도록 배출

— 소금 성분이 많은 된장, 고추장, 간장, 김치 등은 헹구어 배출

— 과일이나 부피가 큰 채소(배추, 무, 호박) 등은 잘게 썰어서 배출

— 김장 쓰레기의 경우 쓰레기양이 많거나 썰지 않은 경우 생활폐기물 종량제 봉투에 담아 배출

— 재활용 불가 음식물 쓰레기 및 음식물 쓰레기가 아닌 물질은 반드시 제거 후 배출

* 재활용 불가 음식물 쓰레기: 마른 마늘줄기, 고추대, 과일의 딱딱한 껍데기, 핵과류의 씨, 왕겨, 옥수수 껍질, 옥수수대, 동물의 뼈, 패류 껍데기, 복어내장

○ 전용수거용기 및 납부필증 판매가격

구분	3L	5L	10L	20L	40L	120L
용기 가격	6,500원	7,000원	10,950원	18,000원	33,800원	50,800원
납부필증 가격	120원	200원	400원	800원	1,600원	4,800원
납부필증 색상	주황	노랑	분홍	하늘	연두	보라

37

다음 중 공문에 대한 설명으로 옳지 않은 것을 [보기]에서 모두 고르면?

보기

㉠ 타지 않는 쓰레기는 최대 30L 종량제 봉투에 담아 배출할 수 있다.
㉡ 타는 쓰레기는 일요일을 제외한 모든 요일에 배출 가능하다.
㉢ 음식물 쓰레기는 전용수거용기에 적합한 납부필증을 부착한 경우에만 배출 가능하다.
㉣ 같은 용량의 종량제 봉투와 납부필증은 가격이 동일하다.

① ㉠, ㉡
② ㉠, ㉢
③ ㉡, ㉢
④ ㉡, ㉣
⑤ ㉢, ㉣

38

다음 중 공문을 바탕으로 쓰레기를 바르게 배출한 사람을 고르면?

① A: 화장품 병을 20L 전용 PP마대에 담아 목요일 밤 10시에 배출했어.
② B: 깨진 도자기를 신문지에 잘 감싸서 10L 쓰레기종량제 봉투에 담아 수요일 오전 4시에 배출했어.
③ C: 잘게 썬 김장 쓰레기를 하늘색 납부필증을 부착한 20L 음식물 쓰레기 전용수거용기에 담아 일요일 밤 11시에 배출했어.
④ D: 물기를 제거한 음식물 쓰레기를 주황색 납부필증을 부착한 5L 음식물 쓰레기 전용수거용기에 담아 월요일 오전 3시에 배출했어.
⑤ E: 치킨을 먹고 치킨 뼈는 10L 종량제 봉투에 배출하고, 치킨 무는 분홍색 납부필증을 부착한 10L 음식물 쓰레기 전용수거용기에 담아 수요일 저녁 9시에 배출했어.

39

다음 글을 이해한 내용으로 적절한 것을 고르면?

제○조(건축허가) ① 건축물을 건축하거나 대수선하려는 자는 특별자치시장·특별자치도지사 또는 시장·군수·구청장의 허가를 받아야 한다. 다만, 21층 이상의 건축물 등 대통령령으로 정하는 용도 및 규모의 건축물을 특별시나 광역시에 건축하려면 특별시장이나 광역시장의 허가를 받아야 한다.

② 시장·군수는 제1항에 따라 다음 각 호의 어느 하나에 해당하는 건축물의 건축을 허가하려면 미리 건축계획서와 국토교통부령으로 정하는 건축물의 용도, 규모 및 형태가 표시된 기본설계도서를 첨부하여 도지사의 승인을 받아야 한다.

1. 제1항 단서에 해당하는 건축물. 다만, 도시환경, 광역교통 등을 고려하여 해당 도의 조례로 정하는 건축물은 제외한다.
2. 자연환경이나 수질을 보호하기 위하여 도지사가 지정·공고한 구역에 건축하는 3층 이상 또는 연면적의 합계가 1천제곱미터 이상인 건축물로서 위락시설과 숙박시설 등 대통령령으로 정하는 용도에 해당하는 건축물
3. 주거환경이나 교육환경 등 주변 환경을 보호하기 위하여 필요하다고 인정하여 도지사가 지정·공고한 구역에 건축하는 위락시설 및 숙박시설에 해당하는 건축물

③ 허가권자는 제1항에 따른 건축허가를 하고자 하는 때에 「건축기본법」 제25조에 따른 한국건축규정의 준수 여부를 확인하여야 한다. 다만, 다음 각 호의 어느 하나에 해당하는 경우에는 이 법이나 다른 법률에도 불구하고 건축위원회의 심의를 거쳐 건축허가를 하지 아니할 수 있다.

1. 위락시설이나 숙박시설에 해당하는 건축물의 건축을 허가하는 경우 해당 대지에 건축하려는 건축물의 용도·규모 또는 형태가 주거환경이나 교육환경 등 주변 환경을 고려할 때 부적합하다고 인정되는 경우
2. 「국토의 계획 및 이용에 관한 법률」 제37조 제1항 제4호에 따른 방재지구(이하 "방재지구"라 한다) 및 「자연재해대책법」 제12조 제1항에 따른 자연재해위험개선지구 등 상습적으로 침수되거나 침수가 우려되는 지역에 건축하려는 건축물에 대하여 지하층 등 일부 공간을 주거용으로 사용하거나 거실을 설치하는 것이 부적합하다고 인정되는 경우

⑥ 제1항에 따라 건축허가를 받으려는 자는 해당 대지의 소유권을 확보하여야 한다. 다만, 다음 각 호의 어느 하나에 해당하는 경우에는 그러하지 아니하다.

1. 건축주가 대지의 소유권을 확보하지 못하였으나 그 대지를 사용할 수 있는 권한을 확보한 경우. 다만, 분양을 목적으로 하는 공동주택은 제외한다.
2. 건축주가 건축물의 노후화 또는 구조안전 문제 등 대통령령으로 정하는 사유로 건축물을 신축·개축·재축 및 리모델링을 하기 위하여 건축물 및 해당 대지의 공유자 수의 100분의 80 이상의 동의를 얻고 동의한 공유자의 지분 합계가 전체 지분의 100분의 80 이상인 경우
3. 건축주가 제1항에 따른 건축허가를 받아 주택과 주택 외의 시설을 동일 건축물로 건축하기 위하여 「주택법」 제21조를 준용한 대지 소유 등의 권리 관계를 증명한 경우. 다만, 「주택법」 제15조 제1항 각 호 외의 부분 본문에 따른 대통령령으로 정하는 호수 이상으로 건설·공급하는 경우에 한정한다.
4. 건축하려는 대지에 포함된 국유지 또는 공유지에 대하여 허가권자가 해당 토지의 관리청이 해당 토지를 건축주에게 매각하거나 양여(양도)할 것을 확인한 경우
5. 건축주가 집합건물의 공용부분을 변경하기 위하여 「집합건물의 소유 및 관리에 관한 법률」 제15조 제1항에 따른 결의가 있었음을 증명한 경우

6. 건축주가 집합건물을 재건축하기 위하여 「집합건물의 소유 및 관리에 관한 법률」 제47조에 따른 결의가 있었음을 증명한 경우

① 32층 건축물을 건축하려면 구청장의 허가를 받으면 된다.
② 상수원 보호 구역에 3층 숙박시설을 건축하려면 해당 지역의 군수의 허가를 받으면 된다.
③ 특별자치도지사가 승인한 위락시설은 어디든 건축할 수 있다.
④ 건축주는 대지를 사용할 권한이 있는 경우 대지의 소유권을 확보하지 못했어도 공동주택의 건축허가를 받을 수 있다.
⑤ 국유지가 포함된 토지에 건축할 경우 해당 국유지의 소유권을 관리청에게서 양도 받았다면 건축허가를 받을 수 있다.

40

Z제품의 판매 대리점에서는 전월 판매량을 기준으로 당월 목표량을 설정한다. 다음 [표]와 [조건]을 바탕으로 각 직원들의 (당월 판매량－당월 목표량)의 합을 고르면?

[표] Z제품 판매 대리점 직원별 목표량 및 판매량 현황

직원	A	B	C	D	E
전월 목표량	200개	350개	220개	200개	350개
전월 판매량	240개	320개	160개	180개	400개
당월 판매량	300개	380개	210개	240개	430개

조건

1단계: [표]에서 직원 A~E 중 전월 판매량이 300개 이상인 경우 전월 판매량을 300개로 조정한다. 단, 전월 판매량이 300개 미만인 경우 수치를 유지한다.

2단계: '1단계'에 의해 조정된 값에 따라 직원 A~E의 전월 판매량에 1.3을 곱한다.

3단계: [표]의 전월 목표량보다 전월 판매량이 많은 직원은 '2단계'에 의해 산출된 값에 20개를 더한 값을 당월 목표량으로 하고, 전월 목표량보다 전월 판매량이 적은 직원은 '2단계'에 의해 산출된 값에 10개를 뺀 값을 당월 목표량으로 한다.

4단계: 단, '3단계'에 의해 산출된 당월 목표량이 200개 미만인 경우 200개로 조정하고, 400개를 초과하는 경우 400개로 조정한다.

① 16개　② 18개　③ 22개
④ 24개　⑤ 34개

06 실전모의고사 6회

[41~42] P사 인사팀의 정 과장은 신입사원 교육 일정을 계획하고 있다. 신입사원 교육은 신입사원의 직무별로 1팀부터 4팀까지 4개 팀으로 나누어 진행되고 교육 프로그램은 P사 핵심비전 안내, 비즈니스매너, 직업윤리, 협업 커뮤니케이션, 문서작성법 5개의 프로그램으로 구성되며, 현재 계획된 일정에 신입사원 교육 프로그램 일정 계획을 고려하여 남은 일정을 추가하고자 한다. 이를 바탕으로 이어지는 질문에 답하시오.

신입사원 교육 프로그램 일정 계획

- 신입사원 교육은 모든 팀이 9시에 시작하여 13시에 종료되며, 중간에 쉬는 시간은 없다.
- 한 팀이 동일한 교육 프로그램을 중복 수강하지는 않는다.
- 대형 강당을 통해 2개 팀까지 하나의 프로그램을 동시 수강할 수 있다.
- 2팀은 직업윤리와 P사 핵심비전 안내를 수강하지 않는다.
- 문서작성법은 진행강사의 스케줄에 맞추어 10시 이후로만 수강 가능하다.
- 비즈니스매너는 1시간 30분 또는 2시간으로 진행하고, 나머지 4개 프로그램은 1시간으로 진행하되, 3팀은 직업윤리를 30분만 수강한다.
- 1팀과 3팀은 협업 커뮤니케이션을 동시 수강하고 2팀과 4팀은 문서작성법을 동시 수강하며, 그 외 다른 프로그램 중 두 팀이 동시에 수강하는 프로그램은 없다.
- P사 핵심비전 안내 수강 후에는 연속으로 문서작성법을 수강하고, 직업윤리와 P사 핵심비전 안내는 연속으로 수강하지 않는다.

[표] 신입사원 교육 프로그램 일정표

구분	09:00 ~09:30	09:30 ~10:00	10:00 ~10:30	10:30 ~11:00	11:00 ~11:30	11:30 ~12:00	12:00 ~12:30	12:30 ~13:00
1팀			P사 핵심비전 안내		문서작성법			
2팀								
3팀	협업 커뮤니케이션					비즈니스매너		
4팀							문서작성법	

41

다음 중 1~4팀이 수강하게 되는 프로그램에 대한 설명으로 옳지 <u>않은</u> 것을 고르면?

① 1팀은 직업윤리를 수강하고, 비즈니스매너를 수강하지 않는다.

② 2팀은 비즈니스매너를 수강한다.

③ 3팀은 직업윤리 수강 전 문서작성법을 수강한다.

④ 3팀과 4팀이 모두 수강하는 프로그램은 3개이다.

⑤ 4팀은 협업 커뮤니케이션을 수강하지 않는다.

42

다음 중 1~4팀의 교육 일정에 대한 설명으로 옳지 <u>않은</u> 것을 고르면?

① 협업 커뮤니케이션은 모든 팀에서 문서작성법보다 먼저 수강한다.

② 2팀과 3팀은 P사 핵심비전 안내를 수강하지 않는다.

③ 비즈니스매너를 2시간 수강하는 팀은 1개 팀이다.

④ 1팀이 가장 먼저 수강하는 프로그램은 직업윤리이다.

⑤ 4팀이 세 번째로 수강하는 프로그램은 P사 핵심비전 안내이다.

43

△△사는 5개의 물류창고 A~E를 보유하고 있다. 물류창고는 도로를 따라 다음과 같은 간격으로 위치해 있으며, 5개 물류창고의 모든 물품을 1개의 물류창고로 모으기 위해 화물차를 이용한다. 각 물류창고에서 서로 다른 화물차 1대를 이용하며, 물품을 한 번만 운송하려고 할 때, 운임 비용이 가장 많이 드는 물류창고를 고르면?

[그림] 물류창고별 거리

A	20km	B	20km	C	20km	D	20km	E

[표1] 물류창고별 보관 물품 현황

물품 무게	A	B	C	D	E
2.5kg	100개	150개	50개	150개	50개
5.0kg	150개	0개	100개	100개	50개
7.5kg	50개	0개	100개	50개	150개

[표2] 화물자동차 종류별 운임 비용

구분	운임 비용
1톤 화물차	450원/km
3톤 화물차	800원/km
10톤 화물차	2,100원/km

※ 1톤 화물차, 3톤 화물차, 10톤 화물차의 적재중량은 각각 1톤 미만, 1톤 이상 3톤 미만, 3톤 이상 10톤 미만임

① 물류창고 A ② 물류창고 B ③ 물류창고 C
④ 물류창고 D ⑤ 물류창고 E

44

총직원 수가 380명인 P사에서는 코로나로 인하여 2주일간 재택근무를 실시한다. 재택근무 기간 동안 회의는 화상회의를 진행하기로 하였다. 다음 글을 바탕으로 P사에서 구매하는 화상회의 프로그램을 고르면?

P사에서는 재택근무 실시 전 조건에 맞는 화상회의 프로그램을 구입하려고 한다. P사에서는 적어도 두 개 부서의 부서원들이 모두 동시에 회의에 참여할 수 있는 프로그램을 구입하려고 한다. P사의 부서 중 부서원이 가장 많은 부서는 영업부와 기획부로 각각 43명, 38명이다. 또한 기록을 위하여 화면 캡처 및 녹화가 가능해야 하고, 원활한 회의 진행을 위하여 회의 주최자가 참석자의 마이크와 카메라를 일괄 또는 개별 제어를 할 수 있어야 한다. 위 조건을 만족하는 프로그램 중 비용, 편리성, 기능을 평가하여 합산 점수가 가장 높은 프로그램을 선정한다. 점수가 동일한 경우 비용 점수가 가장 높은 프로그램을 선정한다.

화상회의 프로그램에 관한 정보는 다음과 같다.

프로그램	동시 접속 인원	캡처 및 녹화	일괄/개별 제어	평가 점수(점)		
				비용	편리성	기능
A	100명	가능	가능	10	8	7
B	50명	가능	가능	10	10	10
C	500명	가능	불가능	8	10	10
D	200명	불가능	가능	9	10	9
E	1,000명	가능	가능	7	10	10
F	200명	가능	불가능	9	10	9
G	30명	불가능	가능	10	9	10
H	300명	가능	가능	9	9	9

① A ② B ③ D
④ E ⑤ H

06 실전모의고사 6회

[45~46] 어느 공장에서 여러 가지 공정을 거쳐 제품 P를 생산한다. 다음 [표]는 제품 P를 생산하기 위한 과정과 해당 과정에서 필요한 시간 및 비용을 나타낸 자료이다. 공정은 A공정부터 시작하며 후행 작업은 반드시 선행 작업이 끝난 후에 진행된다. 이를 바탕으로 이어지는 질문에 답하시오.

[표] 공정별 필요 선행 공정 및 소요 시간/비용

공정	필요한 선행 공정	소요 시간	소요 비용
A공정(시작)	없음	1시간	100만 원
B공정	A공정	3시간	200만 원
C공정	A공정	5시간	400만 원
D공정	B공정	3시간	300만 원
E공정	C공정, D공정	5시간	500만 원
F공정	D공정	4시간	100만 원
G공정	E공정	3시간	200만 원
H공정	F공정	6시간	500만 원
I공정	G공정	4시간	100만 원
J공정(끝)	H공정, I공정	2시간	600만 원

45

다음 중 위의 자료를 바탕으로 할 때, A공정을 시작한 후 J공정을 끝내기까지 최소 몇 시간이 걸리는지 고르면?(단, 선행, 후행 관계에 있지 않은 공정은 동시에 진행이 가능하다.)

① 21시간 ② 23시간 ③ 24시간

④ 25시간 ⑤ 26시간

46

다음은 [표]의 공정을 개선한 후 김 대리와 이 대리가 나눈 대화이다. 주어진 자료와 대화를 바탕으로 이 대리의 마지막 질문에 대한 답변으로 가장 적절한 것을 고르면?

> 김 대리: 이번 공정 개선을 통해 공정 시간과 비용이 많이 줄었어요.
> 이 대리: 공정이 너무 오래 걸리고 불필요한 지출이 많다고 느꼈는데 공정이 개선되었군요. 어느 공정에서 감소하였나요?
> 김 대리: 소요 비용이 100만 원인 공정을 제외하고는 모두 공정 소요 시간 또는 비용이 줄었어요. 특히 소요 시간이 가장 길었던 공정에서 소요 비용이 절반으로 감소하였고, 필요한 선행 공정이 두 가지인 공정들은 모두 100만 원씩 감소하였어요.
> 이 대리: 다른 공정들은 어떤가요?
> 김 대리: A공정을 선행 공정으로 하는 공정들은 소요 비용이 감소되지는 않았지만 소요 시간이 1시간씩 감소하였어요. D공정과 G공정은 각각 소요 시간이 30분씩 감소하였고, 소요 비용은 50만 원씩 감소하였어요.
> 이 대리: 그렇다면 공정 개선 후 전체 공정 과정에서 소요되는 총비용은 얼마인가요?

① 2,400만 원　② 2,450만 원　③ 2,500만 원
④ 2,550만 원　⑤ 2,600만 원

06 실전모의고사 6회

[47~48] 다음은 호텔 브랜드 A~C의 등급별 혜택과 룸 타입 1박 평균 비용을 나타낸 자료이다. 이를 바탕으로 이어지는 질문에 답하시오.

[브랜드별 등급별 혜택]

• A브랜드

등급	혜택	등급 획득 실적
골드	룸 업그레이드, 레이트 체크아웃, 조식 제공	연간 10박 이상
플래티넘	스위트룸 업그레이드, 이그제큐티브 라운지 이용	연간 25박 이상
다이아몬드	개인 어시스턴트 서비스, 무료 스파 서비스	연간 50박 이상

• B브랜드

등급	혜택	등급 획득 실적
실버	무료 조식, 얼리 체크인	연간 15박 이상
골드	룸 업그레이드, 이그제큐티브 라운지 이용	연간 30박 이상
플래티넘	스위트룸 업그레이드, 무료 스파 서비스	연간 60박 이상

• C브랜드

등급	혜택	등급 획득 실적
실버	무료 주차, 얼리 체크인	연간 10박 이상
골드	룸 업그레이드, 조식 제공, 레이트 체크아웃	연간 25박 이상
플래티넘	스위트룸 업그레이드, 무료 스파 서비스	연간 45박 이상

※ 상위 등급 혜택은 하위 등급 혜택을 포함하며, 등급 획득을 위해 요구되는 실적이 많을수록 상위 등급임
※ 스탠다드룸 투숙 시 1박당 1박 등급 획득 실적 인정
※ 디럭스룸 투숙 시 1박당 1.5박 등급 획득 실적 인정
※ 스위트룸 투숙 시 1박당 2박 등급 획득 실적 인정

[브랜드별 룸 타입 1박당 평균 비용]

• A브랜드

룸 타입	1박당 평균 비용
스탠다드룸	150,000원
디럭스룸	200,000원
스위트룸	350,000원

• B브랜드

룸 타입	1박당 평균 비용
스탠다드룸	120,000원
디럭스룸	200,000원
스위트룸	300,000원

• C브랜드

룸 타입	1박당 평균 비용
스탠다드룸	100,000원
디럭스룸	150,000원
스위트룸	250,000원

47

다음 중 자료에 대한 설명으로 옳지 않은 것을 고르면?

① A~C브랜드 모두 플래티넘 등급은 스위트룸 업그레이드 혜택을 받을 수 있다.
② 개인 어시스턴트 서비스 혜택은 A브랜드에만 있다.
③ C브랜드는 이그제큐티브 라운지 이용 혜택이 없다.
④ 각 브랜드에서 디럭스룸으로 연간 10박씩 투숙한다면 A~C브랜드 모두 최하위 등급을 획득할 수 있다.
⑤ 스위트룸으로만 투숙하여 최상위 등급을 획득하려면 A~C브랜드 모두 연간 25박 이상 투숙해야 한다.

48

다음 중 브랜드별 등급에 필요한 최소 비용과 이때 필요한 최소 숙박 수로 옳지 않은 것을 고르면?

① A브랜드 골드 등급: 140만 원, 연간 7박(디럭스룸)
② A브랜드 다이아몬드 등급: 680만 원, 연간 34박(디럭스룸)
③ B브랜드 실버 등급: 180만 원, 연간 15박(스탠다드룸)
④ B브랜드 골드 등급: 360만 원, 연간 30박(스탠다드룸)
⑤ C브랜드 플래티넘 등급: 450만 원, 연간 45박(디럭스룸)

49

Z사의 기획부, 영업부, 재무부, 홍보부, 물류부 부장 A~E가 다음 주 중 화상회의를 하려고 한다. 회의는 2시간 동안 진행될 예정이고, 모두 이 시간 동안 반드시 회의에 참석해야 한다. 회의는 업무 시간 내에 진행된다. 업무 시간은 09:00~17:00이고, 12:30~13:30은 점심시간으로 회의를 하지 않는다. 각 부서 부장들의 다음 주 업무 일정이 다음과 같고, 아래 업무 일정을 제외한 시간과 요일에 가능한 빨리 회의하고자 할 때, 다음 중 회의하는 요일을 고르면?

[표] 부장 A~E의 다음 주 업무 일정

구분	월요일	화요일	수요일	목요일	금요일
A		09:00 ~ 11:00		09:00 ~ 11:00	
B	15:00 ~ 17:30		15:30 ~ 17:30		15:30 ~ 17:30
C	10:00 ~ 12:00			10:00 ~ 12:00	
D		13:30 ~ 15:30	09:00 ~ 12:00	13:00 ~ 15:00	
E	09:00 ~ 11:00		09:00 ~ 11:00		09:00 ~ 11:00

① 월요일　② 화요일　③ 수요일
④ 목요일　⑤ 금요일

50

다음 [표]는 ○사 영업팀에서 사용할 수 있는 회사 보유 차량의 정보와 현재 유가 정보이다. 영업팀의 오 사원이 회사 차량 중 한 대를 이용하여 출장 기간 동안 280km를 운행해야 할 때, 유류비가 가장 비싼 차량과 가장 저렴한 차량의 유류비용 차액을 고르면?(단, 모든 유종은 1L 단위로만 주유가 가능하다.)

[표1] 회사 보유 차량 정보

구분	유종	차량 연비
A차량	경유	10.0km/L
B차량	휘발유	12.0km/L
C차량	LPG	8.5km/L
D차량	휘발유	12.5km/L
E차량	경유	10.5km/L

[표2] 현재 유가 정보

구분	가격
휘발유	2,010원/L
경유	1,920원/L
LPG	1,140원/L

① 7,530원 ② 10,620원 ③ 13,550원
④ 16,140원 ⑤ 18,370원

06 실전모의고사 6회

51

다음과 같은 조직 개편 결과에 대해 추론한 내용으로 가장 적절하지 않은 것을 고르면?

[조직 개편 기준]

- 조직 개편: 2본부 6팀 → 1부문 4본부 12팀
- 조직 신설 및 통합
  - 영업부문 내 해외영업본부 및 영업관리본부 신설
  - 사장 직할 해외관리팀 신설(해외관리 담당)
  - 영업(국내) 1~3팀 → 영업(국내) 1~2팀
- 명칭 변경: 영업본부 → 국내영업본부
- 업무 이동
  - 해외영업 적합자: 영업본부 → 해외영업본부
  - 영업관리 적합자: 관리본부 → 영업관리본부
  - 인사팀 내 해외관리 적합자: 인사팀 → 해외관리팀

[조직도]

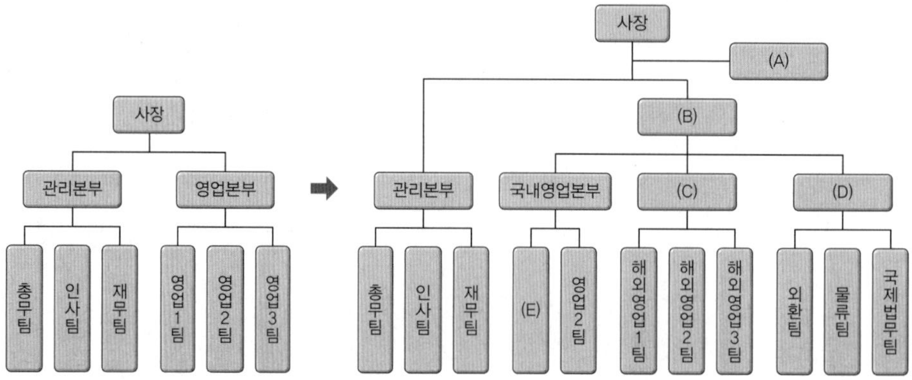

① 개편 후 인사팀의 인원은 개편 전에 비해 다소 감소하였을 것이다.
② (A)~(E)에 들어갈 명칭 중 개편 전과 동일한 명칭은 1개이다.
③ (A)~(E) 중 '팀'은 1개이다.
④ (A)는 해외영업이 신설됨에 따라 함께 신설되었을 것이다.
⑤ (D)는 산하 조직의 명칭으로 보아 (C)의 업무를 주로 지원하게 될 것이다.

52

다음은 B사의 내부 전결 규정이다. 이를 바탕으로 작성한 B사의 결재양식으로 옳은 것을 [보기]에서 모두 고르면?

- 결재를 받으려면 해당 업무에 대해 최고 결재권자(사장)을 포함한 이하 직책자의 결재를 받아야 한다.
- '전결'은 회사의 경영활동이나 관리활동을 수행함에 있어 의사결정이나 판단을 요하는 일에 대하여 최고 결재권자의 결재를 생략하고, 자신의 책임 하에 최종적으로 의사 결정이나 판단을 하는 행위이다.
- 전결 사항에 대해서도 위임받은 자를 포함한 이하 직책자의 결재를 받아야 한다.
- 최고 결재권자로부터 전결 사항을 위임받은 자가 있는 경우 결재란에 '전결'이라고 표시하고 위임받은 자는 최종 결재권자의 결재란에 서명한다. 결재가 불필요한 직책자의 결재란은 상향대각선으로 표시한다.
- 최고 결재권자의 결재 사항 및 최고 결재권자로부터 위임된 전결 사항은 다음의 표에 따른다.

업무내용	전결권자			
	담당	부서장	본부장	부사장
조직 및 정원관리				
TFT 조직 승인 및 조직 진단				○
타 기관 자료 제출		○		
관계기관 협조의뢰 및 조회		○		
임직원의 국내외 출장				
본부장 이상의 임원(국내외)				○
부서장 이하의 직원(국내외)			○	

보기

㉠ 관계기관 협조의뢰 및 조회

결재	담당	부서장	본부장	부사장	최종 결재
		전결			

㉡ 대북지원 TFT 승인서

결재	담당	부서장	본부장	부사장	최종 결재
				전결	/

㉢ 타 기관 요청 자료 제출승인서

결재	담당	부서장	본부장	부사장	최종 결재
		전결	/	/	(부서장 서명)

㉣ 영업1팀장 해외출장 신청서

결재	담당	부서장	본부장	부사장	최종 결재
			전결	/	(본부장 서명)

① ㉠　　② ㉠, ㉡　　③ ㉢, ㉣
④ ㉠, ㉢, ㉣　　⑤ ㉡, ㉢, ㉣

53

다음 설명을 참고할 때, [보기]의 두 사례에서 알 수 있는 경영전략이 바르게 짝지어진 것을 고르면?

> 조직의 경영전략은 경영자의 경영이념이나 조직의 특성에 따라 다양하다. 이 중 대표적인 경영전략으로 마이클 포터(Michael E. Porter)의 본원적 경쟁전략이 있다. 본원적 경쟁전략은 해당 사업에서 경쟁우위를 확보하기 위한 전략으로 원가우위 전략, 차별화 전략, 집중화 전략으로 구분된다.
>
> 원가우위 전략은 원가절감을 통해 해당 산업에서 우위를 점하는 전략으로, 이를 위해서는 대량생산을 통해 단위 원가를 낮추거나 새로운 생산기술을 개발할 필요가 있다. 차별화 전략은 조직이 생산품이나 서비스를 차별화하여 고객에게 가치가 있고 독특하게 인식되도록 하는 전략이다. 집중화 전략은 특정 시장이나 고객에게 한정된 전략으로, 원가우위나 차별화 전략이 산업 전체를 대상으로 하는 것과 달리 특정 산업을 대상으로 한다. 즉 경쟁조직들이 소홀히 하고 있는 한정된 시장을 원가우위나 차별화전략을 써서 집중 공략하는 방법이다.

보기

사례1. B백화점은 업계의 심화된 경쟁을 극복하기 위해 머신러닝을 활용한 지능형 상품 정보 갱신 특허를 출원하고, 인기 제품을 분석해 찾아주는 AI 솔루션, 제품 원산지 확인 솔루션, 당일 배송 시스템, 최저가 비교 서비스를 도입하고, 고객에게 최적화된 상품을 찾아주는 '퍼스널 쇼퍼' 기능까지 탑재했다. 가장 편하게 고객이 쇼핑할 수 있도록 B백화점만의 독특한 경영전략을 전면에 내세운 것이다.

사례2. 미국의 S항공사는 규모가 작은 항공사였지만 항공업계에서 살아남았을 뿐 아니라 큰 성공을 거둔 기업으로 꼽힌다. 거대 기업과 정면 승부를 하는 대신 단거리 노선만을 효과적으로 공략하여 성공했기 때문이다. 단거리 노선만을 타깃으로 하다 보니 원가도 절감하는 효과를 얻을 수 있었다.

	사례1	사례2
①	차별화 전략	원가우위 전략
②	차별화 전략	집중화 전략
③	원가우위 전략	집중화 전략
④	집중화 전략	원가우위 전략
⑤	집중화 전략	차별화 전략

54

다음 설명의 빈칸 ㉠과 ㉡에 들어갈 말이 바르게 짝지어진 것을 고르면?

STP 전략이란 마케팅 전략에 있어 가장 기초가 되는 시작점으로, 시장세분화(Segmentation), 목표시장 선정(Targeting), 포지셔닝(Positioning)의 전략수립 과정이다. 시장을 분석해 소비자층을 파악한 후, 진출할 시장을 정하여 조사하고, 제품을 분석하여 시장에 어떻게 어필한 것인가를 정하는 단계를 다음과 같이 거치는 것이다.

1) 시장세분화(Segmentation): 지리적, 인구통계적, 심리특성적, 구매행동적 기준
   - 구매행동 변수: 구매경험, 사용기회, 사용량, 상표 애호도(그 외, 고객특성변수로 생각)
   - 기존 세분시장과의 조화 여부 검토
   - 혁신적인 신상품은 시장세분화 시기상조
2) 목표시장선정(Targeting)
   - 비차별적 마케팅 – 저원가 대량생산
   - 차별적 마케팅 – 고객화
   - 집중적 마케팅 – 하나의 세분시장에 하나 정도의 제품, 기업 자원이 한정적일 때
3) 포지셔닝(Positioning)
   - 이상점 파악, 자사와 가까울수록 1차적 경쟁자
   - 다차원 척도법을 통해 3차원 도면에 포지셔닝 맵 도출

일례로, 미백 효과가 있는 화장품을 판매할 때 여성, 남성 중 어느 성별이 더 선호하는지, 실내 활동 또는 야외 활동이 많은 직업군 중 어느 직업군이 선호하는지, 연령대는 어느 정도가 좋을지에 대한 소비자층을 구분해 보는 것은 (㉠) 전략이다. 또한 다이어트 식품을 판매할 때 '하루 8시간 이상 앉아 있는 20대 여성 중 inner 제품에 거부감이 없고 다이어트에 니즈가 있으며 월 10만 원을 다이어트에 투자할 수 있는 소비자'층을 주 고객층으로 설정한다는 것은 (㉡) 전략이라고 할 수 있다.

	㉠	㉡
①	Segmentation	Targeting
②	Segmentation	Positioning
③	Targeting	Segmentation
④	Targeting	Positioning
⑤	Positioning	Targeting

[55~56] 다음은 S공사의 12월 성과상여금 지급기준과 업무지원팀의 성과 결과이다. 이를 바탕으로 이어지는 질문에 답하시오.

[12월 성과상여금 지급 기준]

1. 지급원칙
   - 성과상여금은 적용대상 직원에 대하여 성과(근무 성적, 업무 난이도, 조직 기여도의 평점 합) 순위에 따라 지급한다.
   - 적용대상 직원에는 계약직과 4급 이하인 모든 직원이 포함된다.
2. 상여금의 배분

   성과상여금은 아래의 지급 기준액을 기준으로 한다.

4급	5급	6급	계약직
400만 원	300만 원	200만 원	100만 원

3. 지급등급 및 지급률

지급등급	S등급	A등급	B등급
성과 순위	1위~2위	3위~4위	5위 이하
지급률	150%	130%	100%

4. 지급액 등
   - 개인별 성과상여금 지급액은 지급 기준액에 해당 등급의 지급률을 곱하여 산정한다.
   - 계약직의 경우 올해 12월을 기준으로 성과 결과가 S등급이라면 신년 1월 1일자로, 정규직 6급으로 전환한다.

[12월 업무지원팀 성과 결과]

직원	평점(점)			직급
	근무 성적	업무 난이도	조직 기여도	
A	8	6	8	계약직
B	10	8	7	5급
C	7	4	8	5급
D	8	9	7	6급
E	6	5	7	4급
F	8	9	10	계약직
G	8	8	5	4급
H	8	8	7	3급

55

업무지원팀의 성과상여금 적용대상 직원 중 성과상여금을 가장 많이 받는 직원과 가장 적게 받는 직원의 성과상여금 차이를 고르면?

① 150만 원　② 250만 원　③ 280만 원
④ 320만 원　⑤ 350만 원

56

업무지원팀의 구성원 변동이 없다고 가정할 때, 신년 1월을 기준으로 업무지원팀 정규직 직원들 중에 5등급 이하인 직원의 비율을 고르면?

① $\frac{2}{5}$　② $\frac{3}{5}$　③ $\frac{3}{7}$
④ $\frac{4}{7}$　⑤ $\frac{5}{7}$

57

다음은 M무역업체가 경영난을 타개하기 위하여 회의를 통해 도출해 낸 자사의 환경 분석이다. 이를 참고할 때, M무역업체가 취할 수 있는 ST 전략으로 적절한 것을 고르면?

> 우리는 급속도로 출현하는 경쟁자들에게 단기간에 시장점유율 20% 이상을 빼앗긴 상황이다. 더군다나 우리 제품의 주 구매처인 미국 Q사로 수출 물량 확대를 기대하기에는 갈수록 무역규제와 제도적 장치가 불리하게 작용하고 있다. 침체된 경기는 언제 되살아날지 전망조차 하기 힘들다. 시장 자체의 성장 속도는 매우 빨라 새로운 고객군도 가파르게 등장하고 있지만, 그만큼 우리의 생산설비도 노후화되어 가고 있으며 직원들의 고령화 또한 문제점으로 지적되고 있다. Q사와의 거래만 지속해서 유지된다면 우리 경영진의 우수한 역량과 다년간의 경험을 바탕으로 안정적인 거래 채널을 유지할 수 있지만, 이는 우리의 연구 개발이 꾸준히 이루어져야 가능한 일이며, 지금과 같이 수익성이 악화일로(惡化一路)로 치닫는 상황에서는 기대하기 어려운 요인으로 지목된다. 우리가 보유한 독점적 기술력과 직원들의 열정만 믿고 낙관적인 기대에 의존하기에는 시장 상황이 녹록지 않은 것이 냉정한 현실이다.

① 안정적인 공급 채널로 수익성 저하를 만회하기 위해 노력한다.
② 새로운 고객군의 등장을 계기로 시장점유율을 극대화할 방안을 도출해 본다.
③ 독점 기술과 경영진의 경험을 바탕으로 자사에 불리한 규제를 벗어날 수 있는 새로운 영역을 창출한다.
④ 우수한 경영진의 역량을 통해 직원들의 업무 열정을 제고하여 고령화 문제를 해결한다.
⑤ 노후화된 생산설비 교체를 위해 독점 보유한 기술력을 대기업과 공유하여 자금조달 방법을 모색한다.

[58~59] 다음은 H공사 위임전결규정의 일부이다. 이를 바탕으로 이어지는 질문에 답하시오.

제○○조(전결사항) 결재 및 전결사항은 [별표]와 같다.

제○○조(전결의 효력) 전결처리된 문서는 사장이 결재한 것과 동일한 효력을 가진다.

제○○조(결재경로) ① 전결권에 따른 기안자, 결재경로 및 결재권자는 다음과 같다. 단, 기안은 해당 직위 이상의 자가 할 수 있다.

<table>
<tr><th rowspan="2">전결권자</th><th colspan="5">결재경로</th></tr>
<tr><th>기안자</th><th colspan="4">결재자</th></tr>
<tr><td rowspan="2">사장</td><td>팀장</td><td colspan="2">부서장</td><td rowspan="2">본부장</td><td rowspan="2">사장</td></tr>
<tr><td>파트장</td><td>팀장</td><td>부서장</td></tr>
<tr><td rowspan="2">본부장</td><td rowspan="2">팀원</td><td>파트장</td><td>팀장</td><td rowspan="2">부서장</td><td rowspan="2">본부장</td></tr>
<tr><td colspan="2">팀장</td></tr>
<tr><td rowspan="2">부서장</td><td rowspan="2">팀원</td><td>파트장</td><td>팀장</td><td colspan="2" rowspan="2">부서장</td></tr>
<tr><td colspan="2">팀장</td></tr>
</table>

② 제1항에도 불구하고 결재경로에 파트장이 포함된 경우, 팀장을 경유하지 않을 수 있다.

[별표] 결재 및 전결사항표

<table>
<tr><th colspan="2" rowspan="2">구분</th><th colspan="4">전결권</th><th rowspan="2">사전 협조</th></tr>
<tr><th>팀장</th><th>부서장</th><th>본부장</th><th>사장</th></tr>
<tr><td colspan="2">급여 및 경비용역비, 위탁저장관리비 등 계약단가에 의한 지급</td><td></td><td>○</td><td></td><td></td><td></td></tr>
<tr><td colspan="2">사무실임차료, 협회비 등 방침에 의한 정기적 지급</td><td>○</td><td></td><td></td><td></td><td></td></tr>
<tr><td rowspan="2">세금과공과
(고지에 의한 지급)</td><td>1,000만 원 초과</td><td></td><td>○</td><td></td><td></td><td></td></tr>
<tr><td>1,000만 원 이하</td><td>○</td><td></td><td></td><td></td><td></td></tr>
<tr><td rowspan="3">섭외성 경비
(업무추진비
및 회의비성 잡비)</td><td>200만 원 초과</td><td></td><td></td><td></td><td>○</td><td></td></tr>
<tr><td>50만 원 초과 200만 원 이하</td><td></td><td></td><td>○</td><td></td><td></td></tr>
<tr><td>50만 원 이하</td><td></td><td>○</td><td></td><td></td><td></td></tr>
<tr><td rowspan="4">기타 제경비
(상기 제경비 제외)</td><td>5,000만 원 초과</td><td></td><td></td><td></td><td>○</td><td></td></tr>
<tr><td>2,000만 원 초과 5,000만 원 이하</td><td></td><td></td><td>○</td><td></td><td></td></tr>
<tr><td>500만 원 초과 2,000만 원 이하</td><td></td><td>○</td><td></td><td></td><td></td></tr>
<tr><td>500만 원 이하</td><td>○</td><td></td><td></td><td></td><td></td></tr>
<tr><td colspan="2">외부강의, 강연, 발표, 토론, 논문 및 원고 작성</td><td></td><td></td><td>○</td><td></td><td>법무팀장</td></tr>
<tr><td rowspan="2">외부심사, 평가,
자문, 의결 및 기타</td><td>팀장(파트장 포함) 이상</td><td></td><td></td><td>○</td><td></td><td>법무팀장</td></tr>
<tr><td>팀원</td><td></td><td>○</td><td></td><td></td><td>법무팀장</td></tr>
</table>

※ 직제상 해당 전결권자가 없는 경우에는 상위자가 전결

※ 결재를 올리는 자는 전결권자의 결재란에 '전결'을 표시하고, 전결권자는 최고 결재권자의 결재란에 서명

※ 결재가 필요하지 않은 직책자의 결재란에는 상향대각선을 표시

58

다음 중 규정을 이해한 내용으로 옳지 않은 것을 [보기]에서 모두 고르면?

보기

㉠ 전결권자가 부서장인 문서의 결재 과정에서 부서장이 자리를 비운 경우 팀장이 대신해 해당 문서를 전결해야 한다.

㉡ 기안자가 팀원이고 전결권자가 부서장인 경우 파트장이 결재경로에 포함된다면 팀장을 경유하지 않을 수 있다.

㉢ 팀원에 해당하는 연구원이 외부 기관의 요청으로 토론에 참여하고자 할 경우 법무팀장에 사전협조를 구한 후 해당 사항에 대한 결재를 진행해야 한다.

① ㉠　② ㉡　③ ㉠, ㉢
④ ㉡, ㉢　⑤ ㉠, ㉡, ㉢

59

다음 중 규정을 바탕으로 각 문서에 대한 결재 양식 중 옳은 것을 고르면?

①

업무추진비 내역서(320만 원)					
결재	담당	팀장	부서장	본부장	사장
				전결	본부장 서명

②

위탁저장관리비 지급 내역서					
결재	담당	팀장	부서장	본부장	사장
			전결	/	본부장 서명

③

기타 제경비 내역서(1,200만 원)					
결재	담당	팀장	부서장	본부장	사장
		전결	/	/	팀장 서명

④

외부심사 등 신고(팀원)					
결재	담당	팀장	부서장	본부장	사장
			전결	/	부서장 서명

⑤

사무실임차료 내역서					
결재	담당	팀장	부서장	본부장	사장
		전결	/	/	사장 서명

60

다음은 K시 연구원에서 저출산 · 고령사회에 대비한 정책 개발을 위해 K시를 SWOT 분석한 내용이다. (가)~(라)에 들어갈 전략으로 적절하지 않은 것을 고르면?

SWOT 분석	강점(Strength)	약점(Weakness)
내부환경 외부환경	S1. 풍부한 자연자원 S2. 청정한 거주환경 S3. 저렴하고 풍부한 식자재 S4. 미래수요에 따른 많은 기회요소 S5. 저렴한 생활비 S6. 지역 애착 및 공동체성	W1. 부족한 의료인프라 W2. 지리적 여건 W3. 인력 수급 및 인재 육성 어려움 W4. 취약한 보육, 교육환경 W5. 부족한 생활편의 및 문화여가 인프라 W6. 취약한 대학환경 W7. 정보 및 미래 기회요소 부족 W8. 취약한 산업구조
기회(Opportunity)	**강화(SO) 전략**	**보완(WO) 전략**
O1. 다양한 지역 매력도 O2. 자연자원 기반 미래산업 O3. 확대된 지원정책 O4. 인구감소 지역 지원에 관한 제도화 O5. 지역 간 연대협력 촉진 O6. 워라밸이 있는 생활방식 선호 O7. 코로나19로 인한 재택과 환경 중시 거주문화 O8. 고령화에 대응한 산업과 비즈니스	(가)	(나)
위협(Threat)	**극복(ST) 전략**	**방어(WT) 전략**
T1. 초고령화로 인한 인구구조 변화 T2. 마을소멸 등 과소화 T3. 낮은 재정자립도 T4. 높은 복지예산 비중 T5. 필요인력 수급 어려움 T6. 중앙의존적 정책설계 T7. 지역 간 경쟁 T8. 필수 인프라 유지관리 어려움 T9. 주민 간 갈등	(다)	(라)

① (가): 자연환경을 중심으로 한 지역 매력 요소 발굴 및 수요 매칭
② (가): 풍부한 녹지를 기반으로 미래산업 발굴 및 추진
③ (나): 지역 애착을 기반으로 한 마을소멸 대응 공간 재편 전략 수립
④ (다): 공동체성을 기반으로 한 주민 간 협력 체계 및 프로그램 확대
⑤ (라): ICT 기반 고령인구 지원 서비스 제공 환경 조성

여러분의 작은 소리
에듀윌은 크게 듣겠습니다.

본 교재에 대한 여러분의 목소리를 들려주세요.
공부하시면서 어려웠던 점, 궁금한 점,
칭찬하고 싶은 점, 개선할 점, 어떤 것이라도 좋습니다.

에듀윌은 여러분께서 나누어 주신 의견을
통해 끊임없이 발전하고 있습니다.

에듀윌 도서몰 book.eduwill.net

- 부가학습자료 및 정오표: 에듀윌 도서몰 → 도서자료실
- 교재 문의: 에듀윌 도서몰 → 문의하기 → 교재(내용, 출간) / 주문 및 배송

최신판 PSAT형 · 휴노 중심형 NCS 실전모의고사

발 행 일	2025년 1월 5일 초판
편 저 자	에듀윌 취업연구소
펴 낸 이	양형남
개발책임	오용철, 윤은영
개 발	이정은, 윤나라
펴 낸 곳	(주)에듀윌
I S B N	979-11-360-3473-1
등록번호	제25100-2002-000052호
주 소	08378 서울특별시 구로구 디지털로34길 55 코오롱싸이언스밸리 2차 3층

www.eduwill.net

대표전화 1600-6700

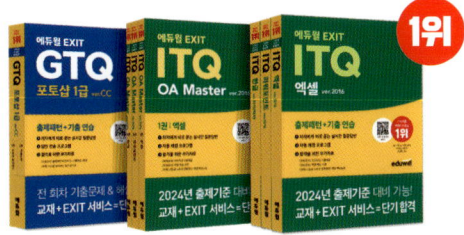

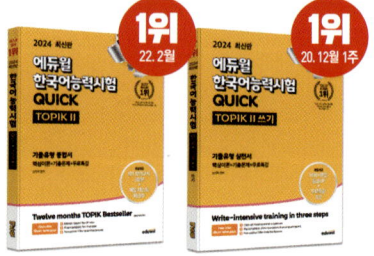

최신판

에듀윌 공기업 PSAT형・휴노 중심형 NCS 실전모의고사

정답과 해설

최신판

에듀윌 공기업 PSAT형 · 휴노 중심형 NCS 실전모의고사

최신판

에듀윌 공기업 PSAT형·휴노 중심형 실전모의고사

정답과 해설

eduwill

실전모의고사 1회

01	02	03	04	05	06	07	08	09	10
④	③	③	②	①	③	④	③	③	②
11	**12**	**13**	**14**	**15**	**16**	**17**	**18**	**19**	**20**
④	②	⑤	②	①	②	④	④	①	③
21	**22**	**23**	**24**	**25**	**26**	**27**	**28**	**29**	**30**
④	⑤	④	⑤	①	①	②	②	③	⑤
31	**32**	**33**	**34**	**35**	**36**	**37**	**38**	**39**	**40**
④	⑤	④	③	②	④	③	③	④	④

01 의사소통능력 정답 | ④

Quick해설 ⓒ '은폐'는 '덮어 감추거나 가리어 숨김'이라는 뜻이다. 혼동하는 단어로 '은패'라는 단어가 있는데 '은패'는 '은으로 만든 상패'라는 뜻이다. 여기에서는 '가리어 숨기다'라는 의미로 쓰였으므로 '은폐'가 맞는 표현이다.

ⓜ '늦깎이'는 '나이가 많이 들어 어떤 일을 시작한 사람' 또는 '남보다 늦게 사리를 깨치는 일'을 뜻한다. '늦깍이'는 '늦깎이'의 잘못된 표현이다.

[오답풀이] ⓐ 한글 맞춤법 제30항에 따르면 순우리말로 된 합성어로서 앞말이 모음으로 끝난 경우 뒷말의 첫소리가 된소리로 되거나 뒷말의 첫소리 'ㅁ' 앞에서 'ㄴ' 소리가 덧나는 경우 사이시옷을 사용한다고 되어 있다. '머리말'은 [머리말]로 발음되어 뒷말의 첫소리 'ㅁ' 앞에서 'ㄴ' 소리가 덧나지 않으므로 사이시옷을 받치어 적지 않는다. 따라서 '머리말'은 맞는 표현이다.

ⓑ '거꾸로'는 '차례, 방향, 형편 등이 반대로 되게'라는 뜻의 단어이다. '꺼꾸로'는 '거꾸로'의 잘못된 표현이다.

ⓓ '넋두리'는 '불만을 길게 늘어놓으며 하소연하는 말'이라는 뜻의 단어이다. '넉두리'는 '넋두리'의 잘못된 표현이다.

02 의사소통능력 정답 | ③

Quick해설 먼저 서로 느낌이 비슷한 단어 쌍을 찾아보면 ⓐ, ⓑ과 ⓒ, ⓓ이 있다. 두 쌍 모두 선택지에 있으므로 실제로 유의 관계에 있는지를 하나씩 살펴보아야 한다. ⓐ과 ⓑ의 밑줄 친 단어를 서로 바꾸어 활용해 보면 "그 씨름 선수의 거대한 몸집은 ~"과 "이집트의 피라미드는 그 크기가 육중하다."인데, '육중하다'는 무게가 무겁다는 의미이므로 '크기가 육중하다'는 표현은 어색하다. 따라서 ⓐ과 ⓑ은 의미가 서로 비슷하지 않다.
한편 ⓒ과 ⓓ의 밑줄 친 단어를 서로 바꾸어 활용해 보면 "그는 사람됨이 듬직하여 ~"와 "그분은 진중하고 너그러운 ~"인데, 두 문장 모두 어색하지 않고 바꾼 단어들이 조화롭게 문장을 구성하고 있다. 따라서 정답은 ③이다.

[문제해결 Tip]
유의 관계에 있는 단어 쌍은 서로 바꾸어 사용하여도 의미가 크게 변하지 않는다.

03 의사소통능력 정답 | ③

Quick해설 '징수(徵收)'는 '나라, 공공 단체, 지주 등이 돈, 곡식, 물품 따위를 거두어들임'을 의미하고, '납세(納稅)'는 '세금을 냄'을 의미하므로 두 단어는 반의어 관계에 있다. 따라서 '앞날을 헤아려 내다봄 또는 내다보이는 장래의 상황'의 의미를 갖는 '전망(展望)'과 '지나간 일을 돌이켜 생각함'의 의미를 갖는 '회고(回顧)'의 관계와 같다.

[오답풀이] ① 비호(庇護), 두둔(斗頓): 편들어서 감싸주고 보호함 → 유의어 관계
② 협잡(挾雜), 사기(詐欺): 옳지 아니한 방법으로 남을 속임 → 유의어 관계
④ 노년(老年), 만년(晩年): 나이가 들어 늙은 때, 늙은 나이 → 유의어 관계
⑤ 열중(熱中), 골몰(汨沒): 한 가지 일에 정신을 쏟음 → 유의어 관계

04 의사소통능력 정답 | ②

Quick해설 ㉡이 쓰인 문장이 근로 기준법에 관한 내용을 다루고 있음을 고려할 때, '규정'은 '법률적으로 양이나 범위 따위를 제한하여 정한다'는 의미로 쓰였다고 볼 수 있다. '조건을 붙여 내용을 제한한다'는 의미를 지닌 단어는 '제약'이다.

[오답풀이] ① '승인'은 '어떤 사실을 마땅하다고 받아들임'을 뜻하는 말이다.

③ '약정'은 '어떤 일을 약속하여 정함'을 뜻하는 말이다.

④ '판시'는 '어떤 사항에 관하여 판결하여 보임'을 뜻하는 말이다.

⑤ '관철'은 '어려움을 뚫고 나아가 목적을 기어이 이룸'을 뜻하는 말이다.

05 의사소통능력 정답 | ①

Quick해설 두 번째 문단의 '웨저 사회에서는 하루 24시간 동안 여가와 일을 동시에 처리할 수 있다.'를 통해서 웨저시대에는 근무시간의 제약이 없음을 알 수 있다.

[오답풀이] ② 첫 번째 문단의 '워라밸 캠페인이 추진되는 와중에 등장하여 궤를 같이 해 급속하게 확산되고 있다.'라는 내용을 통해 워라밸과 반대되는 개념으로 웨저가 등장한 것이 아님을 알 수 있다.

③ 두 번째 문단의 '다만 그 형태가 반드시 재택근무만을 의미하지 않는다. 스마트폰, 노트북PC를 활용해 집과 사무실은 물론 백화점에서 쇼핑을 하거나 바다에서 요트를 즐기다가도 어디에서든 곧바로 일할 수 있다.'를 통해서 웨지시대의 근무형태가 재택근무만을 의미하지 않음을 알 수 있다.

④ 네 번째 문단의 '웨저를 통해 개인주의 문화가 팽배한 미국 사회에서 인간관계, 사회적 교류에 큰 변화가 나타날 것으로 전망한다.'와 '또 페이스북 등 친목사이트나 온라인 게임을 통해 사귄 인터넷 친구가 비즈니스 상대나 업무를 함께 처리하는 동료가 될 수도 있다.'를 통해 공과 사를 구별하는 미국의 인간관계 문화가 달라질 수 없다는 설명은 옳지 않음을 알 수 있다.

⑤ 세 번째 문단의 '인터넷 등 첨단 기술은 업무에 불필요한 시간을 줄이고 일의 처리량을 늘리는 한편 시간과 업무를 위한 장소의 제약이 없기 때문에 업무효율의 저하를 우려할 필요가 없다.'를 통해 업무효율이 떨어진다는 설명은 옳지 않음을 알 수 있다.

06 의사소통능력 정답 | ③

Quick해설 주어진 글에서는 광고문 안에서의 은유의 역할에 대해 전반적으로 설명하고 있다. ㉠이 포함된 문단은 은유를 활용한 광고 문안의 효과가 커지는 원리를 원관념과 보조 관념 사이의 유사성과 이질성을 통해 설명하는 내용인데, ㉠ 바로 뒤에 오는 문장의 'A와 B가 유사성과 이질성을 적정 거리 이내에서 공유하는 경우에 더욱 강력한 광고 효과를 기대할 수 있다'는 내용을 통해 원관념과 보조 관념의 의미가 유사하면서도 차별적일 때 은유적 의미의 전이효과가 발생함을 알 수 있다.

[오답풀이] ①, ② 주어진 글과 관련이 없는 내용이다.

④ 좋은 은유가 되려면 적어도 다른 의미장(意味場)에서 개념이 제시돼야 한다고 하였다.

⑤ 은유는 'A=B'라는 문장 구조를 통해 원관념의 뜻을 보조 관념으로 전이시켜 원관념의 의미를 새롭게 규정하는 비유법이라고 하였으므로 적절하지 않다.

07 의사소통능력 정답 | ④

Quick해설 주어진 글은 AI(인공지능)의 위상과 동향을 축구의 포지션들에 빗대어 설명하고 있다. 축구의 네 가지 포지션을 제시한 첫 문장 다음에는 중심 소재인 AI와 축구를 연관지어 설명하는 글과 이어져야 한다. 따라서 첫 문장 다음에는 미드필더와 미드라이커 포지션을 설명하며, AI를 미드라이커에 비유하는 내용을 담은 [나] 문단이 이어지는 것이 적절하다. 그리고 이에 대한 부연 설명으로 ChatGPT 사례를 든 [다] 문단이 나와야 한다. '그러나'라는 역접으로 시작하며 [다] 문단과 상반된 내용을 전개하는 [라] 문단은 AI가 다시 미들라이커 역할에서 미드필더 역할로 돌아갈 것이라고 전망하며, AI 역설을 소개하고 있으므로 [다] 문단의 다음에 이어지는 것이 적절하다. 마지막으로 AI 역설에 의한 현상에 대한 전문가 의견을 인용하며 AI 발전 양상을 예측하고 있는 [가] 문단으로 글이 마무리되어야 한다. 따라서 문맥에 맞게 문단을 배열하면 [나]−[다]−[라]−[가]이다.

08 의사소통능력 정답 | ③

Quick해설 주어진 글은 환경성 질환자에 대한 내용이다. 글에서는 환경성 질환자 수의 추세, 비염 진단 경험 비중, 국내 천식 유병률, 흡연 여부에 따른 폐암 위험률 등 보건복지부, 질병관리청, 국가암정보센터 등 다양한 기관에서 제공하는 수치를 구체적으로 제시하여 글의 신뢰성을 확보하고 있다. 따라서 정답은 ③이다.

09 의사소통능력 정답 | ③

Quick해설 주어진 기사는 행정안전부의 옥외광고물법 시행령 개정에 대한 내용으로, 택시·버스 등 차량에 대한 광고면 허용 범위를 확대하고, 공공목적 광고물도 주기적 안전점검을 받도록 한다는 내용이다. 따라서 정답은 ③이다.

10 의사소통능력 정답 | ②

Quick해설 마지막 문단에서 독일이 탄소중립의 선두에 서게 된 것은 정부와 독일 철도, 마을 공동체까지 정책에 뜻을 모으고 비용을 분담하는 등 프로젝트에 적극 동참했기 때문이라고 하였다.

[오답풀이] ① 두 번째 문단에서 한국철도는 중장기적으로 철도시설을 친환경 발전소화하는 방안으로 선로와 방음벽에 태양광 전지판을 설치하는 방안을 구상 중에 있다고 하였다. 따라서 모든 선로에 태양광 전지판을 설치하여 전력을 생산하고 있다고 할 수 없다.

③ 첫 번째 문단에서 케르펜-호렘역은 태양광과 지열만으로 운영된다는 내용이 있으므로 천연가스를 사용한다고 볼 수 없다.

④ 세 번째 문단에서 독일은 일사량이 적고 한반도보다 위도가 높아서 태양광 자연 자원이 부족하다고 하였다.

⑤ 두 번째 문단에서 한국철도는 2030년까지 최소 25만 톤의 이산화탄소를 감축하는 것을 목표로 한다고 하였으나 이것이 현재의 몇 %인지는 나와 있지 않다. 42%라는 수치는 독일의 1990년 대비 2020년 탄소배출 감축 비율이다.

[문제해결 Tip]

공사별로 주요 사업에 대한 내용을 알고 있으면 지문에 대한 이해도를 높일 수 있다. 실제로 실제 업무와 관련된 주제를 출제하는 비중이 높은 편이다. 주어진 글은 한국철도공사의 저탄소 사업과 관련된 글이므로, 공사별로 발행하는 간행물이나 보도자료 등을 통해서 공사에서 진행하는 사업에 대한 이해도를 높이는 것도 좋다.

11 의사소통능력 정답 | ④

Quick해설 [보기]는 환경적, 사고예방 및 긴급 대응 차원에서의 스마트 신호등의 효과를 설명하는 내용이다. 문단의 첫 문장이 '환경적으로도'로 시작하고 있으므로 앞선 문단에서도 같은 주제의 내용이 제시되었을 것임을 알 수 있다. 따라서 [보기]는 스마트 신호등의 효과에 대해 설명하고 있는 [다] 문단 뒤에 들어가는 것이 적절하다.

12 의사소통능력 정답 | ②

Quick해설 통행량과 관계없이 특정 시간에 맞춰 신호가 바뀌는 것은 현재의 고정형 신호등에 관한 설명이다.

[오답풀이] ① [다] 문단에서 스마트 신호등은 객체 분석이 가능하여 상황이나 미리 지정된 우선순위에 따라 신호를 유연하게 조정할 수 있다고 하였다.

③ [라] 문단에서 미래에 스마트 신호등은 자율주행과의 연계 등을 통해 더욱 효율적이고 안전해질 예정이라고 하였다.

④ [다] 문단에서 스마트 신호등은 주변 도로의 통행량과 기존에 수집한 데이터를 바탕으로 교통 상황을 예측해 신호 패턴을 제공한다고 하였다.

⑤ [다] 문단에서 스마트 신호등은 객체 분석을 통해 차량, 사람, 자전거 등 도로 위의 사물을 구분하여 인식할 수 있다고 하였다.

13 의사소통능력 정답 | ⑤

Quick해설 세 번째 문단에서 대사증후군 환자에게서 나타나는 주요 특징 중 하나인 인슐린 저항성은 당뇨병 발생 확률을 10배 이상 높인다고 하였고, 여섯 번째 문단에서 비타민D는 인슐린 저항성에 도움이 되며 골다공증 예방뿐만 아니라 고혈압, 당뇨병, 심혈관질환 및 대사증후군 예방에도 도움을 준다고 하였다. 따라서 비타민D의 꾸준한 섭취는 당뇨병 발생 확률을 낮출 것이라고 추론할 수 있다.

[오답풀이] ① 네 번째 문단에서 국내 19세 이상 성인을 대상으로 한 대사증후군 진단 기준 항목별 유병 현황 조사에 따르면 저HDL콜레스테롤 혈증이 고혈압보다 높게 나타났다고 하였을 뿐, 고혈당과 고혈압의 수치는 주어진 글을 통해 비교할 수 없다.

② 다섯 번째 문단에서 대사증후군의 진행 과정의 2단계는 고혈압, 고혈당, 고중성지방성, 저HDL콜레스테롤, 복부비만 등 대사증후군을 유발하는 5가지 위험요소 중 3가지 이상이 기준치를 넘겨 대사증후군 증상이 나타나는 단계라고 하였다.

③ 세 번째 문단에서 우리 몸에서 혈중 포도당 농도가 높아지면 췌장의 베타세포가 자극을 받아 인슐린을 더 많이 분비해 이를 조절해 준다고 하였으므로 베타세포에서 인슐린을 분비할수록 혈중 포도당 농도는 낮아질 것임을 알 수 있다.

④ 여섯 번째 문단에서 대사증후군 관리 방법 중 식이요법으로 골고루, 제때에, 알맞게, 천천히 그리고 싱겁게 먹는 식습관을 길들이는 것이 중요하다고 하였을 뿐 섭취 음식의 종류와 섭취 시기 중 어떤 것이 중요한지에 대해서는 주어진 글을 통해 비교할 수 없다.

14 의사소통능력 정답 | ②

Quick해설 최근 5만 원권 환수율이 작년보다 낮아진 것은 확인할 수 있지만 5만 원권 발행 이래로 가장 낮은지는 주어진 글만으로는 추론하기 어렵다.

[오답풀이] ① 세 번째 문단을 보면, 예금이자가 낮은 경우 사람들이 은행에 예금하지 않고 지폐를 그냥 집에 보관하는 경우가 많다고 했다. 5만 원권의 수요가 늘었으나 환수율이 낮아졌다고 하였는데, 이는 최근의 예금이자가 낮아 사람들이 5만 원권을 예금하기보다 집에 보관하는 경우가 늘었기 때문이라고 추론할 수 있다.

③, ④ 두 번째 문단을 보면, 5만 원권의 환수율이 낮은 것은 시장의 수요가 늘어나 잘 사용되고 있다는 의미일 수 있고 5만 원권이 지하경제에서 잠자고 있다는 것을 의미할 수도 있다고 했다. 즉 5만 원권의 환수율 통계로는 5만 원권 지폐가 시중에서 잘 돌고 있는지 완전히 알 수 없다.

⑤ 첫 번째 문단에서 환수율은 한국은행에서 시중으로 흘러나간 5만 원권의 양을 분모로 하고 같은 기간 동안 시중 은행에서 한국은행으로 되돌아온 5만 원권의 양을 분자로 하여 계산한 비율이라고 했다. 시중에 5만 원권을 더 많이 내보내는 달에는 분모가 커지므로 매달 일정한 수준의 5만 원권이 회수되더라도 환수율이 낮아진다.

15 수리능력 정답 | ①

Quick해설 흰색 꽃은 장미, 수국, 노란색 꽃은 해바라기, 튤립이 있고, 이를 제외한 색의 꽃은 빨간색 장미, 파란색 수국, 빨간색 튤립이 있다. 이에 따라 김 사원이 만들 수 있는 꽃다발의 경우는 다음과 같다.

구분	흰색	노란색	그 외
경우1	장미2	해바라기1 또는 튤립1	빨간색 장미1 또는 파란색 수국1 또는 빨간색 튤립1
경우2	장미1, 수국1		
경우3	수국2		

이에 따라 만들 수 있는 꽃다발의 경우의 수는 $3\times2\times3=18$(가지)이다.

16 수리능력 정답 | ②

Quick해설 상자의 개수를 x라고 하면 간식의 개수는 $(6x+42)$이다.

상자 4개를 빼고 남은 상자에 간식을 9개씩 넣었더니 간식이 모자랐다고 했으므로 다음과 같은 부등식이 성립한다.

$6x+42<9(x-4) \rightarrow x>26$

따라서 $26<x<42$이므로 상자의 개수가 될 수 있는 수 중 가장 적은 수는 27이다.

17 수리능력 정답 | ④

Quick해설 터널의 길이는 일정하므로 4로 두고, KTX 1호기의 속력을 $x$km/h라고 하면, KTX 2호기의 속력은 $(x+2)$km/h가 된다.

KTX 2호기는 터널의 3/4 지점까지는 $(x+2)$km/h의 속력으로 가고, 남은 1/4 구간은 $(x+2-6)$km/h로 운행하였으므로 이동하는 데 $\left(\frac{3}{x+2}+\frac{1}{x-4}\right)$시간이 걸렸다.

KTX 1호기는 속력 x km/h로 일정하게 이동하였으므로, 이동하는 데 $\frac{4}{x}$시간이 걸렸다.

이때, KTX 2호기가 KTX 1호기보다 먼저 터널을 통과하였으므로 이동 시간은 KTX 2호기가 KTX 1호기보다 더 적게 걸린다.

$\frac{3}{x+2}+\frac{1}{x-4}<\frac{4}{x}$

$\rightarrow x>16$

KTX 1호기의 속력은 시속 16km보다는 빠르고, 터널의 3/4 지점을 도착하기 전 KTX 2호기의 속력은 적어도 시속 18km보다 빠르다.

18 수리능력 정답 | ④

Quick해설 '경제활동 인구=여성 경제활동 인구+남성 경제활동 인구'이므로 '남성 경제활동 인구=경제활동 인구−여성 경제활동 인구'이다. 따라서 2019년부터 2023년까지 남성 경제활동 인구는 다음과 같다.

(단위: 천 명)

2019년	2020년	2021년	2022년	2023년
28,186−12,097=16,089	28,012−12,007=16,005	28,310−12,186=16,124	28,922−12,546=16,376	29,203−12,817=16,386

따라서 남성 경제활동 인구는 2020년에는 감소하였음을 알 수 있다.

[오답풀이] ① 여성 경제활동 참가율은 '$\frac{\text{여성 경제활동 인구}}{\text{15세 이상 여성 인구}}\times100$'이다. 2023년 여성 경제활동 참가율은 $\frac{12,817}{23,045}\times100\fallingdotseq55.6(\%)$이므로 50% 이상이다.

② '$\text{경제활동 참가율}(\%)=\frac{\text{경제활동 인구}}{\text{15세 이상 인구}}\times100$'을 변형하면 '$\text{15세 이상 인구}=\text{경제활동 인구}\times\frac{100}{\text{경제활동 참가율}}$'이다. 따라서 2019년 15세 이상 인구는 $28,186\times\frac{100}{69.5}\fallingdotseq40,555$(천 명)이므로 4천만 명을 초과한다.

③ 2021~2023년 경제활동 참가율은 전년 대비 매해 증가하였는데, 그중 2022년 경제활동 참가율은 2021년과 비교해서 70.5−69.0=1.5(%p)로 가장 크게 증가하였다.

⑤ 경제활동 참가율이 처음으로 70%를 넘은 연도는 2022년이고, 해당 연도의 15세 이상 여성 인구는 전년 대비 22,988−22,882=106(천 명)=10.6(만 명) 증가하였다.

19 수리능력 정답 | ①

Quick해설 2021년 15세 이상 인구는 $28,310\times\frac{100}{69.0}\fallingdotseq41,029$(천 명)이고, 그중 15세 이상 여성 인구는 22,882천 명이다. 따라서 15세 이상 남성 인구는 41,029−22,882=18,147(천 명)이고 2021년 남성 경제활동 인구는 28,310−12,186=16,124(천 명)이므로, 2021년 남성 경제활동 참가율은 $\frac{16,124}{18,147}\times100\fallingdotseq89(\%)$이다.

20 수리능력 정답 | ③

Quick해설 ⓒ 2020년 LCD패널 세계 시장규모는 925억 달러이고, 우리나라의 점유율은 20.8%이므로 우리나라의 시장규모는 925×0.208=192.4(억 달러)이다. OLED패널 세계 시장규모는 296억 달러이고, 우리나라의 점유율은 86.7%이므로 우리나라의 시장규모는 296×0.867=256.632(억 달러)이다. 따라서 LCD패널과 OLED패널의 우리나라 시장규모는 192.4+256.632=449.032(억 달러)이다. 2020년 세계 디스플레이 시장규모가 1,228억 달러이고, 그 값의 35%는 1,228×0.35=429.8(억 달러)이다. 우리나라는 LCD패널과 OLED패널만으로 이미 시장규모가 약 449억 달러이므로 세계 디스플레이 시장 점유율이 35% 이상임을 알 수 있다. 따라서 ⓒ은 옳다.

[오답풀이] ㉠ LCD 시장규모는 2021년까지 증가하므로 2020년 이후 역성장이 예상된다는 전망은 옳지 않다.

㉡ 2021년 OLED패널 시장의 비중은 $\frac{380}{1,398} \times 100 \fallingdotseq$ 27.2(%)로 25% 이상이므로 옳지 않다.

㉣ 중국의 LCD패널 시장 점유율은 2015년 13.5%에서 2019년 30.6%로 30.6−13.5=17.1(%p) 높아졌고, 증가율로는 $\frac{30.6-13.5}{13.5} \fallingdotseq 126.7$(%) 증가하였다.

㉤ 2020년 중국의 OLED패널 시장규모는 296×0.124=36.704(억 달러)이므로 옳지 않다.

[문제해결 Tip]
[표1]은 2021년 이후 예상치의 값이 나와 있고, [표2]와 [표3]은 현황이다. 따라서 마지막 값이 [표2], [표3]은 2020년, [표1]은 2027년임에 주의한다.

21 수리능력 정답 | ④

Quick해설 ㉠ 2018년에 아파트 수는 10,826천 호로, 5개년 중 최솟값을 나타냈다. 따라서 아파트 수의 5개년 평균은 10,826천 호보다 커야 하나, [그래프]에서는 이보다 작은 10,762.5천 호로 나타냈으므로 옳지 않다.

㉢ [그래프] 항목은 $\frac{\text{영업용건물내주택수}}{\text{다세대주택수}} \times 100$으로 구하므로 2021년의 값은 $\frac{213}{2,253} \times 100$이고, 2022년의 값은 $\frac{211}{2,283} \times 100$이다. 2022년의 값은 2021년에 비해 분자는 작고 분모는 크다. 따라서 2022년의 값이 2021년의 값보다 작으나 [그래프]에서는 2022년의 막대그래프를 2021년의 막대그래프보다 길게 그렸으므로 옳지 않다.

㉣ '$40m^2$ 초과 $60m^2$ 이하'의 막대그래프와 '$100m^2$ 초과 $165m^2$ 이하'의 막대그래프가 서로 바뀌었으므로 옳지 않다.

[상세해설] ㉠ 2018~2022년 유형별 재고주택 수 5개년 평균을 구하면 다음과 같다.

- 단독 주택: $\frac{19,497}{5}$=3,899.4(천 호)
- 아파트: $\frac{57,993}{5}$=11,598.6(천 호)
- 연립 주택: $\frac{2,602}{5}$=520.4(천 호)
- 다세대 주택: $\frac{11,102}{5}$=2,220.4(천 호)
- 영업용 건물 내 주택: $\frac{1,061}{5}$=212.2(천 호)

따라서 그래프를 바르게 나타내면 다음과 같다.

(단위: 천 호)

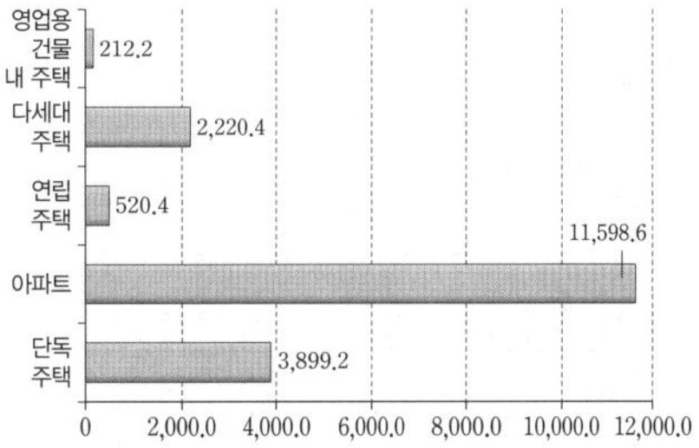

㉢ 2018~2022년 다세대 주택 수 대비 영업용 건물 내 주택 수 비율을 구하면 다음과 같다.

- 2018년: $\frac{210}{2,140} \times 100 \fallingdotseq 9.8$(%)
- 2019년: $\frac{213}{2,195} \times 100 \fallingdotseq 9.7$(%)
- 2020년: $\frac{214}{2,231} \times 100 \fallingdotseq 9.6$(%)
- 2021년: $\frac{213}{2,253} \times 100 \fallingdotseq 9.5$(%)
- 2022년: $\frac{211}{2,283} \times 100 \fallingdotseq 9.2$(%)

그래프를 바르게 나타내면 다음과 같다.

(단위: %)

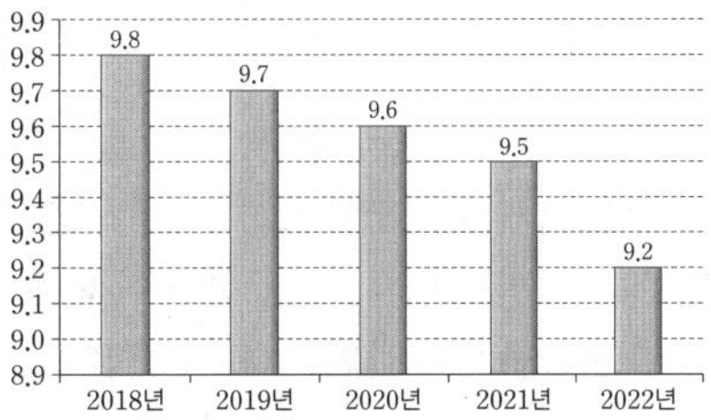

㉣ 2018년 대비 2022년 주택규모별 재고주택 수 증가율을 구하면 다음과 같다.

주택규모	2018년 대비 2022년 재고주택 수 증가율
$40m^2$ 이하	$\frac{2,526-2,293}{2,293} \times 100 \fallingdotseq 10.2$(%)
$40m^2$ 초과 $60m^2$ 이하	$\frac{5,473-5,168}{5,168} \times 100 \fallingdotseq 5.9$(%)

$60m^2$ 초과 $100m^2$ 이하	$\frac{8,057-7,161}{7,161}\times 100 ≒ 12.5(\%)$
$100m^2$ 초과 $165m^2$ 이하	$\frac{2,239-2,171}{2,171}\times 100 ≒ 3.1(\%)$
$165m^2$ 초과	$\frac{860-840}{840}\times 100 ≒ 2.4(\%)$

그래프로 바르게 표현하면 다음과 같다.

(단위: %)

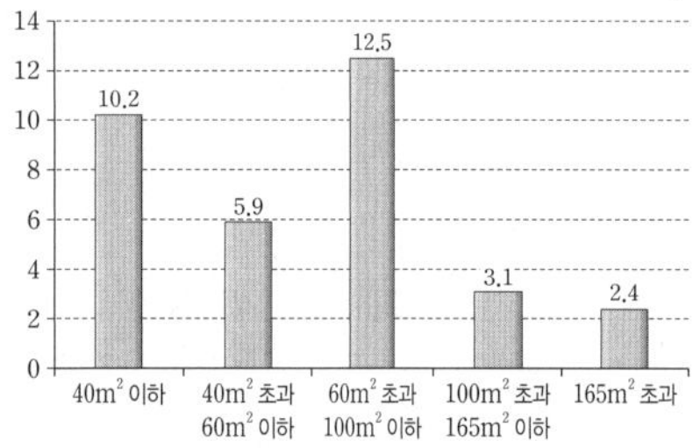

[오답풀이] ㉡ 2018~2022년 총재고주택 수의 유형별 구성비를 구하면 다음과 같다.

- 단독 주택: $\frac{19,497}{92,255}\times 100 ≒ 21.1(\%)$
- 아파트: $\frac{57,993}{92,255}\times 100 ≒ 62.9(\%)$
- 연립 주택: $\frac{2,602}{92,255}\times 100 ≒ 2.8(\%)$
- 다세대 주택: $\frac{11,102}{92,255}\times 100 ≒ 12.0(\%)$
- 영업용 건물 내 주택: $\frac{1,061}{92,255}\times 100 ≒ 1.2(\%)$

22 수리능력 정답 | ⑤

Quick해설 ㉢ 경력이 단절된 후 취업한 적이 없는 여성은 (가)에 해당하고, 경력 단절 이후 한 번이라도 재취업한 적이 있는 여성은 (나)+(다)+(라)에 해당한다. (가)에 해당하는 여성은 1,687,637명이고, (나)+(다)+(라)=3,989,576−1,687,637=2,301,939(명)으로 한 번이라도 재취업한 적이 있는 여성이 한 번도 재취업하지 않은 여성보다 많으므로 옳지 않다.

㉣ 자녀 육아, 교육으로 경력이 단절된 여성의 비율은 연령별로 보면 만 30~39세가 가장 높고, 교육수준으로 보면 대졸 여성이 가장 높지만 만 30~39세의 대졸 여성의 비율이 가장 높은지는 주어진 자료만으로 알 수 없다.

[오답풀이] ㉠ 응답 유형 (가)~(라) 모두 결혼으로 경력이 단절되는 비율이 가장 높다.

㉡ 결혼으로 인해 경력이 단절되는 비중은 중졸 이하가 76.5%, 고졸이 60.1%, 전문대졸이 53.1%, 대졸 이상이 42.5%로 교육수준이 높을수록 비중이 낮아지고, 임신·출산으로 인해 경력이 단절되는 비중은 중졸 이하가 14.9%, 고졸이 27.6%, 전문대졸이 31.8%, 대졸 이상이 39.9%로 교육수준이 높을수록 높아진다.

23 수리능력 정답 | ④

Quick해설 국내 여행 중 제주 여행을 계획 중인 사람 수는 6,000×0.22=1,320(명)이고 해외여행 중 북미 여행을 계획 중인 사람 수는 8,000×0.14=1,120(명)이다. 따라서 그 차는 1,320−1,120=200(명)이다.

24 수리능력 정답 | ⑤

Quick해설 ㉡ [그래프]를 봤을 때 2019년 디스플레이 수출액의 전년 대비 감소율은 17%로 가장 크다. 따라서 해당 연도의 디스플레이 생산액은 68조 원이고, 전년도의 디스플레이 생산액은 73조 원이므로 전년 대비 감소율은 $\frac{73-68}{73}\times 100 ≒ 6.8(\%)$로 10% 미만이다.

㉢ [그래프]를 살펴보면 2022년 반도체의 전년 대비 증가율은 1%이고, 디스플레이의 전년 대비 증가율은 −1%로 증가율 차이가 가장 작다.

㉣ 2018~2021년 반도체 생산액의 합은 637조 원이고, 디스플레이 생산액의 합은 286조 원이다. 따라서 2018~2021년 반도체 생산액의 합은 디스플레이 생산액의 합의 2배 이상이다.

[오답풀이] ㉠ 디스플레이 생산액은 2021년에 76조 원으로 가장 높았고, 수출액은 2018년에 247억 불로 가장 높았다. 따라서 2018~2021년 중 디스플레이 생산액과 수출액이 가장 높았던 연도는 상이하다.

25 수리능력 정답 | ①

Quick해설 2018년 반도체와 디스플레이 수출액은 각각 1,267억 불, 247억 불이고, 전년 대비 수출액 증가율은 각각 29%, −10%이다. 따라서 2017년 반도체 수출액은 1,267÷(1+0.29)≒982(억 불)이고, 디스플레이 수출액은 247÷(1−0.1)≒274(억 불)이다.

26 수리능력 정답 | ①

Quick해설 ㉠ 2020년 15~54세 기혼 여성 규모 대비 미취업 여성의 비율은 $\frac{3,420}{8,578}\times100≒40.0(\%)$이고, 2019년 15~54세 기혼 여성 규모 대비 미취업 여성의 비율은 $\frac{3,366}{8,844}\times100≒38.0(\%)$이다. 따라서 2020년 미취업 여성의 비율은 2019년에 비해 높다.

㉡ 2022년 미취업 여성 규모의 전년 대비 감소율은 $\frac{3,240-3,027}{3,240}\times100≒6.6(\%)$이고, 경력 단절 여성 규모의 전년 대비 감소율은 $\frac{1,448-1,397}{1,448}\times100≒3.5(\%)$이다. 따라서 모두 10% 미만으로 감소했음을 알 수 있다.

[오답풀이] ㉢ 2022년 경력 단절 여성 1,397천 명 중 30~39세 경력 단절 여성은 600천 명이며 $\frac{600}{1,397}\times100≒43.0(\%)$을 차지하였으므로 50% 미만이다.

㉣ 2022년 기혼 여성 규모는 40~49세가 3,559천 명으로 가장 크고, 15~29세의 경우 266천 명으로 가장 작다. $\frac{3,559}{266}≒13.4$이므로 15배 미만이다.

[문제해결 Tip]

㉠ 15~54세 기혼 여성 규모 대비 미취업 여성의 비율을 비교하면, 2020년은 $\frac{3,420}{8,578}$이고, 2019년은 $\frac{3,366}{8,844}$이다. 2019년 값이 2020년 값에 비해 분모는 더 크고, 분자는 더 작으므로 전체 값이 더 작음을 알 수 있다.

㉡ 2022년 미취업 여성 규모는 3,240−3,027=213(천 명)만큼 감소했는데 2021년 미취업 여성 규모인 3,240천 명의 10%가 324천 명이므로 이보다 적다. 따라서 10% 미만으로 감소했음을 알 수 있다. 같은 방식으로 살펴보면, 2022년 경력 단절 여성 규모는 51천 명 감소했는데 2021년 경력 단절 여성 규모인 1,448천 명의 10%가 144.8천 명이므로 감소율은 10% 미만이다.

27 수리능력 정답 | ②

Quick해설 연령대별 기혼 여성의 경력 단절 사유에 대한 응답 비율 1~3위를 순서대로 정리하면 다음과 같다.

- 15~29세: 육아(40.2%)>결혼(30.9%)>임신·출산(28.3%)
- 30~39세: 육아(47.4%)>임신·출산(26.3%)>결혼(24.0%)
- 40~49세: 육아(42.1%)>결혼(26.5%)>임신·출산(20.7%)
- 50~54세: 결혼(33.1%)>육아(28.1%)>가족돌봄(18.9%)

따라서 1~3위가 순서대로 동일한 연령대는 15~29세와 40~49세이다. 따라서 정답은 ②이다.

28 문제해결능력 정답 | ②

Quick해설 A는 C 또는 F와 함께 근무하므로, 두 가지로 경우를 나눠본다.
만약 A가 C와 근무할 때, [조건]에서 B는 D 또는 F와 함께 근무할 수 없다고 했으므로 B는 C, D, F가 아닌 E와 근무한다. 이 경우 D는 F와 근무한다.
만약 A가 F와 근무할 때, [조건]에서 D는 E 또는 F와 함께 근무한다고 했으므로 D는 E와 근무한다. 이 경우 B는 C와 근무한다.
따라서 근무 조는 (A, C), (B, E), (D, F)와 (A, F), (B, C), (D, E)로 편성할 수 있으므로 경우의 수는 총 2가지이다.

29 문제해결능력 정답 | ③

Quick해설 B는 우수사원을 모두 잘못 지목하였고, 우수사원으로 선정된 직원은 B, E이다.

[상세해설] A가 우수사원을 모두 잘못 지목했다면 나머지 B~E는 우수사원 1명씩은 옳게 지목했을 것이다. 이에 따라 D, E는 우수사원이 아니고, E와 함께 우수사원으로 언급된 A와 F가 우수사원일 것이다. 따라서 나머지 B, C, D, E는 우수사원이 아니어야 하는데 이 경우 E의 지목이 모두 잘못됐으므로 모순이다.
B가 우수사원을 모두 잘못 지목했다면 나머지 A, C, D, E는 우수사원 1명씩은 옳게 지목했을 것이다. 이에 따라 C, F는 우수사원이 아니고, C 또는 F와 함께 우수사원으로 언급된 B와 E가 우수사원일 것이다. 따라서 나머지 A, C, D, F는 우수사원이 아니어야 하는데 이때 A, C, D, E가 언급한 1명씩은 모두 우수사원이므로 모순이 발생하지 않는다.
C가 우수사원을 모두 잘못 지목했다면 나머지 A, B, D, E는 우수사원 1명씩은 옳게 지목했을 것이다. 이에 따라 E, F는 우수사원이 아니고, E 또는 F와 함께 우수사원으로 언급된 A, C, D가 우수사원인데, 우수사원은 2명이 선정되었으므로 모순이다.
D가 우수사원을 모두 잘못 지목했다면 나머지 A, B, C, E는 우수사원 1명씩은 옳게 지목했을 것이다. 이에 따라 A, E는 우수사원이 아니고, E와 함께 우수사원으로 언급된 D와 F가 우수사원일 것이다. 따라서 나머지 A, B, C, E는 우수사원이 아니어야 하는데 이 경우 E도 우수사원을 모두 잘못 지목하게 되므로 모순이다.
E가 우수사원을 모두 잘못 지목했다면 나머지 A~D는 우수사원 1명씩은 옳게 지목했을 것이다. 이에 따라 B, C는 우수사원이 아니고, C와 함께 우수사원으로 언급된 F가 우수사원일 것이다. 따라서 F와 함께 우수사원으로 언급된 E는 우수사원이 아니고, E와 함께 우수사원으로 언급된 A와 D가 우수사원이 되는데, 이 경우 우수사원이 A, D, F 3명이 되므로 모순이다.
따라서 우수사원을 모두 잘못 지목한 사람은 B이고, 우수사원으로 선정된 직원은 B, E이다.

30 문제해결능력 정답 | ⑤

Quick해설 전제1과 2를 A: 안경 쓴 직원, B: 부장 승진 대상자, C: 40대로 두고 벤다이어그램을 그리면 다음과 같다.

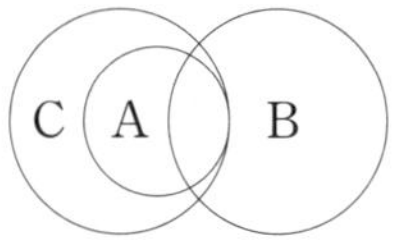

주어진 결론이 참이 되므로 '모든 안경 쓴 직원은 40대이다'가 전제2가 되어야 한다.

[오답풀이]
① 다음과 같은 경우에 결론이 성립하지 않는다.

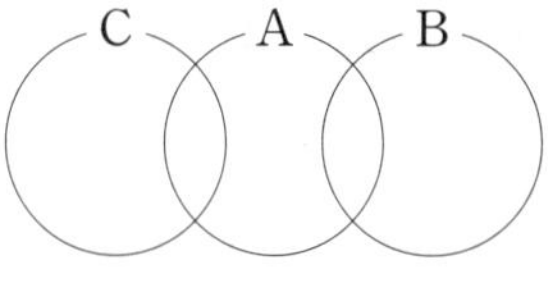

② 다음과 같은 경우에 결론이 성립하지 않는다.

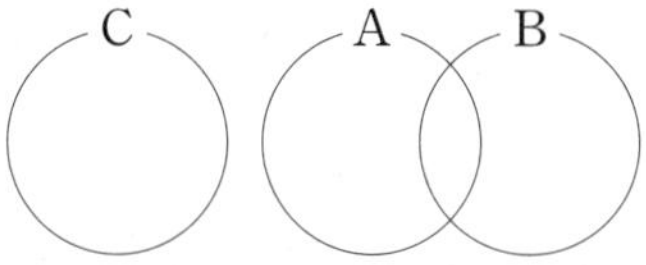

③ 다음과 같은 경우에 결론이 성립하지 않는다.

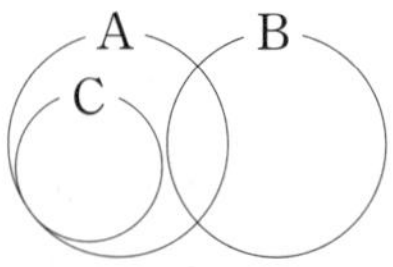

④ 전제1과 모순이므로 성립하지 않는다.

31 문제해결능력 정답 | ④

Quick해설 주어진 명제를 정리하면 박 씨가 가장 먼저 퇴근했고 5명의 근무기간은 다음과 같다.

박(3일 차/퇴근)				
김(2일 차)	김(3일 차/퇴근)			
최(1일 차)	최(2일 차)	최(3일 차/퇴근)		
	이(1일 차)	이(2일 차)	이(3일 차/퇴근)	
		정(1일 차)	정(2일 차)	정(3일 차/퇴근)

박 씨의 3일 차 근무일에 김 씨와 최 씨가 함께 근무했으므로 A는 옳지 않다. 또한 정 씨의 1일 차 근무일에 최 씨와 이 씨가 함께 근무했으므로 B도 옳지 않다.
따라서 A, B 모두 틀리다.

32 문제해결능력 정답 | ⑤

Quick해설 가중치가 같은 항목끼리 평가 결과 점수를 합산하여 최종 점수를 비교할 수 있다.
최종 점수는 A와 E가 74점으로 동점이지만, [조건]에서 이미지 점수가 높은 사람이 최종 합격한다고 했으므로 E가 최종 합격한다.

[상세해설] 지원자별 평가 결과에 가중치를 곱하여 점수를 계산하면 다음과 같다.

(단위: 점)

구분	평가항목	A	B	C	D	E
노래	음역	12	18	16	16	18
	목소리	8	7	9	5	8
춤	기본기	9	6	7	8	6
	다양한 장르의 춤	9	5	7	9	4
연기	발성	14	14	12	14	16
	표정	8	5	7	8	6
이미지	배역에 맞는 이미지	14	12	14	12	16
합계		74	67	72	72	74

[문제해결 Tip]
평가항목별 만점이 100점이며 가중치 합도 1.0이므로 평가 점수에 가중치를 곱하여 최종 점수를 계산할 수 있다.

33 문제해결능력 정답 | ④

Quick해설 인원에 맞게 1인 1개씩 주문하고 일반 탄산음료 14잔을 선택하였다고 하였으므로 총인원은 14명이다. 샌드위치는 햄 샌드위치로 정하게 되며, 총 열량 650Kcal를 넘지 않아야 하므로 사이드 메뉴로는 버섯 스프를 선택한다.
콤보 메뉴로 주문하므로 콤보 1개당 500원 할인을 적용한다. 따라서 지불할 금액은 {(5,800+3,900+1,900)−500}×14=155,400(원)이다.

[상세해설] [상황]에서 1인 1개씩 주문하고 일반 탄산음료 14잔을 선택하였다고 하였으므로 총 인원은 14명이다. 메인 재료는 햄과 치즈만 넣으므로 햄 샌드위치를 주문한다. 총 열량 650Kcal를 넘지 않아야 하는데, 버섯 스프를 선택한 경우 총 열량은 262+147+215=624(Kcal)이며, 브로콜리 체다 스프를 선택한 경우 총 열량은 262+178+215=655(Kcal)가 된다. 초콜릿쿠키를 선택할 경우 총 열량은 262+245+215=722(Kcal)가 된다. 따라서 사이드 메뉴는 버섯 스프를 선택하게 된다.
단체 할인은 20개 이상의 주문에 적용되므로 14개를 주문하는 [상황]에서는 적용되지 않고 콤보 메뉴로 주문하여 콤보 메뉴 1개당 500원 할인을 적용한다.
콤보 메뉴 1개당 가격은 햄 샌드위치(5,800원)+버섯스프(3,900원)+탄산음료(1,900원)=11,600(원)에서 500원 할인하여 11,100원이며 총 14개의 콤보 메뉴를 주문하므로 지불할 금액은 11,100×14=155,400(원)이다.

34 문제해결능력 정답 | ③

Quick해설 D는 준비연수가 5년 이상이므로 제외되고, 김 씨가 선택하는 기업은 최종 결괏값이 27.2로 가장 큰 C이다.

[상세해설] D는 준비연수가 5년 이상이므로 비용편익 분석 결과와 무관하게 선택하지 않는다. D를 제외한 A~E의 편익, 비용, 최종 결괏값은 다음과 같다.

구분	A	B	C	E
편익	25×1=25	35×0.7=24.5	30×0.5×1.2=18	20×0.4×1.2=9.6
비용	3×0.6×1.5=2.7	1×0.1×1+2=2.1	4×0.3×2+2=4.4	3×0.5×2+2=5
최종 결괏값	25−2.7=22.3	24.5−2.1=22.4	(18−4.4)×2=27.2	9.6−5=4.6

따라서 김 씨는 최종 결괏값이 27.2로 가장 큰 C를 선택한다.

35 문제해결능력 정답 | ②

Quick해설 ㉡ A는 4점이므로 두 번은 이기고, 한 번은 패하거나 비긴 것이다. 만약 A가 패한 적이 있다면 B가 이긴 적이 있는 것이므로 B의 점수는 0보다 커야 하는데 B의 점수는 0점이므로 A는 패한 적이 없다. 따라서 A는 두 번 이기고 한 번 비겼으며, B는 두 번 지고 한 번 비긴 것이다. A의 점수가 4점이므로 두 번 이긴 A는 1점+3점을 얻거나, 2점+2점을 얻은 것이다.

가~다 규칙 중에서 가와 나 규칙은 반드시 승패가 갈리고 비길 수 없다. 따라서 A와 B가 한 번 비겼다면 다 규칙이 적용되는 경기에서 비긴 것이다. 이를 바탕으로 가능한 경우를 정리하면 다음과 같다.

- A가 1점+3점을 얻은 경우

규칙	A가 뒤집은 카드	B가 뒤집은 카드
가	3(승)	1 또는 2(패)
나	1(승)	2 또는 3(패)
다	모두 홀수가 적힌 카드를 뒤집음	

- A가 2점+2점을 얻은 경우

규칙	A가 뒤집은 카드	B가 뒤집은 카드
가	2(승)	1(패)
나	2(승)	3(패)
다	모두 홀수가 적힌 카드를 뒤집음	

첫 번째 경우에 A는 세 번의 경기에서 모두 홀수가 적힌 카드를 뒤집었고, 두 번째 경우에 A는 한 번은 홀수가 적힌 카드를 뒤집었다. 따라서 A는 홀수가 적힌 카드를 적어도 한 번 뒤집었다.

[오답풀이] ㉠ A는 다 규칙이 적용된 경기에서 홀수가 적힌 카드를 뒤집었으므로 짝수가 적혀 있는 카드는 최대 두 번 뒤집을 수 있다.

㉢ 가 규칙이 적용된 경기에서 A가 2, B가 1이 적혀 있는 카드를 뒤집고, 나 규칙이 적용된 경기에서 A가 2, B가 3이 적혀 있는 카드를 뒤집고, 다 규칙이 적용된 경기에서 A와 B가 1 또는 3이 적혀 있는 카드를 뒤집었다면 B는 짝수가 적혀 있는 카드를 한 번도 뒤집지 않았다.

[문제해결 Tip]

A가 4점을 얻기 위해서는 1점+3점을 얻거나 2점+2점을 얻어야 한다. 따라서 A는 반드시 한 경기에서 비기거나 패해야 한다. B가 0점을 얻기 위해서는 3패 또는 1무 2패를 해야 한다. 이를 활용하여 경우의 수를 나누어 문제를 해결한다.

36 문제해결능력 정답 | ④

Quick해설 주어진 보도자료는 개인정보보호위원회에서 생체정보를 활용하는 공공기관 추진 사업에 대해 개인정보 침해 여부를 사전 검토하는 '공공기관 민감 개인정보 활용사업 사전진단'을 시작함을 알리는 내용이다. 따라서 보도자료의 제목으로는 '공공기관의 생체정보 활용사업 개인정보 침해 사전 예방한다'가 가장 적절하다.

37 문제해결능력 정답 | ③

Quick해설 세 번째 항목에서 사전진단 결과는 공공기관의 합법적이고 안정적인 사업추진을 지원하기 위한 자문 성격을 가지며, 추후 개인정보위의 행정 조사·처분 등의 대상에서 제외되는 것은 아니라고 하였다.

[오답풀이] ① 두 번째 항목에서 PbD는 제품·서비스 개발 시 기획 단계부터 개인정보 처리의 전체 생애주기에 걸쳐 이용자의 프라이버시를 고려한 정책을 설계에 반영하는 것을 의미한다고 하였다.

② 첫 번째 항목에서 공공기관은 법령에 따라 정보주체의 별도 동의 없이 수집된 개인의 민감한 생체정보를 활용한 사업을 추진하고 있다고 하였다.

④ 네 번째 항목에서 개인정보위는 공공기관과 생체정보 활용 사업으로 한정된 사전진단 대상 기관과 사업 범위를 민간 등으로 단계적으로 확대할 예정이라고 하였다.

⑤ 첫 번째 항목에서 생체정보는 얼굴, 지문, 홍채, 정맥, 음성, 필적 등 개인의 신체적, 생리적, 행동적 특징에 관한 정보라고 하였다.

38 문제해결능력 정답 | ③

Quick해설 ㉣ 근무시간 내에 외부강의는 금지되나 국가정책수행 목적상인 경우에는 허용 가능하다. 또한 회당 50만 원, 3회인 경우 연 150만 원의 수익을 얻은 것이므로 겸직규정 위반에 해당하지 않는다.

ⓜ 대가를 받지 않았고, 근무 시간 외에 외부강의를 한 것이므로 겸직허가를 받을 수 있다.

따라서 겸직허가를 받을 수 있는 상황은 2가지이다.

[오답풀이] ㉠ 근무시간 내에 겸직업무에 종사하는 경우에는 겸직허가를 받을 수 없다.

㉡ 근무시간 외에 겸직업무에 종사하더라도 자정 이후에 종사하는 경우에는 겸직허가를 받을 수 없다.

㉢ 인터넷 방송을 통해 후원 수익을 창출하는 경우에는 겸직허가를 받을 수 없다.

39 문제해결능력

정답 | ④

Quick해설 D와 E는 근속연수가 4년 미만이므로 선정하지 않는다. G는 어학성적이 850점 미만이고, 근무실적이 C이므로 선정하지 않는다. 따라서 나머지 직원들에 대하여 총점을 계산해 보면 다음과 같다.

(단위: 점)

지원자	근속 연수	어학 성적	근무 실적	면접 점수	결혼 유무	총점
A	10	8	10	9.2	3	40.2
B	6	10	10	9.1	1	36.1
C	9	8	9.5	8.6	1	36.1
F	8	8	8.5	9.3	0	33.8
H	7	9	9.5	9.6	1	36.1
I	4	10	9.5	9.6	3	36.1

A는 총점이 가장 높으므로 선정된다. B, C, H, I의 총점이 동일하므로 이 중 기혼이면서 가족을 동반하는 I가 선정되고, 미혼인 B, C, H 중 면접 점수가 가장 높은 H가 선정된다. 따라서 A, H, I가 선정된다.

[문제해결 Tip]

선택지에 A, B, C, H, I만 나와 있으므로 A, B, C, H, I만 계산하면 문제를 빠르게 풀 수 있다.

40 문제해결능력

정답 | ④

Quick해설 F의 근속연수가 3년 더 길다 하더라도 근속연수 점수는 최대 10점이므로 현재보다 2점을 더 얻어 35.8점이 된다. 36.1점 미만인 경우 F는 해외파견 직원으로 선정될 수 없다.

[오답풀이] ① A가 가족을 동반하지 않으면 총점이 지금보다 3점이 낮아진다. 이 경우 총점이 37.2점으로 나머지 직원들보다 높기 때문에 선정될 수 있다.

② B가 기혼이면서 가족을 동반하지 않는다면 총점이 지금보다 1점 낮아진다. B는 원래 선정되지 않았으므로 점수가 더 낮아지더라도 결과가 변하지 않는다.

③ E의 근속연수가 3년 더 길다면 E의 총점은 $6+8+9.5+9.4+3=35.9$(점)이다. 36.1점 미만이므로 결과가 변하지 않는다.

⑤ G가 어학성적을 180점 더 얻더라도 근무실적은 C 등급이므로 해외파견 직원으로 선정될 수 없다.

[문제해결 Tip]

선정이 가능한 최저 점수는 36.1점이다. 각 직원들의 점수가 바뀌었을 때 36.1점을 기준으로 더 높아지거나 더 낮아지는지 확인하면 문제를 빠르게 풀 수 있다.

실전모의고사 2회

01	02	03	04	05	06	07	08	09	10
①	②	④	⑤	①	⑤	①	④	②	④
11	**12**	**13**	**14**	**15**	**16**	**17**	**18**	**19**	**20**
①	②	②	③	④	④	①	①	③	②
21	**22**	**23**	**24**	**25**	**26**	**27**	**28**	**29**	**30**
③	③	⑤	②	④	②	②	③	②	③
31	**32**	**33**	**34**	**35**	**36**	**37**	**38**	**39**	**40**
②	④	③	③	⑤	⑤	⑤	①	②	②

01 의사소통능력 정답 | ①

Quick해설 주어진 문장과 선택지 ①에서 밑줄 친 단어에 쓰인 '갈다'의 뜻은 '갈다01'의 1)에 해당한다.

구분	뜻
갈다 01	1) 이미 있는 사물을 다른 것으로 바꾸다. 예 고장 난 전등을 빼고 새것으로 갈아 끼웠다. 2) 어떤 직책에 있는 사람을 다른 사람으로 바꾸다. 예 임원을 새 인물로 갈다/책임자를 전문가로 갈다.
갈다 02	1) 날카롭게 날을 세우거나 표면을 매끄럽게 하기 위하여 다른 물건에 대고 문지르다. 예 기계로 칼을 갈다/기계로 옥돌을 갈아 구슬을 만든다. 2) 잘게 부수기 위하여 단단한 물건에 대고 문지르거나 단단한 물건 사이에 넣어 으깨다. 예 고기를 갈다/무를 강판에 갈아 즙을 내다/맷돌에 녹두를 갈다. 3) 먹을 풀기 위하여 벼루에 대고 문지르다. 예 벼루에 먹을 갈다. 4) 윗니와 아랫니를 맞대고 문질러 소리를 내다. 예 자면서 뽀드득뽀드득 이를 갈다.
갈다 03	1) 쟁기나 트랙터 따위의 농기구나 농기계로 땅을 파서 뒤집다. 예 경운기로 논도 갈고 지게질로 객토도 했다. 2) 주로 밭작물의 씨앗을 심어 가꾸다. 예 밭에 보리를 갈다.

[오답풀이] ② 갈다02의 1)에 해당한다.
③ 갈다03의 2)에 해당한다.
④ 갈다01의 2)에 해당한다.
⑤ 갈다02의 2)에 해당한다.

02 의사소통능력 정답 | ②

Quick해설 주어진 글의 첫 번째 문장에서 힐링 문화 체험장은 지난 하반기에 기초 공사를 시작했다고 하였으므로 올 연말에 '완공'(공사를 완성함)을 목표로 하고 있다는 내용이 들어가야 문맥상 자연스럽다. '기공'은 '공사를 착수함'을 의미한다.

[오답풀이] ① '기여하다'는 '도움이 되도록 이바지하다.'를 뜻하는 말로, 문맥상 적절하게 쓰였다.
③ '조성되다'는 '무엇이 만들어져서 이루어지다. 분위기나 정세 따위가 만들어지다.'를 뜻하는 말로, 문맥상 적절하게 쓰였다.
④ '연계하다'는 '어떤 일이나 사람과 관련하여 관계를 맺다.'를 뜻하는 말로, 문맥상 적절하게 쓰였다.
⑤ '거듭나다'는 '지금까지의 방식이나 태도를 버리고 새롭게 시작하다.'를 뜻하는 말로, 문맥상 적절하게 쓰였다.

03 의사소통능력 정답 | ④

Quick해설 '주기적(週期的)'은 '일정한 간격을 두고 되풀이하여 진행하거나 나타나는 것'을 의미하고, '간헐적(間歇的)'은 '얼마 동안의 시간 간격을 두고 되풀이하여 일어나는 것'을 의미하므로 두 단어는 의미적 연관성이 있는 유의 관계이다. 따라서 '거리로 따졌을 때, 육지에 가까이 있는 바다'의 의미를 갖는 '근해(近海)'와 '육지에 가까이 있는 바다'의 의미를 갖는 '연해(沿海)'의 관계와 같다.

[오답풀이] ①, ②, ③, ⑤ 모두 반의 관계이다.
- 매각(賣却): 물건을 팔아 버림.
- 매입(買入): 물건 따위를 사들임.
- 진품(眞品): 진짜인 물품.
- 모조(模造): 이미 있는 것을 그대로 따라 하거나 본떠서 만듦. 또는 그런 것.

┌ 강등(降等): 등급이나 계급 따위가 낮아짐. 또는 등급이나 계급 따위를 낮춤.
└ 승격(昇格): 지위나 등급 따위가 오름. 또는 지위나 등급 따위를 올림.

┌ 임명(任命): 일정한 지위나 임무를 남에게 맡김.
└ 면직(免職): 일정한 직위나 직무에서 물러나게 함.

04 의사소통능력 정답 | ⑤

Quick해설 두 번째 문단에 따르면 최근 신설된 '디지털 산사태 대응팀'에는 산림청, 행정안전부, 국토교통부, 농림축산식품부가 참여한다. 문화재청은 '디지털 사면 통합 산사태 정보시스템'을 구축하는 데 문화재 정보를 제공하는 부처에 해당한다.

[오답풀이] ① 다섯 번째 문단에서 산사태취약지역은 연 2회 이상 집중 관리가 이루어지는 곳인데, 산림청에서는 이 지역을 장기적으로 확대하여 예방체계를 강화할 예정이라고 하였다.

② 세 번째 문단에 따르면 토양함수지수가 90%인 경우 예비경보 예측정보가 지역 담당자에게 자동으로 발송된다.

③ 첫 번째 문단과 두 번째 문단에서 각 부처의 위험사면 정보를 디지털 사면 통합 산사태 정보시스템으로 통합하여 관리체계를 구축하는 것이 이번 산사태 방지대책의 중점임을 알 수 있다.

④ 네 번째 문단에서 산악 지형은 평지보다 풍속은 최대 3배 강하고, 강수량은 최대 2배까지 차이를 보이며 이러한 산악기상 정보 수집을 강화하기 위해 산악기상관측장비를 사용하며, 이 장비를 확대 설치하여 산사태 예측 정확도를 높일 예정이라고 하였다.

05 의사소통능력 정답 | ①

Quick해설 주어진 글은 물 부족 문제의 해결 방안인 물 재이용에 대해 전반적으로 서술하는 글로, 이와 상반된 견해는 찾을 수 없다.

[오답풀이] ② 물 재이용을 리사이클링의 개념을 통해 소개하였다.

③ 우리나라 1인당 하루 평균 물 사용량과, 1인당 연간 가용 수자원량 등 구체적인 구치를 제시하여 주제에 대한 신뢰성을 확보하였다.

④ 미국, 호주 등 해외 사례뿐만 아니라 경기도 구리시, 파주시 등 국내 사례를 제시하여 물 재이용 움직임에 대한 설명을 구체화하였다.

⑤ '그렇다면 물은 어떨까?', '세계 속 물 재이용 움직임은 어떠할까?'와 같은 질문을 통해 글의 흐름에 변화를 주었다.

06 의사소통능력 정답 | ⑤

Quick해설 세 번째 문단에서 수자원이 절대적으로 부족한 지역으로 중동지역을 언급하고 있을 뿐, 호주가 이 지역에 해당하는지는 주어진 글을 통해 알 수 없다.

[오답풀이] ① 네 번째 문단에서 글로벌 IT기업들이 안정적인 용수확보를 위해 물의 재이용 확대를 추진하고 있다고 하였다.

② 두 번째 문단에 따르면 물 재이용은 빗물, 오수, 하수, 폐수, 발전소 온배수를 시설을 이용하여 처리한 후 이용하는 것이다.

③ 두 번째 문단에서 물 재이용은 유엔이 선정한 지속가능한 개발 목표 중 하나인 물과 위생을 실현하는 핵심 수단으로 인식된다고 하였다.

④ 네 번째 문단에서 우리나라 1인당 하루 평균 물 사용량은 295L로 미국과 일본에 이어 세계에서 세 번째로 많다고 하였다.

07 의사소통능력 정답 | ①

Quick해설 ㉠ 주어진 글에 따르면 눈이 정면이 아닌 그 주위 배경의 영향을 받는 주변시를 최소화 하는 것은 VR 멀미를 줄일 수 있는 방법 중 하나이다. 주변시를 줄이는 비네팅을 강하게 할 경우 멀미를 덜 느낀다고 하였으므로 적절하지 않은 내용이다.

㉡ 주어진 글에서 청각은 방향성이 없는 것은 아니지만 그에 대한 민감성이 높지 않아 대부분의 멀미는 시각 신호에 기인한다고 하였다. 또한 마지막 문단을 통해서도 VR 프로그램 내에서 우리가 움직일 때 이를 감지하는 시각 신호와 달리 전정기관은 그렇지 않기 때문에 멀미가 발생함을 알 수 있다. 따라서 몸의 방향이나 위치가 바뀔 때 전정기관보다 시각기관이 이에 더 민감하게 반응하다고 추론해야 한다.

[오답풀이] ㉢ 네 번째 문단에서 VR 기기 내에서 고개를 돌려 사방을 둘러볼 때 VR 기기가 우리 눈에 보여주어야 하는 화면이 우리의 기대와 달라지는 경우 멀미가 발생한다고 하였으므로 적절한 내용이다.

㉣ 두 번째 문단에서 멀미가 뇌에서 감각 기관 정보의 혼란을 유해물질이나 독성물질에 의한 중독으로 간주하고 구토 등의 반응을 통해 신체를 보호하려 하는 것이라고 하였으므로 상한 음식을 섭취하여 발생한 식중독과 비슷한 증상이 나타날 것임을 알 수 있다.

08 의사소통능력 정답 | ④

Quick해설 [가]~[라] 문단을 문맥의 흐름에 맞게 배열하면 [라]-[다]-[가]-[나]이다.

[상세해설] 주어진 글은 인간과 인간이 아닌 것을 구분 짓는 '고유의 인간성'에 대한 개념의 변화 과정을 인간과 동물을 구분지었던 17세기부터 인공 지능이 등장한 현대까지 살펴보고 있다. 따라서 가장 먼저 나와야 하는 문단은 고유의 인간성이 존재하는가에 대한 질문을 바탕으로 주요 화제에 대한 흥미를 유발하고 있는 [라] 문단이다. 그리고 시기별로 17세기의 데카르트의 철학을 밝히는 [다] 문단, 과학적 발전으로 인해 고유의 인간성이 문제에 직면하게 된 20세기의 상황을 설명하는 [가] 문단이 순서대로 나와야 한다. 마지막으로 이제 우리가 인간의 배타적 우월성을 당연하게 받아들이기 어려워졌다고 주장하는 결론 문단인 [나] 문단이 와야 한다.

09 의사소통능력 정답 | ②

Quick해설 제목은 글 전체를 함축하는 것이어야 한다. 이 글은 팔만대장경을 700년 이상 그대로 보관하고 있는 장경판전의 뛰어난 보존 기술이 어떤 과학적 원리를 담고 있는지 설명하고 있다.

[오답풀이] ①, ⑤ 글을 통해 알 수 없는 내용이다.

③, ④ 글에서 설명한 내용이지만, 이는 글의 일부 내용에 불과하므로 제목으로 적절하지 않다.

10 의사소통능력 정답 | ④

Quick해설 두 번째 문단에서 '창문의 위치와 크기를 다르게 하여 자연적인 통풍과 환기가 동시에 이뤄지게 했고'라는 부분을 통해 창문을 이용해서 통풍과 환기를 용이하게 하였음을 알 수 있고, '장경판전 바닥에는 습도를 조절하는 비밀이 숨어 있다. 땅을 깊이 파서 맨 밑에 모래와 횟가루, 찰흙을 깔고 중간에는 숯을, 맨 위에는 소금을 섞어서 다져놓은 것이 그것이다.'를 통해서 바닥의 재료를 통해 습도를 조절하였음을 알 수 있다.

[오답풀이] ① 첫 번째 문단의 '대장경 목판은 조선 태조 1397년에 강화도에서 경남 합천 해인사 장경판전으로 옮겨졌다.'라는 문장을 통해 팔만대장경은 한 번 옮겨진 적이 있음을 알 수 있다.

② 두 번째 문단의 '일반적으로 대웅전이 사찰의 부지 중 가장 높은 곳에 있지만'이라는 부분을 통해 옳지 않은 설명임을 알 수 있다.

③ 세 번째 문단의 '창건 이후 7차례의 대화재를 겪었고 대부분이 소실돼 조선 말엽에 재건되었는데 장경판전만큼은 화마를 피할 수 있었다.'라는 내용을 통해 화재로 일부가 소실되었다는 내용은 옳지 않은 설명임을 알 수 있다.

⑤ 마지막 문단에서 현대기술이 적용된 콘크리트 건물에 보관한 결과 팔만대장경에서 뒤틀림과 결로현상이 발생하여 다시 원상복구 시켰다는 내용이 나오므로 옳지 않은 내용임을 알 수 있다.

11 수리능력 정답 | ①

Quick해설 팀장과 대리가 서로 마주보고 앉는 경우의 수는 $(5-1)!=4\times3\times2\times1=24$(가지)이다.

[상세해설] 팀장의 자리가 결정되면 대리의 자리는 마주 보는 자리로 고정된다. 팀장과 대리를 묶어서 하나의 자리로 보고 대리를 제외한 나머지 5명에 대해서 원형 테이블에 둘러앉는 경우의 수를 구하면 $(5-1)!=4\times3\times2\times1=24$(가지)이다.

12 수리능력 정답 | ②

Quick해설 4명을 나란히 앉히는 경우의 수는 $4!=24$(가지)이다. 만약 키가 큰 순서가 A, B, C, D라고 한다면 다음과 같이 앉힐 수 있다.

- _ A _ _ : 키가 가장 큰 A가 왼쪽에서 두 번째에 오는 경우, 나머지 자리에 세 명의 사람을 앉히므로 경우의 수는 $3\times2\times1=6$(가지)이다.
- _ B _ A : 키가 두 번째로 큰 B가 왼쪽에서 두 번째에 오는 경우, 키가 가장 큰 A는 B와 이웃할 수 없기 때문에 가장 마지막에 앉고, 나머지 두 사람을 앉히므로 경우의 수는 $2\times1=2$(가지)이다.

따라서 왼쪽에서 두 번째에 앉는 사람이 이웃한 사람보다 키가 클 확률은 $\frac{6+2}{24}=\frac{1}{3}$이다.

13 수리능력 정답 | ②

Quick해설 월요일의 일자를 모두 더한 값이 85이므로 3일, 10일, 17일, 24일, 31일이 월요일이다. 이때, 이 사원이 일한 날짜는 1~3일, 5~7일, 9~11일, 13~15일, 17~19일, 21~23일, 25~27일, 29~31일이고 최 사원이 일한 날짜는 1~4일, 7~10일, 13~16일, 19~22일, 25~28일, 31일이다. 따라서 두 사원이 함께 일한 날은 1~3일, 7일, 9~10일, 13~15일, 19일, 21~22일, 25~27일, 31일로 총 16일이다.

[상세해설] 월요일인 일자의 합이 85이기 때문에 첫 번째 월요일을 x로 두면 $x+(x+7)+(x+14)+(x+21)+(x+28)=85$이다. 이를 풀면 $x=3$이 나오므로 첫 번째 월요일은 3일이다. 두 사원이 모두 첫날부터 일하기 시작하였고 각각 일한 날을 달력에 표시해 보면 다음과 같다.

일	월	화	수	목	금	토
						1 이, 최
2 이, 최	3 이, 최	4 최	5 이	6 이	7 이, 최	8 최
9 이, 최	10 이, 최	11 이	12	13 이, 최	14 이, 최	15 이, 최
16 최	17 이	18 이	19 이, 최	20 최	21 이, 최	22 이, 최
23 이	24	25 이, 최	26 이, 최	27 이, 최	28 최	29 이
30 이	31 이, 최					

그러므로 두 사원이 함께 일한 날은 1~3일, 7일, 9~10일, 13~15일, 19일, 21~22일, 25~27일, 31일로 총 16일이다.

14 수리능력 정답 | ③

Quick해설 2022년 1분기, 2분기, 4분기에서는 전년 대비 산불 발생 건수가 증가하였으나 3분기 산불 발생 건수는 14건으로 동일하였다.

(단위: 건)

구분	2021년	2022년	2023년
1분기	170	313	381
2분기	117	321	152
3분기	14	14	3
4분기	48	108	60
상반기	287	634	533
하반기	62	122	63

[오답풀이] ① 분기로 살펴보면 매년 3분기 산불 발생 건수가 가장 적다.

② 분기별로 볼 때 2023년 1분기의 경우 산불 발생 건수가 381건으로 가장 많은 건수를 기록했다.

④ 2022년 상반기 산불 발생 건수는 634건으로 2021년 상반기 산불 발생 건수 287건 대비 2배 이상으로 증가하였다.

⑤ 하반기 산불 발생 건수를 각각 4배를 곱하여도 상반기 산불 발생 건수를 넘지 못한다.

[문제해결 Tip]

반기별, 분기별 수치를 미리 합산하여 정리해두는 것이 풀이에 용이하다.

15 수리능력

정답 | ④

Quick해설 2014년 고등학교 학생 수를 어림하면 약 1,840,000명이다. 만약 30% 감소하였다면 1,840,000 $\times \frac{70}{100}$ =1,288,000(명)인데, 해당 값은 2022년 고등학교 학생 수보다 많다. 따라서 2022년 고등학교 학생 수는 30% 이상 감소하였다.

[오답풀이] ① 2년 주기에 따른 자료이므로 매년 감소했는지 알 수 없다.

② 2020년 초·중·고 전체 학생 수를 약 5,000,000명으로 어림할 때, 그 값의 2%는 5,000,000×0.02 =100,000(명)이다. 만약 2022년에 2% 이상 감소했다면 감소한 학생 수는 100,000명보다 많아야 한다. [그래프]를 보면 2022년 초·중·고 전체 학생 수는 2020년 대비 약 70,000명이 감소하였으므로 2022년 초·중·고 전체 학생 수는 2% 미만으로 감소하였다.

③ [그래프]를 살펴볼 때, 2014년 중·고등학교 학생 수의 합은 약 3,557,000명으로 초등학교 학생 수보다 많음을 알 수 있다.

⑤ [그래프]의 막대그래프 비교를 통해 2016년 초등학교 학생 수는 초·중·고 전체 학생 수의 절반에도 미치지 못하지만, 2020년과 2022년의 경우에는 절반 이상임을 쉽게 확인할 수 있다.

[문제해결 Tip]

정확히 계산하기보다 대략적인 값을 빠르게 파악하여 풀이 시간을 줄이는 것이 중요하다.

16 수리능력

정답 | ④

Quick해설 2012~2019년 무역특화지수를 구하면 다음과 같다.

(단위: 조 원)

구분	2012년	2013년	2014년	2015년	2016년	2017년	2018년	2019년
(수출)-(수입)	1.62	1.77	2	2.88	3.17	3.5	3.51	4.81
(수출)+(수입)	4.48	4.55	4.8	5.7	6.09	6.8	6.97	8.61
무역특화지수	0.36	0.39	0.42	0.51	0.52	0.51	0.50	0.56

따라서 2016년까지 꾸준히 증가하다가 2017년에 감소하였으므로 옳지 않다.

[오답풀이] ① 국내 바이오산업 생산규모는 매년 증가하고 있다. 2012년 대비 2019년 증가율은 $\frac{12.32-7.14}{7.14}\times100≒72.5(\%)$이다.

② 국내 바이오산업 내수액은 2014년에만 약간 감소하고 계속 증가하고 있다. 2012년 대비 2019년 증가액은 7.58−5.53=2.05(조 원)이다.

③ 수출액은 2012년 이후 계속 증가하고, 수입액은 2013년 이후 계속 증가하고 있다. 매해 수출액의 증가액이 수입액의 증가액보다 크므로 무역수지는 매년 증가한다.

⑤ 2019년의 무역특화지수는 0.56, 2012년의 무역특화지수는 0.36이다. 2012년 대비 2019년 무역특화지수 증가율은 $\frac{0.56-0.36}{0.36}\times100≒55.6(\%)$이다.

[문제해결 Tip]

(수출액−수입액)의 증가율과 (수출액+수입액)의 증가율을 비교하면 무역특화지수의 추이를 파악할 수 있다.

17 수리능력

정답 | ①

Quick해설 2년 미만 여가 활동을 하는 20대는 710×(0.062+0.199)≒185(명)이고, 30대는 785×(0.036+0.161)≒155(명)으로 20대가 더 많다.

[오답풀이] ② 지속적 여가 활동 기간이 5년 이상인 70대 이상의 인구수는 516×0.65≒335(명)이고, 30대 인구수는 785×0.463≒363(명)으로 30대가 70대 이상보다 많다.

③ 지속적 여가 활동 기간이 길수록 여가 활동을 하는 인원 수도 증가하는 연령대는 15~19세와 40대 두 개이다.

④ 지속적 여가 활동 기간이 1년 이상 2년 미만인 전체 비율은 14.5%, 1년 미만인 전체 비율은 3.6%이므로 14.5÷3.6≒4.0(배)로 4배 이상이다.

⑤ 가구소득별 구분에서 표본 수가 네 번째로 높은 가

구소득은 200만 원 이상 300만 원 미만이다. 이곳에 속하는 인구 중 지속적 여가 활동 기간이 2년 이상 3년 미만인 인구는 729×0.116≒85(명)이므로 90명 미만이다.

18 수리능력 정답 | ①

Quick해설 ㉠ 자료에 맞게 지속적 여가 활동 기간에 따른 성별 인구수 분포를 나타내면 다음과 같다.

(단위: 명)

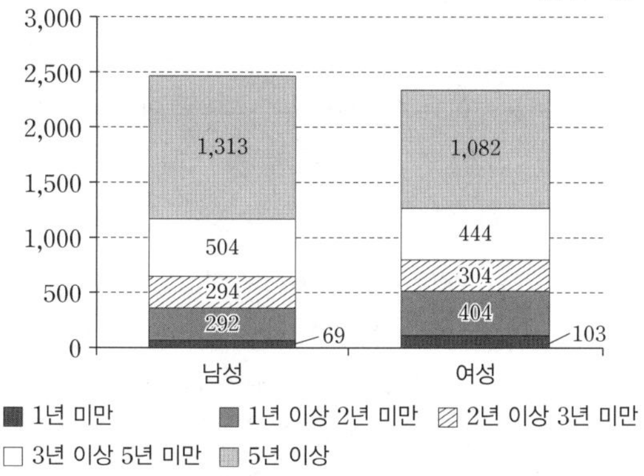

㉡ 자료에 맞게 20~40대 인구의 연령대별 지속적 여가 활동 기간 표본 수 비율을 나타내면 다음과 같다.

(단위: %)

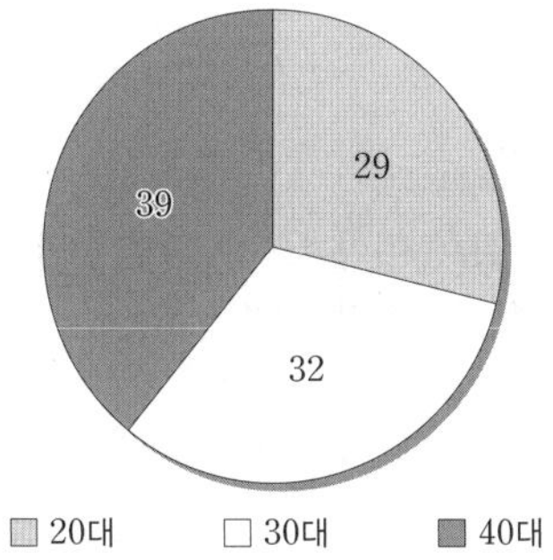

19 수리능력 정답 | ③

Quick해설 2016년 중앙행정기관 소관 위원회 여성 위원 수는 300명이고, 2020년에는 350명으로 $\frac{350-300}{300}$ ×100≒16.7(%) 증가하였으므로 20% 미만으로 증가하였다.

[오답풀이] ① 2020년 지방자치단체 소관 위원회 수는 12,350개이고, 전체 위원 수는 121,600명으로 위원회 1개당 평균 위원 수는 121,600÷12,350≒9.8(명)이므로 10명 미만이다.

② [표1]과 [표2]에서 2016년 이후에 중앙행정기관 및 지방자치단체 소관 위원회 수가 해마다 꾸준히 증가하였음을 알 수 있다.

④ 중앙행정기관 소관 위원회에서 연도별로 여성 위원 수를 2배로 계산하였을 때, 전체 위원 수의 절반 미만이므로 여성 위원 수가 총위원 수의 50% 이상을 차지한 해는 없음을 알 수 있다.

⑤ 2016년 지방자치단체 소관 위원회 수 대비 중앙행정기관 소관 위원회 수의 비율은 $\frac{350}{12,000}$ ×100≒2.9(%)로, 3% 미만이다.

20 수리능력 정답 | ②

Quick해설 연도별로 지방자치단체 소관 위원회 전체 위원 중 여성 위원의 비율을 확인하면 다음과 같다.

- 2016년: $\frac{4,900}{121,010}$×100≒4.05(%)
- 2017년: $\frac{4,900}{121,200}$×100≒4.04(%)
- 2018년: $\frac{4,950}{121,400}$×100≒4.08(%)
- 2019년: $\frac{5,500}{121,550}$×100≒4.52(%)
- 2020년: $\frac{6,500}{121,600}$×100≒5.35(%)

따라서 지방자치단체 소관 위원회 전체 위원 중 여성 위원의 비율이 가장 높은 해(A)는 2020년이고, 가장 낮은 해(B)는 2017년이다.

21 문제해결능력 정답 | ③

Quick해설 '야채를 좋아하는 사람은 삼겹살을 좋아하지 않는다.'는 네 번째 명제인 '삼겹살을 좋아하는 사람은 야채를 좋아하지 않는다.'의 대우명제이기 때문에 항상 참이다.

[오답풀이] ① 다섯 번째 명제에서 소고기를 좋아하는 사람은 햄버거와 치킨을 모두 좋아하지 않는다고 했으므로 그 명제의 대우인 '햄버거 또는 치킨을 좋아하는 사람은 소고기를 좋아하지 않는다.'가 성립

하므로 참이 아니다.

② 샐러드를 좋아하는 사람은 야채를 좋아하고, 네 번째 명제의 대우를 통해 '야채를 좋아하면 삼겹살을 좋아하지 않는다.'가 성립하므로, 두 명제를 이어 보면 '샐러드를 좋아하는 사람은 삼겹살을 좋아하지 않는다.'가 성립하므로 참이 아니다.

④ 주어진 명제들을 통해 소고기를 좋아하는 사람이 닭갈비를 좋아하는지 알 수 없다.

⑤ 주어진 명제들을 통해 햄버거를 좋아하는 사람이 피자를 좋아하는지 알 수 없다.

22 문제해결능력 정답 | ③

Quick해설 빨간색 옷을 입은 사람이 거짓말을 하고, 빨간색 옷을 입은 사람은 2명이므로 2명이 거짓말을 한다. 범인은 빨간색 옷을 입었으므로 거짓말을 하는 사람 중 한 명이 범인이다. 만약 A가 범인이라면 B는 파란색 옷을 입었고, D는 빨간색 옷을 입었으므로 C, E는 파란색 옷을 입어야 한다. 그러나 C의 대답이 모순이 된다.
만약 C가 범인이라면 E는 파란색 옷을 입었고, C와 D가 모두 범인인 것이 되므로 모순이다.
만약 B가 범인이라면 E가 거짓이므로 E가 빨간색 옷을 입는다. B는 범인이므로 빨간색 옷을 입고 거짓말을 한다. A, C, D는 파란색 옷을 입고, 진실을 말한다. 이때 A, C, D의 발언에 따라 B가 범인이고, B, E가 빨간색 옷을 입는다. 따라서 모순이 생기지 않는다.
만약 D가 범인이라면 D는 빨간색 옷을 입는다. E는 진실을 말하고 있으므로 파란색 옷을 입는데 C가 E는 빨간색 옷을 입었다고 하였으므로 이는 거짓이다. 따라서 C가 빨간색 옷을 입고, A, B가 파란색 옷을 입는다. 그런데 A가 B는 빨간색 옷을 입었다고 하였으므로 거짓이다. 즉, 거짓말을 하는 사람이 A, C, D 세 명이 되므로 모순이다.
따라서 B가 범인이고, B와 E가 빨간색 옷을 입는다.

23 문제해결능력 정답 | ⑤

Quick해설 10명이 4개의 부서로 나누어 배정되고, 인원 수가 동일한 부서가 2개 있으려면 다음 세 가지 경우밖에 없다.
1) 1명, 1명, 2명, 6명
2) 1명, 1명, 3명, 5명
3) 1명, 2명, 2명, 5명
이때 3)의 경우는 세 번째 [조건]에 의하여 불가능하므로 전력수급처의 신입사원 수는 1)의 2명 또는 2)의 3명이어야 한다. 또한 계통계획처의 신입사원 수는 상생협력처보다 더 많다고 하였으므로 1)의 6명 또는 2)의 5명이어야 하며, 전력시장처와 상생협력처의 신입사원 수는 각각 1명이 된다. 이를 표로 정리하면 다음과 같다.

구분	전력수급처	계통계획처	전력시장처	상생협력처
경우1	2명	6명	1명	1명
경우2	3명	5명		

따라서 계통계획처로 배정된 신입사원 수와 상생협력처로 배정된 신입사원 수의 차이는 경우1에 따라 6－1＝5(명)으로 5명 이상일 수 있으므로 옳다.

[오답풀이] ① 배정된 신입사원의 수가 2명인 부서는 경우1의 전력수급처 1개이다.
② 전력시장처로 배정된 신입사원 수는 1명이다.
③ 배정된 신입사원의 수를 알 수 있는 부서는 1명씩 배정된 전력시장처와 상생협력처로 총 2개이다.
④ 계통계획처로 배정된 신입사원 수가 5명이라면, 전력수급처로 배정된 신입사원 수는 3명이다.

24 문제해결능력 정답 | ②

Quick해설 [조건]에 따라 팀별로 교육 진행이 가능한 요일과 시간대를 표시하면 다음과 같다.

팀	가능한 요일	가능한 시간대
연구팀	월, 화	
영업팀	월, 화	오전
공정팀	목, 금	
홍보팀	목, 금	오후
인사팀		오전

OJT교육은 매일 진행한다고 했으므로 인사팀은 수요일 오전에 교육을 진행한다. 또한 연구팀이 교육을 진행하고 3일 후 공정팀이 교육을 진행한다고 했으므로 가능한 (연구팀, 공정팀) 조합은 (월, 목), (화, 금)이다. 이에 따라 각 팀별 교육 진행일로 가능한 조합은 다음과 같다.

연구팀	영업팀	공정팀	홍보팀	인사팀
월 오전 /오후	화 오전	목 오전 /오후	금 오후	수 오전
화 오전 /오후	월 오전	금 오전 /오후	목 오후	수 오전

만약 화요일 오전에 영업팀이 교육을 진행하면 목요일 오전 또는 오후에는 공정팀이 교육을 진행하므로 옳지 않다.

[문제해결 Tip]
모든 경우의 수를 고려하기보다는 선택지를 먼저 보고 가능한지 여부를 따졌을 때 빠르게 문제를 해결할 수 있다.

25 문제해결능력 정답 | ④

Quick해설 우선순위대로 나열하면 공실률, 객단가, 유동인구, 임대료 순이다. 따라서 가로수길 상권이 가장 합리적이다.

[오답풀이] ① 명동은 객단가가 30,000원으로 가로수길보다 낮다.
② 강남은 가로수길과 비교할 때 일일 유동인구가 더 적다.
③ 홍대는 객단가가 28,000원으로 가로수길보다 낮다.
⑤ 성수는 공실률이 30%로 가장 높다.

26 문제해결능력 정답 | ②

Quick해설 갑, 을, 병은 5월에 총 30,000+9,000+3,000=42,000(포인트) 적립받는다.

[상세해설] VIP등급인 갑은 가 제휴사를 한 번 방문할 때마다 30,000×0.2=6,000(포인트)를 적립받고, 나 제휴사를 한 번 방문할 때마다 50,000×0.1=5,000(포인트)를 적립받고, 다 제휴사를 한 번 방문할 때마다 10,000×0.1=1,000(포인트)를 적립받는다. 최대 10번 적립 가능하므로 10번의 포인트를 합해 보면 6,000+6,000+5,000+1,000+1,000+1,000+5,000+6,000+6,000+5,000=42,000(포인트)이다. 그런데 포인트는 최대 30,000포인트 지급받으므로 갑이 받는 포인트는 30,000포인트이다.
A등급인 을은 가 제휴사를 한 번 방문할 때마다 20,000×0.1=2,000(포인트)를 적립받고, 나 제휴사를 한 번 방문할 때마다 10,000×0.05=500(포인트)를 적립받고, 다 제휴사를 한 번 방문할 때마다 10,000×0.1=1,000(포인트)를 적립받는다. 최대 8번 적립 가능하므로 8번의 포인트를 합해 보면 2,000+500+500+1,000+2,000+2,000+500+500=9,000(포인트)이다. 최대 10,000포인트 지급받으므로 을이 받는 포인트는 9,000포인트이다.
B등급인 병은 가 제휴사를 한 번 방문할 때마다 10,000×0.05=500(포인트)를 적립받고, 나 제휴사에서는 적립 불가하고, 다 제휴사를 한 번 방문할 때마다 20,000×0.05=1,000(포인트)를 적립받는다. 최대 5번 적립 가능한데 나 제휴사는 제외되므로 나머지 4번의 포인트를 합해 보면 500+1,000+500+1,000=3,000(포인트)이다. 최대 5,000포인트 지급받으므로 병이 받는 포인트는 3,000포인트이다.
따라서 갑, 을, 병이 5월에 적립받은 포인트의 합은 30,000+9,000+3,000=42,000(포인트)이다.

27 문제해결능력 정답 | ②

Quick해설 7월 13일에 1층과 3층의 공사를 진행한다. 따라서 인사부는 2층으로 이동하면 되므로 1개 층만 이동해도 된다.

[오답풀이] ① 공사는 월~수, 수~금에만 진행하고, 공사가 끝난 다음 날부터 화장실을 이용할 수 있으므로 적절하다.
③ 공사가 끝나도 공사가 끝난 다음 날부터 화장실을 이용할 수 있으므로 적절하다.
④ 7월 6일은 09:00~12:00에 3시간 동안 4층 마무리 공사, 13:00~20:00에 7시간 동안 2층 공사가 진행되므로 적절하다.
⑤ 개발부는 3층이고, 3층은 7월 11~13일에 공사를 진행한다. 따라서 7월 12일이 공사 두 번째 날이고, 타일 부착 작업으로 인한 불쾌한 냄새에 주의해야 한다.

28 문제해결능력 정답 | ③

Quick해설 면제 수수료의 유의 사항에서 '이 예금을 이용한 거래에 한하여 면제하며, 사용하지 않은 수수료 면제건수는 이월되지 않음'이라고 규정하고 있다.

[오답풀이] ① '지난달에 수수료 면제조건 미충족 시 이번 달 11일부터 중지'된다고 규정에 명시되어 있다.
② 해당 상품은 예금자보호제도에 해당하며 5천만 원을 초과하는 금액에 대해서는 보호받지 못한다.
④ 자동화기기를 통한 시간 외 출금에 대해서는 월 10건 한도에서 수수료가 면제된다.
⑤ 자동이체 우대와 우수거래 우대 모두 각각 0.1%의 우대율을 적용하나, 2가지 모두에 해당되어도 연 0.1%만 적용한다.

29 문제해결능력 정답 | ②

Quick해설 교통사고발생시점의 혈중알코올농도는 C−(T×B)=0.16−(2×0.03)=0.1(%)이다. 따라서 처벌기준은 '6개월 이하 징역 또는 300만 원 이하 벌금'이다.

[상세해설] 교통사고발생시점의 혈중알코올농도 C−(T×B)에서 각 변수는 다음과 같다.

- $C=\frac{A}{P\times R\times 10}=\frac{1,000\times 0.2\times 0.8\times 0.7}{70\times 1\times 10}$
  $=0.16(\%)$
- T: 음주종료시점(전날 저녁 10시)에서 90분 후인 저녁 11시 30분에 혈중알코올농도가 최고치에 이르고, 교통사고 발생시점은 새벽 1시 30분이므로 경과시간은 2시간이다.
- B: 대법원 판례에 따라 피고인에게 가장 유리한 수치를 적용하는데, 많이 분해될수록 유리하므로 0.03% 적용한다.

따라서 교통사고발생시점의 혈중알코올농도는 0.16−(2×0.03)=0.1(%)이다. 따라서 처벌기준은 '6개월 이하 징역 또는 300만 원 이하 벌금'이다.

30 자원관리능력 정답 | ③

Quick해설 제11조 제3항에 따라 구매요청부서는 Q등급 자재에 대해서는 구매요청 시 발주계획 및 구매규격서를 전자상거래시스템(K−Pro)에 10일간 공개하여야 하나 긴급을 요하는 경우 5일로 할 수 있다.

[오답풀이] ① 제11조 제2항과 제12조의2 제1항에 따라 긴급공사에 필요한 물품은 특별청구이므로 계약담당부서로 직접 구매요청한다.
② 제11조 제4항에 따라 규격서 작성부서는 구매요청부서의 이의 신청이 접수되어 규격서를 변경한 경우 전자상거래시스템에 3일 내가 아닌 3일간 변경사유와 내용을 공개하여야 한다. 며칠 내로 공개하여야 하는지는 주어진 자료에서 알 수 없다.
④ 제12조의2 제2항에 따라 물자청구부서가 특별청구와 일반청구를 청구하였을 때 특별청구, 일반청구 순으로 우선권을 부여한다.
⑤ 제12조에 따라 물자청구부서는 소요기간을 고려하여 가격 및 공정상의 불이익이 없도록 적기에 청구하여야 한다.

31 자원관리능력 정답 | ②

Quick해설 항공료+(숙박비×체류기간)+기타비용으로 총비용을 구할 수 있다. 부서원별로 총비용을 구하여 표로 나타내면 다음과 같다.

부서원	출장지	체류기간	항공료	숙박비	기타비용	총비용
부장	미국	7일	150만 원	20만 원/일	50만 원	340만 원
차장	일본	5일	50만 원	15만 원/일	30만 원	155만 원
과장	독일	6일	120만 원	18만 원/일	40만 원	268만 원
대리	영국	8일	180만 원	22만 원/일	60만 원	416만 원
사원	중국	4일	40만 원	10만 원/일	20만 원	100만 원

따라서 차장의 경우 해외출장 총비용은 155만 원이다.

32 자원관리능력 정답 | ④

Quick해설 차장과 대리는 동일하게 15만 원을 할인받는다.

[상세해설] 부장의 숙박비는 140×0.85=119(만 원)이고 140−119=21(만 원)을 할인받는다. 차장의 항공료는 50×0.7=35(만 원)이고 50−35=15(만 원)을 할인받는다. 과장의 항공료는 120×0.9=108(만 원)

이고 120－108＝12(만 원)을 할인받는다. 대리의 기타비용은 60×0.75＝45(만 원)이고 60－45＝15(만 원)을 할인받는다. 사원의 숙박료는 40×0.8＝32(만 원)이고 40－32＝8(만 원)을 할인받는다.

부서원 전체 할인 금액은 21＋15＋12＋15＋8＝71(만 원)으로 70만 원 이상이며, 차장과 대리는 동일하게 15만 원을 할인받는다. 정리하면 다음과 같다.

부서원	할인 항목	체류 기간	항공비	숙박비	기타비용	할인 전 할인 항목 비용	할인 금액
부장	숙박비	7일	150만 원	20만 원/일	50만 원	140만 원	21만 원
차장	항공료	5일	50만 원	15만 원/일	30만 원	50만 원	15만 원
과장	항공료	6일	120만 원	18만 원/일	40만 원	120만 원	12만 원
대리	기타 비용	8일	180만 원	22만 원/일	60만 원	60만 원	15만 원
사원	숙박비	4일	40만 원	10만 원/일	20만 원	40만 원	8만 원
합산	－	－	－	－	－	－	71만 원

[오답풀이] ① 부장은 숙박비에서 21만 원을 할인받았고, 과장은 항공료에서 12만 원을 할인받았다.

② 부서원이 할인받은 금액은 21＋15＋12＋15＋8＝71(만 원)이다.

③ 사원은 숙박비에서 8만 원을 할인받았다.

⑤ 대리－부장－과장－차장－사원 순으로 체류기간이 길다. 할인을 받은 후 부서원별 총비용은 다음과 같다.

- 대리: 416－15＝411(만 원)
- 부장: 340－21＝319(만 원)
- 과장: 268－12＝256(만 원)
- 차장: 155－15＝140(만 원)
- 사원: 100－8＝92(만 원)

총비용도 대리－부장－과장－차장－사원 순으로 크다.

33 자원관리능력 정답 | ③

Quick해설 10월 1일에 A업체가 의뢰한 작업을 시작하였고, A업체에는 X원료를 16개 납품해야 한다. 따라서 10월 1일, 2일, 5일에 5개씩 총 15개를 생산하고, 10월 6일에 1개를 추가로 생산하여 10월 6일에 A업체에 납품한다.

10월 6일부터 B업체 마감일인 10월 15일까지 공장 휴무일이 2일이고, 10월 6일에는 4개만 생산할 수 있으므로 X원료는 총 4＋7×5＝39(개) 생산할 수 있다. 따라서 B업체 마감까지 B업체 납품 수와 Y업체 납품 수의 합인 49개만큼 생산할 수 없으므로 Y업체보다 B업체의 납품 원료부터 생산해야 한다.

10월 7일, 8일, 9일, 11일에 5개씩 총 20개를 생산하고, 10월 6일에 4개 생산하면 남은 개수가 4개이므로 10월 12일에 나머지 4개를 생산하여 B업체에 납품한다. 10월 12일부터 10월 20일까지 공장 휴무일이 2일이고, 10월 12일에는 1개만 생산할 수 있으므로 X원료는 총 1＋6×5＝31(개) 생산할 수 있다. 따라서 C업체 마감까지 C업체 납품 수와 Y업체 납품 수의 합인 33개만큼 생산할 수 없으므로 Y업체보다 C업체의 납품 원료부터 생산해야 한다.

10월 13일, 15일에 5개씩 총 10개를 생산하고, 10월 12일에 1개 생산하면 남은 개수가 1개이므로 10월 16일에 나머지 1개를 생산하여 C업체에 납품한다. 10월 16일부터 10월 26일까지 공장 휴무일이 2일이고, 10월 16일에는 4개만 생산할 수 있으므로 X원료는 총 4＋8×5＝44(개) 생산할 수 있다. 따라서 D업체 마감까지 D업체 납품 수와 Y업체 납품 수의 합인 39개만큼 생산할 수 있으므로 Y업체 납품 원료를 D업체 납품 원료보다 먼저 생산할 수 있다.

따라서 18일, 19일, 20일에 5개씩 총 15개를 생산하고, 16일에 4개 생산하면 남은 개수가 2개이므로 10월 21일에 나머지 2개를 생산하여 납품한다.

[문제해결 Tip]

Y업체에서 의뢰한 납품 개수와 A~D업체에서 의뢰한 납품 개수의 합만큼 X원료 생산 시작일부터 A~D업체의 마감일까지 생산할 수 있다면 A~D업체보다 Y업체에 먼저 납품할 수 있다. 만약 납품 개수의 합이 생산 가능 개수의 합보다 크다면 Y업체보다 A~D업체에 먼저 납품해야 한다.

34 자원관리능력 정답 | ③

Quick해설 인구 대비 자동차 대수는 다음과 같다.

- A: 112만 명×$\frac{324\text{대}}{1{,}000\text{명}}$＝362,880(대)

- B: 85만 명$\times\frac{140대}{1,000명}$=119,000(대)
- C: 102만 명$\times\frac{237대}{1,000명}$=241,740(대)
- D: 56만 명$\times\frac{168대}{1,000명}$=94,080(대)
- E: 68만 명$\times\frac{187대}{1,000명}$=127,160(대)

따라서 인구 대비 자동차 대수가 가장 많은 도시를 기준으로 도시를 선정한다면 선정 가능성이 가장 낮은 도시는 D이다.

[오답풀이] ① 인구수가 많은 도시는 A이므로 이를 기준으로 도시를 선정한다면 선정 가능성이 가장 높은 도시는 A이다.

② 인구 1,000명당 자동차 대수가 가장 많은 도시는 A이므로 이를 기준으로 도시를 선정한다면 선정 가능성이 가장 높은 도시는 A이다.

④ 인근 도시와의 접근성 점수는 다음과 같다.
- A: 2+3+2+3=10(점)
- B: 2+1+1=4(점)
- C: 3+1+3=7(점)
- D: 2+3=5(점)
- E: 3+1+3+3=10(점)

따라서 인근 도시와의 접근성 점수가 가장 낮은 도시는 B이므로 이를 기준으로 도시를 선정한다면 선정 가능성이 가장 낮은 도시는 B이다.

⑤ 인구 대비 자동차 대수가 가장 적은 도시는 D이고, 인근 도시와의 접근성 점수가 가장 낮은 도시는 B이므로 이 두 도시 중에서 도시 선정 선발 가중치를 구하면 다음과 같다.
- B: 119,000×4÷1,000=476
- D: 94,080×5÷1,000=470.4

도시 선정 선발 가중치를 기준으로 도시를 선정한다면 선정 가능성이 가장 낮은 도시는 D이다.

35 자원관리능력 정답 | ⑤

Quick해설 9시부터 15시까지 주차나 설비 대여 없이 103호를 빌리면 대여료는 9만 원이다. 이때 103호는 컴퓨터가 있는 호실이고, 행사 1일 전에 취소하면 취소 수수료가 예약금의 70%이므로, 취소 수수료는 최대 (90,000+30,000)×0.7=84,000(원)이다.

[오답풀이] ① 시설 내에서는 간단한 음료는 허용되나, 기타 취식은 불가능하다. 그러므로 점심식사를 하려면 시설 밖으로 나와야 한다.

② 대관일 전일 20시 이후에 사전 점검 가능하며, 이때 행사에 필요한 시설을 미리 설치 가능하다. 그러므로 20시 이후인 22시에 설치하는 것은 가능하다.

③ 11명의 인원이 행사를 진행할 때 최소 비용으로 진행하려면 202호를 대여해야 한다. 202호는 대여료가 15만 원이다. 행사를 20시까지 진행하게 되면 2시간에 해당하는 6만 원이 추가된다. 그러므로 최소 15+6=21(만 원)이 필요하다.

④ 301호에서 행사를 할 경우, 6대 무료 주차가 가능하다. 6대를 초과할 경우, 1대당 1만 원이 추가된다. 그러므로 28명이 행사를 할 때 각각 차를 가지고 온다면, 28−6=22(대)의 주차 비용인 22만 원이 추가된다.

36 자원관리능력 정답 | ⑤

Quick해설 14명이 행사에 참여하므로 201호나 301호를 대여해야 한다. 행사에서 컴퓨터와 스피커를 사용하는데, 두 곳 모두 사용이 가능하므로 최소 비용으로 행사를 진행하려면 201호를 대여해야 한다. 201호를 대여하려면 20만 원이 필요하고, 컴퓨터를 이용하므로 사용료 3만 원이 추가되며, 4대의 무료 주차가 가능하다. 이에 따라 2대에 해당하는 2만 원의 주차비가 추가된다.
행사에는 3개의 마이크가 필요하며, 이 중 1개는 무선이어야 하므로 마이크 2개와 무선 마이크 1개를 대여하려면 1+1+2=4(만 원)이 추가된다. USB와 CD는 행사 주최 측에서 가져올 예정이나 비디오카메라 1대는 대여해야 하므로, 5만 원이 추가된다.
따라서 행사에 필요한 최소 비용은 20+3+2+4+5=34(만 원)이다.

37 자원관리능력 정답 | ⑤

Quick해설 2024년 11월 3일 수요일 오후 3시는 비성수기의 주중 일반 시간대의 비즈니스석 운임인 136,000원이 적용된다. 이때 운임은 공항이용료와 유류할증료가 포함된 금액이고 수하물 요금 또한 무료이므로 운임 총액은 136,000원이다.

[오답풀이] ① 2023년 7월 30일은 성수기이므로 선호 시간대와 관계없이 비즈니스석 운임 156,200원이 적용된다. 수하물 요금은 무료이고, 공항이용료와 유류할증료를 추가하면 운임 총액은 156,200+4,000+2,200=162,400(원)이다.

② 2023년 4월 27일 월요일 오후 1시 15분은 비성수기의 주중 선호 시간대의 이코노미석 운임인 92,200원이 적용된다. 이때 운임은 공항이용료와 유류할증료가 포함된 금액이므로, 수하물 추가 요금인 2,000×20=40,000(원)을 추가하여 운임 총액을 구하면 92,200+40,000=132,200(원)이다.

③ 2024년 5월 8일은 성수기이므로 선호 시간대와 관계없이 이코노미석 운임 131,700원이 적용된다. 수하물 요금은 무료이고, 공항이용료와 유류할증료를 추가하면 운임 총액은 131,700+4,000+2,200=137,900(원)이다.

④ 2024년 1월 23일 토요일 오전 11시 19분은 비성수기의 주말 선호 시간대의 이코노미석 운임인 85,200원이 적용된다. 이때 운임은 공항이용료와 유류할증료가 포함된 금액이므로, 수하물 추가 요금인 2,000×12=24,000(원)을 추가하여 운임 총액을 구하면 85,200+24,000=109,200(원)이다.

38 자원관리능력 정답 | ①

Quick해설 퇴직금 계산법에 따라 갑의 퇴직금을 구하면 다음과 같다.

- 연간상여금 총액: 4,000,000원
- 연차수당: 80,000×5=400,000(원)
- 3개월간 임금총액(A):
  (3,000,000×3)+(420,000×3)=10,260,000(원)
- 상여금 가산액(B):
  $4{,}000{,}000\times\frac{3개월}{12개월}=1{,}000{,}000$(원)
- 연차수당 가산액(C):
  $400{,}000\times\frac{3개월}{12개월}=100{,}000$(원)
- 1일 평균임금: (10,260,000+1,000,000+100,000)÷(4+31+31+26)≒123,478(원)

2020년이 윤년이므로 2021년부터 2023년까지는 윤년이 포함되지 않아 만 1년을 365일로 계산한다.

따라서 갑의 재직일은 4+365+365+365−4=1,095(일)이므로 재직일수는 1,095이다.

따라서 퇴직금은 123,478×30×(1,095÷365)=11,113,020(원)이다.

39 자원관리능력 정답 | ②

Quick해설 4개의 소방안전센터끼리 1대를 공유하는 형태로 축소 배치할 수 있다. 따라서 4개의 소방안전센터에 1대, 나머지 1개의 소방안전센터에 1대를 배치하는 형태로 최소 2대의 물탱크차를 배치할 수 있다.

[상세해설] 물탱크차는 소방안전센터마다 1대를 배치한다. 다만, K시는 인구 10만 명당 공설소화전 설치 개수가 $\frac{75+3+12+80+2}{4}=43$(개)로 40개 이상이고, 인구는 40만 명이므로 4개의 소방안전센터끼리 1대를 공유하는 형태로 축소 배치할 수 있다. 따라서 4개의 소방안전센터에 1대, 나머지 1개의 소방안전센터에 1대를 배치하는 형태로 최소 2대의 물탱크차를 배치할 수 있다.

40 자원관리능력 정답 | ②

Quick해설 지방정부 K시 전체에 배치해야 하는 소방안전센터 근무요원 수는 12+30+12+21+30+21=126(명)이다.

[상세해설] 물탱크차는 최소 2대를 배치해야 하므로, 물탱크차에 배치되는 근무요원의 수는 6×2=12(명)이다. 한편 각 소방안전센터에 배치해야 하는 소방펌프자동차의 수와 근무요원의 수는 다음과 같다.

소방안전센터	소방펌프자동차	근무요원
A	2+1=3(대)	(3+9)+(3+6)×2=30(명)
B	2−1=1(대)	3+9=12(명)
C	2대	(3+9)+(3+6)=21(명)
D	2+1+1−1=3(대)	(3+9)+(3+6)×2=30(명)
E	2대	(3+9)+(3+6)=21(명)

따라서 배치해야 하는 소방안전센터 근무요원의 수는 12+30+12+21+30+21=126(명)이다.

실전모의고사 3회

01	02	03	04	05	06	07	08	09	10
①	④	②	②	⑤	②	④	③	④	④
11	**12**	**13**	**14**	**15**	**16**	**17**	**18**	**19**	**20**
②	⑤	①	③	⑤	②	②	④	②	④
21	**22**	**23**	**24**	**25**	**26**	**27**	**28**	**29**	**30**
⑤	③	④	④	⑤	②	④	①	③	③
31	**32**	**33**	**34**	**35**	**36**	**37**	**38**	**39**	**40**
①	③	④	⑤	④	②	③	④	②	②
41	**42**	**43**	**44**	**45**	**46**	**47**	**48**	**49**	**50**
④	②	④	④	④	②	③	⑤	①	②

01 의사소통능력 정답 | ①

Quick해설 개조(改造)는 '고쳐 만들거나 바꿈'이라는 의미로 [보기]의 문장에 활용하기에 적절하지 않다.

[오답풀이] ② 개척(開拓)은 '새로운 영역, 운명, 진로 따위를 처음으로 열어 나감'이라는 의미이다.

- 사람이 살지 않았던 그 넓은 황무지를 (개척)하였다.
- 몹시 어려운 상황에서도 그들은 새로운 활로를 (개척)하였다.

③ 개발(開發)은 '새로운 물건을 만들거나 새로운 생각을 내어놓음'이라는 의미이다.

- 치열한 경쟁에서 살아남기 위해서는 신제품 (개발)이 이루어져야 한다.

④ 개혁(改革)은 '제도나 기구 따위를 새롭게 뜯어고침'이라는 의미이다.

- 교육 (개혁)을 통해 아이들이 제대로 성장할 수 있는 여건을 만들어야 한다.

⑤ 개정(改定)은 '이미 정하였던 것을 고쳐 다시 정함'이라는 의미이다.

- 지속적인 맞춤법 (개정)을 통해 우리 언어를 시대에 맞도록 발전시켜야 한다.

02 의사소통능력 정답 | ④

Quick해설 ㉠ 부사의 끝음절이 분명히 '이'로 나는 것은 '－이'로 적고, '히'로만 나거나 '이'나 '히'로 나는 것은 '－히'로 적는다. 구체적으로 (1) '－하다'가 붙는 어근의 끝소리가 'ㅅ'인 경우, (2) 'ㅂ' 불규칙 용언의 어간 뒤, (3) '하다'가 붙지 않는 용언 어간 뒤, (4) 첩어 또는 준첩어인 명사 뒤, (5) 부사 뒤, (6) '하다'가 붙는 어근의 끝소리가 'ㄱ'인 경우에 해당하는 것은 모두 '－이'로 적는데, ㉠은 이에 해당하지 않으므로 '적절히'로 적는다.

㉢ 하나의 단어로 인정된 것은 붙여 쓰고 조사를 제외한 각 단어는 띄어 쓴다. '생각이나 마음이 온통 한곳으로 쏠리게 되다'를 뜻하는 '사로잡히다'는 하나의 단어이므로 붙여 써야 한다.

㉣ 용언의 명사형은 '－음', '－ㅁ', '－기'를 붙여서 만드는데, 어간의 형태를 밝혀 적어야 한다. 이때 '만들다', '줄어들다'와 같이 'ㄹ' 받침으로 끝나는 용언의 어간 뒤에는 명사형 어미 '－ㅁ'이 붙어서, '만듦', '줄어듦'과 같은 형태로 쓰이므로 '만듦'으로 수정해야 한다.

[오답풀이] ㉡ 비교의 대상이 되는 말에 붙어 '~에 비해서'의 뜻을 나타내는 격 조사인 '보다'는 체언 뒤에 붙여 써야 하므로 '부정적이기보다는'으로 붙여 쓰는 것이 적절하다.

㉤ 흔히 '보다'의 피동형으로 '보여지다'를 쓰는 경우가 많은데, '보여지다'는 피동사 '보이다' 뒤에 피동의 뜻을 나타내는 '－어지다'가 붙은 이중 피동 형태이므로 '보다'의 피동사 '보이다'를 활용한 '보일'과 같이 표현하는 것이 적절하다.

03 의사소통능력 정답 | ②

Quick해설 EMS는 에너지를 효율적으로 사용하도록 하여 온실가스 감축에 도움을 주는 방법이다.

[상세해설] EMS는 구조적 개선과 효율적인 운용으로 에너지 효율화를 하여 불필요한 에너지 사용을 줄인다. 즉 효율적으로 화석연료 사용을 극대화하기보다는 에너지를 효율적으로 사용하도록 하여 온실가스 감축에 도움을 주는 방법이라고 할 수 있다.

[오답풀이] ① EMS는 건물을 설계할 때 설계한 건물의 예상 전력 사용량을 확인할 수 있도록 할 수도 있고 냉난방, 조명등의 사용량 정보를 건물 관리자에게 제공하여 관리자가 사용량 추이에 따라 전력 사용량을 줄이도록 할 수도 있다. 따라서 EMS는 건물 설계단계에서부터 관리까지 전방위 적용이 가능하다.

③ EMS는 두 가지 방법으로 에너지 효율화에 도움을 주는데, 첫 번째 방법은 구조적 개선을 이루는 것이며, 두 번째 방법은 기기와 설비를 효율적으로 운용하는 것이다.

④ RE100 운동은 제품 생산에 사용되는 모든 에너지 발전원을 신재생에너지로 대체하는 것으로 에너지 생산을 위해 화석연료를 활용하지 않아도 되므로 탄소배출량을 줄일 수 있다.

⑤ 기후변화 대응에 효과적인 방법은 에너지 사용을 줄이거나 EMS 등을 통해 에너지 사용을 개선하는 것이다.

04 의사소통능력 정답 | ②

Quick해설 세 번째 문단에서 광물 퇴적층에서 산소가 고갈되면 철은 고체로 침전된 산화상태보다 환원된 제1철 이온과 망간으로 지하수에 녹아든다고 하였다.

[오답풀이] ① 두 번째 문단에서 지하수의 철이온 중 제1철이온은 용해되어 있지만 산화하여 제2철이온이 되면 붉은 침전물로 나타나게 된다고 하였다.

③ 네 번째 문단에서 과다한 철 성분은 혈색소증에 영향을 주어 간이나 심장 등 신체 내 피해를 유발한다고 하였다.

④ 첫 번째 문단에서 오래전 철의 쓰임이 주로 소도구 제작이었다면, 오늘날 철의 쓰임은 사회 전체를 이루고 있다고 봐도 무방하다고 하였다.

⑤ 네 번째 문단에서 지하수 속에 철의 성분이 많으면 철침전이 생기기 때문에 시간이 지나면서 파이프가 막혀 사용할 수 없게 된다고 하였다.

05 의사소통능력 정답 | ⑤

Quick해설 주어진 글은 실학이 발전하게 된 배경과 경세치용, 이용후생, 실사구시 학파 등으로 실학의 세파를 분류하여 구체적으로 설명하고 있다.

[오답풀이] ①, ②, ③, ④ 서사, 대조, 인과, 분석에 대한 설명으로 글에서 사용되지 않은 방식이다.

06 의사소통능력 정답 | ②

Quick해설 ㉠의 앞부분에서 절약보다 재화를 만들고 써야한다는 주장이 나왔으므로 이와 관련한 단어가 나와야 한다. 따라서 적절한 단어는 소비이다.

07 의사소통능력 정답 | ④

Quick해설 각 문단의 중심 내용은 다음과 같다

- [가]: 다크 투어리즘을 방문한 관광객의 태도
- [나]: 다크 투어리즘의 정의와 부정적인 인식
- [다]: 다크 투어리즘에 대한 인식 변화 이유와 긍정적 인식
- [라]: 다크 투어리즘에 대한 긍정적 인식

첫 번째 문단에서 다크 투어리즘의 개념을 소개하고 있으므로 이에 대한 정의를 설명하는 [나] 문단과 이어지는 것이 자연스럽다. [나] 문단은 초창기 다크 투어리즘의 부정적인 인식을 소개하면서 이 인식이 변화하고 있다는 내용이다. 다크 투어리즘에 대한 긍정적 인식이 나오는 내용은 [다] 문단과 [라] 문단이고 이 중 인식이 변화하는 이유를 설명하는 [다] 문단이 [나] 문단 다음에 이어지는 것이 적절하다. 따라서 [나]−[다]−[라]의 순임을 알 수 있고, 마지막 [가] 문단의 경우에는 첫 문장을 통해서 긍정적 인식을 언급한 이후에 [가] 문단이 제시되어야 문맥의 흐름상 맞는다. 따라서 글은 [나]−[다]−[라]−[가]로 배열되어야 한다.

[문제해결 Tip]

첫 문단 뒤에 [나] 문단이 이어져야 하는 것을 알았다면 선택지 ③, ④ 즉, [가] 문단과 [다] 문단 중 무엇이 [나] 문단 뒤에 어울리는지 확인하면 빠르게 문제를 해결할 수 있다.

08 의사소통능력 정답 | ③

Quick해설 [다] 문단에서 '여수시의 '여순사건 다크 투어리즘 및 남해안 명품 전망 공간 조성 등 관광자원개발 사업'을 통해 관광 상품화를 시작했다.'라는 내용을 통해서 지자체의 사업으로 다크 투어리즘을 진행한 사례가 전무하다는 설명은 옳지 않음을 알 수 있다.

[오답풀이] ① [나] 문단에서 '스릴과 모험을 추구하는 이들이 몰리면서, 희생자들의 고통을 재밋거리로 희화화한다는 비난도 있었다. 대표적인 곳이 내전으로 홍역을 앓은 시리아이다. 전쟁을 피해 인구의 절반이 나라를 떠난 이곳의 전흔을 일부 여행사들이 볼거리로 홍보했다가 비난의 화살을 맞았다.'라는 내용을 통해 옳게 이해한 것임을 알 수 있다.

② [가] 문단의 '전문가들은 단순한 여가활동으로 생각하기보다는 역사와 문화에 대한 이해와 존중을 갖춰야 한다고 입을 모은다.'를 통해서 옳게 이해한 것임을 알 수 있다.

④ 첫 번째 문단에서 존 F. 케네디의 암살 장소로 쓰인 딜리 플라자의 자리가 '6층 박물관'이란 이름으로 방문객을 맞았고 이를 계기로 다크 투어리즘이란 개념을 착안해 냈다고 하였으므로 옳게 이해한 것이다.

⑤ [라] 문단의 '다크 투어리즘 목적지의 보존과 발전에도 기여한다. 관광 수입이나 자원봉사를 통해 장소 복원과 유지 비용을 지원하거나, 사회적인 인식과 관심을 높여서 장소의 역사적 가치와 의미를 전파하고, 희생자들을 지원하는 역할까지 맡는다.'를 통해서 옳게 이해한 것임을 알 수 있다.

09 의사소통능력 정답 | ④

Quick해설 세 번째 문단에서 자기부상열차를 선로에서 띄우는 방식은 두 가지로, 반발식 자기부상과 흡인식 자기부상이 대표적임을 알 수 있다.

[오답풀이] ① 두 번째 문단에서 강한 자석을 만들려면 쇠막대를 코일로 감아서 높은 전류를 흘려보내야 함을 알 수 있다.

② 네 번째 문단에서 흡인식 자기부상열차는 레일 쪽으로 흡인력이 발생하여 부상하는 방식임을 알 수 있다.

③ 세 번째 문단에서 반발식 자기부상은 자석의 같은 극끼리 서로 밀어내는 힘을 이용해서 열차를 띄우는 방식임을 알 수 있다.

⑤ 첫 번째 문단에서 자기부상열차가 움직이기 위해서는 열차를 선로로부터 띄우는 힘과 열차를 원하는 방향으로 진행시키는 두 가지 힘이 필요함을 알 수 있으므로 같은 방향의 두 가지 힘이 필요한 것이 아니다.

10 의사소통능력 정답 | ④

Quick해설 네 번째 문단에서 자석의 다른 극끼리 끌어당기는 힘을 이용하는 방식은 흡인식 자기부상임을 알 수 있고, 항상 부상제어를 해야 하는 단점이 있지만 속도에 상관없이 부상할 수 있음을 알 수 있다. 흡인식 자기부상은 전자기 유도원리가 아니라 흡인력에 의해 부상하는 것이므로 적절하지 않다.

[오답풀이] ① 두 번째 문단에서 높은 전류를 흘려보내면 코일이 모두 녹아 버리는데 초전도 자석으로 그 문제를 해결할 수 있음을 알 수 있다. 따라서 자기부상열차는 초전도 자석 기술력이 필요함을 알 수 있다.

② 두 번째 문단에서 열차가 선로 위를 뜬 채로 움직이면 마찰이 없어 매우 고속으로 달릴 수 있음을 알 수 있다. 따라서 열차의 속도는 선로와 열차의 마찰에 영향을 받음을 알 수 있다.

③ 네 번째 문단에서 흡인식 자기부상은 전자석에 흐르는 흡인력이 줄어들면 열차 무게 때문에 아래 방향으로 내려감을 알 수 있다. 따라서 전자석에 흐르는 흡인력이 줄어들면 열차와 레일의 간격이 줄어들게 됨을 알 수 있다.

⑤ 세 번째 문단에서 반발식 자기부상은 열차가 앞으로 가는 동안 전자석의 전류방향을 반대로 하여 열차의 부상을 유지함을 알 수 있다.

11 의사소통능력 정답 | ②

Quick해설 각 문단의 내용을 살펴보면 도입부에서 '도심 항공 교통의 정의와 개발방향'에 대한 내용이 제시되고, 이어서 중심내용으로 'UAM을 선도하는 미국과 중국의 동향', '한국형 도심 항공 교통 로드맵 동향'이 제시된다. 따라서 이를 정리해 보면 글의 중심내용은 '도심 항공 교통의 국내외 동향'이다.

[오답풀이] ①, ③ 지문에 제시되지 않은 내용이다.

④, ⑤ 중국이 세계 소형 드론 시장의 최강자이며 이를 기반으로 도심 항공 교통을 상용화한다는 내용과 한국형 도심 항공 교통 그랜드 챌린지가 운영된다는 내용이 제시되었으나 각 문단의 세부 내용일 뿐 중심내용은 아니다.

12 의사소통능력 정답 | ⑤

Quick해설 네 번째 문단의 한국형 도심 항공 교통(K−UAM)의 경우 사업을 민간이 주도하게 하여 민간의 역량을 강화한다는 내용을 통해서 민간 중심으로 이루어지는 사업임을 알 수 있다.

[오답풀이] ① 첫 번째 문단에서 UAM은 30~50km의 이동 거리를 20분에 이동할 수 있게 하며, 600m 이하의 저고도 비행과 63dB의 소음수준을 목표로 개발이 이루어지고 있다고 했으므로 옳지 않다.

② 전국 교통혼잡비용이 약 67조 7,631억 원으로 추정되며 이 중 도시의 교통혼잡비용이 절반 이상을 차지한다는 내용을 통해서 도시의 교통혼잡비용은 30조 원 이상임을 알 수 있다.

③ 세 번째 문단에서 미국이 AAM 개념을 제시하였고 중국은 세계 소형 드론 시장의 최강자로 군림하고 있다는 내용을 통해서 반대로 구성된 선택지임을 알 수 있다.

④ 두 번째 문단에서 eVTOL은 기존의 비행기와 달리 활주로가 필요하지 않고, 소음이 작고 가스가 배출되지 않는다고 했으므로 옳지 않다.

13 수리능력 정답 | ①

Quick해설 로봇청소기 A가 1분 동안 청소하는 거실 바닥은 $\frac{1}{40}$이고, 로봇청소기 B가 1분 동안 청소하는 거실 바닥은 $\frac{1}{20}$이므로, 로봇청소기 A와 로봇청소기 B가 함께 1분 동안 청소하는 거실 바닥은 $\frac{1}{40}+\frac{1}{20}=\frac{3}{40}$이다.

로봇청소기 A만으로 거실 바닥을 청소하는 데 걸리는 시간을 a분이라 하면 '(로봇청소기 A와 로봇청소기 B가 함께 10분간 청소한 거실 바닥)+(로봇청소기 A만으로 a분간 청소한 거실 바닥)=(전체 거실 바닥)'이다.

$\frac{3}{40}\times10+\frac{1}{40}\times a=1$

$\rightarrow a=10$(분)

따라서 로봇청소기 A만으로는 10분 동안 청소해야 한다.

14 수리능력 정답 | ③

Quick해설 사탕 2,250개와 선물 박스 150개가 준비되어 있으므로 선물 박스에 $\frac{2,250}{150}=15$(개)씩 담아 포장하면 된다.

15 수리능력 정답 | ⑤

Quick해설 [보기]의 내용 모두 옳으므로 정답은 ⑤이다.

[오답풀이] ㉠ 투표 결과를 정리하면 다음과 같다.

구분	찬성	반대	합계
남학생	a	b	60%
여학생	c	d	40%
합계	80%	20%	100%

이때, 용모 및 복장 완전 자유화에 찬성한 학생의 70%가 남학생이라고 하였으므로 $a=0.8\times0.7=0.56$

즉, $b=0.6-0.56=0.04$

용모 및 복장 완전 자유화에 찬성한 학생의 30%가 여학생이므로 $c=0.8\times0.3=0.24$

즉, $d=0.4-0.24=0.16$

따라서 다음과 같이 표를 채울 수 있다.

구분	찬성	반대	합계
남학생	56%	4%	60%
여학생	24%	16%	40%
합계	80%	20%	100%

투표에서 반대를 선택한 남학생 수가 96명이므로 96 : 4=(전체 학생 수) : 100

따라서 전체 학생 수는 96×100÷4=2,400(명)이다.

㉡ 용모 및 복장 완전 자유화에 찬성한 여학생은 전체 학생의 24%이므로 25% 미만이다.

㉢ 투표에 참여한 전체 학생 중 임의로 선택한 한 학생이 여학생일 때, 이 학생이 찬성했을 확률은 $\frac{0.24}{0.24+0.16}=\frac{24}{40}=\frac{3}{5}=60(\%)$이다.

16 수리능력 정답 | ②

Quick해설 2022년 7월의 어업 생산량이 10% 증가했다면 190,820×(1+0.1)=209,902(톤)이다. 2023년 7월의 어업 생산량은 205,664톤 이므로 10% 이상 증가했다고 할 수 없다.

[오답풀이] ① 어업 생산량이 많은 시기는 40만 톤을 초과하고 적은 시기는 20만 톤 미만이므로 2배 이상임을 알 수 있다.

③ [그래프]를 통해 2022년과 2023년 모두 10월의 어업 생산량이 가장 적음을 알 수 있다.

④ [그래프]를 통해 2022년과 2023년 모두 1월의 어업 생산량이 가장 많음을 알 수 있다.

⑤ 2022년과 2023년 1월의 평균 어업 생산량은 $\frac{410,951+404,932}{2}$≒407,942(톤)이므로 이와 비슷하다면 약 408,000톤이다.

17 수리능력 정답 | ②

Quick해설 ㉠ [그래프1]에서 총인구는 2017년 5,136만 명에서 2028년 5,194만 명까지 증가한 후 감소하여 2067년 3,929만 명에 이를 전망이므로 옳지 않다.

㉡ [그래프1]과 [그래프2]에 따라 2017년 현재 총인구에서 15~64세(생산연령인구)가 차지하는 비중은 73.2%이고, 65세 이상(고령인구)은 13.8%로 5,136×0.138≒709(만 명), 0~14세(유소년인구)는 13%로 5,136×0.13≒668(만 명)이므로 옳지 않다.

㉤ [그래프3]에서 노년 부양비는 2017년 19명에서 2067년 102명이고, 2017년 대비 $\frac{102}{19}$≒5.4(배)로 5.5배 미만 증가할 전망이므로 옳지 않다.

[오답풀이] ㉢ [그래프3]에서 총부양비는 2017년 18+19=37(명)이고, 2067년 18+102=120(명)이다.

㉣ [그래프2]에서 유소년인구는 2017년 668만 명, 2067년 3,929×0.081≒318(만 명)이고, 생산연령인구는 2017년 5,136×0.732≒3,760(만 명), 2067년 3,929×0.454≒1,784(만 명)이다.

18 수리능력 정답 | ④

Quick해설 2022년 3월 전년 동월 대비 모바일쇼핑 거래액의 증가율이 가장 큰 상품은 자동차 및 자동차용품이고, 2021년 3월 자동차 및 자동차용품 온라인쇼핑 거래액을 a라 하면 $\frac{583}{a}\times100=16.8(\%)$이므로 a≒3,470(억 원)이다. 따라서 2021년 3월 자동차 및 자동차용품 온라인쇼핑 거래액은 3,300억 원 이상이므로 옳다.

[오답풀이] ① 2022년 3월 전년 동월 대비 온라인쇼핑 거래액의 증가율이 세 번째로 큰 상품은 농축수산물이다.

② 2022년 3월 전년 동월 대비 온라인쇼핑 거래 증가액이 가장 큰 상품은 음·식료품이고, 모바일쇼핑 거래 증가액이 가장 큰 상품은 음식서비스이다.

③ 2021년 3월 스포츠·레저용품의 온라인쇼핑 거래액을 x라고 하면 $\frac{277}{x}\times100$≒6(%)이므로 x≒4,617(억 원)이고, 스포츠·레저용품의 모바일쇼핑 거래액을 y라고 하면 $\frac{361}{y}\times100$≒11.6(%)이므로 y≒3,112(억 원)이다. 모바일 쇼핑 거래액의 1.5배는 3,112×1.5=4,668(억 원)이므로 온라인쇼핑 거래액은 모바일쇼핑 거래액의 1.5배 미만이다.

⑤ 2022년 3월 전년 동월 대비 온라인쇼핑 거래액과 모바일쇼핑 거래액이 각각 증가한 상품 중 각각의 증가율이 6% 미만인 상품은 가방과 신발 2개이다.

19 수리능력 정답 | ②

Quick해설 • 2022년 3월 화장품 온라인쇼핑 거래액 감소액이 1,076억 원, 감소율이 10.1%이므로 2021년 3월 화장품 온라인쇼핑 거래액은 $\frac{1,076\times100}{10.1}$≒10,653(억 원)이다. 따라서 2022년 3월 화장품 온라인쇼핑 거래액은 10,653−1,076=9,577(억 원)이다.

• 2022년 3월 화장품 모바일쇼핑 거래액 증가액이 1,390억 원, 증가율이 26.0%이므로 2021년 3월 화장품 모바일쇼핑 거래액은 $\frac{1,390\times100}{26}$≒5,346(억 원)이다. 따라서 2022년 3월 화장품 모바일쇼핑 거래액은 5,346+1,390=6,736(억 원)이다.

따라서 2022년 3월 화장품의 온라인쇼핑 거래액과 모바일쇼핑 거래액의 차이는 9,577−6,736=2,841(억 원)이다.

20 수리능력 정답 | ④

Quick해설 ㉠ 2분위의 가구당 소득 증가량이 318−299=19(만 원)으로 1분위 178−162=16(만 원)보다 크므로 옳지 않다.

㉢ 2020년 1분기 분위별 소득과 가계지출의 차이는 1분위 162−150=12(만 원), 2분위 299−239=60(만 원), 3분위 438−338=100(만 원), 4분위 625−460=165(만 원), 5분위 1,114−695=419(만 원)이고, 2021년 1분기 분위별 소득과 가계지출의 차이는 1분위 178−160=18(만 원), 2분위 318−245=73(만 원), 3분위 451−330=121(만 원), 4분위 633−473=160(만 원), 5분위 1,065−700=365(만 원)이다. 따라서 4분위와 5분위는 소득과 가계지출의 차이가 전년 동분기 대비 감소하였으므로 옳지 않다.

㉣ 3분위는 가계지출과 소비지출이 각각 전년 동분기 대비 감소하였으므로 옳지 않다.

[오답풀이] ㉡ 2020년 1분기 대비 2021년 1분기 처분가능소득의 증가량은 1분위가 150−138=12(만 원), 2분위가 263−247=16(만 원), 3분위가 367−348=19(만 원), 502−490=12(만 원)이고, 5분위는 감소했으므로 제외한다. 따라서 12만 원 미만으로 증가한 분위는 없다.

21 수리능력 정답 | ⑤

Quick해설 흑자율은 $\left(1-\frac{\text{소비지출}}{\text{처분가능소득}}\right)\times100$이므로 $\frac{\text{처분가능소득}-\text{소비지출}}{\text{처분가능소득}}\times100$으로 계산할 수 있다.

• 1분위: (150−133)÷150×100≒11.3(%)
• 2분위: (263−191)÷263×100≒27.4(%)
• 3분위: (367−246)÷367×100≒33.0(%)
• 4분위: (502−342)÷502×100≒31.9(%)
• 5분위: (802−437)÷802×100≒45.5(%)

두 번째로 높은 분위는 3분위로 33.0%, 두 번째로 낮은 분위는 2분위로 27.4%이므로 33.0+27.4=60.4(%)이다.

[문제해결 Tip]
(처분가능소득)−(소비지출)을 계산하였을 때 1분위는 처분가능소득의 약 10%, 5분위는 약 40%이고, 나머지는 약 30%이므로 흑자율이 두 번째로 높은 분위와 두 번째로 낮은 분위는 2분위, 3분위, 4분위 중 하나일 것이다. 따라서 세 분위만 계산하면 문제를 빠르게 풀 수 있다.

22 수리능력 정답 | ③

Quick해설 ㉡ 2022년 스마트폰 과의존 위험군 비율이 가장 높은 연령대는 청소년(40.1%)이고 가장 낮은 연령대는 60대(15.3%)이며, 두 연령대의 스마트폰 과의존 위험군 비율은 $\frac{40.1}{15.3}$≒2.6(배)이므로 2배 이상이다.

㉢ 2018년과 2019년 모두 위험군 비율이 높은 순서대로 나열하면 청소년, 유아동, 성인, 60대이다.

[오답풀이] ㉠ 청소년의 경우 2016년 대비 2017년에 30.6−30.3=0.3(%p) 감소하였다.

㉣ 청소년은 2018년에 가장 낮은 스마트폰 과의존 위험군 비율을 기록하였다.

23 수리능력 정답 | ④

Quick해설 운항편당 화물은 포항이 $\frac{98.5}{670}$≒0.15(톤), 여수가 $\frac{858.7}{2,943}$≒0.29(톤)으로 여수가 포항보다 많으므로 옳지 않다.

[오답풀이] ① 운항편당 여객인원은 일본이 $\frac{16,734}{154}$ ≒109(명), 중국이 $\frac{9,018}{92}$ ≒98(명)이다.

② 운항편당 여객인원은 아시아가 $\frac{99,961}{746}$ ≒134(명)이고, 국내선에서 제주가 $\frac{10,055,259}{55,673}$ ≒181(명), 광주가 $\frac{276,610}{2,012}$ ≒137(명), 김해가 $\frac{3,306,393}{21,047}$ ≒157(명), 여수가 $\frac{423,050}{2,943}$ ≒144(명)으로 총 4개의 국내선 노선이 아시아보다 많다.

③ 국제선 전체 운항편에서 대양주가 차지하는 비중은 $\frac{262}{154+746+92+262+96} \times 100$ ≒19.4(%)로 20% 이하이다.

⑤ 여객 수가 30만 명 이상인 국내선은 제주, 김해, 여수, 울산이고, 이 중 화물 수가 두 번째로 많은 김해와 가장 적은 울산의 화물 수 차이는 8,544.8−720.5 =7,824.3(톤)으로 7,800톤 이상이다.

24 수리능력

정답 | ④

Quick해설 전체 국내선 운항편은 55,673+670+2,012 +21,047+2,943+48+3,128+32=85,553(대)이고, 노선별로 차지하는 비중은 다음과 같다.

노선	운항편 비중
제주	$\frac{55,673}{85,553} \times 100$ ≒65.1(%)
광주	$\frac{2,012}{85,553} \times 100$ ≒2.4(%)
김해	$\frac{21,047}{85,553} \times 100$ ≒24.6(%)
여수	$\frac{2,943}{85,553} \times 100$ ≒3.4(%)
울산	$\frac{3,128}{85,553} \times 100$ ≒3.7(%)

25 수리능력

정답 | ⑤

Quick해설 2020년 복합발전의 발전전력량은 575× 20%=115(TWh)이므로 복합발전의 발전전력량이 가장 많았던 해는 2018년이다. 2018년의 복합발전 발전설비용량이 30GW이므로 전체 발전설비용량의 $\frac{30}{121.3} \times 100$ ≒25(%)이다.

[오답풀이] ① 2020년 발전전력량은 585.6−10.6= 575(TWh)이고, 발전설비용량은 129.2+4.8= 134(GW)이다.

② 2020년 기력, 원자력, 복합발전의 발전전력량은 575×(32+28+20)%=460(TWh)이다.

③ 2020년 집단발전의 발전전력량은 575×9%= 51.75(TWh)로 2015년 대비 51.75−22= 29.75(TWh)=29,750(GWh) 증가하였다.

④ 2020년 기력발전의 발전설비용량은 원자력발전의 발전설비용량보다 134×(28−17)%=14.74(GW) =14,740(MW) 더 많다.

26 수리능력

정답 | ②

Quick해설 ㉠ [그래프]에서 2020년 신재생발전의 발전전력량은 16.6+3.0+0.5+6.0+3.5+2.4= 32(TWh)이므로 2015~2020년 신재생발전의 발전전력량은 꾸준히 증가하였다.

㉡ 신재생발전의 에너지원 중 2020년 전체 발전전력량의 1% 이상인 것은 발전전력량이 575×1%=5.75 (TWh) 이상인 것이므로 태양에너지(16.6TWh)와 바이오에너지(6.0TWh)뿐이다.

㉢ 2017년 신재생발전의 발전전력량 중 태양에너지를 에너지원으로 하는 비중이 2020년과 같다면 2017년 태양에너지를 이용한 신재생발전의 발전전력량은 $24 \times \frac{16.6}{32}$ =12.45(TWh)이다.

[오답풀이] ㉣ 2020년 바이오에너지를 이용한 발전전력량 비중이 2016년 대비 2배 증가한 것이면 2016년 바이오에너지를 이용한 발전전력량은 $20 \times \frac{1}{2} \times \frac{6}{32}$ =1.875(TWh)이다.

27 수리능력

정답 | ④

Quick해설 2028년에 2020년 대비 기기 보급에 의한 증가량은 19,709−7,159=12,550(GWh)이고, 부하관리 및 정책의지에 의한 증가량은 21,482−5,559=15,923 (GWh)이므로 기기 보급에 의한 증가량이 더 적다.

[오답풀이] ① 2026년 최대전력의 효율 향상에 의한 절감 계획은 2028년보다 (3,984+891)−(3,412+737)=726(MW) 더 적다.

② 2022~2026년 동안 2년 전 대비 증가량은 최대전력 절감 계획이 1,601 → 1,628 → 1,715(MW)이고, 전력소비량 절감 계획이 8,923 → 9,294 → 9,594(GWh)이므로 꾸준히 증가하였다.

③ 전력소비량의 효율 관리에 의한 절감 계획의 2년 전 대비 증가율은 $\frac{6,812-4,819}{4,819}\times 100 \fallingdotseq 41.4(\%)$인 2022년이 가장 크다.

⑤ [그래프]를 통해 전력소비량의 기기 보급에 의한 절감 계획은 효율 관리에 의한 절감 계획의 2배를 항상 넘지 않는다는 것을 알 수 있다.

28 수리능력 정답 | ①

Quick해설 2020년 효율 향상을 통한 전력소비 절감량은 7,159+4,819=11,978(GWh)이며, 부하관리 및 정책의지를 통한 전력소비 절감량은 5,559GWh이다. 따라서 2020년의 소요재정 총액을 각각의 절감량으로 나누어 계산하면 다음과 같다.

- 효율 향상을 통한 전력소비 절감량 1GWh당 평균 소요재정 금액: 419(억 원)÷11,978≒3,498(천 원)
- 부하관리 및 정책의지를 통한 전력소비 절감량 1GWh당 평균 소요재정 금액: 226(억 원)÷5,559≒4,065(천 원)

따라서 두 금액의 합은 3,498,000+4,065,000=7,563,000(원)이다.

29 문제해결능력 정답 | ③

Quick해설 전제1에 따르면 A기업 직원 중에는 영어를 못하는 사람이 존재하므로 A기업 직원과 영어를 못하는 사람 사이에 교집합이 존재하고, 결론에 따르면 업무 능력이 뛰어나지 않은 사람 중에 A기업 직원이 있으므로 업무 능력이 뛰어나지 않은 사람과 A기업 직원 사이에 교집합이 존재한다. 업무 능력이 뛰어난 사람이 모두 영어를 잘하는 사람이면 영어를 못하는 사람은 모두 업무 능력이 뛰어나지 않은 사람이므로 영어를 못하는 사람이 업무 능력이 뛰어나지 않은 사람에 포함되어 업무 능력이 뛰어나지 않은 사람과 A기업 직원 사이에 교집합이 존재하게 되므로 전제2에는 '업무 능력이 뛰어난 사람은 모두 영어를 잘한다'가 들어가야 한다.

[오답풀이] ①, ⑤ 다음과 같은 경우에 결론이 성립하지 않는다.

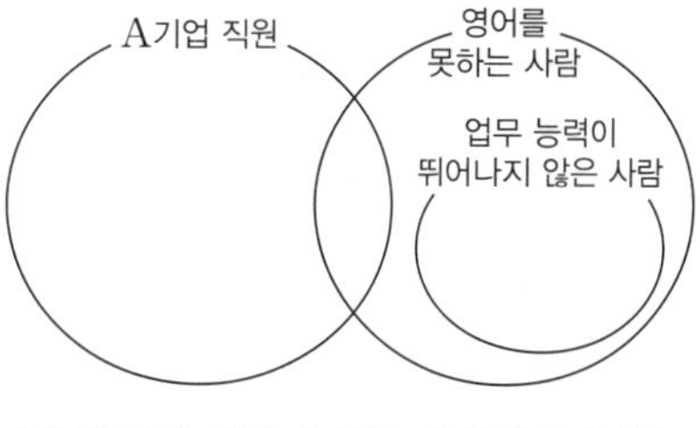

② 다음과 같은 경우에 결론이 성립하지 않는다.

④ 다음과 같은 경우에 결론이 성립하지 않는다.

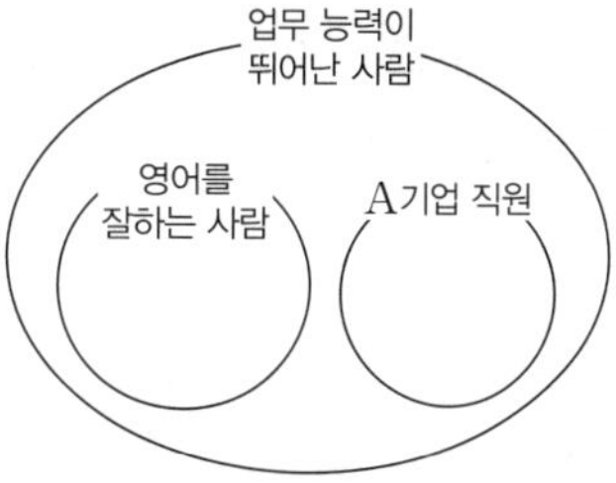

[문제해결 Tip]

선택지에 제시된 각 경우들을 넣었을 때 조건이 성립이 되는지를 비교하며 소거하며 문항을 해결하는 것이 가장 빠르고 정확하게 풀어내는 방법이다.

30 문제해결능력 정답 | ③

Quick해설 5만 원권을 지불한 사람에 대한 정보를 을과 무가 말하고 있고, 5만 원권으로 지불한 사람은 1명이므로 을과 무 각각의 진술이 거짓일 때의 경우를 확인한다. 만약 을의 발언이 거짓이라면 무의 발언이 진실이므로 을이 5만 원권으로 결제하였다. 이에 따라 갑, 병, 정의 말이 진실이므로 갑은 1만 원권 결제, 병은 5천 원권으로 결제하였고, 정은 1만 원권으로 결제하지 않았다. 5천 원권과 5만 원권으로 결제한 사람은 각각 한 명인데 을이 5만 원권, 병이 5천 원권으로 결제하였으므로 정은 반드시 1만 원권으로 결제해야 한다. 따라서 모순이므로 을의 발언은 거짓이 아니다.
만약 무의 발언이 거짓이라면 을의 발언이 진실이므로 정이 5만 원권으로 결제하였다. 갑, 병, 정의 말이 참이므로 갑은 1만 원권, 병은 5천 원권, 정은 5만 원권으로 결제하였다. 남은 을, 무는 1만 원권으로 결제하게 되는데 이때 모순이 생기지 않는다.
따라서 1만 원권으로만 지불한 사람은 갑, 을, 무이다.

[문제해결 Tip]
거짓말을 하는 사람은 한 사람이고, 5만 원 권을 지불한 사람에 대해 을, 무가 서로 다른 사람을 지목하고 있으므로 거짓말을 하는 사람은 을 또는 무가 된다. 을이 거짓말을 하는 사람일 때와 무가 거짓말을 하는 사람일 때로 나누어 문제를 해결한다.

31 문제해결능력 정답 | ①

Quick해설 8개의 자리에 기호를 부여해 자리의 배치도를 그려보면 다음과 같다.

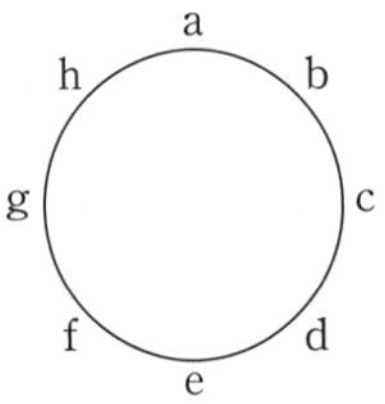

갑이 a에 앉는다고 하면 e는 비어 있는 자리이고, c와 g에 병 또는 기가 앉는다. 갑과 을은 연이어 앉지 않으므로 을은 b와 h에 앉지 않는다. 이를 바탕으로 c에 병, g에 기가 앉는 경우와 c에 기, g에 병이 앉는 경우로 나누어 생각해본다.

- c에 병, g에 기가 앉는 경우: 병의 좌우측 자리에는 모두 참석자들이 앉아야 하므로 마주보는 자리가 비어 있어야 하는 을은 f에 앉을 수 없다. 따라서 을은 d에 앉게 되며 h는 비어 있는 자리가 된다. 또한 무의 좌우측 자리에 모두 참석자들이 앉아야 하므로 무는 b에, 정은 f에 앉게 된다.
- c에 기, g에 병이 앉는 경우: 을은 f에 앉고, b는 비어 있는 자리이다. 이에 따라 h에는 무, d에는 정이 앉게 된다.

두 경우 모두 정과 무는 마주보고 앉으므로 옳다.

[오답풀이] ② 두 경우 모두 정의 옆자리는 기이다.
③ 기의 좌우측 중 한 자리만 비어 있는 자리이다.
④ 두 자리간의 거리가 가장 먼 것은 병과 기 또는 무와 정의 자리이다.
⑤ 갑과 을 사이에는 무와 병 2명이 앉아 있다.

32 문제해결능력 정답 | ③

Quick해설 야간 근무를 하는 사람이 가장 많은 날에 야간 근무를 하는 인원은 5명 이상이다. 월, 수, 금에 야간 근무를 하는 인원의 수가 모두 다르고, 요일당 최소 1명은 야간 근무를 해야 한다. 야간 근무를 하는 인원이 가장 적은 요일에 근무하는 최소 인원을 1명, 두 번째로 많은 요일에 근무하는 최소 인원을 2명이라고 하면 야간 근무를 하는 인원이 가장 많은 요일은 최대 7명까지 가능하다. 이에 따라 야간 근무를 하는 인원이 가장 많은 요일에 근무하는 인원을 5명부터 7명까지로 구분하면 다음과 같다.

야간 근무 인원	경우1	경우2	경우3	경우4
가장 많은 요일	5명	5명	6명	7명
두 번째로 많은 요일	4명	3명	3명	2명
가장 적은 요일	1명	2명	1명	1명

또한, 수요일에 야간 근무를 하는 인원은 금요일보다 적다고 하였으므로 이를 고려하여 각 경우를 배치하면 다음과 같다.

구분	월	수	금
경우1	5명	1명	4명
	4명	1명	5명
	1명	4명	5명
경우2	5명	2명	3명
	3명	2명	5명
	2명	3명	5명
경우3	6명	1명	3명
	3명	1명	6명
	1명	3명	6명

경우4	7명	1명	2명
	2명	1명	7명
	1명	2명	7명

따라서 수요일에 근무하는 인원은 모든 경우에 4명 이하이므로 옳지 않다.

[오답풀이] ① 경우2와 경우3에 따르면 월요일에 근무하는 인원은 3명일 수 있으므로 항상 옳지 않은 것은 아니다.
② 경우3에 따르면 월요일에 근무하는 인원은 6명일 수 있으므로 항상 옳지 않은 것은 아니다.
④ 경우4에 따르면 금요일에 근무하는 인원은 2명일 수 있으므로 항상 옳지 않은 것은 아니다.
⑤ 경우1에 따르면 금요일에 근무하는 인원은 4명일 수 있으므로 항상 옳지 않은 것은 아니다.

33 문제해결능력 정답 | ④

Quick해설 여자가 한 명인데 병, 정이 자신이 여자라고 하였으므로 병, 정 중 한 명이 거짓을 말한다.
만약 병의 말이 거짓이라면 갑, 을, 정, 무의 말은 참이다. 따라서 갑이 B대, 정이 D대, 무가 E대이다. 병의 말은 거짓이므로 병은 C대이다. 따라서 을은 A대가 되는데 을이 A대 또는 D대가 아니라고 하였으므로 모순이다.
만약 정의 말이 거짓이라면 갑, 을, 병, 무의 말은 참이다. 따라서 갑이 B대, 무가 E대이고, 정의 말은 거짓이므로 정은 D대가 아니다. 즉, 을, 병, 정이 A대 또는 C대 또는 D대인데 을이 A대 또는 D대가 아니므로 C대이고, 정이 D대가 아니므로 A대이고, 병이 D대이다. 을은 사회학과, 무는 식품영양학과이고, 무가 식품영양학과이므로 병이 컴퓨터공학과이다. 갑 또는 정이 생명과학과 또는 인문학과인데 갑은 생명과학과가 아니고, 정은 인문학과가 아니므로 갑이 인문학과, 정이 생명과학과이다. 이때 모순이 생기지 않는다.
따라서 갑은 B대, 인문학과, 남자이고, 을은 C대, 사회학과, 남자이고, 병은 D대, 컴퓨터공학과, 여자이고, 정은 A대, 생명과학과, 남자이고, 무는 E대, 식품영양학과, 남자이다. 즉, 가능한 조합은 D대, 컴퓨터공학과, 여자이다.

[오답풀이] ① 정이 A대, 생명과학과, 남자이므로 불가능한 조합이다.
② 갑이 B대, 인문학과, 남자이므로 불가능한 조합이다.
③ 을이 C대, 사회학과, 남자이므로 불가능한 조합이다.
⑤ 무가 E대, 식품영양학과, 남자이므로 불가능한 조합이다.

34 문제해결능력 정답 | ⑤

Quick해설 최근 10년간 최대 신규 가입자 대비 현재 신규 가입자 비율이 20% 이상 감소한 지역은 C지역, D지역, E지역이고, 최근 5년간 신규 가입자 수의 연속 감소 기간이 3년 이상인 지역은 A지역, C지역이다. 따라서 신규 가입자가 감소하는 지역 기준을 만족하는 지역은 A지역, C지역, D지역, E지역이다.
최근 5년간 최대 점유율 대비 현재 점유율의 비율이 10% 이상 감소한 지역은 B지역, C지역, E지역이고, 최근 5년간 점유율의 연속 감소 기간이 3년 이상인 지역은 A지역, B지역, D지역, E지역이다. 따라서 점유율이 감소하는 지역 기준을 만족하는 지역은 B지역, E지역이다.
신규 가입자 수 대비 탈퇴자 수 비율이 80% 이상인 지역은 A지역, D지역이다.
따라서 세 가지 중 두 가지 이상을 만족하는 지역은 A지역, D지역, E지역이다. 이 중 최근 5년간 최대 점유율 대비 현재 점유율의 비율이 가장 낮은 지역은 E지역이므로 E지역부터 진행하고, A지역과 D지역 중 최근 10년간 최대 신규 가입자 대비 현재 신규 가입자 비율이 더 낮은 지역은 D지역이므로 D지역부터 진행한다.
따라서 E지역−D지역−A지역 순으로 진행한다.

35 문제해결능력 정답 | ④

Quick해설 ⓑ 일반 가정의 경우 최근 2년 대비 5% 이상을 절약하면 되는 것이 맞으나 단체의 경우에는 10% 이상을 절약해야 마일리지를 적립할 수 있다.
ⓓ 에코마일리지의 유효기간은 확정된 후 5년이고, 마일리지로 친환경 제품을 구매할 수 있으나, 현금으로 인출할 수 있다는 내용은 제시되지 않았다.

[오답풀이] ⓐ 에코마일리지 홈페이지에 회원가입 후 고객정보(이름, 연락처, 주소 등)를 입력하면 매달

전기, 수도, 도시가스(지역난방 포함) 사용량을 한 번에 확인할 수 있고, 6개월 주기로 평가하여 그 절감률에 따라 마일리지를 적립해 준다고 했으므로 옳은 설명이다.

ⓒ 계절관리제 포인트의 정의를 살펴보면 개인회원이 미세먼지 계절관리제 기간(1월~3월) 동안 직전 2년 대비 에너지 사용량을 20% 이상 절감했을 때 추가 지급하는 특별포인트이며, 추가 지급 포인트가 1만 마일리지라고 하였으므로 옳은 설명이다.

36 문제해결능력 정답 | ②

Quick해설 ⓒ 1명 이상의 사망자가 발생하는 사고는 제3조에 따라 중대재해에 해당하며, 제12조 제1항 제2조에 따라 중대재해가 연간 2건 발생한 것이므로 '안전관리자 등의 증원·교체임명 명령'이 행해져야 하는 사례이다.

[오답풀이] ㉠ 전치 12주의 치료 및 요양이 필요한 부상자가 발생한 지 2주만에 동일한 현장에서 같은 재해로 전치 14주의 치료 및 요양이 필요한 부상자가 또 발생하여 총 2명의 부상자를 낸 사업장의 경우, 제3조에 따라 부상자가 동시에 2명 이상 발생하였는지는 알 수 없으므로 중대재해의 범위에 해당하는지 알 수 없다. 또한 제12조 제1항 제2호에 따라 해당 사업장의 전년도 사망만인율이 같은 업종의 평균 사망만인율 이하라면 해당하지 않으므로 '안전관리자 등의 증원·교체임명 명령'에 해당하는지 알 수 없다.

㉡ 제12조 제1항 제1호에 따라 산업 현장 전체 평균재해율이 아닌 같은 업종의 평균재해율을 기준으로 하므로 '안전관리자 등의 증원·교체임명 명령'에 해당하는지 알 수 없다.

㉣ 제12조 제1항 제4호에 해당하며 해당 화학적 인자를 사용하지 않은 경우에는 제12조 제1항의 내용이 적용되지 않으므로 '안전관리자 등의 증원·교체임명 명령'에 해당하지 않는다.

37 문제해결능력 정답 | ③

Quick해설 ㉠ 9월 전기요금은 51,075원으로 50,000원을 넘는다.

ⓒ 5월 전기요금은 109,558원이고, 8월 전기요금은 95,463원이므로 하계 요금이 적용된 8월의 요금이 14,095원 더 적게 나간다.

[상세해설] ㉠ 전기사용량이 8월보다 9월에 200kWh 적었다면 9월의 전기사용량은 564－200＝364(kWh)이다. 9월 전기요금은 기타계절 요금이 적용되고 기본요금은 201~400kWh에 해당하는 1,600원이다. 전기사용량 요금은 (200×93.3)＋(164×187.9)≒49,475(원)이다. 따라서 전기요금은 1,600＋49,475＝51,075(원)이다.

ⓒ • 5월 전기요금: 5월 전기요금은 기타계절 요금이 적용되고 기본요금은 400kWh 초과에 해당하는 7,300원이다. 전기사용량 요금은 (200×93.3)＋(200×187.9)＋(164×280.6)≒102,258(원)이다. 따라서 전기요금은 7,300＋102,258＝109,558(원)이다.

• 8월 전기요금: 8월 전기요금은 하계 요금이 적용되고 기본요금은 450kWh 초과에 해당하는 7,300원이다. 전기사용량 요금은 (300×93.3)＋(150×187.9)＋(114×280.6)≒88,163(원)이다. 따라서 전기요금은 7,300＋88,163＝95,463(원)이다.

5월과 8월의 전기요금의 차이는 109,558－95,463＝14,095(원)이므로 하계 요금이 적용된 8월의 요금이 14,095원 더 적게 나간다.

[오답풀이] ㉡ 7월은 하계 요금이 적용된다.

38 문제해결능력 정답 | ④

Quick해설 조건에 따르면 박 씨는 1종 승용차를 탔으며, 1종 차종의 km당 주행요금은 44.3원이다. 이때 폐쇄식 영업체제 구간의 요금산정은 기본요금＋(주행거리×차종별 km당 주행요금)으로, 개방식 영업체제 구간의 요금산정은 기본요금＋(요금소별 최단 이용거리×차종별 km당 주행요금)으로 이루어지며, 폐쇄식 영업체제 구간의 기본요금은 900원, 개방식 영업체제 구간의 기본요금은 720원이고, 통행요금은 십 원 단위 미만은 절사하여 나타낸다. 이에 따라 박 씨가 이용한 구간별 통행요금을 구하면 다음과 같다.

구분	유료도로 영업체제	요금소별 최단 이용거리	박 씨의 주행거리	통행요금
A구간	폐쇄식	23.0km	25.5km	900+(25.5×44.3) ≒2,020(원)
B구간	폐쇄식	38.5km	41.0km	900+(41.0×44.3) ≒2,710(원)
C구간	개방식	19.0km	21.4km	720+(19.0×44.3) ≒1,560(원)
D구간	폐쇄식	45.5km	48.7km	900+(48.7×44.3) ≒3,050(원)

따라서 박 씨가 지불해야 하는 유료도로 통행요금의 총액은 2,020＋2,710＋1,560＋3,050＝9,340(원)이다.

39 문제해결능력

정답 | ②

Quick해설 조건에 따르면 박 씨는 1종 승용차를 타고 E~H구간 유료도로를 토요일에 이용하였고, 1종 차량은 주말·공휴일 할증 대상차량이다. 토요일과 일요일, 공휴일 오전 7시부터 오후 9시까지 유료도로를 이용하는 대상차량의 통행요금은 산정된 통행요금의 5%를 할증하여 100원 단위로 수납하고, 할증 적용 시각은 출구요금소 통과 시각 기준이므로 박 씨가 이용한 E~H구간 중 출구요금소 통과 시각이 오전 7시부터 오후 9시까지인 E구간, F구간, G구간 통행요금은 주말·공휴일 할증이 적용된다. 이때, 최종 통행요금은 할증 적용 여부와 상관없이 50원 이하 버림, 50원 초과 올림하여 나타내므로 이에 따라 박 씨가 이용한 구간별 통행요금을 구하면 다음과 같다.

구분	유료도로 영업체제	요금소별 최단 이용거리	박 씨의 주행거리	출구 요금소 통과 시각	통행요금
E구간	개방식	18.5km	20.3km	07:50	{720+(18.5×44.3)} ×1.05≒1,600(원)
F구간	폐쇄식	41.7km	46.1km	13:20	{900+(46.1×44.3)} ×1.05≒3,100(원)
G구간	폐쇄식	103.0km	111.4km	19:40	{900+(111.4×44.3)} ×1.05≒6,100(원)
H구간	폐쇄식	135.2km	140.9km	21:10	900+(140.9×44.3) ≒7,100(원)

따라서 박 씨가 지불해야 하는 유료도로 통행요금의 총액은 1,600＋3,100＋6,100＋7,100＝17,900(원)이다.

40 자원관리능력

정답 | ②

Quick해설 강당사용료와 식당, 숙박 비용을 합친 시설물 이용 요금 총액은 407,000＋700,000＋1,360,000＝2,467,000(원)으로 계약금은 총 이용요금의 10%인 246,700원이다.

[상세해설] C사의 강당 사용 예정시간은 5시간으로 강당의 5시간 이용금액은 250,000원이다. C사의 임직원 수는 110명으로 강당 수용인원인 100명에서 10명이 추가되므로 시간당 10,000원씩 5시간 기준 총 50,000원을 추가 지불해야 한다. 따라서 강당 사용에 따른 기본금액은 300,000원이며 냉난방 비용 50,000원과 조명·음향과 빔 프로젝터 대여 금액 20,000원을 합쳐 사용료로 370,000원을 지불해야 한다. 하지만 강당의 최대 사용시간은 4시간으로 5시간을 이용한다고 하였을 때의 가산금은 10%로 370,000원의 10%인 37,000원을 가산금으로 추가 지불하여야 한다. 따라서 강당 이용요금 총액은 407,000원이다.
식당의 경우 기본금액은 20,000원으로 C사의 경우 2시간을 사용하여야 하므로 40,000원의 기본금액에 110명의 식대 110×6,000＝660,000(원)을 합친 700,000원을 식당 이용요금으로 지불하여야 한다.
숙박의 경우 사장을 위한 1인실 1개와 본부장급 이상 8명을 위한 2인실 4개를 빌려야 하며, 나머지 직원 101명을 위해 5인실을 21개 빌려야 한다. 따라서 숙박 총비용은 70,000＋60,000×4＋50,000×21＝1,360,000(원)이다.
따라서 강당과 식당, 숙박 비용을 합친 시설물 이용요금 총액은 407,000＋700,000＋1,360,000＝2,467,000(원)으로 계약금은 총이용요금의 10%인 246,700원이다.

[오답풀이] ① 강당 이용 가산금은 37,000원이다.
③ C사는 100인 이상 숙박하므로 현수막과 팸플릿 제작 비용을 10% 할인받을 수 있다. 따라서 현수막 1개의 제작 비용 50,000원과 팸플릿 제작 비용 2,000×110＝220,000(원)을 합친 270,000원의 10%인 27,000원을 할인받는다.

④ 식당 이용요금은 40,000+110×6,000=700,000(원)으로 70만 원이다.

⑤ C사의 임직원 수는 110명으로 6인용 책상을 110명이 사용하려면 19개를 대여하여야 하며, 6인용 책상 19개의 대여비용은 19×10,000=190,000(원)이다. 반면 4인용 책상 20개를 모두 대여[(4×20=80(명)]하고 나머지 30명이 이용할 수 있도록 6인용 책상 5개를 빌리면 20×5,000+5×10,000=150,000(원)의 이용요금이 발생한다. 따라서 6인용 책상을 인원수에 맞게 빌리는 것보다는 4인용과 6인용을 섞어서 빌리는 것이 40,000원 더 저렴하다.

41 자원관리능력 정답 | ④

Quick해설 강당과 식당, 숙박 비용을 합친 시설물 이용요금 총액은 2,467,000원이다.

장비 사용료를 계산하면 C사의 임직원 수는 110명으로 4인용 책상 20개를 모두 대여하고(100,000원) 6인용 책상 5개를 빌리면(50,000원) 150,000원의 이용요금이 발생한다. 의자는 100개 300,000원에 10개를 추가 사용하므로 30,000원에 10%가 가산된 33,000원을 합쳐 333,000원을 지불하여야 한다. 현수막 1개의 제작 비용 50,000원과 팸플릿 제작 비용 220,000원(2,000×110)을 합친 270,000원에서 10% 할인된 금액인 243,000원과 스크린 사용료 10,000원을 합친 장비 사용료 총액은 150,000+333,000+243,000+10,000=736,000(원)이다.

따라서 시설 이용료와 장비 사용료를 모두 합산한 세미나 총비용은 2,467,000+736,000=3,203,000(원)이다.

42 자원관리능력 정답 | ②

Quick해설 근로소득금액은 2,025만 원, 과세표준은 1,125만 원, 산출세액은 67.5만 원, 결정세액은 30만 3천 7백 5십 원이다.

[상세해설] A씨의 총급여액이 3,000만 원이므로 근로소득 공제금액은 750+(3,000−1,500)×0.15=975(만 원)이다. 따라서 근로소득금액은 3,000−975=2,025(만 원)이다.

소득공제는 150+400+125+2,000×0.15=975(만 원)이며, 소득공제 종합한도는 3,000×0.3=900(만 원)이다. 그러므로 소득공제 종합한도 초과액은 75만 원이며, 과세표준은 2,025−975+75=1,125(만 원)이다.

과세표준이 1,200만 원 이하이므로 산출세액은 1,125×0.06=67.5(만 원)이다. 한편 근로소득 세액공제는 67.5×0.55=37.125(만 원)이다.

따라서 결정세액은 67.5−37.125=30.375(만 원)=30만 3천 7백 5십 원이다.

43 자원관리능력 정답 | ④

Quick해설 근로소득금액은 3,300만 원, 과세표준은 2,220만 원, 산출세액은 225만 원, 결정세액은 159만 원이다.

[상세해설] B씨의 총급여액이 4,500만 원이므로 근로소득 공제금액은 750+(4,500−1,500)×0.15=1,200(만 원)이다. 이에 따라 근로소득금액은 4,500−1,200=3,300(만 원)이다.

소득공제는 150+480+120+330=1,080(만 원)이며, 소득공제 종합한도는 4,500×0.3=1,350(만 원)이다. 이에 따라 소득공제 종합한도 초과액은 0원이며, 과세표준은 3,300−1,080=2,220(만 원)이다.

과세표준이 1,200만 원 초과 4,600만 원 이하이므로 산출세액은 72+(2,220−1,200)×0.15=225(만 원)이다. 한편 근로소득 세액공제는 71.5+(225−130)×0.3=100(만 원)인데, 근로소득 세액공제 한도가 74−(4,500−3,300)×0.008=64.4(만 원)으로 66만 원 미만이므로 근로소득 세액공제는 66만 원이다. 또한 배우자가 기본공제 대상자가 아니므로 교육비 세액공제는 없다.

따라서 결정세액은 225−66=159(만 원)이다.

44 자원관리능력 정답 | ④

Quick해설 요일별 근무시간에 따른 추가 업무 완수 시 필요 시간과 월~목요일 시간 외 근로 시간의 합을 표로 정리하면 다음과 같다.

(단위: 시간)

구분	월	화	수	목	금	추가 업무 완수 시 필요 시간	월~목요일 시간 외 근로 시간 합
A	10	11	11	11	8	2	11
B	–	9	11	8	8	3	4
C	8	8	8	8	8	4	0
D	10	10	10	8	8	2	6
E(인턴)	10	9	9	8	8	3	4

㉠ 시간 외 근로는 18시부터 22시까지 할 수 있으므로 가능한 1일 최대 시간 외 근로 시간은 4시간이며, A~E 모두 추가 업무 완수 시 필요 시간이 4시간 이하이다. 이때 시간 외 근로는 1주 최대 12시간을 초과하지 못하는데 A의 월~목요일 시간 외 근로 시간 합은 이미 11시간이므로 A는 추가 업무를 할 수 없다. 또한, 인턴의 시간 외 근로는 1주 최대 6시간을 초과하지 못하는데 인턴인 E의 월~목요일 시간 외 근로 시간 합이 4시간이므로 E도 추가 업무를 할 수 없다. 따라서 혼자 추가 업무를 할 경우, 근로 조건을 만족하며 추가 업무를 완수할 수 있는 사람은 B, C, D로 총 3명이다.

㉡ A, D가 함께 할 경우, 추가 업무 완수에 필요한 시간은 $(2+2)\times0.3=1.2$(시간)이므로 A, D는 함께 추가 업무를 할 수 없다.

㉢ B, D, E가 함께 할 경우, 추가 업무 완수에 필요한 시간은 $(3+2+3)\times0.2=1.6$(시간)이므로 B, D, E가 함께 추가 업무를 완수할 수 있다.

[오답풀이] ㉣ C, E가 함께 할 경우 추가 업무 완수에 필요한 시간은 $(4+3)\times0.3=2.1$(시간)인데 E의 시간 외 근로 시간이 초과되므로 C, E는 함께 추가 업무를 할 수 없다.

45 자원관리능력 정답 | ④

Quick해설 조건에 따르면 차 과장은 E도시에서 출발하여 A도시로 최대한 빨리 이동하고자 한다. 이때, E도시에서 A도시로 이동할 수 있는 경로는 E–D–B–A, E–D–B–C–A, E–B–A, E–B–C–A로 4가지이며 루트마다 통행에 소요되는 시간은 다음과 같다.

경로	소요시간(분)
E–D–B–A	$25+50+40=115$
E–D–B–C–A	$25+50+30+30=135$
E–B–A	$70+40=110$
E–B–C–A	$70+30+30=130$

이에 따라 최대한 빨리 이동하고자 할 때 이용할 경로는 소요시간이 110분으로 가장 짧은 E–B–A 경로이며, 이는 시속 85km로 주행 시 소요되는 시간이다.

따라서 차 과장이 운행해야 하는 총거리는 $\frac{85}{60}\times110$ $\fallingdotseq155.8$(km)이다.

46 자원관리능력 정답 | ②

Quick해설 조건에 따르면 차 과장은 C도시에서 출발하여 E도시로 이동하고자 한다. 이때, C도시에서 E도시로 이동할 수 있는 최단 경로는 C–B–E로 $30+70=100$(분)이 소요된다. 이는 시속 85km로 주행 시 소요되는 시간이므로 이동할 총거리는 $\frac{85}{60}\times100\fallingdotseq141.7$(km)이다. 이때, 회사 차량의 연비는 7.8km/L이므로 141.7km를 주행하기 위해서는 $\frac{141.7}{7.8}\fallingdotseq18.2$(L)의 연료가 필요하고, 연료는 1L 단위로 주유해야 하므로 19L를 주유해야 한다. 연료비는 1L당 2,050원이므로 차 과장이 주유해야 하는 최소 금액은 $2{,}050\times19=38{,}950$(원)이다.

47 자원관리능력 정답 | ③

Quick해설 공통과목 입사 시험 점수의 평균이 높은 순서대로 상위 5명은 H, D, A, C, B이고 이 중 사무 직렬 지원자는 A, D, H 3명이다.

[상세해설] 지원자별 공통과목 입사 시험 점수의 평균은 다음과 같다.

(단위: 점)

지원자	의사소통	수리	문제해결	자원관리	평균
A	85	86	78	91	85

B	78	91	81	86	84
C	91	88	77	82	84.5
D	87	79	92	86	86
E	79	69	93	76	79.25
F	86	87	71	88	83
G	81	82	85	81	82.25
H	98	78	80	90	86.5
I	76	91	80	70	79.25
J	87	97	79	69	83

이에 따라 공통과목 입사 시험 점수의 평균이 높은 순서대로 상위 5명은 H, D, A, C, B이며, 이 중 사무직렬 지원자는 A, D, H로 총 3명이다.

48 자원관리능력

정답 | ⑤

Quick해설 1차 면접 대상자의 재산출 점수가 가장 높은 지원자는 C이고, C의 재산출 점수는 96.85이다.

[상세해설] 1차 면접 대상자인 A, B, C, D, H의 입사 시험 점수를 점수 재산출 방식으로 재산출한 점수는 다음과 같다.

(단위: 점)

지원자	의사소통	수리	문제해결	자원관리	기술	전공	공통과목평균	재산출점수
A	85	86	78	91	83	–	85.0	84.00
B	78	91	81	86	–	87	84.0	94.20
C	91	88	77	82	–	91	84.5	96.85
D	87	79	92	86	84	–	86.0	85.00
H	98	78	80	90	81	–	86.5	83.75

따라서 1차 면접 대상자의 재산출 점수 중 가장 높은 점수는 96.85점이다.

49 자원관리능력

정답 | ①

Quick해설 일반화물 운임 계산 시 수송거리는 1km 미만 단위에서 반올림, 화물중량은 1톤 미만 단위에서 반올림, 운임은 100원 미만 단위에서 반올림한다.

- A: 65.1×129×6×2=100,774.8(원)≒100,800(원)
- B: 65.1×178×1×3=34,763.4(원)≒34,800(원)
- C: 57×215×3=36,765(원)≒36,800(원)
- D: 49.7×368×4=73,158.4(원)≒73,200(원)
- E: 52.5×134×2×5=70,350(원)≒70,400(원)

따라서 일반화물 A의 운임이 옳지 않다.

50 자원관리능력

정답 | ②

Quick해설 빈 컨테이너가 아닌 경우 화물중량은 운임 계산에 필요하지 않다.

- F: 컨테이너 화물의 최소 운임은 컨테이너 규격별로 100km에 해당하는 운임이므로 F의 운임은 57×100×3=17,100(원)이다.
- G: 빈 컨테이너의 경우 운임단가의 74%를 적용해서 계산하므로 G의 운임은 0.74×57.8×136≒5,817.0(원)≒5,800(원)이다.
- H: 49.7×258×2=25,645.2(원)≒25,600(원)이다.

따라서 F, G, H의 화물운임의 합은 17,100+5,800+25,600=48,500(원)이다.

실전모의고사 4회

01	02	03	04	05	06	07	08	09	10
④	④	⑤	③	⑤	④	②	③	⑤	①
11	**12**	**13**	**14**	**15**	**16**	**17**	**18**	**19**	**20**
②	③	④	③	④	③	④	⑤	②	③
21	**22**	**23**	**24**	**25**	**26**	**27**	**28**	**29**	**30**
⑤	⑤	①	③	⑤	②	④	②	⑤	④
31	**32**	**33**	**34**	**35**	**36**	**37**	**38**	**39**	**40**
①	④	②	④	①	①	⑤	①	①	②
41	**42**	**43**	**44**	**45**	**46**	**47**	**48**	**49**	**50**
②	⑤	③	④	④	③	④	②	④	②

01 의사소통능력 정답 | ④

Quick해설 ㉠은 지구온난화의 원인과 대책에 대한 책임이 개발도상국에 있다는 주장이다. 마지막 문단에서 현재 개발도상국의 온실가스 배출량 증가 속도가 선진국보다 더욱 빠르다고 하였으므로 적절하지 않은 반론이다.

02 의사소통능력 정답 | ④

Quick해설 네 번째 문단에 따르면 분갈이를 완료한 후에는 물을 주고 바로 밝은 빛에 두어 광합성을 촉진하기보다는 새로운 화분에 잘 적응할 수 있도록 반그늘에 둔다고 하였다.

[오답풀이] ① 다섯 번째 문단에서 과습에 취약한 구근류를 분갈이 할 때 배수성이 좋도록 입자가 큰 흙의 비율을 높인다고 하였다.

② 두 번째 문단에서 뿌리 파리가 생긴다면 과습일 확률이 높다고 하였다.

③ 세 번째 문단에서 분갈이 시 실질적으로 양분과 수분을 흡수하는 잔뿌리가 다치지 않도록 주의하여야 한다고 하였다.

⑤ 첫 번째 문단에 따르면 실내 공간에서 키우는 식물은 생장 속도가 느리므로 매년 분갈이를 하는 것보다 생장 상태를 보고 판단해야 한다.

03 의사소통능력 정답 | ⑤

Quick해설 주어진 글은 최근 설탕 대신 가공식품에 사용되는 합성 감미료가 실제로 체중 조절이나 건강에 미치는 영향에 대한 연구 결과를 제시하면서 결국 대체 당에 의존하기보다는 단맛 자체에 대한 의존도를 낮추어야 한다고 강조하고 있다.

04 의사소통능력 정답 | ③

Quick해설 [다] 문단에서는 비행기 등급별로 이착륙할 수 있는 활주로의 폭이 달라진다는 내용이다. 따라서 중심 내용으로는 '항공기 등급과 활주로 폭의 관계'가 적절하다.

05 의사소통능력 정답 | ⑤

Quick해설 ㉠ [마] 문단에서 활주로 양 끝에 적힌 숫자의 차이는 항상 18이 된다고 하였으므로, 활주로의 한 쪽 끝에 적힌 번호가 14라면 다른 한쪽 끝에 적힌 번호는 32일 것임을 추론할 수 있다.

㉡ [가] 문단에 따르면 활주로는 이용률이 95%을 충족하도록 방향을 설정해야 하는데, 그렇지 못한 경우 95% 이상의 이용률을 충족할 수 있도록 다른 방향으로 또 다른 활주로를 건설해야 한다고 하였다. 따라서 2개의 활주로의 방향이 서로 다를 경우 각 활주로의 이용률은 95% 미만일 것임을 추론할 수 있다.

㉢ [나] 문단에서 온도가 1℃ 상승할 때마다 활주로 길이를 1%씩 늘인 활주로가 필요하다고 하였으므로 적절한 추론이다.

06 의사소통능력 정답 | ④

Quick해설 첫 번째 문단에서 관세의 개념을 설명하고 두 번째~네 번째 문단에서 관세로 인해 발생하는 경제 현상을 설명하고 있으므로 적절하다.

[오답풀이] ① 두 번째, 세 번째 문단에서 관세와 관련한 경제 현상에 대해 소개하고 있지만 장점들을 열거한 것이 아니므로 적절하지 않다.

② 두 번째, 세 번째 문단에서 경제 현상에 대한 설명을 소개하고 네 번째 문단에서 다른 관점을 제시하고 있지만 이러한 관점들을 절충하고 있지 않으므로 적절하지 않다.
③ 첫 번째 문단에서 관세의 개념을 밝히고 있지만 다른 상황에 빗대어 설명하고 있지 않으므로 적절하지 않다.
⑤ 두 번째, 세 번째 문단에서 관세와 관련한 경제 현상이 일어나는 과정을 설명하고 있지만 시간의 흐름에 따라 달라진 양상을 소개한 것이 아니므로 적절하지 않다.

[문제해결 Tip]
서술 방식을 파악할 때는 해당 글의 전반적인 흐름과 서술 방식과 관련한 용어들을 미리 익혀두는 것이 필요하다.

07 의사소통능력 정답 | ②

Quick해설 주어진 글에서는 다윈의 '진화론'에 관한 일반적인 오해를 소개한 뒤 그러한 오해를 반박하면서 다윈이 주목한 변이의 다양성을 소개하고 있다. 다윈은 생물체의 변이가 점차 환경에 더 잘 적응된 방식으로 변화하는 방식으로 이루어진다고 하며, 갈라파고스 핀치 연구를 통해 생물체를 있게 한 원동력이 환경에 적응하며 얻게 된 다양성임을 주장하고 있다. 따라서 이 글의 결론 부분에 해당하는 빈칸의 ㉠에는 진화에 있어 가장 큰 무기는 경쟁이 아니라 다양성의 증가라는 내용이 들어가야 한다.

[오답풀이] ① 생물체를 있게 한 원동력을 환경에 적응하며 얻게 된 다양성이라고 볼 수 있을 뿐, 공생이 진화의 원동력임을 추론할 만한 근거는 주어진 글에 제시되어 있지 않으므로 빈칸에 들어갈 내용으로 적절하지 않다.
③ 진화에 있어서 가장 큰 무기가 경쟁이 아니라는 점을 말하고는 있지만, 이것만으로는 진화론이 공존의 논리에 바탕을 두고 있다는 결론을 이끌어 내기 어려우므로 빈칸에 들어갈 내용으로 적절하지 않다.
④ 생물 종이 경쟁을 피할 수 없는 것은 맞지만 이 글에서는 갈라파고스 핀치의 사례에서 알 수 있듯 생물체가 최대한 경쟁을 피하기 위해 다양성을 추구했다는 점에 초점을 맞추고 있으므로 빈칸에 들어갈 내용으로 적절하지 않다.
⑤ 다윈은 진화론을 근거로 변이의 다양성을 설명한 것이 아니라, 변이의 다양성과 관련된 사례를 근거로 진화론을 주장한 것이므로 빈칸에 들어갈 내용으로 적절하지 않다.

[문제해결 Tip]
빈칸에 들어갈 내용을 추론하는 문제를 풀 때는 빈칸이 글의 어느 부분에 위치하고 있는지를 주목해야 한다. 빈칸이 글의 서두 부분에 있다면 글에서 다루게 될 내용을, 빈칸이 글의 끝부분에 있다면 글의 주제나 결론에 해당하는 내용을 우선적으로 찾으면 된다.

08 의사소통능력 정답 | ③

Quick해설 주어진 보도자료는 자외선차단제의 사용 장소별 권장 제품, 사용 방법, 제품 제형별 주의사항, 어린이 및 유아 사용 시 주의사항 등 자외선차단제를 안전하게 사용할 수 있는 방법과 주의사항에 대해 전반적으로 알리고 있다. 따라서 보도자료의 제목으로는 '식품의약품안전처, 자외선차단제 올바른 사용법 및 주의사항 안내'가 가장 적절하다.

09 의사소통능력 정답 | ⑤

Quick해설 SPF는 자외선B의 차단 효과를 확인하는 지수로, 자외선B는 단시간에 피부 표면에 화상을 일으킬 수 있다고 하였다. 따라서 SPF 지수가 낮은 제품을 바르고 장시간 햇빛에 노출되면 피부 표면에 화상을 입을 수 있다고 이해하는 것은 적절하다.

[오답풀이] ① 6개월 미만 영유아에게 자외선차단제를 사용할 때는 반드시 전문가와 상담해야 한다고 하였을 뿐, 사용할 수 없는 것은 아니다.
② 자외선A 차단등급인 PA는 +가 많을수록 차단 효과가 좋다고 하였다.
③ 쿠션형 제품은 한 번만 바르면 차단 효과가 부족할 수 있으므로 여러 번 바르도록 해야 한다고 하였다.
④ 지속내수성 자외선차단제는 약 2시간 동안 입수했다가 자연건조를 반복한 후 자외선차단지수가 50% 이상 유지되는 제품이라고 하였으나, 주어진 글만

으로는 1시간 동안 물놀이를 한 후 자외선차단지수가 절반으로 감소하는지는 알 수 없다.

10 의사소통능력 정답 | ①

Quick해설 주어진 글은 주식 상장의 개념과 매매계약 체결에 대한 내용이다. 따라서 주식시장에서의 상장의 의미를 설명하는 [가] 문단이 맨 앞에 오고, 주식 상장의 종류에 대한 내용인 [다] 문단과 주식상장의 효과에 대한 내용인 [라] 문단이 차례로 이어져야 한다. 그리고 주식의 매매계약 체결 방법 중 단일가매매 방법을 설명하고 있는 [마] 문단, 접속매매 방법을 설명하고 있는 [나] 문단 순으로 글이 마무리되어야 한다. 따라서 문단을 문맥에 맞게 순서대로 배열하면 [가]—[다]—[라]—[마]—[나]이다.

11 수리능력 정답 | ②

Quick해설 첫 번째 조건에서 C 혼자 일을 할 경우 하나의 일을 끝내는 데 6일이 걸린다고 하였으므로 C가 하루 동안 하는 일의 양은 $\frac{1}{6}$이다.

두 번째 조건에서 A 혼자 2일 동안 일하고 A와 C가 함께 4일 동안 일하면 하나의 일을 끝낼 수 있다고 하였으므로 A, B가 하루 동안 하는 일의 양을 각각 a, b라고 하고 식을 세우면 다음과 같다.

$$2a+4\left(a+\frac{1}{6}\right)=1$$

$$\rightarrow a=\frac{1}{18}$$

따라서 A가 하루 동안 하는 일의 양은 $\frac{1}{18}$이다.

세 번째 조건에서 A와 B가 함께 일하면 하나의 일을 끝내는 데 3일이 걸린다고 하였으므로 다음과 같은 식이 성립한다.

$$3\left(\frac{1}{18}+b\right)=1$$

$$\rightarrow b=\frac{5}{18}$$

따라서 B가 하루 동안 하는 일의 양은 $\frac{5}{18}$이다.

이때 B가 혼자 하나의 일을 끝내려면 $\frac{18}{5}=3.6$(일)이 걸리며, 네 번째 조건에서 A~C가 하루에 일하는 시간은 10시간이라고 하였으므로 0.6일은 $0.6\times10=6$(시간)이기 때문에 B가 혼자 하나의 일을 끝내는 데 3일 6시간이 걸린다.

[문제해결 Tip]

일에 대한 문제를 풀 때는 일의 양이 주어지지 않으면 일의 양을 1로 놓고, 한 사람이 하루 또는 한 시간 등 단위 시간 동안 할 수 있는 일의 양을 미지수로 놓고 문제를 해결한다.

12 수리능력 정답 | ③

Quick해설 주머니에 있는 10개의 공에서 임의로 4개의 공을 뽑는 경우의 수는 ${}_{10}C_4=\frac{10\times9\times8\times7}{4\times3\times2\times1}=210$(가지)이다. 흰 공 2개, 검은 공 2개를 뽑는 경우의 수는 ${}_6C_2\times{}_4C_2=\frac{6\times5}{2\times1}\times\frac{4\times3}{2\times1}=90$(가지)이다.

따라서 10개의 공 중 임의로 4개의 공을 동시에 뽑을 때, 흰 공 2개, 검은 공 2개가 나올 확률은 $\frac{90}{210}=\frac{3}{7}$이다.

13 수리능력 정답 | ④

Quick해설 전년 대비 사고 발생 건수 감소폭은 2021년에 $280{,}590-258{,}989=21{,}601$(건)으로 가장 크나, [표 2]에 따르면 실종자 수는 2020년에 20명에서 2021년에 23명으로 증가하였다.

[오답풀이] ① 2015년 사고 발생 건수는 315,736건이고, 2020년 사고 발생 건수는 280,590건이다. 따라서 2015년 사고 발생 건수가 2020년에 비해 $315{,}736-280{,}590=35{,}146$(건) 더 많다.

② 2021년 인명피해 중 사망자 수는 3,664명으로, 전체 인명피해 306,062명의 $\frac{3{,}664}{306{,}062}\times100\fallingdotseq1.2$(%)이므로 1.5% 미만이다.

③ 2015~2021년 부상자 수는 연도별로 30만 명 이상이고, 2022년 부상자 수는 295,761명이지만 2015~2021년에 30만 명을 초과하는 부상자 수의 합이 5,000명을 훨씬 상회하기 때문에 평균은 30만 명 이상임을 알 수 있다.

⑤ 2022년 실종자 수는 208명이고, 2020년 실종자 수는 20명이므로 10배 이상 많다.

14 수리능력 정답 | ③

Quick해설 40대가 다른 세대에 비해 논술과 컴퓨터에 많은 비용을 지출한 것은 맞으나, 40대가 가장 많이 지출한 것은 영어이다.

[오답풀이] ① 50대 이상은 4개 교과목 모두 평균보다 많이 사교육비를 지출하였다.

(단위: 만 원)

구분	평균	50대 이상
국어	3.8	5.2
영어	12.8	13.2
수학	12.2	15.1
사회·과학	1.9	2.8

② 체육과 취미·교양의 경우 20~30대가 다른 세대에 비해 더 많은 비용을 지출하였다.

(단위: 만 원)

구분	20~30대	40대	50대 이상
체육	7.7	5.3	2.9
취미·교양	1.0	0.9	0.9

④ 20~30대의 취업 관련 사교육비는 0.0만 원으로 가장 적은 비용을 지출하였다.

⑤ 수학의 경우 20~30대의 사교육비는 6.5만 원이고, 50대 이상은 그 금액의 2배 이상인 15.1만 원을 지출하였다.

15 수리능력 정답 | ④

Quick해설 ㉡ 남녀 모두 6세부터 64세까지 과일 및 채소 500g 이상 섭취율이 증가한다.

㉣ 두 항목에서 19~29세, 30~49세, 50~64세 연령대 모두 남자가 여자보다 높은 수치를 보이고 있다.

[오답풀이] ㉠ 과일 및 채소 500g 이상 섭취율과 아침식사 결식률의 남녀 차이가 가장 작은 연령대는 각각 6~11세와 12~18세로 동일하지 않다.

㉢ 남자의 과일 및 채소 500g 이상 섭취율과 아침식사 결식률의 차이를 연령대별로 구하면 다음과 같다.

- 6~11세: 20.7−10.4=10.3(%p)
- 12~18세: 34.6−23.0=11.6(%p)
- 19~29세: 55.1−25.1=30(%p)
- 30~49세: 43.1−34.4=8.7(%p)
- 50~64세: 56.1−17.1=39(%p)
- 65세 이상: 49.2−5.4=43.8(%p)

따라서 과일 및 채소 500g 이상 섭취율과 아침식사 결식률의 차이가 가장 큰 연령대는 65세 이상이다.

16 수리능력 정답 | ③

Quick해설 주어진 선택지의 성별 결식률 차이를 구하면 다음과 같다.

- 12~18세: 34.6−34.6=0(%p)
- 19~29세: 55.1−49.9=5.2(%p)
- 30~49세: 34.4−23.7=10.7(%p)
- 50~64세: 17.1−15.5=1.6(%p)
- 65세 이상: 8.7−5.4=3.3(%p)

따라서 30~49세의 성별 결식률 차이가 가장 크다.

17 수리능력 정답 | ④

Quick해설 지급가구 수가 전년 대비 가장 많이 증가한 해는 2018년이고, 2018년 지급가구 수는 4,733천 가구, 신청가구 수는 5,787천 가구이므로

$a=\frac{4,733}{5,787}\times 100 ≒ 81.7 ≒ 82$

2019년 근로·자녀장려금 지급액은 4,391+638=5,029(십억 원)이고, 지급가구 수는 4,946천 가구이므로

$b=\frac{5,029}{4,946} ≒ 1.0 ≒ 1$

따라서 $\frac{a}{b}=\frac{82}{1}=82$이다.

18 수리능력 정답 | ⑤

Quick해설 ㉠ 2016~2019년 승용차와 특수차의 전년 대비 증감 추이는 '증가−증가−유지−증가'이다.

㉡ 전체 자동차 대수의 전년 대비 증가량을 확인해 보면 다음과 같다.

- 2016년: 332,798−322,510=10,288(대)
- 2017년: 338,669−332,798=5,871(대)
- 2018년: 340,311−338,669=1,642(대)

• 2019년: 감소

따라서 전년 대비 가장 많이 증가한 해는 2016년이다.

㉢ 2019년 승합차 대수의 전년 대비 감소율은 $\frac{11,452-10,770}{11,452}\times 100 \fallingdotseq 6.0(\%)$, 화물차 대수의 전년 대비 감소율은 $\frac{31,718-30,957}{31,718}\times 100 \fallingdotseq 2.4(\%)$이므로 옳은 설명이다.

19 수리능력 정답 | ②

Quick해설 2015년 자동차 종류별 구성비를 그래프로 바르게 그리면 다음과 같다.

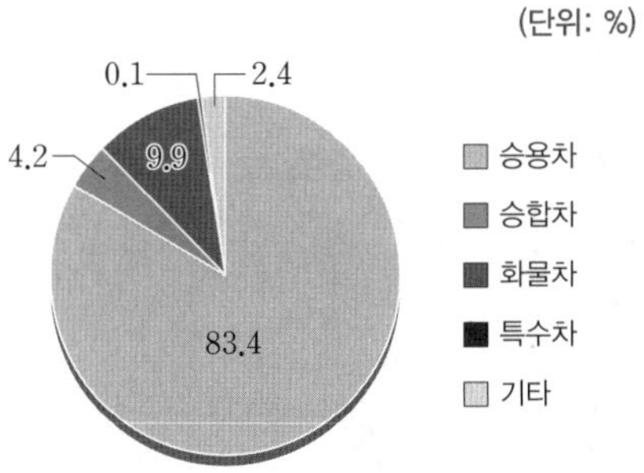

20 수리능력 정답 | ③

Quick해설 [그래프2], [표]의 수치를 백만 명으로 환산하면 항공과 해상의 국내 수송실적 합은 2016년 30+15=45(백만 명), 2017년 32+16=48(백만 명), 2018년 31+14=45(백만 명), 2019년 32+14=46(백만 명)으로 연도별로 수치가 비슷하다. 따라서 육상의 국내 수송실적이 가장 큰 2016년에 총국내 수송실적이 가장 높다.

[상세해설] 연도별 총국내 수송실적은 다음과 같다.

(단위: 천 명)

구분	2016년	2017년	2018년	2019년
육상	5,975,000	5,894,000	5,716,000	5,969,000
항공	30,912	32,406	31,600	32,980
해상	15,423	16,910	14,625	14,585
합계	6,021,335	5,943,316	5,762,225	6,016,565

따라서 2016년의 총국내 수송실적이 가장 높다.

[오답풀이] ① 국외 항공여객 수송실적은 약 73백만 명 → 76백만 명 → 85백만 명 → 90백만 명으로 증가하고 있다.

② 고속·시내·시외·전세버스 모두 2017년부터 2018년까지 전년 대비 감소하고 2019년에 전년 대비 증가하므로 증감 추이가 동일하다.

④ 국내 실적이 가장 높은 해는 육상 2016년, 항공 2019년, 해상 2017년으로 각각 다르다.

⑤ 연도별 국내 해상여객 수송실적 증가율은 다음과 같다.

• 2017년: $\frac{16,910-15,423}{15,423}\times 100 \fallingdotseq 9.6(\%)$

• 2018년: $\frac{14,625-16,910}{16,910}\times 100 \fallingdotseq -13.5(\%)$

• 2019년: $\frac{14,585-14,625}{14,625}\times 100 \fallingdotseq -0.3(\%)$

따라서 2018년이 가장 낮다.

21 문제해결능력 정답 | ⑤

Quick해설 ㉢의 대우에서 그림 그리기를 더 좋아하지 않는 사람은 뉴스를 좋아하지 않음을 알 수 있고, ㉥에서 철수는 음악 듣기를 더 좋아함을 알 수 있다. 이에 따라 철수는 뉴스를 좋아하지 않음을 알 수 있다.

㉣의 대우에서 음악 듣기보다 그림 그리기를 더 좋아하는 사람은 드라마를 좋아하지 않음을 알 수 있고, ㉤에서 영희는 그림 그리기를 더 좋아함을 알 수 있다. 이에 따라 영희는 드라마를 좋아하지 않음을 알 수 있다.

따라서 철수는 뉴스를 좋아하지 않고, 영희는 드라마를 좋아하지 않는다.

[오답풀이] ①, ② ㉤을 통해 영희가 그림 그리기를 더 좋아함을 알 수 있고, ㉣의 대우에서 그림 그리기를 더 좋아하는 사람은 드라마를 좋아하지 않음은 알 수 있지만, 영화와 뉴스를 모두 좋아하는지 또는 뉴스를 좋아하는지는 알 수 없다.

③, ④ ㉥을 통해 철수가 음악 듣기를 더 좋아함을 알 수 있고, ㉢의 대우에서 그림 그리기를 더 좋아하지 않는 사람은 뉴스를 좋아하지 않음을 알 수 있다. 그러나 철수가 드라마 또는 영화를 좋아하는지는 알 수 없다.

[문제해결 Tip]

명제들을 통해 가능한 상황들을 살피며 선택지에 적용해야 한다.

22 문제해결능력 정답 | ⑤

Quick해설 준호는 가영이가 상품권을 받았다고 하였다. 만약 준호의 말이 참이라면 가영이는 1등이고, 자신이 유정이보다 등수가 낮다고 한 가영이와, 자신이 가영이보다 등수가 높다고 한 성민이의 발언이 거짓이다. 그러나 거짓말을 하는 사람은 한 명이어야 하므로 모순이고, 이에 따라 준호의 말이 거짓이다. 준호의 말이 거짓이므로 나머지 발언은 모두 진실이다.

준호의 말에 따르면 가영이는 1등이 아니고, 준호는 성민이보다 등수가 높다. 유정이는 2등이고, 가영이는 유정이보다 등수가 낮다. 성민이는 가영이보다 등수가 높고 민호는 성민이보다 등수가 낮다. 즉, 준호＞성민＞가영, 민호의 관계가 성립하므로 준호는 적어도 2등이어야 하는데 유정이가 2등이므로 준호가 1등이다.

23 문제해결능력 정답 | ①

Quick해설 서로 중복되지 않도록 희망 부서를 신청했고 기존 부서 역시 다르게 지원했기 때문에 C는 재무회계팀, 홍보팀, 영업팀 모두 불가능하며, 다른 1명과 서로 기존 부서, 희망 부서가 바뀌었다고 하였으므로 국내사업팀도 불가능하다. 따라서 해외사업팀만 가능하다. 다섯 번째 조건에 따라 D의 희망 부서는 영업팀이고, B의 희망 부서는 국내사업팀이 된다. E의 경우 기존 부서가 재무회계팀이기 때문에 배치 부서는 홍보팀 또는 해외사업팀만 가능하다. A의 희망 부서는 재무회계팀이지만 배치 부서가 다른 1명과 맞바뀌었기 때문에 E의 배치 부서는 재무회계팀이 될 수 없고, C의 배치 부서가 재무회계팀이며, A의 배치 부서는 해외사업팀이 된다. 따라서 E의 배치 부서는 홍보팀만 가능하다. 이를 표로 정리하면 다음과 같다.

구분	기존 부서	희망 부서	배치 부서
A	국내사업팀	재무회계팀	해외사업팀
B	홍보팀	국내사업팀	영업팀
C	영업팀	해외사업팀	재무회계팀
D	해외사업팀	영업팀	국내사업팀
E	재무회계팀	홍보팀	홍보팀

따라서 희망 부서와 배치 부서가 일치하는 직원은 E뿐이므로 1명이다.

24 문제해결능력 정답 | ③

Quick해설 ⓒ 현재 4, 5, 9가 지워진 상황에서 A가 빙고를 완성하려면 7이 지워져야 하고, B가 빙고를 완성하려면 3 또는 11이 지워져야 한다. 7이 나올 확률은 $\frac{6}{36}$이고, 3 또는 11이 나올 확률은 $\frac{2+2}{36}=\frac{4}{36}$이므로 이길 확률은 A가 B보다 높다.

[오답풀이] ㉠ 3, 8, 10을 먼저 지우는 경우 A와 B가 동시에 빙고를 완성하므로 첫 번째 빙고에서 승부가 결정 되지 않을 수 있다.

㉡ 첫 번째로 던진 주사위의 합이 10이고, 주사위를 두 번 더 던져 빙고를 완성한다면, 두 번째, 세 번째 주사위의 합이 A는 (4, 6) 또는 (3, 8)이 나와야 하고, B는 (11, 7) 또는 (3, 8)이 나와야 한다. (3, 8)이 나오는 경우, A와 B가 동시에 빙고를 완성하므로 A는 (4, 6), B는 (11, 7)이 나오는 경우만 고려한다. 주사위의 합이 (4, 6)이 나올 확률은 $\frac{3}{36}\times\frac{5}{36}=\frac{15}{36^2}$이고, 주사위의 합이 (11, 7)이 나올 확률은 $\frac{2}{36}\times\frac{6}{36}=\frac{12}{36^2}$이다. 따라서 이길 확률은 A가 B보다 높다.

25 문제해결능력 정답 | ⑤

Quick해설 매달 근무일수가 10일이고, 출퇴근 시 대중교통을 이용한다면 매달 $2\times10=20$(회) 대중교통을 이용하는 것이다. 대전광역시는 사업 대상지역이므로 알뜰교통카드 마일리지를 적립받을 수 있다.

[오답풀이] ① 청주시는 알뜰교통카드 대상지역이고, 알뜰교통카드 사용은 전국에서 가능하다. 따라서 청주시에 거주하는 시민은 충주시에서 알뜰교통 마일리지를 적립받을 수 있기 때문에 옳지 않다.

② 충주시는 알뜰교통카드 대상지역이 아니고, 주민등록상 주소지가 대상지역이 아닌 경우에는 마일리지가 지급되지 않기 때문에 옳지 않다.

③ 알뜰교통카드 앱과 알뜰교통카드를 모두 이용하는 경우에만 마일리지를 적립받을 수 있기 때문에 옳지 않다.

④ 대중교통을 이용하는 경우에 한해 알뜰교통 마일리지를 적립받을 수 있기 때문에 옳지 않다.

26 문제해결능력 정답 | ②

Quick해설 정확한 비율이 나와 있지 않으므로 순위 비교를 통해 가중치를 비교해본다. A와 B는 주변 환경, 시설 점수는 동일하고, 회사와의 거리, 전세가 점수가 서로 다르다. B>A이므로 전세가의 가중치가 회사와의 거리 가중치보다 높다. B와 C는 전세가, 주변 환경 점수가 동일하고, 회사와의 거리, 시설 점수가 서로 다르다. C>B이므로 시설 가중치가 회사와의 거리 가중치보다 높다. A와 D는 전세가, 시설 점수가 동일하고, 회사와의 거리, 주변 환경 점수가 서로 다르다. A>D이므로 회사와의 거리 가중치가 주변 환경 가중치보다 높다. D와 E는 회사와의 거리, 주변 환경 점수가 동일하고, 전세가, 시설 점수가 서로 다르다. E>D이므로 시설 가중치가 전세가 가중치보다 높다.
따라서 가중치는 시설, 전세가, 회사와의 거리, 주변 환경 순으로 높다.

27 문제해결능력 정답 | ④

Quick해설 해당 연도에 6개월 이상 실제 업무에 종사하지 아니한 자는 연수교육이 면제된다.

[오답풀이] ① A협회는 연수교육계획서를 다음 연도 시작 20일 전까지 ○○부장관에게 제출하여 승인을 받아야 한다.
② A협회는 매년 1월 31일까지 전년도의 연수교육 실적을 ○○부장관에게 보고해야 한다.
③ 2019년에 신규로 면허를 받은 사람은 당해 연도인 2019년과 다음 연도인 2020년에 연수교육이 면제된다.
⑤ 신규 면허를 취득한 첫 해와 둘째 해인 2018~2019년은 연수교육이 면제되고, 세 번째와 네 번째 해인 2020~2021년에 연수교육을 받지 않은 것이므로 마지막 연도인 2021년은 2차 위반이다. 따라서 행정처분은 자격정지 3일이다.

28 문제해결능력 정답 | ②

Quick해설 ㉡ 병과 정의 직전 학기 성적이 C 이상 B 미만으로 동일하고, 병의 소득분위가 3분위 또는 4분위, 정의 소득분위가 2분위 이하라면 장학금이 $600\times0.5=300$(만 원), $500\times0.6=300$(만 원)으로 동일하므로 옳다.

[오답풀이] ㉠ 갑의 소득분위가 3분위 또는 4분위이고, 직전 학기 성적이 B 이상 A 미만이거나, 소득분위가 5분위 또는 6분위이고, 직전 학기 성적이 A 이상이라면 장학금이 등록금의 80%인 $300\times0.8=240$(만 원)이다. 을의 소득분위가 2분위 이하이고, 직전 학기 성적이 C 이상 B 미만인 경우 장학금이 등록금의 60%인 $400\times0.6=240$(만 원)이다. 따라서 A와 B가 수석 또는 차석이 아니라도 장학금이 동일한 경우가 존재하므로 옳지 않다.
㉢ 갑이 수석이고, 소득분위가 4분위 이하라면 장학금이 500만 원이다. 만약 을이 소득분위가 4분위 이하이고, 차석이라면 장학금이 500만 원으로 동일하다. 또한 정이 전액 장학금을 받는다면 장학금이 동일할 수 있다. 병은 소득분위가 7분위 또는 8분위이고, 수석인 경우 장학금이 $600\times0.5+200=500$(만 원)이다. 따라서 갑, 을, 병, 정 모두 장학금이 동일한 경우가 있으므로 옳지 않다.

29 문제해결능력 정답 | ⑤

Quick해설 배터리 용량당 배터리 가격은 $\frac{\text{배터리 가격}}{\text{배터리 용량}}$이며, 각 용량당 배터리 가격은 다음과 같다.

- 40kWh: $\frac{1,500,000}{40}=37,500$(원/kWh)
- 60kWh: $\frac{2,200,000}{60}\fallingdotseq36,667$(원/kWh)
- 80kWh: $\frac{2,800,000}{80}=35,000$(원/kWh)
- 100kWh: $\frac{4,000,000}{120}=34,000$(원/kWh)
- 120kWh: $\frac{4,000,000}{120}\fallingdotseq33,333$(원/kWh)

따라서 배터리 용량이 작을수록 배터리 용량당 배터리 가격은 높아진다.

[오답풀이] ① [표1]에 따르면 배터리 용량이 커질수록 주행거리가 늘어나고 소재별 제조공정상 필요한 양도 늘어난다.
② 배터리 용량별 가격에서 망간과 그래파이트의 원가가 차지하는 비중을 구하면 다음과 같다.

- 40kWh: $\frac{(3\times20,000)+(12\times10,000)}{1,500,000}\times100=12(\%)$
- 60kWh: $\frac{(4\times20,000)+(18\times10,000)}{2,200,000}\times100≒11.8(\%)$
- 80kWh: $\frac{(5\times20,000)+(24\times10,000)}{2,800,000}\times100≒12.1(\%)$
- 100kWh: $\frac{(7\times20,000)+(30\times10,000)}{3,400,000}\times100≒12.9(\%)$
- 120kWh: $\frac{(8\times20,000)+(36\times10,000)}{4,000,000}\times100=13(\%)$

따라서 배터리 가격에서 망간과 그래파이트의 원가가 차지하는 비중은 15% 이하이다.

③ [표1]에서 리튬은 그래파이트 다음으로 배터리 용량별 제조공정상 필요한 양이 많다. 그래파이트와 리튬의 제조공정에 필요한 양은 1.2배 차이로 그래파이트가 많지만, [표2]에서 소재별 kg당 단가는 5배 차이로 리튬이 그래파이트보다 높다. 따라서 각 배터리 용량별 리튬의 원가는 $\frac{5}{1.2}≒4.16$(배) 차이로 그래파이트보다 높다. 한편 [표2]에서 코발트의 kg당 원가는 리튬에 비해 2배이지만, [표1]에서 배터리 용량별로 제조공정상 필요한 양은 리튬이 코발트보다 항상 2배 이상이므로 리튬의 배터리 용량별 원가 비중이 더 높을 것이라는 것을 알 수 있다. 따라서 배터리 용량별 가격에서 리튬의 원가 비중이 가장 높다.

④ 코발트 1kg의 단가는 100,000원이므로, 1kg 줄이면 100,000원 감소하며, 니켈 1kg의 단가는 30,000원이므로 니켈 3kg을 늘리면 90,000원 증가한다. 따라서 코발트 비중을 1kg 줄이는 대신 니켈 비중을 3kg 늘리면 배터리 제조 원가 절감에 도움이 된다.

30 문제해결능력 정답 | ④

Quick해설 주행거리별 경제성은 $\frac{\text{배터리 가격}}{\text{주행거리}}$이며, 계산하면 다음과 같다.

- 40kWh: $\frac{1,500,000}{200}=7,500$(원/km)
- 60kWh: $\frac{2,200,000}{300}≒7,333$(원/km)
- 80kWh: $\frac{2,800,000}{400}=7,000$(원/km)
- 100kWh: $\frac{3,400,000}{500}=6,8000$(원/km)
- 120kWh: $\frac{4,000,000}{600}≒6,667$(원/km)

따라서 바르게 짝지어진 것은 100kWh, 6,800원이다.

31 자원관리능력 정답 | ①

Quick해설 D(0.00054)>F(0.0005)>E(0.00038)>B(0.00033)>C(0.0003)>A(0.00015) 순이다.

[상세해설] 각 약물조합은 1회만 투여한다. 투여농도의 단위는 mg/ml, 1회 투여량의 단위는 ml, 단가의 단위는 원/mg이므로, (1회 가격)=(투여농도)×(1회 투여량)×(단가)이다. 따라서 약물조합 A~F의 1회 가격 및 항암효과, 가격 대비 항암효과는 다음과 같다.

구분	1회 가격	항암효과	가격 대비 항암효과
A	10×2×5,000 =100,000(원)	15%	$\frac{15}{100,000}=0.00015$
B	10×1×6,000 =60,000(원)	20%	$\frac{20}{60,000}≒0.00033$
C	10×2×5,000 =100,000(원)	30%	$\frac{30}{100,000}=0.00030$
D	20×1×6,500 =130,000(원)	(15+20)×2=70(%)	$\frac{70}{130,000}≒0.00054$
E	10×2×6,000 =120,000(원)	15+30=45(%)	$\frac{45}{120,000}≒0.00038$
F	20×1×5,000 =100,000(원)	20+30=50(%)	$\frac{50}{100,000}=0.00050$

따라서 D>F>E>B>C>A 순이다.

[문제해결 Tip]

선택지를 보면 가격 대비 항암효과가 가장 큰 것이 D 또는 F이므로 $\frac{70}{130,000}$과 $\frac{50}{100,000}$의 대소만 우선 비교해 본다. $\frac{7}{13}$과 $\frac{5}{10}$로 숫자를 간단히 정리하면

$\frac{7}{13} > \frac{5}{10}\left(=\frac{1}{2}\right)$이므로 정답은 ① 또는 ②이고, B와 C의 대소만 비교하면 된다. 마찬가지로 $\frac{20}{60,000}$과 $\frac{30}{100,000}$도 숫자를 간단히 정리하면 $\frac{2}{6}\left(=\frac{1}{3}\right) > \frac{3}{10}$임을 쉽게 알 수 있으므로 정답은 ①이다.

32 자원관리능력 정답 | ④

Quick해설 신입사원을 2명 선발하고, 필기시험에서는 2배수를 선발하므로 4명을 선발한다.

과목별로 25개의 문항이 있으므로 40%인 10개 이상을 맞혀야 한다. C, F는 직무수행능력평가, D, I는 직업기초능력평가에서 10개 미만으로 맞혔으므로 불합격이다. 나머지 A, B, E, G, H, J의 점수는 다음과 같다. 최종 선발 예정인원이 3명 이하이므로 취업지원대상자 가점은 적용하지 않는다.

지원자	필기 점수	우대사항 가점				총점
		취업지원 대상자	장애인	자격증 개수	체험형 인턴 수료자	
A	30점			3점		33점
B	35점				2점	37점
E	36점					36점
G	47점				2점	49점
H	40점					40점
J	30점		5점	1점		36점

따라서 G가 1등, H가 2등, B가 3등으로 합격하고, E, J 중 한 명이 합격한다. 동점자 처리기준에 따라 E, J 중 장애인 가점이 있는 J가 합격한다. 따라서 필기시험 합격자 중 가장 낮은 순위로 합격하는 지원자는 J이다.

33 자원관리능력 정답 | ②

Quick해설 1위는 G, 2위는 H, 3위는 B, 4위는 J이다. 최종선발 예정인원이 2명이므로 취업지원대상자 가점은 미적용하고, 면접에서는 장애인 가점만 적용하므로 4위인 J가 5점을 얻는다. 이에 따라 G는 28+16+42=86(점), H는 22+20+44=86(점), B는 23+18+45=86(점), J는 25+19+40+5=89(점)이고, 면접시험 고득점자인 J가 합격한다. B, G, H 중 장애인과 자격증 가점이 있는 사람은 없고, 직무능력 점수가 가장 높은 사람은 3위인 B이므로 B가 합격한다.

따라서 면접시험 합격자의 조합은 B, J이다.

34 자원관리능력 정답 | ④

Quick해설 A는 2013년 9월 18일에 입사하여, 2023년 9월 17일에 퇴사하였으므로 총 10년간 근무하였다. 입사 계약 시 연봉은 2,400만 원이었고, 매년 200만 원씩 연봉이 인상하였으므로 2023년 퇴사 시점의 연봉은 2,400+(200×9)=4,200(만 원)이다. 구직급여 지급액은 '이직 전 3개월의 1일 평균임금의 60%×소정급여일수'이다. A의 이직 전 월 평균임금은 $\frac{4,200}{12}$=350(만 원)이다. 이직 전 3개월간 1일 평균임금의 60%은 $\frac{350\text{만 원}\times 3}{92}\times 0.6 \fallingdotseq 68,478$(원)으로 이직일이 2019년 1월 이후인 경우의 상한액인 66,000원보다 많으므로 상한액을 기준으로 구직급여를 계산해야 한다. A의 퇴사 당시 만 나이는 39세이고, 근속기간은 10년이므로 소정급여일수는 240일이다. 따라서 A가 받게 될 구직급여 총지급액은 66,000×240=15,840,000(원)이다.

35 자원관리능력 정답 | ①

Quick해설 집에 도착한 오후 7시 20분부터 2시간 40분(160분) 동안 일과를 수행한 후 오후 10시에 바로 잠에 들었다. 식사와 일기 쓰기는 반드시 수행하므로 36분이 소요된다. 따라서 남은 일과로 124분을 보낸다.

만약 운동을 했다면 목욕을 하고, 총 74분이 소요된다. 따라서 남은 시간은 50분이다. 목욕을 하면 샤워를 하지 않고, 드라마 시청은 50분을 넘으므로 수행하지 않는다. 따라서 가능한 일과는 신문 읽기(6분), 독서(25분), 게임(33분), 청소(13분), 온라인 쇼핑(26분)이다. 이 일과를 조합하여 50분이 소요되지 않는다. 따라서 진호는 오늘 퇴근 후 운동과 목욕을 하지 않았다.

만약 운동은 하지 않고 목욕만 했다면, 36분이 소요되므로 남은 시간은 88분이다. 목욕을 하면 샤워를 하지 않는다. 따라서 가능한 일과는 신문 읽기(6분), 드라마 시청(58분), 독서(25분), 게임(33분), 청소(13분), 온라인 쇼핑(26분)이다. 만약 드라마 시청과 게임을 모두 하지 않았다면 6+25+13+26=70(분)이 소요된다. 따라서 드라마 시청과 게임 중 하나는 수행하였다. 만약 드라마 시청을 수행하였다면 신문 읽기, 독서, 청소, 온라인 쇼핑을 합해 30분을 보내야 하는데 이 일과를 조합하여 30분을 보낼 수 없다. 만약 게임을 수행하였다면 신문 읽기, 독서, 청소, 온라인 쇼핑을 합해 55분을 보내야 하는데 이 일과를 조합하여 55분을 보낼 수 없다. 따라서 진호는 오늘 퇴근 후 목욕을 하지 않았다.

목욕을 하지 않았으므로 샤워를 했고, 21분이 소요되어 남은 시간은 103분이다. 목욕을 하지 않았으므로 운동을 하지 않는다. 따라서 가능한 일과는 신문 읽기(6분), 드라마 시청(58분), 독서(25분), 게임(33분), 청소(13분), 온라인 쇼핑(26분)이다. 만약 드라마 시청과 게임을 모두 하지 않았다면 6+25+13+26=70(분)이 소요된다. 따라서 드라마 시청과 게임 중 하나는 수행하였다. 만약 드라마 시청을 수행하였다면 신문 읽기, 독서, 청소, 온라인 쇼핑을 합해 45분을 보내야 한다. 신문 읽기, 청소, 온라인 쇼핑을 했다면 45분을 보낼 수 있다. 만약 게임을 수행하였다면 신문 읽기, 독서, 청소, 온라인 쇼핑을 합해 70분을 보내야 하는데 해당 일과를 모두 수행하면 70분을 보낼 수 있다.

따라서 진호는 식사, 샤워, 신문 읽기, 드라마 시청, 일기 쓰기, 청소, 온라인 쇼핑을 수행했거나 식사, 샤워, 신문 읽기, 독서, 일기 쓰기, 게임, 청소, 온라인 쇼핑을 수행하였으므로 목욕과 운동은 반드시 수행할 수 없다.

36 자원관리능력 정답 | ①

Quick해설 갑이 여행하는 동안 13번의 플렉시패스 개시가 필요하므로 철도 자유이용권의 금액이 최소가 되도록 하는 패스는 철도를 15번 이용할 수 있는 F5이다.

[상세해설] 1) 플렉시패스만 구입할 경우

C국가는 B국가에서 개시한 시간으로부터 24시간 이전이므로 추가로 플렉시패스를 개시할 필요가 없다. 마찬가지로, I국가, N국가도 각각 H국가, M국가에서 개시한 시간으로부터 24시간 이전이므로 추가로 플렉시패스를 개시할 필요가 없다.

K국가, L국가는 철도 자유이용권의 사용이 불가하므로 그 어떤 패스도 개시할 필요가 없다. 플렉시패스 한 번에 1일의 여행을 할 수 있으며, 한 번의 플렉시패스는 개시 시점부터 24시간 동안 사용이 유효하므로 갑이 여행하는 국가 중 플렉시패스 개시가 필요한 국가는 A, B, D, E, F, G, H, J, M, O, P, Q, R의 13개 국가, 즉 13번의 플렉시패스 개시가 필요하다.

따라서 플렉시패스만 구입할 경우 15번 이용할 수 있는 F5를 구입하면 554달러이고, 14번을 이용할 수 있는 F1과 F4를 구입하면 276+450=726(달러)이다.

2) 연속패스만 구입할 경우

K와 L국가는 철도 자유이용권의 사용이 불가하므로 A~J는 22일째 동안 이용할 수 있는 C3을 구입하고 M~R는 10일 동안 이용할 수 있는 C1을 구입하면 482+294=776(달러)이다. 40일간의 여행이므로 40일간 이용할 수 있는 C1과 C4를 구입하면 294+553=847(달러)이다.

3) 플렉시패스와 연속패스를 혼합 구입할 경우

A~J는 10번 이용할 수 있는 플렉시패스 F4를 구입하고 M~R는 10일 동안 이용할 수 있는 연속패스 C1을 구입하면 450+294=744(달러)이다. 또는 A~J는 22일 동안 이용할 수 있는 연속패스 C3을 구입하고 M~R까지 5번 이용할 수 있는 플렉시패스 F2를 구입하면 482+317=799(달러)이다.

1)~3)에서 구입해야 하는 철도 자유이용권의 금액이 최소가 되도록 하는 패스는 F5이다.

37 자원관리능력 정답 | ⑤

Quick해설 종목별, 선수별로 최종점수를 계산하면 다음과 같다.

(단위: 점)

구분	A	B	C	D	전체 평균
가	8	8.5	7	11	8.625
나	8	6.5	10	6.5	7.75
다	9.5	8.5	8	7.5	8.375
라	8.5	7	7	9	7.875
마	6.5	9	5.5	6.5	6.875
바	9	7	6.5	6.5	7.25
사	7	8.5	9.5	6.5	7.875

이에 따라 A종목에 '다', C종목에 '나', D종목에 '가'가 선발된다. B종목은 '마'가 가장 높긴 하지만 평균이 7점 이하이므로 선발되지 않고, '사'가 선발된다. 단체전 선수로는 '라'가 선발된다.
따라서 국가대표에 선발되지 않는 선수는 '마'이다.

38 자원관리능력 정답 | ①

Quick해설 분기별 성과급 지급액을 계산하여 표로 정리하면 다음과 같다.

구분	성과평가 점수	성과평가 등급	성과급 지급액
1분기	$8\times0.4+8\times0.4+6\times0.2=7.6$(점)	C	80만 원
2분기	$8\times0.4+6\times0.4+8\times0.2=7.2$(점)	C	80만 원
3분기	$10\times0.4+8\times0.4+10\times0.2=9.2$(점)	A	$100+10=110$(만 원)
4분기	$8\times0.4+8\times0.4+8\times0.2=8.0$(점)	B	90만 원

따라서 개발팀에 지급되는 성과급의 1년 총액은 $80+80+110+90=360$(만 원)이다.

39 자원관리능력 정답 | ①

Quick해설 ㉠ 각국의 공격력과 방어력은 다음과 같다.

구분	공격력	방어력
A	$50\times4+50\times2+100\times1+50\times3=550$(점)	$50\times1+50\times3+100\times4+50\times2=700$(점)
B	$100\times4+100\times2+0\times1+200\times3=1{,}200$(점)	$100\times1+100\times3+0\times4+200\times2=800$(점)
C	$150\times4+50\times2+50\times1+0\times3=750$(점)	$150\times1+50\times3+50\times4+0\times2=500$(점)
D	$100\times4+50\times2+200\times1+100\times3=1{,}000$(점)	$100\times1+50\times3+200\times4+100\times2=1{,}250$(점)
E	$50\times4+50\times2+50\times1+100\times3=650$(점)	$50\times1+50\times3+50\times4+100\times2=600$(점)

따라서 공격력이 가장 높은 국가는 B국이다.
㉡ E국은 조기경보기가 있으므로 공격력이 가장 높은 B국의 공격을 받으면 B국의 공격력은 절반인 600점으로 감소한다. E국의 방어력은 600점으로 동일하므로 B국의 공격을 받더라도 방어에 성공할 수 있다. 따라서 B국보다 공격력이 낮은 나머지 국가의 공격도 모두 방어할 수 있다.

[오답풀이] ㉢ A국의 공격력은 550점이다. 방어력이 500점이고, 조기경보기를 보유하고 있지 않은 C국은 A국의 공격을 방어할 수 없다.
㉣ 공격력이 방어력보다 높은 국가는 B, C, E 3개국으로 방어력이 더 높은 A, D 2개국보다 더 많다.

40 자원관리능력 정답 | ②

Quick해설 전투기 50대를 조기경보기 1대로 교환하는 거래 1회, 전투기 50대를 전차 50대로 교환하는 거래 1회, 총 2회의 거래만 하면 다른 모든 국가의 공격을 방어할 수 있는 체계를 구축할 수 있다.

[상세해설] 공격력이 가장 높은 B국의 공격력이 1,200점이므로, C국이 모든 국가의 공격을 방어하기 위해서는 조기경보기를 갖추고, 방어력이 600점 이상이 되어야 한다.
무기들 중 전투기의 방어력이 가장 낮으므로 전투기를 거래에 이용해야 거래 횟수를 최소화할 수 있다. 우선 전투기 50대를 조기경보기 1대로 교환하면 C국의 방어력이 450점으로 낮아진다. 목표 방어력인 600점에 도달하기 위해서는 150점을 높여야 하는데, 전투기를 방어력이 가장 높은 전차로 교환하면 1대당 $4-1=3$(점)의 방어력을 추가적으로 얻을 수 있으므로, 50대만 거래하면 $3\times50=150$(점)을 높일 수 있다.
따라서 전투기 50대를 조기경보기 1대로 교환하는 거래 1회, 전투기 50대를 전차 50대로 교환하는 거래 1회, 총 2회의 거래만 하면 다른 모든 국가의 공격을 방어할 수 있는 체계를 구축할 수 있다.

41 정보능력 정답 | ②

Quick해설 'H－M－K－J'에서는 A~D 중 어떤 버튼을 누르더라도 'J－K－M－H'가 출력되지 않는다.

[상세해설] A~D 각 버튼을 누른 후의 출력값이 'J－K－M－H'일 때, 버튼을 누르기 전의 출력값은 다음과 같다.

• A: M이 오른쪽으로 두 칸 이동 → 'M－J－K－H'
• B: J가 왼쪽으로 두 칸 이동한 뒤, K가 왼쪽으로 한 칸 이동 → 'K－M－J－H' → 'M－J－H－K'
• C: H가 왼쪽으로 세 칸 이동한 뒤, M이 왼쪽으로 두 칸 이동 → 'H－J－K－M' → 'H－M－J－K'
• D: J가 오른쪽으로 세 칸 이동한 뒤, K가 오른쪽으로 한 칸 이동 → 'K－M－H－J' → 'M－K－H－J'

따라서 불가능한 것은 ②이다.

[오답풀이] ① C버튼을 누르면 'J－K－M－H'가 출력된다.

③ B버튼을 누르면 'J－K－M－H'가 출력된다.

④ A버튼을 누르면 'J－K－M－H'가 출력된다.

⑤ D버튼을 누르면 'J－K－M－H'가 출력된다.

42 정보능력 정답 | ⑤

Quick해설 옥색은 녹색과 청색을 섞어야 나오는 색인데, 적색은 두 RGB 코드가 동일한 상태이므로 녹색과 청색 숫자만 비교한다. 녹색과 청색이 뚜렷할수록 옥색에 가까워지므로, '#2A7EC0'이 '#2A( )E( )2'에 비해 옥색 빛에 더욱 가까워지려면 '7E'와 'C0'가 각각 '( )E'와 '( )2'보다 큰 수가 되어야 한다. 그런데 ( ) 안에 각각 A, F가 차례로 들어가면 반대로 '7E(7×16+14×1=126)'와 'C0(12×16+0×1=192)'는 'AE(10×16+14×1=174)'와 'F2(15×16+2×1=242)'보다 각각 더 작은 수가 되므로 옳지 않다.

[오답풀이] ① 적색이 'DC(13×16+12×1=220)', 녹색이 '1B(1×16+11×1=27)', 청색이 'F1(15×16+1×1=241)'이므로 녹색이 약하고 적색과 청색이 상대적으로 강하다. 따라서 적색과 녹색이 섞인 황색보다는 적색과 청색이 섞인 자색 빛에 가까울 것이다.

② 적색과 청색의 세기는 같지만 녹색의 세기가 'E5', 'DF'로 다르다. 'E5(14×16+5×1=229)'가 'DF(13×16+15×1=223)'보다 큰 수이므로 'E5'가 더 강한 빛이며, 강한 빛이 가산될수록 흰색에 가까워지므로 '#24E56D'는 '#24DF6D'보다 밝은 색을 나타낼 것이다.

③ 'A9(10×16+9×1=169)'는 'B0(11×16+0×1=176)'보다는 작은 수이고 '9A(9×16+10×1=154)'보다는 큰 수이다. 따라서 '#A9A9A9'는 '#B0B0B0'보다는 어둡고 '#9A9A9A'보다는 밝은 색이다.

④ 한 자릿수에 16가지 경우의 수가 있으므로 두 자릿수로는 16×16=256(개)의 색상을 표현할 수 있다. RGB 코드는 여섯 자릿수로 이루어져 있으므로 16,777,216(=256×256×256)개의 색상을 표현할 수 있다.

43 정보능력 정답 | ③

Quick해설 2019년 8월에 출간되었으므로 생산 연월 코드는 1908이며, 경상 지역의 원일 출판사에서 출간된 도서이므로 출간지 코드는 4J이다. 스포츠 분야 자전거 관련 도서이므로 입고품 코드는 04012이며, 25번째 입고도서이므로 입고 수량 코드는 00025이다.

따라서 해당 도서의 재고물품 코드는 1908 － 4J － 04012 － 00025이다.

44 정보능력 정답 | ④

Quick해설 '여성' 분야 도서 담당자는 코드 체계의 알파벳 다음에 오는 숫자가 02여야 한다. 따라서 알파벳 다음에 02003, 02004, 02005, 02006의 코드 번호를 가진 담당자가 모두 해당된다.

따라서 윤 대리는 알파벳 다음에 오는 숫자가 03009이므로 새로운 도서 관리 규정을 안내받을 담당자가 아니다.

45 정보능력 정답 | ④

Quick해설 그리스－로마 신화에 나오는 여신 헤라(Hera)의 이름을 딴 D는 임시지정번호 명명법이 제정되기 전에 발견되었을 것이다. 따라서 가장 먼저 발견된 소행성은 D이다. 두 번째로 발견된 소행성은 1985년에 발견된 B이며, 세 번째로 발견된 소행성은 1987년 5월 전반기에 발견된 C이다. 남은 A와 E는 둘 다 1987년 11월 후반기에 발견되었는데, A는 23번째로, E는 26번째로 발견되었으므로 A가 네 번째, E가 다섯 번째이다.

따라서 먼저 발견된 순서대로 소행성을 나열하면 D−B−C−A−E이다.

46 정보능력 정답 | ③

Quick해설 2022년 5월 15일, 즉 2022년 5월 전반기에 발견되었으므로 임시지정번호는 '2022 J'로 시작한다. 그리고 해당 소행성이 발견되기 직전까지 2022년 5월에만 488개의 다른 소행성이 발견되었으므로, 해당 소행성은 5월 전반기에 489번째로 발견된 소행성이다.
25의 배수 중 489의 바로 앞에 있는 숫자는 475이며, 475=25×19이다. 또한 489는 475에서 489−475=14(번째) 뒤에 있는 숫자이므로 '2022 J' 뒤에는 14에 대응하는 O와 25×19에 대응하는 19를 붙인 'O19'가 와야 한다. 따라서 해당 소행성의 임시지정번호는 '2022 JO19'이다.

47 정보능력 정답 | ④

Quick해설 '23−2'는 2023년에 두 번째로 발행된 국고채라는 뜻이다. 또한 현재 국고채는 4.41~4.42%에 호가가 제시되고 있으므로 '415−'는 4.415%에 매도하고 싶다는 뜻이며, '−' 뒤에 숫자가 붙지 않았으므로 기본 거래단위인 100억 원어치를 의미한다.

48 정보능력 정답 | ②

Quick해설 ⓜ 'ㅎㅈ(확정)', 'ㄱㅅ(감사)'이라는 채팅으로 거래가 성사되었음을 알린 후엔 전화상으로 다시 한 번 거래 내용을 확인하고, 통화내용을 녹취하며 계산서를 팩스로 주고받은 후에 실제 거래가 이루어진다.

[오답풀이] ㉠, ㉡, ㉢ 현재 통안채는 4.24~4.25%에 호가가 제시되고 있으므로 '245+ 500'은 4.245%에 500억 원어치를 매수하고 싶다는 뜻이다.
㉣ 통안채를 최근에 발행된 것부터 나열하면 '통당', '구통당', '구구통'이다. 아직 유통되기 전의 통안채 '통딱(=통닭)'이 유통되기 시작하여 '통당'이 되면 기존에 발행된 통안채들은 뒤로 하나씩 밀려 '통당'은 '구통당'이 된다. 따라서 '구통당'은 '구구통'이 될 것이다.

49 정보능력 정답 | ④

Quick해설 '깨다'(원형) 'basag'의 피동/현재/진행은 'bumeeasags'로 마지막에 's'까지 붙여야 한다.

[상세해설] '불렸다'(피동/과거)는 'tinawags'로, 원형의 첫 자음 뒤에 'in'을 붙이는 변화와 마지막에 's'가 붙는 변화 두 가지가 나타났다. 두 변화 중 하나는 피동, 하나는 과거일 것이다.
한편 '부르는 중이다'(현재/진행)은 'tumeeawag'으로 원형의 첫 자음 뒤에 'umee'가 붙는 변화임을 알 수 있다. 또한 '불리는 중이다'(피동/현재/진행)은 'tumeeawags'로 현재/진행형의 마지막에 's'가 붙는 변화이다. 따라서 마지막에 's'가 붙는 것은 피동이고, 원형의 첫 자음 뒤에 'in'을 붙이는 것은 과거이다.
따라서 '깨다'(원형) 'basag'의 피동/현재/진행형은 'bumeeasags'로 마지막에 's'까지 붙여야 한다.

[오답풀이] ① '구입하다'(원형) 'bili'의 명령형은 첫 자음 뒤에 'um'을 붙인 'bumili'이다.
② '먹다'(원형) 'kain'의 피동/과거형은 첫 자음 뒤에 'in'을, 마지막에 's'를 붙인 'kinains'이다.
③ '찾다'(원형) 'hanap'의 현재/진행형은 첫 자음 뒤에 'umee'를 붙인 'humeeanap'이다.
⑤ '적어라'(명령)이 'sumulat'이므로 '적다'(원형)은 'sulat'일 것이다. '적다'(원형) 'sulat'의 피동/현재/진행형은 첫 자음 뒤에 'umee'를, 마지막에 's'를 붙인 'sumeeulats'이다.

50 정보능력 정답 | ②

Quick해설 2012년 입사: 12, 개발부: BB, 4급 을: 4B, 전주: 76이고, 2011년 이후 입사이므로 랜덤 3자리가 600~999이어야 하나, 현재 3자리가 066으로 000~599 사이이므로 옳지 않다.

[오답풀이] ① 2003년 입사: 03, 홍보부: CB, 2급: 20, 인천: 61, 랜덤: 000~599 사이
③ 2018년 입사: 18, 영업부: CA, 5급 갑: 5A, 대전: 62, 랜덤: 600~999 사이
④ 2005년 입사: 05, 감사부: AA, 3급: 30, 서울: 55, 랜덤: 000~599 사이
⑤ 2007년 입사: 07, 인사부: AB, 4급 갑: 4A, 원주: 77, 랜덤: 000~599 사이

실전모의고사 5회

01	02	03	04	05	06	07	08	09	10
⑤	②	①	②	⑤	⑤	④	③	②	④
11	12	13	14	15	16	17	18	19	20
②	①	⑤	④	③	①	③	④	⑤	①
21	22	23	24	25	26	27	28	29	30
⑤	④	④	③	⑤	①	③	③	②	②
31	32	33	34	35	36	37	38	39	40
①	③	⑤	④	⑤	①	④	④	①	③
41	42	43	44	45	46	47	48	49	50
③	③	③	②	③	⑤	①	⑤	④	⑤
51	52	53	54	55	56	57	58	59	60
⑤	③	①	⑤	①	③	①	①	③	②

01 의사소통능력 정답 | ⑤

Quick해설 마지막 문단의 '관리자와 최고경영자(CEO)의 82%는 직원 복지에 긍정적인 영향을 미쳤다고 답했으며, 51%는 직원 이직률이 감소했고, 32%는 직원 채용 상황이 개선됐다고 밝혔다고 전했다.'는 내용을 통해서 절반 이상의 효과를 보인 것은 복지와 이직률임을 알 수 있다.

[오답풀이] ① 첫 번째 문단의 '미국의 대표적인 진보 정치인 버니 샌더스 상원의원이 주 4일제 근무 도입을 골자로 표준 근로시간 단축 법안을 발의하며 주 4일제 논의가 불붙고 있다.'를 통해서 알 수 있다.

② 두 번째 문단의 '최근에는 주 4일제 관련 대규모 실험이 영국에서 진행됐다. 보스턴칼리지는 2022년 7월부터 영국의 61개 기업을 대상으로 주 4일 근무제를 시범 운영했다. 각각의 개별 기업이 주 4일제 관련 실험을 한 적은 많지만 61개의 기업이 대거 참여한 것은 이번이 처음이었다.'를 통해서 알 수 있다.

③ 첫 번째 문단의 '이에 노동계 등에서는 직장 만족도 향상이나 부의 불평등 완화 등을 이유로 찬성하지만, 재계 등에서는 생산성 저하나 국가경쟁력 약화 등을 들어 반대하는 모양새다.'를 통해서 알 수 있다.

④ 두 번째 문단의 'AI 기술이 발전하면서 주 4일 근무제 전환이 가속화될 수 있다.'를 통해서 알 수 있다.

02 의사소통능력 정답 | ②

Quick해설 주어진 글은 리디노미네이션의 장점을 설명하면서 이를 근거로 글의 전반에서 내수 경제 부양과 저성장 타개를 위한 리디노미네이션 검토를 주장하고 있다.

[오답풀이] ① 첫 번째 문단에서 리디노미네이션의 뜻을 설명하고 있으나 글의 내용을 함축하는 중심 내용이라고 하기 어렵다.

③ 첫 번째 문단에서 우리나라에서 리디노미네이션을 실시한 역사적 배경과 근거를 설명하고 있으나 글의 내용을 함축하는 중심 내용이라고 하기 어렵다.

④ 세 번째 문단에서 리디노미네이션의 효과 중 하나인 지하경제 양성화를 설명하고 있으나, 글의 내용을 함축하는 중심 내용이라고 하기 어렵다.

⑤ 마지막 문단에서 리디노미네이션의 부정적 효과에 대해서도 언급하고 있으나, 주어진 글은 전반적으로 리디노미네이션의 긍정적 효과를 설명하고 있다.

03 의사소통능력 정답 | ①

Quick해설 네 번째 문단에서 한국 원화 단위는 미국 달러의 1,200분의 1이고 일본 엔은 149.98이라고 하였으므로 $\frac{1,200}{149.98}$≒8(배)이다. 따라서 옳지 않은 추론이다.

[오답풀이] ② 첫 번째 문단에 따르면 1953년 2월 15일에 첫 번째 리디노미네이션을 단행하였고 당시 화폐 단위를 '원'에서 '환'으로 바꾸었으며 이는 2차 리디노미네이션때 다시 '원'으로 표시하였다고 하였으므로 그 사이인 1954년의 화폐의 단위는 '환'이었다고 추론할 수 있다.

③ 두 번째 문단에서 2023년 GDP가 2,236조 3,294억임을 알 수 있고 세 번째 문단에서 지하경제가 220~560조 원에 이를 것이라고 예상된다고 하였으므로 지하경제는 2023년 기준 GDP의 10~25% 정도임을 추론할 수 있다.

④ 세 번째 문단의 새로운 화폐로 교환하는 과정에서 소득 신고가 증가할 것이라는 내용을 통해서 리디

노미네이션으로 세수가 증가할 것이라고 추론할 수 있다.

⑤ 네 번째 문단의 삼성전자 주식 예시를 통해 추론할 수 있는 내용이다.

04 의사소통능력 정답 | ②

Quick해설 주어진 글은 젠트리피케이션에 대한 내용이다. 서울 성수동을 사례로 젠트리피케이션의 개념에 대해 소개하고 있는 [가] 문단이 맨 앞에 오고, 젠트리피케이션 개념의 등장 배경에 대해 설명하고 있는 [다] 문단으로 이어져야 한다. 그리고 젠트리피케이션의 긍정적 측면과 부정적 측면에 대한 내용인 [라] 문단이 세 번째에 오고, 젠트리피케이션을 완화하기 위한 움직임에 대해 언급한 [나] 문단으로 글이 마무리 되어야 한다. 따라서 문단을 순서대로 배열하면 [가]－[다]－[라]－[나]이다.

05 의사소통능력 정답 | ⑤

Quick해설 ㉠이 포함된 문단은 젠트리피케이션의 긍정적 측면과 부정적 측면에 대한 내용이다. ㉠이 포함된 문장의 앞에서 젠트리피케이션으로 인해 기존 거주민이나 노동자들이 다른 곳으로 이주해야 한다는 점이 문제라고 언급하였고, 바로 이어지는 문장에서는 '둥지 내몰림'이라는 단어를 통해 기존 거주민이 원치 않은 이주를 하게 되는 것이 젠트리피케이션의 특징임을 강조하고 있다. 따라서 ㉠에는 '구성원의 비자발적 이주'가 들어가는 것이 적절하다.

06 의사소통능력 정답 | ⑤

Quick해설 네 번째 문단에서 연구팀이 블루베리에서 추출한 왁스 성분을 검은색 기판에 입힌 뒤 재결정화 한 결과 그 기판에서도 비슷한 파란색이 나타났고, 무질서한 나노 구조가 관찰되었다고 하였으므로 블루베리 표면의 왁스 성분은 추출 후 재결정화 해도 그 구조가 유지됨을 알 수 있다.

[오답풀이] ① 세 번째 문단에서 블루베리 표면에 있는 왁스는 무질서한 나노 구조로 배열되어 있어 파란색과 자외선 빛을 반사시키는데, 물로만 씻을 경우 왁스 성분이 남아 있어 그대로 파란색을 띤다고 하였다.

② 두 번째 문단에서 블루베리를 압착하면 파란색이 사라진다고 하였으며, 세 번째 문단에서 클로로포름은 왁스 성분은 제거하는 물질이라고 하였다.

③ 첫 번째 문단에서 파란색을 띠는 과일과 채소가 드물다고 하였을 뿐 노란색과 붉은색 중 어떤 색이 더 많은 비율을 차지하는지는 주어진 글을 통해 알 수 없다.

④ 두 번째 문단에 따르면 안토시아닌은 포도에 다량 함유된 색소 물질로 붉은색 빛을 반사한다고 하였으므로, 안토시아닌이 포함된 과일은 대체적으로 붉은색을 띨 것이다.

07 의사소통능력 정답 | ④

Quick해설 ㉡ 다섯 번째 문단을 통해 디스플레이, 2차 전지, 반도체, 자동차 부품 순으로 품목분류 표준해석 지침서가 발간되었음을 알 수 있다.

㉣ 두 번째 문단에서 품목분류는 관세율뿐만 아니라 관세당국의 수출입 허가·승인 및 원산지 판정의 기준이 되는 중요한 사항이라고 하였다.

[오답풀이] ㉠ 네 번째 문단에 따르면 친환경차 부품의 품목번호는 제1·2부에 포함된다.

㉢ 첫 번째 문단에서 품목분류에 따라 6자리 품목번호가 협약을 통해 규정되며, 6자리 아래 품목번호는 나라별로 상황에 맞게 운영한다고 하였다. 이때 한국과 미국은 10단위로 동일하므로 자릿수가 같다.

08 의사소통능력 정답 | ③

Quick해설 세 번째 문단에서 '탐지 역치'란 냄새를 탐지할 수 있는 최저 농도이며, 메탄올의 탐지 역치가 박하향에 비해 약 3,500배가량 높다고 언급하고 있다. 따라서 박하 향의 탐지 역치는 메탄올의 탐지 역치보다 낮다.

[오답풀이] ① 첫 번째 문단에서 취기재의 분자가 코의 내벽에 있는 후각 수용기를 자극하기 때문에 우리가 어떤 냄새가 난다고 탐지할 수 있다고 하였다.

② 첫 번째 문단에서 후각은 우리 몸에 해로운 물질을 탐지하는 문지기 역할을 하는 중요한 감각이라고 하였다.

④ 두 번째 문단에서 개의 후각 수용기는 10억 개에 달하는 반면 인간의 후각 수용기는 1천만 개에 불과하다고 하였다.

⑤ 두 번째 문단에서 인간도 다른 동물과 마찬가지로 취기재의 분자 하나에도 민감하게 반응하는 후각 수용기를 갖고 있다고 하였다.

09 의사소통능력 정답 | ②

Quick해설 네 번째 문단에서 취기재의 정체를 인식하려면 취기재의 농도가 탐지 역치보다 3배가량은 높아야 한다고 언급하고 있다. ㉠의 상태는 취기재의 농도가 탐지 역치보다는 높지만 3배에는 미치지 못하는 것에 해당한다고 볼 수 있다. 이러한 조건을 만족하는 것은 탐지 역치가 10이고 취기재의 농도가 15인 경우에 해당한다. 농도(15)가 탐지 역치(10)보다 높으므로 냄새의 존재를 확인할 수는 있으나, 농도가 15에 불과하므로 탐지 역치의 3배(30)가 넘지는 않기 때문이다.

[오답풀이] ①, ④ 취기재의 농도가 탐지 역치보다 낮으므로 냄새를 탐지하지 못한다.

③, ⑤ 취기재의 농도가 탐지 역치의 3배보다 높으므로 취기재의 정체를 인식한다.

10 의사소통능력 정답 | ④

Quick해설 [라] 문단에서는 수송부문 전력화 기술이 아닌 P2H, 즉 냉난방 전력화 기술의 특징과 한계점을 전반적으로 설명하고 있다. 따라서 중심내용은 '냉난방 전력화 기술(P2H)의 특징과 한계'가 적절하다.

11 의사소통능력 정답 | ②

Quick해설 주어진 글은 건축물이나 추상적인 예술작품의 아름다움을 느끼는 이유를 설명하고 있다. 네 번째 문단을 보면 건축은 단순히 자연을 모방하기보다는 부분들 간의 관계에서 생기는 비례의 아름다움을 보여준다고 하였다.

[오답풀이] ① 세 번째 문단을 보면, 초상화를 보고 초상화의 모델이 된 사람을 알아볼 수 있었다면 이는 감각적 차원에서 둘 사이의 유사성을 지각한 것이라고 하였다.

③ 세 번째 문단에서 예술 체험에서 감각적 기쁨은 약화되지만, 다른 차원의 기쁨을 느낄 수 있다고 하였다.

④ 두 번째 문단에서 예술작품에서는 색채나 형태 그 자체가 아니라 정신적인 것을 표현한 경우가 많으며, 이때 작가는 내용을 암시만 하는 정도로 색채나 형태와 같은 감각적 매체를 사용할 수밖에 없다고 하였다.

⑤ 첫 번째 문단에서 아름다운 것이란 일반적으로 적절한 크기와 형식을 이룰 때 성립하며 어떤 대상이 우리의 감각으로 파악하기에 적합한 크기와 형식을 벗어날 때 우리는 아름다움이나 조화보다는 불편함을 느끼게 된다고 하였다.

12 의사소통능력 정답 | ①

Quick해설 주어진 글은 집단극화 현상에 대해 설명하고 있다. 따라서 빈칸에는 집단극화 현상이 어떠한 현상인지 정리해 주는 내용이 들어가야 한다. 빈칸 뒤의 문단들을 살펴보면 다음과 같다. 두 번째 문단에서는 집단 구성에서 타인보다 자신의 의견을 더 극단화해서 밝힌다는 사회비교 이론을 제시하고 있다. 세 번째 문단에서는 집단 의견의 방향과 일치하면서 그럴듯한 주장이 제시되면 극단의 의견이 더 설득적이라 생각하게 되어 결과적으로 집단의 결정이 양극의 하나로 정해진다는 설득주장 이론을 제시하고 있다. 마지막으로 네 번째 문단에서는 내집단 구성원 간의 의견차는 극소화되지만 외집단과 내집단의 차이는 극대화된다는 사회정체성 이론을 제시하고 있다. 이 세 가지의 이론에서 공통적인 부분은 바로 집단에서 의견이 점점 극단화된다는 것이다. 따라서 집단극화를 설명한 내용으로는 집단의 최초 의견이 점점 극단화된다는 내용이 가장 적절하다.

[오답풀이] ② 집단의 최초 의견이 모험적인 경우는 덜 모험적인 방향으로, 보수적인 경향이었다면 덜 모험적인 경향으로 결정되는 것은 극단화와 정반대의 개념이다.

③ 집단의 최초 의견이 모험적인 경우는 더 보수적인 방향으로, 보수적인 경향이었다면 더 모험적인 경향으로 결정된다는 내용은 글을 통해 확인할 수 없다. 주어진 글을 통해서는 대부분 집단의 의견과 동조되기 마련이라는 내용만을 확인할 수 있다.

④, ⑤ 집단 내의 권력이 센 사람의 의견이나 다수의 의견에 따라 어떻게 결정되는지는 주어진 글을 통해서는 알 수 없다.

13 의사소통능력 정답 | ⑤

Quick해설 [마] 문단에서는 전세제도에서 기인한 주거선택의 다양성을 근거로 '전세의 소멸이 반드시 필요하지 않다.'라는 주장을 하고 있으므로 ⑤는 적절하지 않다.

14 의사소통능력 정답 | ④

Quick해설 [라] 문단의 '전세제도가 장점만 있는 것은 아니다. 가장 큰 문제는 보증금 미반환 위험이다. 확정일자 제도와 보증보험을 통해 위험을 제거할 수 있지만 사각지대가 존재한다.'라는 문장을 통해서 확정일자와 보증보험으로는 보증금 미반환 위험을 완전히 회피할 수 없다는 사실을 확인할 수 있다.

[오답풀이] ① [나] 문단의 '역사적으로 고려시대에 실크로드를 통해 중국의 전세제도인 '전당'이 전해진 것으로 추측된다.'라고 하였으므로 전세제도가 우리나라만의 고유한 문화라는 것은 옳지 않다.

② [가] 문단의 '현재 한국처럼 탄탄한 금융시스템을 갖춘 나라 중에 전세가 운영되는 사례는 없다.'라는 내용을 통해 한국을 제외한 선진국에는 없는 것을 알 수 있다.

③ [다] 문단에서 세입자는 전월세전환율이 시중금리보다 높은 경우에 월세보다 전세보증금 대출을 받아 대출이자를 내는 것이 유리하다고 했다. 따라서 전월세전환율보다 시중금리가 높다면 세입자는 전세보다 월세가 유리하다.

⑤ [마] 문단의 '전세제도 덕에 한국은 주거선택의 다양성이 높은 나라로 꼽힌다.'라는 내용을 통해서 옳지 않다는 것을 알 수 있다.

15 의사소통능력 정답 | ③

Quick해설 스스로 꾸미는 DIY 인테리어 시장의 성장은 다소 불편해도 자신의 노동력이 들어간 제품을 더 낫게 여기는 심리적 요인을 반영한 이케아 효과로 볼 수 있기에 옳게 추론한 내용이다.

[오답풀이] ① 두 번째 문단의 '허구의 걱정거리를 만들거나 지나친 과장된 메시지를 전달하면 오히려 브랜드에 대한 신뢰를 잃는 역효과가 발생할 수 있다.'를 통해서 옳지 않은 추론임을 알 수 있다.

② 두 번째 문단의 '고객들은 얻는 즐거움보다 잃는 고통이 크다는 사실을 기억해야 한다.'를 통해 옳지 않은 추론임을 알 수 있다.

④ 주어진 글은 소비자의 심리와 관련된 내용으로 가격 전략과 시장 규모 파악은 관련이 없다.

⑤ 세 번째 문단의 '기업의 광고 마케팅에 대해서 소비자들은 '당연히 자기 제품이 좋다고 하겠지'라며 신뢰하지 못하고는 한다.'를 통해 옳지 않은 추론임을 알 수 있다.

16 의사소통능력 정답 | ①

Quick해설 ㉠ 느리게 떨어지는 단점이 있지만 그만큼 진하다는 장점을 동시에 드러낸 광고로 양면 제시를 이용한 광고 문구이다.

㉡ 약국에서만 판매하는 단점이 있지만 그만큼 피로회복효과가 높다는 장점을 드러낸 광고로 양면 제시를 이용한 광고 문구이다.

[오답풀이] ㉢ 제한된 시간을 활용하는 마케팅은 제품을 살 기회가 없을 수 있다는 마음을 자극해 판매효과를 누리는 기법으로 고객의 손실회피 성향을 이용한 광고 문구이다.

㉣ 소비자가 상품 제작에 직접 참여할 수 있음을 강조하는 이케아 효과를 이용한 광고 문구이다.

17 의사소통능력 정답 | ③

Quick해설 주어진 글과 [보기]를 통해서는 천상열차분야지도가 일반 백성들에게 천문 지식을 널리 알리려는 의도로 만들어졌는지는 알 수 없다.

[오답풀이] ① 천상열차분야지도는 조선 태조 4년에 제작되었다고 하였으며, [보기]에서 왕에게 천상열차분야지도를 비석에 새기고 천문관원을 시켜 하늘의 뜻을 살피라고 하고 있다는 점에서 조선 시대에 천문도를 제작하고 이를 비석에 새기는 일은 국가의 역점 사업 가운데 하나였음을 추론할 수 있다.

② 천상열차분야지도는 조선 태조 4년에 제작된, 세계에서 두 번째로 오래된 천문도라고 하였다.

④ [보기]에서 천문관원을 시켜 하늘의 뜻을 살피는 일을 게을리하지 않으면 왕의 공이 성대하게 빛날 것이라고 하였다는 점에서 조선 시대에 천문관원은 천문과 시간을 관측함으로써 하늘의 뜻을 살피는 역할을 맡았음을 추론할 수 있다.

⑤ [보기]에서 중국의 요임금과 순임금도 천문관서를 설치하였고, 조선의 임금도 천상열차분야지도를 통해 하늘의 뜻을 살펴 공을 빛내야 한다고 주장하고 있다는 점에서 옛날에는 별자리의 변화를 살펴 하늘의 뜻을 정치에 반영하는 것이 곧 훌륭한 정치였음을 추론할 수 있다.

18 의사소통능력 정답 | ④

Quick해설 네 번째 문단에 따르면 우리나라는 환경기술 및 환경산업 지원법에 따라 친환경 제품으로 오인할 부당한 표시를 금지할 수 있게 되었지만 아직까지 정부 차원의 구체적인 그린워싱 가이드라인이 필요하다는 주장이 나오는 등 검증을 위한 기준이 부재한 사황이다.

[오답풀이] ① 세 번째 문단에서 프랑스에서는 2021년 4월 그린워싱에 대한 벌금을 부과할 수 있는 법안이 통과되어 위반 시 홍보 캠페인 비용의 80%까지 벌금을 납부해야 한다고 하였다.

② 네 번째 문단에서 친환경 인증 마크와 같은 인증 형식은 소비자가 제품 구매 시 기업 자체 인증 마크인지 일일이 구분해야 한다고 하였으므로 인증 마크는 기업에서 자체적으로도 부여함을 알 수 있다.

③ 첫 번째 문단에서 그린워싱은 소비자들을 속임으로써 경제적 이득을 쉽게 취하려는 기업의 행태라고 하였다.

⑤ 세 번째 문단에 따르면 영국 공정거래위원회는 소비자법에 근거한 6가지 원칙이 담긴 그린 클레임코드를 발표하였다.

19 의사소통능력 정답 | ⑤

Quick해설 주어진 글의 아일랜드 대기근 사례는 다양성이 인간에게 시사하는 바를 보여 준다.

20 의사소통능력 정답 | ①

Quick해설 두 번째 문단에 따르면 자율주행차의 6단계 중 0단계부터 3단계까지, 즉 자율주행차의 6단계 중 4개의 단계에서 운전자의 개입을 필요로 한다.

[오답풀이] ② 다섯 번째 문단에서 외부 주행 환경을 파악하는 센서가 아무리 고도화된다 해도 주변 차량이 갑자기 차선을 변경하거나 시야 확보가 좋지 못한 상황에서는 사고가 발생할 수 있으므로 차량, 인프라 등 사람과 통신을 통해 끊임없이 정보를 주고받는 V2X 기술의 발전도 함께 요구된다고 하였다.

③ 첫 번째 문단에서 출발지에서 도착지까지의 경로, 차량의 현재 위치, 차선과 교차로 등을 파악하는 정밀지도 기능은 자율주행에 있어 필수적 요소라고 하였다.

④ 두 번째 문단에서 현재 상용화된 자율주행차는 대부분 2단계의 자율주행 시스템이라고 하였으며, 이어 세 번째 문단에서 현재 상용화된, '센서 카메라와 레이더 센서를 묶어 자율주행에 적용한 자율주행차'는 카메라로 인식하고, 이를 분류하는 방식으로 교통표지판을 인식한다고 하였다.

⑤ 네 번째 문단에서 라이다와 레이더는 자율주행차의 전반 인식을 가능케 하는 센서로, 두 종류의 센서가 작동하면서 대상과의 거리를 측정한다고 하였으므로 이상이 생긴 경우 주변 대상과의 거리를 제공받기 어려울 것임을 추론할 수 있다.

21 수리능력 정답 | ⑤

Quick해설 마지막 자리의 숫자가 홀수인 세 자리 수를 만들 수 있는 경우의 수는 $6\times6\times3=108$(가지)이다.

[상세해설] 주어진 조건에서 카드는 뽑고 난 뒤 다시 뒤집어놓는다고 했으므로 중복을 허용한다.
마지막에 올 수 있는 숫자는 1, 3, 5로 3개이고, 백의 자리와 십의 자리에 올 수 있는 숫자는 1, 2, 3, 4, 5,

6으로 6개이다.
따라서 만들 수 있는 세 자리 수 중 마지막 자리가 홀수인 경우의 수는 $6\times6\times3=108$(가지)이다.

22 수리능력 정답 | ④

Quick해설 오답 개수를 x, 무응답 개수를 y, 정답 개수를 z라고 하면 다음과 같이 식을 세울 수 있다.

$x+y+z=60$ … ㉠

$-3x-2y+5z=220$ … ㉡

㉠에서 $z=60-x-y$이므로 이 식을 ㉡에 대입하면

$-3x-2y+5(60-x-y)=220$,

$-8x-7y=-80$

즉, $8x+7y=80$이므로 이 식을 만족시키는 자연수 x, y의 값은 $x=3$, $y=8$ 또는 $x=10$, $y=0$이다.

이때 $x=3$, $y=8$이면 $z=49$이고, $x=10$, $y=0$이면 $z=50$이다.

따라서 A가 맞힌 정답의 최대 개수로 가능한 것은 50개이다.

23 수리능력 정답 | ④

Quick해설 A열차, B열차, C열차가 모든 정차역을 거친 후 H역으로 돌아오기까지의 운행 시간은 다음과 같다.

- A열차: $50\times2\times2=200$(분)
- B열차: $32\times2\times2.5=160$(분)
- C열차: $20\times2\times3=120$(분)

이때 A열차, B열차, C열차 운행 시간의 최소공배수는 2,400분이므로 A열차, B열차, C열차는 H역에서 동시에 출발하고 2,400분 뒤에 다시 H역에서 동시에 출발할 수 있다.

따라서 세 열차가 다시 H역에서 동시에 출발하기 위해서는 B열차가 $2,400\div160=15$(바퀴)를 돌아야 한다.

24 수리능력 정답 | ③

Quick해설 최종 면접에 통과한 지원자 수를 x명, 공개채용에서 떨어진 지원자 수를 y명이라 두면 최종 면접에 통과한 남자 지원자 수는 $\frac{3}{5}x$명, 여자 지원자 수는 $\frac{2}{5}x$명, 공개 채용에서 떨어진 남자 지원자 수는 $\frac{1}{3}y$명, 여자 지원자 수는 $\frac{2}{3}y$명이다.

공개채용에 지원한 남자와 여자의 비율이 5 : 4이므로

$\frac{3}{5}x+\frac{1}{3}y : \frac{2}{5}x+\frac{2}{3}y=5 : 4$이다.

이 식을 풀면, $x=5y$이므로 공개채용에 지원한 총 지원자 수는 $x+y=6y$(명)이다. 총 지원자 수는 6의 배수이어야 하고, 공개채용에 지원한 남자와 여자의 비율이 5 : 4이므로 총 지원자 수는 9의 배수도 되어야 한다.

따라서 공개채용에 지원한 총 지원자 수는 6의 배수와 9의 배수를 동시에 만족하는 18의 배수인 126명이 가능하다.

25 수리능력 정답 | ⑤

Quick해설 [그래프]를 보면 2018년 전북 귀농인구는 1,250명보다 약간 많고, 경북 귀농인구는 2,250명보다 약간 적다. $\frac{2,250}{1,250}=1.8$(배)이므로 경북 귀농인구는 전북 귀농인구의 1.8배 미만이므로 2배 이상이 아니다.

[오답풀이] ① 전국 귀농인구는 2021년에 14,461명으로 가장 많고, 2013년에는 10,312명으로 가장 적다. $\frac{14,461}{10,312}\fallingdotseq1.40$이므로 2021년의 전국 귀농인구는 2013년에 비해 40% 이상 많다.

② [그래프]를 보면 2019~2022년 강원 귀농인구는 약 1,000명이나, 경북 귀농인구는 2,000명을 상회하므로 매년 강원 귀농인구의 2배 이상이다.

③ [그래프]를 보면 2022년 경북 귀농인구는 2,500명 이상이고, 강원 귀농인구는 1,000명 미만이며 전북 귀농인구는 약 1,250명이므로 경북 귀농인구가 두 지역의 귀농인구 합보다 많다.

④ [그래프]에서 2017년 강원 귀농인구의 막대그래프 높이가 가장 낮으므로 강원의 귀농인구가 가장 적다.

26 수리능력 정답 | ①

Quick해설 ㉠ 전년 대비 증가율은 매번 양수이므로 매년 증가하고 있음을 알 수 있다.

㉢ 2019년 한국인 남편의 혼인 수가 가장 많으며 다문화가구 수의 전년 대비 증가율도 가장 크다.

[오답풀이] ㉡ 2020~2021년에는 전년 대비 한국인 남편의 혼인 수가 감소하였다.

㉣ 2021년 한국인 남편의 혼인 수가 가장 적고, 2017년 다문화가구 수의 전년 대비 증가율이 가장 작다.

27 수리능력 정답 | ③

Quick해설 2012년 말 전체 기금운용액이 3,919,677억 원이므로 2013년 말 전체 기금운용액은 3,919,677+486,278−136,410=4,269,545(억 원)이고 2014년 말 전체 기금운용액은 4,269,545+571,987−143,304=4,698,228(억 원)이므로 4,500,000억 원 이상이다.

[오답풀이] ① 장애연금수급자는 2013년, 2016년, 2017년에 전년 대비 감소하였다.

② 2016년 연금수급자는 3,412,350+647,445+75,497=4,135,292(명), 2015년 연금수급자는 3,151,349+605,151+75,688=3,832,188(명)으로 400만 명을 처음 넘긴 것은 2016년이다.

④ 2012년 연금수급자는 2,748,455+485,822+75,934=3,310,211(명), 2013년 연금수급자는 2,840,660+524,992+75,041=3,440,693(명)으로 2013년 전년 대비 증가율은 $\frac{3,440,693-3,310,211}{3,310,211}\times 100 \fallingdotseq 3.9(\%)$이다.

2018년 연금수급자는 3,778,824+742,132+75,734=4,596,690(명), 2019년 연금수급자는 4,090,497+792,774+77,872=4,961,143(명)으로 2019년 전년 대비 증가율은 $\frac{4,961,143-4,596,690}{4,596,690}\times 100 \fallingdotseq 7.9(\%)$이다.

⑤ 기금운용 증감액은 '(조성액−지출액)'이다. 2018년 기금운용 증감액은 385,347−213,958=171,389(억 원), 2019년 기금운용 증감액은 1,213,056−234,329=978,727(억 원)이므로 2018년의 전년 대비 증감액이 가장 많지 않다.

28 수리능력 정답 | ③

Quick해설 [표]에서 2021년 정부기관별 신뢰도는 전년 대비 모두 상승했다. 신뢰도가 전년 대비 10%p 이상 상승한 정부기관은 국회 34.4−21.1=13.3(%p), 법원 51.3−41.1=10.2(%p), 검찰 50.1−36.3=13.8(%p)로 총 3곳이므로 옳지 않다.

[오답풀이] ① [표]에서 2013년 신뢰도가 가장 높은 정부기관은 군대(59.6%)이고, 가장 낮은 정부기관은 국회(16.7%)이다. 두 정부기관의 신뢰도 차이는 59.6−16.7=42.9(%p)이다.

② [표]에서 2021년 신뢰도가 높은 정부기관 순서대로 나열하면 지방자치단체(58.5%), 군대(56.1%), 중앙정부(56.0%), 경찰(55.3%), 법원(51.3%), 검찰(50.1%), 국회(34.4%) 순이다.

④ [그래프]에서 2021년 정부기관별로 국민의 신뢰도가 가장 높은 교육수준은 초졸 이하가 법원, 검찰, 경찰로 총 3개, 중졸이 지방자치단체, 군대로 총 2개, 대졸 이상이 중앙정부, 국회로 2개이다. 따라서 초졸 이하는 3개, 중졸과 대졸 이상의 합은 4개이다.

⑤ [표]에서 2019년 신뢰도가 가장 높은 정부기관은 군대(48.0%)이고, [그래프]에서 2021년 군대의 교육수준별 정부기관 신뢰도는 대졸 이상이 54.4%로 가장 낮다.

29 수리능력 정답 | ②

Quick해설 ㉠ 소득·소비과세액의 전년 대비 증가율은 2017년의 경우 $\frac{362,597-338,703}{338,703}\times 100 \fallingdotseq 7.1(\%)$, 2018년의 경우 $\frac{387,968-362,597}{362,597}\times 100 \fallingdotseq 7.0(\%)$로 6.5% 이상씩 증가하였다.

㉣ 2019년 지방세 총액이 전년 대비 10% 증가하고, 세원별 비중이 2017년과 동일하다면 2019년 지방세 총액은 843,183×1.1=927,501.3(억 원)이고, 기타과세는 927,501.3×0.089≒82,547.6(억 원)이다. 따라서 2019년 기타과세의 전년 대비 증가액은 82,547.6−70,843=11,704.6(억 원)≒1.17(조 원)으로 1.1조 원 이상이다.

[오답풀이] ㉡ 재산과세액은 2016년 345,276억 원, 2017년 370,114억 원, 2018년 384,372억 원으로 매년 증가하였다. 지방세에서 재산과세가 차지하는 비중은 2016년 45.7%, 2017년 46.0%, 2018년 45.6%로 매년 감소한 것은 아니다.

ⓒ 지방세 총액의 전년 대비 증가율은 2017년의 경우 $\frac{804,091-755,317}{755,317}\times 100 ≒ 6.5(\%)$, 2018년의 경우 $\frac{843,183-804,091}{804,091}\times 100 ≒ 4.9(\%)$이다.

30 수리능력

정답 | ②

Quick해설 ㉠ 2011~2015년에 대한 자료이므로 옳지 않다.

ⓑ 2020년 전국 연령별 생애 첫 부동산 매수인 현황은 19~29세가 48,914+56,248=105,162(명), 30~39세가 122,252+142,894=265,146(명), 40~49세가 88,496+71,554=160,050(명), 50~59세가 71,855+34,050=105,905(명)이다. 그래프에서 30~39세와 40~49세의 수치가 서로 바뀌었으므로 옳지 않다.

따라서 옳지 않은 것은 ㉠, ⓑ으로 2개이다.

[오답풀이] ⓒ 2018년 전국 연령별 남자와 여자의 생애 첫 부동산 매수인 수의 차이는 19~29세가 48,645−40,332=8,313(명), 30~39세가 140,767−115,452=25,315(명), 40~49세가 85,124−63,661=21,463(명), 50~59세가 69,571−28,826=40,745(명)이다.

ⓓ 2020년 전국 대비 서울시 연령별 생애 첫 부동산 매수인 비율은 19~29세가 $\frac{14,518}{105,162}\times 100 ≒ 13.8(\%)$, 30~39세가 $\frac{44,672}{265,146}\times 100 ≒ 16.8(\%)$, 40~49세가 $\frac{19,849}{160,050}\times 100 ≒ 12.4(\%)$, 50~59세가 $\frac{10,934}{105,905}\times 100 ≒ 10.3(\%)$이다.

[문제해결 Tip]

계산하지 않아도 되거나 간단한 계산으로 구할 수 있는 [보기]를 먼저 해결하고, 복잡한 계산이 필요한 경우는 어림산으로 구하여 문제 해결 시간을 단축한다.

31 수리능력

정답 | ①

Quick해설 아파트를 제외한 거처 유형은 혼인 1년 차에 비해 혼인 2년 차에 해당 유형에 거주하는 신혼부부 수가 줄어든다. 아파트에 거주하는 신혼부부의 수는 혼인 연차가 높아질수록 93,948 → 103,413 → 119,198 → 131,079 → 142,642(쌍)으로 많아진다.

[오답풀이] ② 혼인 2년 차 신혼부부 중에 단독주택에 거주하는 신혼부부 수는 16,265쌍이고, 연립주택과 다세대주택에 거주하는 신혼부부 수의 합은 2,610+14,440=17,050(쌍)으로 단독주택에 거주하는 신혼부부 수보다 많다.

③ 거처 유형이 단독주택인 신혼부부 중에서는 혼인 4년 차 신혼부부가 18,029쌍으로 세 번째로 많다.

④ [표]에 따르면 다세대주택에 거주하는 혼인 1~5년 차 신혼부부 수는 혼인 연차별로 14,090~14,958쌍으로 비슷하나, 아파트와 연립주택의 경우는 혼인 5년 차의 신혼부부 수가 다른 혼인 연차의 신혼부부 수에 비해 훨씬 많다. 따라서 공동주택에 거주하는 신혼부부 중 가장 많은 혼인 연차는 혼인 5년 차 신혼부부이다.

⑤ 다세대주택에 거주하는 혼인 3년 차 신혼부부 수는 14,958쌍이고, 혼인 4년 차 신혼부부 수는 14,593쌍으로 혼인 연차가 높아질수록 감소한다.

32 수리능력

정답 | ③

Quick해설 아파트에 거주하는 혼인 1년 차 신혼부부 수는 93,948쌍이고, 혼인 5년 차 신혼부부 수는 142,642쌍이다. 따라서 증가율은 $\frac{142,642-93,948}{93,948}\times 100 ≒ 52(\%)$이다.

33 수리능력

정답 | ⑤

Quick해설 진료용 일반장비의 수출량 1개당 수출액은 $\frac{48,813}{79} ≒ 617.9$(달러)이다.

[오답풀이] ① 치과처치용 기계기구의 생산량 1개당 생산액은 $\frac{9,380,000}{9,098} ≒ 1,031$(원)이다.

② 검체 전처리 기기는 수출량이 생산량의 $\frac{29,591}{100,158} ≒ 0.3$(배)이다.

③ 치과처치용 재료 수출액은 생명유지 장치 수출액보다 76,936−33,100=43,836(천 달러) 많다.

④ 생산량이 수출량보다 많은 품목은 면역 검사기기를 제외한 모든 품목으로 총 8개이다.

34 수리능력

정답 | ④

Quick해설 남자 10만 명 중 노후를 준비하고 있다고 응답한 사람 비중은 70.7%이다. 그리고 그중에서 '직역연금'으로 노후를 준비하고 있다고 응답한 사람 비중이 8.7%이다. 따라서 남자 중 '직역연금'으로 노후를 준비하고 있다고 응답한 사람 수는 100,000×0.707×0.087≒6,151(명)이므로 6,000명 이상이다.

[오답풀이] ①, ②, ③ 연령대별로 조사 인원이 어떻게 분배되어 있는지 알 수 없으므로 정확한 인원수 또한 확인할 수 없다.

⑤ 80세 이상에서는 '국민연금'보다 '기타' 항목으로 노후를 준비하는 비중이 높으므로 옳지 않다.

[문제해결 Tip]

자료에서 남녀별 인원 비중만 구분되어 있다는 사실을 먼저 확인한다면 옳지 않은 선택지를 쉽게 지워나갈 수 있다.

35 수리능력

정답 | ⑤

Quick해설 여자 10만 명 중 아직 노후를 준비하지 않은 사람의 비중은 100−64.2=35.8(%)이므로 그 인원수는 35,800명이다. 이 중 '앞으로 준비할 계획'이라고 응답한 사람은 35,800×0.345=12,351(명)이고, '준비능력 부족'이라고 응답한 사람은 35,800×0.374≒13,389(명)이다. 따라서 그래프를 바르게 나타내면 다음과 같다.

(단위: 명)

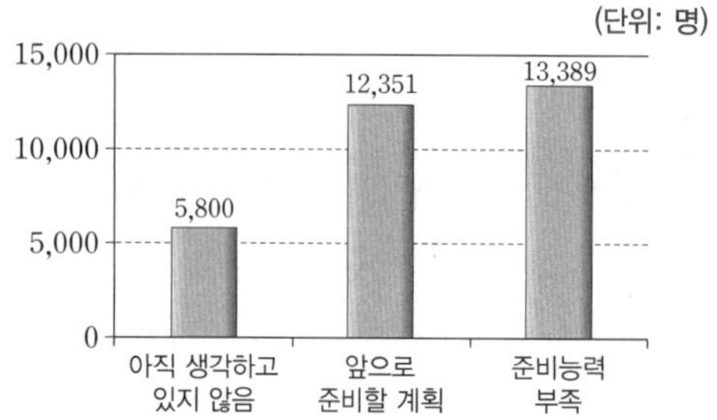

[오답풀이] ① 남자 중 노후를 준비하는 방법에 따른 인원수를 구하면 다음과 같다.

- 국민연금: 100,000×0.707×0.621≒43,905(명)
- 기타: 100,000×0.707×0.253≒17,887(명)

② 남자 중 노후를 준비하지 않은 사유에 따른 인원수를 구하면 다음과 같다.

- 아직 생각하고 있지 않음: 100,000×(1−0.707)×0.219≒6,417(명)
- 앞으로 준비할 계획: 100,000×(1−0.707)×0.383≒11,222(명)
- 준비능력 부족: 100,000×(1−0.707)×0.36=10,548(명)

③, ④ 여자 중 노후를 준비하는 방법에 따른 인원수를 구하면 다음과 같다.

- 국민연금: 100,000×0.642×0.558≒35,824(명)
- 기타: 100,000×0.642×0.321≒20,608(명)
- 직역연금: 100,000×0.642×0.084≒5,393(명)
- 퇴직연금: 100,000×0.642×0.037≒2,375(명)

36 수리능력

정답 | ①

Quick해설 A에 들어갈 값은 2023년 7월의 수출 금액에서 무역수지를 뺀 값으로 50,458−1,720=48,738(백만 불)이고, B에 들어갈 값은 2023년 4월의 수출 금액에서 수입 금액을 뺀 값으로 49,431−51,940=−2,509(백만 불)이다.
따라서 A와 B의 합은 48,738+(−2,509)=46,229이다.

37 수리능력

정답 | ④

Quick해설 [표]에서 수입 금액은 2023년 4월 대비 2023년 7월에 51,940백만 불에서 48,738백만 불로 감소하였으므로, 막대그래프의 높이가 2023년 7월에는 낮아지도록 나타내야 한다.

[문제해결 Tip]

빠른 풀이를 위해 증가와 감소하는 추이에서 오류를 먼저 찾아보는 것이 좋다.

38 수리능력

정답 | ④

Quick해설 ㉣ 2020년 부주의로 인한 발화요인 중 155명의 인명피해를 낸 '음식물 조리 중'이 인명피해가 가장 큰 항목이고, 건당 $\frac{155}{3,040}$≒0.05(명)의 인명피해를 냈으므로 옳지 않다.

[오답풀이] ㉠, ㉡ 2011~2020년 전체 화재건수 중 부주의로 인해 발생한 화재의 비중은 $\frac{210,254}{398,383}\times100$ ≒52.8(%)로 가장 높고, 방화의심으로 인해 발생한 화재의 비중은 $\frac{8,250}{398,383}\times100$≒2.1(%)로 가장 낮다.

㉢ 2011~2020년 부주의로 인한 화재 중 담배꽁초로 인한 화재 건수는 210,254×0.321≒67,492(건)으로 가장 많고, 음식물 조리 중으로 인한 화재 건수는 210,254×0.171≒35,953(건)으로 두 번째로 많다. 쓰레기 소각으로 인한 화재 건수는 210,254×0.138≒29,015(건)으로 세 번째로 많다.

㉤ 2020년 부주의로 인한 발화요인 중 건당 재산피해액은 '기기 사용·설치 부주의'가 $\frac{39,965,264}{774}$≒51,635(천 원)=51.635(백만 원)으로 가장 크다.

[문제해결 Tip]

㉣ [표]에서 건당 인명피해 인원은 $\frac{\text{인명피해 인원}}{\text{건수}}$의 식으로 구하고, (건수)>(인명피해 인원)이므로 0보다 크고 1보다 작은 수가 나온다. 따라서 계산하지 않아도 옳지 않은 내용임을 알 수 있다.

㉤ [표]에서 건수 대비 재산피해액이 압도적으로 큰 항목을 눈으로 추린 뒤 어림산하여 시간을 단축한다.

39 수리능력 정답 | ①

Quick해설 필기 시험 응시율은 필기 시험 응시자 수를 필기 시험 접수자 수로 나눈 것이고, 실기 시험 응시율은 실기 시험 응시자 수를 실기 시험 접수자 수로 나눈 것이다. 이에 따라 A~D의 값을 구하면 다음과 같다.

- $A=\frac{82,315}{106,883}\times100$≒77.0(%)
- $B=\frac{191,429+56,919}{224,587+65,265}\times100$
  $=\frac{248,348}{289,852}\times100$≒85.7(%)
- $C=\frac{19,615}{22,803}\times100$≒86.0(%)
- $D=\frac{3,712}{3,731}\times100$≒99.5(%)

따라서 A<B<C<D이다.

40 수리능력 정답 | ③

Quick해설 합격자 수는 응시자 수와 합격률을 곱한 값이다. 이에 따라 a, b의 값을 구하면 다음과 같다.

- a=1,246×0.479≒597(명)
- b=191,429×0.594≒113,709(명)

따라서 $(b-a)$=113,112이므로 ③이 정답이다.

41 문제해결능력 정답 | ③

Quick해설 [보기]의 명제를 대우명제로 표현하면 다음과 같다.

- 무게가 무겁지 않은 노트북은 두께가 두껍지 않다.
- 화질이 좋은 노트북은 사람들에게 인기가 많다.
- 사람들에게 인기가 많은 노트북은 무게가 무겁지 않다.

따라서 주어진 대우명제를 연결하면, 화질이 좋은 노트북은 사람들에게 인기가 많고, 사람들에게 인기가 많은 노트북은 무게가 무겁지 않음을 알 수 있다. 즉, 화질이 좋은 노트북은 무게가 무겁지 않다는 결론이 도출된다.

[오답풀이] ① 사람들에게 인기가 많지 않은 노트북은 화질이 좋지 않다는 것만 판단할 수 있다.

② 첫 번째 명제의 역은 옳고 그름을 판단할 수 없는 명제이다.

④ 사람들에게 인기가 많은 노트북은 무게가 무겁지 않고, 무게가 무겁지 않은 노트북은 두께가 두껍지 않다.

⑤ 무게가 무겁지 않으면 노트북 두께가 두껍지 않다는 것만 판단할 수 있다.

42 문제해결능력 정답 | ③

Quick해설 거짓을 말한 사람과 지각한 사람 모두 C이다.

[상세해설] B와 C의 진술은 동시에 참일 수 없다. 따라서 둘 중 하나가 거짓이므로, 나머지 A, D, E의 진술은 모두 참이다. 이에 따라 A와 D는 지각하지 않았고, A 아니면 C가 지각을 하였는데, A는 지각하지 않았으므로 지각한 사람은 C이다. 따라서 B의 진술이 참이 되고, C의 진술이 거짓이 된다.

43 문제해결능력 정답 | ③

Quick해설 을과 병이 서로 대립되는 진술을 하고 있으므로, 을이 진실을 말한 경우와 병이 진실을 말한 경우로 나누어 살펴보면 다음과 같다.

- 을이 진실을 말한 경우
  기밀을 유출한 사람은 정이고, 무는 기밀을 유출하는 사람을 봤다. 병이 거짓을 말했으므로 무도 거짓을 말했다. 따라서 갑 또는 무가 기밀을 유출한 사람이어야 하므로 모순이다.
- 병이 진실을 말한 경우
  정은 기밀을 유출하지 않았고, 무는 진실을 말했다. 을은 거짓을 말했으므로 갑의 진술도 거짓이다. 따라서 정은 진실을 말했다. 갑의 진술에 따라 갑과 무는 기밀을 유출하는 사람을 보지 못했고, 정의 진술에 따라 기밀을 유출하는 것을 본 사람은 2명이다. 병, 정, 무의 진술에 따라 갑, 을, 정, 무는 기밀을 유출하지 않았으므로 기밀을 유출한 사람은 병이다. 이 경우 모순이 없다.

따라서 기밀을 유출한 사람은 병이다.

[문제해결 Tip]
참과 거짓을 분별하는 문항은 각 진술 중에서 대립되는 진술을 바탕으로 참과 거짓의 경우에 따라 나머지 진술들을 조건에 맞추어 판단하는 것이 가장 빠르고 정확하게 풀어내는 방법이다.

44 문제해결능력 정답 | ②

Quick해설 최종적인 결과는 다음과 같다.

부장	차장	과장	대리	사원
A	B	C	D	E
재무팀	기획팀	홍보팀	영업팀	개발팀
A	B	C	D	E

남자	여자
A, C, E	B, D

따라서 성별, 직급, 팀에 대한 정보가 모두 바르게 짝지어진 것은 B이다.

[상세해설] 남자 3명, 여자 2명인데 D를 제외한 모두가 자신이 남자라고 말하므로, A, B, C, E 중에 거짓을 말하는 사람이 있다. 즉, D는 반드시 참이므로, D는 영업팀 여자 대리다.

부장	차장	과장	대리	사원
			D	
재무팀	기획팀	홍보팀	영업팀	개발팀
			D	

남자	여자
	D

만약 A가 거짓이라면 A는 개발팀이고, 나머지 B~E는 모두 참이므로 E도 개발팀이다. 이때 개발팀이 2명이 되는 모순이 발생하므로 A는 거짓이 아니다. 이에 따라 A는 남자이고, 차장이나 과장이 아니고 개발팀이 아니다. 여기서 E가 거짓이라면 E는 개발팀이 아니고, 나머지 A~D는 모두 참이 되어 A~D 모두 개발팀이 아니게 되는 모순이 발생하므로 E도 거짓이 아니다. 따라서 E는 개발팀 남자 사원이다.

부장	차장	과장	대리	사원
			D	E
재무팀	기획팀	홍보팀	영업팀	개발팀
			D	E

남자	여자
A, E	D

한편 A는 차장이나 과장이 아니므로 부장이다. 그런데 B가 자신이 부장이라고 말하고 있으므로 B는 거짓이고, C는 참이 된다. 이에 따라 C는 홍보팀 남자 과장이고, B는 재무팀 남자 부장이 아니므로 기획팀 여자 차장이 된다. 마지막으로 남은 A는 재무팀이 된다. 따라서 B는 기획팀 여자 차장이다.

[오답풀이] ① A는 재무팀 남자 부장이다.
③ D는 영업팀 여자 대리이다.
④ E는 개발팀 남자 사원이다.
⑤ C는 홍보팀 남자 과장이다.

45 문제해결능력 정답 | ③

Quick해설 A와 B와 C는 각각 다른 부서이고, C는 F와 다른 부서임을 알 수 있다. 그리고 F와 H는 같은 부서이므로 F와 H는 A와 같은 부서이거나 B와 같은 부서이다. 제시된 부서에서 3명 이상의 직원이 워크숍에 참석한 부서는 전략사업본부이므로 F와 H는 전략사업본부 소속이다. 그런데 B는 H와 다른 소속이므로 A가 전략사업본부 소속임을 알 수 있다. 한편 E와 B가 같은 부서이므로, 두 사람은 모두 안전관리본부 혹은 인력개발팀 소속이다. 그리고 D는 F와 다른 부서 소속이므로 남아 있는 G는 전략사업본부 소속이 되고, D와 C는 같은 부서가 된다. E는 D가 배정된 바로 옆 방에 배정되므로 2호이고, 짝수 방이므로 E는 인력개발팀이다. 이때 전략사업본부 직원들은 각각 다른 방에 배정하므로 B는 E와 같은 방에 배정될 수 없어 B는 4호로 배정되고, 3호로 A와 C가 배정된다. 이를 바탕으로 방 배정을 표로 나타내면 다음과 같다.

구분	1호	2호	3호	4호
전략사업본부	F	H 또는 G	A	G 또는 H
안전관리본부	D		C	
인력개발팀		E		B

㉠ 인력개발팀 직원은 B, E이다.
㉢ A는 3호에 배정된다.

[오답풀이] ㉡ 4호실에 G, B가 배정될 수도 있다.

[문제해결 Tip]
조건을 바탕으로 배열을 추리하는 문항은 각각의 배치를 표로 작성하고 경우의 수를 비교하면서 대입하는 방식으로 문항을 해결하는 것이 가장 빠르고 정확하게 풀어내는 방법이다.

46 문제해결능력 정답 | ⑤

Quick해설 ㉡ 갑이 던진 주사위의 눈이 1 또는 6만 나왔고, 갑이 승리했다면 가능한 경우는 1이 두 번, 6이 두 번 나온 경우이고, (1, 1, 6, 6)=(B2, B3, C1, D3)이다. 따라서 갑은 주사위를 총 네 번 던졌다.

㉢ 을이 처음으로 던진 주사위의 눈이 1이 나왔다면 을의 말은 C1에 위치한다. 두 번째로 던진 주사위의 눈이 1이라면 C2에 위치하고, 세 번째로 던진 주사위의 눈이 5라면 A2에 위치하므로 가능한 경우는 주사위의 눈이 (1, 1, 5) 또는 (1, 5, 1)일 때이다.
만약 두 번째로 던진 주사위의 눈이 2라면 C3에 위치하고, 세 번째로 던진 주사위의 눈이 4라면 A2에 위치하므로 가능한 경우는 주사위의 눈이 (1, 2, 4) 또는 (1, 4, 2)일 때이다.
만약 두 번째로 던진 주사위의 눈이 3이라면 B2에 위치하고, 위쪽으로 한 칸 이동하는 경우는 없으므로 불가능하고, 두 번째로 던진 주사위의 눈이 6이라면 D3에 위치하고, 아래쪽으로 한 칸, 왼쪽으로 한 칸 이동하는 경우는 없으므로 불가능하다.
따라서 을이 주사위를 총 세 번 던져 A2에 도달할 수 있는 경우의 수는 (1, 1, 5), (1, 5, 1), (1, 2, 4), (1, 4, 2) 네 가지이다.

[오답풀이] ㉠ 갑과 을이 각각 최소한으로 주사위를 던져서 승리하려면 (왼쪽 2 또는 오른쪽 2, 아래쪽 2 또는 위쪽 2)로 이동할 수 있는 숫자가 나와야 한다. 갑 또는 을이 한 번 던져서 승리할 수 있는 경우는 없고, 두 번 던져서 승리할 수 있는 경우는 주사위의 눈이 (2, 5) 또는 (5, 2), 또는 (3, 3)이 나올 때이다. 이때, 주사위는 갑이 먼저 던진다고 했고, 갑과 을이 주사위를 던진 횟수가 5회 미만이라고 했으므로 승리하는 경우는 다음과 같다.

구분	1회(갑)	2회(을)	3회(갑)	4회(을)
경우1	2 또는 5 또는 3	1~6 중 하나의 숫자	5 또는 2 또는 3 (갑 승리, 게임 종료)	
경우2	2, 5, 3을 제외한 숫자	2 또는 5 또는 3	1~6 중 하나의 숫자	5 또는 2 또는 3 (을 승리, 게임 종료)

따라서 갑과 을이 주사위를 던진 횟수의 합이 5회 미만일 때 게임이 종료되었다면, 승리한 사람은 갑일 수도 있고, 을일 수도 있으므로 옳지 않다.

47 문제해결능력 정답 | ①

Quick해설 7월 1일부터 7월 6일까지 당일 생산하여 당일 판매한 딸기 마카롱의 개수는 278개, 초코 마카롱의 개수는 194개이므로 합은 278+194=472(개)이다.

[상세해설] 딸기 마카롱의 제작 개수 및 재고는 다음과 같다.

구분		1일	2일	3일	4일	5일	6일
만든 마카롱		48개	45개	52개	58개	55개	60개
판매한 마카롱	재고	12개	15개	8개	2개	5개	0개
	당일 생산	33개	37개	50개	53개	55개	50개
	계	45개	52개	58개	55개	60개	50개
재고 마카롱		15개	8개	2개	5개	0개	10개
폐기한 마카롱		0개	0개	0개	0개	0개	0개

따라서 7월 1일부터 7월 6일까지 당일 생산하여 당일 판매한 딸기 마카롱의 수는 33+37+50+53+55+50=278(개)이다.

초코 마카롱의 제작 개수 및 재고는 다음과 같다.

구분		1일	2일	3일	4일	5일	6일
만든 마카롱		70개	80개	92개	60개	50개	50개
판매한 마카롱	재고	30개	20개	8개	40개	45개	50개
	당일 생산	50개	72개	52개	10개	0개	10개
	계	80개	92개	60개	50개	45개	60개
재고 마카롱		20개	8개	40개	50개	50개	40개
폐기한 마카롱		0개	0개	0개	0개	5개	0개

7월 4일에 판매하고 남은 재고 마카롱의 수는 50개이고, 7월 5일에 판매한 마카롱의 수는 45개이므로 7월 4일에 만든 마카롱 중 5개는 폐기해야 한다. 즉, 7월 5일에 판매하고 남은 마카롱 55개 중 5개가 폐기이므로 재고 마카롱의 수는 50개이고, 7월 6일에 만들어야 하는 마카롱의 수는 50개이다. 따라서 당일 생산하여 당일 판매한 초코 마카롱의 수는 50+72+52+10+0+10=194(개)이다.

따라서 딸기 마카롱과 초코 마카롱의 총합은 278+194=472(개)이다.

[문제해결 Tip]

아침에 딸기 마카롱의 수는 60개, 초코 마카롱의 수는 100개가 되어야 하므로 (당일 아침에 만든 마카롱의 수)는 60(또는 100)−(전일 재고 마카롱)−(전일 폐기 마카롱)과 같고, (당일 판매한 마카롱)과 (당일 재고 마카롱)의 합은 60개(또는 100개)가 되어야 한다.

48 문제해결능력 정답 | ⑤

Quick해설 주택임대차보호법 제6조3 제1항 제7호에 따라 재건축을 하기 위해서는 계약갱신을 거절할 수 있다. 그러나 주어진 [상황]에서 B아파트는 재건축 논의 중이고 아직 구체적인 일정이 수립되거나 사업승인이 완료되지 않았다. 따라서 해당 사유만으로는 계약갱신을 거절할 수 없다.

[오답풀이] ① 임차인 A씨는 월세를 2개월간 연속으로 연체한 적이 있으므로 제1항 제1호에 따라 임대인 B씨는 계약갱신의 요구를 거절할 수 있다.

② 임차인 A씨는 임대인 C씨의 동의를 얻지 않고, 주방공간을 확장하기 위해 일부 벽을 제거했으므로 제1항 제5호에 따라 임대인 C씨는 계약갱신의 요구를 거절할 수 있다.

③ 임차인 A씨는 임대인 C씨에게 고지하지 않고 친구에게 방 하나를 전대하였으므로 제1항 제4호에 따라 임대인 C씨는 계약갱신의 요구를 거절할 수 있다.

④ 임대인 C씨의 부모님이 B아파트에 실거주하려고 하므로 제1항 제8호에 따라 임대인 C씨는 계약갱신의 요구를 거절할 수 있다.

49 문제해결능력 정답 | ④

Quick해설 갑~기의 본부장 평가를 제외한 나머지 점수와 장학금을 받기 위해 필요한 점수 및 고과는 다음과 같다.

구분	갑	을	병	정	무	기
근무 연수	10	20	5	25	15	10
고과 점수 평가	15	10	20	15	20	25
자녀 학업 성적	20	4	4	12	16	20
본부장 평가						
제안 실적	4	8	4	10	6	2
1년 내 근태 문제	−3			−6	−3	
총합 (본부장 평가 제외)	46	42	33	56	54	57
필요 점수	14	18	27	4	6	3
필요 고과	A	S	−	D	C	D

모든 지원자가 B를 받을 경우 장학금을 받을 수 있는

지원자는 '정', '무', '기' 3명이므로 옳지 않다.

[오답풀이] ① 병은 본부장 평가에서 최고점 S를 받더라도 장학금을 받을 수 없다.

② 모든 지원자가 D를 받을 경우 장학금을 받을 수 있는 지원자는 '정', '기' 2명이다.

③ 모든 지원자가 C를 받을 경우 장학금을 받을 수 있는 지원자는 '정', '무', '기' 3명이다.

⑤ 모든 지원자가 S를 받을 경우 장학금을 받을 수 있는 지원자는 '갑', '을', '정', '무', '기' 5명이다.

50 문제해결능력 정답 | ⑤

Quick해설 수혜 조건을 변경하여 점수를 계산하면 다음과 같다.

(단위: 점)

구분	갑	을	병	정	무	기
근무 연수	10	20	5	25	15	10
고과 점수 평가	15	10	20	15	20	25
자녀 학업 성적	12	16	8	12	20	16
지난 학기 대비 변동	−0.1	+0.6	−0.1	−0.3	+0.4	+0.6
가점		5				5
본부장 평가	16	16	20	12	8	12
제안 실적	4	8	4	10	6	2
1년 내 근태 문제	−3			−6	−3	
총합	54	75	57	68	66	70

총합 점수가 가장 높은 직원은 을이고, 을은 1년 내 근태 문제가 없었으므로 옳지 않다.

[오답풀이] ① 장학금 수혜자는 을, 정, 무, 기 4명이며, 모두 60점을 넘기 때문에 학점 상승에 따른 가점 적용 여부에 관계없이 장학금 수혜 인원수는 동일하다.

② 변경 전과 동일하게 자녀 학업 성적을 직전 2학기 평균으로 반영하는 경우의 점수는 다음과 같다.

(단위: 점)

구분	갑	을	병	정	무	기
근무 연수	10	20	5	25	15	10
고과 점수 평가	15	10	20	15	20	25
자녀 학업 성적 직전 2학기 평균	3.95	3.7	3.75	3.95	4.1	3.8
자녀 학업 성적	12	8	8	12	16	12
본부장 평가	16	16	20	12	8	12
제안 실적	4	8	4	10	6	2
1년 내 근태 문제	−3			−6	−3	
총합	54	62	57	68	62	61

변경 전과 동일하게 자녀 학업 성적을 직전 2학기 평균으로 반영하는 경우 장학금 수혜자는 을, 정, 무, 기 4명으로, 변경 이후 장학금 수혜 인원수와 같으므로 옳다.

③ 본부장 평가를 A 이상 받은 지원자 갑, 을, 병 중에서 장학금을 받을 수 있는 지원자는 을 한 명이므로 옳다.

④ 2학기 전과 비교하였을 때 직전 학기에 자녀의 학업 성적이 오른 직원의 수와 떨어진 직원의 수는 각각 3명으로 같으므로 옳다.

구분	갑	을	병	정	무	기
2학기 전 자녀 학업 성적	4.0	3.4	3.8	4.1	3.9	3.5
직전 학기 자녀 학업 성적	3.9	4.0	3.7	3.8	4.3	4.1
성적 변화	−	+	−	−	+	+

[문제해결 Tip]

여러 문제를 같이 지문을 읽고 푸는 문제의 경우, 문제를 먼저 확인한 후 푸는 것이 좋다. 해당 문제는 세 문제의 계산이 모두 중복되기 때문에 문제에서 변경되는 평가 항목만 계산하여 반영하면 좀 더 빠르게 문제를 풀 수 있다.

51 문제해결능력 정답 | ⑤

Quick해설 ㉡ 건설폐기물의 경우 가연성 폐기물과 불연성 폐기물을 나누지 않는다.

㉢ 폐기물 처분 부담금 감면에서 ③, ⑤~⑨의 경우 소각하는 경우에도 100% 감면을 받을 수 있다.

[오답풀이] ㉠ 소각은 모두 kg당 10원이고, 매립 시는 소각이 불가능한 불연성을 제외하고 모두 kg당 10원을 초과하므로 옳은 설명이다.

52 문제해결능력 정답 | ③

Quick해설 A: 70% 회수하여 이용 시 감면비율은 60%이므로 40%를 지불한다. 건설폐기물을 소각할 때 부과요율은 kg당 10원이고, 총 2,800kg, 산정지수가 1.2이므로 A의 폐기물 처분 부담금은 2,800×10×1.2×0.4=13,440(원)이다.

B: 매립 후 다음 연도 8월에 회수하여 재활용하므로 감면비율은 50%이다. 불연성 사업장폐기물을 매립할 때 부과요율은 kg당 10원이고, 총 3,600kg, 산정지수가 1.2이므로 B의 폐기물 처분 부담금은 3,600×10×1.2×0.5=21,600(원)이다.

C: 대전 지역 발생 생활폐기물은 감면대상이 아니다. 생활폐기물을 매립할 때 부과요율은 kg당 15원이고, 총 5,200kg, 산정지수가 1.2이므로 C의 폐기물 처분 부담금은 5,200×15×1.2=93,600(원)이다.

따라서 A, B, C의 폐기물 처분 부담금액의 합은 13,440+21,600+93,600=128,640(원)이다.

53 문제해결능력 정답 | ①

Quick해설 ㉡ 연구책임자는 연구 실적 3건 이상, 사회과학분야 전공자, 국내 대학 시간강사로 모든 조건을 만족한다. 일반공동연구원은 비등재지에 논문 1건을 게재한 것을 제외하더라도 연구 실적이 3건 이상이므로 조건을 만족한다.

[오답풀이] ㉠ 일반공동연구원 2명 중 박사 학위 소지자의 연구 실적이 1건뿐이므로, 기준에 미달한다.

㉢ 국외기관 소속연구자는 연구책임자가 될 수 없다.

54 문제해결능력 정답 | ⑤

Quick해설 ㉠ 10시까지 방문한 사람은 10명이고, 이때 대기 중인 사람은 7명이다. 따라서 10시까지 상담을 완료한 사람은 10−7=3(명)이다.

㉢ 시간대별로 방문한 인원은 다음과 같다.

(단위: 명)

기록 시간	누적 방문인원	시간대별 방문 인원
09:00	0	−
10:00	10	10−0=10
11:00	25	25−10=15
12:00	39	39−25=14
13:00	41	41−39=2
14:00	53	53−41=12
15:00	66	66−53=13
16:00	74	74−66=8
17:00	84	84−74=10

따라서 가장 많은 인원이 방문한 시간대는 15명이 방문한 10시 직후부터 11시까지이다.

㉣ 시간대별로 상담을 완료한 인원은 다음과 같다.

(단위: 명)

기록 시간	누적 방문 인원	대기자 수	누적 상담 완료 인원	시간대별 상담 완료 인원
09:00	0	0	0	−
10:00	10	7	10−7=3	3−0=3
11:00	25	12	25−12=13	13−3=10
12:00	39	11	39−11=28	28−13=15
13:00	41	1	41−1=40	40−28=12
14:00	53	3	53−3=50	50−40=10
15:00	66	5	66−5=61	61−50=11
16:00	74	1	74−1=73	73−61=12
17:00	84	0	84	84−73=11

따라서 가장 많은 인원이 상담을 완료한 시간대는 15명이 상담을 완료한 11시 직후부터 12시까지이다.

[오답풀이] ㉡ 9시 직후부터 12시까지 방문한 인원은 39−0=39(명)이고, 13시 직후부터 17시까지 방문한 인원은 84−41=43(명)이다. 따라서 9시 직후부터 12시까지 방문한 인원이 더 적다.

[문제해결 Tip]

누적 방문인원과 대기자 수에 대한 개념을 이해하여 이로부터 상담 완료 인원을 유추할 수 있어야 한다.

55 문제해결능력 정답 | ①

Quick해설 덮밥 외의 메뉴 중 초밥은 1인분 가격이 12,000원으로 1만 원을 초과하므로 주문하지 않고, 중식은 배달 예정 시간이 1시간이므로 주문하지 않는다. 남은 A식당과 C식당 중 국밥을 파는 C식당의 1인분

가격이 8,000원으로 더 저렴하지만 최소 주문 금액이 20,000원이므로 최소 3인분을 주문해야 하기 때문에 예산을 초과한다. 백반을 파는 A식당에서 2인분을 주문할 경우 배달료를 포함해 총 20,000원을 지불해야 하므로 1인당 1만 원을 지불해야 한다.
따라서 모든 조건을 충족하는 A식당에서 점심을 주문한다.

56 문제해결능력 정답 | ③

Quick해설 서해, 남해, 동해 중 2020년 8월 하순 최고유의파고는 남해서부먼바다가 7.4m로 가장 높고, 남해서부먼바다의 최근 5년간 8월 하순 평균유의파고와 2020년 8월 하순 평균유의파고의 차이는 2.3−2.0=0.3(m)이므로 옳다.

[오답풀이] ① 삽시도는 서해중부앞바다이다. 최근 5년간과 2020년 8월 중순 평균유의파고는 0.4m로 같고, 2020년 8월 하순 최고유의파고는 2.1m로 최근 5년간 8월 하순 최고유의파고 2.9m보다 2.9−2.1=0.8(m) 낮다.
② 맹골수도는 서해남부앞바다이다. 최근 5년간 8월 상순의 평균유의파고는 0.3m로 2020년 8월 상순 평균유의파고 0.5m보다 낮고, 2020년 8월 하순 최고유의파고는 1.4m로 최근 5년간 8월의 최고유의파고 1.7m보다 낮다.
④ 울진은 동해남부먼바다이고, 구암은 동해중부앞바다이다. 동해남부먼바다의 최근 5년간 8월 중순 평균유의파고는 1.6m이고, 동해중부앞바다의 최근 5년간 8월 상순 최고유의파고는 1.5m이다.
⑤ 협재는 제주도해상앞바다이고, 마라도는 제주도해상먼바다이다. 제주도해상앞바다의 2020년 8월 하순 최고유의파고는 4.1m로 매우 높음이고, 제주도해상먼바다의 2020년 8월 하순 평균유의파고는 2.8m로 '높음'이다.

[문제해결 Tip]
자료의 항목이 많고, 비교 및 확인해야 할 사항이 많은 편이므로 각 선택지에서 묻고 있는 항목을 자료에서 찾아 표시하면서 옳고 그름을 판별해 나가는 것이 좋다.

57 문제해결능력 정답 | ①

Quick해설 A유형 민원 중 내부규정에 관한 설명을 요구하는 민원은 처리기한이 14일 이내이고, B유형 민원은 2주일 이내이다. '4. 처리기간의 계산'에 따르면 민원 처리기간이 6일 이상의 "일" 단위인 경우 첫날은 산입하되, 공휴일과 토요일은 산입하지 않으므로 일요일 외의 공휴일이 없다고 가정할 때, 월요일에 접수된 A유형 민원은 2주 후 목요일에 처리된다. B유형은 민원의 처리기간을 "주" 단위로 정하였고, 주의 처음부터 기산하므로 기간 말일이 일요일, 즉 공휴일이 되므로 그 다음날인 2주 후 월요일에 민원 처리기한이 만료된다. 따라서 B유형의 민원 처리기한이 A유형보다 빠르므로 옳다.

[오답풀이] ② '1. 민원의 처리기간'에 따르면 민원 처리기간 7일, 실지조사 최대 21일을 포함하면 최대 28일 뒤에 민원이 처리되어야 한다. 이때, 공휴일과 토요일은 산입하지 않기 때문에 민원 처리기한은 7월 29일보다 더 늦은 날짜가 될 수 있으므로 옳지 않다.
③ '1. 민원의 처리기간'과 '4. 처리기간의 계산'에 따르면 C유형의 민원은 3일로, 민원 처리기한이 5일 이하이므로 "시간" 단위로 계산한다. 따라서 월요일 오전 10시에 C유형의 민원을 접수한 경우 목요일 오전 10시까지 민원이 처리되어야 하므로 옳지 않다.
④ '2. 처리기간에 산입하지 않는 기간'에 따르면 접수·경유·협의 및 처리하는 기관이 각각 상당히 떨어져 있는 경우 문서의 이송에 소요되는 기간은 처리기간에 산입하지 않아 처리기간의 연장과 무관하므로 옳지 않다.
⑤ '4. 처리기간의 계산'에 따르면 E유형의 민원은 처리기간이 1달로, 5월 3일에 접수되어 월의 처음부터 기산하지 않으므로 최후의 월에서 그 기산일에 해당한 날의 전일로 기간이 만료된다. 즉, 5월 3일에 E유형의 민원을 접수한 경우 6월 2일이 토요일 또는 공휴일이 아니라면 6월 2일까지 민원이 처리되어야 하므로 옳지 않다.

58 문제해결능력 정답 | ①

Quick해설 내부규정 외 해석을 요구하는 A유형 민원의 처리기한은 7일이다. 1월 29일은 토요일, 1월 30일은 일요일, 1월 31일~2월 2일은 설 연휴, 2월 5일은 토요일, 2월 6일은 일요일이다. 즉, 민원 처리기간 7일은 1월 25일, 26일, 27일, 28일, 2월 3일, 4일, 7일에 해당한다. 따라서 갑의 민원 처리기한은 2022년 2월 7일 오후 6시까지이므로 옳지 않다.

[오답풀이] ② 을: B유형 민원의 처리기한은 2주일이다. 2월 16일은 수요일이다. 따라서 2주 뒤 화요일까지 민원을 처리해야 한다. 그런데 2주 뒤 화요일은 3월 1일이므로 다음 날인 3월 2일까지 민원을 처리해야 하므로 옳다.

③ 병: D유형 민원의 처리기한은 7일이고, 실지조사에 7일이 소요되었다. 토요일과 공휴일을 제외한 기한이다. 2022년 2월 16일에 민원을 접수하였으므로 2월 16~18일, 2월 21~25일, 2월 28일, 3월 2~4일, 3월 7~8일까지가 14일이다. 따라서 3월 8일 오후 6시까지 민원을 처리해야 하므로 옳다.

④ 정: E유형 민원의 처리기한은 1달이다. 2022년 1월 3일은 월요일이고, 1월 31일~2월 2일은 설 연휴이므로 2월 3일 오후 6시까지 민원을 처리해야 하므로 옳다.

⑤ 무: C유형 민원의 처리기한은 3일이다. 민원의 처리기간을 5일 이하로 정한 경우 민원의 접수 시각부터 "시간" 단위로 계산하되, 공휴일과 토요일은 산입하지 않고, 1일은 근무시간(09:00~12:00, 13:00~18:00)을 기준으로 한다. 따라서 2022년 2월 25일 오후 3시에 민원을 접수한다면 2월 26일이 토요일, 2월 27일이 일요일, 3월 1일이 공휴일이기 때문에 근무일 기준 3일 뒤인 3월 3일 오후 3시까지 민원을 처리해야 하므로 옳다.

[문제해결 Tip]

간단하게 달력을 그리고 풀면 문제를 쉽게 해결할 수 있다. 주 단위로 월요일~금요일의 날짜와 근무 가능일이 5일이 아닌 때의 근무 가능일을 표시한다.

- 1월 둘째 주: 1월 3~7일
- 1월 셋째 주: 1월 10~14일
- 1월 넷째 주: 1월 17~21일
- 1월 다섯째 주: 1월 24~28일
- 2월 첫째 주: 2월 3~4일(2일)
- 2월 둘째 주: 2월 7~11일
- 2월 셋째 주: 2월 14~18일
- 2월 넷째 주: 2월 21~25일
- 2월 다섯째 주/3월 첫째 주: 2월 28일, 3월 2~4일(4일)
- 3월 둘째 주: 3월 7~8일, 3월 10~11일(4일)

59 문제해결능력 정답 | ③

Quick해설 '계약해지 사유 추가'에 따르면 공급업자 또는 대리점 및 그 임직원의 법 위반행위나 사회 상규에 반하는 행위로 인해 공급업자 또는 대리점 영업에 상당한 영향을 미치는 경우에 계약해지를 요청할 수 있다.

[오답풀이] ① '거래보증금 반환 기한 설정'에 따르면, 공급업자는 대리점거래 종료 시 정산 후 지체 없이 대리점에게 거래 보증금에서 폐점비용을 공제하고 남은 금액을 반환하여야 한다. 그러나 폐점비용 공제 후 남은 금액을 반환하므로 100% 반환이 이루어지지 않을 수 있다.

② '중재신청 관련 조항 도입'에 따르면 계약과 관련한 분쟁이 해결되지 아니한 경우에는 「대리점거래의 공정화에 관한 법률」 제19조 제1항에 따라 공정거래조정원 또는 관할 시·도 대리점분쟁조정협의회에 조정을 신청하거나 다른 법령에 의하여 설치된 중재기관에 중재를 신청할 수 있다고 하였으므로 분쟁조정대상에 해당될 수 있다.

④ 해당 내용은 제시된 글을 통해 알 수 없다.

⑤ '물품 공급가격의 조정 요청'은 대리점이 공급업자에게 상품 공급가격의 조정을 요청 할 수 있다는 것을 설명한 내용이므로 계약 해지에 대한 것은 알 수 없다.

60 문제해결능력 정답 | ②

Quick해설 검역감염병의 발생이 의심되는 사람은 격리 외에 감시 조치도 취할 수 있다. 황열의 격리 또는 감시 기간은 6일이며, 격리되었을 때에는 그 사실을 알려야 하지만 격리가 아닌 감시인의 경우 가족에게 따로 연락을 취하지 않아도 무방하다.

[오답풀이] ① 에이즈는 검역감염병이 아니다.

③ 페스트에 감염된 것으로 의심되는 승객은 6일까지 격리할 수 있다.

④ 콜레라에 감염된 것으로 의심되는 승객은 5일까지 격리할 수 있다.

⑤ 가까운 보건소는 격리 시설에 해당하지 않는다.

실전모의고사 6회

01	02	03	04	05	06	07	08	09	10
①	④	③	④	④	③	⑤	①	③	⑤
11	12	13	14	15	16	17	18	19	20
④	④	④	④	⑤	⑤	②	②	②	②
21	22	23	24	25	26	27	28	29	30
⑤	④	②	②	④	③	⑤	⑤	⑤	⑤
31	32	33	34	35	36	37	38	39	40
⑤	①	③	③	②	③	①	③	⑤	④
41	42	43	44	45	46	47	48	49	50
⑤	④	①	⑤	①	②	⑤	⑤	③	④
51	52	53	54	55	56	57	58	59	60
③	③	②	①	④	④	③	①	④	③

01 의사소통능력 정답 | ①

Quick해설 세 번째 문단에서 미세먼지 제거 효율은 밀폐된 공간에서 더 높게 나타난다고 하였다.

[오답풀이] ② 두 번째 문단에서 공기청정기의 성능은 실험실 환경에서 최대 풍량으로 가동했을 때를 기준으로 하므로 주택에서는 공기청정기의 용량을 여유 있게 선택하는 것이 좋다고 하였다. 또한 한국소비자원에서도 사용 공간의 130%를 표준 사용 면적으로 계산한다고 하였다.

③ 세 번째 문단에서 환기를 전혀 하지 않으면 미세먼지 외에 폼알데하이드, 라돈, 휘발성 유기화합물 등과 같은 다른 오염물질이 축적돼 실내 공기가 더욱 오염될 수 있다고 하였다.

④ 첫 번째 문단에 따르면 일반가정에서 흔히 사용하는 공기청정기는 대부분 필터식이다.

⑤ 네 번째 문단에서 이온식, 전기 집진식, 플라즈마식 공기청정기는 제품 종류나 사용 모드에 따라 오존이 발생할 수 있다고 하였다.

02 의사소통능력 정답 | ④

Quick해설 [라] 문단에서는 국내에서 확장되는 사업분야인 시니어 헬스케어 사업의 대표 사례를 제시하고 있다. 따라서 [라] 문단의 중심내용은 '국내 시니어 헬스케어 사업 대표 사례' 정도가 되는 것이 적절하다.

[오답풀이] ① 현재 우리나라의 고령화 단계와 통계청 수치를 토대로 향후 전망을 소개하고 있으므로 적절하다.

② 고령화로 경제 활동 인구가 줄어들어 발생하는 문제점에 대해 설명하고 있으므로 적절하다.

③ 일본과 싱가포르에서 적용 중인 고령사회 대처 방안을 소개하고 있으므로 적절하다.

⑤ 고령사회의 돌봄서비스 수요 증가에 대한 대응책과 다각화를 위한 사례로 유니트케어를 설명하고 있으므로 적절하다.

03 의사소통능력 정답 | ③

Quick해설 고유어인 '달걀'과 한자어인 '계란(鷄卵)'은 둘 다 '닭이 낳은 알'을 의미한다. 이 두 단어는 [보기]에서처럼 교체 검증의 방법을 사용할 경우 다른 일반적인 고유어 계통과 한자어 계통의 유의어 쌍과 달리 서로 간 대치가 자유로운 동의어 관계이다. ㉠-㉡, ㉢-㉣의 관계에서 볼 수 있는 문맥에 따른 의미상의 차이가 나타나지 않는다.

[오답풀이] ①, ②, ④, ⑤ 고유어인 '춤, 몸, 노래, 생각'은 각각 쌍을 이루는 한자어인 '무용(舞踊), 체격(體格), 가요(歌謠), 사고(思考)'에 비해 좀 더 친숙한 느낌을 줄 뿐만 아니라 뜻의 폭이 각각의 한자어보다 넓다. 따라서 이들의 고유어 계통과 한자어 계통의 유의서 쌍은 [보기]처럼 교체검증의 방법을 사용할 경우, 한정된 문맥에서만 개념적 의미가 동일하다.

04 의사소통능력 정답 | ④

Quick해설 첫 번째 문단에 따르면 증여세는 각각의 수증자가 증여받은 증여재산을 기준으로 세액을 계산하므로 동일한 금액을 증여받은 경우 각 자녀의 증여세는 원칙적으로 동일할 것이라고 추론할 수 있다.

[오답풀이] ① 상속세는 피상속인의 전체 상속재산가액

을 기준으로 상속세액을 계산하므로 상속인의 수와 는 관련이 없다.

② 두 번째 문단에서 과세 방식만 고려할 경우 세 부담 관점에서 상속보다 증여가 더 유리하다고 하였다. 그러나 이는 자녀수에 따른 것으로 자녀수가 제시되지 않은 상태에서 어떤 쪽이 유리할지는 판단하기 어렵다.

③ 배우자상속공제에 대한 내용을 제시하고는 있으나 주어진 글만으로 판단할 수 없다.

⑤ 금융재산상속공제는 순금융재산가액의 20%를 2억 원 한도로 공제하므로, 순금융재산가액이 20억 원일 경우 최대 한도 금액인 2억 원을 공제 받을 수 있다.

05 의사소통능력 정답 | ④

Quick해설 세 번째 문단에 따르면 타협 효과는 시장에 두 가지 제품만 존재하는 상황에서 새로운 제품이 진입할 때 속성이 중간 수준인 제품의 시장점유율이 높아지는 현상을 말하며, 이는 비교하고자 하는 속성의 중간 대안을 선택하여 자신의 결정을 합리화하려는 심리 때문에 발생한다고 하였다. 이는 소비자가 자신의 이익을 극대화하기보다는 손실을 최소화하기 위한 심리에서 기인하는 것으로 볼 수 있다. 적당한 가격의 적당한 제품을 사는 것이, 저렴한 가격의 질 나쁜 제품 또는 질은 좋으나 고가의 가격을 사는 것보다 손실이 적게 느껴지기 때문이다. 따라서 타협 효과는 소비자가 손실보다는 이익에 더 민감한 반응을 보여 주는 결과라는 것은 적절하지 않은 추론이다.

[오답풀이] ① 유인 효과나 타협 효과로 소비자가 특정 상품을 많이 선택했다면 이는 진정한 소비자의 선호도라기보다는 유도된 결과일 수도 있으므로 적절한 추론이다.

② 유인 효과나 타협 효과는 기존 제품만이 존재하는 시장에 어떤 상품이 비교 대상으로 등장했을 때, 소비자의 선택이 어떻게 변화하는지에 대해 설명한 것이다. 이때 비교 대상의 상품이 등장하는 것을 상황 맥락으로 볼 수 있으므로 적절한 추론이다.

③ 주어진 글에서 판매자가 가격이 싼 A와 가격의 비싼 B가 있는 상황에서 유인 대안으로 C를 제시했을 때, 판매자는 B를 많이 팔기 위해 C를 제시한 것이라 볼 수 있다. 즉 유인 효과는 판매자가 이미 시장에 있는 제품을 판촉하기 위한 것이므로 적절한 추론이다.

⑤ 두 번째 문단에 따르면, 3,000원짜리 작은 컵의 팝콘은 A, 7,000원짜리 대형은 컵에 담긴 팝콘은 B, 중간 크기 컵에 담긴 6,500원짜리 팝콘은 C로 볼 수 있다. 즉 C로 인해 B의 시장점유율이 상승한다고 하였으므로 대형 컵에 담긴 팝콘의 판매율이 올라갈 것이라는 진술은 적절한 추론이다.

06 의사소통능력 정답 | ③

Quick해설 첫 번째 문단에서 사회적 가치들에 반하는 상태를 일탈이라고 하며, 기존의 틀을 깨고 성과를 이루어 내는 경우는 혁신으로 칭송받는다고 했으므로 선구자나 혁신자의 일탈 행위는 사회에 긍정적인 방향으로 작용할 수 있다고 볼 수 있다. 따라서 사회적 규범을 어기는 행위라도 사회에 긍정적인 방향으로 작용할 수 있다는 설명은 적절하다.

[오답풀이] ① 네 번째 문단에서 낙인이 찍힌 사람은 자신을 대하는 일반적인 태도와 기대에 맞추어 나름대로 자신의 역할을 학습해서 행동한다고 하였다. 따라서 일탈자는 자신에 대한 타인의 기대를 의식하여 일탈 행위를 자제한다는 설명은 옳지 않다.

② 세 번째 문단에서 일탈적인 행동과 문화에서 자주 접촉하게 됨으로써 개인은 일탈 행동의 동기와 그 행동을 정당화하는 태도, 일탈 행동의 기법 등을 배운다고 하였으므로 일탈자는 일탈 행동의 기법을 배우기 위해 일탈 집단과 자주 접촉하는 것이 아니라, 일탈 집단과 접촉하게 됨으로써 일탈 행동의 기법을 배움을 알 수 있다. 따라서 일탈자는 일탈 행동의 기법을 배우기 위해 일탈 집단과 자주 접촉한다는 설명은 옳지 않다.

④ 선구자나 혁신자는 기성 규범과 그에 기초한 사회 통제를 부정적으로 평가한다는 것은 주어진 글을 통해 알 수 없다.

⑤ 인간의 비정상적인 행위를 포용하면 일탈 행위가 감소할 것이라는 것은 주어진 글을 통해 알 수 없다.

07 의사소통능력 정답 | ⑤

Quick해설 세 번째 문단에서 일탈을 사회화된 결과의 일종이라고 설명한 이유는 사회화란 집단의 가치를 내면화하여 행동의 동기를 형성하고 지식과 기법을 습득하는 것인데 일탈 또한 이러한 과정을 거쳐 자신의 일상적인 삶의 중심이 되는 집단의 지배적인 가치와 행동 유형을 학습한 결과이기 때문이다.

[오답풀이] ① 주어진 글은 일탈을 개인적인 요인보다 사회 배경적인 요인에 주목하여 설명한 글이다.

②, ③ 사회화의 결과로 일탈이 발생한 것이라고 설명하고 있으므로, 일탈자가 성공적인 사회화를 이루기 위해 일탈 행동이나 도덕적 규범 및 사회적 가치를 배우는 것은 아니다.

④ 두 번째 문단에서 일탈 행동은 부도덕한 환경이나 하위문화에 반복적으로 노출될 때의 사회화 과정에서 습득된다고 했으므로 근거로 적절하지 않다.

08 의사소통능력 정답 | ①

Quick해설 [보기]는 미국은 첨단 제조업과 첨단 기술 경쟁에서 중국을 제압하여 패권국 지위를 굳히려고 한다는 내용이다. [가] 문단에서 언급한 미국이 리쇼어링을 추진하려는 이유를 [보기]의 첫 문장에서 밝히고 있으므로 [보기]는 [가] 문단의 마지막 문장과 호응한다. 또한 [나] 문단에서는 첨단 제조업이 중요한 이유에 대해 다른 근거를 들어 설명하고 있으므로 [가] 문단과 [나] 문단의 사이에 첨단 제조업을 언급하고 있는 [보기]가 들어가는 것이 적절하다.

09 의사소통능력 정답 | ③

Quick해설 [라] 문단의 '소득 3만 달러, 인구 1,000만 명 이상인 국가 중에서 GDP 대비 제조업의 비중이 18%를 넘는 국가는 한국(25%), 일본(20%), 독일(19%)뿐이다. 미국은 10%에 그친다.'를 통해서 독일이 아닌 한국임을 알 수 있다.

[오답풀이] ① [가] 문단의 '미국 정부가 리쇼어링(해외로 나간 제조업을 국내로 불러들이는 정책)을 추진하는 이유는 무엇일까. 일차적으로 글로벌 공급망의 균열이 빈번해짐에 따라 경제의 회복탄력성을 높이기 위해서다.'를 통해서 알 수 있다.

② [나] 문단의 '미국은 금융과 첨단기술 및 플랫폼 산업으로 성장을 구가해 이 산업의 임금은 세계 최고 수준이지만, 전통 제조업에서는 다른 국가와의 경쟁에 밀려 근로자의 임금이 오르지 못했다.'를 통해서 알 수 있다.

④ [마] 문단의 '범용과 창의성 교육이 핵심인 미국 교육은 제조업 공장에서의 노동과 맞지 않는다.'를 통해서 알 수 있다.

⑤ [라] 문단의 '고숙련 근로자의 암묵지는 여전히 반도체 수율의 핵심 결정요인이다.'를 통해서 알 수 있다.

10 의사소통능력 정답 | ⑤

Quick해설 말레이시아가 국가와 기업체의 후원으로 적자를 면했다는 내용은 주어진 글에서 알 수 없다.

[오답풀이] ① 세 번째 문단에서 싱가포르는 비엔날레, 일루션쇼, 맥주 축제 등과 연계해 부가적인 수익을 창출했다고 하였다.

② 두 번째 문단에서 중국은 중앙 정부에서, 싱가포르는 싱가포르 관광청이, 인도는 올림픽유치위원회에서 추진하며, 그 밖에 다른 나라도 정부의 주도하에 국영 기업이나 지역 기관들이 F1을 유치하고 관리한다고 하였다.

③ 네 번째 문단에서 사우디 아라비아는 국영 석유기업인 아람코도 타이틀 스폰서를 맡았다고 하였다.

④ 두 번째 문단에서 F1 개최국에서는 전 세계의 관심을 불러일으킬 수 있도록 국가적 차원의 홍보 전략을 펼친다고 하였다.

11 의사소통능력 정답 | ④

Quick해설 [그래프]에서 철강의 온실가스 배출 비중은 19.2%로 두 번째로 비중이 높다. 세 번째 문단에서도 발전부문을 제외하고 철강업계가 국내에서 가장 많은 온실가스를 배출한다고 하였으므로 적절하지 않은 내용이다.

[오답풀이] ① 첫 번째 문단에서 산업계는 정부의 탄소 중립 계획에 현장의 상황이 제대로 반영되지 않아 반발했다고 하였다.

② [그래프]에서 반도체의 온실가스 배출 비중은 2.9%로 비중이 낮은 산업 부문임을 알 수 있으며 첫 번째 문단에서 반도체·디스플레이 등의 업종도 2018년 대비 2050년까지 배출량 대부분을 줄여야 한다고 하였다.

③ 세 번째 문단에서 석유화학업계는 온실가스 배출량을 줄이기 위한 기술 개발 계획을 내놨지만 상용화 시점은 불투명하다고 하였다.

⑤ 마지막 문단에서 온실가스 감축목표를 급격히 높이면 제조업 중심인 산업 구조 상 큰 비용이 수반되며, 제조원가 상승이 불가피해 결국 기업 경쟁력 약화로 이어질 것이라고 하였다.

12 의사소통능력 정답 | ④

Quick해설 주어진 글은 인공지능 시대에서 기술이 가져올 수 있는 인간에 대한 위협에 대해 전반적으로 서술하고 있다. 첫 문단에서는 인공지능이 가지는 권력이 점점 커지는 문제가 발생하고 있다고 지적하고 있으므로, 다음으로는 오늘날의 권력이 곧 데이터라고 설명하고 있는 [다] 문단이 와야 한다. 그리고 인공지능이 이러한 권력을 가짐으로써 발생할 수 있는 문제에 대해 언급하고 있는 [나] 문단과 인공지능의 적용으로 인한 일자리 감소를 설명하는 [가] 문단이 차례로 이어져야 한다. 마지막으로 미래에 인간이 인공지능에 대체되지 않기 위한 방법을 개인 영역과 사회 제도적 영역에서 제시하고 있는 [라] 문단으로 글이 마무리되는 것이 자연스럽다. 따라서 문단을 순서대로 배열하면 [다]−[나]−[가]−[라]이다.

13 의사소통능력 정답 | ④

Quick해설 주어진 글의 필자는 빠른 배송 외의 다른 가치가 필요함을 주장하고 있다. 또한 새벽 배송의 선두 주자인 ○○○○을 구체적 사례로 제시하며 단순히 빠른 배송을 넘어선 질적 측면에서의 차별화를 시도해야 함을 언급하고 있다. 따라서 주어진 글의 내용을 바탕으로 배송과 관련된 서비스의 질을 높여야 새벽 배송의 경쟁력을 높일 수 있다는 것을 알 수 있다.

14 수리능력 정답 | ④

Quick해설 A, B, C가 동시에 같은 지점에서 만날 때까지 A와 B가 걸은 시간을 x라고 하면, $3x+4.2x=5.76$으로 $x=0.8$이다. 0.8시간을 분으로 환산하면 $0.8\times60=48$(분)이다. C는 A가 출발한 지 15분 뒤에 출발하므로 $48-15=33$(분) 동안 A가 간 거리인 $3\times0.8=2.4$(km)를 간다. 따라서 C의 속력을 구하면 $\frac{2.4}{\frac{33}{60}}=\frac{2.4\times60}{33}\fallingdotseq4.4$(km/h)이다.

15 수리능력 정답 | ⑤

Quick해설 서로 다른 n개에서 순서를 고려하지 않고 r개를 택하는 경우의 수는 $\frac{n!}{r!\times(n-r)}$임을 고려하여 문제를 푼다.

SUV에는 7명이 탑승할 수 있으므로, 세단에 1명, 2명, 3명이 탑승하는 경우의 수만 고려하면 된다. 각각의 경우를 구분하여 계산하면 다음과 같다.

- 세단에 1명이 탑승할 경우: $\frac{8!}{1!\times7!}=8$(가지)
- 세단에 2명이 탑승할 경우: $\frac{8!}{2!\times6!}=28$(가지)
- 세단에 3명이 탑승할 경우: $\frac{8!}{3!\times5!}=56$(가지)

따라서 8명이 2대의 차량에 나누어 탈 수 있는 경우의 수는 총 $8+28+56=92$(가지)이다.

16 수리능력 정답 | ⑤

Quick해설 A가 가진 돈을 a, B가 가진 돈을 b, C가 가진 돈을 c라 하자.

A가 B와 C에게 돈을 투자하면 A는 $a-b-c$, B는 $2b$, C는 $2c$의 돈을 보유하게 된다. 다시 B가 A와 C에게 각자 현재 가진 돈만큼 투자하면 A는 $2a-2b-2c$, B는 $2b-(a-b-c)-2c=3b-a-c$, C는 $4c$의 돈을 보유하게 된다. 마지막으로 C가 A와 B에게 각자가 현재

가진 돈만큼 투자하면, A는 $4a-4b-4c$, B는 $6b-2a-2c$, C는 $4c-(2a-2b-2c)-(3b-a-c)=7c-a-b$의 돈을 보유하게 되고, 세 회사가 보유한 돈의 비율은 4 : 3 : 2가 된다.

$4a-4b-4c : 6b-2a-2c : 7c-a-b=4 : 3 : 2$ 식을 변환하면 다음과 같다.

$3(4a-4b-4c)=4(6b-2a-2c)=6(7c-a-b)$

$3(4a-4b-4c)=4(6b-2a-2c)$

$\rightarrow 5a-c=9b$

$3(4a-4b-4c)=6(7c-a-b)$

$\rightarrow 3a-9c=b$

$5a-c=9b$와 $3a-9c=b$를 정리하면,

$\rightarrow b=\frac{21}{40}a,\ c=\frac{11}{40}a$

그러므로 투자하기 전 A, B, C의 돈의 비율은

$a:\frac{21}{40}a : \frac{11}{40}a=40 : 21 : 11$이다.

17 수리능력 정답 | ②

Quick해설 큰 삼각형의 가운데 수는 가장자리에 이웃해 있는 두 수의 차의 합이다.

$6-1=5$

$9-6=3$

$9-1=8$

$\rightarrow 5+3+8=16$

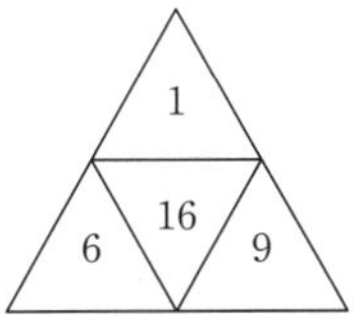

$11-3=8$

$11-5=6$

$5-3=2$

$\rightarrow 8+6+2=16$

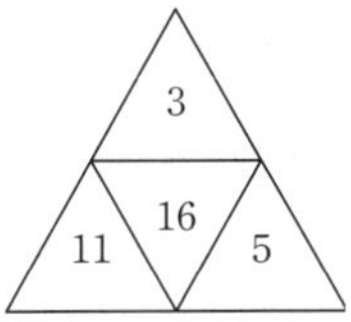

$(A-4)+(A-4)+(4-4)=16$

$2A=24$

$\therefore A=12$

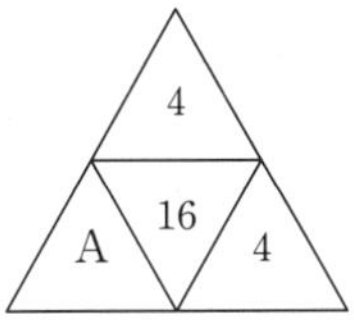

18 수리능력 정답 | ②

Quick해설 1,120km의 구간은 환승역을 기준으로 다음과 같이 나뉜다.

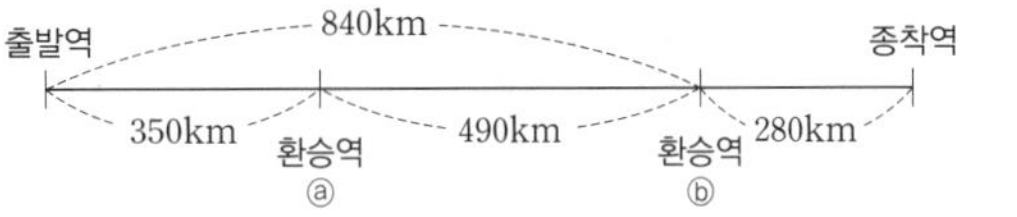

이때 출발역부터 종착역까지 모든 역의 간격이 일정하도록 역을 건설해야 하므로 350, 490, 280의 최대공약수를 구하면 70이다.

즉, 역은 출발역과 종착역에 각각 1개를 건설하고, 이후 최대 70km마다 역을 세워야 한다.

따라서 건설할 수 있는 역 개수의 최솟값은 $1+5+7+4=17$(개)이다.

19 수리능력 정답 | ②

Quick해설 ㉠ 남성과 여성 모두 1인당 평균 독서 권수가 두 번째로 많은 연도는 2015년이다.

㉣ 표본의 독서 권수 총합은 $10.4\times100+8.2\times200=2,680$(권)으로 추정할 수 있다.

[오답풀이] ㉡ 2023년 1인당 평균 독서 권수의 2년 전 대비 증가율은 $\frac{7.2-7}{7}\times100\fallingdotseq2.9(\%)$로 3% 미만이다.

㉢ 2021년 여성 1인당 평균 독서 권수의 2년 전 대비 감소율은 $\frac{6.9-6.6}{6.9}\times100\fallingdotseq4.3(\%)$로 5% 미만이다.

20 수리능력 정답 | ②

Quick해설 2023년 불기소 건수는 75,716건이고, 구공판 건수는 33,809건이다. 따라서 불기소 건수가 구공판 건수보다 많다.

[오답풀이] ① 접수 건수는 2021년에 265,310건이고, 2022년에 285,954건으로 증가하였다.

③ 2023년 처리 건수에서 불기소(75,716건)보다 기타(93,923건)가 많다. 따라서 불기소가 차지하는 비중이 가장 크지 않다.

④ 미제 건수는 2019년 11,711건에서 2020년 17,427건으로 증가하였다.

⑤ 2023년 구공판, 구약식, 불기소 건수의 합은 처리 소계에서 기타를 뺀 값과 같으므로 269,176−

93,923=175,253(건)이고, 처리 건수에서 차지하는 비중은 $\frac{175,253}{269,176}\times 100 \fallingdotseq 65.1(\%)$이므로 70% 미만이다.

21 수리능력 정답 | ⑤

Quick해설 2060년 총부양비는 $\frac{3,445+18,815}{20,578}\times 100$ ≒108.2(명)이고, 2050년 총부양비는 $\frac{4,250+19,007}{24,487}$ ×100≒95.0(명)이므로 2050년 대비 증가한다.

[오답풀이] ① 2040년 유소년인구는 2030년 대비 5,000−4,983=17(천 명)=1.7(만 명) 감소한다.

② 2060년 유소년인구는 2020년의 50%를 살짝 넘고, 2060년 고령인구는 2020년의 2배 이상 3배 미만이다. 따라서 2060년의 노령화지수는 2020년 대비 6배 미만이다.

③ 2030년 유소년부양비는 $\frac{5,000}{33,947}\times 100 \fallingdotseq 14.7$(명), 2020년 유소년부양비는 $\frac{6,297}{37,358}\times 100 \fallingdotseq 16.9$(명)이므로 16.9−14.7=2.2(명) 감소한다.

④ 전체 인구는 2020년 6,297+37,358+8,125=51,780(천 명), 2030년 5,000+33,947+12,980=51,927(천 명)이므로 2030년의 전체인구는 2020년 대비 증가한다.

22 수리능력 정답 | ④

Quick해설 2020년: $\frac{8,125}{37,358}\times 100 \fallingdotseq 21.7$(명),

2060년: $\frac{18,815}{20,578}\times 100 \fallingdotseq 91.4$(명)

따라서 증감률은 $\frac{91.4-21.7}{21.7}\times 100 \fallingdotseq 321.2(\%)$이다.

23 수리능력 정답 | ②

Quick해설 세부 안전지표 항목에서 중대사고 건수의 평균은 다음과 같이 구할 수 있다.

$\frac{1}{5}$(258+ⓛ+234+223+190)=231.6(건)

따라서 ⓛ에 해당하는 값은 231.6×5−(258+234+223+190)=253(건)이다.

[오답풀이] ① [표1]에서 사고 건수의 평균은 다음과 같이 구할 수 있다.

$\frac{1}{5}$(329+302+㉠+261+225)=279.8(건)

따라서 ㉠에 해당하는 값은 279.8×5−(329+302+261+225)=282(건)이다.

③ [표1]에서 100만km당 불법행위 사고 건수의 평균은 다음과 같이 구할 수 있다.

$\frac{1}{5}$(1.19+1.20+1.01+㉢+0.82)=1.06(건)

따라서 ㉢에 해당하는 값은 1.06×5−(1.19+1.20+1.01+0.82)=1.08(건)이다.

④ [표2]에서 부상자 수의 평균은 다음과 같이 구할 수 있다.

$\frac{1}{5}$(191+166+164+135+㉣)=153(건)

따라서 ㉣에 해당하는 값은 153×5−(191+166+164+135)=109(건)이다.

⑤ [표2]에서 100만km당 사망자 수의 평균은 다음과 같이 구할 수 있다.

$\frac{1}{5}$(0.48+0.44+㉤+0.31+0.28)=0.38(건)

따라서 ㉤에 해당하는 값은 0.38×5−(0.48+0.44+0.31+0.28)=0.39(건)이다.

24 수리능력 정답 | ②

Quick해설 **23**번을 통해 ㉣=109임을 알 수 있으므로 고속도로 교통사고로 인한 부상자 수는 매년 100명이 넘게 발생하고 있다.

[오답풀이] ① 2017년 대비 2021년의 고속도로 교통사고 건수는 329−225=104(건) 감소하였으므로 100건 이상 감소하였다.

③ 100만km당 부상자 수는 2018년 대비 2021년에 $\frac{0.9-0.56}{0.9}\times 100 \fallingdotseq 37.8(\%)$ 감소하였으므로 40% 미만으로 감소하였다.

④ ㉢=1.08이므로 사고발생 또는 인명피해 현황에서 2017년 대비 2021년에 50% 이상 감소한 세부 안전지표 항목은 없다.

⑤ 불법행위 사고 건수는 2018년과 2020년에 전년 대비 증가하였으므로 지속적으로 감소하고 있지 않다.

25 수리능력 정답 | ④

Quick해설 30세 미만 수검인은 총 24,351+90,687+95,028+40,785+10,059+2,214=263,124(명)이고, 30세 미만의 LDL 콜레스테롤 수치가 경계인 수검인은 40,785명이므로 30세 미만 수검인의 $\frac{40,785}{263,124}\times100 \fallingdotseq 15.5(\%)$이기 때문에 옳다.

[오답풀이] ① 전체 수검인원 중 LDL 콜레스테롤 수치가 정상인 비율은 10.4+25.4+32.9=68.7(%)이다.

② 50세 미만 LDL 콜레스테롤 수치가 정상인 수검인은 24,351+90,687+95,028+129,447+486,913+725,439=1,551,865(명)이다.

③ 50세 이상 LDL 콜레스테롤 수치가 경계인 수검인은 523,890+106,003=629,893(명)이다.

⑤ LDL 콜레스테롤 수치가 위험인 수검인은 전체 수검인의 7.7+2.2=9.9(%), 즉 10% 미만이다.

26 수리능력 정답 | ③

Quick해설 강원영서 지방의 2021년 11월 평균기온이 5.1℃이면 평년기온의 범위에 있고 그 확률은 30%이고, 3.8℃이면 평년기온보다 낮고 그 확률은 50%이므로 옳지 않다.

[오답풀이] ① 강원영서 지방의 2021년 9월 평균기온이 18.5℃이면 평년기온의 범위에 있고 그 확률은 50%이고, 19.2℃이면 평년기온보다 높고 그 확률은 20%이므로 옳다.

② 강원영서 지방의 2021년 10월 평균기온이 11.8℃이면 평년기온의 범위에 있고 그 확률은 40%이고, 10℃이면 평년기온보다 낮고 그 확률은 20%이므로 옳다.

④ 강원영동 지방의 2021년 9월 평균기온이 18.2℃이면 평년기온보다 낮고 그 확률은 30%이고, 19.4℃이면 평년기온보다 높고 그 확률은 20%이므로 옳다.

⑤ 강원영동 지방의 2021년 11월 평균기온이 6.8℃이면 평년기온보다 낮고 그 확률은 50%이고, 8.2℃이면 평년기온보다 높고 그 확률은 20%이므로 옳다.

27 수리능력 정답 | ⑤

Quick해설 2021년 4월 비제조업 수주액은 $\frac{98,501}{(1+0.05)} \fallingdotseq 93,810$(억 원), 건설업 수주액은 $\frac{4,921}{(1-0.1)} \fallingdotseq 5,468$(억 원)이다. 2020년 4월 비제조업 수주액은 $\frac{93,810}{(1+0.95)} \fallingdotseq 48,108$(억 원), 건설업 수주액은 $\frac{5,468}{(1+3.7)} \fallingdotseq 1,163$(억 원)이다. 따라서 2020년 4월 비제조업 수주액에서 건설업 수주액이 차지하는 비중은 $\frac{1,163}{48,108}\times100 \fallingdotseq 2.4(\%)$로 5% 미만이다.

[오답풀이] ① 2021년 5월 총수주액은 139,539억 원이고, 민간 수주액은 107,925억 원이므로 민간 수주액은 총수주액의 $\frac{107,925}{139,539}\times100 \fallingdotseq 77.3(\%)$로 75% 이상 80% 미만이다.

② 2021년 5월 민간 제조업 수주액은 9,424억 원이고, 전년 동월 대비 18.1% 감소하였으므로 2020년 5월 민간 제조업 수주액은 $\frac{9,424}{(1-0.181)} \fallingdotseq 11,506.7$(억 원)$\fallingdotseq$1.15(조 원)으로 1.1조 원 이상이다.

③ 2021년 5월 비제조업 수주액에서 건축 수주액이 차지하는 비중은 $\frac{92,009}{98,501}\times100 \fallingdotseq 93.4(\%)$로 95% 미만이다.

④ 석유·화학 수주액은 2020년 5월이 $\frac{1,722}{(1-0.525)} \fallingdotseq 3,625$(억 원)이고, 2019년 5월이 $\frac{3,625}{(1+0.076)} \fallingdotseq 3,369$(억 원)이다. 기계·장치 수주액은 2020년 5월이 $\frac{6,005}{(1+0.071)} \fallingdotseq 5,607$(억 원)이고, 2019년 5월이 $\frac{5,607}{(1-0.15)} \fallingdotseq 6,596$(억 원)이다. 따라서 2019년 기계·장치 수주액은 석유·화학 수주액의 3배 미만이다.

28 수리능력 정답 | ⑤

Quick해설 ㉡ 조사기간 동안 연평균 유방암 발생자 수는 $\frac{1,856+1,937+2,197+2,261+2,365+2,493}{6}$ $\fallingdotseq$2,185(십 명)=218.5(백 명)이다.

ⓒ 모든 암 중 폐암 발생자 수가 차지하는 비중은 2014년에 $\frac{2,447}{22,073} \times 100 ≒ 11.1(\%)$, 2019년에 $\frac{2,996}{25,471} \times 100 ≒ 11.8(\%)$이다. 따라서 2014년 대비 2019년에 증가했다.

ⓔ 2015~2019년 동안 기타 암의 조사망률 전년 대비 증감 폭이 세 번째로 큰 해는 2018년(1.6명/십만 명)이고, 이때 기타 암 조발생률은 위암 조발생률의 $\frac{224.4}{57.1} ≒ 3.9$(배)이다.

[오답풀이] ㉠ 2015~2019년 동안 모든 암에 대해, 사망자 수의 전년 대비 증감 폭이 두 번째로 큰 해는 2016년(133십 명), 발생자 수의 전년 대비 증감 폭이 두 번째로 큰 해는 2019년(1,086십 명)이다.

29 수리능력 정답 | ⑤

Quick해설 유방암 조발생률은 전년 대비 2015년에 1.4명/십만 명 증가, 2016년에 5명/십만 명 증가, 2017년에 1.1명/십만 명 증가, 2018년에 2명/십만 명 증가, 2019년에 2.5명/십만 명 증가했다.

[오답풀이] ① 2014년 모든 암 중 위암의 조사망률이 차지하는 비중은 $\frac{17.6}{151} \times 100 ≒ 11.7(\%)$, 대장암의 조사망률이 차지하는 비중은 $\frac{16.5}{151} \times 100 ≒ 10.9(\%)$이다.

② 기타 암 발생자 수는 전년 대비 2015년에 299십 명 감소, 2016년에 772십 명 증가, 2017년에 262십 명 증가, 2018년에 725십 명 증가, 2019년에 728십 명 증가했다.

③ 전년 대비 2019년의 자궁암 사망자 수의 증가율은 $\frac{134-127}{127} \times 100 ≒ 5.5(\%)$, 자궁암 발생자 수의 증가율은 $\frac{327-350}{350} \times 100 ≒ -6.6(\%)$이다.

④ 폐암과 간암 사망자 수의 차이는 2016년에 696십 명, 2017년에 726십 명, 2018년에 724십 명, 2019년에 798십 명이다.

30 문제해결능력 정답 | ⑤

Quick해설 명호가 가진 책의 권수는 경수보다 많을 수 있지만, 항상 참은 아니다.

[오답풀이] ① 우철이의 책은 4권으로 가장 적다.

② 규동이의 책은 7권으로 가장 많다.

③ 경수는 명호는 5권으로 동일한 권수의 책을 가질 수 있다.

④ 규동이와 경수가 갖고 있는 책의 권수의 합은 12권으로 4권을 가지고 있는 우철이의 책 권수의 3배이다.

31 문제해결능력 정답 | ⑤

Quick해설 A의 말이 참이면 D가 범인이다. 이에 따라 B, C, E의 말은 참이고 D의 말은 거짓이다. 참을 말한 사람이 4명이 되므로 반드시 A의 말은 거짓이고, D의 말은 참임을 알 수 있다. 이때 E의 말이 참이면 B의 말도 참이다. D, E, B의 말이 참이므로 A와 C의 말은 거짓이다. E가 범인이 아니라고 한 C의 말은 거짓이므로 E가 범인이다.

32 문제해결능력 정답 | ①

Quick해설 B는 C가 결혼식에 참석할 수 없다고 말하고 있으나, D는 C가 결혼식에 참석한다고 말하고 있다. 그러므로 둘 중 한 명은 거짓을 말하고 있다.

- B의 말이 진실인 경우
  C는 결혼식에 참석하지 않는다. C는 출장자가 아니므로 C의 말은 진실이 되고, D와 E는 함께 움직여야 하므로 출장자가 아니다. 이 경우 D의 말도 진실이 되어야 하므로 모순이 생긴다.
- D의 말이 진실인 경우
  B는 결혼식에 참석하지 않고 C는 결혼식에 참석한다. B는 거짓을 말했으므로 출장자이고 출장자이므로 결혼식에 참석하지 않는다. 나머지 사원들의 말은 모두 진실이다. D와 E가 함께 움직이는데 결혼식 참석자는 이미 C로 1명이 정해졌으므로, D와 E는 출근을 한다. 나머지 A는 결혼식에 참석한다.

A	B	C	D	E
결혼식 참석	출장자 (거짓)	결혼식 참석	출근	출근

따라서 결혼식에 참석하는 사원은 A, C이다.

33 문제해결능력 정답 | ③

Quick해설 두 번째와 세 번째 [조건]을 정리하면 'E>A>B>F', 'E>C'순으로 점검을 받는다. D는 아무 곳이나 위치시킬 수 있다. 만약 D를 제일 앞에만 위치시키지 않는다면 C 또는 D를 얼마든지 제일 마지막에 위치시킬 수 있다. 따라서 Q는 마지막에 기계를 점검할 가능성이 있다.

반대로 D를 제일 앞에 위치시킨다면 C를 F 앞쪽에 위치시켜 F를 제일 마지막으로 점검할 수 있다. 따라서 P도 마지막에 기계를 점검할 가능성이 있다.

반면 A와 B는 항상 F보다 앞에 있으므로, R은 마지막에 기계를 점검할 가능성이 없다.

따라서 마지막에 기계를 점검할 가능성이 있는 직원은 P, Q다.

34 문제해결능력 정답 | ③

Quick해설 주어진 [조건]에서 팀장의 차량, 대리의 차량, 과장의 차량은 검은색 차량이고, 세 번째와 다섯 번째, 아홉 번째 [조건]에 의해 차량의 종류를 우선적으로 고려하면 팀장, 과장, 대리의 차량은 종류가 같으므로 붙여 놓아야 하고, 대리의 차량이 가운데 위치해야 한다. 따라서 다음과 같은 두 가지 경우로 배치된다.

팀장	대리	과장

과장	대리	팀장

이때 부장의 차량은 팀장, 과장의 차량과 다른 종류이므로 팀장, 과장의 차량 옆에 배치할 수 없고, 사원의 차량은 가장 왼쪽에 배치할 수 없으므로 가능한 경우는 다음과 같다.

첫 번째	두 번째	세 번째	네 번째	다섯 번째
부장	사원	팀장	대리	과장
부장	사원	과장	대리	팀장
팀장	대리	과장	사원	부장
과장	대리	팀장	사원	부장

따라서 부장의 차량은 첫 번째, 다섯 번째 위치에만 배치할 수 있다.

[문제해결 Tip]
정해진 공간에 대상 또는 물건을 조건에 맞게 배열하는 유형은 조건을 쉽게 알아볼 수 있도록 표나 그림을 그려서 시각화하는 것이 가장 빠르고 정확하게 풀어내는 방법이다.

35 문제해결능력 정답 | ②

Quick해설 '3. 지원내용'에서 기준금리는 공공자금관리기금의 신규대출금리에서 2.0%p를 차감하여 산정하고, 중견기업의 대출금리는 '기준금리+0.10%p'라고 하였다. 따라서 공공자금관리기금의 신규대출금리가 5.2%인 경우 중견기업의 대출금리는 5.2−2.0+0.1=3.3(%)이다.

[오답풀이] ① '3. 지원내용'에서 지원한도는 시설자금(500억 원 이내) 및 기술개발자금(100억 원 이내)을 합산하여 사업장당 최대 500억 원이므로 한 사업장에서 시설자금 300억 원 및 R&D 자금 100억 원을 한 번에 지원받을 수 있다.

③ '3. 지원내용'에서 대기업은 50%, 중견기업은 90% 지원되므로 대기업이 500×0.5=250(억 원), 중견기업이 300×0.9=270(억 원)이 지원된다. 따라서 대기업보다 중견기업에 지원되는 금액이 많다.

④ '4. 지원절차'에서 선도프로젝트 평가 기관은 한국산업단지공단, 대출심사 기관은 금융기관으로 상이하다.

⑤ '3. 지원내용'에서 대출기간은 3년 거치, 7년 분할상환이므로 최대 10년이다.

36 문제해결능력 정답 | ③

Quick해설 현재 K씨의 소득은 연 5,000만 원이며, 디딤돌대출상품의 경우 소득제한이 가구소득 연 7,000만 원이므로 배우자의 소득이 연 2,000만 원 이하의 경우에만 디딤돌대출 신청이 가능하다.

[오답풀이] ① 대출 실행 이후 추가주택을 부득이하게 취득한 경우에는 처분기한 내 추가주택을 처분하여야 대출금이 회수되지 않는다.

② K씨의 디딤돌대출에 의한 대출한도 최대금액은 주택가격 4억 원의 최대 70%로 2억 8천만 원이다.

④ 구매하려는 주택의 크기가 주거전용면적 85m^2 이하이어야 한다.

⑤ 실거주의 목적으로 주택을 구입하는 경우에만 신청 가능하다.

37 문제해결능력 정답 | ①

Quick해설 ㉠ 타지 않는 쓰레기는 최대 30L 전용 PP마대에 담아 배출할 수 있다.

㉡ 타는 쓰레기는 월~금요일에 수거하고, 수거일 전날 20:00부터 수거일 06:00까지 배출 가능하다. 따라서 토요일에는 배출이 불가능하다.

[오답풀이] ㉢ 음식물 쓰레기는 전용수거용기에 적합한 납부필증 구입 부착 후 배출해야 한다.

㉣ 종량제 봉투와 납부필증의 용량이 같은 경우는 5L, 10L, 20L이고, 각각 200원, 400원, 800원으로 가격이 동일하다.

38 문제해결능력 정답 | ③

Quick해설 과일이나 부피가 큰 채소(배추, 무, 호박) 등은 잘게 썰어서 배출하고, 김장 쓰레기의 경우 쓰레기양이 많거나 썰지 않은 경우 생활폐기물 종량제 봉투에 담아 배출해야 한다. 그런데 20L 전용수거용기에 버릴 수 있는 양의 김장 쓰레기이므로 잘게 썰어서 음식물 쓰레기로 버리면 된다. 음식물 쓰레기는 매주 월, 수, 금요일에 수거하고, 수거일 전날 오후 8시부터 수거일 오전 6시까지 배출해야 하므로 일요일 밤 11시에 배출 가능하다. 또한, 20L 전용수거용기에 해당하는 납부필증은 하늘색이므로 C는 쓰레기를 바르게 배출하였다.

[오답풀이] ① 전용 PP마대의 용량은 5L, 10L, 30L 세 가지이다.

② 도자기는 타지 않는 쓰레기이므로 전용 PP마대에 담아 배출해야 한다.

④ 5L 전용수거용기에 해당하는 납부필증의 색상은 노랑이다.

⑤ 치킨 뼈는 종량제 봉투, 치킨 무는 음식물 쓰레기로 배출하는 것이 맞다. 하지만 음식물 쓰레기는 월, 수, 금요일에 수거하고, 배출 시간은 수거일 전날 오후 8시부터 수거일 오전 6시까지이므로 수거일인 수요일 저녁 9시에 배출할 수 없다.

39 문제해결능력 정답 | ⑤

Quick해설 제6항 제4호에 따라 국유지가 포함된 토지에 건축할 경우 해당 국유지의 소유권을 관리청에게서 양도 받았다면 건축허가를 받을 수 있다.

[오답풀이] ① 제1항에 따라 32층 건축물을 건축하려면 특별시장이나 광역시장의 허가를 받아야 한다.

② 제2항 제2호에 따라 상수원 보호 구역에 3층 숙박시설을 건축하려면 시장·군수가 도지사의 승인을 받아야 한다.

③ 제3항에 따라 주거환경이나 교육환경 등 주변 환경을 고려할 때 부적합하다고 인정되는 경우 위락시설의 건축을 도지사가 승인했다하더라도 건축위원회의 심의를 거쳐 건축허가를 하지 않을 수 있다.

④ 제6항 제1호에 따라 건축주가 대지를 사용할 권한이 있는 경우 대지의 소유권을 확보하지 못했어도 건축허가를 받을 수 있지만 공동주택은 제외한다.

40 문제해결능력 정답 | ④

Quick해설 (당월 판매량－당월 목표량)의 합은 (300－332)＋(380－380)＋(210－200)＋(240－224)＋(430－400)＝24(개)이다.

[상세해설] [조건] 순서대로 계산을 해보면 다음과 같다.

1단계: B와 E는 전월 판매량을 300개로 조정한다.

2단계: 전월 판매량에 1.3을 곱하면

A: 240×1.3=312(개),
B: 300×1.3=390(개),
C: 160×1.3=208(개),
D: 180×1.3=234(개),
E: 300×1.3=390(개)

3단계: [표]의 전월 목표량보다 전월 판매량이 많은 직원은 A, E이고, 적은 직원은 B, C, D이다.
A: 312+20=332(개),
B: 390−10=380(개),
C: 208−10=198(개),
D: 234−10=224(개),
E: 390+20=410(개)

4단계: C는 당월 목표량이 200개, E는 400개가 되어야 한다.

따라서 (당월 판매량−당월 목표량)의 합은 (300−332)+(380−380)+(210−200)+(240−224)+(430−400)=24(개)이다.

41 문제해결능력 정답 | ⑤

Quick해설 한 팀이 동일한 교육 프로그램을 중복 수강하지 않으며, 1~4팀 모두 9시에 교육 프로그램이 시작되고, 13시에 종료되어야 하므로 1팀의 남은 시간에는 1시간씩 편성 가능한 직업윤리 또는 협업 커뮤니케이션만 추가할 수 있다. 이때, 1팀과 3팀은 협업 커뮤니케이션을 동시 수강하므로 9~10시에 협업 커뮤니케이션을, 12~13시에 직업윤리를 추가한다.
2팀의 교육 일정에는 직업윤리와 P사 핵심비전 안내가 포함되지 않으므로 비즈니스매너, 협업 커뮤니케이션, 문서작성법 중에서만 추가가 가능하고, 4팀과 문서작성법을 동시 수강하므로 12~13시에 문서작성법을 추가한다. 이때, 하나의 교육 프로그램은 2개 팀까지 동시 수강 가능하므로 9~11시에 비즈니스매너를, 11~12시에 협업 커뮤니케이션을 추가한다.
3팀은 직업윤리를 30분만 수강하므로 10시~11시 30분에 가능한 프로그램은 직업윤리와 문서작성법, 또는 직업윤리와 P사 핵심비전 안내 중 1개이다. 직업윤리와 P사 핵심비전 안내는 연속으로 수강하지 않으므로 직업윤리와 문서작성법을 추가해야 한다. 문서작성법은 2팀과 4팀만이 동시 수강하므로 10~11시에 문서작성법을 추가하고 11시~11시 30분에 직업윤리를 추가한다.
4팀의 경우, 2팀과 문서작성법을 동시 수강하며, 1팀과 3팀이 협업 커뮤니케이션을 동시 수강하는 것 외에 다른 프로그램 중 두 팀이 동시에 수강하는 프로그램은 없으므로 비즈니스매너 프로그램을 추가할 수 없으며, 나머지 직업윤리, 협업 커뮤니케이션, P사 핵심비전 안내 중에서 추가할 수 있다. 이때, P사 핵심비전 안내 바로 다음에는 문서작성법을 수강하고, 직업윤리와 P사 핵심비전 안내는 연속하여 수강하지 않으므로 9~10시에 직업윤리를, 10~11시에 협업 커뮤니케이션을, 11~12시에 P사 핵심비전 안내를 추가한다.

<table>
<tr><th>구분</th><th>09:00~09:30</th><th>09:30~10:00</th><th>10:00~10:30</th><th>10:30~11:00</th><th>11:00~11:30</th><th>11:30~12:00</th><th>12:00~12:30</th><th>12:30~13:00</th></tr>
<tr><td>1팀</td><td colspan="2">협업 커뮤니케이션</td><td colspan="2">P사 핵심비전 안내</td><td colspan="2">문서작성법</td><td colspan="2">직업윤리</td></tr>
<tr><td>2팀</td><td colspan="4">비즈니스매너</td><td colspan="2">협업 커뮤니케이션</td><td colspan="2">문서작성법</td></tr>
<tr><td>3팀</td><td colspan="2">협업 커뮤니케이션</td><td colspan="2">문서작성법</td><td>직업윤리</td><td colspan="3">비즈니스매너</td></tr>
<tr><td>4팀</td><td colspan="2">직업윤리</td><td colspan="2">협업 커뮤니케이션</td><td colspan="2">P사 핵심비전 안내</td><td colspan="2">문서작성법</td></tr>
</table>

따라서 4팀은 10시부터 11시까지 협업 커뮤니케이션을 수강하므로 옳지 않다.

[오답풀이] ① 1팀은 직업윤리를 수강하고, 비즈니스매너를 수강하지 않는다.
② 2팀은 비즈니스매너를 수강한다.
③ 3팀은 직업윤리 수강 전 문서작성법을 수강한다.
④ 3팀과 4팀이 모두 수강하는 프로그램은 협업 커뮤니케이션, 문서작성법, 직업윤리로 3개이다.

42 문제해결능력 정답 | ④

Quick해설 1팀이 가장 먼저 수강하는 프로그램은 협업 커뮤니케이션이므로 옳지 않다.

[오답풀이] ① 협업 커뮤니케이션은 모든 팀에서 문서작성법보다 먼저 수강한다.
② P사 핵심비전 안내를 수강하는 팀은 1팀과 4팀이다.
③ 비즈니스매너를 2시간 동안 수강하는 팀은 2팀 1개 팀이다.

⑤ 4팀이 세 번째로 수강하는 프로그램은 P사 핵심비전 안내이다.

43 자원관리능력 정답 | ①

Quick해설 [물류창고별 보관 물품 현황]에 따르면 물류창고마다 보관 중인 물품 무게의 총합이 다음과 같다.

A	B	C	D	E
1,375kg	375kg	1,375kg	1,250kg	1,500kg

[표2]에 따라 물류창고에 보관 중인 물품이 1톤 미만인 물류창고 B는 1톤 화물차를 이용하고, 1톤 이상 3톤 미만인 물류창고 A, C, D, E는 3톤 화물차를 이용한다. 이에 따라 물류창고별 거리를 고려한 운임 비용을 계산하면 다음과 같다.

- 물류창고 A로 운송할 경우
  : $(40+60+80)\times800+20\times450=153{,}000$(원)
- 물류창고 B로 운송할 경우
  : $(60+40+20+20)\times800=112{,}000$(원)
- 물류창고 C로 운송할 경우
  : $(40+20+40)\times800+20\times450=89{,}000$(원)
- 물류창고 D로 운송할 경우
  : $(60+20+20)\times800+40\times450=98{,}000$(원)
- 물류창고 E로 운송할 경우
  : $(80+40+20)\times800+60\times450=139{,}000$(원)

따라서 운임 비용이 가장 많이 드는 물류창고는 A이다.

44 자원관리능력 정답 | ⑤

Quick해설 B와 G는 동시 접속 인원이 $43+38=81$(명) 미만이므로 제외된다. D, G는 캡처 및 녹화가 불가능하고, C, F는 일괄/개별 제어가 불가능하므로 제외된다. 따라서 남은 프로그램은 A, E, H이다. 비용, 편리성, 기능 점수의 합이 A가 25점, E가 27점, H가 27점이다. 이때, H의 비용 점수가 E보다 높으므로 H가 채택된다.

45 자원관리능력 정답 | ①

Quick해설 A−B−D−F−H는 연속으로 진행되므로 H공정을 끝내는 데 $1+3+3+4+6=17$(시간)이 걸린다.
C공정은 5시간이 걸리고 B−D는 6시간이 걸리므로 E는 A공정을 시작한 지 7시간 후부터 시작한다.
E−G−I는 연속으로 진행하며 $5+3+4=12$(시간) 진행되므로 I공정을 끝내는 데 $7+12=19$(시간)이 걸린다.
J공정은 I공정이 끝난 후부터 시작하며 2시간이 걸리므로 A공정을 시작한 후 J공정을 끝내기까지 총 걸리는 최소 시간은 21시간이다.

1	2	3	4	5	6	7	8	9	10	11	12	13	14	15	16	17	18	19	20	21
A																				
		B			D			F					H							
			C																	
									E				G			I				
																				J

46 자원관리능력 정답 | ②

Quick해설 소요 시간이 가장 길었던 H공정의 소요 비용이 절반으로 감소하여 250만 원 감소하였고, 필요한 선행 공정이 두 가지인 E공정과 J공정은 소요 비용이 각각 100만 원 감소하였다. 또한, D공정과 G공정의 소요 비용은 각각 50만 원 감소하였다. 이에 따라 공정 개선 후 감소한 소요 비용은 $250+100+100+50+50=550$(만 원)이다.
따라서 공정 개선 후 전체 공정 과정에서 소요되는 총비용은 기존 소요 비용 $100+200+400+300+500+100+200+500+100+600=3{,}000$(만 원)에서 550(만 원)이 감소한 $3{,}000-550=2{,}450$(만 원)이다.

47 자원관리능력 정답 | ⑤

Quick해설 스위트룸으로만 투숙하여 최상위 등급을 획득하려면 스위트룸은 1박당 2박 등급 실적을 인정하므로 A브랜드는 25박, B브랜드는 30박을 투숙해야 하지만, C브랜드는 23박 투숙 시 브랜드의 제일 상위 등급을 획득할 수 있다.

48 자원관리능력 정답 | ⑤

Quick해설 C브랜드의 플래티넘 등급을 획득하기 위해서는 스탠다드룸 45박 또는 디럭스룸 30박을 해야 하고, 450만 원의 비용이 들며, 이때 필요한 최소 숙박 수는 디럭스룸 30박이다.

[상세해설] 브랜드별 등급 적립에 필요한 비용을 정리하면 다음과 같다.

[A브랜드]

- 골드 등급: 연간 10박 이상 필요
  - 스탠다드룸: 10×150,000=1,500,000(원)
  - 디럭스룸: 7×200,000=1,400,000(원)
  - 스위트룸: 5×350,000=1,750,000(원)
- 다이아몬드 등급: 연간 50박 이상 필요
  - 스탠다드룸: 50×150,000=7,500,000(원)
  - 디럭스룸: 34×200,000=6,800,000(원)
  - 스위트룸: 25×350,000=8,750,000(원)

[B브랜드]

- 실버 등급: 연간 15박 이상 필요
  - 스탠다드룸: 15×120,000원=1,800,000(원)
  - 디럭스룸: 10×200,000원=2,000,000(원)
  - 스위트룸: 8×300,000원=2,400,000(원)
- 골드 등급: 연간 30박 이상 필요
  - 스탠다드룸: 30×120,000=3,600,000(원)
  - 디럭스룸: 20×200,000=4,000,000(원)
  - 스위트룸: 15×300,000=4,500,000(원)

[C브랜드]

- 플래티넘 등급: 연간 45박 이상 필요
  - 스탠다드룸: 45×100,000원=4,500,000(원)
  - 디럭스룸: 30×150,000원=4,500,000(원)
  - 스위트룸: 23×250,000원=5,750,000(원)

49 자원관리능력 정답 | ③

Quick해설 수요일 점심시간 후인 13:30~15:30에 모든 부장의 일정이 비어있다. 따라서 수요일에 회의한다.

[오답풀이] ① 월요일에는 09:00~12:00, 12:30~13:30, 15:00~17:30에 회의할 수 없다. 09:00~17:00 동안 모든 부장이 2시간 동안 회의할 수 있는 시간이 없다.

② 화요일에는 09:00~11:00, 12:30~15:30에 회의할 수 없다. 09:00~17:00 동안 모든 부장이 2시간 동안 회의할 수 있는 시간이 없다.

④ 목요일에는 15:00~17:00에 회의가 가능하나 가장 빠른 회의 가능 요일이 아니다.

⑤ 금요일에는 13:30~15:30에 회의할 수 있지만 가장 빠른 회의 가능 요일이 아니다.

50 자원관리능력 정답 | ④

Quick해설 주어진 자료에 따르면 모든 유종은 1L 단위로만 주유가 가능하므로 이에 따른 회사 차량별 유류비는 다음과 같다.

구분	필요 주유량(L)	유류비(원)
A차량	280÷10.0=28	28×1,920=53,760
B차량	280÷12.0≒24	24×2,010=48,240
C차량	280÷8.5≒33	33×1,140=37,620
D차량	280÷12.5≒23	23×2,010=46,230
E차량	280÷10.5≒27	27×1,920=51,840

따라서 유류비가 가장 비싼 차량과 가장 저렴한 차량의 유류비용 차액은 53,760−37,620=16,140(원)이다.

51 조직이해능력 정답 | ③

Quick해설 (A)~(E)는 순서대로 해외관리팀, 영업부문, 해외영업본부, 영업관리본부, 영업1팀이 되어 이 중 '팀'은 해외관리팀과 영업1팀으로 2개이므로 가장 적절하지 않다.

[오답풀이] ① 인사팀 내 해외관리 적합자가 해외관리팀으로 이동하였다는 점에서 개편 후 인사팀의 인원은 개편 전에 비해 다소 감소하였음을 추론할 수 있다.

② (A)~(E)에 들어갈 명칭 중 개편 전과 동일한 명칭은 영업1팀 1개이다.

④ (A)는 해외관리팀으로, 이는 영업부문 내 해외영업본부가 신설됨에 따라 해외 관련 관리 업무를 담당하기 위해 함께 신설되었을 것이라고 추론할 수 있다.

⑤ (D)는 영업관리본부로, 국내외 영업을 지원하는 조직이지만 외환, 물류, 국제법무 등의 팀으로 구성되어 국내영업보다 (C) 해외영업본부를 더 비중 있게 지원하는 조직임을 추론할 수 있다.

52 조직이해능력 정답 | ③

Quick해설 ⓒ 타 기관이 요청한 자료를 제출하기 위하여 승인을 받는 문서이므로 부서장이 전결권자이다. 따라서 부서장 서명란에 '전결'을 표기하고 부서장은 최종 결재 서명란에 서명하게 된다. 본부장과 부사장은 결재가 필요없으므로 서명란에 우상향 대각선을 표시한다.

ⓡ 팀장은 부서장이 되므로 해외출장 시 본부장이 전결권자이다. 따라서 본부장 서명란에 '전결'을 표기하고 본부장은 최종 결재 서명란에 서명하게 된다. 부사장은 결재가 필요없으므로 서명란에 우상향 대각선을 표시한다.

[오답풀이] ㉠ 관계기관 협조의뢰 및 조회를 승인받는 문서이므로 부서장 서명 란에 '전결'을 표기하고 본부장과 부사장 서명란에 우상향 대각선을 표시한다. 최종 결재 서명란에는 부서장이 서명해야 한다.

㉡ TFT 승인 건이므로 부사장이 전결권자이다. 따라서 부사장 서명란에 '전결'을 표기하고 부사장은 최종 결재란에 서명하게 된다. 그러므로 최종 결재 서명란의 우상향 대각선은 표시하지 말아야 한다.

53 조직이해능력 정답 | ②

Quick해설 사례1은 B백화점이 다른 경쟁업체가 하지 않는 독특한 전략을 선택함으로써 모든 고객에 대한 차별화를 시도한 것이 전력의 핵심이다. 따라서 이는 차별화 전략에 속한다.

사례2는 단거리 노선이라는 시장에 집중한 것으로 집중화 전략에 속한다. 단거리 노선에 집중하여 저가 정책을 통한 원가 절감을 도모한 것으로 판단되므로 특정 시장에 집중하여 원가우위 전략을 시도한 집중화 전략이다.

54 조직이해능력 정답 | ①

Quick해설 제공되는 제품과 서비스의 시장을 정의하고 소비자층을 세분화하는 것이 시장세분화 전략이므로 ㉠에 들어갈 말은 'Segmentation'이다. 또한 시장세분화를 통해 구분된 소비자층 중에서 자사의 제품, 서비스를 선택할 가능성이 가장 높은 핵심 소비자층을 표적시장으로 선별하는 것이 목표시장선정 전략이므로 ㉡에 들어갈 말은 'Targeting'이 된다.

55 조직이해능력 정답 | ④

Quick해설 적용대상 직원에는 계약직을 포함한 4급 이하 모든 직원이 포함되는 것이므로 3급인 H를 제외한 나머지 직원의 평점 합과 성과 순위, 지급률, 지급액을 정리하면 다음과 같다.

직원	평점 합(점), 성과 순위, 지급률	지급액(만 원)
A	8+6+8=22, 4위, 130%	100×1.3=130
B	10+8+7=25, 2위, 150%	300×1.5=450
C	7+4+8=19, 6위, 100%	300×1.0=300
D	8+9+7=24, 3위, 130%	200×1.3=260
E	6+5+7=18, 7위, 100%	400×1.0=400
F	8+9+10=27, 1위, 150%	100×1.5=150
G	8+8+5=21, 5위, 100%	400×1.0=400

따라서 성과상여금을 가장 많이 받는 직원은 B이고, 가장 적게 받는 직원은 A이다. 따라서 성과상여금 차이는 450−130=320(만 원)이다.

56 조직이해능력 정답 | ④

Quick해설 현재 업무지원팀원은 A~H까지 8명이며, 구성원 변동이 없다고 가정하였으므로 신년 1월에도 팀원은 8명이다. 이 중 계약직이던 F가 S등급을 받았으므로 정규직 6급으로 전환된다. 즉 1월 기준 업무지원팀은 총원 8명, 정규직 7명, 계약직 1명이며, 정규직 7명 중 5등급 이하의 직원은 B, C, D, F 4명이다. 따라서 정규직 직원들 중에 5등급 이하인 직원의 비율은 $\frac{4}{7}$이다.

57 조직이해능력 정답 | ③

Quick해설 ST 전략은 외부 환경의 위협을 회피하기 위해 강점을 사용하는 전략이다. 따라서 외부의 위협 요인인 '자사에 불리한 규제'를 벗어날 수 있는 새로운 영역을 자사의 강점인 '독점 기술과 경영진의 경험'으로 창출하는 것이 적절한 ST 전략이라고 볼 수 있다.

주어진 사례에서 알 수 있는 M무역업체의 SWOT 요인은 다음과 같다.

- S(내부 강점): 경영진의 우수한 역량과 다년간의 경험, 안정적인 거래 채널, 독점적 기술력, 직원들의 열정
- W(내부 약점): 생산설비 노후화, 직원들의 고령화, 더딘 연구 개발, 수익성 악화
- O(외부 기회요인): 시장의 빠른 성장 속도, 새로운 고객군 등장
- T(외부 위협요인): 급속도로 출현하는 경쟁자, 시장 점유율 하락, 불리한 무역규제와 제도적 장치, 침체된 경기

58 조직이해능력 정답 | ①

Quick해설 ㉠ 직제상 해당 전결권자가 없는 경우에는 상위자가 전결해야 하므로 전결권자인 부서장이 없는 경우 상위자인 본부장이 전결해야 한다.

[오답풀이] ㉡ 결재경로에 파트장이 포함된 경우, 팀장을 경유하지 않을 수 있다고 하였다.

㉢ 외부강의, 강연, 발표, 토론, 논문 및 원고 작성을 위해서는 법무팀장에 사전협조를 구한 후 문서에 대한 결재를 진행해야 한다.

59 조직이해능력 정답 | ④

Quick해설 [별표]에 따라 외부심사, 평가, 자문, 의결 및 기타 항목과 관련하여 팀원이 기안자일 경우 전결권은 부서장에게 있다. 이에 따라 부서장란에 전결을 표시하고, 최고 결재권자인 사장란에 부서장이 서명하였으며, 결재가 필요하지 않은 직책자인 본부장란에는 상향대각선을 표시하였으므로 옳게 작성된 결재 양식이다.

[오답풀이] ① 200만 원을 초과하는 섭외성 경비는 전결권이 사장에게 있다.

업무추진비 내역서(320만 원)					
결재	담당	팀장	부서장	본부장	사장
					사장 서명

② 급여 및 경비용역비, 위탁저장관리비 등 계약단가에 의한 지급 건은 부서장에게 전결권이 있다.

위탁저장관리비 지급 내역서					
결재	담당	팀장	부서장	본부장	사장
			전결	/	부서장 서명

③ 500만 원 초과 2,000만 원 이하 기타 제경비는 부서장에게 전결권이 있다.

기타 제경비 내역서(1,200만 원)					
결재	담당	팀장	부서장	본부장	사장
			전결	/	부서장 서명

⑤ 사무실임차료, 협회비 등 방침에 의한 정기적 지급 건은 팀장에게 전결권이 있다.

사무실임차료 내역서					
결재	담당	팀장	부서장	본부장	사장
		전결	/	/	팀장 서명

60 조직이해능력 정답 | ③

Quick해설 WO 전략은 내부 약점을 보완하여 기회를 살리는 전략이다. 지역 애착을 기반으로 한 마을소멸 대응 공간 재편 전략 수립은 S6을 활용하여 T2를 최소화하기 위한 ST 전략에 해당한다.

[오답풀이] ① S1과 O1을 극대화하고자 하였으므로 적절하다.

② S1과 O2를 극대화하고자 하였으므로 적절하다.

④ S6을 활용하여 T9을 최소화하고자 하였으므로 적절하다.

⑤ W7과 T1을 최소화하고자 하였으므로 적절하다.

PSAT형·휴노 중심형 NCS 실전모의고사

성 명

㉠	ㅏ	㉠	㉠	ㅏ	㉠	㉠	ㅏ	㉠	㉠	ㅏ	㉠
㉡	ㅑ	㉡	㉡	ㅑ	㉡	㉡	ㅑ	㉡	㉡	ㅑ	㉡
㉢	ㅓ	㉢	㉢	ㅓ	㉢	㉢	ㅓ	㉢	㉢	ㅓ	㉢
㉣	ㅕ	㉣	㉣	ㅕ	㉣	㉣	ㅕ	㉣	㉣	ㅕ	㉣
㉤	ㅗ	㉤	㉤	ㅗ	㉤	㉤	ㅗ	㉤	㉤	ㅗ	㉤
㉥	ㅛ	㉥	㉥	ㅛ	㉥	㉥	ㅛ	㉥	㉥	ㅛ	㉥
㉦	ㅜ	㉦	㉦	ㅜ	㉦	㉦	ㅜ	㉦	㉦	ㅜ	㉦
㉧	ㅠ	㉧	㉧	ㅠ	㉧	㉧	ㅠ	㉧	㉧	ㅠ	㉧
㉨	ㅡ	㉨	㉨	ㅡ	㉨	㉨	ㅡ	㉨	㉨	ㅡ	㉨
㉩	ㅣ	㉩	㉩	ㅣ	㉩	㉩	ㅣ	㉩	㉩	ㅣ	㉩
㉪	ㅐ	㉪	㉪	ㅐ	㉪	㉪	ㅐ	㉪	㉪	ㅐ	㉪
㉫	ㅒ	㉫	㉫	ㅒ	㉫	㉫	ㅒ	㉫	㉫	ㅒ	㉫
㉬	ㅔ	㉬	㉬	ㅔ	㉬	㉬	ㅔ	㉬	㉬	ㅔ	㉬
㉭	ㅖ	㉭	㉭	ㅖ	㉭	㉭	ㅖ	㉭	㉭	ㅖ	㉭
	ㅘ		ㄲ	ㅘ	ㄲ	ㄲ	ㅘ	ㄲ	ㄲ	ㅘ	ㄲ
	ㅙ		ㄸ	ㅙ	ㄸ	ㄸ	ㅙ	ㄸ	ㄸ	ㅙ	ㄸ
	ㅚ		ㅃ	ㅚ	ㅃ	ㅃ	ㅚ	ㅃ	ㅃ	ㅚ	ㅃ
	ㅝ		ㅆ	ㅝ	ㅆ	ㅆ	ㅝ	ㅆ	ㅆ	ㅝ	ㅆ
	ㅞ		ㅉ	ㅞ	ㅉ	ㅉ	ㅞ	ㅉ	ㅉ	ㅞ	ㅉ
	ㅟ			ㅟ	ㄺ		ㅟ	ㄺ		ㅟ	ㄺ
	ㅢ			ㅢ	ㄻ		ㅢ	ㄻ		ㅢ	ㄻ

수 험 번 호

⓪	⓪	⓪	⓪	⓪	⓪
①	①	①	①	①	①
②	②	②	②	②	②
③	③	③	③	③	③
④	④	④	④	④	④
⑤	⑤	⑤	⑤	⑤	⑤
⑥	⑥	⑥	⑥	⑥	⑥
⑦	⑦	⑦	⑦	⑦	⑦
⑧	⑧	⑧	⑧	⑧	⑧
⑨	⑨	⑨	⑨	⑨	⑨

출생(생년을 제외한) 월일

⓪	⓪	⓪	⓪
①	①	①	①
②	②	②	②
③	③	③	③
④	④	④	④
⑤	⑤	⑤	⑤
⑥	⑥	⑥	⑥
⑦	⑦	⑦	⑦
⑧	⑧	⑧	⑧
⑨	⑨	⑨	⑨

수험생 유의사항

(1) 아래와 같은 방식으로 답안지를 바르게 작성한다.

[보기] ① ② ● ④ ⑤

(2) 성명란은 왼쪽부터 빠짐없이 순서대로 작성한다.

(3) 수험번호는 각자 자신에게 부여 받은 번호를 표기하여 작성한다.

(4) 출생 월일은 출생연도를 제외하고 작성한다.

(예) 2002년 4월 1일은 0401로 표기한다.

01	① ② ③ ④ ⑤	16	① ② ③ ④ ⑤	31	① ② ③ ④ ⑤
02	① ② ③ ④ ⑤	17	① ② ③ ④ ⑤	32	① ② ③ ④ ⑤
03	① ② ③ ④ ⑤	18	① ② ③ ④ ⑤	33	① ② ③ ④ ⑤
04	① ② ③ ④ ⑤	19	① ② ③ ④ ⑤	34	① ② ③ ④ ⑤
05	① ② ③ ④ ⑤	20	① ② ③ ④ ⑤	35	① ② ③ ④ ⑤
06	① ② ③ ④ ⑤	21	① ② ③ ④ ⑤	36	① ② ③ ④ ⑤
07	① ② ③ ④ ⑤	22	① ② ③ ④ ⑤	37	① ② ③ ④ ⑤
08	① ② ③ ④ ⑤	23	① ② ③ ④ ⑤	38	① ② ③ ④ ⑤
09	① ② ③ ④ ⑤	24	① ② ③ ④ ⑤	39	① ② ③ ④ ⑤
10	① ② ③ ④ ⑤	25	① ② ③ ④ ⑤	40	① ② ③ ④ ⑤
11	① ② ③ ④ ⑤	26	① ② ③ ④ ⑤		
12	① ② ③ ④ ⑤	27	① ② ③ ④ ⑤		
13	① ② ③ ④ ⑤	28	① ② ③ ④ ⑤		
14	① ② ③ ④ ⑤	29	① ② ③ ④ ⑤		
15	① ② ③ ④ ⑤	30	① ② ③ ④ ⑤		

PSAT형·휴노 중심형 NCS 실전모의고사

성 명			
ㄱ ㅏ ㄱ	ㄱ ㅏ ㄱ	ㄱ ㅏ ㄱ	ㄱ ㅏ ㄱ
ㄴ ㅑ ㄴ	ㄴ ㅑ ㄴ	ㄴ ㅑ ㄴ	ㄴ ㅑ ㄴ
ㄷ ㅓ ㄷ	ㄷ ㅓ ㄷ	ㄷ ㅓ ㄷ	ㄷ ㅓ ㄷ
ㄹ ㅕ ㄹ	ㄹ ㅕ ㄹ	ㄹ ㅕ ㄹ	ㄹ ㅕ ㄹ
ㅁ ㅗ ㅁ	ㅁ ㅗ ㅁ	ㅁ ㅗ ㅁ	ㅁ ㅗ ㅁ
ㅂ ㅛ ㅂ	ㅂ ㅛ ㅂ	ㅂ ㅛ ㅂ	ㅂ ㅛ ㅂ
ㅅ ㅜ ㅅ	ㅅ ㅜ ㅅ	ㅅ ㅜ ㅅ	ㅅ ㅜ ㅅ
ㅇ ㅠ ㅇ	ㅇ ㅠ ㅇ	ㅇ ㅠ ㅇ	ㅇ ㅠ ㅇ
ㅈ ㅡ ㅈ	ㅈ ㅡ ㅈ	ㅈ ㅡ ㅈ	ㅈ ㅡ ㅈ
ㅊ ㅣ ㅊ	ㅊ ㅣ ㅊ	ㅊ ㅣ ㅊ	ㅊ ㅣ ㅊ
ㅋ ㅐ ㅋ	ㅋ ㅐ ㅋ	ㅋ ㅐ ㅋ	ㅋ ㅐ ㅋ
ㅌ ㅒ ㅌ	ㅌ ㅒ ㅌ	ㅌ ㅒ ㅌ	ㅌ ㅒ ㅌ
ㅍ ㅔ ㅍ	ㅍ ㅔ ㅍ	ㅍ ㅔ ㅍ	ㅍ ㅔ ㅍ
ㅎ ㅖ ㅎ	ㅎ ㅖ ㅎ	ㅎ ㅖ ㅎ	ㅎ ㅖ ㅎ
ㅘ	ㄲ ㅘ ㄲ	ㄲ ㅘ ㄲ	ㄲ ㅘ ㄲ
ㅙ	ㄸ ㅙ ㄸ	ㄸ ㅙ ㄸ	ㄸ ㅙ ㄸ
ㅚ	ㅃ ㅚ ㅃ	ㅃ ㅚ ㅃ	ㅃ ㅚ ㅃ
ㅝ	ㅆ ㅝ ㅆ	ㅆ ㅝ ㅆ	ㅆ ㅝ ㅆ
ㅞ	ㅉ ㅞ ㅉ	ㅉ ㅞ ㅉ	ㅉ ㅞ ㅉ
ㅟ	ㅟ ㄺ	ㅟ ㄺ	ㅟ ㄺ
ㅢ	ㅢ ㄻ	ㅢ ㄻ	ㅢ ㄻ

수	험	번	호		
⓪	⓪	⓪	⓪	⓪	⓪
①	①	①	①	①	①
②	②	②	②	②	②
③	③	③	③	③	③
④	④	④	④	④	④
⑤	⑤	⑤	⑤	⑤	⑤
⑥	⑥	⑥	⑥	⑥	⑥
⑦	⑦	⑦	⑦	⑦	⑦
⑧	⑧	⑧	⑧	⑧	⑧
⑨	⑨	⑨	⑨	⑨	⑨

출생(생년을 제외한) 월일			
⓪	⓪	⓪	⓪
①	①	①	①
②	②	②	②
③	③	③	③
④	④	④	④
⑤	⑤	⑤	⑤
⑥	⑥	⑥	⑥
⑦	⑦	⑦	⑦
⑧	⑧	⑧	⑧
⑨	⑨	⑨	⑨

수험생 유의사항

(1) 아래와 같은 방식으로 답안지를 바르게 작성한다.

[보기] ① ② ● ④ ⑤

(2) 성명란은 왼쪽부터 빠짐없이 순서대로 작성한다.

(3) 수험번호는 각자 자신에게 부여 받은 번호를 표기하여 작성한다.

(4) 출생 월일은 출생연도를 제외하고 작성한다.

(예) 2002년 4월 1일은 0401로 표기한다.

01	① ② ③ ④ ⑤	16	① ② ③ ④ ⑤	31	① ② ③ ④ ⑤
02	① ② ③ ④ ⑤	17	① ② ③ ④ ⑤	32	① ② ③ ④ ⑤
03	① ② ③ ④ ⑤	18	① ② ③ ④ ⑤	33	① ② ③ ④ ⑤
04	① ② ③ ④ ⑤	19	① ② ③ ④ ⑤	34	① ② ③ ④ ⑤
05	① ② ③ ④ ⑤	20	① ② ③ ④ ⑤	35	① ② ③ ④ ⑤
06	① ② ③ ④ ⑤	21	① ② ③ ④ ⑤	36	① ② ③ ④ ⑤
07	① ② ③ ④ ⑤	22	① ② ③ ④ ⑤	37	① ② ③ ④ ⑤
08	① ② ③ ④ ⑤	23	① ② ③ ④ ⑤	38	① ② ③ ④ ⑤
09	① ② ③ ④ ⑤	24	① ② ③ ④ ⑤	39	① ② ③ ④ ⑤
10	① ② ③ ④ ⑤	25	① ② ③ ④ ⑤	40	① ② ③ ④ ⑤
11	① ② ③ ④ ⑤	26	① ② ③ ④ ⑤		
12	① ② ③ ④ ⑤	27	① ② ③ ④ ⑤		
13	① ② ③ ④ ⑤	28	① ② ③ ④ ⑤		
14	① ② ③ ④ ⑤	29	① ② ③ ④ ⑤		
15	① ② ③ ④ ⑤	30	① ② ③ ④ ⑤		

PSAT형·휴노 중심형 NCS 실전모의고사

성 명

㉠	ㅏ	㉠	㉠	ㅏ	㉠	㉠	ㅏ	㉠	㉠	ㅏ	㉠
㉡	ㅑ	㉡	㉡	ㅑ	㉡	㉡	ㅑ	㉡	㉡	ㅑ	㉡
㉢	ㅓ	㉢	㉢	ㅓ	㉢	㉢	ㅓ	㉢	㉢	ㅓ	㉢
㉣	ㅕ	㉣	㉣	ㅕ	㉣	㉣	ㅕ	㉣	㉣	ㅕ	㉣
㉤	ㅗ	㉤	㉤	ㅗ	㉤	㉤	ㅗ	㉤	㉤	ㅗ	㉤
㉥	ㅛ	㉥	㉥	ㅛ	㉥	㉥	ㅛ	㉥	㉥	ㅛ	㉥
㉦	ㅜ	㉦	㉦	ㅜ	㉦	㉦	ㅜ	㉦	㉦	ㅜ	㉦
㉧	ㅠ	㉧	㉧	ㅠ	㉧	㉧	ㅠ	㉧	㉧	ㅠ	㉧
㉨	ㅡ	㉨	㉨	ㅡ	㉨	㉨	ㅡ	㉨	㉨	ㅡ	㉨
㉩	ㅣ	㉩	㉩	ㅣ	㉩	㉩	ㅣ	㉩	㉩	ㅣ	㉩
㉪	ㅐ	㉪	㉪	ㅐ	㉪	㉪	ㅐ	㉪	㉪	ㅐ	㉪
㉫	ㅒ	㉫	㉫	ㅒ	㉫	㉫	ㅒ	㉫	㉫	ㅒ	㉫
㉬	ㅔ	㉬	㉬	ㅔ	㉬	㉬	ㅔ	㉬	㉬	ㅔ	㉬
㉭	ㅖ	㉭	㉭	ㅖ	㉭	㉭	ㅖ	㉭	㉭	ㅖ	㉭
	ㅘ		ㄲ	ㅘ	ㄲ	ㄲ	ㅘ	ㄲ	ㄲ	ㅘ	ㄲ
	ㅙ		ㄸ	ㅙ	ㄸ	ㄸ	ㅙ	ㄸ	ㄸ	ㅙ	ㄸ
	ㅚ		ㅃ	ㅚ	ㅃ	ㅃ	ㅚ	ㅃ	ㅃ	ㅚ	ㅃ
	ㅝ		ㅆ	ㅝ	ㅆ	ㅆ	ㅝ	ㅆ	ㅆ	ㅝ	ㅆ
	ㅞ		ㅉ	ㅞ	ㅉ	ㅉ	ㅞ	ㅉ	ㅉ	ㅞ	ㅉ
	ㅟ			ㅟ	ㄺ		ㅟ	ㄺ		ㅟ	ㄺ
	ㅢ			ㅢ	ㄻ		ㅢ	ㄻ		ㅢ	ㄻ

수 험 번 호

⓪	⓪	⓪	⓪	⓪	⓪
①	①	①	①	①	①
②	②	②	②	②	②
③	③	③	③	③	③
④	④	④	④	④	④
⑤	⑤	⑤	⑤	⑤	⑤
⑥	⑥	⑥	⑥	⑥	⑥
⑦	⑦	⑦	⑦	⑦	⑦
⑧	⑧	⑧	⑧	⑧	⑧
⑨	⑨	⑨	⑨	⑨	⑨

출생(생년을 제외한) 월일

⓪	⓪	⓪	⓪
①	①	①	①
②	②	②	②
③	③	③	③
④	④	④	④
⑤	⑤	⑤	⑤
⑥	⑥	⑥	⑥
⑦	⑦	⑦	⑦
⑧	⑧	⑧	⑧
⑨	⑨	⑨	⑨

수험생 유의사항

(1) 아래와 같은 방식으로 답안지를 바르게 작성한다.

[보기] ① ② ● ④ ⑤

(2) 성명란은 왼쪽부터 빠짐없이 순서대로 작성한다.

(3) 수험번호는 각자 자신에게 부여 받은 번호를 표기하여 작성한다.

(4) 출생 월일은 출생연도를 제외하고 작성한다.

(예) 2002년 4월 1일은 0401로 표기한다.

01	① ② ③ ④ ⑤	16	① ② ③ ④ ⑤	31	① ② ③ ④ ⑤	46	① ② ③ ④ ⑤
02	① ② ③ ④ ⑤	17	① ② ③ ④ ⑤	32	① ② ③ ④ ⑤	47	① ② ③ ④ ⑤
03	① ② ③ ④ ⑤	18	① ② ③ ④ ⑤	33	① ② ③ ④ ⑤	48	① ② ③ ④ ⑤
04	① ② ③ ④ ⑤	19	① ② ③ ④ ⑤	34	① ② ③ ④ ⑤	49	① ② ③ ④ ⑤
05	① ② ③ ④ ⑤	20	① ② ③ ④ ⑤	35	① ② ③ ④ ⑤	50	① ② ③ ④ ⑤
06	① ② ③ ④ ⑤	21	① ② ③ ④ ⑤	36	① ② ③ ④ ⑤		
07	① ② ③ ④ ⑤	22	① ② ③ ④ ⑤	37	① ② ③ ④ ⑤		
08	① ② ③ ④ ⑤	23	① ② ③ ④ ⑤	38	① ② ③ ④ ⑤		
09	① ② ③ ④ ⑤	24	① ② ③ ④ ⑤	39	① ② ③ ④ ⑤		
10	① ② ③ ④ ⑤	25	① ② ③ ④ ⑤	40	① ② ③ ④ ⑤		
11	① ② ③ ④ ⑤	26	① ② ③ ④ ⑤	41	① ② ③ ④ ⑤		
12	① ② ③ ④ ⑤	27	① ② ③ ④ ⑤	42	① ② ③ ④ ⑤		
13	① ② ③ ④ ⑤	28	① ② ③ ④ ⑤	43	① ② ③ ④ ⑤		
14	① ② ③ ④ ⑤	29	① ② ③ ④ ⑤	44	① ② ③ ④ ⑤		
15	① ② ③ ④ ⑤	30	① ② ③ ④ ⑤	45	① ② ③ ④ ⑤		

PSAT형·휴노 중심형 NCS 실전모의고사

성 명

㉠ ㉡ ㉢ ㉣ ㉤ ㉥ ㉦ ㉧ ㉨ ㉩ ㉪ ㉫ ㉬ ㉭	㉠ ㉡ ㉢ ㉣ ㉤ ㉥ ㉦ ㉧ ㉨ ㉩ ㉪ ㉫ ㉬ ㉭ ㄲ ㄸ ㅃ ㅆ ㅉ	㉠ ㉡ ㉢ ㉣ ㉤ ㉥ ㉦ ㉧ ㉨ ㉩ ㉪ ㉫ ㉬ ㉭ ㄲ ㄸ ㅃ ㅆ ㅉ	㉠ ㉡ ㉢ ㉣ ㉤ ㉥ ㉦ ㉧ ㉨ ㉩ ㉪ ㉫ ㉬ ㉭ ㄲ ㄸ ㅃ ㅆ ㅉ
ㅏ ㅑ ㅓ ㅕ ㅗ ㅛ ㅜ ㅠ ㅡ ㅣ ㅐ ㅒ ㅔ ㅖ ㅘ ㅙ ㅚ ㅝ ㅞ ㅟ ㅢ	ㅏ ㅑ ㅓ ㅕ ㅗ ㅛ ㅜ ㅠ ㅡ ㅣ ㅐ ㅒ ㅔ ㅖ ㅘ ㅙ ㅚ ㅝ ㅞ ㅟ ㅢ	ㅏ ㅑ ㅓ ㅕ ㅗ ㅛ ㅜ ㅠ ㅡ ㅣ ㅐ ㅒ ㅔ ㅖ ㅘ ㅙ ㅚ ㅝ ㅞ ㅟ ㅢ	ㅏ ㅑ ㅓ ㅕ ㅗ ㅛ ㅜ ㅠ ㅡ ㅣ ㅐ ㅒ ㅔ ㅖ ㅘ ㅙ ㅚ ㅝ ㅞ ㅟ ㅢ
㉠ ㉡ ㉢ ㉣ ㉤ ㉥ ㉦ ㉧ ㉨ ㉩ ㉪ ㉫ ㉬ ㉭	㉠ ㉡ ㉢ ㉣ ㉤ ㉥ ㉦ ㉧ ㉨ ㉩ ㉪ ㉫ ㉬ ㉭ ㄲ ㄸ ㅃ ㅆ ㅉ ㄺ ㄻ	㉠ ㉡ ㉢ ㉣ ㉤ ㉥ ㉦ ㉧ ㉨ ㉩ ㉪ ㉫ ㉬ ㉭ ㄲ ㄸ ㅃ ㅆ ㅉ ㄺ ㄻ	㉠ ㉡ ㉢ ㉣ ㉤ ㉥ ㉦ ㉧ ㉨ ㉩ ㉪ ㉫ ㉬ ㉭ ㄲ ㄸ ㅃ ㅆ ㅉ ㄺ ㄻ

수 험 번 호

⓪ ① ② ③ ④ ⑤ ⑥ ⑦ ⑧ ⑨	⓪ ① ② ③ ④ ⑤ ⑥ ⑦ ⑧ ⑨	⓪ ① ② ③ ④ ⑤ ⑥ ⑦ ⑧ ⑨	⓪ ① ② ③ ④ ⑤ ⑥ ⑦ ⑧ ⑨	⓪ ① ② ③ ④ ⑤ ⑥ ⑦ ⑧ ⑨	⓪ ① ② ③ ④ ⑤ ⑥ ⑦ ⑧ ⑨

출생(생년을 제외한) 월일

⓪ ① ② ③ ④ ⑤ ⑥ ⑦ ⑧ ⑨	⓪ ① ② ③ ④ ⑤ ⑥ ⑦ ⑧ ⑨	⓪ ① ② ③ ④ ⑤ ⑥ ⑦ ⑧ ⑨	⓪ ① ② ③ ④ ⑤ ⑥ ⑦ ⑧ ⑨

수험생 유의사항

(1) 아래와 같은 방식으로 답안지를 바르게 작성한다.

[보기] ① ② ● ④ ⑤

(2) 성명란은 왼쪽부터 빠짐없이 순서대로 작성한다.

(3) 수험번호는 각자 자신에게 부여 받은 번호를 표기하여 작성한다.

(4) 출생 월일은 출생연도를 제외하고 작성한다.

(예) 2002년 4월 1일은 0401로 표기한다.

01	① ② ③ ④ ⑤	16	① ② ③ ④ ⑤	31	① ② ③ ④ ⑤	46	① ② ③ ④ ⑤
02	① ② ③ ④ ⑤	17	① ② ③ ④ ⑤	32	① ② ③ ④ ⑤	47	① ② ③ ④ ⑤
03	① ② ③ ④ ⑤	18	① ② ③ ④ ⑤	33	① ② ③ ④ ⑤	48	① ② ③ ④ ⑤
04	① ② ③ ④ ⑤	19	① ② ③ ④ ⑤	34	① ② ③ ④ ⑤	49	① ② ③ ④ ⑤
05	① ② ③ ④ ⑤	20	① ② ③ ④ ⑤	35	① ② ③ ④ ⑤	50	① ② ③ ④ ⑤
06	① ② ③ ④ ⑤	21	① ② ③ ④ ⑤	36	① ② ③ ④ ⑤		
07	① ② ③ ④ ⑤	22	① ② ③ ④ ⑤	37	① ② ③ ④ ⑤		
08	① ② ③ ④ ⑤	23	① ② ③ ④ ⑤	38	① ② ③ ④ ⑤		
09	① ② ③ ④ ⑤	24	① ② ③ ④ ⑤	39	① ② ③ ④ ⑤		
10	① ② ③ ④ ⑤	25	① ② ③ ④ ⑤	40	① ② ③ ④ ⑤		
11	① ② ③ ④ ⑤	26	① ② ③ ④ ⑤	41	① ② ③ ④ ⑤		
12	① ② ③ ④ ⑤	27	① ② ③ ④ ⑤	42	① ② ③ ④ ⑤		
13	① ② ③ ④ ⑤	28	① ② ③ ④ ⑤	43	① ② ③ ④ ⑤		
14	① ② ③ ④ ⑤	29	① ② ③ ④ ⑤	44	① ② ③ ④ ⑤		
15	① ② ③ ④ ⑤	30	① ② ③ ④ ⑤	45	① ② ③ ④ ⑤		

PSAT형·휴노 중심형 NCS 실전모의고사

성 명

ㄱ	ㅏ	ㄱ	ㄱ	ㅏ	ㄱ	ㄱ	ㅏ	ㄱ	ㄱ	ㅏ	ㄱ
ㄴ	ㅑ	ㄴ	ㄴ	ㅑ	ㄴ	ㄴ	ㅑ	ㄴ	ㄴ	ㅑ	ㄴ
ㄷ	ㅓ	ㄷ	ㄷ	ㅓ	ㄷ	ㄷ	ㅓ	ㄷ	ㄷ	ㅓ	ㄷ
ㄹ	ㅕ	ㄹ	ㄹ	ㅕ	ㄹ	ㄹ	ㅕ	ㄹ	ㄹ	ㅕ	ㄹ
ㅁ	ㅗ	ㅁ	ㅁ	ㅗ	ㅁ	ㅁ	ㅗ	ㅁ	ㅁ	ㅗ	ㅁ
ㅂ	ㅛ	ㅂ	ㅂ	ㅛ	ㅂ	ㅂ	ㅛ	ㅂ	ㅂ	ㅛ	ㅂ
ㅅ	ㅜ	ㅅ	ㅅ	ㅜ	ㅅ	ㅅ	ㅜ	ㅅ	ㅅ	ㅜ	ㅅ
ㅇ	ㅠ	ㅇ	ㅇ	ㅠ	ㅇ	ㅇ	ㅠ	ㅇ	ㅇ	ㅠ	ㅇ
ㅈ	ㅡ	ㅈ	ㅈ	ㅡ	ㅈ	ㅈ	ㅡ	ㅈ	ㅈ	ㅡ	ㅈ
ㅊ	ㅣ	ㅊ	ㅊ	ㅣ	ㅊ	ㅊ	ㅣ	ㅊ	ㅊ	ㅣ	ㅊ
ㅋ	ㅐ	ㅋ	ㅋ	ㅐ	ㅋ	ㅋ	ㅐ	ㅋ	ㅋ	ㅐ	ㅋ
ㅌ	ㅒ	ㅌ	ㅌ	ㅒ	ㅌ	ㅌ	ㅒ	ㅌ	ㅌ	ㅒ	ㅌ
ㅍ	ㅔ	ㅍ	ㅍ	ㅔ	ㅍ	ㅍ	ㅔ	ㅍ	ㅍ	ㅔ	ㅍ
ㅎ	ㅖ	ㅎ	ㅎ	ㅖ	ㅎ	ㅎ	ㅖ	ㅎ	ㅎ	ㅖ	ㅎ
	ㅘ		ㄲ	ㅘ	ㄲ	ㄲ	ㅘ	ㄲ	ㄲ	ㅘ	ㄲ
	ㅙ		ㄸ	ㅙ	ㄸ	ㄸ	ㅙ	ㄸ	ㄸ	ㅙ	ㄸ
	ㅚ		ㅃ	ㅚ	ㅃ	ㅃ	ㅚ	ㅃ	ㅃ	ㅚ	ㅃ
	ㅝ		ㅆ	ㅝ	ㅆ	ㅆ	ㅝ	ㅆ	ㅆ	ㅝ	ㅆ
	ㅞ		ㅉ	ㅞ	ㅉ	ㅉ	ㅞ	ㅉ	ㅉ	ㅞ	ㅉ
	ㅟ			ㅟ	ㄺ		ㅟ	ㄺ		ㅟ	ㄺ
	ㅢ			ㅢ	ㄻ		ㅢ	ㄻ		ㅢ	ㄻ

수 험 번 호

⓪	⓪	⓪	⓪	⓪	⓪
①	①	①	①	①	①
②	②	②	②	②	②
③	③	③	③	③	③
④	④	④	④	④	④
⑤	⑤	⑤	⑤	⑤	⑤
⑥	⑥	⑥	⑥	⑥	⑥
⑦	⑦	⑦	⑦	⑦	⑦
⑧	⑧	⑧	⑧	⑧	⑧
⑨	⑨	⑨	⑨	⑨	⑨

출생(생년을 제외한) 월일

⓪	⓪	⓪	⓪
①	①	①	①
②	②	②	②
③	③	③	③
④	④	④	④
⑤	⑤	⑤	⑤
⑥	⑥	⑥	⑥
⑦	⑦	⑦	⑦
⑧	⑧	⑧	⑧
⑨	⑨	⑨	⑨

수험생 유의사항

(1) 아래와 같은 방식으로 답안지를 바르게 작성한다.

[보기] ① ② ● ④ ⑤

(2) 성명란은 왼쪽부터 빠짐없이 순서대로 작성한다.

(3) 수험번호는 각자 자신에게 부여 받은 번호를 표기하여 작성한다.

(4) 출생 월일은 출생연도를 제외하고 작성한다.

(예) 2002년 4월 1일은 0401로 표기한다.

01	① ② ③ ④ ⑤	16	① ② ③ ④ ⑤	31	① ② ③ ④ ⑤	46	① ② ③ ④ ⑤
02	① ② ③ ④ ⑤	17	① ② ③ ④ ⑤	32	① ② ③ ④ ⑤	47	① ② ③ ④ ⑤
03	① ② ③ ④ ⑤	18	① ② ③ ④ ⑤	33	① ② ③ ④ ⑤	48	① ② ③ ④ ⑤
04	① ② ③ ④ ⑤	19	① ② ③ ④ ⑤	34	① ② ③ ④ ⑤	49	① ② ③ ④ ⑤
05	① ② ③ ④ ⑤	20	① ② ③ ④ ⑤	35	① ② ③ ④ ⑤	50	① ② ③ ④ ⑤
06	① ② ③ ④ ⑤	21	① ② ③ ④ ⑤	36	① ② ③ ④ ⑤	51	① ② ③ ④ ⑤
07	① ② ③ ④ ⑤	22	① ② ③ ④ ⑤	37	① ② ③ ④ ⑤	52	① ② ③ ④ ⑤
08	① ② ③ ④ ⑤	23	① ② ③ ④ ⑤	38	① ② ③ ④ ⑤	53	① ② ③ ④ ⑤
09	① ② ③ ④ ⑤	24	① ② ③ ④ ⑤	39	① ② ③ ④ ⑤	54	① ② ③ ④ ⑤
10	① ② ③ ④ ⑤	25	① ② ③ ④ ⑤	40	① ② ③ ④ ⑤	55	① ② ③ ④ ⑤
11	① ② ③ ④ ⑤	26	① ② ③ ④ ⑤	41	① ② ③ ④ ⑤	56	① ② ③ ④ ⑤
12	① ② ③ ④ ⑤	27	① ② ③ ④ ⑤	42	① ② ③ ④ ⑤	57	① ② ③ ④ ⑤
13	① ② ③ ④ ⑤	28	① ② ③ ④ ⑤	43	① ② ③ ④ ⑤	58	① ② ③ ④ ⑤
14	① ② ③ ④ ⑤	29	① ② ③ ④ ⑤	44	① ② ③ ④ ⑤	59	① ② ③ ④ ⑤
15	① ② ③ ④ ⑤	30	① ② ③ ④ ⑤	45	① ② ③ ④ ⑤	60	① ② ③ ④ ⑤

PSAT형·휴노 중심형 NCS 실전모의고사

성 명

ㄱ	ㅏ	ㄱ	ㄱ	ㅏ	ㄱ	ㄱ	ㅏ	ㄱ	ㄱ	ㅏ	ㄱ
ㄴ	ㅑ	ㄴ	ㄴ	ㅑ	ㄴ	ㄴ	ㅑ	ㄴ	ㄴ	ㅑ	ㄴ
ㄷ	ㅓ	ㄷ	ㄷ	ㅓ	ㄷ	ㄷ	ㅓ	ㄷ	ㄷ	ㅓ	ㄷ
ㄹ	ㅕ	ㄹ	ㄹ	ㅕ	ㄹ	ㄹ	ㅕ	ㄹ	ㄹ	ㅕ	ㄹ
ㅁ	ㅗ	ㅁ	ㅁ	ㅗ	ㅁ	ㅁ	ㅗ	ㅁ	ㅁ	ㅗ	ㅁ
ㅂ	ㅛ	ㅂ	ㅂ	ㅛ	ㅂ	ㅂ	ㅛ	ㅂ	ㅂ	ㅛ	ㅂ
ㅅ	ㅜ	ㅅ	ㅅ	ㅜ	ㅅ	ㅅ	ㅜ	ㅅ	ㅅ	ㅜ	ㅅ
ㅇ	ㅠ	ㅇ	ㅇ	ㅠ	ㅇ	ㅇ	ㅠ	ㅇ	ㅇ	ㅠ	ㅇ
ㅈ	ㅡ	ㅈ	ㅈ	ㅡ	ㅈ	ㅈ	ㅡ	ㅈ	ㅈ	ㅡ	ㅈ
ㅊ	ㅣ	ㅊ	ㅊ	ㅣ	ㅊ	ㅊ	ㅣ	ㅊ	ㅊ	ㅣ	ㅊ
ㅋ	ㅐ	ㅋ	ㅋ	ㅐ	ㅋ	ㅋ	ㅐ	ㅋ	ㅋ	ㅐ	ㅋ
ㅌ	ㅒ	ㅌ	ㅌ	ㅒ	ㅌ	ㅌ	ㅒ	ㅌ	ㅌ	ㅒ	ㅌ
ㅍ	ㅔ	ㅍ	ㅍ	ㅔ	ㅍ	ㅍ	ㅔ	ㅍ	ㅍ	ㅔ	ㅍ
ㅎ	ㅖ	ㅎ	ㅎ	ㅖ	ㅎ	ㅎ	ㅖ	ㅎ	ㅎ	ㅖ	ㅎ
	ㅘ		ㄲ	ㅘ	ㄲ	ㄲ	ㅘ	ㄲ	ㄲ	ㅘ	ㄲ
	ㅙ		ㄸ	ㅙ	ㄸ	ㄸ	ㅙ	ㄸ	ㄸ	ㅙ	ㄸ
	ㅚ		ㅃ	ㅚ	ㅃ	ㅃ	ㅚ	ㅃ	ㅃ	ㅚ	ㅃ
	ㅝ		ㅆ	ㅝ	ㅆ	ㅆ	ㅝ	ㅆ	ㅆ	ㅝ	ㅆ
	ㅞ		ㅉ	ㅞ	ㅉ	ㅉ	ㅞ	ㅉ	ㅉ	ㅞ	ㅉ
	ㅟ			ㅟ	ㄺ		ㅟ	ㄺ		ㅟ	ㄺ
	ㅢ			ㅢ	ㄻ		ㅢ	ㄻ		ㅢ	ㄻ

수 험 번 호

⓪	⓪	⓪	⓪	⓪	⓪
①	①	①	①	①	①
②	②	②	②	②	②
③	③	③	③	③	③
④	④	④	④	④	④
⑤	⑤	⑤	⑤	⑤	⑤
⑥	⑥	⑥	⑥	⑥	⑥
⑦	⑦	⑦	⑦	⑦	⑦
⑧	⑧	⑧	⑧	⑧	⑧
⑨	⑨	⑨	⑨	⑨	⑨

출생(생년을 제외한) 월일

⓪	⓪	⓪	⓪
①	①	①	①
②	②	②	②
③	③	③	③
④	④	④	④
⑤	⑤	⑤	⑤
⑥	⑥	⑥	⑥
⑦	⑦	⑦	⑦
⑧	⑧	⑧	⑧
⑨	⑨	⑨	⑨

수험생 유의사항

(1) 아래와 같은 방식으로 답안지를 바르게 작성한다.

[보기] ① ② ● ④ ⑤

(2) 성명란은 왼쪽부터 빠짐없이 순서대로 작성한다.

(3) 수험번호는 각자 자신에게 부여 받은 번호를 표기하여 작성한다.

(4) 출생 월일은 출생연도를 제외하고 작성한다.

(예) 2002년 4월 1일은 0401로 표기한다.

01	① ② ③ ④ ⑤	16	① ② ③ ④ ⑤	31	① ② ③ ④ ⑤	46	① ② ③ ④ ⑤
02	① ② ③ ④ ⑤	17	① ② ③ ④ ⑤	32	① ② ③ ④ ⑤	47	① ② ③ ④ ⑤
03	① ② ③ ④ ⑤	18	① ② ③ ④ ⑤	33	① ② ③ ④ ⑤	48	① ② ③ ④ ⑤
04	① ② ③ ④ ⑤	19	① ② ③ ④ ⑤	34	① ② ③ ④ ⑤	49	① ② ③ ④ ⑤
05	① ② ③ ④ ⑤	20	① ② ③ ④ ⑤	35	① ② ③ ④ ⑤	50	① ② ③ ④ ⑤
06	① ② ③ ④ ⑤	21	① ② ③ ④ ⑤	36	① ② ③ ④ ⑤	51	① ② ③ ④ ⑤
07	① ② ③ ④ ⑤	22	① ② ③ ④ ⑤	37	① ② ③ ④ ⑤	52	① ② ③ ④ ⑤
08	① ② ③ ④ ⑤	23	① ② ③ ④ ⑤	38	① ② ③ ④ ⑤	53	① ② ③ ④ ⑤
09	① ② ③ ④ ⑤	24	① ② ③ ④ ⑤	39	① ② ③ ④ ⑤	54	① ② ③ ④ ⑤
10	① ② ③ ④ ⑤	25	① ② ③ ④ ⑤	40	① ② ③ ④ ⑤	55	① ② ③ ④ ⑤
11	① ② ③ ④ ⑤	26	① ② ③ ④ ⑤	41	① ② ③ ④ ⑤	56	① ② ③ ④ ⑤
12	① ② ③ ④ ⑤	27	① ② ③ ④ ⑤	42	① ② ③ ④ ⑤	57	① ② ③ ④ ⑤
13	① ② ③ ④ ⑤	28	① ② ③ ④ ⑤	43	① ② ③ ④ ⑤	58	① ② ③ ④ ⑤
14	① ② ③ ④ ⑤	29	① ② ③ ④ ⑤	44	① ② ③ ④ ⑤	59	① ② ③ ④ ⑤
15	① ② ③ ④ ⑤	30	① ② ③ ④ ⑤	45	① ② ③ ④ ⑤	60	① ② ③ ④ ⑤

MEMO

MEMO